SQL과 NoSQL 기반의

데이터베이스 입문

박성진 지음

생능출판

저자 소개

박성진

2000년부터 한신대학교 컴퓨터공학부에서 교수로 재직 중이며 웹 프로그래밍과 데이터베이스 관련 교과목을 강의하고 있다. 저서로는 〈데이터베이스 시스템〉과 〈데이터웨어하우스〉, 〈모바일 웹+웹앱+하이브리드앱 입문〉, 〈뚝딱! 나만의 모바일 포트폴리오 앱 만들기〉, 〈데이터베이스의 정석〉 등이 있다.

SQL과 NoSQL 기반의 데이터베이스 입문

초판발행 2023년 2월 24일
제1판3쇄 2025년 8월 19일

지은이 박성진
펴낸이 김승기, 김민수
펴낸곳 (도서출판)배움터 / **주소** 경기도 파주시 광인사길 143
출판사 등록일 2005년 1월 31일 / **신고번호** 제406-4060000251002005000003호
대표전화 (031)955-7990 / **팩스** (031)955-0768
홈페이지 www.booksr.co.kr

책임편집 신성민 / **편집** 이종무, 최동진 / **디자인** 유준범, 노유안
마케팅 최복락, 심수경, 차종필, 백수정, 송성환, 최태웅, 명하나, 김민정
인쇄 성광인쇄(주) / **제본** 일진제책사

ISBN 979-11-92932-00-2 93000
정가 27,000원

머리말

우리는 감당할 수 없는 데이터를 처리하고 선택하고 활용해야 하는 빅 데이터로 불리우는 데이터 과잉 생산의 시대에 살고 있습니다. 과도한 영양 섭취가 몸에 해롭듯이 과다한 데이터 습득이 오히려 해가 될 수도 있습니다. 정보 시스템을 설계하고 개발하는 전문 개발자뿐만 아니라 다양한 학문 분야의 전문가에게도 데이터의 활용 수준을 높이는 것은 꼭 필요한 경쟁력의 요소입니다. 데이터베이스는 더 이상 특정 전문가 집단의 독점 기술도, 특화된 솔루션도 아닙니다. 데이터베이스는 오늘날 다양한 IT 활용 분야의 기본 데이터 저장소이자 융복합 시대의 필수 기반 요소로 인식되고 있습니다.

그 동안 사회 전 분야에 걸쳐 구축된 다양한 IT 인프라는 정보 혁명이라 불릴 정도로 다량의 정보들을 생산해내고 축적하고 있습니다. 이제 정보는 개인이나 조직의 경쟁력과 운영 전략의 핵심 자원으로 간주되기 때문에 소유의 관점이 아닌 경영의 관점에서 새롭게 인식해야 합니다. 데이터베이스는 그 동안 축적된 데이터를 활용하여 다양한 전략적 의사 결정을 가능하게 하는 컴퓨팅 기반 요소이자 능동적 분석 환경이라 할 수 있습니다.

대부분 학부 과정 때 열심히 공부했던 많은 프로그래밍 언어와 각종 기술들이 사회 진출 후 급격히 소멸되거나 큰 폭으로 변화하는 당혹스러운 경험들을 하게 됩니다. 이것이 IT 전공자들의 현실적 고민입니다. 그럼에도 데이터베이스 기술은 흔히 얘기하는 가성비가 높은 분야로써 한 번 잘 배운 지식과 기술은 현업에서 너무나도 요긴하고 중요하게 활용됩니다. 20여년간 데이터베이스 교과목을 강의하면서 학생들에게 강조하고 또 강조하는 이유입니다.

기존 데이터베이스 교재들은 데이터베이스의 핵심 원리와 기술을 학습하기 위한 이론서와 DBMS 실습을 중심으로 데이터베이스 활용 능력을 위한 실무서 2종류로 크게 분류할 수 있습니다. 물론 이러한 교재들은 데이터베이스를 체계적으로 연구하거나 현업에서 활용할 수 있는 심화된 실무 능력을 갖추고자 하는 학습자에게는 데이터베이스 전문 지식의 깊이를 더할 수 있는 기회를 제공할 것입니다.

하지만 학부 수준에서 한 학기 정도의 시간 투자만으로 데이터베이스 핵심 개념과 기초적인 활용 방법을 학습하고자 하는 데이터베이스 입문자에게는 적절한 선택이 되지 못합니다. 특히, 데이터베이스가 더 이상 IT 관련 전공자들의 전유물이 아니며 다양한 이공계 전공자, 여러 인문·사회 계열의 융합 전공에서도 데이터베이스가 필수 지식으로 인식되고 있는 현 시점에서는 더더욱 그러합니다.

또 최근에는 데이터 저장과 관리뿐만 아니라 데이터 분석과 활용에, 또 정형 데이터뿐만 아니라 비정형 데이터, 대용량 데이터에 보다 많은 관심이 집중되고 있습니다. SQL 기반의 전통적 데이터베이스뿐만 아니라 데이터웨어하우스, 빅데이터 그리고 몽고DB와 같은 NoSQL 데이터베이스에 대한 기본적인 학습 필요성이 증가하고 있으나 이를 위한 교재는 드문게 현실입니다.

이 책은 책 한 권으로 데이터베이스를 처음 접하는 일반 사용자나 개발자, IT 융합에 관심을 갖는 다양한 전공자들 누구나 쉽게 SQL과 NoSQL 데이터베이스의 기본 개념과 구조를 이해하고 데이터베이스를 설계, 구축하고 활용해볼 수 있도록 구성하였습니다. 꼭 필요한 핵심 개념을 모두 포함하면서도 예제나 그림을 사용하여 쉽게 설명하고자 노력하였습니다.

또한, 정작 실무에서는 매우 중요함에도 기존 교재에서는 소홀히 다루었던 데이터베이스 설계 방법을 적절한 예제를 통해 경험할 수 있도록 구성하였습니다. 핵심만 간추린 개념과 다양한 예제를 통한 간결한 설명, 그리고 이를 적용한 MySQL 활용 예제를 적용하고 실습하다보면 초보자라도 빠르게 준전문가가 될 수 있을 것입니다.

이 책은 실제 적용할 수 있는 다양한 구체적 예제를 통해 데이터베이스 활용 능력을 충분히 습득할 수 있도록 구성했으며 빅데이터를 포함한 최신 데이터베이스 기술에 대한 충분한 소개와 설명도 제공합니다. 실습 예제도 이해를 돕는 간단한 예제 수준의 코드에 그치지 않고 실제 활용 가능한 소규모의 모바일 웹 프로젝트 코드도 제공하였습니다. 각 장의 연습 문제도 각종 자격증과 공무원, 인증 시험 문제에 대비한 모의고사 문제를 포함하고 있어 각종 자격시험과 채용시험을 준비하는데 도움이 될 것입니다.

이 책을 통하여 모든 독자들이 데이터베이스라는 건축물의 주춧돌을 튼튼하게 세울 수 있기를 기대합니다.

끝으로 이 책이 만들어지기까지 적극적으로 지원해주시고 출판에 힘써 주신 생능출판사 김승기 대표님과 편집부 여러분께 깊은 감사를 드립니다. 그리고 늘 곁에서 든든한 버팀목이 되어주는 사랑하는 가족과 지인들에게도 감사의 인사를 전합니다.

2023년 1월

저자 박성진

이 책의 구성

이 책은 1장부터 14장까지 데이터베이스 입문자를 위한 다양한 내용들을 포함하도록 구성되어 있습니다. 1장부터 순차적으로 학습해갈 수도 있고 공부하고자 하는 목적에 따라 다음을 참고하여 필요한 내용만 선택적으로 학습하는 것도 가능합니다.

- 데이터베이스 기초 : 1장, 2장, 3장, 4장, 5장
- 데이터베이스 프로그래밍 : 6장, 7장, 14장
- MySQL 실습 : 5장, 6장, 7장
- 데이터베이스 모델링 : 3장, 8장, 9장, 10장
- 빅데이터 관리 : 1장, 2장, 11장, 12장, 13장

이 책의 각 장의 구성과 상호 연관성은 다음과 같습니다.

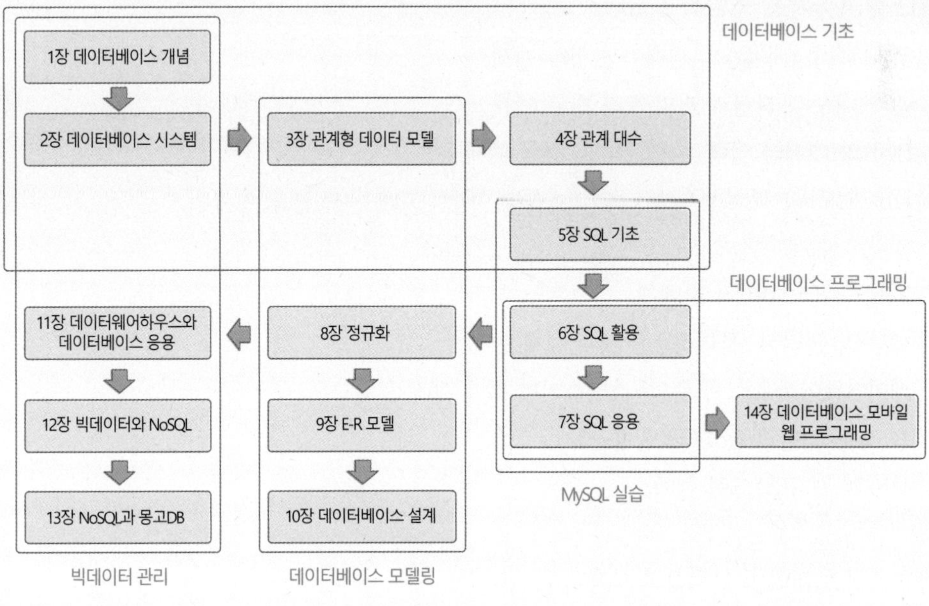

누구를 위한 책인가?

- 데이터베이스의 핵심 개념과 용어를 빠른 시간에 학습하고자 하는 경우
- 데이터베이스 모델링/설계 과정을 체계적으로 습득하고자 하는 경우
- MySQL DBMS의 활용 방법과 SQL 명령어 사용법을 익히고자 하는 경우
- 빅데이터와 NoSQL 활용 방법을 학습하고자 하는 경우
- 각종 자격시험과 채용 시험을 위해 데이터베이스를 공부하고자 하는 경우
- 실제 활용 가능한 예제를 통해 DB 웹 프로그래밍 방법을 배우고자 하는 경우

무엇에 관한 책인가?

- 데이터베이스 기본 개념과 핵심 이론에 관한 설명과 예제
- SQL 활용 방법과 예제
- MySQL DBMS의 설치, 운영, 활용 방법과 예제
- 정규화, E-R 모델 등을 활용한 데이터베이스 설계 방법과 예제
- 데이터웨어하우스, 빅데이터, NoSQL, 몽고DB 활용 방법과 적용 예제
- HTML과 제이쿼리 모바일, PHP를 활용한 DB 기반 모바일 웹 앱의 개발 예제

어떤 활용 예제를 포함하고 있나?

- 관계 데이터베이스의 릴레이션 정의 예제
- 관계 대수식 작성과 질의 트리 변환 예제
- SQL의 데이터 입력, 수정, 삭제, 검색 예제
- DB 객체(뷰, 인덱스, 내장 함수, 저장 프로시저, 트리거, 트랜잭션 등) 활용 예제
- 정규화 예제
- E-R 다이어그램 작성 예제
- 개념적, 논리적, 물리적 DB 설계 예제
- 데이터웨어하우스 구축 및 스타스키마 설계 예제
- 몽고DB 기반의 NoSQL 활용 예제
- 모바일 웹 프로그램 예제

어떤 소프트웨어를 설치하여 사용하고 있나?

- MySQL DBMS 커뮤니티 버전

- ERWin 데이터 모델러
- 몽고DB DBMS
- 아파치(Apache) 웹 서버
- XAMPP 설치 패키지 솔루션
- PHP 개발을 위한 이클립스(eclipse) IDE통합 개발 도구

앞으로도 데이터베이스 관련 소프트웨어 기술들은 계속해서 발전할 것이고 개발 환경 구성이나 각종 설정 및 구현 방법 등이 버전에 따라 조금씩 변경될 수 있습니다. 책 내용을 충실히 익히고 나면 이를 토대로 추후 변경되는 부분들을 얼마든지 스스로 해결할 수 있을 것입니다.

차례

CHAPTER 03 관계형 데이터 모델

CHAPTER 04 관계 대수

CHAPTER 05 SQL 기초

CHAPTER 06 SQL 활용

CHAPTER 07 SQL 응용

CHAPTER

01 데이터베이스 개념

학습목표

- 일상 속의 데이터베이스를 살펴본다.
- 정보 시스템의 유형과 발전 과정을 이해한다.
- 데이터베이스 시스템의 장단점을 살펴본다.
- 데이터베이스의 정의와 특성을 알아본다.

CHAPTER

1 데이터베이스 개념

1. 데이터베이스와 정보 시스템

데이터베이스는 정보 시스템의 필수 요소이다. 데이터베이스를 기반으로 한 정보 시스템의 역할과 발전 과정, 장단점 등에 대해서 알아본다.

1.1 일상 속의 데이터베이스

오늘날 컴퓨터를 활용하는 이유 중의 하나는 다양한 데이터를 처리하기 위해서이다. 데이터를 가공 처리함으로써 정보를 생성할 목적으로 현재 다양한 정보 시스템이 활용되고 있다. **정보 시스템** 안에는 가공 이전의 데이터나 가공 이후 생성된 정보를 저장하는 저장소가 반드시 필요하다. 바로 **데이터베이스**이다. 이제 우리 생활에서 데이터베이스는 뗄 수 없는 존재이다. 일상생활의 거의 모든 곳에 존재한다.

예를 들어, 학교에 등하교하는 대학생의 일상을 상상해 보자. 아침에 일어나면 스마트폰으로 그날 날씨를 확인하고 실시간 뉴스를 검색한다. 버스와 지하철 승하차시 요금을 교통카드로 지불하고 학교 도착 후 편의점에서 음료를 신용카드로 결제한다. 점심을 교내식당에서 주문하여 먹고 강의실 출결과 학교 게시판 공지 사항 확인은 스마트폰으로 한다. 친구에게 인터넷 뱅킹으로 모임 회비를 송금한다. 몸살로 병원에 들려 진료를 받고 약국에서 약을 처방받아 집으로 돌아온다.

이 모든 활동은 [그림 1-1]과 같이 정보 시스템과 그 안의 데이터베이스와 상호 작용을 통해 이루어진다.

기관	정보시스템	데이터베이스
기상청	기상정보시스템	날씨 DB
언론사	언론정보시스템	기사 DB
버스/지하철	교통요금부과시스템	요금 DB
편의점	POS시스템	POS DB
신용카드사	신용카드정보시스템	카드 DB
식당업체	식당주문시스템	식당 DB
대학교	출결시스템	출결 DB
대학교	학사시스템	학사 DB
은행	뱅킹시스템	계좌 DB
병원	병원시스템	진료 DB
약국	약국시스템	조제 DB

[그림 1-1] 하루 일상 속의 데이터베이스

이외에도 이동 장소마다 각종 CCTV에 촬영된 모습이나 스마트폰 통화 기록 역시 어딘가의 데이터베이스에 저장되어 있을 것이다. 의식하지 못하지만 어디를 가든지, 무엇을 하든지 다양한 데이터베이스와 우리의 일상생활이 거미줄처럼 밀접히 관련되어 있다. 오늘날 정보는 기관이나 개인의 경쟁력을 결정짓는 핵심 요소이다. 이를 위해 데이터베이스를 이해하고 활용하는 능력 역시 매우 중요하다.

1.2 데이터와 정보

보통 일상생활에서는 데이터와 정보를 구별하지 않고 사용한다. 데이터와 정보는 그 형태가 숫자, 문자, 이미지, 사운드 등으로 실체가 같다. 일상생활에서의 그 필요성과 활용 방식도 비슷하다. 데이터와 정보 두 용어를 특별히 구별하지 않는 이유이다. 데이터베이스를 명확히 이해하기 위해 그 차이를 구별해 보자.

- **데이터**(data 또는 자료)는 현실 세계에서 관찰 또는 수집의 결과로 나타난 객관적 사실(fact)이다. 획득된 그대로의 정량적 혹은 정성적 실제 값(value)을 말한다.
- **정보**(information)는 획득된 데이터에 의미를 부여하거나 가공 처리를 통해 의사 결정(decision making)에 활용하도록 체계적으로 조직한 결과물이다.

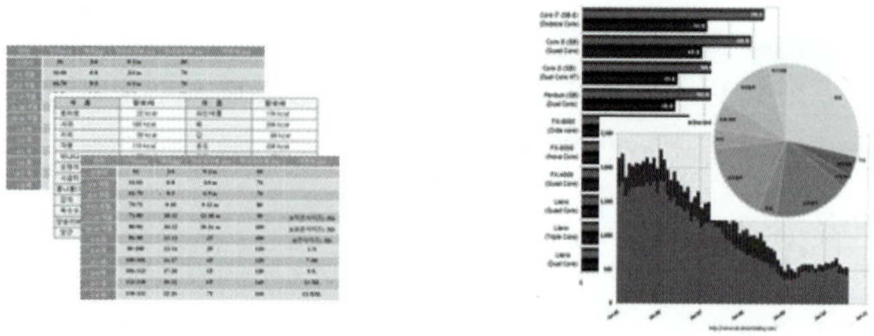

데이터 정보

[그림 1-2] 데이터와 정보의 차이

정보는 가공 처리된 데이터이다. 여기서 가공 처리란 간단한 데이터의 조건 검색, 정렬, 사칙연산부터 복잡한 업무 처리나 통계 처리 등 다양한 행위를 포함한다. 데이터는 현실 세계로부터 상대적으로 쉽게 획득되지만 정보는 정보 시스템을 이용하여 특별한 노력의 과정을 통해서 획득된다. 마치 작은 레고 블록들을 조립함으로써 다양한 모양의 결과물을 만들어내는 과정과 비슷하다.

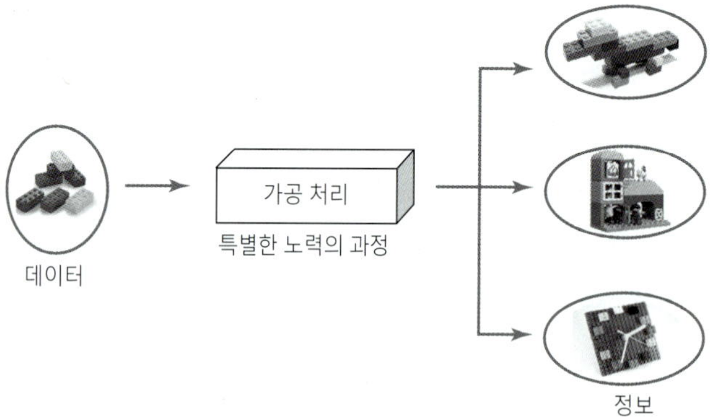

[그림 1-3] 데이터와 정보의 관계

수강 신청을 예로 들어 보자. 각 교수로부터 강의 계획서를 제출받으면 담당 직원은 학사 데이터베이스에 개설 과목에 대한 데이터를 입력한다. 학기 초에 학생들은 개설 과목에 관한 다양한 정보를 학사 데이터베이스로부터 검색하여 원하는 과목을 수강 신청한다. 교수 또는 직원이 입력한 과목 데이터를 수강 신청 정보로 활용하는 과정에는 2가지 요소가 필요하다. 하나는 수강 정보를 제공하는 정보 시스템이고 또 하나는 학생 각자의 판단과 선택 등의 의사 결정 행위이다.

특정 학생의 수강 신청 내용 역시 학사 데이터베이스에 데이터로 저장되었다가 다른 학생의 수강 신청이나 부서의 정보 활용 과정에 다시 사용될 수 있다. 생성된 정보는 정보 시스템을 통해 또 다른 사용자의 입력 데이터로 활용되기도 한다. 이처럼 사용자에 따라 특정 정보는 또 다른 누군가에게 데이터가 될 수도 있다.

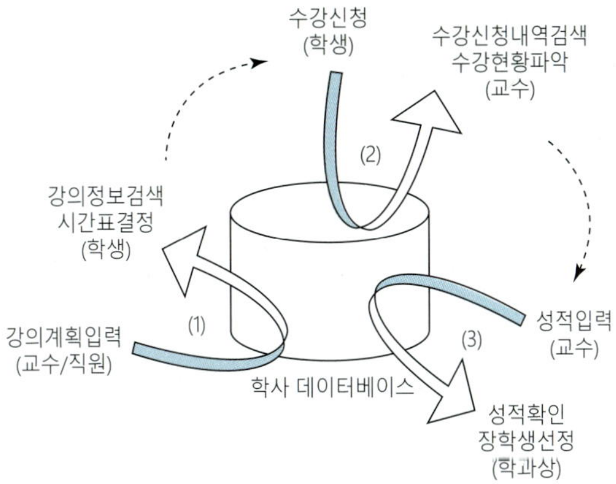

[그림 1-4] 데이터, 정보의 연쇄적 흐름

데이터로부터 정보를 추출, 가공해내는 과정 또는 방법을 데이터 처리(data processing)라고 한다. 데이터 처리는 데이터의 단순 검색 작업뿐만 아니라 데이터에 관한 의미 해석이나 감춰진 연관성을 추출하는 작업을 포함한다.

데이터를 D(Data), 정보를 I(Information), 데이터 처리를 P(Processing)로 표시하여 정보 시스템의 작업 과정을 다음과 같은 함수적 관계로 표현할 수 있다.

```
I = P(D)
I = P(P(P(D)))
```

데이터와 정보는 연쇄적인 처리 과정 안에 서로의 입·출력으로 반복 사용될 수 있다. 결국 어느 정보 시스템이냐 또는 어느 사용자이냐 등 상황과 관점에 따라 데이터 혹은 정보로 간주된다. 이러한 상대적 개념이 데이터와 정보를 혼용하는 이유이다. 보통 정보 시스템의 결과물이 특정 사용자의 의사 결정에 활용될 수 있다면 정보로 간주한다.

1.3 정보 시스템의 발전

정보 시스템의 발전 과정 속에서 자연스럽게 데이터베이스의 개념과 필요성이 발생하였다. 먼저 정보 시스템의 기본 구조와 유형, 그리고 발전 과정을 살펴본다.

정보 시스템의 구조

정보 시스템(information system)은 한 조직의 활동과 운영에 필요한 데이터를 수집, 저장해 두었다가 다양한 방식으로 처리 및 가공함으로써 의사 결정에 필요한 정보를 생성하는 소프트웨어 체계를 의미한다. 수집된 데이터를 저장했다가 필요할 때 제공하는 역할은 정보 시스템의 핵심 요소인 데이터베이스가 담당한다.

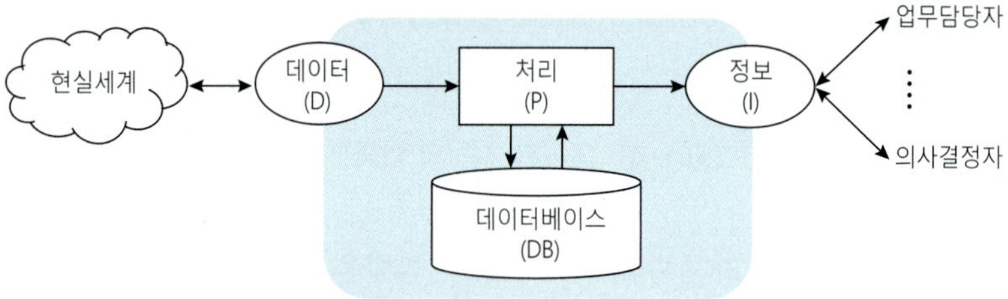

[그림 1-5] 정보 시스템의 구조

의사결정을 위해 사용하는 정보 시스템은 사용 목적에 따라 다양한 형태로 존재한다. 〈표 1-1〉은 다양한 정보 시스템의 종류를 보여준다.

〈표 1-1〉 정보 시스템의 종류

분류	정보 시스템 종류	특징
업무	생산정보시스템	기계 제어, 컴퓨터기반 설계, 생산 계획, 설비 배치 업무 활용
	마케팅정보시스템	주문 처리, 시장 분석, 가격 분석, 판매 예측 업무 활용
	인사정보시스템	훈련, 개발, 경력, 보상 업무 활용
	재무회계정보시스템	재무 흐름, 예산, 수익 계획 업무 활용
기능	거래처리시스템(TPS; Transaction Processing System)	수입, 지출 일상 비즈니스거래 내역 처리
	경영정보시스템(MIS; Management Information System)	조직 경영 상태 확인
	전문가시스템(ES; Expert System)	특정 직무관련 전문지식 제공

기능	의사결정지원시스템(DSS; Decision Support System)	경영자 의사 결정 지원
	전사적자원관리시스템(ERP; Enterprise Resource Planning)	기업 전반의 운영 및 관리 정보를 통합 지원

데이터(또는 정보)는 사람, 자본, 기술과 함께 기업의 4대 요소로 고려될 만큼 중요성이 커지고 있다. 기업이 독립 부서를 통해 조직의 전체 데이터를 관리하게 하고 CIO(Chief Information Officer)라는 최고 관리자를 임명하여 의사결정에 필요한 정보를 관리하게 하는 이유는 그만큼 기업 경쟁력의 핵심 요소이기 때문이다. 오늘날 일반 사용자도 과거와 비교할 수 없는 수준의 많은 정보들을 요구하고 소비한다. 책이나 언론 매체, 사람 등의 전통적 방식으로는 불가능했던 대량의 정보 소비는 다양한 정보 시스템을 통해서만 가능하다. 오늘날 컴퓨터와 정보 시스템 그리고 그 안의 데이터베이스가 더욱 중요해진 이유이다.

정보 시스템의 발전 과정

정보 시스템의 발전 과정은 데이터베이스 개념의 출현 시점을 기준으로 이전과 이후로 구분할 수 있다. 데이터베이스 출현 이전의 파일 기반의 정보 시스템 즉, 파일 정보 시스템(file information system)과 이후의 데이터베이스 기반의 정보 시스템 즉, 데이터베이스 시스템(database system)이다.

■ 전통적 파일 정보 시스템의 문제점

초기 정보 시스템은 데이터베이스 개념이 나오기 이전까지 데이터 파일(data file)에 데이터를 저장하여 처리하였다. 이를 **파일 정보 시스템**이라 한다. 과거의 전통적인 파일 정보 시스템은 응용 프로그램마다 서로 다른 데이터 파일을 사용한다. 따라서 각 개별 데이터 파일 안의 데이터에 대한 검색, 삽입, 갱신 및 삭제 코드를 직접 개발해야만 하였다. 프로그래머가 물리적 구조를 잘 이해해야 했고 프로그램 안의 논리적 구조를 직접 물리적 파일 구조로 구현하였다.

[그림 1-6]은 응용 프로그램과 데이터 파일 간의 일대일 대응 관계를 보여준다.

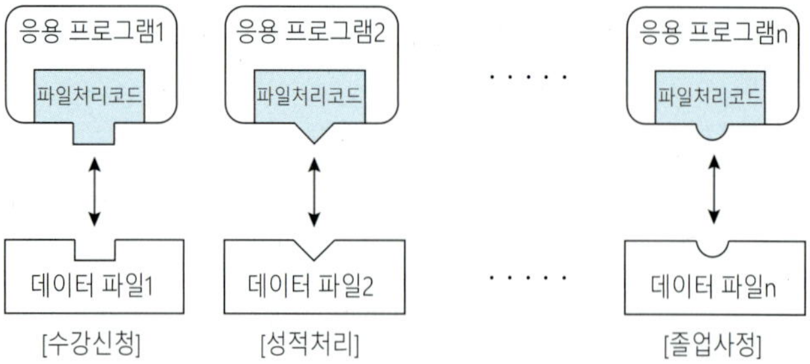

[그림 1-6] 전통적 파일 정보 시스템의 처리 방식

이러한 처리 방식은 다음 2가지의 문제점을 발생시킨다.

1) 데이터 종속성의 증가

파일 정보시스템은 각 응용 프로그램 속에 데이터 파일의 저장 방식이나 저장 데이터의 접근 방법이 직접 코드로 구현된다. 즉, 파일 안의 데이터와 이를 필요로 하는 응용 프로그램 간의 연관성이 높다. 파일 안의 저장 방식이나 접근 방법을 변경할 경우, 연관된 모든 응용 프로그램도 함께 수정되어야하는 **데이터 종속성**(data dependency) **문제**가 발생한다. 파일 안의 데이터 관리 작업을 각 응용 프로그램이 담당하므로 데이터 종속성 문제는 응용 프로그램 개발을 어렵게 한다.

이에 대한 해결책으로 [그림 1-7]과 같은 데이터 파일 처리 코드의 통합을 고려할 수 있다. 데이터 종속성 문제를 공통 파일 관리 시스템이 전담하면 응용 프로그램 개발 부담은 줄어들 수 있다. 그러나 데이터 중복성 문제는 여전히 존재한다.

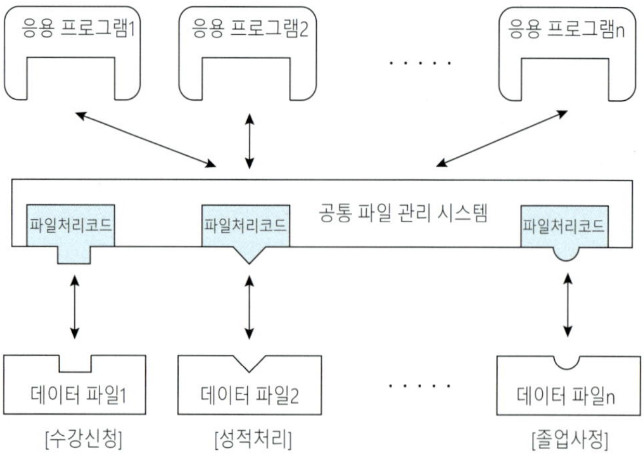

[그림 1-7] 개선된 파일 정보 시스템의 처리 방식(개선1)

2) 데이터 중복성의 증가

각 응용 프로그램은 데이터 구조와 프로그램 코드가 서로 다르기 때문에 각자 자신만의 파일이 필요하다. 심지어 같은 내용의 데이터를 사용하는 경우에도 별도의 파일이 요구된다. 같은 데이터가 여러 파일 안에 중복 저장되면 관리가 어렵고 기억 장소의 낭비도 발생한다. 파일 정보시스템은 한 시스템 안에서 같은 내용의 데이터가 중복 저장되는 **데이터 중복성**(data redundancy) **문제**가 발생한다.

더욱 큰 문제는 제어가 잘 안될 경우, 중복 데이터 간에 불일치가 생기고 데이터 의미가 모순됨으로써 데이터 일관성(data consistency)과 데이터 무결성(data integrity)이 손상된다는 점이다. 이외에 보안 유지도 어려워진다.

해결책으로 [그림 1-8]과 같은 모든 데이터 파일의 통합을 고려할 수 있다. 데이터 중복성 문제는 줄어들 수 있지만 여전히 파일 단위의 동시 공유나 보안만 가능하여 다수의 사용자 지원이 제한된다. 또, 대용량 데이터에 대한 공유나 보안, 장애 발생 시 회복 등의 처리가 어려운 한계도 가진다.

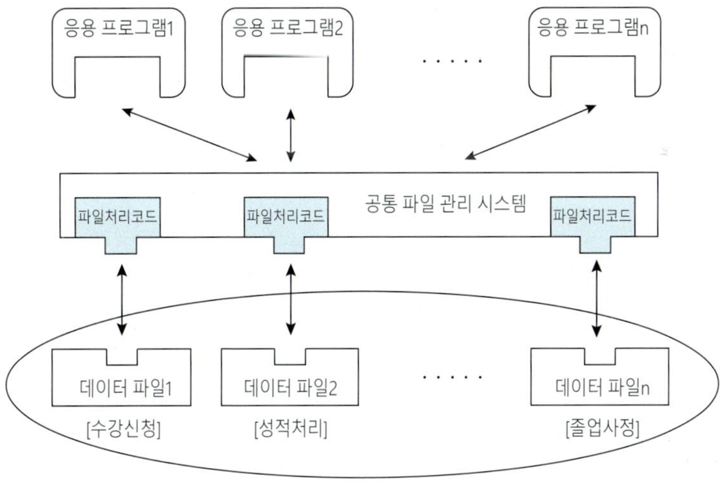

[그림 1-8] 개선된 파일 정보 시스템의 처리 방식(개선2)

■ 데이터베이스 시스템의 등장

파일 정보 시스템의 문제점을 지속적으로 개선한 결과가 바로 **데이터베이스 시스템**이다. 오늘날의 데이터베이스 시스템은 데이터베이스(DB; Database)와 데이터베이스 관리 시스템(DBMS; Database Management System)에 기반한다.

파일 처리의 근본 문제는 데이터 종속성과 데이터 중복성 문제이다. 데이터베이스와 DBMS는 데이터 종속성 문제를 공통의 데이터 모델과 표준 데이터 언어를 이용하여 해결하였다. 그 결과, 응용 프로그램은 **DBMS**를 통해 데이터 접근(입력, 수정, 삭제, 검색 등) 방법을 지원받음으로써 개발이 훨씬 쉬워졌다. 또, 기존 파일 안의 데이터는 여러 응용 프로그램의 동시 접근이 불가능했지만 **데이터베이스** 안에 저장됨으로써 DBMS를 통해 동시 접근이 가능해졌다. DBMS는 이외에도 장애 발생 시 복구 기능을 지원하고 아주 작은 단위까지 보안과 동시성을 제어할 수 있도록 한다.

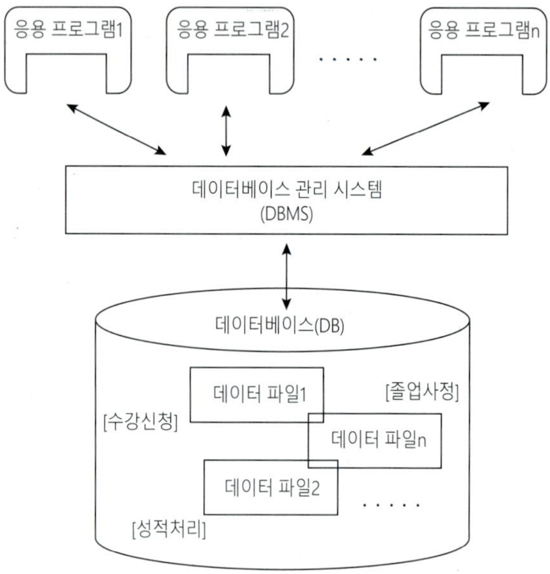

[그림 1-9] 개선된 데이터베이스 기반의 처리 방식

데이터베이스 시스템에서는 데이터베이스 접근을 DBMS가 제공한다. 응용 프로그램이나 사용자는 DBMS를 통해서만 데이터 처리가 가능하다. 응용 프로그램은 데이터 접근 방법, 처리 절차, 물리적 구성, 보안 등을 자세히 알 필요 없이 원하는 데이터와 처리작업을 DBMS에 요청만 하면 된다. 데이터 처리에 관한 복잡하고 힘든 과정을 DBMS가 모두 떠맡아 처리하는 역할을 한다.

데이터베이스 시스템의 발전 과정

데이터베이스 시스템은 정보 기술의 성장에 따라 규모, 처리 방식, 서비스 유형 등의 측면에서 많은 발전이 있었다. 데이터베이스 시스템의 발전 과정을 요약하면 〈표 1-2〉와 같다.

〈표 1-2〉 데이터베이스 시스템의 발전 과정

시기	데이터베이스 시스템 수준	네트워크 환경	기록 방식	사용자 수
1970년대	정보화 이전	×	수기 기록	1명
1980년대	초기 정보화	×	파일	수 명
1990년대	데이터베이스	인터넷	DB	수천 명
2000년대	데이터웨어하우스	웹	DB	수만 명
2010년대	NoSQL	모바일	DB/분산파일	수십만 명
2020년대	빅데이터	IoT	DB/분산파일/클라우드	수억 명

- 1970년대

  정보화 이전 시대에는 별도의 정보 시스템이 존재하지 않았다. 정보 시스템을 대신해서 기록 담당자가 손으로 직접 장부나 서류철에 기록하는 수준이었다.

- 1980년대

  정보화 초기에야 비로소 컴퓨터를 도입하여 파일 안에 데이터들을 저장하기 시작하였다. 파일 정보시스템의 등장이다. 다만 아직 컴퓨터들이 네트워크로 연결되지 않아 담당자들은 자신만의 컴퓨터에 개별 파일로 저장했다가 필요할 경우 중앙 컴퓨터 서버에 물리적으로 복제하는 방식을 활용하였다.

- 1990년대

  데이터베이스를 구축하고 DBMS가 설치된 서버를 운영함으로써 누구나 인터넷을 통해 통합된 데이터베이스 안에 데이터를 저장하거나 접근하게 되었다. 전형적인 데이터베이스 시스템이 등장하였고 기본 운영 방식이 현재까지도 큰 변화 없이 사용 중이다.

- 2000년대

  웹 환경이 일반화됨으로써 사용자 수, 데이터 용량의 급격한 증가가 발생하였다. 웹 데이터베이스와 데이터 활용의 고도화를 위한 데이터웨어하우스 등이 데이터베이스 시스템에 도입되었다.

- 2010년대

  모바일 환경으로의 급속한 전환이 이루어짐으로써 소셜 미디어와 같은 대량의 데이터의 발생 빈도와 활용이 크게 증가하게 되었다. 데이터 저장소의 확장성과 가용성이 강조되면서 NoSQL 데이터베이스 기술 등이 활용되기 시작하였다.

- 2020년대

  IoT 환경의 급속한 확산 속에 초연결 사회로 진입함에 따라 정형 및 비정형 데이터 등의 대용량 데이터들이 폭발적으로 생산되고 있다. 대용량 빅데이터의 저장 및 분석 기술과 클라우드 시스템 활용 기술 등이 데이터베이스 시스템의 관심 주제가 되고 있다.

1.4 데이터베이스 시스템의 장단점

데이터베이스 시스템의 핵심은 바로 데이터베이스와 DBMS이다. 이 둘을 활용할 때의 특성은 다음과 같다.

데이터베이스(또는 DBMS) 활용의 장점

파일 정보 시스템 방식과 비교할 때 데이터베이스 시스템을 통해 데이터베이스를 구축하고, DBMS를 활용할 경우의 장점은 다음과 같다.

1) 데이터 종속성이 최소화된다.

파일 정보 시스템은 데이터 종속성 문제 때문에 파일 안의 데이터 구조가 변경되면 응용 프로그램도 직접적으로 영향을 받는다. 관련된 응용 프로그램이 함께 수정되거나 새롭게 작성되어야 하므로 부담이 크다. 반면 데이터베이스 안의 데이터 구조는 변경되더라도 응용 프로그램에 간접적으로 영향을 미쳐 응용 프로그램의 수정 부담이 훨씬 적다. DBMS가 중간에서 저장 방식과 접근 방법에 대한 중재 역할을 하기 때문이다.

2) 데이터 중복성이 감소한다.

파일 정보 시스템은 응용 프로그램별로 개별 파일 안에 데이터를 관리하므로 데이터의 중복성이 문제가 된다. 개별 파일 안의 중복된 데이터는 저장 공간의 낭비를 가져오고 일부 데이터만 수정될 경우 데이터의 불일치로 인해 일관성, 무결성 등이 손상될 수 있다. 반면 데이터베이스 안의 데이터는 전체 데이터를 통합하여 데이터 구조를 생성하고 저장하므로 데이터 중복이 감소한다. 데이터 중복이 허용되는 경우는 대부분 테이블 간의 연결이나 성능 향상을 위해 필요한 경우로 한정된다. 이를 **제어된(통제된) 중복**(controlled redundancy)이라 한다.

3) 데이터 동시 공유가 가능하다.

파일 정보시스템은 파일 안의 데이터에 대한 응용 프로그램의 동시 공유(concurrent sharing)가 불가능하다. 순차적으로 데이터를 접근하는 제한된 공유만 가능하다. 반면 DBMS

는 사용자의 수에 상관없이 데이터에 대한 동시 공유가 허용된다. 동시에 여러 사용자가 데이터를 접근하더라도 각 사용자는 마치 혼자서 데이터베이스 전체를 소유하는 착각을 갖도록 한다. DBMS가 동시성 제어(concurrency control)라는 복잡하지만 신뢰성 있는 알고리즘을 구현하여 지원하기 때문에 가능하다.

4) 데이터 일관성 유지가 쉽다.

데이터 일관성(data consistency)은 중복되거나 연관된 데이터 간의 의미적 불일치성 혹은 모순성이 없는 상태를 말한다. 데이터 중복이 최소한으로 제한되므로 일관성 유지가 쉽다. 또, 데이터 변경에 따른 연관 데이터의 자동 연계 처리도 DBMS를 통해 가능하다.

5) 데이터 무결성 유지가 쉽다.

데이터 무결성(data integrity)은 저장된 데이터 값이 현실 세계의 실제 값과 얼마나 정확히 일치하는지를 뜻하는 의미적 정확성을 말한다. 부정확한 값이나 허용될 수 없는 오류 값이 입력되는 것을 방지할수록 데이터 무결성은 향상된다. 파일 정보 시스템의 경우, 응용 프로그램마다 복잡한 검사 규칙들을 일일이 구현해야 하므로 무결성 규칙을 추가하거나 수정하기가 쉽지 않다. 하지만 DBMS는 미리 간단한 제약 조건만 설정하면 데이터 변경이 발생할 때마다 무결성 검사가 자동으로 수행된다.

6) 데이터 보안이 향상된다.

파일 정보시스템은 파일 단위의 간단한 보안 제어만 가능하여 별도의 보안 코드를 추가 개발해야 하므로 부담이 된다. 반면 DBMS는 다양한 권한 설정과 보안 체계가 지원되므로 보안 적용이 쉽다. 또, 데이터의 접근 범위와 허용 연산에 대한 세분화된 제어도 가능하므로 권한 없는 사용자로부터 데이터베이스를 보호할 수 있다.

7) 표준화된 데이터 접근이 가능하다.

DBMS를 통해서만 데이터 접근이 가능하므로 데이터 접근 방법과 데이터 구조가 통일되어 표준화가 쉽다. 표준화된 데이터 언어와 데이터 모델을 통해 각 응용 프로그램들이 같은 방식으로 데이터베이스에 접근하도록 한다. 이는 데이터 접근 부담을 감소시킨다.

8) 데이터 가용성이 향상된다.

데이터 가용성(data availability)은 필요하면 언제든지 안정적으로 데이터를 접근할 수 있는 특성이다. 데이터를 접근하는 동안 언제든지 장애(failure)가 발생할 수 있다. 장애 대처가 어려운 파일 정보시스템에 비하여 DBMS는 장애 발생 이전 상태로 복원하는, 복잡하지만 완전한 회복(recovery) 기능을 지원한다.

9) 응용 프로그램의 개발 비용이 감소한다.

데이터 접근과 관리를 위한 기능이 DBMS에 의해 지원되므로 파일 정보 시스템에 비하여 응용 프로그램 개발 시간과 노력, 인력이 줄어든다. 프로그램 코드 양도 감소하므로 초기 개발 비용뿐만 아니라 유지보수 비용도 함께 감소한다.

데이터베이스(또는 DBMS) 활용의 단점

파일 정보 시스템에 비해 데이터베이스 또는 DBMS를 활용하는 데이터베이스 시스템의 단점은 다음과 같다.

1) 시스템 운영비용이 증가한다.

DBMS는 별도의 구입비용이 필요하다. 동시 사용자 수에 따라 가격도 높아지고 DBMS의 복잡하고 다양한 기능이 동작할 수 있도록 고성능의 컴퓨터도 요구되므로 운영비용은 부담이 될 수 있다.

2) 시스템 관리 부담이 높아진다.

DBMS는 복잡하지만 많은 유용한 기능을 제공한다. DBMS를 활용할 수 있는 전문 지식과 기술을 습득해야만 DBMS의 성능을 제대로 발휘시킬 수 있다. 특히, 데이터베이스 관리자는 DBMS에 대한 깊은 이해와 숙련된 관리 능력이 요구된다.

3) 시스템 취약성이 증가한다.

모든 데이터가 통합되고 이에 대한 관리가 DBMS에 집중되므로 장애가 빈번하게 발생하거나 장애에 대한 조치가 효과적이지 않을 경우, 업무 처리에 큰 영향을 줄 수 있다. 또, 다수 사용자의 접근에 따른 부적절한 데이터 노출과 품질 손상 등의 위험도 높아진다. 데이터베이스 활용도가 높은 환경일수록 취약성이 늘어난다.

파일 정보 시스템과의 비교를 통해 데이터베이스 또는 DBMS를 활용한 데이터베이스 시스템의 장단점을 정리하면 〈표 1-3〉과 같다.

〈표 1-3〉 데이터베이스(DBMS)의 장단점

특성	파일 정보 시스템: 파일	데이터베이스 시스템: DB(DBMS)
데이터 종속성	높음	낮음(제한된 종속)
데이터 중복성	높음	낮음(제어된 중복)
데이터 공용	불가	가능
일관성 유지	어려움	쉬움
무결성 유지	어려움	쉬움
보안성 유지	어려움	쉬움
통합성/표준성 지원	낮음	높음
안정성/가용성 지원	낮음	높음(백업과 회복)
개발비용	많음	적음
운영비용	적음	많음
관리부담	낮음	높음
취약성	낮음	높음

데이터베이스와 DBMS 활용의 장단점에도 불구하고 응용 프로그램 개발 시 DBMS 활용 여부는 더 이상 선택의 문제가 아니고 필수적인 요구 사항이다. 단점들은 구조적 문제라기보다는 노력과 준비로 대처 가능한 요소들이다. 데이터베이스와 DBMS 활용을 피하는 것은 마치 여러 위험성과 운전의 두려움, 미숙함을 이유로 자동차를 일부러 버리고 불편함을 감수하려는 것만큼 비상식적이다.

2. 데이터베이스의 기본 개념

데이터베이스는 사용자의 수준과 활용 목적에 따라 저마다 다양하게 인식하고 정의하고 있다. 정보 시스템의 핵심 요소로서의 역할을 하는 데이터베이스의 의미와 특성을 살펴본다.

2.1 데이터베이스의 등장

데이터베이스란 용어는 'Data'와 'Base'의 합성어로 1960년 초부터 공식적으로 사용해왔다. 현재는 언론 매체를 통해 누구나 쉽게 접하는 일상적인 용어가 되었다.

- 넓은 의미의 데이터베이스
  보통 관련된 **콘텐츠**(content)를 모아놓은 데이터 저장소를 데이터베이스라 부른다. 물론, 자유로운 검색이 가능해야 한다. 데이터의 입력, 수정, 삭제도 가능해야 한다. 이것은 넓은 의미의 데이터베이스를 의미한다. 활용 예로써 인터넷 웹 문서, 전자책(e-book)을 제공하는 전자도서관, VOD 서비스 등이 여기에 포함된다. 데이터 형식이나 구성에 제약 없이 자유롭게 활용하는 사용자 관점에서의 데이터베이스이다.

- 좁은 의미의 데이터베이스
  반면, 데이터베이스를 보다 효율적이고 체계적으로 활용하기 위해서는 **엄격한 제약**을 갖는 데이터 저장소를 구성할 필요가 있다. 이것은 좁은 의미의 데이터베이스를 의미한다. 활용 예로써 인터넷 뱅킹 시스템, 극장 예매 시스템, 쇼핑몰 구매 시스템, 편의점 재고관리 시스템 등이 여기에 포함된다. 데이터 형식이나 구성에 엄격한 제약을 갖는 시스템 관점에서의 데이터베이스이다.

보통 데이터베이스를 배운다고 할 때의 대상은 넓은 의미의 데이터베이스가 아닌 바로 이 좁은 의미의 데이터베이스이다. 이 책에서 다루는 대상도 좁은 의미의 데이터베이스이다.

2.2 데이터베이스의 정의

데이터베이스는 [그림 1-10]과 같은 데이터들의 저장소이어야 한다.

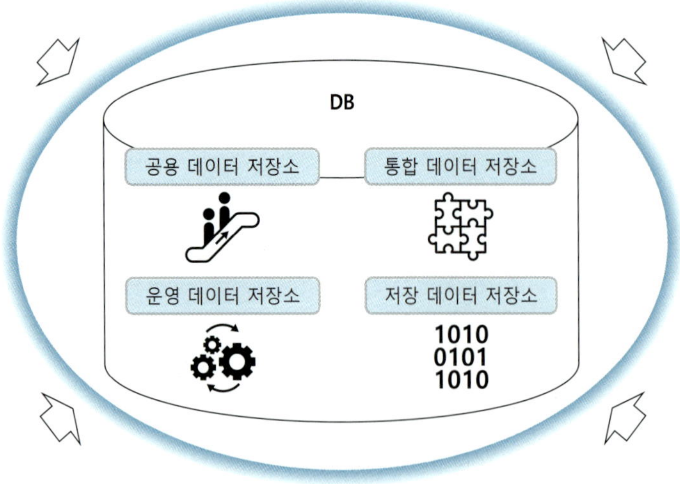

[그림 1-10] 데이터베이스의 정의

■ 공용 데이터의 저장소

데이터베이스는 많은 사용자(또는 응용 프로그램)들이 다양한 목적을 위해 공동으로 소유하고 유지하는 **공용 데이터**(shared data)들의 저장소를 의미한다. 기본적으로 데이터베이스는 특정 한 사람의 소유물이 아니다. 연락처, 가계부처럼 혼자 사용할 목적으로 자신 혼자만이 소유한 데이터 저장소는 진정한 의미의 데이터베이스라고 하기 어렵다.

■ 통합 데이터의 저장소

데이터베이스는 여러 곳에서 필요한 데이터를 하나로 통합한 **통합 데이터**(integrated data)들의 저장소를 의미한다. 여기서 통합은 한 곳으로 모으는 물리적 통합보다는 여러 장소에 흩어져 있더라도 상호 연결되어 접근할 수 있는 논리적 통합을 뜻한다. 제각기 존재하던 데이터를 모아 상호 연결되기 위해서는 데이터의 중복을 최소화하고 데이터간의 연관성을 유지하는 체계화된 노력이 요구된다.

■ 운영 데이터의 저장소

데이터베이스는 특정 조직의 운영 목적을 위해 사용되는 **운영 데이터**(operated data)들의 저장소를 의미한다. 회사, 기관, 단체 등 각 조직은 고유 역할을 수행하기 위해 꼭 필요한 데이터가 있다. 조직 운영을 위해 필수적 데이터를 운영 데이터라고 한다. 데이터베이스는 없어도 그만인 데이터가 아닌 반드시 필요한 데이터들의 모임이어야 한다.

■ 저장 데이터의 저장소

데이터베이스는 책과 같은 인쇄물 형태가 아니고 컴퓨터를 통해 직접 접근이 가능해야 한다. '0'과 '1'의 이진 문자열로 표현되는 디지털화된 **저장 데이터**(stored data)들의 저장소를 의미한다. 데이터베이스는 디스크, 테이프와 같은 컴퓨터가 접근할 수 있는 저장 매체에 기록되어야 한다.

결과적으로 데이터베이스는 여러 사용자나 응용 프로그램들이 함께 사용할 목적으로 체계적으로 통합하여 저장한 운영에 꼭 필요한 필수 데이터들의 저장소라고 정의할 수 있다.

2.3 데이터베이스의 특성

데이터베이스는 구축 이후에도 엄격한 조건을 충족하며 운영되어야만 한다. 이를 위해 DBMS(Database Management System)라고 하는 데이터베이스 전용 소프트웨어 시스템이 필요하다. DBMS를 통해 [그림 1-11]과 같은 데이터베이스 특성들이 충족되어야 한다.

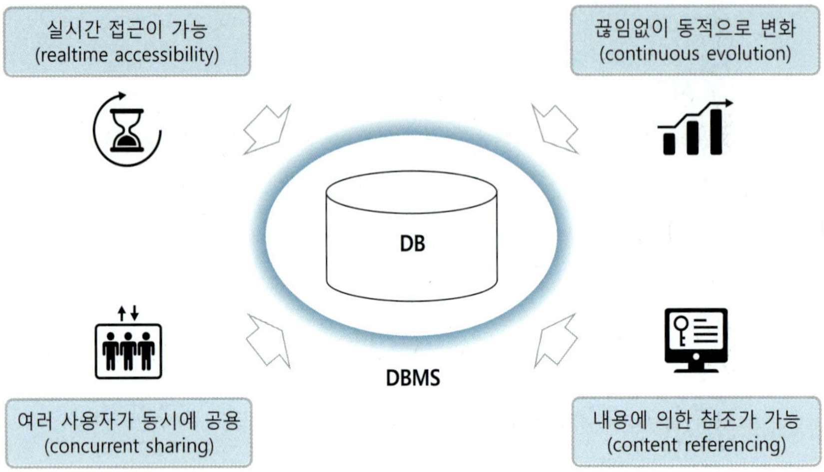

[그림 1-11] 데이터베이스의 특성

■ 실시간 접근(realtime accessibility)

데이터베이스는 사용자의 데이터 요구에 실시간 응답해야 한다. 실시간(realtime)은 허용되는 시간(dead line) 이내에 응답해야함을 뜻하는데 데이터베이스는 보통 응답 시간이 수 초 안에 이루어져야한다. 데이터베이스 접근 사용자수가 몇 천, 몇 만 명이더라도 수 초 안에 각 사용자의 요청을 처리하고 그 결과를 제공해야 한다. 예를 들어 영화 예매를 위해 잔여 좌석수를 검색하는데 수 분 이상이 소요되면 곤란하다.

■ 끊임없는 변화(continuous evolution)

데이터베이스는 끊임없이 동적으로 변화해야 하고 고인 물처럼 정적이어서는 안 된다. 현실 세계가 시시각각 변화함에 따라 데이터베이스도 계속해서 최신 데이터로 변경되어야 한다. 마치 살아서 활동하는 생명체처럼 역동적으로 변화함으로써 현실 세계를 정확히 반영해야 한다. 예를 들어 팔고자하는 주식 시세가 현재 시세가 아닌 몇 분 전의 과거 시세라면 곤란하다.

■ 동시 공용(concurrent sharing)

데이터베이스는 여러 사용자가 동시에 공용할 수 있어야 한다. 누구나 필요할 때 자기가 원하는 데이터를 활용할 수 있어야 한다. 사용자 수가 많다고 해서 저장소에 접근이 제한되고 순번을 받고 대기하는 일은 없어야 한다. 예를 들어 100명까지는 동시에 사용할 수 있지만 101번째부터는 기다려야하는 상황은 곤란하다. 다른 사용자의 사용 여부와 상관없이 항상 데이터 접근이 가능해야 한다.

■ 내용 기반 참조(content based referencing)

데이터베이스는 내용에 의한 참조가 가능해야 한다. 데이터 참조를 위해 데이터의 저장 위치는 알 필요가 없고 오직 찾고자 하는 데이터의 내용 즉, 값을 이용하여 데이터 접근이 가능해야 한다. 예를 들어 일반 사용자는 '홍길동'과 같은 검색할 학생 이름만 키워드로 알고 있으면 '홍길동' 학생의 모든 신상 데이터를 확인할 수 있어야 한다.

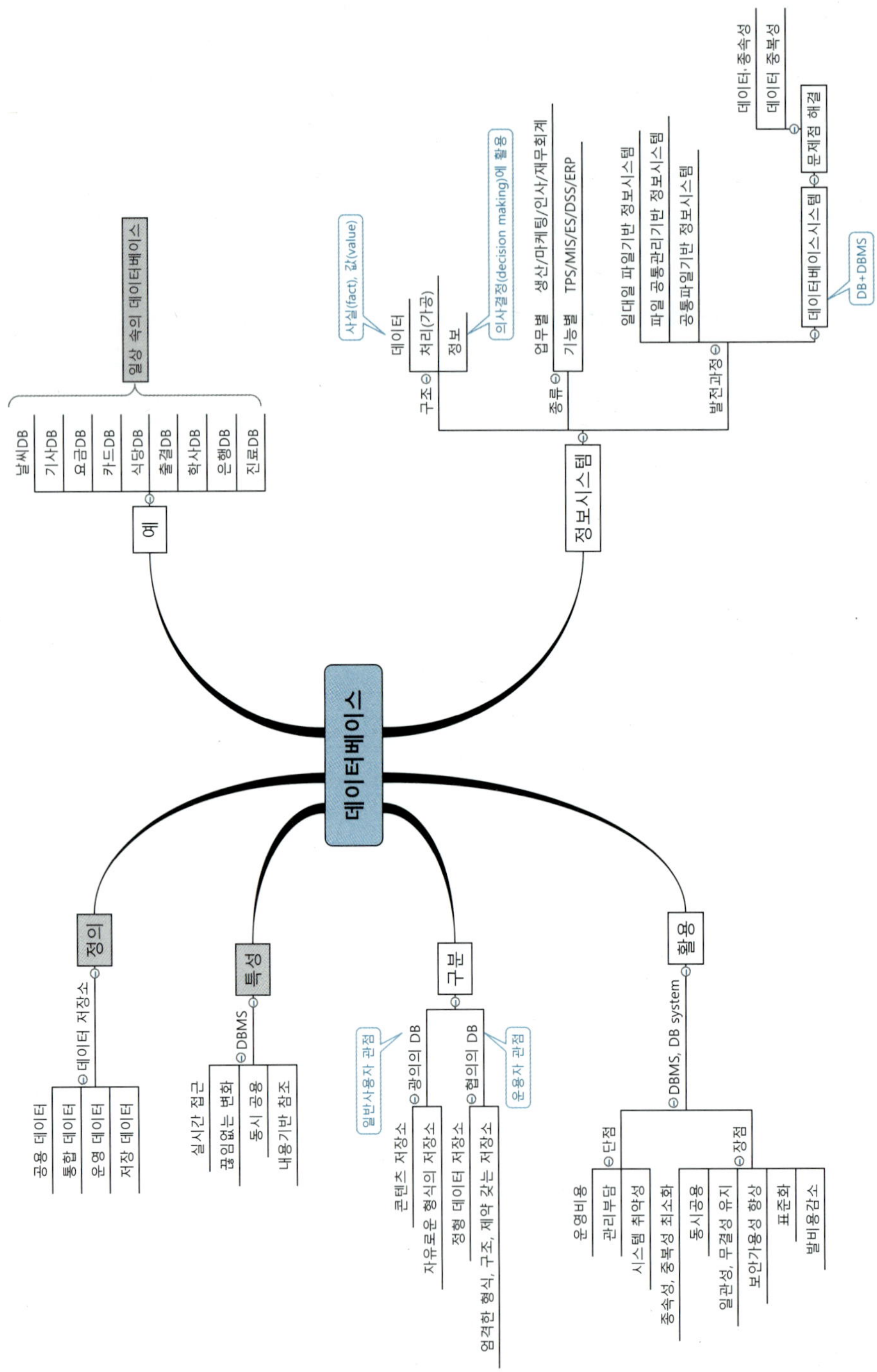
데이터베이스
예
날씨DB
기사DB
요금DB
카드DB
식당DB
출결DB
학사DB
은행DB
진료DB
일상 속의 데이터베이스
정보시스템
구조
데이터
사실(fact), 값(value)
처리(가공)
정보
의사결정(decision making)에 활용
종류
업무별
생산/마케팅/인사/재무회계
기능별
TPS/MIS/ES/DSS/ERP
발전과정
일대일 파일기반 정보시스템
파일 공통관리기반 정보시스템
공통파일기반 정보시스템
데이터베이스시스템
DB+DBMS
문제점 해결
데이터 종속성
데이터 중복성
정의
데이터 저장소
공용 데이터
통합 데이터
운영 데이터
저장 데이터
특성
DBMS
실시간 접근
끊임없는 변화
동시 공용
내용기반 참조
구분
광의의 DB
일반사용자 관점
콘텐츠 저장소
자유로운 형식의 저장소
협의의 DB
운용자 관점
정형 데이터 저장소
엄격한 형식, 구조, 제약 갖는 저장소
활용
DBMS, DB system
단점
운영비용
관리부담
시스템 취약성
장점
종속성, 중복성 최소화
동시공용
일관성, 무결성 유지
보안가용성 향상
표준화
발비용감소

연습문제 EXERCISE

01 데이터와 정보에 대한 설명으로 가장 적합한 것은?

① 정보는 데이터를 처리해서 얻을 수 있는 결과이다.
② 정보는 현실 세계에 존재하는 가공하지 않은 그대로의 모습을 의미한다.
③ 데이터는 적절한 의사 결정을 위하여 직접적으로 사용할 수 있는 수단이다.
④ 데이터와 정보는 같은 의미이다.

02 파일 처리 방식과 비교하여 데이터베이스 관리 시스템을 활용할 때의 장단점에 대한 설명으로 옳지 않은 것은?

① 데이터의 중복을 최소화할 수 있다.
② 데이터의 일관성을 유지하기 쉽다.
③ 데이터의 무결성을 유지하기 쉽다.
④ 데이터간의 복잡한 관계로 인하여 표준화가 어렵다.

03 다음 보기가 설명하는 것은?

- 관계형 데이터베이스 안의 테이블들은 서로 연결해줄 수 있는 공통의 속성을 공유한다. 이때 테이블 속성 간에 같은 데이터가 여러 번 나타날 수 있는데 이를 설명하는 용어이다.
- 데이터 중복이 허용되는 경우의 대부분은 테이블 간의 연결이나 성능 향상을 위해 필요한 경우로 한정되는데 이것 또한 같은 의미이다.

① 외래키 ② 중복 투명성
③ 데이터 종속성 최소화 ④ 제어(통제)된 중복

04 DBMS를 통하여 향상될 수 있는 장점에 속하지 않는 것은?

① 데이터의 종속성 ② 데이터의 일관성
③ 데이터의 표준화 ④ 데이터의 무결성

05 데이터베이스의 정의로 가장 적합한 것은?

① 공용 데이터, 통합 데이터, 참조 데이터, 운영 데이터
② 공용 데이터, 분석 데이터, 참조 데이터, 운영 데이터
③ 공용 데이터, 분석 데이터, 저장 데이터, 운영 데이터
④ 공용 데이터, 통합 데이터, 저장 데이터, 운영 데이터

06 데이터베이스에 저장된 데이터의 특성 중 옳지 않은 것은?

① 실시간 데이터 ② 운영 데이터
③ 통합 데이터 ④ 종속 데이터

07 데이터베이스 또는 DBMS 사용과 관련하여 가장 옳은 설명은?

① 단일 사용자가 개인 혼자 사용하는 경우에도 DBMS 사용은 필수적이다.
② 데이터베이스를 사용하면 새로운 기능의 추가 및 확장이 쉬워 융통성이 향상된다.
③ 운영비와 백업 및 회복의 오버헤드가 매우 크므로 DBMS 사용 여부는 가급적 보수적으로 결정해야한다.
④ 큰 규모의 기업인 경우 데이터베이스 사용에 따른 정보의 표준화를 기대하기 어렵다.

08 데이터베이스에 관한 설명 중 관련성이 가장 적은 것은?

① 데이터베이스는 통합된 데이터이다.
② 효율적 사용을 위해 실시간 처리가 가능해야 한다.
③ 데이터베이스 안의 데이터는 독점 데이터이다.
④ 데이터베이스 안의 데이터는 운영 데이터이다.

09 다음 문장이 참이면 ○, 거짓이면 ×를 하시오.

① 정보(information)는 수집된 그대로의 정량적 혹은 정성적 실제 값(value)을 말한다. (   )
② 각 사용자 관점에 따라 특정 정보는 또 다른 누군가에게는 데이터가 될 수 있다. (   )
③ 기업 전반의 운영 및 관리 정보를 통합 지원하는 정보 시스템은 전사적자원관리시스템(ERP)이다. (   )
④ 파일 처리의 근본적 문제는 데이터 종속성과 데이터 중복성 문제이다. (   )
⑤ 데이터베이스의 주요 특성인 통합은 여러 장소에 흩어져 있더라도 상호 연결되어 접근할 수 있는 논리적 통합보다는 한 곳으로 모으는 물리적 통합을 뜻한다. (   )

10 다음 ( ) 안에 적당한 용어를 채워 완성하시오.

① (   )는 현실 세계에서 관찰 또는 수집의 결과로 나타난 사실(fact)이다.

② 수집된 데이터를 저장했다가 필요할 때 제공하는 역할은 정보 시스템의 핵심인 (   )가 담당한다.

③ 기업들이 독립적인 부서를 통해 조직의 전체 데이터를 관리하게 하고 (   )라는 최고 경영자를 임명하여 의사결정에 필요한 정보를 관장하게 하는 이유는 그만큼 기업 경쟁력의 핵심 요소이기 때문이다.

④ (   )은 중복되거나 연관된 데이터 간의 의미적 불일치성 혹은 모순성이 없는 상태를 말한다.

⑤ (   )은 저장된 데이터 값이 현실 세계의 실제 값과 얼마나 정확히 일치하는지를 뜻하는 의미적 정확성을 말한다.

11 데이터와 정보의 차이를 구별하여 설명하시오.

12 정보 시스템의 구조와 종류를 설명하시오.

13 파일 정보 시스템 방식과 비교할 때 데이터베이스 시스템 방식이 갖는 장점은 무엇인지 설명하시오.

14 시대별 데이터베이스 시스템의 성장 과정을 개략적으로 설명하시오.

15 좁은 의미의 데이터베이스를 정의하시오.

16 데이터베이스의 주요 특성 4가지를 설명하시오.

CHAPTER

02

데이터베이스 시스템

1. 데이터베이스 시스템의 구성 요소
2. 3-단계 데이터베이스

학습목표

- 데이터베이스 사용자의 종류와 역할을 알아본다.
- 데이터 언어의 종류를 알아본다.
- 데이터베이스 관리 시스템의 구성 요소와 기능을 이해한다.
- 데이터 모델의 종류와 DBMS와의 관계를 알아본다.
- 3-단계 데이터베이스의 구조와 데이터 독립성을 이해한다.

CHAPTER

2 데이터베이스 시스템

1. 데이터베이스 시스템의 구성 요소

데이터베이스 시스템은 보통 데이터베이스뿐만 아니라 데이터베이스 사용자, 데이터 언어, 데이터베이스 관리 시스템, 데이터베이스 서버, 데이터 모델 등의 6가지 요소로 구성된다. 데이터베이스 시스템을 구성하는 요소들에 대해서 알아본다.

1.1 데이터베이스 시스템의 개념

가끔 사람들이 이야기하는 데이터베이스의 개념이 서로 다른 경우가 있다. 흔히 데이터베이스와 데이터베이스 관리 시스템 그리고 데이터베이스 시스템을 혼용해서 사용하기 때문이다.

이들은 사실 서로 구별되는 개념이다. 저장소를 뜻하는 **데이터베이스**(DB; DataBase)와 이를 관리하는 소프트웨어인 **DBMS**(DBMS; DataBase Management System)는 엄밀히 다르며 이들을 모두 포함하는 개념이 **데이터베이스 시스템**(DBS; DataBase System)이다. 데이터베이스 시스템은 데이터베이스를 접근하거나 관리하는 데이터베이스 사용자(database user), DB 사용자가 DB를 접근하기 위해 사용하는 데이터 언어(data language) 그리고 DB에 대한 다양한 접근 요청을 효율적으로 실행하는 데이터베이스 서버(database server)까지 추가로 포함하는 포괄적인 개념이다.

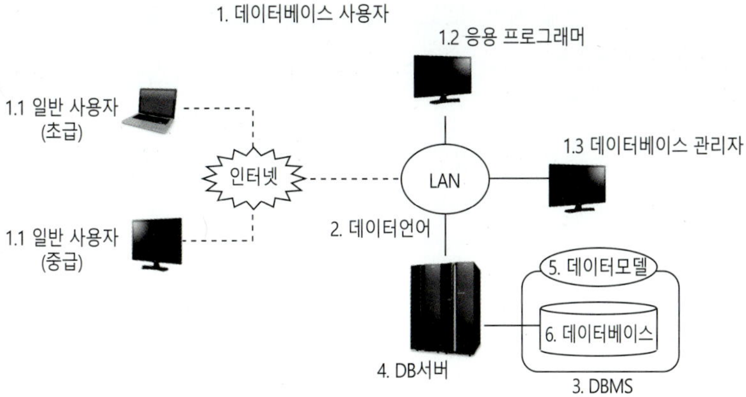

[그림 2-1] 데이터베이스 시스템의 구성 요소

데이터베이스 시스템을 구성하는 각 하위 구성 요소들을 살펴보자.

1.2 데이터베이스 사용자

데이터베이스 사용자(user)는 접근 방식과 활용 목적에 따라 일반 사용자, 응용 프로그래머, 데이터베이스 관리자의 3가지 사용자 유형으로 분류한다.

일반 사용자

일반 사용자는 컴퓨터나 데이터베이스에 대한 전문 지식 없이 데이터베이스를 접근하는 사용자 유형이다. **최종 사용자**(end user)라고도 한다.

일반 사용자는 다시 초급 사용자와 중급 사용자로 분류할 수 있다.

▪ 초급 사용자

초급 사용자는 데이터베이스 관련 지식이 거의 없는 사용자로 데이터베이스나 DBMS의 존재를 알지 못한다. 주로 개발자가 개발한 응용 프로그램의 실행 화면을 통해 데이터를 단순 반복 처리한다.

▪ 중급 사용자

중급 사용자는 데이터베이스 기본 지식을 갖추고 필요할 경우, 데이터 언어를 사용하여 데이터에 대한 처리를 직접 DBMS에 요청한다. IT 부서의 담당자처럼 프로그램이 지원하지 않는 데이터의 검색이나 통계 처리, 보고서 작성 등의 업무를 위해 데이터 언어를 직접 작성한다.

초급 및 중급 사용자 모두 자신의 업무나 정보 획득을 목적으로 데이터 검색뿐만 아니라 데이터의 입력, 수정, 삭제 등을 수행한다.

응용 프로그래머

응용 프로그래머는 데이터베이스 전문 지식을 가지고 응용 프로그램(application)을 개발할 목적으로 데이터베이스를 접근하는 사용자 유형이다. **프로그램 전문 개발자**로 C, Java, JSP, PHP와 같은 프로그래밍 언어를 구사할 수 있고 작성한 응용 프로그램 안에 데이터 언어나 DBMS 실행 명령어 등을 포함시킬 수 있는 능력을 갖춘 사용자이다. 일반 사용자를 위한 업무처리 프로그램과 화면 등을 개발하여 제공한다.

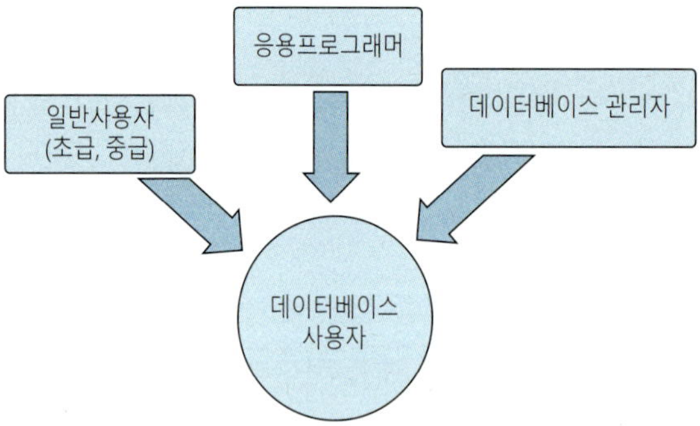

[그림 2-2] 데이터베이스 사용자의 분류

데이터베이스 관리자

데이터베이스 관리자(DBA; DataBase Administrator)는 데이터베이스를 구축하고 데이터베이스 시스템을 자체적으로 운영·통제하는 특별한 소수의 사용자 유형이다. DBMS의 **슈퍼 사용자**(super user)로서 데이터베이스 시스템의 관리를 총괄한다. 데이터베이스의 설계, 구축, 서비스, 운영 등을 위해 DBMS의 다양한 기능들을 활용함으로써 데이터베이스 시스템을 제어한다.

데이터베이스 관리자는 데이터베이스에 대한 모든 권한과 최종 책임을 갖는 전문가이다. 데이터베이스 전체 구조를 설계하고 보안, 백업, 회복, 성능 감시, 표준화 및 민원 조정 등의 데이터베이스 운영과 관리를 위한 핵심 역할을 수행한다. 전체 데이터베이스 시스템의 구축과 운영 성패를 결정하는 중요한 역할을 하므로 데이터베이스와 컴퓨터 시스템, DBMS 관련 폭넓은 지식과 기술, 경험을 갖고 있어야 한다.

■ DBA의 주요 역할

데이터베이스 관리자의 주요 업무는 다음과 같다.

- 데이터베이스 시스템의 구성 요소 선정
- 데이터베이스의 구조 정의
- 물리적 저장 구조와 접근 방법 결정
- 무결성 유지를 위한 제약 조건 정의
- 보안 및 접근 권한 정책 결정
- 백업 및 회복 기법 정의
- 시스템 데이터베이스 관리
- 시스템 성능 감시 및 성능 분석
- 데이터베이스의 재구성
- 데이터베이스 관련 의견 조정과 분쟁 해결

데이터베이스 관련 역할에 따라 사용자별로 요구되는 능력은 〈표 2-1〉과 같다.

〈표 2-1〉 데이터베이스 사용자별 요구 능력(○: 높음, △: 중간, ×: 없음)

구분	일반 사용자		응용 프로그래머	데이터베이스 관리자
	초급	중급		
SQL 활용 능력	×	△	○	○
프로그래밍 능력	×	×	○	△
모델링 능력	×	×	△	○
DBMS 활용 능력	×	△	△	○

사용자 수준이 높을수록 요구되는 능력도 많아진다. 초급 사용자는 요구되는 능력이 거의 없는 반면 데이터베이스 관리자는 거의 모든 능력과 경험이 요구된다. 중급 사용자는 모델링 지식을 추가로 갖출 경우, 정보 시스템 구축 시 효과적인 업무 요구사항의 전달이 가능

하다. 또, 이해도가 높아져 데이터 언어 사용도 쉬워질 수 있다. 최근 초급 사용자들이 데이터베이스 지식에 관심을 갖고 데이터 언어를 습득하려는 이유 중 하나이다.

1.3 데이터 언어

데이터베이스 사용자와 응용 프로그램은 모두 DBMS를 통해서만 데이터베이스에 접근할 수 있다. 이를 위해 DBMS에 요청 내용을 전달하기 위한 도구가 필요하며 이것이 **데이터 언어**(data language)이다. 보통 데이터 언어는 표준 데이터베이스 언어인 SQL(Structured Query Language)을 의미한다. 데이터 언어 즉, SQL은 여러 명령어로 구성되는데 사용 목적에 따라 데이터 정의어와 데이터 조작어, 데이터 제어어의 3가지 명령어 그룹으로 분류할 수 있다.

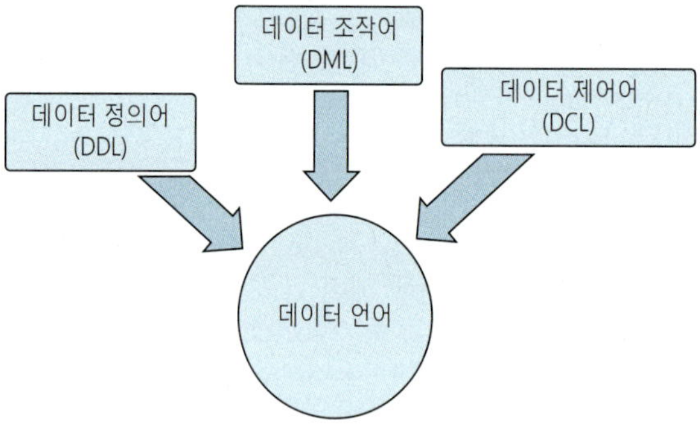

[그림 2-3] 데이터 언어의 분류

데이터 정의어

데이터 정의어(DDL: Data Definition Language)는 새로운 데이터베이스 구조를 정의하거나 기존 데이터베이스 구조를 변경하는 명령어 집합이다. 데이터베이스 구조를 표현하는 데이터베이스 스키마를 명세하기 위해 사용한다. 명세한 데이터베이스 스키마 내용은 DBMS에 의해 해석된다. 스키마 구조뿐만 아니라 제약 조건과 스키마 사이의 사상 정보도 포함하며 데이터 사전에 저장된다. DDL 명령어는 주로 데이터베이스 설계자(응용 프로그래머)나 데이터베이스 관리자가 사용한다.

DDL 명령어의 예 : CREATE, ALTER, DROP

데이터 조작어

데이터 조작어(DML; Data Manipulation Language)는 데이터베이스 안의 데이터를 실제 조작하는 명령어 집합이다. DBMS에게 데이터의 입력, 수정, 삭제 및 검색을 요청하기 위해 사용한다. DML 명령어는 가장 많이 사용되는 인터페이스 도구이다. 일반 사용자나 응용 프로그래머 그리고 데이터베이스 관리자 모두가 사용한다.

DML 명령어의 예 : INSERT, UPDATE, DELETE, SELECT

데이터 제어어

데이터 제어어(DCL; Data Control Language)는 데이터베이스를 제어하고 통제하기 위해 사용하는 명령어 집합이다. 데이터베이스가 안전하게 오류 없이 동작하고 성능을 유지하도록 각종 제약이나 옵션을 설정함으로써 DBMS가 데이터베이스를 올바르게 관리하도록 한다. 동시 접근이 가능하도록 하는 동시성 제어(concurrency control), 장애 발생 시 적절한 조치를 위한 회복(recovery), 데이터의 정확성 유지를 위한 무결성(integrity), 데이터 보호를 위한 보안(security)과 사용자 계정 관리 등을 지시하기 위한 명령어들로 구성된다. DCL 명령어는 주로 데이터베이스 관리자가 사용한다.

DCL 명령어의 예 : GRANT, REVOKE, COMMIT, ROLLBACK

이러한 3가지의 명령어 그룹 분류는 기능별로 구분한 것일 뿐, 실제로는 하나의 데이터 언어 안에서 여러 명령어 형태로 제공된다.

Tip 질의

데이터 언어 대신 '질의'라는 표현을 자주 사용하기도 한다. **질의**(query)란 용어는 원래 좁은 의미에서는 데이터 검색을 위한 데이터 조작어를 의미한다. 하지만 현재 넓은 의미에서는 데이터의 검색뿐만 아니라 입력, 수정, 삭제 그리고, 데이터 정의 기능까지를 포함하는 광범위한 기능을 가진 데이터 언어를 뜻하는 것으로 사용되고 있다. 보통 SQL, 데이터베이스 언어 그리고 질의를 모두 같은 의미로 혼용해서 사용하기도 한다.

1.4 데이터베이스 관리 시스템

데이터베이스 관리 시스템(DBMS; Database Management System)은 데이터베이스를 효율적으로 관리하고 데이터베이스에 대한 데이터 요청을 처리하는 소프트웨어 시스템이다. 사용자와 데이터베이스 사이의 중재자 역할을 수행함으로써 다양한 사용자나 응용 프로그램이 데이터베이스를 함께 사용할 수 있도록 지원한다. 사용자에게 복잡한 내부 처리 과정과 물리적 구조 등을 숨기고 데이터 언어를 통해 데이터베이스를 접근하고 제어하도록 한다. 데이터 언어인 SQL을 해석하고 실행하는 데이터베이스 시스템의 구성 요소가 바로 DBMS이다. DBMS는 다양한 프로그램들로 구성된 대규모 시스템 소프트웨어 중 하나이다. 질의어 처리기, 트랜잭션 관리기, 컴파일러, 저장 관리기 등 다양한 소프트웨어 모듈의 패키지 형태로 구성된다.

DBMS의 구성 요소

DBMS를 구성하는 주요 요소는 [그림 2-4]와 같다. 사용자 유형별로 다양한 데이터 언어와 인터페이스를 제공하며 이를 해석하고 처리하는 여러 모듈로 구성된다.

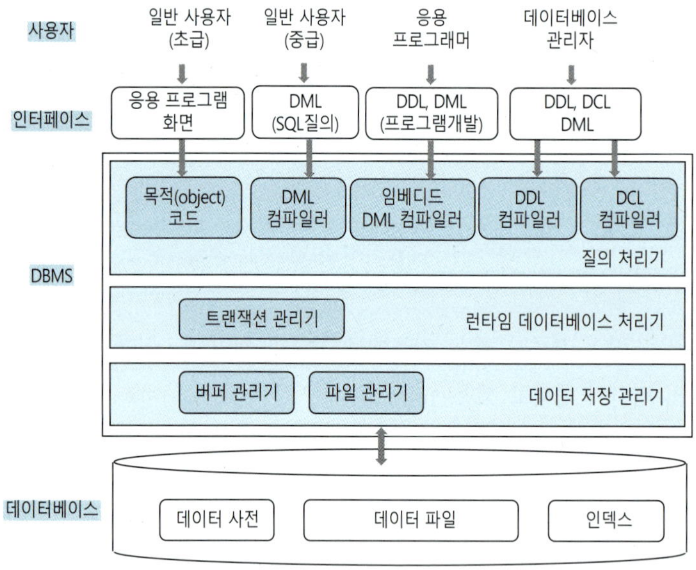

[그림 2-4] DBMS의 구성 요소

DBMS의 필수 기능

DBMS가 제공하는 주요 기능도 3가지로 분류할 수 있다.

1) 정의 기능

DBMS는 필요한 모든 데이터를 저장하는 통합 데이터베이스 구조를 생성하거나 이미 생성된 구조를 삭제 또는 변경할 수 있도록 한다.

2) 조작 기능

DBMS는 데이터베이스 안에 저장된 데이터에 접근하여 원하는 데이터 조작을 할 수 있도록 한다. 사용자의 다양한 입력, 수정, 삭제 및 검색 요청을 효율적으로 처리한다.

3) 제어 기능

DBMS는 여러 사용자가 동시에 다양한 목적으로 접근하더라도 항상 데이터를 정확하고 안전하게 유지하도록 통제한다. 사용자별 보안과 권한을 설정하고 데이터 조작 과정 중에 높은 동시성과 무결성을 유지하면서도 백업을 통해 장애 발생 시 필요한 회복 조치가 가능하도록 제어한다.

DBMS의 3가지 필수 기능과 SQL(데이터 언어) 명령어, 사용자 유형 사이에는 깊은 연관관계가 있다. 〈표 2-2〉는 사용자 유형에 따라서 사용하는 SQL 명령어와 이를 해석하고 처리하는 DBMS의 필수 기능이 밀접하게 관련됨을 보여준다.

〈표 2-2〉 사용자 유형별 활용 SQL 및 DBMS 기능

사용자 유형		SQL 명령어	DBMS 기능
일반 사용자	초급	–	조작 기능
	중급	DML	조작 기능
응용 프로그래머		DDL, DML	정의 · 조작 기능
데이터베이스 관리자		DDL, DML, DCL	정의 · 조작 · 제어 기능

1.5 데이터베이스 서버

데이터베이스 서버는 데이터베이스가 구동되는 서버(server)의 역할을 하는 컴퓨터를 말한다. 클라이언트/서버 컴퓨팅 환경에서 사용자는 클라이언트 컴퓨터를 통해 접근한다. 데이터베이스 처리는 시스템 부하가 매우 크므로 보통 데이터베이스 시스템을 독립된 컴퓨터 안에 서버 형태로 운영한다. 데이터베이스 서버 안에는 데이터베이스가 물리적으로 저장되

며 DBMS가 설치되어 다양한 요청이 처리된다.

전통적으로 데이터를 저장하고 많은 요청을 처리하기 위해 데이터베이스 컴퓨터는 고성능의 사양을 요구해왔다. 하지만 점차 컴퓨터의 처리 능력과 성능이 크게 발전됨에 따라 현재는 소규모 시스템의 경우, 데이터베이스 전용 컴퓨터가 없어도 일반 컴퓨터를 데이터베이스 서버로 활용하는 것이 가능한 환경이 되었다. 한계가 있을 수 있지만 개인 컴퓨터도 DBMS를 설치하고 데이터베이스 서버로 운영하는 것이 실제로 가능하다. 또한 대량의 빅데이터를 효율적으로 처리해야 하거나 운영과 관리가 부담스러운 경우 클라우드 시스템을 활용하는 것도 선택 가능한 방안으로 대두되고 있다. 구축하고자 하는 정보시스템의 규모와 용도에 맞게 적절한 형태의 데이터베이스 서버를 선택한다.

1.6 데이터 모델

데이터베이스를 구축하기 위해서는 데이터를 저장하기 위한 체계화된 구조가 필요하다. 데이터베이스 종류에 따라서 다양한 저장 구조를 갖게 되는데 이러한 데이터베이스 구조를 명세하기 위한 개념 틀(concept framework)을 **데이터 모델**(data model)이라 한다.

■ 데이터 모델의 종류

대표적 데이터 모델에는 계층형 데이터 모델, 네트워크형 데이터 모델, 관계형 데이터 모델, 객체 지향형 데이터 모델, 객체 관계형 데이터 모델 등이 있다.

1) 계층형 데이터 모델

계층형 데이터 모델(HDM: Hierarchical Data Model)은 데이터 사이의 연관 관계를 물리적 위치 정보인 포인터로 표현하는 저장 방식이다. 연관된 데이터 사이를 포인터 링크로 연결한 **트리**(tree) **형태**의 계층 구조를 갖는다. 각 데이터들이 하나의 상위 부모와 여러 개의 하위 자식들을 갖는 구조로 연결된다. 검색 속도가 빠르기 때문에 일대다(1:n) 관계를 갖는 대용량 데이터베이스 처리에 강점이 있다. 반면 구조상 다대다(m:n) 관계의 표현이 어렵고 데이터가 중복되는 문제점이 있다.

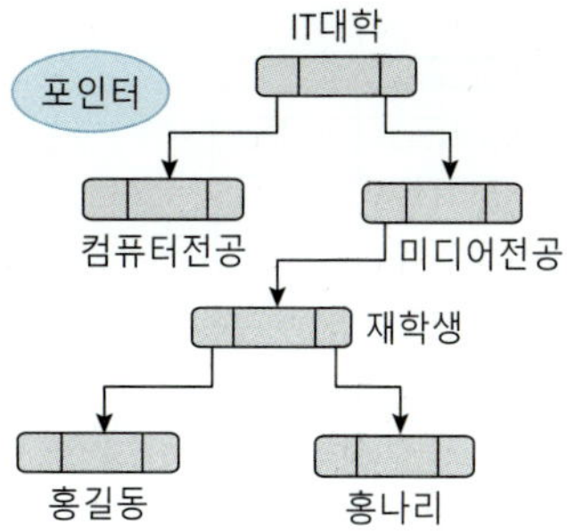

[그림 2-5] 계층형 모델 구조

2) 네트워크형 데이터 모델

네트워크형 데이터 모델(NDM; Network Data Model)도 데이터 사이의 연관 관계를 포인터로 표현하는 저장 방식이다. 연관된 데이터 사이를 포인터 링크로 연결할 때 사이클을 형성할 수 있는 **망**(network) **형태**의 구조를 갖는다는 점이 계층형 데이터 모델과 다르다. 계층형 모델의 단점을 보완하여 트리 구조를 네트워크 형태로 변환한 모델이다. 검색 속도가 빠르고 다대다(m:n) 표현이 용이한 장점이 있다. 반면 데이터의 물리적 저장 구조를 알아야 하고 구조 변경 시 응용 프로그램도 함께 변경되어야 하는 등 데이터 구조가 복잡해지는 문제점이 있다.

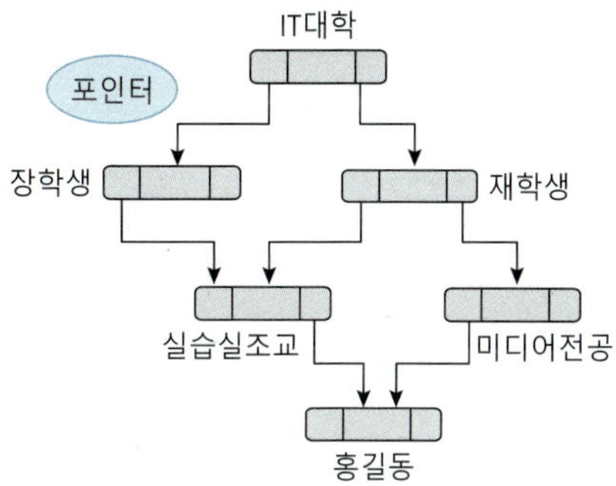

[그림 2-6] 네트워크형 모델 구조

3) 관계형 데이터 모델

관계형 데이터 모델(RDM; Relational Data Model)은 테이블 형태의 저장 구조를 가지며 데이터 사이의 연관 관계를 '**키**'(key)라고 하는 테이블의 열값(column value)을 통해 표현하는 저장 방식이다. 연관된 데이터 사이에 기본키와 외래키를 통해 논리적 관련성을 표현함으로써 유연하고 이해하기 쉽다는 장점이 있다.

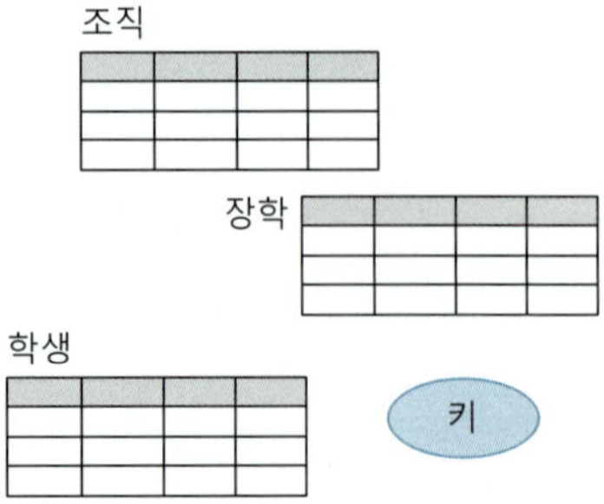

[그림 2-7] 관계형 모델 구조

4) 객체 지향형 데이터 모델

객체 지향형 데이터 모델(OODM; Object Oriented Data Model)은 객체 단위의 저장 구조를 가지며 연관된 데이터 사이의 관계를 **객체 식별자**(OID; Object IDentifier)로 표현하는 저장 방식이다. 구조적 측면에서는 계층형 또는 네트워크형 데이터 모델과 비슷하지만 객체 지향 언어의 상속, 캡슐화 등의 개념을 저장 구조에 도입한 점이 특징이다. 클래스, 상속, 자료추상화 등의 객체 지향 개념과 데이터베이스 개념을 통합하여 실세계와 유사하게 모형화하는 데이터 모델이다.

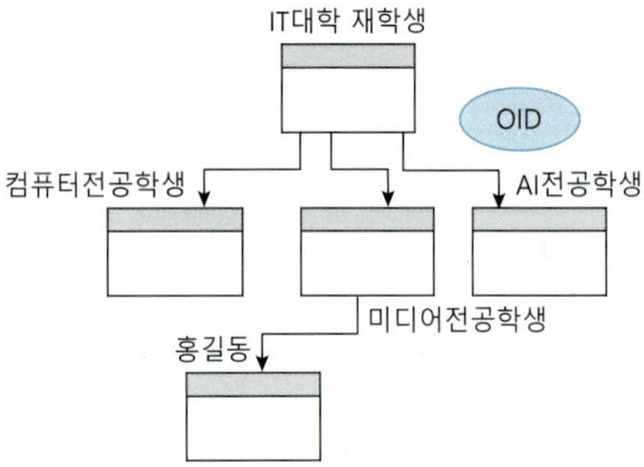

[그림 2-8] 객체 지향형 모델 구조

5) 객체 관계형 데이터 모델

객체 관계형 데이터 모델(ORDM; Object Relational Data Model)은 관계형 데이터 모델을 기본 개념으로 하고 객체 데이터 모델의 객체 특성을 일부 반영한 **절충형** 모델이다. 객체 지향 데이터 모델과 관계형 데이터 모델의 장점을 취하여 하나의 시스템으로 통합한 결과물이다. 범용적인 관계형 데이터 모델을 기반으로 하고 필요할 경우, 특정한 분야를 위해 객체 개념을 추가로 지원하는 방식이다.

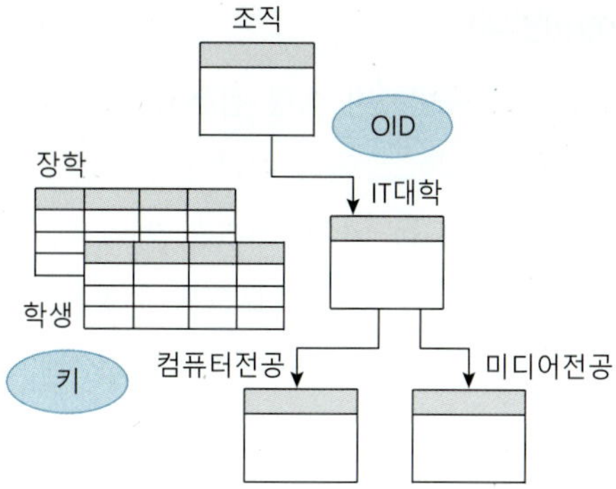

[그림 2-9] 객체관계형 모델 구조

데이터 모델과 DBMS의 관계

데이터베이스 또는 DBMS를 분류하는 가장 중요한 기준은 데이터 모델이다. 새로운 유형의 데이터베이스와 이를 지원하는 DBMS의 등장은 곧 새로운 데이터 모델의 출현을 의미한다. DBMS는 데이터베이스 개념이 탄생한 1960년대 초부터 함께 개발되기 시작했고 데이터 모델도 마찬가지이다. 수많은 DBMS가 시장에 출현했다 사라지면서 현재도 다양한 DBMS가 사용되고 있으며 계속 발전중이다.

데이터베이스와 DBMS는 데이터 모델의 유형에 따라 크게 5가지로 분류할 수 있다. 시대적으로 계층형, 네트워크형, 관계형, 객체 지향형, 객체 관계형 순으로 개발되어 왔다.

〈표 2-3〉 데이터 모델에 따른 DBMS의 역사

세대	데이터모델	데이터베이스	DBMS	DBMS의 예
1세대	계층형(Hierarchical)	HDB	HDBMS	IMS
	네트워크형(Network)	NDB	NDBMS	IDS, 코다실(CODASYL)
2세대	관계형(Relational)	RDB (SQL DB)	RDBMS	System R, 잉그레스(Ingres), 포스트그레스(POSTGRES), 사이베이스(Sybase), 액세스(Access), 인포믹스(Informix), DB2, 오라클(Oracle), MS SQL 서버, MySQL
3세대	객체 지향형(Object)	OODB	OODBMS	O2, 온토스(ONTOS), 젬스톤(GemStone), 오브젝트스토어(ObjectStore)
	객체 관계형(Object-Relational)	ORDB	ORDBMS	인포믹스 유니버설 서버(Informix Universal Server), 유니SQL(UniSQL), 오라클(Oracle)
4세대	비관계형(Non-Relational)	NoSQL DB	NoSQL DBMS	몽고DB(mongoDB), 카산드라(Cassandra), 레디스(Redis), 다이나모(Dynamo), 카우치DB(CouchDB)

■ 1세대 DBMS(1960년~1970년대)

1세대 DBMS들은 대부분 1970년 초반까지 대형 컴퓨터 제조 회사들이 자체 개발한 제품들이다. 계층형 HDBMS는 데이터베이스 안의 데이터 구조를 트리(tree) 형태의 계층적 구조로 구성한다. 네트워크형 NDBMS는 데이터베이스 안의 데이터 구조를 네트워크(network) 모양의 망구조로 구성한다. 둘 다 응용 프로그램 수정이나 구조 변경이 어려운 문제점이 있다. HDBMS가 구조가 더 간단하고 속도 면에서 효율적이다.

■ 2세대 DBMS(1980년대 초반~현재)

2세대 DBMS는 데이터베이스 안의 데이터 구조를 테이블(table) 형태로 구성하는 제품들이다. 1980년대 초부터 관계형 데이터베이스(RDB)에 대한 학문적 연구와 관계형 RDBMS 시장의 상용화가 서로 영향을 주며 급속히 발전하였다. 모델이 이해하기 쉽고 구조가 단순하여 현재까지 가장 많이 사용 중인 DBMS이다.

■ 3세대 DBMS(1980년대 후반~현재)

3세대 DBMS들은 여러 전문 분야에 특화된 데이터베이스 발전 과정에서 개발된 제품들이다. 1980년 후반에 등장한 객체 지향형 OODBMS는 객체 지향 언어의 상속 개념을 이용하여 객체 단위로 데이터를 구조화하는 제품이다. 1990년대 후반에 등장한 객체 관계형 ORDBMS는 OODBMS와 RDBMS를 특성을 결합한 제품이다. 시장성이 높은 기존 RDBMS의 여러 기능들을 객체 개념의 장점을 이용하여 확장한 것이 특징이다.

■ 4세대 DBMS(2010년대 중반~현재)

4세대 DBMS는 빅데이터와 비정형 데이터의 저장 및 관리 기술이 새로운 핵심 주제로 등장함에 따라 개발된 제품들이다. 스키마-리스(schema-less)라고 하는 유연한 구조와 확장성, 고성능에 특화된 DBMS들이다. 단순한 키-값 형식부터 문서, 컬럼, 그래프 기반의 다양한 DBMS들이 NoSQL 이름으로 개발되어 활용되고 있다.

2. 3-단계 데이터베이스

데이터베이스는 데이터베이스 시스템의 핵심이다. 데이터베이스 시스템의 운영 과정에서 발생하는 모든 데이터들의 저장소로서 다양한 응용 프로그램 또는 많은 사용자의 요청과 밀접한 연관성을 갖는다. 다양한 요청을 수용해야 하는 데이터베이스의 구조는 매우 중요하다.

데이터베이스의 구조를 의미하는 스키마에 대해 살펴보자.

2.1 스키마

데이터 저장소인 데이터베이스는 접근하는 수준과 목적에 따라 그 표현 구조가 다양하다. 어떤 관점에서 데이터베이스를 바라보느냐에 따라 데이터베이스의 모습이 다르다. 데이터베이스 안에 저장되는 **데이터 구조**와 **제약 조건** 등을 정의한 것을 **스키마**(schema)라고 한다. 스키마는 데이터베이스의 정적인 구성뿐만 아니라 동적인 유지 조건까지를 포함한다. 동일한 데이터베이스라도 접근 관점에 따라 스키마는 다를 수 있다.

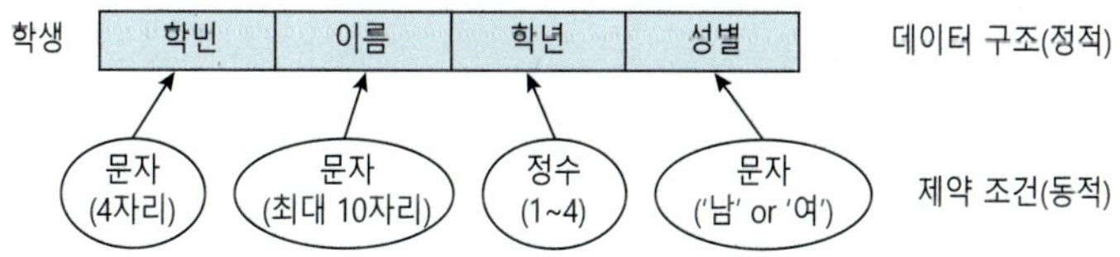

[그림 2-10] 스키마의 예

Tip 스키마 명세 방법

스키마를 언급할 때 주로 데이터 구조에 관심을 가지므로 대부분의 경우, 스키마의 세부 제약 조건보다는 릴레이션 구조만을 간략히 명세한다. 릴레이션의 정적인 구조는 다음과 같이 테이블 이름과 열 이름으로만 간단히 스키마를 명세할 수 있다.

학생(학번, 이름, 학년, 성별)

이 책에서는 주로 데이터베이스 설계 관점에서 스키마를 언급하므로 위와 같은 간략한 스키마 명세를 사용한다.

2.2 3-단계 데이터베이스의 구조

보통 하나의 데이터베이스를 외부와 개념 그리고 내부 수준으로 나누어 스키마를 명세하는데 이를 **3-단계 데이터베이스 구조**(3-level database architecture)라고 한다. 미국 표준인 ANSI에서 제시한 방법(ANSI/SPARC 3단계 아키텍처, 1978년)으로 데이터베이스를 보는 관점을 3개의 단계로 분리하였다. 명세하는 수준에 따라 외부 스키마, 개념 스키마, 내부 스키마 3종류의 스키마가 존재한다.

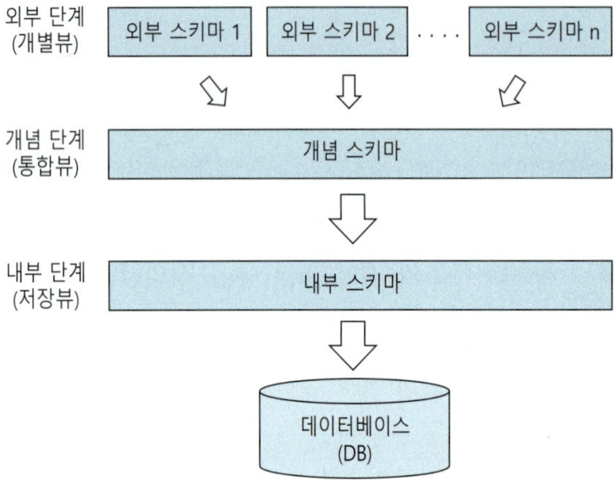

[그림 2-11] 3단계 데이터베이스 구조

1) 외부 스키마

외부 스키마(external schema)는 사용자가 외부에서 바라보는 관점에서의 **개인적** 데이터베이스 구조를 정의한 것이다. 일반 사용자나 응용 프로그래머 차원에서 접근하는 일부 데이터베이스의 논리적 부분을 표현한다.

데이터베이스 전체가 아닌 데이터베이스 일부만을 대상으로 한정하여 명세한 구조이므로 **서브 스키마**(subschema)라고도 부른다. 사용자마다 사용 목적이 달라 관심을 갖는 데이터 내용이 다를 수 있다. 각 사용자별로 외부에서 바라보는 관점은 다양하므로 여러 외부 스키마가 존재할 수 있다.

예) '강의정보' 서브스키마(교수), '수강정보' 서브스키마(학생)

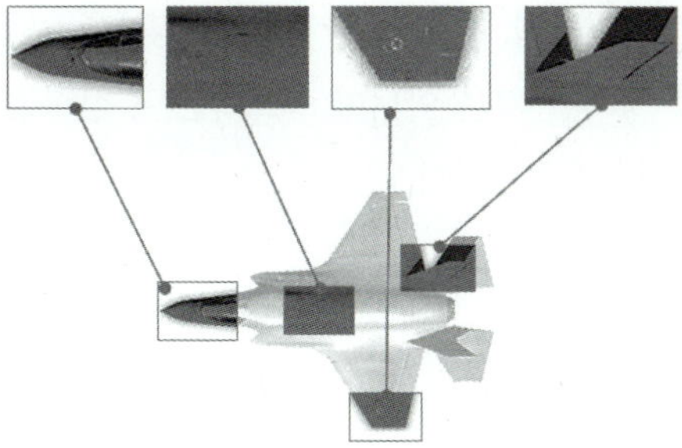

[그림 2-12] 외부 스키마 관점

2) 개념 스키마

개념 스키마(conceptual schema)는 모든 사용자들의 관점을 통합하여 **전체 조직 관점**에서 데이터베이스 구조를 정의한 것이다. 데이터베이스 관리 차원에서 접근하는 통합된 데이터베이스의 논리적 부분을 표현한다.

조직이나 기관의 데이터베이스 전체를 명세한 구조로서 간단히 **스키마**(schema)라고 부른다. 모든 사용자와 응용 프로그램에서 필요로 하는 데이터를 종합하므로 데이터베이스에는 하나의 개념 스키마만 존재한다. 개념 스키마로부터 다양한 외부 스키마가 생성되므로 결국 각 사용자는 개념 스키마의 일부를 사용한다. 보통 스키마라고 하면 개념 스키마를 의미한다.

예) '대학정보' 개념 스키마(대학)

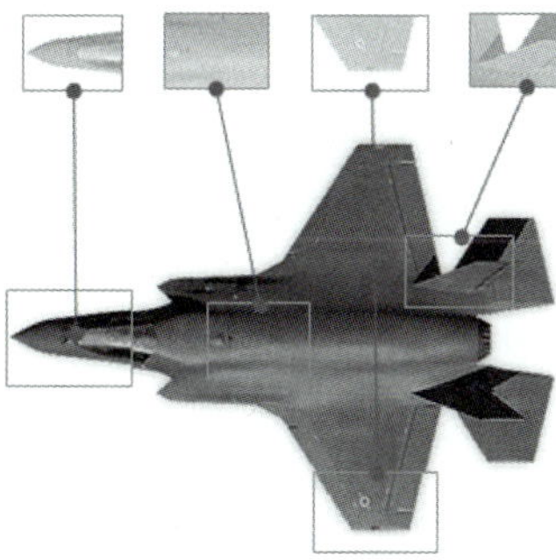

[그림 2-13] 개념 스키마 관점

3) 내부 스키마

내부 스키마(internal schema)는 **저장 장치의 관점**에서 전체 데이터베이스의 내부 구조를 정의한 것이다. 개념 스키마에 대한 시스템 내부의 저장 방식을 표현한다.

내부 레코드의 형식이나 배치 방법, 인덱스 등에 대한 명세를 포함한다. 실제 장치의 물리적 저장 방식이나 구조를 명세한 것은 아니며 그보다는 추상화된 상위 표현이다. 내부 스키마도 데이터베이스 당 하나만 존재한다.

예) '대학정보' 내부 스키마(대학)

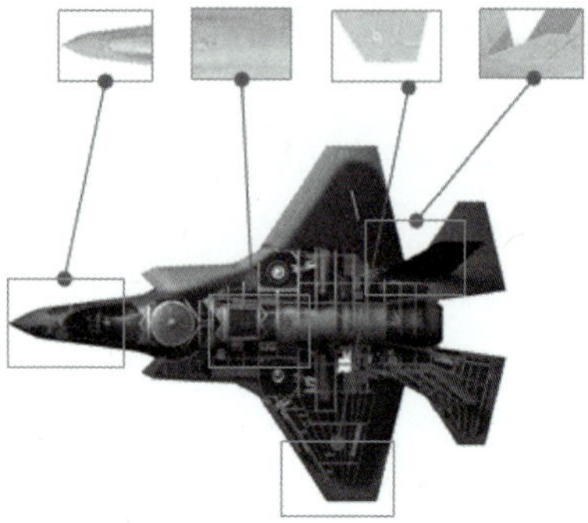

[그림 2-14] 내부 스키마 관점

> **Tip 테이블 스키마와 데이터베이스 스키마**
>
> 일반적으로 하나의 데이터베이스 안에는 여러 개의 테이블이 존재한다. 특정 테이블의 구조를 명세한 것이 **테이블 스키마**(table schema)이다. 데이터베이스를 구성하는 모든 테이블들의 구조를 명세한 것 즉, 모든 테이블 스키마를 모아놓은 것이 **데이터베이스 스키마**(database schema)이다.
>
> 외부 스키마는 결국 사용자나 응용 프로그램에서 다루는 몇몇 테이블의 테이블 스키마를 명세한 것이다. 또, 개념 스키마는 데이터베이스 스키마로 모든 테이블 스키마를 명세한 것이다.

2.3 데이터 사전

3-단계 데이터베이스 구조에서 3가지 스키마는 서로 연관되므로 이들 간의 자연스러운 사상(mapping)이 이루어져야 한다. 특정 사용자나 응용 프로그램이 데이터베이스에 접근하려고 할 때 DBMS는 스키마 사이의 대응 관계를 처리한다. 사용자가 외부 스키마를 통해 접근하면 미리 정의된 사상 관계를 통해 개념 스키마, 내부 스키마로 변환이 이루어진다. DBMS는 스키마와 스키마 사상 정보를 데이터 사전이라는 별도의 저장소에 관리한다.

■ 데이터 사전

데이터 사전(data dictionary)은 데이터베이스에 저장된 모든 부가 정보 즉, 데이터베이스 정의나 명세뿐만 아니라 스키마와 이들 간의 사상 정보, 제약 조건 등을 저장하는 저장소이다. 이외에도 다양한 **데이터베이스 객체**(테이블과 열, 뷰, 인덱스, 사용자 등)에 관한 모든 데이터를 포함한다. DBMS가 스스로 생성하고 유지한다.

데이터 사전은 사용자뿐만 아니라 시스템 관리를 위해서도 필요한 저장 공간으로 그 자체가 하나의 데이터베이스이다. **시스템 데이터베이스**(system database) 또는 시스템 카탈로그(system catalog)라고도 부른다.

▪ 메타 데이터

데이터 사전에 저장된 데이터는 '데이터에 관한 데이터(data about data)'로써 데이터베이스 자체에 관한 데이터이다. 한 차원 높은 데이터라는 의미에서 **메타 데이터**(meta data)라고 한다. DBMS뿐만 아니라 일반 사용자도 검색할 수 있지만 변경은 DBMS만 가능하다.

▪ 데이터 디렉토리

또 다른 시스템 데이터베이스로 사용자가 접근할 수 없는 **데이터 디렉토리**(data directory)가 있다. 데이터 디렉토리는 데이터 접근에 필요한 위치 정보를 저장하는 저장소이다.

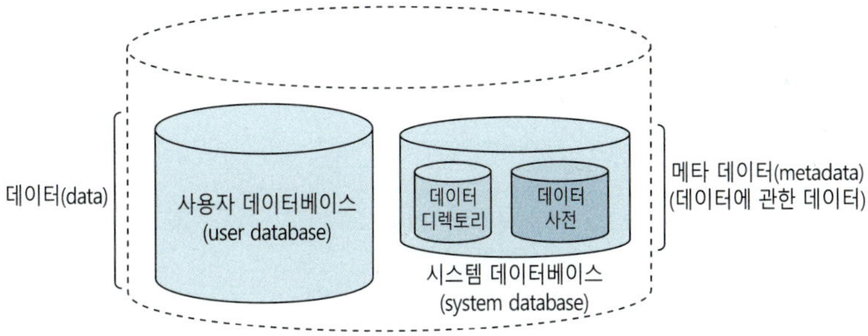

[그림 2-15] 데이터 사전

사용자나 응용 프로그램이 실제로 이용하는 데이터를 저장하는 일반 데이터베이스는 **사용자 데이터베이스**(user database)라고 한다.

2.4 데이터 독립성

3-단계 데이터베이스 구조의 특징은 응용 프로그램과 데이터 사이의 독립성을 제공한다는 점이다. **데이터 독립성**(data independency)은 데이터의 논리적 구조나 물리적 구조가 변경되더라도 응용 프로그램이 영향을 직접 받지 않는 특성이다.

기존 응용 프로그램에 영향을 주지 않으면서 데이터베이스 구조를 변경할 수 있고 반대로 데이터베이스에 영향을 미치지 않으면서 응용 프로그램을 수정할 수 있도록 한다. 각 단계의 스키마 사이에 적절한 내부 사상을 한다면 하위 스키마가 변경되더라도 상위 스키마에 영향을 주지 않지 않도록 변경 내용을 숨길 수 있다.

DBMS의 핵심 역할 중 하나가 [그림 2-16]처럼 데이터 독립성을 제공하는 것이다.

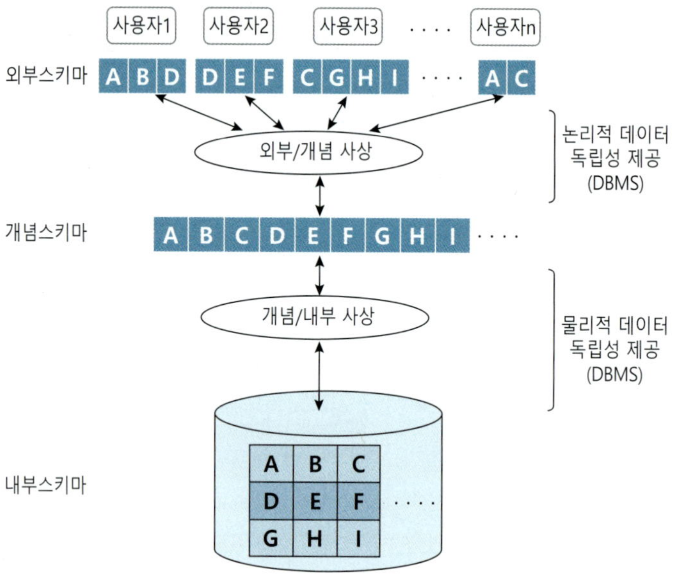

[그림 2-16] DBMS의 데이터 독립성 제공

1) 외부/개념 사상: 논리적 데이터 독립성 제공

응용 프로그램은 자신만의 외부 스키마를 통해 접근하며 필요할 경우, 스키마 변경을 요청할 수 있다. 이때, 외부 스키마를 변경하더라도 전체 개념적 스키마는 변경되지 않거나 변경되더라도 변경 내용을 최소화함으로써 다른 응용 프로그램에 주는 영향을 최소화해야 한다. 연관된 외부/개념 사상 정보만 수정하면 직접 연관이 없는 외부 스키마는 변경할 필요가 없다.

■ 논리적 데이터 독립성

응용 프로그램에 영향을 최소화하면서 데이터베이스의 논리적 구조를 변경할 수 있는 것을 **논리적 데이터 독립성**(logical data independency)이라 한다. 기존 응용 프로그램들에게 영향을 주지 않으면서 논리적 구조 변경이 가능하다. 논리적 데이터 독립성은 DBMS에 의해 수행되는 외부/개념 사상 즉, 하나의 개념 스키마를 여러 외부 스키마 형태로 사상시킴으로써 가능하다. 외부 스키마의 데이터가 개념 스키마의 어느 부분에 해당되는지 대응시킨다. 개념 스키마의 변경이 외부 스키마에 영향을 주지 않는 것이다.

2) 개념/내부 사상: 물리적 데이터 독립성 제공

하나의 개념 스키마로 표현되는 데이터베이스는 실제로는 저장 장치 안에 내부 스키마로 표현되는 특정한 물리적 구조로 구현된다. 필요할 경우 성능을 높이기 위해 파일 저장 구조 변경이나 인덱스 추가 등 내부 스키마의 변경이 요구될 수 있다. 이때, 물리적 구조의 변경에 따른 내부 스키마가 수정되더라도 연관된 개념/내부 사상 정보만 수정하면 상위 스키마에 대한 영향을 최소화할 수 있다.

■ 물리적 데이터 독립성

개념적 스키마에 영향을 최소화하면서 데이터베이스의 물리적 구조를 변경할 수 있는 것을 **물리적 데이터 독립성**(physical data independency)이라 한다. 기존 응용 프로그램들에게 영향을 주지 않으면서 물리적 구조 변경이 가능하다. 물리적 데이터 독립성은 DBMS에 의해 수행되는 개념/내부 사상 즉, 하나의 개념 스키마와 내부 스키마 사이의 사상을 통하여 가능하다. 개념 스키마의 데이터가 내부 스키마의 어느 물리적 위치에 어떤 방법으로 저장되는지 대응시킨다. 내부 스키마 변경이 개념 스키마와 외부 스키마에 영향을 주지 않는 것이다.

DBMS는 3-단계 데이터베이스 구조의 스키마 간의 적절한 사상을 통하여 데이터 독립성을 지원한다.

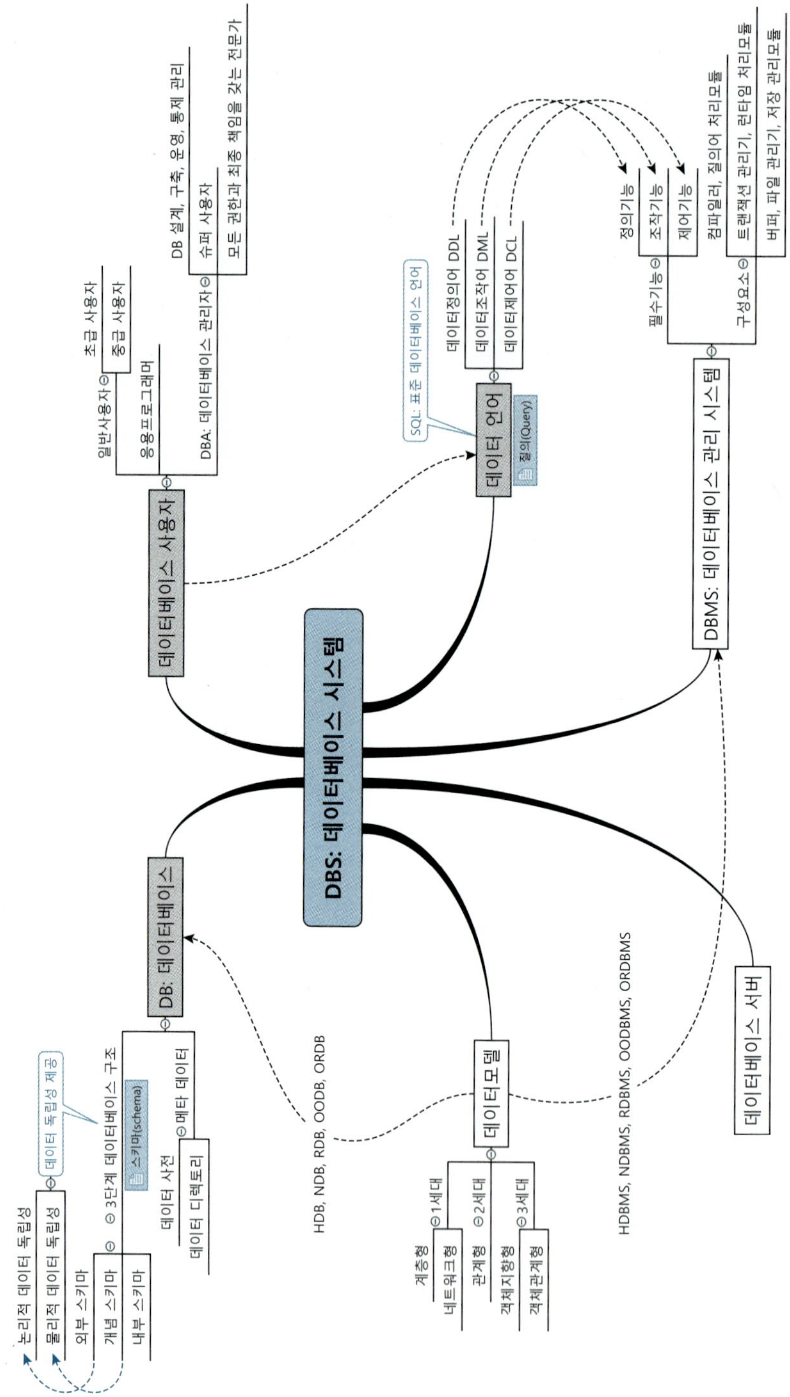
DBS: 데이터베이스 시스템
데이터베이스 사용자
일반사용자
초급 사용자
중급 사용자
응용프로그래머
DBA: 데이터베이스 관리자
DB 설계, 구축, 운영, 통제 관리
슈퍼 사용자
모든 권한과 최종 책임을 갖는 전문가
데이터 언어
절의(Query)
SQL: 표준 데이터베이스 언어
데이터정의어 DDL
데이터조작어 DML
데이터제어어 DCL
DBMS: 데이터베이스 관리 시스템
필수기능
정의기능
조작기능
제어기능
구성요소
컴파일러, 질의어 처리모듈
트랜잭션 관리기, 런타임 처리모듈
버퍼, 파일 관리기, 저장 관리모듈
DB: 데이터베이스
데이터 독립성 제공
논리적 데이터 독립성
물리적 데이터 독립성
3단계 데이터베이스 구조
스키마(schema)
외부 스키마
개념 스키마
내부 스키마
메타 데이터
데이터 사전
데이터 디렉토리
데이터모델
HDB, NDB, RDB, OODB, ORDB
HDBMS, NDBMS, RDBMS, OODBMS, ORDBMS
1세대
계층형
네트워크형
2세대
관계형
3세대
객체지향형
객체관계형
데이터베이스 서버

연습문제 EXERCISE

01 데이터베이스 시스템의 장점이 아닌 것은?

① 데이터의 통합성 ② 데이터의 독립성
③ 데이터의 종속성 ④ 데이터의 일관성

02 데이터베이스 관리자(DBA)의 역할에 관한 설명으로 거리가 먼 것은?

① 보안 및 권한부여 ② DBMS 개발
③ 스키마 정의 ④ 백업 및 회복

03 데이터베이스 관리자(DBA)가 수행해야 하는 주요 역할로 거리가 먼 것은?

① 데이터 접근 권한과 회복 절차 수립
② 데이터베이스의 구성 요소 결정과 내부 저장 구조 정의 및 수정
③ 데이터베이스 조작어를 호스트 언어에 포함하여 데이터베이스에 접근
④ 시스템 감시 및 성능의 종합적인 분석과 성능의 개선

04 DBMS의 필수 기능과 관련 데이터 언어, 관련 사용자의 종류가 바르게 연결된 것은?

① 저장 기능 - DSL - 일반 사용자
② 조작 기능 - DML - 데이터베이스 관리자
③ 정의 기능 - DDL - 일반 사용자
④ 제어 기능 - DCL - 응용 프로그래머

05 DDL과 가장 관련이 적은 것은?

① 데이터 사전 ② 데이터 조작어
③ 메타 데이터 ④ 스키마

06 DBMS의 제어 기능에 대한 설명으로 옳지 않은 것은?

① 데이터의 무결성이 손상되지 않도록 제어한다.
② 모든 사용자가 제한 없이 자유롭게 접근할 수 있도록 데이터를 관리한다.
③ 데이터의 내용에 대한 정확성과 안전성을 유지할 수 있도록 제어한다.
④ 여러 사용자가 데이터베이스에 동시 접근하여 데이터를 처리하기 위한 병행 제어를 한다.

07 DBMS의 주요 구성 요소에 해당하지 않는 것은?

① 질의어 처리기 ② 트랜잭션 관리기
③ 저장 데이터 관리기 ④ 스케줄러

08 데이터베이스와 DBMS 유형을 분류하는 데이터 모델에 속하지 않는 것은?

① 계층형(hierarchical) 모델 ② 관계형(relational) 모델
③ 개체-관계형(E-R) 모델 ④ 객체-관계형(O-R) 모델

09 시스템 데이터베이스(시스템 카탈로그)에 대한 설명으로 옳지 않은 것은?

① 일반 질의어를 이용하여 그 내용을 검색할 수 있다.
② 데이터베이스 스키마에 대한 정보를 제공한다.
③ 사용자가 시스템 카탈로그를 직접 갱신할 수 있다.
④ DBMS가 스스로 생성하고 유지하는 데이터베이스 안의 특별한 테이블의 집합체이다.

10 응용 프로그램에 영향을 주지 않고 구조를 변경시킬 수 있는 데이터베이스 특성은?

① 데이터의 독립성 ② 데이터의 종속성
③ 데이터의 일관성 ④ 데이터의 무결성

11 3단계 데이터베이스 스키마 구조에 해당하지 않는 것은?

① 논리 스키마 ② 내부 스키마
③ 외부 스키마 ④ 개념 스키마

12 스키마에 대한 설명으로 옳지 않은 것은?

① 제약 조건, 개체, 속성, 관계 등을 명세한다.
② 내부 스키마는 개별 사용자가 보는 개인적인 데이터베이스 구조이다.
③ 여러 개의 외부 스키마가 존재할 수 있다.
④ 오직 하나의 개념 스키마만 존재한다.

13 DBMS의 필수 기능 중에서 하나의 통합된 데이터베이스 구조를 명세하고 생성, 삭제, 수정함으로써 여러 응용 프로그램이 요구하는 데이터베이스 구조를 지원하는 것은 어떤 기능에 포함되는가?

① 정의 기능 ② 제어 기능
③ 조작 기능 ④ 사상 기능

14 다음 문장이 참이면 ○, 거짓이면 ×를 하시오.

① 데이터베이스 사용자는 초급 사용자, 중급 사용자, 응용 프로그래머 3가지 사용자 유형으로 분류할 수 있다. ( )

② 스키마는 데이터베이스의 정적인 구성뿐만 아니라 동적인 유지 조건까지를 포함한다. ( )

③ 각 사용자별로 외부에서 바라보는 관점은 다양하므로 데이터베이스 하나에 여러 개의 외부 스키마가 존재할 수 있다. ( )

④ 데이터 사전에 저장된 데이터는 한 차원 높은 데이터라는 의미에서 메타 데이터(meta data)라고 한다. ( )

⑤ DBMS는 3단계 데이터베이스 구조의 스키마 간의 적절한 사상을 통하여 데이터 독립성을 지원한다. ( )

15 다음 ( ) 안에 적당한 용어를 채워 완성하시오.

① 데이터베이스 시스템에서는 모든 응용 프로그램이나 사용자들은 ( )를 통해서만 데이터 처리가 가능하다.

② 데이터베이스 관리자인 DBA는 ( )의 약어이다.

③ ( ) 용어는 원래 좁은 의미에서는 데이터 검색을 위한 데이터 조작어를 의미했지만 현재 넓은 의미에서는 데이터의 검색뿐만 아니라 입력, 수정, 삭제 그리고, 데이터 정의 기능까지를 포함하는 광범위한 기능을 가진 독립적인 언어를 뜻하는 것으로 사용되고 있다.

④ ( )는 데이터베이스를 효율적으로 관리하고 데이터베이스에 대한 데이터 요청을 처리하는 소프트웨어이다.

⑤ ( ) 데이터 모델은 객체 단위의 저장 구조를 가지며 연관된 데이터 사이의 관계를 객체식별자(OID: Object IDentifier)로 표현하는 저장 방식이다.

⑥ 데이터베이스와 DBMS의 종류를 분류하는 가장 중요한 기준은 바로 ( )이다.

⑦ ( )는 모든 데이터베이스 사용자들의 관점을 통합하여 조직이나 기관의 데이터베이스 전체를 명세한 데이터베이스 구조이다.

⑧ 데이터베이스를 구성하는 모든 테이블들의 구조를 명세한 것이 ( )이다.

⑨ ( )은 데이터베이스에 저장된 모든 부가 정보 즉, 데이터 정의나 명세뿐만 아니라 스키마와 이들 간의 사상 정보, 제약 조건 등을 저장하는 저장소이다.

⑩ 개념적 스키마에 영향이 없도록 하면서 데이터베이스의 물리적 구조를 변경할 수 있는 것을( )이라 한다.

16 DBA의 주요 역할을 설명하시오.

17 DBMS의 3가지 필수 기능에 대해 설명하시오.

18 데이터 모델에 따른 DBMS의 역사에 대해 간략히 설명하시오.

19 데이터 사전(data dictionary)과 데이터 디렉토리(data directory)의 차이점을 설명하시오.

20 다양한 수준의 추상화와 데이터 독립성을 제공하기 위하여 데이터베이스 관리 시스템(DBMS)에서 지원하는 3단계 스키마 구조에 대해서 간략히 설명하시오.

CHAPTER

03 관계형 데이터 모델

학습목표

- 관계형 데이터 모델을 중심으로 데이터 모델의 3요소를 알아본다.
- 관계형 데이터 구조의 개념과 용어를 이해한다.
- 릴레이션의 개념과 키의 종류를 알아본다.
- 무결성 제약 조건의 종류와 역할을 알아본다.
- 관계 연산의 기본 개념을 살펴본다.

CHAPTER

3 관계형 데이터 모델

1. 관계형 데이터 모델

우리 주변의 정보 시스템은 대부분 관계형 데이터베이스를 사용한다. 관계형 데이터베이스는 관계형 데이터 모델을 적용하는 데이터베이스이다. 데이터베이스 분류 기준이 되는 데이터 모델의 기본 요소를 통하여 관계형 데이터 모델을 알아본다.

1.1 데이터 모델의 구성 요소

데이터 모델(data model)은 현실 세계의 데이터를 명세하는 고유한 표현 방식이자 데이터 모델링을 위한 도구이다. 데이터 모델은 데이터 구조와 연산, 제약 조건 3가지 요소로 구성된다.

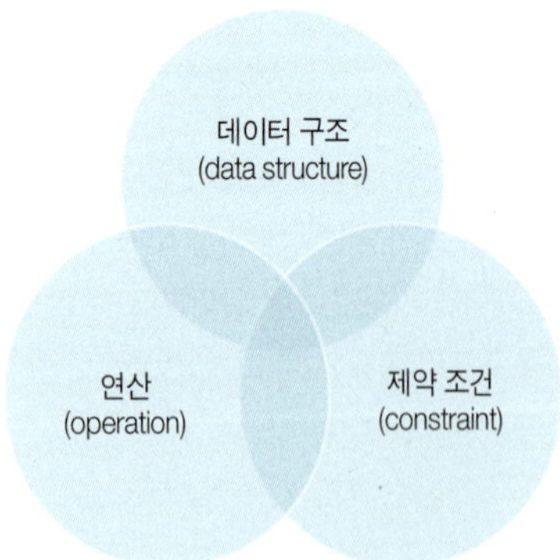

[그림 3-1] 데이터 모델의 3요소

■ 데이터 구조

데이터 구조(data structure)는 데이터를 어떤 형태로 **저장**하는지를 표현하는 추상적 표현이다. 실제 저장 구조가 아닌 개념상의 저장 구조를 직관적으로 표현한다.

■ 연산

연산(operation)은 개념적인 데이터 구조 안의 데이터를 어떤 방식으로 **처리**하는지를 표현한다.

■ 제약 조건

제약 조건(constraint)은 데이터 구조 안에 데이터를 저장할 때의 **구조적 제약 사항**과 연산을 적용할 때의 **행위적 제약 사항**을 표현한다.

데이터 구조는 표현하려고 하는 데이터의 구조적인 정적 특성을, 연산은 행위적인 동적 특성을 명세한다.

1.2 관계형 데이터 모델의 구성 요소

2장에서 5종류의 데이터 모델을 살펴보았다. 다양한 데이터 모델은 데이터를 여러 수준에서 다르게 표현한다. 그 중에서 가장 많이 사용되는 모델은 관계형 데이터 모델이다.

관계형 데이터 모델은 테이블 형태의 릴레이션을 통해 데이터를 저장하고 데이터 간의 관련성도 표현한다. 관계형 데이터 모델은 논리적 데이터 모델이므로 데이터베이스를 논리적 수준에서 이해하고 사용할 수 있도록 한다.

관계형 데이터 모델을 데이터 모델의 3가지 요소 측면에서 살펴보면 [그림 3-2]와 같다.

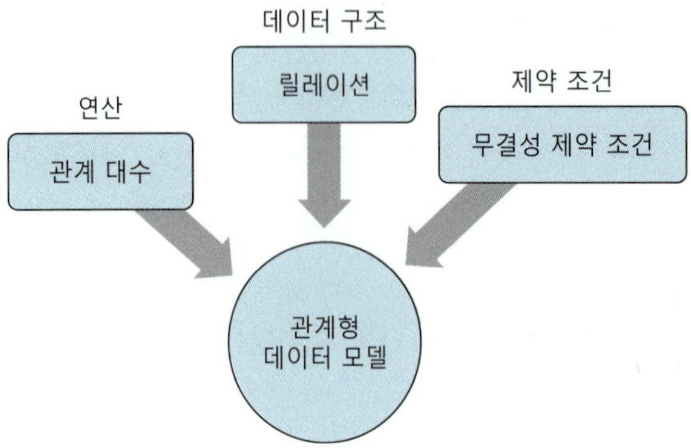

[그림 3-2] 관계형 데이터 모델의 3요소

관계형 데이터 모델에서 데이터를 저장하는 기본 데이터 구조는 릴레이션이다. 릴레이션의 데이터를 처리하는 연산은 관계 대수를 사용하며 제약 사항을 무결성 제약 조건으로 명세한다.

관계형 데이터 모델의 3가지 요소 각각에 대해 알아보자.

2. 관계형 데이터 구조

관계형 데이터 구조는 관계형 데이터 모델의 정적인 저장 구조를 표현한다. 릴레이션을 기반으로 한 관계형 데이터 구조의 다양한 개념과 특성을 알아본다.

2.1 관계형 데이터 구조의 개념

관계형 데이터 구조의 개념과 관련 용어를 릴레이션 중심으로 살펴보자.

릴레이션

관계형 데이터베이스(relational database)는 1970년대 IBM 연구소의 코드(E. F. Codd)가 제안한 관계형 데이터 모델에 기반하고 있다. 관계형 데이터 모델(relational data model)은 이론적으로는 '릴레이션'이라는 수학적 집합 개념에 기초하고 있다.

개념적으로 쉽게 표현하면 **릴레이션**(relation)으로 불리는 2차원 테이블(table) 형태의 단순 구조에 데이터를 저장하는 방식이다. 실제 저장 방식과는 차이가 있지만 테이블 구조는 릴레이션 개념을 직관적으로 쉽게 이해하도록 한다. 관계형 데이터베이스는 관련된 여러 릴레이션들로 데이터베이스를 구성한다.

학생

학번	이름	학년	성별
s001	김연아	4	여
s002	홍길동	1	남
s003	이승엽	3	남

[그림 3-3] '학생' 릴레이션

관계형 데이터 모델은 테이블을 '릴레이션'이라고 부른다. 따라서 '학생' 테이블의 이름이 바로 릴레이션 이름이 된다. '학생' 릴레이션은 단순 테이블처럼 보이지만 테이블 이상의 많은 의미와 제약 사항이 숨겨져 있다. 릴레이션은 관계형 데이터 모델의 핵심 요소로 특별한 의미를 갖는 테이블이다.

Tip 실제로 테이블 구조 안에 데이터가 저장될까?

관계형 데이터 모델의 기본 개념은 사용자가 데이터베이스를 테이블들의 모임으로 바라보도록 한다. 이를 통해 사용자는 데이터베이스를 쉽게 이해하고 사용할 수 있다. 그러나 내부적으로 실제 테이블 형식으로 데이터가 저장되는 것은 아니다. 테이블 개념은 내부 저장 구조에 대한 추상적 표현일 뿐이며 물리적으로는 복잡한 구조 속에 데이터가 저장된다.

속성과 투플, 도메인

단순 테이블과 릴레이션을 구별하게 하는 릴레이션 관련 용어를 살펴보자.

1) 속성과 투플

테이블의 열(column)을 릴레이션에서는 **속성**(attribute)이라 부른다. 속성은 릴레이션이 표현하는 대상의 주요 특성들을 서로 다른 이름으로 구별하여 표현한다. 속성 이름을 보면 어떤 종류의 데이터 값이 저장되는지 그 의미를 알 수 있다.

테이블의 각 행(row)을 릴레이션에서는 **투플**(tuple)이라 부른다. 현실 세계의 개체(entity)는 보통 릴레이션의 투플에 의해 표현된다. '학생' 릴레이션에서 하나의 투플은 학생 개체 한 명의 정보를 표현한다.

■ 투플의 예

투플은 각 속성 값(attribute value)들의 조합으로 구성된다. 다음은 '김연아' 학생의 정보를 표현하는 투플의 예이다.

```
예) <'s001', '김연아', 4, '여'>
```

2) 도메인

각 속성은 데이터를 표현하는 가장 작은 논리적 단위이다. 속성 값은 의미적으로 더 이상 분해할 수 없는 **원자 값**(atomic value)만 사용할 수 있다. 이때, 각 속성 값은 도메인이라는 특정 범주의 값만을 취할 수 있다. 각 속성이 취할 수 있는 모든 값들의 집합을 정의한 것을 **도메인**(domain)이라 한다. 도메인은 데이터 값들의 유형과 크기, 범위를 정의한다. 특정 속성의 도메인을 보면 어떤 데이터 값을 가질 수 있는지를 알 수 있다.

다음은 '학년', '학번' 속성과 관련한 도메인 예이다.

```
예) '학년' 속성의 도메인: { 1, 2, 3, 4 }
    '학번' 속성의 도메인: { 's001', 's002', 's003', 's004', ... }
```

릴레이션은 속성 값으로 각 속성에 정의된 도메인으로부터만 값을 취할 수 있다. 도메인과 속성 간의 관계는 프로그래밍 언어의 데이터 유형과 변수와의 관계와 비슷하다. 특정 데이터 유형으로 선언된 변수는 항상 그 선언된 데이터 유형의 값만 가질 수 있는 것과 같다. 도메인을 정의함으로써 데이터 적합성을 판단하여 올바른 값만 허용할 수 있다.

■ 도메인 정의 예

'직원' 개체의 '나이' 속성과 '학생' 개체의 '학년' 속성을 고려해 보자. 두 속성은 정수 값을 갖는 숫자 형으로 비슷하지만 다음과 같이 정의된 도메인이 서로 다르다.

```
예) AGE: '나이' 속성의 도메인
         숫자(1~150)로 구성된 정수 값의 집합
    SYEAR: '학년' 속성의 도메인
         숫자(1~4)로 구성된 정수 값의 집합
```

'나이' 속성의 도메인(AGE)이 예를 들어 1~150 사이의 정수 값이라면 '학년' 속성의 도메인(SYEAR)은 1~4 사이의 정수 값으로 정의할 수 있다. 이처럼 데이터 값의 물리적 유형이 정수 값으로 같더라도 '나이' 속성과 '학년' 속성처럼 해당 도메인이 다를 경우, 비교하는 것은 의미가 없다. 각 속성끼리 해당 도메인이 일치할 경우만 그 값을 서로 비교하는 것이 의미가 있다.

관계형 데이터 모델은 속성 이름과는 별개로 각 도메인을 고유한 이름으로 정의한다. 속성 이름은 도메인과 같은 이름을 사용할 수도 있고 다른 이름을 정의할 수도 있다. 단, 같은 릴레이션 안의 속성들은 같은 이름을 사용할 수 없기 때문에 도메인이 같더라도 속성 이름은 서로 달라야 한다.

속성 이름은 보통 각 도메인이 릴레이션에서 담당하는 역할(role)의 이름을 지정한다. 하나의 도메인이 둘 이상의 속성에서 사용될 수 있기 때문에 속성 이름이 다르더라도 도메인이 같다면 속성들의 값 비교가 가능하다.

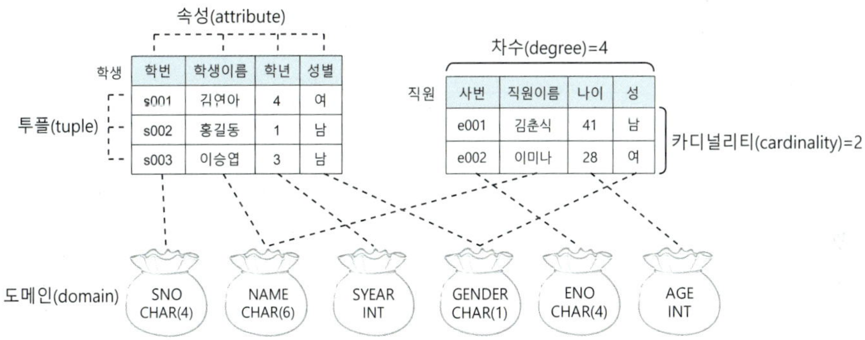

[그림 3-4] 릴레이션 관련 용어

3) 카디널리티와 차수

각 릴레이션은 카디널리티와 차수를 통해 그 구성이 정의된다.

■ 카디널리티

릴레이션 안의 전체 투플의 개수를 **카디널리티**(cardinality)라고 한다. 릴레이션의 카디널리티는 입력, 수정, 삭제 등을 통해 계속 변화하는 동적인 특성이 있다.

■ 차수

릴레이션을 구성하는 전체 속성의 개수를 **차수**(degree)라고 한다. 각 투플이 가지는 속성 값의 개수는 릴레이션의 차수와 같다.

[그림 3-4]의 예에서 '학생' 릴레이션의 카디널리티는 3이고 차수는 4이다. 릴레이션의 차수나 도메인은 시간에 관계없이 거의 변하지 않는 정적인 특성이 있다. 투플이 없는 릴레이션은 존재할 수 있지만 속성이 없는 릴레이션은 존재할 수 없다. 즉, 릴레이션의 최소 카디널리티는 0, 최소 차수는 1이다.

Tip 릴레이션 관련 용어

릴레이션을 데이터 모델 측면에서 언급할 때와 실제 데이터베이스 구축 측면에서 언급할 때 사용하는 용어가 다르다. 실제로는 구별하지 않고 혼용해서 사용하는 경우도 많다.

관계형 데이터 모델	관계형 데이터베이스
릴레이션(relation) 혹은 관계	테이블(table)
투플(tuple)	행(row), 레코드(record)
애트리뷰트(attribute) 혹은 속성	열(column), 필드(field)

이 책에서는 데이터 모델 관련하여 언급할 때는 주로 '릴레이션', '투플', '속성' 용어를 사용한다. 또, SQL 실습 등 실제 데이터베이스 조작과 관련하여 언급할 때는 주로 '테이블', '행', '열' 용어를 사용한다.

2.2 릴레이션의 구성 요소

릴레이션은 특별한 테이블이다. 먼저, 릴레이션은 [그림 3-5]와 같이 릴레이션 스키마와 릴레이션 인스턴스 2가지 요소로 구성된다.

[그림 3-5] 릴레이션의 구성

릴레이션 스키마

릴레이션 스키마(relation schema)는 특정 릴레이션의 논리적 구조를 의미한다. 릴레이션의 이름과 릴레이션 안에 포함된 모든 속성의 이름들로 정의된다. 보통 테이블의 첫 번째 행인 헤더 부분에 표현된다.

릴레이션 스키마는 **릴레이션 내포**(relation intension)라고도 부른다. 시간이 경과해도 좀처럼 변경되지 않는 정적인 특성이 있다.

[그림 3-5]의 '학생' 릴레이션에 대한 릴레이션 스키마는 다음과 같이 간단히 표현할 수 있다.

> 예) 학생(학번, 이름, 학년, 성별)

릴레이션 이름 뒤의 괄호 안에 릴레이션이 포함하는 속성들의 이름을 열거한다. 키 속성은 밑줄 표시를 한다.

릴레이션 인스턴스

릴레이션은 릴레이션 스키마에 따라 각 속성에 대응하는 임의의 속성 값을 갖는 투플들로 구성된다. **릴레이션 인스턴스**(relation instance)는 어느 한 시점에 릴레이션에 존재하는 투플들의 집합이다. 보통 테이블의 첫 번째 행인 헤더 부분을 제외한 나머지 모든 행들의 집합으로 표현된다.

릴레이션 인스턴스는 **릴레이션 외연**(relation extension)이라고도 부른다. 특정 시점에서의 전체 투플들의 내용 즉, 릴레이션의 상태를 의미한다. 시간에 따라 변하는 동적인 특성이 있다.

[그림 3-5]의 '학생' 릴레이션에 대한 릴레이션 인스턴스는 다음과 같이 표현할 수 있다.

```
예) { <'s001', '김연아', 4, '여'>,
      <'s002', '홍길동', 1, '남'>,
      <'s003', '이승엽', 3, '남'> }
```

Note 릴레이션 스키마와 릴레이션 인스턴스 정의

■ 릴레이션 스키마 정의

어떤 릴레이션 R이 n개의 속성 $A_1, A_2, \cdots, A_n$의 집합과 n개의 도메인 $D_1, D_2, \cdots, D_n$의 집합을 가진다고

가정해 보자. 이때, 각 속성 $A_j(j=1, \cdot\cdot\cdot, n)$는 도메인 $D_1, D_2, \cdot\cdot\cdot, D_n$ 중의 특정 도메인 D_j와 대응한다.
릴레이션 R의 스키마는 다음과 같이 정의한다.

$R(A_1, A_2, \cdot\cdot\cdot, A_n)$ = 릴레이션이름(속성이름1, 속성이름2, · · · , 속성이름n)

■ 릴레이션 인스턴스 정의

릴레이션 R의 인스턴스는 특정 시점에 릴레이션 R에 포함되어 있는 모든 투플(tuple)들의 집합이다. 어느 한 시점에 릴레이션에 m개의 투플 $T_1, T_2, \cdot\cdot\cdot, T_m$의 집합이 존재한다면 릴레이션 R의 인스턴스는 $\{T_1, T_2, \cdot\cdot\cdot, T_m\}$으로 표현한다. 이때, 각 투플 $T_i(i=1, \cdot\cdot\cdot, m)$는 $<v_{i1}, v_{i2}, \cdot\cdot\cdot\ v_{ij}, \cdot\cdot\cdot, v_{in}>$로 표현할 수 있다. v_{ij}는 i번째 투플의 j번째 속성 값을 의미한다.
결국 릴레이션 R의 인스턴스는 다음과 같이 정의한다.

$\{<v_{11}, v_{12}, \cdot\cdot\cdot, v_{1n}>, <v_{21}, v_{22}, \cdot\cdot\cdot, v_{2n}>, \cdot\cdot\cdot, <v_{m1}, v_{m2}, \cdot\cdot\cdot, v_{mn}>\}$

데이터베이스 스키마와 데이터베이스 인스턴스

관계형 데이터베이스에서 데이터베이스는 전체 릴레이션들의 모임이다. 데이터베이스 안의 모든 릴레이션 스키마들을 모으면 관계형 데이터베이스 스키마가 구성된다. **데이터베이스 스키마**(database schema)는 릴레이션 스키마들의 모임으로 정적이다. 반면 **데이터베이스 인스턴스**(database instance)는 특정 시점에서의 모든 릴레이션 인스턴스들의 모임으로 동적이다.

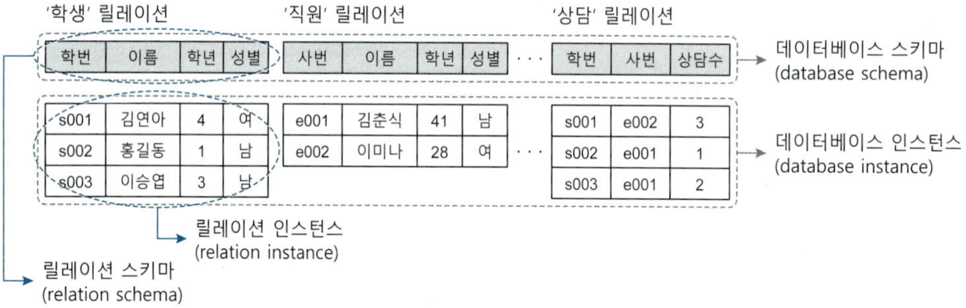

[그림 3-6] 데이터베이스의 구성

2.3 릴레이션의 특성

릴레이션은 외형적으로는 평범한 테이블 형태를 보인다. 그렇지만 수학적 관점에서는 하나의 집합이기 때문에 다음과 같은 4가지 특성을 갖는다.

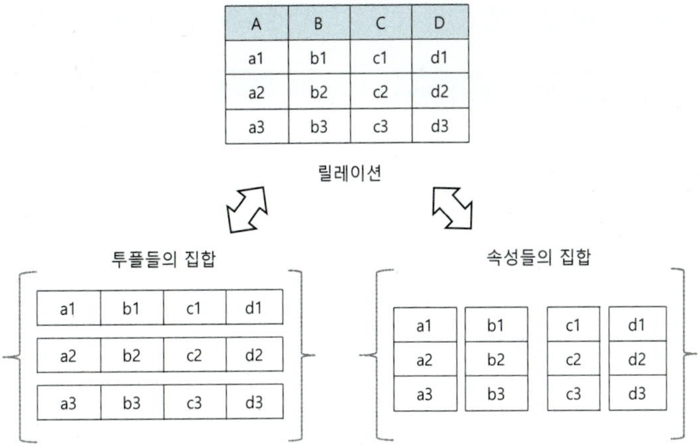

[그림 3-7] 릴레이션은 집합이다.

1) 투플의 유일성

릴레이션 안에는 똑같은 투플이 존재할 수 없다. 하나의 릴레이션은 투플들의 집합이기 때문에 모든 투플은 서로 달라야 한다. 결국, 릴레이션에 포함된 투플은 모두 다르며 이것을 **투플의 유일성**(uniqueness of tuple)이라 한다. 모든 투플은 다른 투플과 구별되는 유일한 속성 값이 있어야 한다. 집합은 식별할 수 없는 똑같은 원소를 중복해서 포함할 수 없기 때문이다.

[그림 3-8]은 투플의 유일성을 만족하지 못하는 R2의 예를 보여준다. 결과적으로 R2는 릴레이션이 아니다.

R1

A	B	C	D
a1	b1	c1	d1
a2	b2	c2	d2
a3	b3	c3	d3

릴레이션 (O)

R2

A	B	C	D	
a1	b1	c1	d1	
a2	b2	c2	d2	
a1	b1	c1	d1	투플 중복

릴레이션 (X)

[그림 3-8] 투플의 유일성 예

2) 투플의 무순서성

릴레이션의 투플 사이에 순서는 의미가 없다. 이것을 **투플의 무순서성**(no ordering of tuple)이라 한다. 집합은 포함한 원소들 사이에 순서가 없다. 투플의 집합인 릴레이션 역시 투플 사이에 순서를 갖지 않는다.

[그림 3-9]처럼 투플 순서만 다른 R1과 R2 두 릴레이션은 같은 릴레이션이다.

R1

A	B	C	D
a1	b1	c1	d1
a2	b2	c2	d2
a3	b3	c3	d3

릴레이션 (O)

R1 = R2

R2

A	B	C	D
a3	b3	c3	d3
a2	b2	c2	d2
a1	b1	c1	d1

릴레이션 (O)

[그림 3-9] 투플의 무순서성 예

3) 속성의 무순서성

릴레이션의 속성 사이에 순서는 의미가 없다. 이것을 **속성의 무순서성**(no ordering of attribute)이라 한다. 릴레이션이 속성의 집합이기 때문에 같은 이유로 순서를 갖지 않는다. 속성의 순서만 다른 두 릴레이션 역시 같은 릴레이션이다. 속성 값은 속성의 순서가 아닌 속성 이름에 의해 참조된다.

[그림 3-10]처럼 속성 순서만 다른 R1과 R2 두 릴레이션은 같은 릴레이션이다.

R1

A	B	C	D
a1	b1	c1	d1
a2	b2	c2	d2
a3	b3	c3	d3

릴레이션 (O)

R1 = R2

R2

A	D	B	C
a1	d1	b1	c1
a2	d2	b2	c2
a3	d3	b3	c3

릴레이션 (O)

[그림 3-10] 속성의 무순서성 예

4) 속성의 원자성

릴레이션을 구성하는 모든 속성 값은 의미적으로 더 이상 분해할 수 없는 하나의 원자 값만을 갖는다. 이를 **속성의 원자성**(atomicity of attribute)이라 한다. 각 속성 값으로 의미적으로 더 쪼개서 사용할 수 있는 값이나 여러 개의 값이 허용되지 않는다는 것이다.

예를 들면, 보통 표 형식의 일반 테이블의 경우, 테이블 안에 또 다른 테이블을 포함하는 구조가 가능하다. 릴레이션은 그 안에 릴레이션을 반복적으로 포함할 수 없다. 관계형 데이터 모델에서 이러한 반복 그룹 값을 허용하지 않는 점이 일반 테이블과 릴레이션을 구별 짓는 큰 차이점이다. 결과적으로 릴레이션은 다중 값 속성이나 복합 속성을 허용하지 않는다.

[그림 3-11]은 속성의 원자성을 만족하지 못하는 R1의 예를 보여준다. 결과적으로 R1은 릴레이션이 아니다.

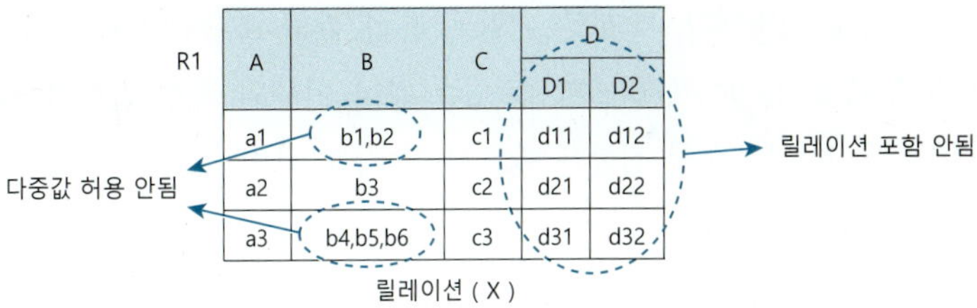

[그림 3-11] 속성의 원자성 예

이외에도 같은 릴레이션 안의 모든 속성은 서로 다른 이름을 가져야한다. 또, 특정 속성의 값은 모두 같은 도메인의 값들 중에서 하나를 가진다.

릴레이션이 갖는 대표적 특성 4가지를 요약하면 [그림 3-12]와 같다.

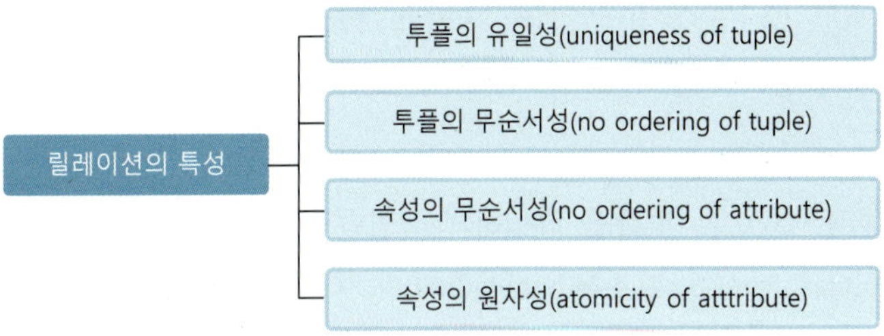

[그림 3-12] 릴레이션의 특성

3. 제약 조건

데이터베이스 안의 데이터는 결함이 없어야 한다. 관계형 데이터 모델은 데이터의 신뢰성을 유지하기 위하여 제약 조건을 명세하도록 한다. 제약 조건은 데이터를 릴레이션에 저장할 때 만족해야할 구조적 제약 사항과 관계 대수 연산을 적용할 때 만족해야할 행위적 제약 사항을 포함한다.

이와 관련한 릴레이션의 키 개념과 종류 그리고 여러 제약 조건에 대해 살펴보자.

3.1 릴레이션의 키

릴레이션은 항상 투플의 유일성 규칙을 충족하므로 중복 투플을 허용하지 않는다. 결과적으로 모든 투플은 속성 값이 하나 이상이 서로 다르다. 적어도 모든 속성 값을 조합하면 투플은 항상 유일하게 식별된다. 실제로는 일부 속성 값의 조합만으로 투플 식별이 가능하다. 이처럼 각 투플을 유일하게 식별할 수 있는 하나 이상의 속성 집합을 릴레이션의 **키**(key)라고 한다. 키에 속하는 속성 집합은 반드시 그 속성 값의 조합이 투플마다 달라야 한다. 모든 릴레이션은 키를 갖는다.

키는 릴레이션이 단순한 테이블이 아님을 보여주는 대표적 개념이다. 데이터베이스에서 키는 여러 무결성 제약 조건과 관련하여 중요한 역할을 한다.

키 선정은 현재의 릴레이션 데이터 값만으로 결정하지 않아야 한다. 릴레이션 인스턴스는 계속 변화하므로 미래의 입력 값까지를 포함한 속성의 본질적인 의미를 고려하여 키 지정 여부를 결정한다.

릴레이션의 키 종류에는 후보키, 슈퍼키, 기본키, 대체키, 외래키 등이 있다.

후보키

후보키(CK; Candidate Key)는 투플을 유일하게 식별할 수 있는 속성들의 최소 집합이다. 후보키는 **유일성**(uniqueness)과 **최소성**(minimality) 조건을 모두 만족해야 한다. 후보키는 키 속성 중에서 속성을 하나라도 생략하면 투플을 유일하게 식별할 수 없게 되는, 꼭 필요한 최소한의 속성만으로 구성된 키이다.

Note 후보키 정의

n개의 속성 $A_1, A_2, \cdots, A_n$의 집합 A를 가진 릴레이션 R의 릴레이션 스키마 $R(A_1, A_2, \cdots, A_n)$을 가정해 보자. 보통 데이터베이스 키는 k개($k \leq n$)의 속성 $A_1, A_2, \cdots, A_k$의 집합 $K(K \subseteq A)$를 말한다. 속성 집합 A의 부분 집합인 $K(=\{A_1, A_2, \cdots, A_k\})$가 다음 두 조건을 만족한다면 속성 부분 집합 K를 릴레이션 R의 후보키라고 한다.

■ 유일성 조건

릴레이션에서 키로 지정한 속성 값의 조합은 투플마다 모두 달라야 한다는 의미이다. 속성 부분 집합 K에 대한 모든 투플들의 속성 값 조합 $<v_1, v_2, \cdots, v_k>$는 모두 다르고 유일하다.

■ 최소성 조건

릴레이션에서 키로 지정한 속성의 개수를 최소화해야 한다는 의미이다. j개($j<k$)의 속성 부분 집합 $J(=\{A_1, A_2, \cdots, A_j\}, J \subset K)$에 대해서는 모든 투플들의 속성 값 조합인 $<v_1, v_2, \cdots, v_j>$가 유일성을 만족하지 않는다. 즉, K가 모든 투플을 유일하게 식별하기 위해 반드시 필요한 최소한의 속성들이다. 속성 부분집합 K 중에서 속성을 하나라도 제외시키면 투플의 유일성이 깨지게 된다. 둘 이상의 속성으로 이루어진 복합키(composite key)가 아니라면 최소성 조건은 항상 충족한다.

기본적으로 릴레이션은 투플의 유일성 특성을 충족하므로 모든 투플은 중복되지 않고 서로 다르다. 속성 하나부터 시작하여 속성을 하나씩 더해가며 후보키의 2가지 조건 만족 여부를 확인하면 일부 속성 조합이 후보키 중의 하나로 선정된다. 최악의 경우에는 모든 속성의 조합이 후보키가 된다. 결과적으로 모든 릴레이션은 최소 하나 이상의 후보키를 가진다.

특정 지역 학생을 대상으로 하는 학원 운영 데이터베이스를 가정해 보자. [그림 3-13]은 학원에 등록한 학생 정보를 저장하는 '학원생' 릴레이션의 예이다.

학원생

학원생이름	폰번호	나이	학교이름	학년	반	반번호
홍길동	010-1237-6542	19	송원고	3	1	10
김하나	010-3218-8765	18	한빛고	2	2	7
홍길동	010-4587-9834	19	송원고	3	1	31
박순희	010-7789-6754	17	이슬고	1	3	16
...	...	.	...	.	.	.
...	...	.	...	.	.	.

[그림 3-13] '학원생' 릴레이션의 예

■ 후보키의 예

{폰번호}	유일성 (O) 최소성 (O)
{학교이름, 학년, 반, 반번호}	유일성 (O) 최소성 (O)

[그림 3-13]의 '학원생' 릴레이션에서 각 투플은 한 명의 학원 수강생을 의미한다. 모든 학원생은 서로 다른 폰번호를 가지므로 속성 부분 집합 {폰번호}는 유일성 조건을 만족한다. {폰번호}는 속성 하나만으로 구성된 키이므로 제외할 다른 속성이 없어 자동적으로 최소성 조건도 만족한다. 결과적으로 {폰번호}는 후보키이다.

또, '학교이름', '학년', '반', '반번호' 속성 값을 조합하더라도 학원생 투플을 유일하게 식별할 수 있다. 또, 이 속성 조합 중 속성 하나를 제거하면 유일성 조건이 깨지게 된다. 결과적으로 속성 부분 집합 {학교이름, 학년, 반, 반번호}도 또 다른 후보키가 된다.

만약 '학원생' 릴레이션에 '주민번호' 또는 '이메일주소' 등의 속성이 추가된다면 {주민번호}나 {이메일주소}도 후보키가 될 수 있다.

■ 옳지 않은 후보키의 예

{학원생이름}	유일성 (×) 최소성 (–)
{학원생이름, 폰번호}	유일성 (O) 최소성 (×)
{학원생이름, 학교이름, 학년, 반}	유일성 (×) 최소성 (–)
{반번호, 학년, 반}	유일성 (×) 최소성 (–)

속성 부분 집합 {학원생이름, 폰번호}는 유일성 조건은 만족하지만 최소성 조건은 만족하지 못하여 후보키가 될 수 없다. '학원생이름' 속성을 제거하더라도 {폰번호} 단독으로도 유일성을 만족하기 때문이다. {학원생이름, 학교이름, 학년, 반}은 유일성을 만족하지 않는다. 같은 학교의 같은 학급에도 이름까지 같은 동명이인의 학생이 있을 수 있기 때문이다. 예에서 유일성 조건을 만족하지 않는 속성 집합에 대해 최소성 충족 여부를 확인하는 것은 의미가 없다.

후보키의 유일성, 최소성 2가지 조건은 시간이 경과하여 투플이 추가, 변경되더라도 항상 유지되어야 한다. 앞으로 등록할 미래의 모든 학원생까지 고려해도 만족되어야한다.

슈퍼키

슈퍼키(SK; Super Key)는 투플을 유일하게 식별할 수 있는 속성 집합이다. 슈퍼키는 식별을 위해 꼭 필요한 속성이 아니어도 포함할 수 있다.

■ 슈퍼키의 예

{폰번호}	유일성 (O) 최소성 (O)
{학원생이름, 폰번호}	유일성 (O) 최소성 (×)
{학원생이름, 학교이름, 학년, 반, 반번호}	유일성 (O) 최소성 (×)
{학교이름, 학년, 반, 반번호, 폰번호}	유일성 (O) 최소성 (×)

슈퍼키는 최소성 충족 여부와는 관련이 없다. 후보키의 유일성 조건만 만족하면 된다. {학원생이름, 폰번호}는 후보키는 아니지만 슈퍼키이다.

릴레이션 안에는 여러 후보키가 있을 수 있고 모든 후보키는 슈퍼키이다. 후보키를 포함하는 속성 집합도 모두 슈퍼키가 된다.

기본키

기본키(PK; Primary Key)는 투플을 대표하도록 선정된 후보키이다. 여러 후보키 중에서 하나를 기본키로 선택하여 지정한다.

▪ 기본키의 예

{폰번호}	유일성 (O) 최소성 (O)
{학교이름, 학년, 반, 반번호}	유일성 (O) 최소성 (O)

후보키인 {폰번호}와 {학교이름, 학년, 반, 반번호} 중 하나는 기본키가 될 수 있다. 의미적으로 투플을 가장 대표할 수 있고 또한 식별 수단으로도 적합한 후보키를 기본키로 선정한다. 가장 중요한 키 중 하나이다.

▪ 기본키 선정 기준

후보키가 하나일 경우, 바로 기본키가 된다. 후보키가 여러 개일 경우, 그 중 하나를 기본키로 지정해야 한다. 기본키 선정 시 다음 기준을 충족하는 후보키를 우선적으로 고려한다.

- 값이 자주 변경되지 않는 정적인 속성으로 구성된 후보키
- 널 값을 가질 수 없는 속성으로 구성된 후보키
- 속성 개수가 작은 후보키
- 속성 값의 물리적 크기가 작은(숫자 크기가 작거나 문자열 길이가 짧은) 후보키

[그림 3-13] 예제에서 '학원생' 릴레이션의 기본키는 두 후보키 {폰번호}와 {학교이름, 학년, 반, 반번호} 중에서 하나가 될 수 있다. '010-1237-6542' 폰번호도 특정 학원생을 대표하지만 '송원고'(학교이름)+3(학년)+1(반)+10(반번호)의 조합도 특정 학원생을 식별하도록 한다. 이때, 학원생을 표현하는 투플의 의미를 가장 대표하는 것은 {학교이름, 학년, 반, 반번호} 후보키이다. 반면 성능 상의 이점을 갖는 것은 {폰번호} 후보키이다.

기본키는 릴레이션 스키마를 표현할 때 보통 밑줄을 그어 표시한다.

학원생(학원생이름, <u>폰번호</u>, 나이, 학교이름, 학년, 반, 반번호)

예에서 '학원생' 릴레이션의 기본키는 {폰번호}이다. '폰번호' 기본키만 주어지면 릴레이션에서 특정 학원생의 투플을 식별하여 찾아낼 수 있다. 기본키는 릴레이션의 기본 접근 수단으로 매우 중요하다.

후보키(CK) 후보키(CK)

학원생이름	**폰번호**	나이	**학교이름**	**학년**	**반**	**반번호**
홍길동	010-1237-6542	19	송원고	3	1	10
김하나	010-3218-8765	18	한빛고	2	2	7
홍길동	010-4587-9834	19	송원고	3	1	31
박순희	010-7789-6754	17	이슬고	1	3	16

기본키(PK) 대체키(AK)

[그림 3-14] 후보키, 기본키, 대체키 선정 예

대체키

대체키(AK; Alternate Key)는 기본키로 선정되지 못한 후보키이다. 둘 이상의 후보키 중에서 하나를 기본키로 지정하면 기본키로 지정되지 않은 나머지 후보키들은 대체키가 된다. 앞의 예에서 {학교이름, 학년, 반, 반번호}는 따로 표시되지는 않지만 대체키가 된다. 릴레이션 안에서 기본키는 하나이지만 대체키는 여러 개 존재할 수 있다.

릴레이션 안에 포함된 여러 키들의 관계를 표현하면 [그림 3-15]와 같다.

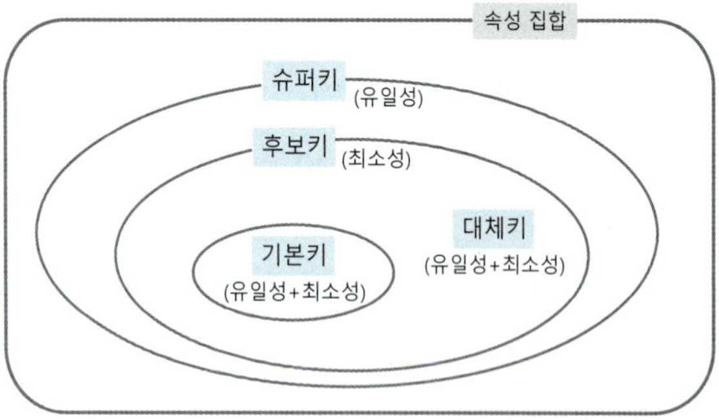

[그림 3-15] 릴레이션 키의 포함 관계

Note **대리키(surrogate key)**

대리키는 후보키 중에서 적절한 기본키 선정이 어려울 경우, 일련번호 같은 인위적인 속성을 추가로 생성하여 기본키로 지정하는 경우를 말한다. DBMS 등에서 자동으로 생성하는 값을 저장하므로 인공키(artificial key)라고도 한다. 후보키가 여러 속성의 조합으로 너무 복잡하거나 속성 값의 물리적 크기가 너무 커서 성능 저하가 우려될 때 사용한다.

외래키

외래키(FK; Foreign Key)는 특정 릴레이션의 기본키를 참조하는 속성 집합이다. 외래키의 값은 참조되는 기본키 값 중에서 값 하나를 참조하여 취한다. 외래키 값은 같은 값을 기본키 값으로 갖는 투플과의 관계를 자연스럽게 표현한다. 기본키와 외래키는 릴레이션 간의 연관성을 표현한다. 의미적 연관성이 있음에도 불구하고 다른 릴레이션으로 분리된 투플 사이의 연결 고리 역할을 한다. 기본키와 외래키는 관계형 데이터 모델의 핵심 개념이다.

학원 운영 데이터베이스에 학원생의 학교 정보를 표현하는 '학교' 릴레이션을 추가하고 '학교명' 속성이 기본키라고 가정하자. '학교명'이 기본키가 되려면 인근 지역 안에 같은 이름의 학교가 없다는 것을 전제로 한다. 학원은 특정 지역 내 모든 학교 정보를 '학교' 릴레이션에 등록한다.

학원생(학원생이름, <u>폰번호</u>, 나이, 학교이름, 학년, 반, 반번호)
학교(<u>학교명</u>, 분류, 학생수, 주소)

'학원생' 릴레이션의 '학교이름'은 등록 학원생의 소속 학교를 표현한다. 학원생의 상세한 학교 정보는 '학교' 릴레이션에 표현한다. 이 둘 사이의 연관성을 표현하려면 '학원생' 릴레이션의 '학교이름' 속성 값이 반드시 '학교' 릴레이션의 '학교명' 속성 값으로 존재해야 한다.

'학원생' 릴레이션에 〈'홍길동', '010-1237-6542', 19, '송원고', 3, 1, 10〉 투플이 존재하는데 '송원고'라는 학교가 '학교' 릴레이션에 없다고 가정해 보자. 등록되지 않아 존재하지도 않는 학교를 다니는 것이 된다. 결국, '홍길동' 학원생의 학교 정보는 의미적으로 옳지 않거나 잘못된 것이다.

만약, 소속 학교가 타 지역에 있어 '학교' 릴레이션에 등록되지 않은 신입 학원생이라면 '학교' 릴레이션에 먼저 소속 학교 정보를 입력한 뒤, '학원생' 릴레이션에 신입 학원생 정보를 등록하는 것이 순서적으로 옳다. 어떤 순간에도 등록되지 않은 학교에 소속된 학원생은 의미적으로 옳지 않다. 관계형 데이터 모델은 이를 외래키 개념을 적용함으로써 엄격히 관리한다.

외래키(FK)

학원생

학원생이름	**폰번호**	나이	**학교이름**	학년	반	반번호
홍길동	010-1237-6542	19	송원고	3	1	10
김하나	010-3218-8765	18	한빛고	2	2	7
홍길동	010-4587-9834	19	송원고	3	1	31
박순희	010-7789-6754	17	이슬고	1	3	16

참조

학교

학교명	분류	학생수	주소
송원고	3	435	경기 성남 분당구 황새울로 123
한빛고	2	377	경기 성남 분당구 판교역로 67
이슬고	1	507	경기 성남 분당구 미금로 567

기본키(PK)

[그림 3-16] 외래키 선정 예(1)

[그림 3-16]에서 보는 것처럼 '학원생' 릴레이션의 '학교이름' 속성은 외래키로서 '학교' 릴레이션의 기본키인 '학교명' 속성을 참조한다. '학교이름' 속성 값은 '학교명' 속성 값으로 입력된 값들 중에서 하나를 취할 수 있다.

Note 외래키와 참조

■ 자식 릴레이션과 부모 릴레이션

어떤 속성(조합)이 외래키라면 외래키에 속하는 모든 속성 값은 반드시 특정 릴레이션의 기본키 값 중 하나와 일치해야 한다. 이를 다음과 같이 표현할 수 있다.

- 릴레이션 R1의 외래키에 속한 속성은 릴레이션 R2의 기본키 속성을 반드시 참조(referencing)해야 한다.

이때, R1은 참조하는 릴레이션(referencing relation) 또는 **자식 릴레이션**(child relation)이라 하고 R2는 참조되는 릴레이션(referenced relation) 또는 **부모 릴레이션**(parent relation)이라 한다. R1과 R2는 보통 서로 다른 릴레이션이지만 같은 릴레이션일 수도 있다.

■ 참조

참조(referencing)란 새로운 속성 값을 입력할 때 지정한 특정 속성 값으로 이미 입력된 값들 중 하나만을 입력할 수 있음을 의미한다. 참조하는 외래키와 참조되는 기본키 사이에 속성 이름은 달라도 되지만 대응 속성의 수는 같고 대응 속성의 도메인도 서로 일치해야 한다. 외래키는 기본키와는 다르게 널 값을 가질 수 있다.

'학원생' 릴레이션에 신입 학원생을 소개한 학원생의 폰번호를 저장할 경우를 가정해 보자. 보통 수강생 유치를 위해 학원생을 소개할 경우 수강료 할인 등의 부가 혜택을 주기도 한다. 다음과 같이 '학원생' 릴레이션에 '소개학원생폰번호' 속성을 추가할 수 있다.

학원생(학원생이름, 폰번호, 나이, 학교이름, 학년, 반, 반번호, **소개학원생폰번호**)

'소개학원생폰번호'는 기존 학원생의 '폰번호' 중 하나와 일치하는 번호를 입력해야한다. 보통 기존 학원생이 수강료 할인 혜택을 받기 위해 신입 학원생을 소개하는데 혜택을 주려면 대상 학원생을 정확히 식별해야하기 때문이다. 만약, 미등록 학원생이 소개했다면 혜택 대상이 없기 때문에 굳이 소개학원생 정보가 필요 없으므로 뒤에서 설명할 널 값을 저장하면 된다.

결과적으로 '소개학원생폰번호' 속성 값은 '폰번호' 속성 값을 참조한다. '소개학원생폰번호'는 참조하는 외래키이며 '폰번호'는 참조되는 기본키가 된다. 기본키와 외래키가 같은 릴레이션에 함께 존재하는 특별한 경우이다.

기본키(PK) 외래키(FK)

학원생

학원생이름	**폰번호**	나이	학교이름	학년	반	반번호	**소개학원생폰번호**
홍길동	010-1237-6542	19	송원고	3	1	10	010-3218-8765
김하나	010-3218-8765	18	한빛고	2	2	7	NULL
홍길동	010-4587-9834	19	송원고	3	1	31	010-3218-8765
박순희	010-7789-6754	17	이슬고	1	3	16	010-3218-8765

참조

[그림 3-17] 외래키 선정 예(2)

3.2 무결성 제약 조건

데이터 무결성(data integrity)은 데이터의 일관성과 정확성에 손상이 없도록 유지되는 특성을 말한다. 관계형 데이터 모델에서 릴레이션 안의 모든 데이터들을 의미적으로 흠 없이 항상 정확하고 완전한 상태로 유지하기 위해 적용해야할 제약 사항을 **무결성 제약 조건**(integrity constraint)이라 한다.

데이터 무결성을 유지하는 2가지 구현 방식이 있다.

- [방법 1] 개별 응용 프로그램 안에 코드를 추가하여 구현
  데이터 무결성 유지를 위해 각 프로그램마다 제약 사항을 점검하는 프로그램 코드를 추가하는 방법이다. 구현하기도 부담스럽고 비효율적이며 향후 유지하기도 어렵다.
- [방법 2] DBMS 안의 무결성 제약 조건을 설정하여 구현
  데이터의 무결성 유지를 위해 준수되어야할 공통 제약 사항을 DBMS의 무결성 제약 조건으로 명세하는 방법이다. 별도 구현 없이 간단한 무결성 제약 조건 설정만으로 가능하여 부담도 적고 효율적이다. DBMS는 이를 해석하여 데이터를 입력, 수정, 삭제할 때마다 제약 조건을 자동적으로 검사하여 적용시킨다.

가장 기본적인 무결성 제약 조건은 기본키와 외래키에 관련된 것으로 개체 무결성 제약 조건과 참조 무결성 제약 조건이다. 이외에도 도메인 무결성 제약 조건, 유일성 제약 조건 등이 있다.

개체 무결성 제약 조건

개체 무결성 제약 조건(entity integrity constraint)은 기본키로 지정한 모든 속성은 널 값을 가질 수 없고 릴레이션 안에서 중복되지 않는 유일한 값을 가져야 한다는 제약 사항을 말한다. **기본키 제약 조건**(primary key constraint)이라고도 하며 개체의 유일성을 선언하는 제약 조건이다. DBMS에게 기본키를 선언함으로써 즉시 적용된다.

릴레이션의 투플을 유일하게 구별함으로써 각 투플을 쉽게 접근할 수 있도록 릴레이션마다 기본키를 정의한다. 만약, 기본키의 일부 또는 전체 속성 값이 널 값을 갖는다면 투플을 유일하게 구별하기 위한 식별자로서의 기본키 정의를 위배하게 된다.

Note 널(NULL) 값

관계형 데이터 모델에서 릴레이션 속성이 가질 수 있는 특별한 값이 바로 **널 값**이다. 특정 속성에 '해당하는 데이터 값이 없음'을 표시하며 공백(blank) 문자나 숫자 0과는 다르다. 보통 데이터베이스에서 널 값은 다음 2가지의 의미를 갖는다.

- 아직 알려지지 않아 모르는 값(unknown value)
- 해당 사항이 없어 의미적으로 가질 수 없는 값(inapplicable value)

릴레이션마다 속성에 따라 널 값의 의미가 다르게 해석될 수 있다. 릴레이션 안의 속성은 해당 도메인이 널 값을 허용하도록 정의될 경우에만 널 값을 가질 수 있다.

참조 무결성 제약 조건

참조 무결성 제약 조건(referential integrity constraint)은 외래키로 지정한 속성은 참조하는 릴레이션의 기본키 속성 값과 일치하는 값이나 널 값만을 가져야 한다는 제약 사항을 말한다. **외래키 제약 조건**(foreign key constraint)이라고도 하며 개체의 참조 관계를 선언하는 제약 조건이다. 외래키는 자신이 참조하는 릴레이션의 기본키 값, 즉 참조 가능한 값만 가져야 한다. DBMS에게 외래키를 선언함으로써 즉시 적용된다. 참조 무결성 제약 조건은 의미적으로 연관된 두 릴레이션 투플 사이의 일관성 유지를 위해 사용한다.

현실 세계에서 서로 관련된 개체는 보통 릴레이션 투플 사이의 연관 관계에 의해 표현되며 이것이 바로 외래키이다. 외래키의 일부 또는 전체 속성 값이 널 값을 갖는다면 관련된 투플 즉, 개체가 없음을 의미한다. 외래키의 속성 값이 어떤 값을 갖는다면 그 값은 반드시 참조되는 기본키 값들 중 하나이어야 한다. 그렇지 않다면 외래키 정의를 위배하게 된다. 만약 일치하지 않는 투플을 참조한다면 존재하지도 않는 개체를 참조하게 되어 의미적으로 옳지 않기 때문이다.

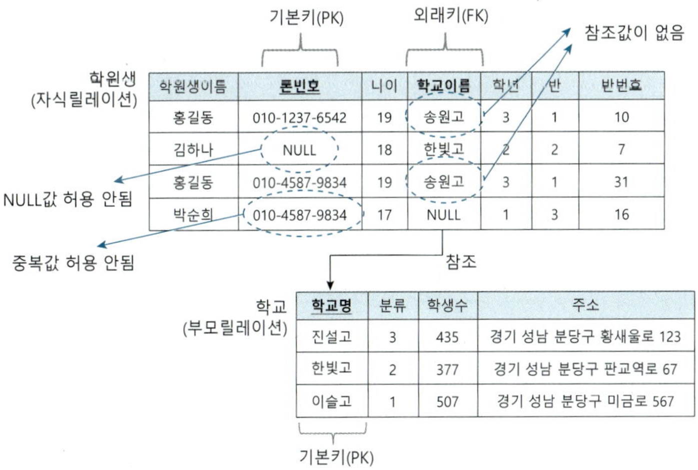

[그림 3-18] 무결성 제약 조건 위반 예

개체 무결성 제약 조건과 관련하여 기본키는 개체 식별자(entity identifier)의 역할을, 참조 무결성 제약 조건과 관련하여 외래키는 개체 참조자(entity referer)의 역할을 한다. 이 두 가지 무결성 제약 조건은 관계형 데이터베이스가 항상 만족해야하는 가장 기본적인 제약 조건이다. 이를 만족하지 못하는 순간 데이터베이스는 부정확하고 의미적으로 올바르지 않는 오류 데이터를 갖게 된다.

Note **추가적인 제약 조건**

▪ 도메인 무결성 제약 조건

도메인 무결성 제약 조건(domain integrity constraint)은 투플의 모든 속성 값이 각 속성의 도메인에 속한 값만을 취해야 한다는 제약 사항을 말한다. SQL의 CREATE TABLE 명령문 작성 시 각 열의 **타입**, **NULL/NOT NULL**(널 값 허용 여부), **DEFAULT**(기본 값), **CHECK**(값 범위 체크 조건) 등의 키워드 설정을 통해 DBMS에게 지시한다.

▪ 유일성 제약 조건

유일성 제약 조건(uniqueness constraint)은 모든 키 속성 값이 서로 중복되지 않고 유일해야 한다는 제약 사항을 말한다. 대체키와 밀접한 연관성이 있으며 **키 제약 조건**(key constraint)이라고도 한다. SQL의 CREATE TABLE 명령문 작성 시 **UNIQUE**(유일 조건) 키워드 설정을 통해 DBMS에게 지시한다.

데이터의 추가, 수정, 변경 등의 작업이 수행될 때마다 무결성 제약 조건은 항상 만족되어야 하므로 끊임없이 검증되어야한다. 개별 응용 프로그램이 아닌 전체 데이터베이스 관리 수준에서 검증이 수행되어야 하는 이유이다. 이 역할을 DBMS가 자동으로 수행한다.

릴레이션 생성 시 기본키와 외래키를 어떤 속성들로 구성할 것인지를 DBMS에게 알려주면 된다. SQL의 CREATE TABLE 명령문 작성 시 PRIMARY KEY(개체 무결성 제약 조건), FOREIGN KEY(참조 무결성 제약 조건) 키워드 설정을 통해 DBMS에게 지시한다. [그림 3-19]는 DBMS에게 제약 조건을 지시하기 위한 SQL 명령어 키워드를 보여준다.

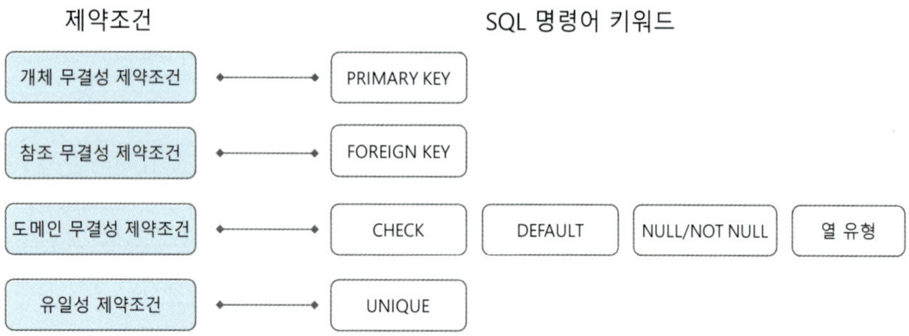

[그림 3-19] 제약 조건과 적용 SQL 명령어 키워드

4. 관계 연산

데이터 모델은 데이터베이스 구조와 제약 조건을 정의하기 위한 개념과 함께 데이터를 다루기 위한 연산이 필요하다. **관계 연산**(relation operation)은 관계형 데이터 모델에서 릴레이션을 조작하기 위한 연산이다. 관계형 데이터베이스 언어의 명세 형식이나 내부 처리 과정

과 밀접한 연관성이 있다.

관계 연산의 대표적인 2가지 표현 방법은 관계 대수와 관계 해석이다.

■ 관계 대수

관계 대수(relational algebra)는 사용자가 필요로 하는 데이터를 획득하는 절차 즉, 연산들의 적용 순서를 명세한다. 실행 순서를 순차적으로 명세하는 **절차적**(procedural) 표현 방법이다.

관계 대수는 관계 연산의 기본 토대를 제공하고 몇몇 개념은 관계형 표준 데이터베이스 언어인 SQL에 반영되었을 뿐만 아니라 DBMS가 내부적으로 질의를 구현하고 최적화하기 위한 기반으로도 사용된다. 대부분의 핵심 연산과 기능들이 관계 대수 연산에 기반하고 있다.

■ 관계 해석

관계 해석(relational calculus)은 사용자가 필요한 데이터가 무엇인지, 연산들의 최종 결과만을 명세한다. **선언적**(declarative) 표현 방법으로 **비절차적**(nonprocedural)이다.

관계 해석에는 릴레이션의 투플들을 범위로 하는 투플 변수를 사용하는 투플 관계 해석과 릴레이션의 열과 도메인들을 범위로 하는 도메인 변수를 사용하는 도메인 관계 해석이 있다.

■ 관계 대수와 관계 해석의 차이점

관계 대수가 연산 관련하여 **어떻게**(how)에 중점을 둔다면 관계 해석은 **무엇을**(what)에 중점을 둔다. 즉, 관계 대수가 질의 결과를 추출하기 위한 방법을 일련의 연산들로 표현한다면 관계 해석은 단지 결과에 포함해야할 내용이 어떤 것인지를 표현한다.

관계 대수가 관계형 데이터 모델을 위한 기본 연산 집합을 정의한다면 관계 해석은 그 보다는 상위 수준의 관계 질의를 표현하기 위한 표기 방식을 정의한다. 둘 다 기능이나 표현력은 동등하다. 관계 대수나 관계 해석은 형식 언어로서 둘 다 상용 DBMS가 직접 지원하지는 않으므로 실제 사용할 수 있는 데이터 언어는 아니다. 대신 SQL 언어의 작성 방법이나 내부 처리 방식의 이론적 기반을 제공한다.

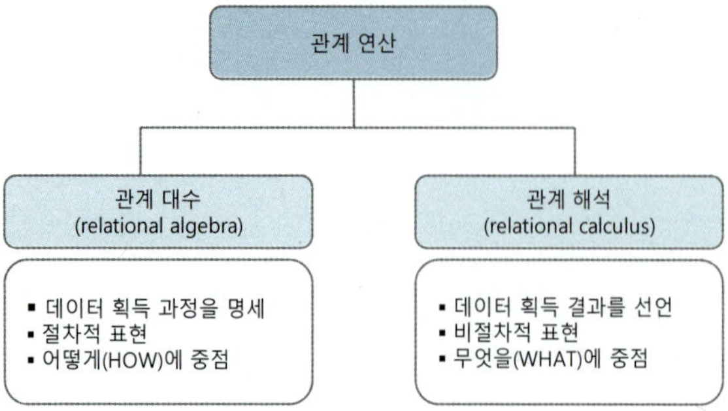

[그림 3-20] 관계 연산의 종류

4장에서는 데이터베이스 표준 언어인 SQL의 이해를 돕기 위해서 SQL의 내부 최적화와 밀접하게 관련된 관계 대수를 중심으로 관계 연산에 대해 살펴본다.

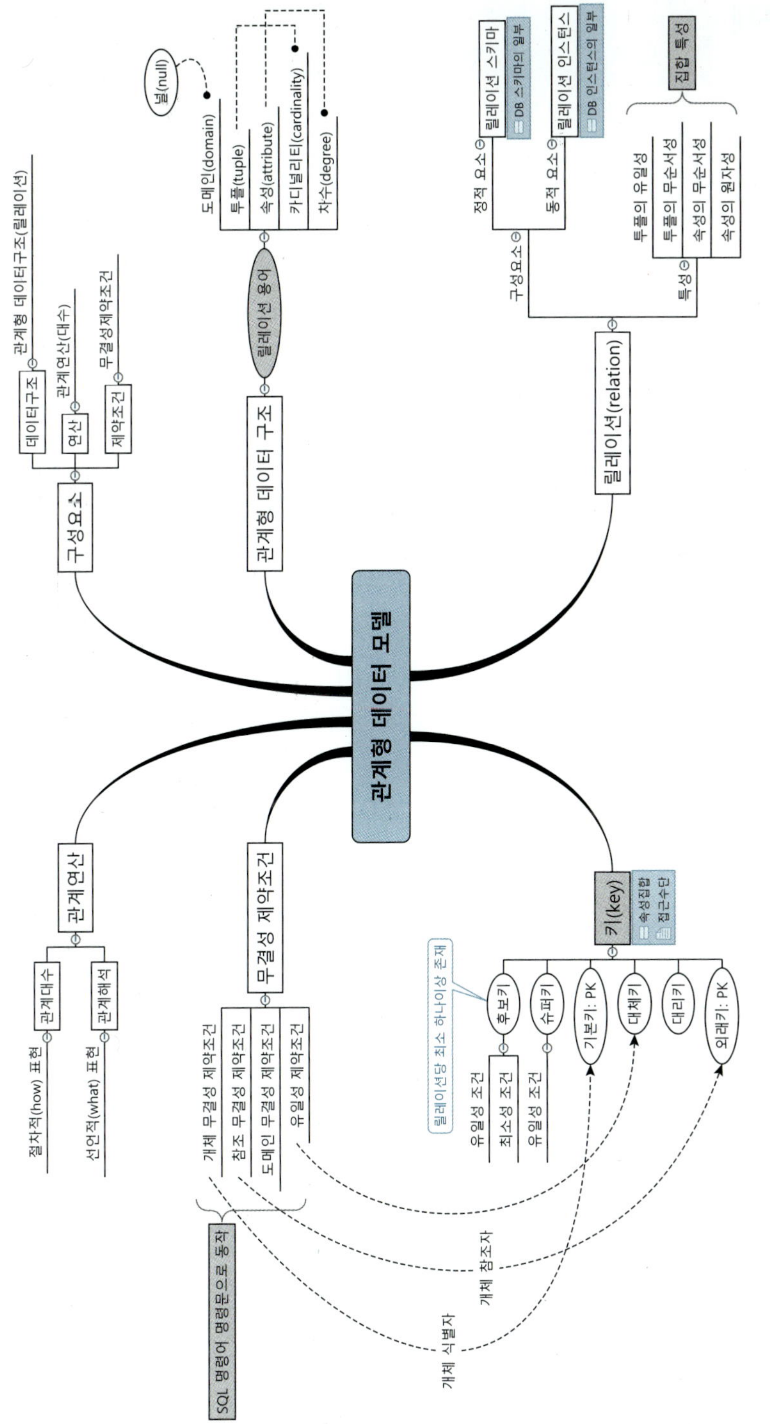
관계형 데이터 모델
구성요소
데이터구조
관계형 데이터구조(릴레이션)
연산
관계연산(대수)
제약조건
무결성제약조건
관계형 데이터 구조
릴레이션 용어
도메인(domain)
널(null)
투플(tuple)
속성(attribute)
카디널리티(cardinality)
차수(degree)
릴레이션(relation)
구성요소
정적 요소
릴레이션 스키마
DB 스키마의 일부
동적 요소
릴레이션 인스턴스
DB 인스턴스의 일부
특성
투플의 유일성
투플의 무순서성
속성의 무순서성
속성의 원자성
집합 특성
관계연산
관계대수
절차적(how) 표현
관계해석
선언적(what) 표현
무결성 제약조건
개체 무결성 제약조건
참조 무결성 제약조건
도메인 무결성 제약조건
유일성 제약조건
SQL 명령어 명령문으로 동작
개체 식별자
개체 참조자
키(key)
속성집합
접근수단
후보키
릴레이션당 최소 하나이상 존재
유일성 조건
최소성 조건
슈퍼키
유일성 조건
기본키: PK
대체키
대리키
외래키: PK

연습문제 EXERCISE

01 데이터 모델의 구성 요소가 아닌 것은?

① 데이터 타입(구조) ② 데이터 연산
③ 데이터 제약 조건 ④ 데이터 언어

02 관계형 데이터베이스 제약 조건 중 한 릴레이션의 기본키를 구성하는 어떠한 속성 값도 널 값이나 중복 값을 가질 수 없다는 조건은 무엇인가?

① 도메인 무결성 제약 조건 ② 참조 무결성 제약 조건
③ 참여 제약 조건 ④ 개체 무결성 제약 조건

03 관계형 데이터 모델에서 릴레이션 R의 정의에서 사용된 도메인(속성)의 개수를 의미하는 용어는?

① 외연(extension) ② 카디널리티(cardinality)
③ 내포(intension) ④ 차수(degree)

04 속성이 가질 수 있는 원자 값들의 범위는?

① 영역(domain) ② 속성(attribute)
③ 차수(degree) ④ 제약 조건(constraint)

05 관계형 데이터 모델의 제약 조건과 관련 키의 연결이 가장 옳은 것은?

① 영역(domain) 제약 – 기본키
② 개체 무결성(entity integrity) 제약 – 슈퍼키
③ 의미(semantic) 제약 – 대체키
④ 참조 무결성(referential integrity) 제약 – 외래키

06 릴레이션 특성으로 적합하지 않은 것은?

① 릴레이션 안의 모든 속성 이름은 동일하지 않아야 한다.
② 모든 속성 값은 논리적으로 분해할 수 없는 원자 값만 허용된다.
③ 릴레이션 안의 투플들의 순서는 중요한 의미를 지닌다.
④ 릴레이션 안의 모든 투플은 서로 다른 값을 가진다.

07 키 포함 관계에 관한 표현으로 옳은 것은?

① 슈퍼키 ⊂ 대체키 ⊂ 후보키　　② 대체키 ⊂ 후보키 ⊂ 슈퍼키
③ 기본키 ⊂ 후보키 ⊂ 대체키　　④ 후보키 ⊂ 기본키 ⊂ 슈퍼키

08 다음 설명과 관련 있는 스키마는?

개별 사용자 관점에서 이해한 데이터베이스 구조이다. 각 사용자가 요구하는 데이터베이스 구조를 정의함으로써 하나의 데이터베이스에 여러 개가 존재할 수 있다.

① 개념스키마　　② 내부스키마
③ 외부스키마　　④ 스키마

09 다음 릴레이션 스키마에서 각 키에 해당하는 적절한 속성의 이름으로 ( ) 안을 채우시오.

직원(직원번호, 이름, 주민등록번호, 주소, 나이, 성별, 부서장직원번호)

① 후보키 – (　　　)(　　　)　　② 기본키 – (　　　)
③ 외래키 – (　　　)　　④ 대체키 – (　　　)

10 다음 릴레이션 스키마에서 각 키에 해당하는 속성 연결이 옳지 않은 것은?

학생(학번, 이름, 주민등록번호, 주소, 나이, 성별, 학과명, 과대표학번)

① 외래키 – (과대표학번)　　② 기본키 – (학번)
③ 후보키 – (이름, 나이)　　④ 대체키 – (주민등록번호)

11 테이블에 비유되는 릴레이션 정의와 관련하여 성격이 다른 하나는?

① 투플(tuple)들의 집합
② 속성(attribute)들의 집합
③ 릴레이션 스키마 + 릴레이션 인스턴스
④ 도메인(domain)들의 집합

12 데이터베이스에서 널(NULL)의 의미는?

① 공백(blank)　　② 영(zero)
③ 모르는 값(unknown value)　　④ 끝(end)

13 키에 관한 설명으로 옳지 않은 것은?

① 슈퍼키는 후보키이다.
② 기본키는 후보키이다.
③ 대체키는 후보키이다.
④ 후보키는 슈퍼키이다.

14 릴레이션 R의 카디널리티가 4, 차수가 5이고 릴레이션 S의 카디널리티가 6, 차수가 4인 두 릴레이션에 카티션 프로덕트 연산을 적용한 결과 릴레이션의 카디널리티와 차수는?

① 24, 20
② 10, 9
③ 10, 20
④ 24, 9

15 다음 문장이 참이면 ○, 거짓이면 ×를 하시오.

① 데이터 구조는 표현하려고 하는 데이터(또는 데이터 모델)의 정적 측면을, 데이터 연산은 데이터(또는 데이터 모델)의 동적 측면을 명세한다. ( )
② 관계형 데이터 모델(relational data model)은 이론적으로는 릴레이션(relation)이라는 수학적 집합 개념에 기초하고 있다. ( )
③ 속성 이름이 다르더라도 도메인이 같다면 속성들의 값 비교가 가능하며 의미적으로도 옳다. ( )
④ 속성이 없는 릴레이션은 존재할 수 있지만 투플이 없는 릴레이션은 존재할 수 없다. ( )
⑤ 투플들의 순서만 다른 두 릴레이션은 같은 릴레이션이 된다. ( )
⑥ 릴레이션은 다중 값 속성은 허용하나 복합 속성은 허용하지 않는다. ( )
⑦ 모든 릴레이션은 최소한 하나 이상의 후보키를 가진다. ( )
⑧ 외래키는 널 값을 가질 수 없다. ( )
⑨ 외래키와 참조하는 기본키 사이에는 속성 이름과 대응하는 속성들의 수가 같고 도메인은 서로 일치해야 한다. ( )

16 다음 ( ) 안에 적당한 용어를 채워 완성하시오.

① 데이터 모델은 데이터 구조와 연산, ( ) 3가지 요소를 명세한다.
② 관계형 데이터베이스(relational database)는 1970년대 IBM 연구소의 ( )가 제안한 관계형 데이터 모델에 기반하고 있다.
③ 각 속성이 취할 수 있는 모든 값들의 집합을 정의한 것을 ( )이라 한다.
④ 관계형 데이터베이스 스키마는 ( ) 스키마들의 모임이다.
⑤ 후보키는 유일성과 ( )조건을 모두 만족해야 한다.
⑥ 후보키를 포함하는 속성 집합은 모두 ( )가 된다.

⑦ 후보키 중에서 적절한 기본키 선정이 어려울 경우, 일련번호 같은 인위적인 속성을 추가로 생성하여 지정하는 기본키를 (　　)라고 한다.
⑧ 기본키와 (　　)는 릴레이션 간의 관계성을 표현하기 위해서 사용된다.

17 다음은 관계형 데이터 모델에 관한 설명으로 ( ) 안에 알맞은 용어를 쓰시오.

관계형 데이터 모델에서 (ㄱ)(은)는 속성들을 갖는 2차원 테이블이며 속성은 각 열을, (ㄴ)(은)는 각 행을 의미한다. 또한, (ㄷ)(은)는 속성의 수를 의미하며, 행의 개수는 (ㄹ)(이)라 한다.

ㄱ. (　　　　)　ㄴ. (　　　　)　ㄷ. (　　　　)　ㄹ. (　　　　)

18 릴레이션 스키마와 릴레이션 인스턴스를 비교하여 설명하시오.

19 관계형 데이터 모델의 무결성 제약 조건 4가지를 쓰고 간략히 설명하시오.

20 후보키와 슈퍼키, 기본키 사이의 관련성에 대해 설명하시오.

21 후보키 중에서 기본키를 선정하기 위한 선정 기준에 대해 설명하시오.

22 릴레이션의 4가지 특성을 설명하시오.

CHAPTER

04

관계 대수

1. 관계 대수(집합,관계,확장) 연산
2. 관계 대수의 활용

학습목표

- 관계 대수 연산의 기본 개념을 이해한다.
- 집합 연산의 종류와 특성을 알아본다.
- 관계 연산의 종류와 특성을 알아본다.
- 확장 연산의 종류와 특성을 알아본다.
- 질의문의 관계 대수식 표현과 질의 트리 최적화 과정을 이해한다.

CHAPTER

4 관계 대수

1. 관계 대수 연산

관계 대수(relational algebra)는 릴레이션을 내부적으로 처리하기 위한 연산(operation)들의 집합이다. 관계형 데이터 모델의 제안자인 코드(Codd)가 정의하였다. 관계 대수는 관계형 데이터 모델과 SQL 데이터베이스 언어의 이론적 토대를 제공한다.

관계 대수는 릴레이션에 적용되는 여러 연산들을 포함한다. 모든 연산의 적용 대상도 릴레이션이고 연산 결과 또한 릴레이션이다. 관계 대수 연산은 한 개 이상의 입력 릴레이션으로부터 하나의 새로운 결과 릴레이션을 생성한다. 결과 릴레이션은 또 다른 관계 대수 연산의 입력이 될 수 있다.

관계 대수 연산은 [그림 4-1]처럼 2개의 그룹으로 분류한다. 수학 집합 이론에 기반을 둔 **집합 연산** 그룹과 관계형 데이터 모델을 위해 추가된 **관계 연산** 그룹이다.

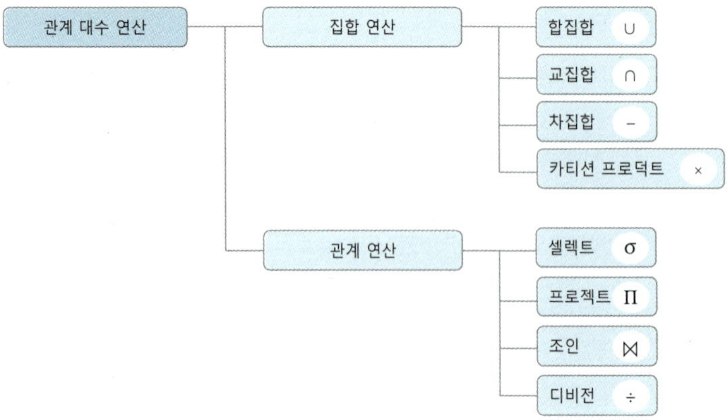

[그림 4-1] 관계 대수 연산의 종류

집합 연산 그룹에 속한 연산들부터 살펴보자.

1.1 집합 연산

집합 연산(set operation)은 릴레이션을 투플 집합 또는 속성 집합으로 간주하여 이를 처리하는 연산들이다. 합집합, 교집합, 차집합, 카티션 프로덕트 연산이 해당된다. 일반적인 수학의 집합 연산과 의미와 기능이 같다.

집합 연산을 요약하면 〈표 4-1〉과 같다.

〈표 4-1〉 집합 연산의 종류

연산	연산자	형식	설명
합집합	∪	R1 ∪ R2	릴레이션 R1과 R2의 모든 투플을 반환
교집합	∩	R1 ∩ R2	릴레이션 R1과 R2의 중복 투플만을 반환
차집합	−	R1 − R2	릴레이션 R1에만 속하고 R2에는 속하지 않는 투플만을 반환
카티션 프로덕트	×	R1 × R2	릴레이션 R1과 R2의 각 투플들을 서로 연결하여 만들어진 모든 투플 조합(곱)을 반환

집합 연산을 적용할 때 다음 규칙이 충족되어야 한다.

- 집합 연산자는 이항 연산자(binary operator)이므로 피연산자로 두 개의 입력 릴레이션이 필요하다.
- 합집합, 교집합, 차집합 연산은 두 입력 릴레이션이 서로 **합병 가능**(union compatible)해야 한다. 합병 가능하려면 두 릴레이션의 차수(속성 개수)가 같고 대응하는 속성의 순서와 도메인이 같아야 한다. 속성 이름은 서로 달라도 되며 연산적용 후 결과 릴레이션의 속성 이름은 첫 번째 릴레이션의 속성 이름을 따른다.
- 카티션 프로덕트 연산은 합병 가능 여부와 상관없이 가능하다.

합집합(∪)

합집합(union)은 수학의 합집합과 같은 개념으로 두 개의 릴레이션을 합병하여 하나의 릴레이션을 반환한다. 연산자는 '∪'을 사용한다. 두 릴레이션 R1과 R2의 합집합 'R1∪R2'가 반환하는 것은 릴레이션 R1 또는 R2에 속하는 모든 투플들로 구성된 릴레이션이다.

[그림 4-2]는 릴레이션 '학생1'과 '학생2'를 합집합 연산한 예이다.

예) 학생1 ∪ 학생2

학생1

학번	이름	학년	성별
s001	김연아	4	여
s002	홍길동	1	남
s003	이승엽	3	남

∪

학생2

학번	이름	학년	성별
s001	김연아	4	여
s002	홍길동	1	남
s004	이영애	2	여

학생1 ∪ 학생2

학번	이름	학년	성별
s001	김연아	4	여
s002	홍길동	1	남
s003	이승엽	3	남
s004	이영애	2	여

[그림 4-2] 합집합 연산의 예

합집합 연산을 적용한 결과 릴레이션 안에 만약 중복된 투플이 있다면 자동으로 제거된다. 연산의 결과도 릴레이션 즉, 집합이어야 하기 때문이다.

교집합(∩)

교집합(intersect)은 수학의 교집합과 같은 개념으로 연산자 '∩'을 사용한다. 두 릴레이션 R1과 R2의 교집합 'R1∩R2'가 반환하는 것은 릴레이션 R1과 R2에 동시에 속하는 공통 투플로만 구성된 릴레이션이다.

[그림 4-3]은 릴레이션 '학생1'과 '학생2'를 교집합 연산한 예이다.

예) 학생1 ∩ 학생2

학생1

학번	이름	학년	성별
s001	김연아	4	여
s002	홍길동	1	남
s003	이승엽	3	남

∩

학생2

학번	이름	학년	성별
s001	김연아	4	여
s002	홍길동	1	남
s004	이영애	2	여

학생1 ∩ 학생2

학번	이름	학년	성별
s001	김연아	4	여
s002	홍길동	1	남

[그림 4-3] 교집합 연산의 예

차집합(−)

차집합(difference)은 수학의 차집합과 같은 개념으로 연산자 '−'를 사용한다. 두 릴레이션 R1과 R2의 차집합 'R1−R2'가 반환하는 것은 첫 번째 릴레이션 R1에는 속하지만 두 번째 릴레이션 R2에는 속하지 않는 투플로만 구성된 릴레이션이다.

[그림 4-4]는 릴레이션 '학생'1과 '학생2'를 차집합 연산한 예이다.

예) 학생1 − 학생2

학생1

학번	이름	학년	성별
s001	김연아	4	여
s002	홍길동	1	남
s003	이승엽	3	남

−

학생2

학번	이름	학년	성별
s001	김연아	4	여
s002	홍길동	1	남
s004	이영애	2	여

학생1 − 학생2

학번	이름	학년	성별
s003	이승엽	3	남

[그림 4-4] 차집합 연산의 예

카티션 프로덕트(×)

카티션 프로덕트(cartesian product)는 두 릴레이션의 모든 투플을 수평으로 결합하는 연산이다. 연산자는 '곱'을 의미하는 '×'를 사용한다. 두 릴레이션 R1과 R2의 카티션 프로덕트 'R1×R2'가 반환하는 것은 첫 번째 릴레이션 R1의 각 투플에 대해 두 번째 릴레이션 R2의 모든 투플을 반복하여 앞뒤로 연결(concatenation)한 릴레이션이다. 즉, R1과 R2 투플들의 모든 조합으로 구성된 결과 릴레이션을 반환한다. R1과 R2의 카디널리티 값을 곱한 개수 만큼의 새로운 투플을 갖는 릴레이션이 생성된다.

카티션 프로덕트는 두 릴레이션의 기계적인 조합을 만들기 때문에 그 자체보다는 추가적으로 다른 관계 대수 연산을 조합할 때 유용하다. 보통 특정 릴레이션의 투플을 다른 릴레이션의 투플과 연관시키기 위하여 결합할 때 사용한다.

[그림 4-5]는 릴레이션 '학생1'과 '과목1'을 카티션 프로덕트 연산한 예이다.

예) 학생1 × 과목1

학생1

학번	이름	학년	성별
s001	김연아	4	여
s002	홍길동	1	남
s003	이승엽	3	남

×

과목1

과목번호	과목이름	강의실
c001	정보보호	126
c002	데이터베이스	137

학생1 × 과목1

학번	이름	학년	성별	과목번호	과목이름	강의실
s001	김연아	4	여	c001	정보보호	126
s001	김연아	4	여	c002	데이터베이스	137
s002	홍길동	1	남	c001	정보보호	126
s002	홍길동	1	남	c002	데이터베이스	137
s003	이승엽	3	남	c001	정보보호	126
s003	이승엽	3	남	c002	데이터베이스	137

[그림 4-5] 카티션 프로덕트 연산의 예

4가지 집합 연산중에서 차집합을 제외한 합집합, 교집합, 카티션 프로덕트 연산은 교환적(commutative) 특성과 결합적(associative) 특성을 갖는다. 수행할 연산자와 피연산자가 전부 같다면 연산자나 피연산자의 순서를 바꾸어 적용해도 그 결과는 항상 같다.

연산자의 교환적, 결합적 특성을 이용하면 SQL 처리 과정을 최적화할 때 다양한 관계 대수 연산의 실행 시나리오를 만들어낼 수 있어 유용하다. 〈표 4-2〉는 집합 연산을 적용한 후 결과 릴레이션의 차수와 카디널리티 값의 변화를 보여준다.

Note 연산자의 교환적 특성과 결합적 특성

합집합, 교집합, 카티션 프로덕트 연산자는 다음과 같은 교환적 특성과 결합적 특성을 갖는다.

- **합집합**

R1 ∪ R2 = R2 ∪ R1	교환적 특성
(R1 ∪ R2) ∪ R3 = R1 ∪ (R2 ∪ R3)	결합적 특성

- **교집합**

R1 ∩ R2 = R2 ∩ R1	교환적 특성
(R1 ∩ R2) ∩ R3 = R1 ∩ (R2 ∩ R3)	결합적 특성

- **카티션 프로덕트**

R1 × R2 = R2 × R1	교환적 특성
(R1 × R2) × R3 = R1 × (R2 × R3)	결합적 특성

〈표 4-2〉 집합 연산의 적용 결과(차수/카디널리티의 변화)

적용 연산	구분	결과 릴레이션의 값
합집합	차수	R1 또는 R2 차수와 같다
	카디널리티	R1과 R2 카디널리티를 더한 값과 같거나 작다
교집합	차수	R1 또는 R2 차수와 같다
	카디널리티	R1(카디널리티 값이 R1<R2인 경우) 혹은 R2(카디널리티 값이 R2<R1인 경우) 카디널리티 값보다 작거나 같다
차집합	차수	R1 또는 R2 차수와 같다
	카디널리티	R1(R1−R2인 경우) 혹은 R2(R2−R1인 경우) 카디널리티 값보다 작거나 같다
카티션 프로덕트	차수	R1과 R2 차수를 더한 값과 같다
	카디널리티	R1과 R2 카디널리티를 곱한 값과 같다

[그림 4-6]은 집합 연산의 종류와 연산적용의 개념을 간략히 요약하여 보여준다.

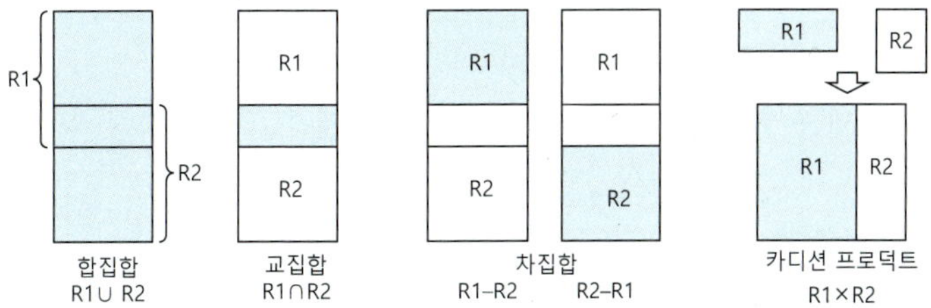

[그림 4-6] 집합 연산의 기능

이제 관계 연산 그룹에 속한 연산들을 살펴보자.

1.2 관계 연산

관계 연산(relation operation)은 릴레이션의 구조적 특성에 기반을 둔 연산을 포함한다. 관계형 데이터 모델을 위해 고안된 연산들이다. 셀렉트, 프로젝트, 조인, 디비전 연산이 해당한다.

관계 연산을 요약하면 〈표 4-3〉과 같다.

〈표 4-3〉 관계 연산의 종류

연산	연산자	형식	설명
셀렉트	σ	$\sigma_{선택\_조건식}(R)$	릴레이션 R에서 선택_조건식을 만족하는 투플만을 선택하여 반환
프로젝트	Π	$\Pi_{속성\_리스트}(R)$	릴레이션 R에서 속성_리스트에 나열된 속성 값으로만 구성된 투플을 반환
조인	$\bowtie$	$R1 \bowtie_{조인\_조건식} R2$	릴레이션 R1과 R2 투플을 연결한 조합 중에서 조인_조건식을 만족하는 투플만을 선택하여 반환
디비전	$\div$	$R1 \div R2$	릴레이션 R2의 모든 투플과 관련 있는 릴레이션 R1의 투플만을 반환

셀렉트(σ)

셀렉트(select)는 릴레이션에서 특정 투플을 추출하는 연산이다. 연산자는 'σ'(시그마, sigma)를 사용한다. 하나의 릴레이션만을 대상으로 하는 단항 연산(unary operation)이다. 셀렉트 연산 '$\sigma_{선택\_조건식}(R)$'이 반환하는 것은 릴레이션 R의 투플 중에서 명세된 '선택_조건식'을 만족하는 투플로만 구성된 릴레이션이다. 셀렉트 연산은 주어진 릴레이션의 일부 투플만을 포함하므로 릴레이션을 수평 분할하는 효과가 있다.

$\sigma_{선택\_조건식}(R)$
　선택_조건식 = 참, 거짓을 판별할 수 있는 논리식

'선택_조건식'을 명세한 셀렉트 연산의 예는 다음과 같다.

예) $\sigma_{중간성적<기말성적}(성적)$
　$\sigma_{이름='홍길동'}(성적)$
　$\sigma_{(중간성적<기말성적) \wedge (이름='홍길동')}(성적)$
　$\sigma_{학년=4}(성적)$

Note **'선택_조건식' 작성**

'선택_조건식'은 참 또는 거짓을 반환하는 논리식(boolean expression)으로 프레디키트(predicate)라고도 한다. 다음과 같이 구성된다.

$\sigma_{선택조건식}(R)$
  선택_조건식 = {단순_조건식|복합_조건식}
  단순_조건식 = 〈R의 속성이름〉 〈비교연산자〉 〈상수_값(또는 R의 속성이름)〉
  복합_조건식 = 단순_조건식 [〈논리연산자〉 [단순_조건식]]*

'선택_조건식'은 속성 값과 상수_값 혹은 또 다른 속성 값들의 비교로 결정된다. 〈비교연산자〉는 =, ≠, <, ≤, >, ≥ 6개의 연산자 중 하나이다. 셀렉트는 선택_조건식을 참으로 만드는 즉, 조건을 만족하는 투플만을 선택한다.
'선택_조건식'은 '단순_조건식'들을 논리(boolean)연산자 즉, ∧(논리곱, AND), ∨(논리합, OR), ¬(부정, NOT) 연산자를 결합하여 복잡한 '복합_조건식'을 만들 수도 있다. ∧은 '단순_조건식' 모두를 만족해야 할 때, ∨는 '단순_조건식' 중 하나만 만족해도 될 때 사용한다. '¬'는 '단순_조건식'을 만족하지 않는 투플만을 검색할 때 사용한다.

[그림 4-7]은 릴레이션 '학생3'을 셀렉트 연산한 예이다.

예) $\sigma_{성별='남'}(학생3)$

학생3

학번	이름	학년	성별
s001	김연아	4	여
s002	홍길동	1	남
s003	이승엽	3	남
s004	이영애	2	여
s005	송윤아	4	여

$\sigma_{성별='남'}(학생3)$

학번	이름	학년	성별
s002	홍길동	1	남
s003	이승엽	3	남

[그림 4-7] 셀렉트 연산의 예

프로젝트(Π)

프로젝트(project)는 릴레이션에서 특정 속성을 추출하는 연산이다. 연산자는 'Π'(파이, pi)를 사용한다. 하나의 릴레이션만을 대상으로 하는 단항 연산이다. 프로젝트 연산 '$\Pi_{\text{속성\_리스트}}$(R)'가 반환하는 것은 릴레이션 R에 속한 속성 중에서 '속성_리스트'에 명세된 속성으로만 구성된 릴레이션이다.

속성들은 '속성_리스트'에 나열된 순서와 동일하게 결과 릴레이션에 나타난다. 프로젝트 연산은 주어진 릴레이션의 일부 속성만을 포함하므로 결과적으로 릴레이션을 수직 분할하는 효과가 있다. '속성_리스트'에 중복된 속성 이름을 명세할 수 없다.

셀렉트가 투플을 연산 대상으로 한다면 프로젝트는 속성을 연산 대상으로 한다. 결과 릴레이션에 중복된 투플이 존재할 경우, 집합 조건에 위배되므로 자동 제거된다.

$\Pi_{\text{속성\_리스트}}$(R)
속성_리스트 = 속성명1, 속성명2 . . . 속성명n

'속성_리스트'를 명세한 프로젝트 연산의 예는 다음과 같다. [그림 4-8]은 릴레이션 '학생1'을 프로젝트 연산한 예이다.

예) $\Pi_{\text{이름, 성별, 학년}}$(학생1)

학생1

학번	이름	학년	성별
s001	김연아	4	여
s002	홍길동	1	남
s003	이승엽	3	남

$\Pi_{\text{이름, 성별, 학년}}$(학생1)

이름	성별	학년
김연아	여	4
홍길동	남	1
이승엽	남	3

[그림 4-8] 프로젝트 연산의 예

조인(⋈)

조인(join)은 두 릴레이션의 공통 속성을 기준으로 조인 조건을 만족하는 투플을 수평으로 결합하는 연산이다. 연산자는 '⋈'를 사용한다. 두 릴레이션의 관련 투플들을 결합하기 위해 사용한다. 릴레이션 R1과 R2의 조인 '$R1 \bowtie_{\text{조인\_조건식}} R2$'가 반환하는 것은 첫 번째 릴레이션 R1의 각 투플에 대해 두 번째 릴레이션 R2의 모든 투플을 앞뒤로 반복하여 **연결**(concatenation)한 투플 조합 중에서 '조인_조건식'을 만족하는 투플만으로 구성된 결과 릴레이션이다.

조인은 원하는 데이터가 둘 이상의 릴레이션에 흩어져 있는 경우, 두 릴레이션의 관련 투플을 조합하여 하나의 릴레이션을 구성하도록 한다. 결과적으로 카티션 프로덕트($R1 \times R2$)의 결과 릴레이션 중에서 '조인_조건식'을 만족하는 투플을 셀렉트(σ)한 것과 같다. 결과 릴레이션 안의 속성 이름이 같을 경우, '릴레이션이름.속성이름'으로 구별하거나 순서대로 표현한다.

$R1 \bowtie_{\text{조인\_조건식}} R2$
    조인_조건식 = 참, 거짓을 판별할 수 있는 논리식

'조인_조건식'을 명세한 조인 연산의 예는 다음과 같다.

예) $\text{학생1} \bowtie_{\text{학생1.학번=수강1.학번}} \text{수강1}$

Note 조인_조건식 작성

'조인_조건식'은 두 릴레이션의 연관성을 표현하는 공통의 '조인_속성'(join attribute)을 이용한다. 보통의 경우, '조인_속성'은 한 릴레이션에서는 기본키로, 다른 릴레이션에서는 외래키로 지정된다. '조인_속성'은 속성 이름이 다르더라도 도메인만 같으면 된다. '조인_속성'의 값이 같을 경우, 서로 의미적으로 관련된 투플이다.

$R1 \bowtie_{\text{조인\_조건식}} R2$
    조인_조건식 = 〈R1의 조인_속성〉 〈비교_연산자〉 〈R2의 조인_속성〉

〈비교_연산자〉는 '=', '≠', '<', '≤', '>', '≥' 6개의 연산자 중 하나이다. 주로 '=' 연산자가 조인 연산자로 많이 사용된다. 조인은 '조인_조건식'을 참으로 만드는 즉, 조건을 만족하는 투플만의 결합으로 새로운 결과 릴레이션을 생성한다.

조인 연산은 '조인_조건식' 유형에 따라 세타 조인, 동등 조인, 자연 조인으로 분류할 수 있다.

■ 세타 조인

세타 조인(theta join)은 '조인_조건식'에 6개의 θ(theta) '비교_연산자'(=, ≠, <, ≤, >, ≥) 중 하나를 사용하는 조인이다. 릴레이션 R1의 '조인_속성'을 a1, 릴레이션 R2의 '조인_속성'을 a2라고 할 때 다음과 같은 세타 조인이 가능하다.

$R1 \bowtie_{a1=a2} R2$

$R1 \bowtie_{a1 \neq a2} R2$

$R1 \bowtie_{a1<a2} R2$

$R1 \bowtie_{a1 \leq a2} R2$

$R1 \bowtie_{a1>a2} R2$

$R1 \bowtie_{a1 \geq a2} R2$

[그림 4-9]는 릴레이션 '학생1'과 '수강1'을 세타(<) 조인한 예이다.

예) $\text{학생1} \bowtie_{(\text{학생1.학번}<\text{수강1.학번})} \text{수강1}$

학생1

학번	이름	학년	성별
s001	김연아	4	여
s002	홍길동	1	남
s003	이승엽	3	남

수강1

학번	과목번호	평가학점
s003	c002	B
s002	c001	F
s001	c004	B
s001	c005	C

$\text{학생1} \bowtie_{(\text{학생1.학번}<\text{수강1.학번})} \text{수강1}$

학번	이름	학년	성별	학번	과목번호	평가학점
s001	김연아	4	여	s003	c002	B
s001	김연아	4	여	s002	c001	F
s002	홍길동	1	남	s003	c002	B

[그림 4-9] 세타 조인 연산의 예

■ 동등 조인

동등 조인(equijoin)은 '조인_조건식'에 특별히 '=' '비교_연산자'를 사용하는 세타 조인을 말한다. 6개의 세타 조인 '비교_연산자' 중에서 가장 많이 사용하는 '='를 사용한 조인이다. 보통 말하는 조인 연산이 바로 동등 조인이다.

다음과 같은 유형의 세타 조인이 동등 조인이다.

$R1 \bowtie_{\text{조인\_조건식}} R2 = R1 \bowtie_{a1=a2} R2$
  a1 = <R1의 조인_속성>
  a2 = <R2의 조인_속성>

[그림 4-10]은 릴레이션 '학생1'과 '수강2'를 동등 조인한 예이다.

예) $\text{학생1} \bowtie_{\text{학생1.학번=수강2.학번}} \text{수강2}$

학생1

학번	이름	학년	성별
s001	김연아	4	여
s002	홍길동	1	남
s003	이승엽	3	남

수강2

학번	과목번호	평가학점
s001	c002	A
s003	c002	B
s002	c001	F
s001	c004	B
s001	c005	C

$\text{학생1} \bowtie_{\text{학생1.학번=수강2.학번}} \text{수강2}$

학번	이름	학년	성별	학번	과목번호	평가학점
s001	김연아	4	여	s001	c002	A
s001	김연아	4	여	s001	c004	B
s001	김연아	4	여	s001	c005	C
s002	홍길동	1	남	s002	c001	F
s003	이승엽	3	남	s003	c002	B

[그림 4-10] 동등 조인 연산의 예

■ 자연 조인

자연 조인(natural join)은 동등 조인 결과 중에서 '조인_조건식'에 사용된 중복 속성을 자동 제거한 조인이다. 동등 조인의 결과 릴레이션은 첫 번째와 두 번째 릴레이션의 '조인_속성' 이름은 다를 수 있지만 값은 모두 중복되어 나타난다. 자연 조인은 동등 조인의 결과 릴레이션에서 중복 속성이 두 번 나오지 않도록 이를 제거한 결과를 반환한다. 연산자는 '$\bowtie_N$'을 사용한다. 자연 조인은 다음과 같이 명세한다.

$R1 \bowtie_{N(\text{조인\_속성\_리스트})} R2 = R1 \bowtie_{N(a1,a2)} R2$
  a1 = <R1의 조인_속성>
  a2 = <R2의 조인_속성>

[그림 4-11]은 릴레이션 '학생'1과 '수강2'를 자연 조인한 예이다.

예) 학생1 $⋈_{N(학생1.학번,수강2.학번)}$ 수강2

학생1

학번	이름	학년	성별
s001	김연아	4	여
s002	홍길동	1	남
s003	이승엽	3	남

수강2

학번	과목번호	평가학점
s001	c002	A
s003	c002	B
s002	c001	F
s001	c004	B
s001	c005	C

학생1 $⋈_{N(학생1.학번,수강2.학번)}$ 수강2

학번	이름	학년	성별	과목번호	평가학점
s001	김연아	4	여	c002	A
s001	김연아	4	여	c004	B
s001	김연아	4	여	c005	C
s002	홍길동	1	남	c001	F
s003	이승엽	3	남	c002	B

[그림 4-11] 자연 조인 연산의 예

세타 조인, 동등 조인, 자연 조인은 서로 밀접하게 관련된다. [그림 4-12]는 세타 조인과 동등 조인, 자연 조인 간의 관계를 보여준다.

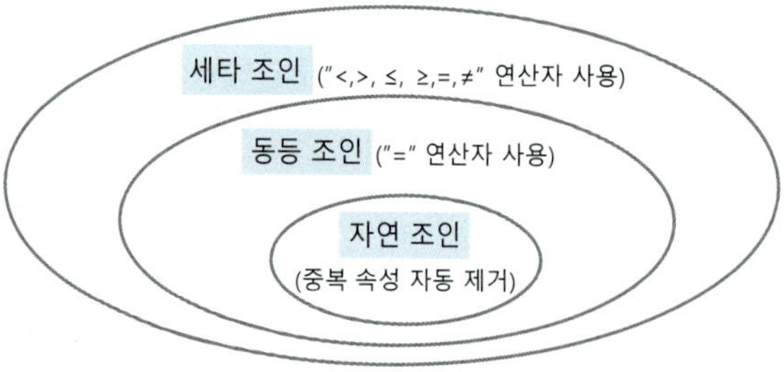

[그림 4-12] 조인 분류

동등 조인은 특정한 유형의 세타 조인이다. 자연 조인은 동등 조인이면서 세타 조인이기도 하다.

디비전(÷)

디비전(division)은 특정 값들을 모두 가지고 있는 투플을 찾는 연산이다. 연산자는 '÷'를 사용한다. 두 릴레이션 R1과 R2의 디비전 'R1÷R2'가 반환하는 것은 R2의 모든 투플에 연관된 R1의 투플 중에서 R2에 속한 속성을 제외한 나머지 속성 값만으로 구성된 릴레이션이다. 마치 나눗셈 연산과 개념이 비슷하다.

디비전 연산은 릴레이션 R1이 릴레이션 R2의 모든 속성을 포함하고 있어야 가능하다. R1에서 R2의 모든 투플을 포함한 투플의 나머지 속성들로 결과 릴레이션을 구성한다.

[그림 4-13]은 릴레이션 '수강3'을 두 릴레이션 '과목2'와 '강의실1'로 디비전 연산한 예이다.

예) 수강3 ÷ 과목2
수강3 ÷ 강의실1

수강3

학생이름	과목이름	강의실
김연아	데이터베이스	137
이영애	전공글쓰기	120
이승엽	데이터베이스	137
홍길동	정보보호	126
김연아	철학개론	137
이영애	모바일웹	128
김연아	전공글쓰기	120
이승엽	정보보호	126
이영애	데이터베이스	137

과목2

과목이름	강의실
데이디베이스	137
전공글쓰기	120

강의실1

강의실
137

수강3 ÷ 과목2

학생이름
김연아
이영애

수강3 ÷ 강의실1

학생이름	과목이름
김연아	데이터베이스
이승엽	데이터베이스
김연아	철학개론
이영애	데이터베이스

[그림 4-13] 디비전 연산의 예

'수강3÷과목2'는 '과목2' 릴레이션의 모든 과목을 수강한 '학생이름'을 반환한다. '수강3÷강의실1'은 '강의실1' 릴레이션의 모든 강의실에서 이루어지는 강의를 수강한 '학생이름'과 '과목이름'을 반환한다.

[그림 4-14]는 관계 연산의 종류와 연산 적용의 개념을 간략히 요약하여 보여준다.

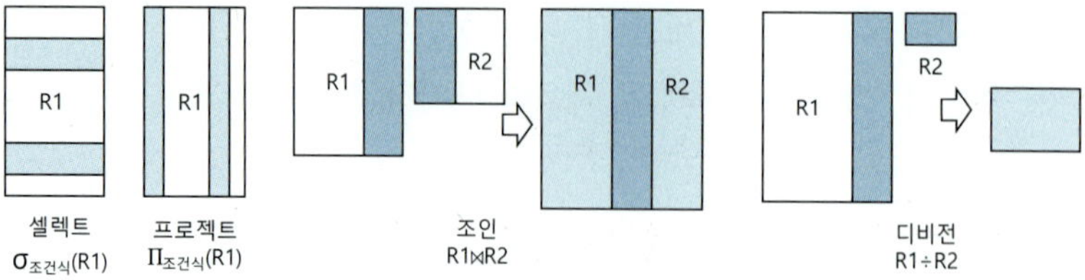

[그림 4-14] 관계 연산의 기능

기본 연산과 복합 연산

관계 대수 연산은 대체 가능 여부에 따라 기본 연산과 복합 연산으로 분류할 수 있다.

■ 기본 연산

다음 5개의 연산은 필수 연산으로 다른 연산으로 대체될 수 없다. 어떤 연산을 조합하더라도 같은 결과를 반환받을 수 없으므로 **기본 연산**(primitive operation)이라고 한다.

∪(합집합), −(차집합), ×(카티션 프로덕트), σ(셀렉트), Π(프로젝트)

■ 복합 연산

다음 3개의 연산은 기본 연산을 이용하여 대체할 수 있다. 여러 연산들을 조합하면 같은 연산 결과를 반환할 수 있으므로 **복합 연산**(composite operation)이라 한다.

∩(교집합), ⋈(조인), ÷(디비전)

예를 들면, 조인 연산은 다음과 같이 카티션 프로덕트 결과에 셀렉트 연산을 추가 적용한 것과 반환하는 결과 릴레이션이 같다.

$R1 \bowtie_{조인\_조건식} R2 = \sigma_{선택\_조건식}(R1 \times R2)$

결과적으로 3개의 복합 연산(교집합, 조인, 디비전)이 없더라도 5개의 기본 연산만 있으면 모든 관계 대수 연산의 적용이 가능하다.

〈표 4-4〉는 관계 대수 연산을 요약 정리한 결과이다.

〈표 4-4〉 집합 연산과 관계 연산, 기본 연산과 복합 연산

종류	분류	관계 대수 연산	기호	내용
집합	기본	합집합	$\cup$	두 릴레이션의 합집합
집합	복합	교집합	$\cap$	두 릴레이션의 교집합
집합	기본	차집합	$-$	두 릴레이션의 차집합
집합	기본	카티션 프로덕트	$\times$	두 릴레이션에 속한 모든 투플 조합의 집합
관계	기본	셀렉트	σ	릴레이션의 특정 투플을 선택
관계	기본	프로젝트	Π	릴레이션의 특정 속성을 선택
관계	복합	조인	$\bowtie$	두 릴레이션의 조인_조건식을 만족하는 투플 조합의 집합
관계	복합	디비선	$\div$	분모 릴레이션의 투플 값을 모두 갖는 투플을 분자 릴레이션에서 추출

1.3 확장 연산

기존 관계 대수 연산을 확장하여 추가로 정의한 몇 가지 유용한 확장 연산이 있다. 확장 연산중에서 자연 조인의 확장된 형태인 세미 조인 연산과 외부 조인 연산, 합집합의 확장된 형태인 외부 합집합 연산을 살펴보자.

확장 연산을 요약하면 〈표 4-5〉와 같다.

〈표 4-5〉 확장 관계 연산의 종류

연산	연산자	형식	설명
세미 조인	$\ltimes$ / $\rtimes$	$R1 \ltimes_{(a1,a2)} R2$ $R1 \rtimes_{(a1,a2)} R2$	릴레이션 R1과 R2의 자연조인 결과에서 한쪽(왼쪽/오른쪽) 릴레이션 속성만 반환
외부 조인	$\bowtie^{+}$/ $\ltimes^{+}$/ $\rtimes^{+}$	$R1 \bowtie^{+}_{(a1,a2)} R2$ $R1 \ltimes^{+}_{(a1,a2)} R2$ $R1 \rtimes^{+}_{(a1,a2)} R2$	릴레이션 R1과 R2의 자연조인 결과에서 조인에 실패한 투플(양쪽/왼쪽/오른쪽)도 널 값으로 채워 결과에 포함하여 반환
외부 합집합	$\cup^{+}$	$R1 \cup^{+} R2$	릴레이션 R1과 R2의 투플을 대응하는 속성이 없더라도 널 값으로 채워 모두 결과에 포함하여 반환

세미 조인

세미 조인(semijoin)은 자연 조인이 반환하는 결과 릴레이션 중에서 한쪽 릴레이션 속성만으로 한정하여 반환하는 제한적 자연 조인 연산이다. 연산자는 '⋉' 또는 '⋊'를 사용한다.

릴레이션 R1과 R2의 세미 조인 'R1⋉R2'는 R2와의 자연 조인에 참여할 수 있는 R1의 투플만을 선택하여 반환한다. R2를 '조인_속성'으로만 프로젝트한 뒤, 결과 릴레이션을 R1에 다시 자연 조인한 결과와 같다. 반면 릴레이션 R1과 R2의 세미 조인 'R1⋊R2'는 반대로 R1과의 자연 조인에 참여할 수 있는 R2의 투플만을 선택하여 반환한다.

세미 조인은 다음과 같이 기존 관계 대수 연산을 조합하여 정의할 수 있다.

$$R1 \ltimes_{(조인\_속성\_리스트)} R2 = R1 \ltimes_{(a1,a2)} R2$$
$$= R1 \bowtie_{N(a1,a2)} (\Pi_{a2} R2)$$

a1은 릴레이션 R1의 '조인_속성'을, a2는 릴레이션 R2의 '조인_속성'을 의미한다. 세미 조인 연산은 교환적 특성이 없다. R1에 대해 R2를 세미 조인하는 '$R1 \ltimes_{(a1,a2)} R2$'와 R2에 대해 R1을 세미 조인하는 '$R2 \ltimes_{(a2,a1)} R1$'의 결과는 서로 다르다.

▪ 왼쪽 세미 조인(⋉)

왼쪽 세미 조인(left semijoin)은 자연 조인 결과 중 왼쪽 릴레이션의 속성만 반환한다.

$$R1 \ltimes_{(조인속성\_리스트)} R2 = R1 \ltimes_{(a1,a2)} R2$$
$$= \Pi_{R1\_속성\_리스트}(R1 \bowtie_{N(a1,a2)} R2)$$

[그림 4-15]는 릴레이션 '학생1'과 '수강4'를 왼쪽 세미 조인한 예이다. '학생1.학번'은 릴레이션 '학생1'의 조인_속성을, '수강4.학번'은 릴레이션 '수강4'의 조인_속성을 의미한다.

예) $학생1 \ltimes_{(학생1.학번,수강4.학번)} 수강4$

학생1

학번	이름	학년	성별
s001	김연아	4	여
s002	홍길동	1	남
s003	이승엽	3	남

수강4

학번	과목번호	평가학점
s001	c002	A
s002	c001	F
s001	c004	B
s004	c005	C

학생1 $\ltimes_{(학생1.학번,수강4.학번)}$ 수강4

학번	이름	학년	성별
s001	김연아	4	여
s002	홍길동	1	남

학생 $\bowtie_{N(학생1.학번,수강4.학번)}$ 수강4

학번	이름	학년	성별	과목번호	평가학점
s001	김연아	4	여	c002	A
s001	김연아	4	여	c004	B
s002	홍길동	1	남	c001	F

[그림 4-15] 왼쪽 세미 조인의 예

■ 오른쪽 세미 조인(⋊)

오른쪽 세미 조인(right semijoin)은 자연 조인 결과 중 오른쪽 릴레이션의 속성만 반환한다.

$$R1 \rtimes_{(조인\_속성\_리스트)} R2 = R1 \rtimes_{(a1,a2)} R2 = \Pi_{R2\_속성\_리스트}(R1 \bowtie_{N(a1,a2)} R2)$$

[그림 4-16]은 두 릴레이션 '학생1'과 '수강4'를 오른쪽 세미 조인한 예이다.

예) 학생1 $\rtimes_{(학생1.학번,수강4.학번)}$ 수강4

학생1

학번	이름	학년	성별
s001	김연아	4	여
s002	홍길동	1	남
s003	이승엽	3	남

수강4

학번	과목번호	평가학점
s001	c002	A
s002	c001	F
s001	c004	B
s004	c005	C

학생1 $\rtimes_{(학생1.학번,수강4.학번)}$ 수강4

학번	과목번호	평가학점
s001	c002	A
s001	c004	B
s002	c001	F

학생1 $\bowtie_{N(학생1.학번,수강4.학번)}$ 수강4

학번	이름	학년	성별	과목번호	평가학점
s001	김연아	4	여	c002	A
s001	김연아	4	여	c004	B
s002	홍길동	1	남	c001	F

[그림 4-16] 오른쪽 세미 조인의 예

외부 조인

외부 조인(outer join)은 자연 조인 결과에 포함되지 않는, 조인에 실패한 투플까지 모두 포함하도록 확장한 연산이다. 자연 조인의 확장된 형태이다. 대응 속성 없이 추가된 투플들은 널 값을 채워서 반환한다. 연산자는 '⟗', '⟕', '⟖'를 사용한다.

릴레이션 R1과 R2의 외부 조인 '$R1⟗_{(\text{조인\_속성\_리스트})}R2$'는 자연 조인 과정에서 조인할 대응 투플이 없는 경우에도 제외하지 않고 상대 투플을 널 값으로 채워 반환한다. 외부 조인을 수행하면 릴레이션 안의 모든 투플이 빠짐없이 결과 릴레이션에 포함된다. 외부 조인이 아닌 모든 조인들은 조인 조건을 만족하는 투플만을 결과 릴레이션에 포함하므로 **내부 조인**(inner join)에 속한다.

외부 조인은 모든 투플을 반환하는 대상 릴레이션의 위치에 따라 완전 외부 조인(⟗), 왼쪽 외부 조인(⟕), 오른쪽 외부 조인(⟖)으로 분류할 수 있다.

■ 완전 외부 조인(⟗)

완전 외부 조인(full outer join)은 왼쪽과 오른쪽 R1, R2 릴레이션의 모든 투플을 빠짐없이 조인 결과에 포함하도록 대응 투플이 없는 경우 널 값을 채워서 반환한다.

$$R1⟗_{(\text{조인\_속성\_리스트})}R2 = R1⟗_{(a1,a2)}R2$$

[그림 4-17]은 릴레이션 '학생1'과 '수강4'를 완전 외부 조인한 예이다. '학생1.학번'은 릴레이션 '학생1'의 '조인_속성'을, '수강4.학번'은 릴레이션 '수강4'의 '조인_속성'을 의미한다.

예) $\text{학생1}⟗_{(\text{학생1.학번},\text{수강4.학번})}\text{수강4}$

학생1

학번	이름	학년	성별
s001	김연아	4	여
s002	홍길동	1	남
s003	이승엽	3	남

수강4

학번	과목번호	평가학점
s001	c002	A
s002	c001	F
s001	c004	B
s004	c005	C

$학생1 ⟗_{(학생1.학번,수강4.학번)} 수강4$

학번	이름	학년	성별	과목번호	평가학점
s001	김연아	4	여	c002	A
s001	김연아	4	여	c004	B
s002	홍길동	1	남	c001	F
s003	이승엽	3	남	NULL	NULL
s004	NULL	NULL	NULL	c005	C

$학생1 ⋈_{N(학생1.학번,수강4.학번)} 수강4$

학번	이름	학년	성별	과목번호	평가학점
s001	김연아	4	여	c002	A
s001	김연아	4	여	c004	B
s002	홍길동	1	남	c001	F

내부 조인

[그림 4-17] 완전 외부 조인의 예

■ 왼쪽 외부 조인(⟕)

왼쪽 외부 조인(left outer join)은 왼쪽 R1 릴레이션의 모든 투플을 빠짐없이 조인 결과에 포함하도록 대응 투플이 없는 경우 널 값을 채워서 반환한다.

$$R1 ⟕_{(조인\_속성\_리스트)} R2 = R1 ⟕_{(a1,a2)} R2$$

[그림 4-18]은 릴레이션 '학생1'과 '수강4'를 왼쪽 외부 조인한 예이다.

예) $학생1 ⟕_{(학생1.학번,수강4.학번)} 수강4$

학생1

학번	이름	학년	성별
s001	김연아	4	여
s002	홍길동	1	남
s003	이승엽	3	남

수강4

학번	과목번호	평가학점
s001	c002	A
s002	c001	F
s001	c004	B
s004	c005	C

$학생1 ⟕_{(학생1.학번,수강4.학번)} 수강4$

학번	이름	학년	성별	과목번호	평가학점
s001	김연아	4	여	c002	A
s001	김연아	4	여	c004	B
s002	홍길동	1	남	c001	F
s003	이승엽	3	남	NULL	NULL

$학생1 ⋈_{N(학생1.학번,수강4.학번)} 수강4$

학번	이름	학년	성별	과목번호	평가학점
s001	김연아	4	여	c002	A
s001	김연아	4	여	c004	B
s002	홍길동	1	남	c001	F

내부 조인

[그림 4-18] 왼쪽 외부 조인의 예

■ 오른쪽 외부 조인(⟖)

오른쪽 외부 조인(right outer join)은 오른쪽 R2 릴레이션의 모든 투플을 빠짐없이 조인 결과에 포함하도록 대응 투플이 없는 경우 널 값을 채워서 반환한다.

$$R1 ⟖_{(\text{조인\_속성\_리스트})} R2 = R1 ⟖_{(a1,a2)} R2$$

[그림 4-19]는 릴레이션 '학생1'과 '수강4'를 오른쪽 외부 조인한 예이다.

예) $\text{학생1} ⟖_{(\text{학생1.학번},\text{수강4.학번})} \text{수강4}$

학생1

학번	이름	학년	성별
s001	김연아	4	여
s002	홍길동	1	남
s003	이승엽	3	남

수강4

학번	과목번호	평가학점
s001	c002	A
s002	c001	F
s001	c004	B
s004	c005	C

$\text{학생1} ⟖_{(\text{학생1.학번},\text{수강4.학번})} \text{수강4}$

학번	이름	학년	성별	과목번호	평가학점
s001	김연아	4	여	c002	A
s001	김연아	4	여	c004	B
s002	홍길동	1	남	c001	F
s004	NULL	NULL	NULL	c005	C

$\text{학생1} \bowtie_{N(\text{학생1.학번},\text{수강4.학번})} \text{수강4}$

학번	이름	학년	성별	과목번호	평가학점
s001	김연아	4	여	c002	A
s001	김연아	4	여	c004	B
s002	홍길동	1	남	c001	F

내부 조인

[그림 4-19] 오른쪽 외부 조인의 예

외부 합집합($\cup^{+}$)

합집합 연산은 본래 합병 가능한 두 릴레이션만을 대상으로 한다. 합집합 연산을 적용하려면 두 릴레이션 R1과 R2의 속성 수가 같고 대응되는 속성의 도메인이 일치해야 가능하다. 하지만, **외부 합집합**(outer union)은 합병 가능하지 않은, 정확히 말하면 부분적으로만 합병 가능한 두 릴레이션의 투플을 합병한다. 대응하는 속성이 없는 경우도 널 값을 채워 모든 투플을 결과 릴레이션에 포함한다. 결국 R1과 R2의 모든 투플이 결과 릴레이션에 강제로 포함된다.

[그림 4-20]은 릴레이션 '학생4'와 '학생5'를 외부 합집합 시킨 예이다.

예) 학생4 $\cup^+$ 학생5

학생4

학번	이름	학년
s001	김연아	4
s002	홍길동	1
s003	이승엽	3
s004	이영애	2

학생5

학번	이름	성별
s005	송윤아	여
s006	홍길동	남
s007	이은진	여

학생4 $\cup^+$ 학생5

학번	이름	학년	성별
s001	김연아	4	NULL
s002	홍길동	1	NULL
s003	이승엽	3	NULL
s004	이영애	2	NULL
s005	송윤아	NULL	여
s006	홍길동	NULL	남
s007	이은진	NULL	여

[그림 4-20] 외부 합집합의 예

Tip 관계 대수 연산자의 또 다른 표현

관계 대수 연산자의 표기법은 문헌마다 약간의 차이가 있다. 다음은 같은 연산자에 대한 다른 표기이다.

- 논리 연산자: AND(∧), OR(∧), NOT(−)
- 프로젝트 연산자: $\Pi(\pi)$
- 자연 조인 연산자: $\bowtie(*)$
- 외부 조인 연산자: ⟗($\bowtie^+$, $\bowtie_O$), ⟕($\ltimes^+$, $\bowtie_L$), ⟖($\rtimes^+$, $\bowtie_R$)

연산자의 또 다른 표기법도 참고로 알아두도록 하자.

2. 관계 대수의 활용

데이터베이스 사용자는 요청 사항을 SQL 데이터베이스 언어를 사용하여 DBMS에게 전달한다. 사용자가 요청한 SQL 문장은 DBMS 내부에서 해석되어 처리된다. 절차가 명세되지 않은 SQL 문장을 내부적으로 처리하기 위해서 DBMS는 그 처리 순서와 방법을 결정해야 한다. DBMS는 SQL 질의문을 처리하기 위해 내부적으로 관계 대수식을 스스로 작성하고 연산자를 순서대로 적용함으로써 질의 결과를 생성해낸다.

DBMS가 내부적으로 관계 대수를 어떻게 활용하는지 알아보자.

2.1 질의 요청의 관계 대수식 표현

SQL 질의 요청을 관계 대수식으로 변환하는 과정을 살펴봄으로써 DBMS의 내부 처리 과정을 더 깊이 이해할 수 있다. 우선, 사용자의 질의 요청을 관계 대수식으로 표현하는 방법부터 살펴보자.

질의문의 관계 대수식 작성

다음은 관계 대수식 작성을 위한 예제 릴레이션이다.

학생1

학번	이름	학년	성별
s001	김연아	4	여
s002	홍길동	1	남
s003	이승엽	3	남

수강2

학번	과목번호	평가학점
s001	c002	A
s003	c002	B
s002	c001	F
s002	c004	B
s001	c005	C

과목3

과목번호	과목이름	강의실
c001	데이터베이스	137
c002	전공글쓰기	111
c004	모바일 웹	137
c005	영작문	112

[그림 4-21] 릴레이션 예제

[그림 4-21]의 예제 릴레이션에 대한 다양한 질의 요청을 관계 대수식으로 표현해 보자. 다음은 질의 요청과 그에 대한 관계 대수식 작성 결과이다.

- '학생1' 릴레이션에 학번이 's004', 이름이 '이영애', 학년이 2, 성별이 '여'인 학생을 삽입하시오.

```
학생1 ∪ { <'s004', '이영애', 2, '여'> }
```

- '학생1' 릴레이션에서 이름이 '이승엽'인 학생을 삭제하시오.

$$학생1 - (\sigma_{이름='이승엽'}(학생1))$$

- '학생1' 릴레이션에서 이름이 '김연아'인 학생의 학년을 3학년으로 수정하시오.

$$학생1 - (\sigma_{이름='김연아'}(학생1)) \cup \{ <'s001', '김연아', 3, '여'> \}$$

- 모든 학생의 이름과 학년을 검색하시오.

$\Pi_{이름,학년}(학생1)$

- '137' 강의실에서 강의되는 모든 과목을 수강하는 학생의 이름을 검색하시오.

$\Pi_{이름}((\Pi_{학번,과목번호}(수강2) \div (\Pi_{과목번호}(\sigma_{강의실='137'}(과목3)))) \bowtie_{N(수강2.학번,학생1.학번)} 학생1)$

복수의 관계 대수식 작성

같은 질의 요청에 대해서 여러 관계 대수식 표현이 가능하다. 같은 결과를 가져오더라도 적용하는 관계 대수 연산자의 종류와 순서가 다양할 수 있기 때문이다. 여러 관계 대수식 중에는 상대적으로 보다 효율적인 관계 대수식과 비효율적인 관계 대수식이 존재한다. 최적의 관계 대수식을 작성하는 것은 DBMS의 핵심 역할에 속한다.

다음은 같은 질의 요청에 대해 복수 개의 관계 대수식을 작성한 예이다.

- 여학생의 이름과 학년, 성별을 검색하시오.

$\Pi_{이름,학년,성별}(\sigma_{성별='여'}(학생1))$
$\sigma_{성별='여'}(\Pi_{이름,학년,성별}(학생1))$

- '김연아' 학생이 수강한 과목번호와 평가학점을 검색하시오.

$\Pi_{과목번호,평가학점}(\sigma_{이름='김연아'}(학생1 \bowtie_{N(학생1.학번,수강2.학번)} 수강2))$
$\sigma_{이름='김연아'}(\Pi_{이름,과목번호,평가학점}(학생1 \bowtie_{N(학생1.학번,수강2.학번)} 수강2))$
$\Pi_{과목번호,평가학점}(\sigma_{이름='김연아'}(\sigma_{학생1.학번=수강2.학번}(학생1 \times 수강2)))$
$\sigma_{이름='김연아'}(\Pi_{이름,과목번호,평가학점}(\sigma_{학생1.학번=수강2.학번}(학생1 \times 수강2)))$
$\Pi_{과목번호,평가학점}(\sigma_{이름='김연아' \wedge 학생1.학번=수강2.학번}(학생1 \times 수강2))$
$\Pi_{과목번호,평가학점}(\sigma_{학생1.학번=수강2.학번}((\sigma_{이름='김연아'}(학생1)) \times (수강2)))$

DBMS가 질의 요청에 따른 관계 대수식을 스스로 생성하는 것도 어렵지만 여러 관계 대수식 중에서 최적의 관계 대수식 하나를 선정하는 것은 더 힘든 작업이다.

2.2 질의 트리 작성 및 최적화 예

최적의 관계 대수식을 결정하기 위한 DBMS 내부의 질의 트리 작성과 최적화 과정을 살펴보자. 먼저, 다음 질의 요청에 대한 SQL 문장과 관계 대수식을 작성해 보자.

- '김연아' 학생이 수강한 과목이름과 평가학점, 학생의 이름을 검색하시오.

데이터베이스 사용자는 다음과 같은 SQL 질의문을 작성하여 질의 요청을 DBMS에게 전달한다.

```
SELECT 이름, 과목이름, 평가학점
FROM ( 학생1 JOIN 수강2 ON 학생1.학번 = 수강2.학번 ) JOIN 과목3
        ON 수강2.과목번호 = 과목3.과목번호
WHERE 이름 = '김연아'
```

다음은 전달받은 SQL 질의문에 대해 DBMS가 내부적으로 생성될 수 있는 후보 관계 대수식 중의 하나이다.

$$\sigma_{이름='김연아'}(\Pi_{이름,과목이름,평가학점}(\sigma_{수강2.과목번호=과목3.과목번호}(\sigma_{학생1.학번=수강2.학번}(학생1 \times 수강2) \times 과목3))$$

❻ ❺ ❹ ❷ ❶ ❸

생성된 후보 관계 대수식은 DBMS 안의 질의 최적화 과정을 위해 **질의 트리**(query tree)로 변환된다. 변환된 질의 트리는 [그림 4-22]와 같다.

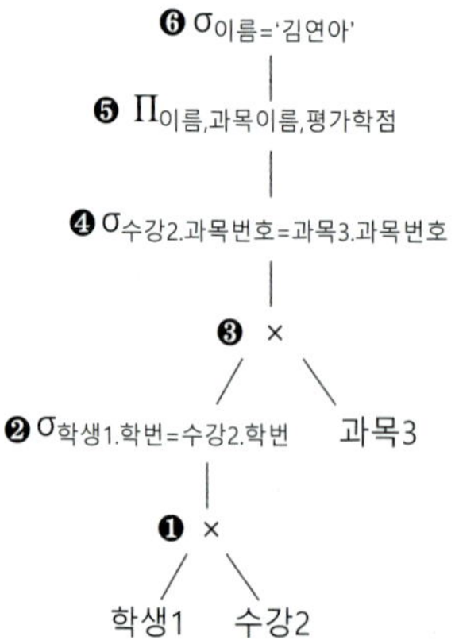

[그림 4-22] 질의 트리

관계 대수식에서 가장 먼저 실행해야할 연산부터 질의 트리의 가장 아래쪽에 표현한다. 실행 순서는 질의 트리의 맨 아래쪽 릴레이션을 대상으로 시작해서 한 단계씩 위쪽의 연산자를 순차적으로 적용해 간다.

Note 질의 트리

DBMS는 요청받은 각 질의(query)를 처리하기 위해 내부적으로 처리 절차를 결정해야 한다. 요구 내용만 명세된 비절차적인 질의를 입력받아 내부 실행 순서를 결정하기 위해서는 관계 대수식 표현이 필요하다. 같은 질의에 대해 다양한 관계 대수식 표현이 가능하므로 최적의 관계 대수식을 결정하기 위해서는 관계 대수식을 트리 구조로 변환하여 생성한다.

질의 트리(query tree)는 트리 형태의 계층적 구조로 관계 대수식을 표현한 것이다. 질의 트리에서 단말 노드는 릴레이션, 중간 내부 노드는 관계 대수 연산자이다. 질의 트리의 실행은 단말 노드의 릴레이션을 대상으로 부모 노드의 연산자를 적용하고 그 결과에 다시 상위 노드의 연산자를 적용하는 과정을 계속 반복한다. 마지막으로 최상위 루트 노드의 연산자를 실행하면 질의 트리의 최종 실행 결과를 얻게 된다.

주어진 질의 요청에 대한 다양한 관계 대수식 표현이 가능하므로 질의 트리 역시 여러 후보 트리들이 만들어질 수 있다. DBMS의 질의 처리기는 여러 가능한 후보 질의 트리들을 최적에 가까운 트리로 변환해 가며 하나의 **질의 실행 계획**(query execution plan)을 결정한다.

[그림 4-23]은 DBMS의 질의 최적화 과정을 통해 변환된 최적에 가까운 후보 해 중의 하나인 질의 트리이다. 어떤 점에서 더 나은 성능을 가져올 수 있는 트리인지 판단해 보도록 하자.

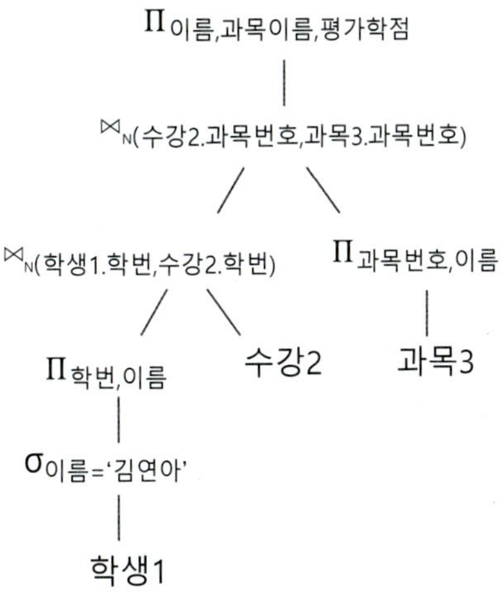

[그림 4-23] 최적화된 질의 트리

질의 최적화(query optimization)의 핵심은 연산 순서를 조정함으로써 연산으로 생기는 중간 릴레이션의 크기를 최소화하는 것이다. 보통 셀렉트 연산이나 프로젝트 연산을 먼저 실행시키면 중간 릴레이션의 투플 수나 속성 수를 줄일 수 있다. 이러한 연산을 질의 트리의 아래쪽에 위치시키면 중간 연산의 입력 데이터 크기를 감소시킬 수 있다.

[그림 4-23] 질의 트리는 [그림 4-22]와 동등한 결과를 가져오지만 중간 릴레이션의 크기가 감소된 보다 효율적인 트리이다. 이처럼 관계 대수 연산은 DBMS가 사용자 질의 요청에 대한 최적의 실행 계획을 스스로 결정하고 처리하는 내부 과정에 사용된다. 5장에서 배우는 SQL 문장을 해석하여 처리하기 위한 이론적 기반이 바로 관계 대수이다.

Tip 질의 트리 최적화 변환 규칙

관계 대수식을 표현한 질의 트리를 보다 최적화된 질의 트리로 변환하기 위해 적용하는 기본 규칙들은 다음과 같다.

- AND 연산자로 연결된 셀렉트 연산은 분리하여 개별 셀렉트 연산으로 변환한다.
- 셀렉트 연산은 가능한 한 먼저 실행되도록 질의 트리 아래쪽으로 이동시킨다.
- 프로젝트 연산도 프로젝트 속성을 분리해서 개별 프로젝트 연산으로 변환한 뒤, 가능한 한 먼저 실행되도록 질의 트리 아래쪽으로 이동시킨다.
- 여러 셀렉트 연산중에서는 결과 릴레이션 크기가 가장 작은 것부터 제한적 셀렉트 연산 순으로 질의 트리 최하단으로 이동시킨다.
- 카티션 프로덕트 연산과 바로 위의 셀렉트 연산은 하나의 조인 연산으로 통합 변환한다.
- OR 연산자로 연결된 조건식은 가능하면 AND 연산자로 연결된 조건식으로 변환한다.

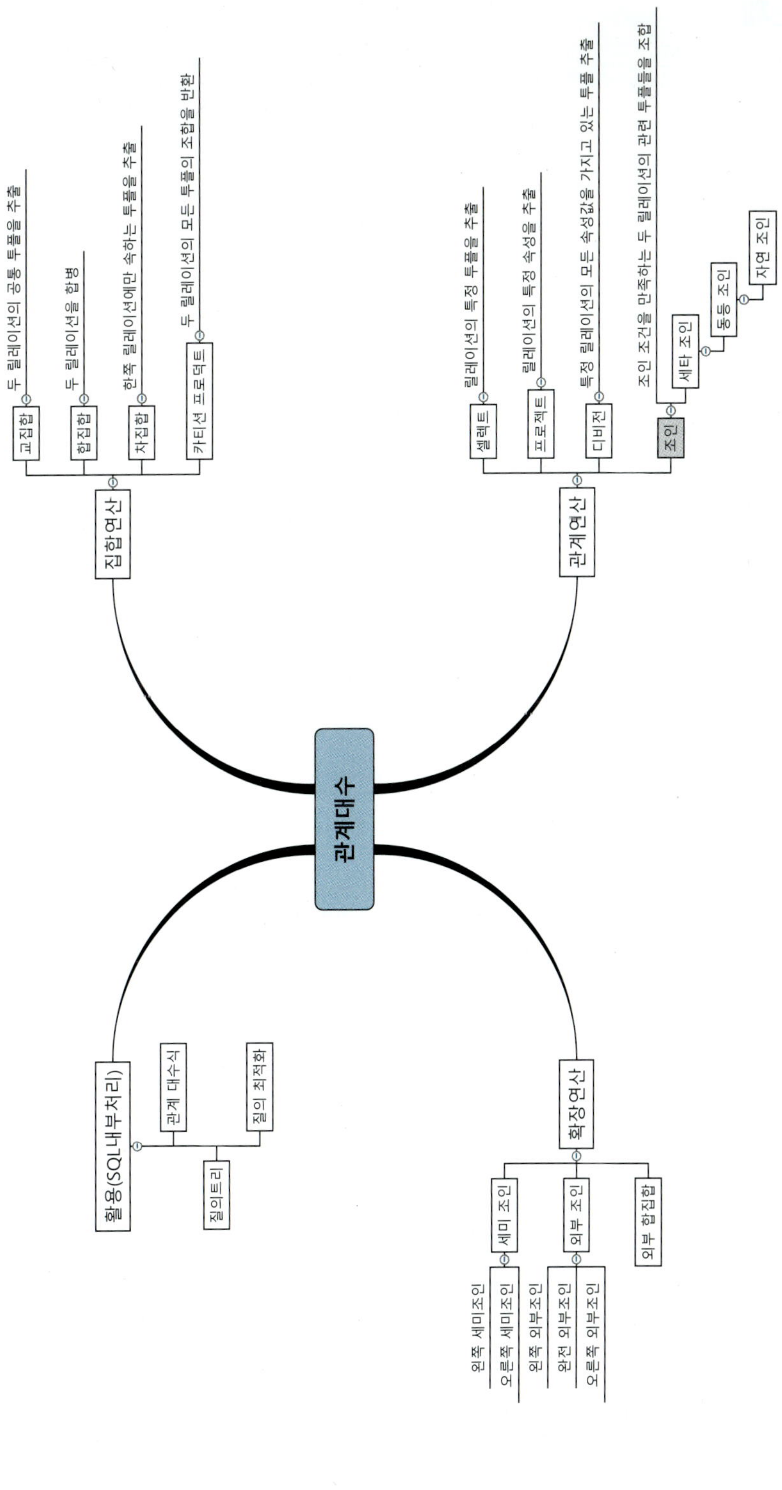
관계대수
집합연산
교집합
두 릴레이션의 공통 투플을 추출
합집합
두 릴레이션을 합병
차집합
한쪽 릴레이션에만 속하는 투플을 추출
카티션 프로덕트
두 릴레이션의 모든 투플의 조합을 반환
관계연산
셀렉트
릴레이션의 특정 투플을 추출
프로젝트
릴레이션의 특정 속성을 추출
디비전
특정 릴레이션의 모든 속성값을 가지고 있는 투플 추출
조인
조인 조건을 만족하는 두 릴레이션의 관련 투플들을 조합
세타 조인
동등 조인
자연 조인
활용(SQL내부처리)
관계 대수식
질의 최적화
질의트리
확장연산
세미 조인
왼쪽 세미조인
오른쪽 세미조인
외부 조인
왼쪽 외부조인
완전 외부조인
오른쪽 외부조인
외부 합집합

연습문제 EXERCISE

01 다음 설명에 해당하는 관계 연산은?

> 두 릴레이션에서 대응되는 투플들을 결합하면서, 대응되는 투플을 갖지 않는 투플이나 결합 속성에 널 값을 갖는 투플도 결과에 포함시킨다.

① 디비전 ② 동등 조인
③ 외부 조인 ④ 자연 조인

02 관계 연산자와 그 표기법으로 옳지 않은 것은?

① 셀렉트 – σ ② 프로젝트 – Π
③ 조인 – $\bowtie$ ④ 디비전 – Σ

03 주어진 릴레이션의 수평적 부분집합을 구하는 데 사용되는 관계 연산자는?

① 프로젝트 ② 셀렉트
③ 디비전 ④ 조인

04 관계 대수에서 피연산자인 두 릴레이션이 서로 합병 가능이어야 하는 연산자는?

① 크로스 조인 ② 교집합
③ 자연 조인 ④ 디비전

05 다음 관계 대수의 연산 중 한 연산은 나머지 세 연산으로 충분히 표시되므로 기본 연산에 속하지 않는 연산은?

① 셀렉트 ② 프로젝트
③ 자연 조인 ④ 카티션 프로덕트

06 다음 관계 대수 연산 중 관계 연산에 해당하는 것은?

① 카티션 프로덕트 ② 합집합
③ 프로젝트 ④ 차집합

07 릴레이션 R1의 투플 수는 10개, R2의 투플 수는 15개, 두 릴레이션의 공통 투플 수는 5개이다. 릴레이션 R1과 R2에 대한 각 연산 결과의 투플 수로 옳지 않은 것은?

① 교집합 – 5개
② 카티션 프로덕트 – 150개
③ 차집합 – 5개
④ 합집합 – 15개

08 다음 릴레이션에 대한 관계 대수식의 결과로 옳지 않은 것은?

R

A	B	C
a1	b1	c2
a2	b1	c2
a4	b2	c3

S

C	D	E
c1	d2	e1
c1	d3	e3
c2	d1	e2
c3	d3	e3

① $\Pi_{D,E}(S)$

D	E
d2	e1
d3	e3
d1	e2
d3	e3

② $\sigma_{C='c2'}(R)$

A	B	C
a1	b1	c2
a2	b1	c2

③ $R \bowtie_N S$

A	B	C	D	E
a1	b1	c2	d1	e2
a2	b1	c2	d1	e2
a4	b2	c3	d3	e3

④ $R \ltimes S$

A	B	C
a1	b1	c2
a2	b1	c2
a4	b2	c3

09 질의 최적화와 관련성이 가장 큰 것은?

① 질의문 트리
② 트랜잭션 모델링
③ 정규화
④ 스키마 변환

10 질의 최적화 과정에서 관한 설명으로 옳지 않은 것은?

① 같은 질의 요청에 대해 여러 관계 대수식 표현이 가능하다.
② 최적의 관계 대수식을 결정하는 것은 DBMS의 핵심 역할에 속한다.
③ 관계 대수식에서 가장 먼저 실행해야할 연산부터 질의 트리의 가장 위쪽에 표현한다.
④ 후보 관계 대수식은 질의 최적화 과정을 위해 질의 트리로 변환된다.

11 질의 최적화 규칙에 대한 설명 중 옳지 않은 것은?

① 셀렉트 연산은 가장 나중에 수행한다.
② 프로젝트 연산은 가능한 일찍 수행한다.
③ 조인되는 순서를 중간결과가 작게 생기도록 정한다.
④ 통계치 정보(투플의 수, 투플의 크기)를 사용한다.

12 다음 문장이 참이면 ○, 거짓이면 ×를 하시오.

① 관계 대수는 릴레이션을 내부적으로 처리하기 위한 연산들의 집합으로 비절차적(non-procedural)이다. (　)
② 합집합, 교집합, 차집합은 두 릴레이션이 서로 합병 가능(union compatible)해야 한다. (　)
③ 합집합 연산을 적용한 결과 릴레이션 안의 중복된 투플이 있다면 자동으로 제거된다. (　)
④ R1−R2의 카디널리티는 R1보다 같거나 작다. (　)
⑤ 셀렉트(select)는 릴레이션에서 특정 투플을 추출하는 연산으로 릴레이션을 수평 분할하는 효과를 가져온다. (　)
⑥ 조인 $R1 \bowtie_{조인_조건식} R2$가 반환하는 결과 릴레이션은 카티션 프로덕트(R1×R2)의 결과 릴레이션 중에서 조인_조건식을 충족하는 투플을 셀렉트(σ)한 것과 같다. (　)
⑦ 세타 조인은 동등 조인 결과 중에서 조인 조건에 사용된 중복 속성을 자동 제거한 조인이다. (　)

13 다음 ( ) 안에 적당한 용어를 채워 완성하시오.

① (　)은 자연 조인 결과에 포함되지 않는 조인에 실패한 투플까지 모두 포함하도록 확장한 자연 조인 연산이다.
② 관계 대수는 수학 집합 이론에 기반을 둔 (　) 연산 그룹과 관계형 데이터 모델을 위해 추가된 (　) 연산 그룹 2개의 그룹으로 분류한다.
③ 집합 연산(set operation) 그룹은 합집합, 교집합, 차집합, (　) 연산을 포함한다.
④ (　) 가능하려면 두 릴레이션의 차수(속성 개수)가 같고 대응하는 속성의 순서와 도메인이 같아야 한다.
⑤ (　) 연산은 릴레이션에서 특정 투플을 추출하는 연산으로 연산자는 'σ'(시그마, sigma)를 사용한다.
⑥ (　) 연산은 결과적으로 카티션 프로덕트의 결과 릴레이션 중에서 '조인_조건식'을 만족하는 투플을 셀렉트한 것과 같다.
⑦ (　)은 동등 조인 결과 중에서 '조인_조건식'에 사용된 중복 속성을 자동 제거한 조인

이다.

⑧ 자연 조인은 (　　) 조인이면서 세타 조인이기도 하다.

⑨ (　　)은 자연 조인이 반환하는 결과 릴레이션 중에서 한쪽 릴레이션 속성만으로 한정하여 반환하는 제한적 자연 조인 연산이다.

⑩ (　　) 조인을 수행하면 릴레이션 안의 모든 투플이 빠짐없이 결과 릴레이션에 포함된다.

⑪ 작성된 후보 관계 대수식은 DBMS 안의 질의 최적화 과정을 위해 내부적으로 (　　)로 변환되어 표현된다.

14 다음 테이블 T1, T2가 주어질 때 관계 대수식을 실행한 결과를 구하시오.

T1

A	B	C
1	a	y
2	b	x
1	c	y

T2

C	D
x	v
x	w
y	v

$\Pi_{B,D}(T1 \times T2)$

15 다음 릴레이션 예제를 대상으로 아래 질의 요구 사항을 관계 대수식으로 표현하시오.

학생1

학번	이름	학년	성별
s001	김연아	4	여
s002	홍길동	1	남
s003	이승엽	3	남

수강2

학번	과목번호	평가학점
s001	c002	A
s003	c002	B
s002	c001	F
s001	c004	B
s001	c005	C

과목3

과목번호	과목이름	강의실
c001	데이터베이스	137
c002	전공글쓰기	111
c004	모바일 웹	137
c005	영작문	112

① 남학생의 이름과 성별, 학년을 검색하시오.

② '데이터베이스'를 수강하는 학생들의 학번과 이름을 검색하시오.

CHAPTER

05

SQL 기초

학습목표

- SQL의 발전 과정을 이해한다.
- MySQL DBMS 사용 방법을 살펴본다.
- SELECT 검색문의 작성 방법을 알아본다.
- INSERT, UPDATE, DELETE 조작문의 작성 방법을 알아본다.

CHAPTER

5 SQL 기초

1. SQL 개요

SQL(Structured Query Language)은 관계형 데이터베이스 표준 언어로서 가장 많이 사용되는 데이터 언어이다. 관계 대수에 기반을 두지만 선언적 언어이므로 데이터 처리 절차를 명세하지 않는다. 사용하기 쉬운 명령어로 구성되어 배우기 쉽고 표현력이 우수하다. 현재 대부분의 DBMS가 SQL을 지원한다.

SQL의 소개

SQL은 1974년 'SEQUEL(Structured English Query Language)'이라는 이름으로 처음 제시되었다. 'SYSTEM R'이라는 실험용 DBMS를 위한 데이터 언어로 IBM 연구소에서 SQL을 처음 개발하였다. 그 후 상용 DBMS는 저마다 서로 다른 데이터 언어나 변형된 SQL을 제공하였고 이로 인해 사용자는 다양한 데이터 언어를 학습해야하는 어려움이 있었다. 현재는 SQL이 미국 표준(ANSI)과 국제 표준(ISO)에 의해 관계형 데이터베이스 표준 언어로 승인되어 ORACLE, MS SQL-Server, MySQL 등 거의 모든 관계형 DBMS가 지원한다.

SQL은 데이터 정의어와 데이터 조작어, 데이터 제어어를 모두 포함하는 데이터베이스 관리를 위한 완전한 언어이다. SQL을 구성하는 3가지 부속 언어의 분류와 관련 주요 기능을 요약하면 [그림 5-1]과 같다.

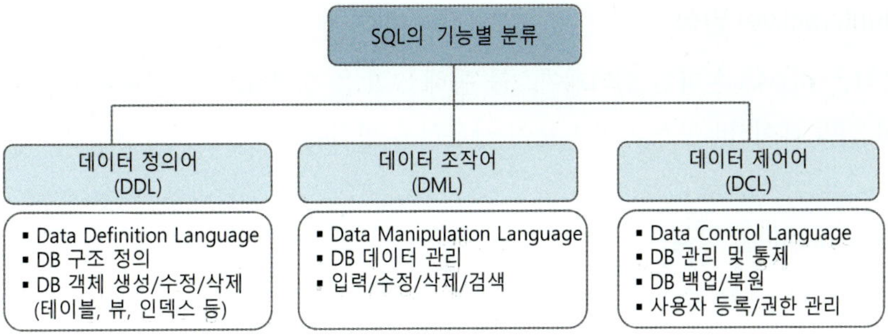

[그림 5-1] SQL의 분류

SQL의 발전 과정

지금까지의 SQL 표준화를 통한 발전 과정은 〈표 5-1〉과 같다.

〈표 5-1〉 SQL 표준의 역사

표준 버전	승인연도	특징
최초 안(SQL-86)	1986년	기본 기능인 데이터 정의어, 조작어 그리고 무결성을 포함한 표준 미국 ANSI 표준 채택(1986), 국제 ISO 표준 채택(1987)
SQL1(SQL-89)	1989년	ANSI/ISO SQL 표준을 보안 및 확장
SQL2(SQL-92)	1992년	SQL-89를 대폭 보완 및 확장 3단계의 표준 준수 수준(도입,중간,완전)을 제시
SQL3(SQL-1999)	1999년	SQL-92를 확장 및 보완 객체지향 개념, 재귀 쿼리, 데이터베이스 트리거 등을 도입
SQL-2003 4차	2003년	XML 관련 개념 및 특징 지원
SQL-2006 5차	2006년	XML 데이터 처리 지원
SQL-2008 6차	2008년	커서, 트리거 개념 확장
SQL-2011 7차	2011년	임시 데이터베이스 지원

SQL은 간단히 질의어라고도 한다. 본래 '**질의어**(query language)'는 좁은 의미에서는 단순 질의 즉, 검색 기능을 위한 언어이다. 그러나 넓은 의미에서는 데이터 정의어(DDL), 데이터 조작어(DML), 그리고 데이터 제어어(DCL)의 모든 기능을 포함한 데이터베이스 언어 전체를 의미한다.

SQL은 대화 방식 또는 내장 방식 2가지로 사용할 수 있다.

■ 대화(interactive) 방식

대화 방식은 DBMS 온라인 인터페이스를 통해 SQL을 입력하고 그 결과를 바로 확인받는다. 보통 일반 데이터베이스 사용자들이 사용하는 방식이다.

■ 내장(embedded) 방식

내장 방식은 Java, C, C++, JSP 등의 프로그래밍 언어(호스트 언어)로 작성된 응용 프로그램 안에 SQL을 문자열 형태로 포함한다. 실행 결과 역시 응용 프로그램의 내부 구조로 반환받는다.

내장 방식은 SQL 언어가 갖지 못한 입출력, 흐름 제어 등의 호스트 언어 기능을 이용할 때 필요하다. 보통 응용 프로그래머가 데이터베이스 응용 프로그램을 개발하기 위해 사용하는 방식이다. SQL이 응용 프로그램 안에 삽입될 때 **데이터 부속어**(data sublanguage)라고도 부른다.

Tip DBMS의 SQL 표준 준수 여부

DBMS는 실제로는 모든 SQL 표준을 지원하거나 완벽하게 호환되지는 않는다. 그 이유는 실제 SQL 표준이 그 양이 복잡하고 방대하여 구현하기 어렵기 때문이다. 또, 표준의 일부는 명세가 모호하여 구현 방식이 DBMS마다 각자 조금씩 다르기도 하다.

DBMS 개발 회사 입장에서도 SQL 표준만 지원해서는 다른 회사 DBMS와의 차별성과 상품 경쟁력을 갖기 어렵다. 또, 자사 제품의 기존 기능과 표준이 상충될 경우 표준을 준수하기도 쉽지 않다.

이 책에서 설명하는 대부분의 SQL 명령문들은 MySQL 이외의 다른 DBMS와의 차이점이 거의 없다. 일부 사용 명령어나 문법이 다른 경우도 개념은 같기 때문에 관련 매뉴얼을 참조하면 쉽게 변환 가능하다.

2. SQL 실습 준비

SQL 실습을 위해 예제 데이터베이스와 예제 테이블을 준비해 보자.

2.1 예제 데이터베이스 univDB

SQL 실습을 위해서 먼저, 예제 데이터베이스를 구성한다. 예제 데이터베이스의 이름은 'univDB' 데이터베이스이다. 수강 관련 정보를 저장할 '학생', '수강', '과목' 3개의 테이블이 필요하다.

> **Tip 릴레이션과 테이블 용어 사용**
>
> 실무에서는 '릴레이션'보다는 '테이블'이라는 용어를 많이 사용한다. 앞서 살펴봤던 관계형 데이터 모델의 구조와 용어를 알지 못해서가 아니라 편의상 개발자들이 사용할 뿐이다. SQL 명령어(예: CREATE TABLE)에서 사용하는 용어와의 관련성 때문일 것이다.
>
> 이 책에서도 앞으로 SQL 실습 관련해서는 '릴레이션' 대신에 '테이블', '투플' 대신에 '행', '속성' 대신에 '열'을 사용한다. 혼동하지 않도록 하자.

univDB 데이터베이스 스키마

먼저, 3개의 테이블로 구성된 'univDB' 데이터베이스 스키마 구조는 다음과 같다.

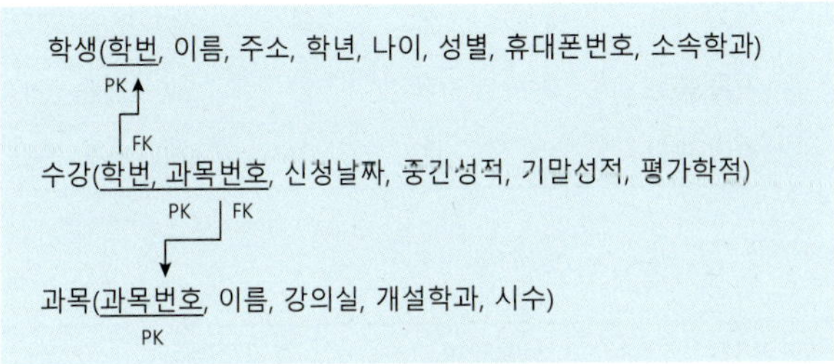

[그림 5-2] univDB 데이터베이스 스키마

- '학생' 테이블

'학생' 테이블은 학생에 관한 개인 신상 데이터를 저장한다. '학번'부터 '소속학과'까지 8개의 열(column)을 갖는다. '학번' 열은 기본키이다.

- '과목' 테이블

'과목' 테이블은 과목에 관한 기본 데이터를 저장한다. '과목번호'부터 '시수'까지 5개의 열을 갖는다. '과목번호' 열이 기본키이다.

- '수강' 테이블

'수강' 테이블은 학생의 수강 데이터를 저장한다. '학번'부터 '평가학점'까지 6개의 열을 갖는다. '학번' 열과 '과목번호' 열의 조합 {학번,과목번호}가 기본키이다. 또, '학번' 열은 '학생' 테이블의 기본키인 '학번' 열을 참조하는 외래키이다. '과목번호' 열 역시 '과목' 테이블의 기본키인 '과목번호' 열을 참조하는 외래키이다.

univDB 데이터베이스의 내용

'univDB' 데이터베이스를 구성하는 3개 테이블의 예제 데이터는 다음과 같다.

학생

학번	이름	주소	학년	나이	성별	휴대폰번호	소속학과
s001	김연아	서울 서초	4	23	여	010-1111-2222	컴퓨터
s002	홍길동	미정	1	26	남	NULL	통계
s003	이승엽	NULL	3	30	남	NULL	정보통신
s004	이영애	경기 분당	2	NULL	여	010-4444-5555	정보통신
s005	송윤아	경기 분당	4	23	여	010-6666-7777	컴퓨터
s006	홍길동	서울 종로	2	26	남	010-8888-9999	컴퓨터
s007	이은진	경기 과천	1	23	여	010-2222-3333	경영

수강

학번	과목번호	신청날짜	중간성적	기말성적	평가학점
s001	c002	2019-09-03	93	98	A
s004	c005	2019-03-03	72	78	C
s003	c002	2017-09-06	85	82	B
s002	c001	2018-03-10	31	50	F
s001	c004	2019-03-05	82	89	B
s004	c003	2020-09-03	91	94	A
s001	c005	2020-09-03	74	79	C
s003	c001	2019-03-03	81	82	B
s004	c002	2018-03-05	92	95	A

과목

과목번호	이름	강의실	개설학과	시수
c001	데이터베이스	126	컴퓨터	3
c002	정보보호	137	정보통신	3
c003	모바일웹	128	컴퓨터	3
c004	철학개론	117	철학	2
c005	전공글쓰기	120	교양학부	1

'univDB'는 7명 학생의 5개 과목에 대한 9건의 수강 정보를 저장한 미니 예제 데이터베이스이다.

2.2 MySQL의 설치

MySQL의 특성을 알아보고 실제 MySQL DBMS를 다운받아 설치해 보자.

■ MySQL 개요

MySQL은 세계에서 가장 많이 사용하는 오픈소스 RDBMS이다. 1995년에 최초 개발되었다. 코드가 공개되어 있어 누구나 다운로드하여 사용할 수 있는 데이터베이스 관리 시스템이다. 무료임에도 불구하고 처리 속도가 빠르고 설치도 쉽다. 대용량 데이터 처리까지 가능하여 보통 소규모 조직체에서 적은 비용으로 정보 시스템을 구축할 때 적합한 DBMS이다. 전 세계적으로 1천만대 이상의 서버가 운영될 정도로 오라클, MS-SQL Server와 함께 가장 많이 사용하는 DBMS 중 하나이다.

2010년에 오라클에 인수되었지만 현재도 오픈소스 정책은 계속되고 있다. 리눅스, 윈도우, 맥OS 등 다양한 운영체제에서 동작하고 PHP 이외의 다양한 언어에서도 사용이 가능한 범용 DBMS이다.

〈표 5-2〉는 MySQL의 다양한 제품 버전을 보여준다.

〈표 5-2〉 MySQL 제품 분류

구분	제품명	특징
무료	MySQL 커뮤니티 버전(Community Edition)	매뉴얼, 포럼은 지원 기술 지원 없음
유료	MySQL 스탠다드 버전(Standard Edition)	정기적 업데이트 지원 서비스팩 지원 기술 지원
	MySQL 엔터프라이즈 버전(Enterprise Edition)	
	MySQL Cluster Carrier Grade Edition	

MySQL 엔터프라이즈 버전은 상업적 목적으로 사용하는 유료 버전이다. 이 책에서는 무료인 MySQL 커뮤니티 버전을 사용한다. 기본 기능을 학습하기에는 유료 버전과 특별한 기능상의 차이는 없다.

오라클은 PL/SQL을, MS-SQL Server는 T-SQL이라는 자체 SQL를 지원하므로 약간 변형된 SQL 형식을 따로 학습해야 한다. 반면, MySQL은 기본 SQL을 따르므로 배우고 사용하기 쉬운 장점이 있다.

■ MySQL 다운로드 및 설치

MySQL DBMS의 다운로드 사이트는 'http://www.mysql.com'이다. 사이트를 방문해 적합한 버전을 선택하여 다운로드 받는다. 보통 무료 버전인 MySQL 커뮤니티 버전 중에서 윈도우 플랫폼에 맞게 32비트 혹은 64비트 버전을 구분하여 선택한다. 윈도우 버전은 소스코드 형태로 제공되지 않으므로 이미 컴파일되어 패키징된 MySQL 설치 소프트웨어를 다운로드 받아야 한다. 버전은 가장 최신보다는 안정화된 최근 버전을 선택하는 것이 좋다.

자세한 설치 과정은 '[부록A] MySQL 설치'를 참조한다.

2.3 MySQL 실습 준비

[부록A]를 참조하여 설치된 MySQL을 다음 순서에 따라 실행해 보자.

1) 먼저, MySQL 서버를 미리 구동시킨다. 다음으로 클라이언트 관리 도구인 MySQL 워크벤치를 실행한다.

> **Tip MySQL 워크벤치**
>
> **MySQL 워크벤치**(Workbench)는 MySQL에 접속하기 위한 GUI 방식의 클라이언트 응용 프로그램이다. 오라클에서 제공하는 무료 관리 소프트웨어로 사용하기 편리하다. 설계자를 위한 모델링 기능을 지원하고 개발자와 관리자를 위한 다양한 비주얼 도구도 제공한다.
> 이 책에서도 SQL 실습을 위한 주요 도구로 사용한다.

2) 슈퍼 사용자 'root'로 접속한다.

MySQL 워크벤치 실행 화면에서 [Database]-[Manage Connections...]-[new] 버튼을 선택한 뒤, [Connection Name]에 'root', [Username]에 'root'를 입력한다. 'root'는 설치 과정에서 자동으로 설정하는 관리자 계정이다. 설치 과정 중에 설정한 비밀번호를 올바르게 입력해야 접속할 수 있다. 실행 화면에서 마우스 오른쪽 버튼을 눌러 단축 메뉴에서 [Rescan for Local MySQL Instances] 항목을 선택하면 생성한 'root' 접속 탭이 표시된다.

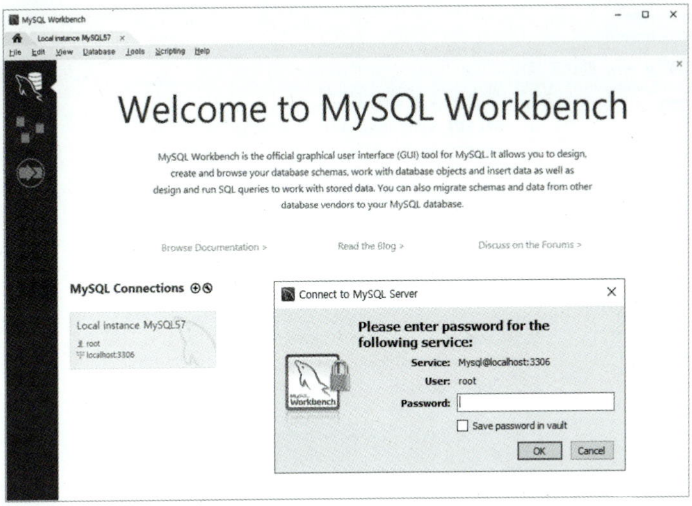

[그림 5-3] MySQL 'root' 계정 로그인

3) 데이터베이스에 접속하려면 'root' 접속 탭을 클릭하고 비밀번호를 입력한다. SQL문을 실행할 수 있는 접속 패널 창이 열린다. MySQL 서버에 제대로 접속했는지 확인해보자. 질의 창에 다음 SQL 명령어를 입력한다.

```
SELECT version( ) ;  -- MySQL 버전 표시
SELECT current_date( ), current_time( ), now( ) ;  -- 현재 날짜와 시간 표시
```

앞으로 SQL 실습을 위해서는 우선 SQL 질의 창에 실행하고자 하는 SQL 명령문을 입력한다. 그 다음 실행할 명령문들을 마우스로 블록 지정한 후 'ctrl+shift+enter'키나 스크립트 실행 아이콘( )을 선택하면 실행된다. 명령문 중간에 필요할 경우 설명문 즉, 주석을 추가할 수 있다.

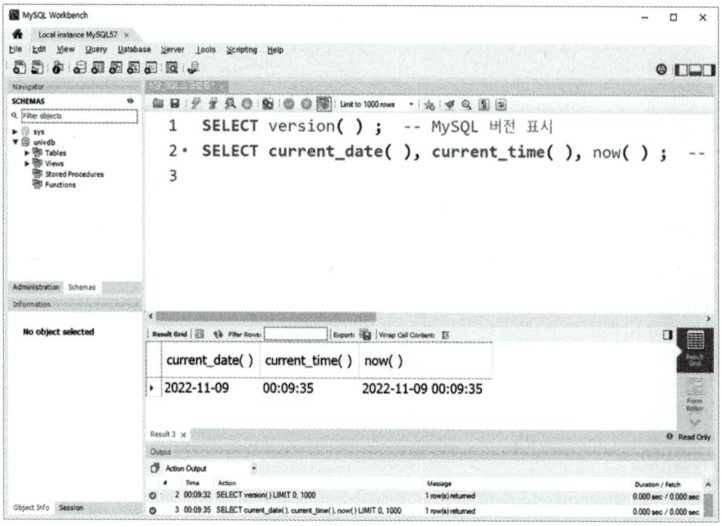

[그림 5-4] SQL 질의 창 사용

Tip 주석

SQL 명령문 안에 설명이 필요할 때는 주석 처리를 하면 된다.

- 한 줄 주석
  지정한 한 줄만 짧게 주석으로 처리하려면 한 줄 주석을 사용한다. 설명 시작 부분에 '--' 나 '#'를 입력하면 같은 줄의 끝까지 주석으로 처리되어 실행에서 제외된다.
- 여러 줄 주석
  여러 줄에 걸친 긴 주석을 위해서는 여러 줄 주석을 사용한다. 설명 블록 전체의 시작 부분은 '/*'로 시작하고, 끝나는 부분은 '*/'를 입력하면 된다.

4) 현재 접속한 사용자 아이디를 확인해 보자. SQL 질의 창에 다음 명령어를 입력한다.

```
SELECT user( ) ;          -- 현재 MySQL 사용자 표시
```

5) 접속 아이디를 확인한 다음, 현재 MySQL 서버에 저장된 데이터베이스 목록을 확인해 보자.

```
SHOW DATABASES ;          -- 현재 데이터베이스 목록 표시
```

설치한 직후일 경우, 기본적으로 3개의 데이터베이스가 생성되어 있다.

- 'information_schema' 데이터베이스 : 모든 데이터베이스 객체에 관한 메타 정보를 저장하는 시스템 데이터베이스이다.
- 'mysql' 데이터베이스 : 접속 가능한 호스트나 계정 정보, 그리고 계정 권한 등이 저장되는 시스템 데이터베이스이다.
- 'test' 데이터베이스 : 간단한 확인 시험이나 학습 용도로 제공되는 데이터베이스이다. 필요 없으면 삭제해도 된다.

6) 'univDB' 실습 예제 데이터베이스를 생성한다.

데이터베이스 목록에 'univDB'가 없음을 확인한 후, 앞으로의 SQL 실습을 위한 'univDB' 예제 데이터베이스를 생성한다. 데이터베이스 안에 '학생', '과목', '수강' 테이블을 순차적으로 생성하고 데이터들을 행 단위로 입력한다.

SQL 질의 창에 다음 명령문들을 순차적으로 입력하여 실행한다.

```
-- 데이터베이스 생성
DROP DATABASE IF EXISTS univDB ;
CREATE DATABASE IF NOT EXISTS univDB ;

-- SQL 명령어를 실행할 대상인 기본 데이터베이스를 univDB로 지정
USE univDB ;

-- 학생 테이블 생성
CREATE TABLE 학생
    ( 학번 CHAR(4) NOT NULL,
      이름 VARCHAR(20) NOT NULL,
      주소 VARCHAR(50) NULL DEFAULT '미정',
      학년 INT NOT NULL,
      나이 INT NULL,
      성별 CHAR(1) NOT NULL,
      휴대폰번호 CHAR(14) NULL,
      소속학과 VARCHAR(20) NULL,
      PRIMARY KEY (학번) ) ;

-- 과목 테이블 생성
CREATE TABLE 과목
    ( 과목번호 char(4) NOT NULL PRIMARY KEY,
      이름 VARCHAR(20) NOT NULL,
```

```
        강의실 CHAR(3) NOT NULL,
        개설학과 VARCHAR(20) NOT NULL,
        시수 INT NOT NULL ) ;

-- 수강 테이블 생성
CREATE TABLE 수강
      ( 학번 char(4) NOT NULL,
        과목번호 CHAR(4) NOT NULL,
        신청날짜 DATE NOT NULL,
        중간성적 INT NULL DEFAULT 0,
        기말성적 INT NULL DEFAULT 0,
        평가학점 CHAR(1) NULL,
        PRIMARY KEY(학번, 과목번호) ) ;

-- 학생 테이블 입력
INSERT INTO 학생
VALUES ('s001', '김연아', '서울 서초', 4, 23, '여', '010-1111-2222', '컴퓨터') ;
INSERT INTO 학생
VALUES ('s002', '홍길동', DEFAULT, 1, 26, '남', NULL, '통계') ;
INSERT INTO 학생
VALUES ('s003', '이승엽', NULL, 3, 30, '남', NULL, '정보통신') ;
INSERT INTO 학생
VALUES ('s004', '이영애', '경기 분당', 2, NULL, '여', '010-4444-5555', '정보통신') ;
INSERT INTO 학생
VALUES ('s005', '송윤아', '경기 분당', 4, 23, '여', '010-6666-7777', '컴퓨터') ;
INSERT INTO 학생
VALUES ('s006', '홍길동', '서울 종로', 2, 26, '남', '010-8888-9999', '컴퓨터') ;
INSERT INTO 학생
VALUES ('s007', '이은진', '경기 과천', 1, 23, '여', '010-2222-3333', '경영') ;

-- 과목 테이블 입력
INSERT INTO 과목
VALUES ('c001', '데이터베이스', '126', '컴퓨터', 3) ;
INSERT INTO 과목
VALUES ('c002', '정보보호', '137', '정보통신', 3) ;
INSERT INTO 과목
VALUES ('c003', '모바일웹', '128', '컴퓨터', 3) ;
INSERT INTO 과목
VALUES ('c004', '철학개론', '117', '철학', 2) ;
INSERT INTO 과목
VALUES ('c005', '전공글쓰기', '120', '교양학부', 1) ;

-- 수강 테이블 입력
INSERT INTO 수강
VALUES ('s001', 'c002', '2019-09-03', 93, 98, 'A') ;
INSERT INTO 수강
```

```
VALUES ('s004', 'c005', '2019-03-03', 72, 78, 'C') ;
INSERT INTO 수강
VALUES ('s003', 'c002', '2017-09-06', 85, 82, 'B') ;
INSERT INTO 수강
VALUES ('s002', 'c001', '2018-03-10', 31, 50, 'F') ;
INSERT INTO 수강
VALUES ('s001', 'c004', '2019-03-05', 82, 89, 'B') ;
INSERT INTO 수강
VALUES ('s004', 'c003', '2020-09-03', 91, 94, 'A') ;
INSERT INTO 수강
VALUES ('s001', 'c005', '2020-09-03', 74, 79, 'C') ;
INSERT INTO 수강
VALUES ('s003', 'c001', '2019-03-03', 81, 82, 'B') ;
INSERT INTO 수강
VALUES ('s004', 'c002', '2018-03-05', 92, 95, 'A') ;
```

7) 실습 예제 데이터베이스 'univDB'가 잘 생성되었는지 다음 명령어를 입력하여 확인한다.

```
USE univDB ;             -- 작업 대상 데이터베이스 변경
SELECT database( ) ;     -- 현재 사용 데이터베이스 확인
SHOW TABLES ;            -- univDB 안의 생성 테이블 목록 확인
DESC 학생 ;              -- 학생 테이블 생성 정보 확인
```

'USE' 명령어 다음에 데이터베이스 이름을 지정함으로써 해당 데이터베이스로 작업 영역을 변경할 수 있다. 한 번에 하나의 데이터베이스에 대해서만 작업할 수 있으므로 SQL 명령어를 실행하기 전에 작업 대상 데이터베이스를 올바르게 지정한다. 특히, 워크벤치를 새로 시작하는 경우, 반드시 작업 대상 데이터베이스를 먼저 지정해야 한다.

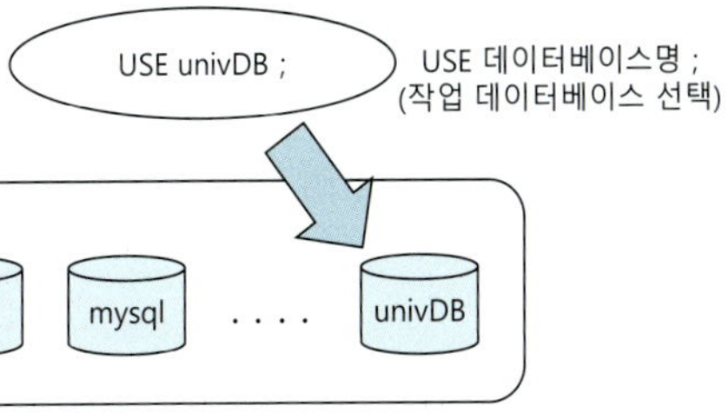

[그림 5-5] 작업 데이터베이스 선택

실습 예제 데이터베이스가 생성되었으니 SQL 명령어를 하나씩 익혀보도록 하자.

> **Tip SQL 명령문 작성 시 유의 사항**
>
> • 대소문자 비구별
>
> 데이터베이스에 저장되는 데이터베이스 개체(데이터베이스, 테이블 등) 이름은 기본적으로 영문을 사용한다. 호환성 등에서 문제가 발생할 수 있기 때문이다. 보통 대소문자를 섞어 쓰더라도 소문자로 변경되어 저장된다. 모든 데이터베이스 객체 이름은 중복되지 않고 유일해야 한다. MySQL DBMS도 입력하는 SQL 명령어의 대소문자를 구분하지 않는다.
>
> 이 책에서는 편의상 SQL 명령어는 대문자로 표기하고 SQL 명령어와의 구별이 쉽도록 테이블 이름과 열 이름을 한글로 표기하였다. 실제 시스템 구축과 응용 프로그램 개발 시에는 영문으로 변환한다.
>
> • 명령문 구분자 ';'
>
> 모든 SQL 명령문 끝에는 관습적으로 세미콜론(;)을 추가한다. 세미콜론은 주로 명령어 입력 창에서 SQL 명령어를 입력할 경우, 각 SQL 명령문을 구분하기 위해 필요하다. 편의상 이 책의 예제에서도 SQL 명령어 끝에 세미콜론을 표기하였다. 워크벤치가 아닌 명령어 모드에서는 반드시 필요하므로 넣어두자.
>
> 하나의 SQL 명령문은 보통 여러 개의 절이나 의미 단락으로 구성된다. 이해가 쉽도록 여러 줄로 나누어 작성하는데 이 책에서도 같은 표기법을 따랐다. 이러한 줄 바꿈을 포함한 여러 줄에 걸친 각 명령문의 끝을 세미콜론으로 구분한다.
>
> • SQL 대상 객체
>
> 이 책의 SQL 명령문에서는 관계형 데이터 모델의 용어(릴레이션, 속성, 투플 등) 대신 일반적인 용어(테이블, 열, 행 등)를 사용한다. 생성되는 테이블을 릴레이션의 본래 의미와 제약 사항을 모두 충족하도록 하는 것은 온전히 SQL 사용자의 몫이다.

3. SQL 데이터 조작문

생성한 테이블 안의 데이터를 조작해 보자. 데이터 조작을 위한 SQL 명령문에는 SELECT(데이터 검색)문, INSERT(데이터 삽입)문, UPDATE(데이터 수정)문, 그리고 DELETE(데이터 삭제)문 등이 있다.

3.1 데이터 검색 SELECT문

SELECT 명령어를 사용하여 다양한 유형의 데이터 검색이 가능하다. 기본적인 테이블의 행 검색 방법부터 알아본다.

행 검색

생성된 테이블로부터 데이터를 검색하기 위해서는 SELECT문을 사용한다. 검색은 행 단위로 이루어진다.

■ SELECT문의 형식: SELECT절, FROM절

SELECT 명령문의 형식은 다음과 같다. [ ]로 표시한 부분은 생략 가능하고 { }로 표시한 부분은 반복 가능하다. '|'은 선택을, '+'는 1번 이상 반복을, '*'는 0번 이상 반복을 의미한다. 키워드는 편의상 대문자로 표기한다. ①~⑥은 SELECT 명령문을 구성하는 6개 절들의 의미상의 실행 순서를 나타낸다.

```
❶SELECT  [DISTINCT|ALL] 열_리스트              ⑤
❷FROM    테이블_리스트                          ①
 [WHERE  검색_조건식]                           ②
 [GROUP BY 그룹_기준열_리스트]                  ③
 [HAVING 그룹_조건식]                           ④
 [ORDER BY { 정열_기준열 [ASC|DESC][,] }+ ];    ⑥
```

❶ '열_리스트'에 검색하고 싶은 값이 저장된 열 이름을 콤마(,)로 구분하여 나열한다.

❷ SELECT절의 '열_리스트'에 포함된 열을 가진 테이블 이름을 FROM절의 '테이블_리스트'에 명세한다. 만약, SELECT절에 나열된 열을 포함하는 테이블이 여러 개일 경우 FROM절에 콤마(,)로 구분하여 나열한다. WHERE절의 '검색_조건식'에 사용된 열을 포함한 테이블 이름도 FROM절의 '테이블_리스트'에 나열해야한다.

SELECT절과 FROM절은 반드시 명세해야 하는 필수절이지만 나머지 절들은 생략 가능하다. 결국 최소 SELECT-FROM 2개의 절은 필요하다. 최대 SELECT-FROM-WHERE-GROUP BY-HAVING-ORDER BY 6개의 절까지 명세 가능하다.

SELECT 명령문은 여러 관계 대수 연산을 각각의 절로 표현한다. SELECT절은 프로젝트 연산을, FROM절은 카티션 프로덕트와 조인 연산을 나타내며 WHERE절은 셀렉트 연산과 관련된다.

■ 테이블의 특정 열 검색

다음 질의 요청에 대해서는 아래와 같은 SELECT 명령문을 작성하면 된다.

예제 5-1 전체 학생의 이름과 주소를 검색하시오.

```
SELECT 이름, 주소
FROM 학생 ;
```

SELECT 명령문의 실행 결과 역시 테이블 형식으로 반환된다. 다음은 실행 결과이다.

이름	주소
김연아	서울 서초
홍길동	미정
이승엽	NULL
이영애	경기 분당
송윤아	경기 분당
홍길동	서울 종로
이은진	경기 과천

검색 결과는 SELECT절에 명세한 열들에 대해서만, 나열한 열 순서대로 열의 값들이 표시된다. WHERE절을 생략할 경우, 모든 행들이 조건을 만족하는 것으로 간주하여 모든 행이 표시된다.

■ 테이블의 모든 열 검색

테이블에 저장된 모든 열의 값들을 검색하려면 모든 열 이름을 나열하거나 '*' 키워드를 사용한다. SELECT절에 나열된 열 순서대로 검색 행들의 값들이 반환된다.

예제 5-2 전체 학생의 모든 정보를 검색하시오.

```
SELECT 학번, 이름, 주소, 학년, 나이, 성별, 휴대폰번호, 소속학과
FROM 학생 ;
```

```
SELECT *
FROM 학생 ;
```

'*'(asterisk)는 테이블의 모든 열 이름을 나열한 것과 같다. 열 이름을 모르거나 열 개수가 너무 많아 나열하기 힘든 경우 사용하면 편리하다. '*'가 반환하는 검색 결과의 열 순서는 CREATE문에서 원본 테이블 생성을 위해 명세한 열 순서와 같다.

위의 두 SELECT문은 다음과 같은 실행 결과를 보여준다.

학번	이름	주소	학년	나이	성별	휴대폰번호	소속학과
s001	김연아	서울 서초	4	23	여	010-1111-2222	컴퓨터
s002	홍길동	미정	1	26	남	NULL	통계
s003	이승엽	NULL	3	30	남	NULL	정보통신
s004	이영애	경기 분당	2	NULL	여	010-4444-5555	정보통신
s005	송윤아	경기 분당	4	23	여	010-6666-7777	컴퓨터
s006	홍길동	서울 종로	2	26	남	010-8888-9999	컴퓨터
s007	이은진	경기 과천	1	23	여	010-2222-3333	경영
NULL	NULL	NULL	NULL	NULL	NULL	NULL	NULL

중복 행을 제거하고 검색: DISTINCT

SELECT문의 실행 결과는 같은 행의 중복을 자동으로 제거하지 않는다. 중복 행을 제거하고 한 번씩만 검색 결과에 포함되도록 하려면 **DISTINCT** 키워드를 사용해야 한다. SELECT절에는 열 개수에 상관없이 오직 한 번만 DISTINCT를 명세할 수 있다.

예제 5-3 전체 학생의 소속학과 정보를 중복없이 검색하시오.

```
SELECT DISTINCT 소속학과
FROM 학생 ;
```

소속학과
컴퓨터
통계
정보통신
경영

DISTINCT를 생략할 경우, 같은 소속학과 이름을 중복해서 검색 결과로 반환한다. ALL은 기본 값으로 생략해도 결과는 같다.

```
SELECT 소속학과
FROM 학생 ;
```

```
SELECT ALL 소속학과
FROM 학생 ;
```

두 SELECT문의 실행 결과는 다음과 같다. [예제 5-3]의 DISTINCT 키워드를 사용했을 경우와 비교해 보자.

소속학과
컴퓨터
통계
정보통신
정보통신
컴퓨터
컴퓨터
경영

조건 검색: WHERE절

조건을 만족하는 일부 행만을 검색하려면 WHERE절을 선택적으로 사용한다. WHERE절에는 비교 연산자와 논리 연산자를 포함한 '검색_조건식'을 명세한다.

조건 검색과 관련된 SELECT 명령문의 형식은 다음과 같다.

```
SELECT  ❶[DISTINCT|ALL] 열_리스트
FROM     테이블_리스트
[WHERE  ❸검색_조건식] ;❷
```

❶ 앞의 예에서 보듯이 DISTINCT는 중복 행을 제거하고, ALL은 중복 행을 포함하여 검색 결과를 반환한다.

❷ WHERE절은 참 또는 거짓을 판별할 수 있는 하나 이상의 '검색_조건'을 명세한다.

❸ 기본 '검색_조건식'은 보통 '〈열_이름〉 〈비교_연산자〉 〈상수_값〉' 형식이다.
'〈비교_연산자〉'는 같다('='), 같지 않다('<>'), 작다('<'), 크다('>'), 작거나 같다('<='), 크거나 같다('>=') 중에서 하나를 명세한다. '<>'는 같지 않음을 비교하는 연산자이다. '≠'가 아님에 유의한다.
'〈상수_값〉'으로 문자나 날짜 값은 작은따옴표로 묶어야 한다. '〈상수_값〉' 대신에 다른 '열_이름'을 명세할 수도 있다.
복잡한 '검색_조건식'의 경우, WHERE절에 '논리연산자(AND, OR, NOT)'와 괄호를 사용하여 검색 조건을 결합할 수도 있다. 괄호 없이 명세할 경우, 연산자들의 실행 우선순위는 '〈비교_연산자〉 → NOT → AND → OR' 순서이다.

예제 5-4 학생 중에서 2학년 이상인 '컴퓨터'학과 학생의 이름, 학년, 소속학과, 휴대폰번호 정보를 검색하시오.

```
SELECT 이름, 학년, 소속학과, 휴대폰번호
FROM 학생
WHERE 학년>=2 AND 소속학과='컴퓨터' ;
```

이름	학년	소속학과	휴대폰번호
김연아	4	컴퓨터	010-1111-2222
송윤아	4	컴퓨터	010-6666-7777
홍길동	2	컴퓨터	010-8888-9999

예제 5-5 1, 2, 3학년 학생이거나 '컴퓨터'학과에 소속되지 않은 학생의 이름, 학년, 소속학과, 휴대폰번호 정보를 검색하시오.

```
SELECT 이름, 학년, 소속학과, 휴대폰번호
FROM 학생
WHERE (학년>=1 AND 학년<=3) OR NOT(소속학과='컴퓨터') ;
```

WHERE절에 다음과 같은 값의 범위를 지정하는 연산자 BETWEEN .. AND .. 구문을 사용해도 같은 검색 결과를 가져온다.

```
SELECT 이름, 학년, 소속학과, 휴대폰번호
FROM 학생
WHERE (학년 BETWEEN 1 AND 3) OR NOT(소속학과='컴퓨터') ;
```

이름	학년	소속학과	휴대폰번호
홍길동	1	통계	NULL
이승엽	3	정보통신	NULL
이영애	2	정보통신	010-4444-5555
홍길동	2	컴퓨터	010-8888-9999
이은진	1	경영	010-2222-3333

순서화 검색: ORDER BY절

검색 결과를 반환받을 때 행들을 원하는 순서로 정렬할 수 있다. ORDER BY절은 검색 결과를 정렬할 필요가 있을 때 선택적으로 사용한다.

순서화 검색과 관련된 SELECT 명령문의 형식은 다음과 같다.

```
SELECT  [DISTINCT|ALL] 열_리스트
FROM    테이블_리스트
[ORDER BY  {❶정렬_기준열 ❷[ASC|DESC][,]}⁺] ;
```

❶ ORDER BY 키워드 뒤에는 정렬 기준이 되는 열을 지정한다. ORDER BY절의 '정렬_기준열'에 정렬 기준이 되는 열을 여러 개 나열하면 앞에서부터 우선적으로 정렬된다. 첫 번째 정렬 기준 값이 같을 경우, 두 번째, 세 번째 순으로 추가 정렬된다.

❷ '정렬_기준열' 뒤에 정렬 순서로 ASC(오름차순) 또는 DESC(내림차순)를 지정한다. 오름차순은 숫자나 날짜를 작은 값에서 큰 값 순으로, 문자를 알파벳 순서나 사전 순서로 정렬한다. 내림차순은 오름차순의 반대이다. 널 값은 오름차순 정렬에서 가장 앞에 위치한다.

ORDER BY절의 정렬 기준으로 명세한 열은 SELECT절에도 명세해야 정렬 결과를 확인할 수 있다.

예제 5-6 '컴퓨터'학과나 '정보통신'학과의 학생의 이름과 학년, 소속학과 정보를 학년의 오름차순(학년이 낮은 학생부터 높은 학생 순서)으로 검색하시오.

```
SELECT 이름, 학년, 소속학과
FROM 학생
WHERE 소속학과='컴퓨터' OR 소속학과='정보통신'
ORDER BY 학년 ASC ;
```

이름	학년	소속학과
이영애	2	정보통신
홍길동	2	컴퓨터
이승엽	3	정보통신
김연아	4	컴퓨터
송윤아	4	컴퓨터

예제 5-7 전체 학생의 모든 정보를 검색하되 학년을 기준으로 먼저 1차 오름차순 정렬하고, 학년이 같은 경우에는 이름을 기준으로 2차 내림차순 정렬하여 검색하시오.

```
SELECT *
FROM 학생
ORDER BY 학년 ASC, 이름 DESC ;
```

학번	이름	주소	학년	나이	성별	휴대폰번호	소속학과
s002	홍길동	미정	1	26	남	NULL	통계
s007	이은진	경기 과천	1	23	여	010-2222-3333	경영
s006	홍길동	서울 종로	2	26	남	010-8888-9999	컴퓨터
s004	이영애	경기 분당	2	NULL	여	010-4444-5555	정보통신
s003	이승엽	NULL	3	30	남	NULL	정보통신
s005	송윤아	경기 분당	4	23	여	010-6666-7777	컴퓨터
s001	김연아	서울 서초	4	23	여	010-1111-2222	컴퓨터
NULL	NULL	NULL	NULL	NULL	NULL	NULL	NULL

Note 검색 결과 제한 LIMIT

간혹 무심코 질의한 검색 결과, 조건을 만족하는 행들이 수천, 수만 개일 경우 처리 시간이 오래 걸릴 수 있다. 조건을 만족하는 결과가 존재하는지 여부만을 알고 싶거나 그 중 일부만 검색하고자 하는 경우 LIMIT 키워드를 사용한다. LIMIT는 전체 데이터가 아닌 상단 데이터만 검색하도록 한다.

다음 예처럼 수강 테이블에서 중간성적을 내림차순으로 정렬해서 가장 높은 상위 3명의 데이터만 검색하도록 제한할 수 있다.

```
SELECT *
FROM 수강
ORDER BY 중간성적 DESC
LIMIT 3 ;           -- 처음 3개의 행만 반환
```

LIMIT 다음의 숫자는 첫 행부터 시작해서 반환하는 전체 검색 행의 개수를 의미한다.

또, 다음 예처럼 수강 테이블에서 중간성적을 내림차순으로 정렬해서 중간에 있는 상위 6, 7, 8 순위의 3명의 데이터만 검색하도록 제한할 수도 있다.

```
SELECT *
FROM 수강
ORDER BY 중간성적 DESC
LIMIT 5, 3 ;           -- 중간 3개의 행만 반환
```

이때, LIMIT 다음의 첫 번째 숫자는 전체 검색 결과 중 반환하는 첫 번째 행의 위치를 의미하는 오프셋 값, 그리고 두 번째 숫자는 반환하는 행들의 최대 개수를 의미한다.

집계 함수 검색: COUNT( ), MAX( ), MIN( ), SUM( ), AVG( )

전체 학생수는 몇 명인가? 혹은 4학년 학생의 평균 나이는 얼마인가? 와 같이 실제 테이블 저장 값이 아닌 행의 개수(count) 또는 특정 열의 값 평균(average)을 구하는 질의가 필요할 수 있다.

이를 위해 SQL은 집계 함수를 제공한다. **집계 함수**(aggregate function)는 각 열에 대한 기본 통계 결과를 반환하는 함수이다. 자주 사용하는 5가지 기본 집계 함수는 〈표 5-3〉과 같다.

〈표 5-3〉 SQL 기본 집계 함수

집계 함수	기능
COUNT(열_이름)	특정 열 값의 개수 또는 행의 개수
MAX(열_이름)	특정 열 값 중에서 최댓값
MIN(열_이름)	특정 열 값 중에서 최솟값
SUM(열_이름)	특정 열 값의 합계
AVG(열_이름)	특정 열 값의 평균

집계 함수는 그룹과 밀접한 관련성이 있으며 SELECT절이나 HAVING절에 사용한다. SUM( )과 AVG( )는 문자형이 아닌 숫자형 열에만 적용가능하다.

예제 5-8 전체 학생수를 검색하시오.

```
SELECT COUNT(*)
FROM 학생 ;
```

COUNT(*)
7

```
SELECT COUNT(학번)
FROM 학생 ;
```

COUNT(학번)
7

COUNT(*)는 테이블의 행 전체를 대상으로 행의 개수를 반환한다. 이때 중복 행도 개수에 포함한다. 반환 결과를 보면 적당한 열 이름이 필요하다. 집계 함수를 적용하면 계산을 통해 새로운 값이 생성되기 때문이다. 보통 AS 키워드를 이용하여 새로운 이름 즉, 별칭(alias)을 부여한다.

Note AS 별칭이름

SELECT절은 대부분 열 이름을 나열하지만 '나이+1'처럼 간단한 산술식이나 'AVG(나이)'처럼 집계 함수에 열 이름을 포함하기도 한다. 이 경우, 연산이나 집계 함수의 적용 결과로 테이블 내용이 아닌 새로운 값이 반환되므로 테이블 열 이름이 아닌 새로운 이름(별칭)이 필요하다. AS는 검색 결과 반환되는 열에 대한 별칭을 정의하는 키워드로 생략 가능하다.

다음은 별칭을 부여한 검색 예이다. COUNT( ) 집계 함수의 결과 값이 유형별로 조금씩 다름을 확인할 수 있다.

```
SELECT COUNT(*) AS 학생수1, COUNT(주소) AS 학생수2, COUNT(DISTINCT 주소) AS 학생수3
FROM 학생 ;
```

학생수1	학생수2	학생수3
7	6	5

COUNT(*)는 NULL과 중복 값을 포함한 모든 행의 개수를 반환한다. COUNT(주소)는 '주소' 열값으로 NULL을 갖지 않는 학생만 학생수에 포함한다. 또, COUNT(DISTINCT 주소)는 '주소' 열값으로 NULL을 갖지 않고 주소도 중복되지 않은 학생만을 학생수에 포함한다. 따라서 정확히 어떤 개수를 셀 것인지 주의하여 COUNT( ) 함수를 사용해야 한다. COUNT(*)를 제외한 다른 집계 함수들은 널 값을 무시하므로 NULL은 제외하고 계산한다.

예제 5-9 '여'학생의 평균 나이를 검색하시오.

```
SELECT AVG(나이) '여학생 평균나이'
FROM 학생
WHERE 성별='여' ;
```

여학생 평균나이
23.0000

'나이' 열값이 NULL인 여학생 1명을 제외한 여학생의 평균 나이를 반환한다. 집계 함수의 결과 값에 대해 새로운 별칭을 부여할 때 AS 키워드는 생략가능하다. '여학생 평균나이'처럼 별칭이 공백이나 특수 문자를 포함하는 경우, 작은따옴표(' ')로 별칭을 둘러싼다.

그룹화 검색: GROUP BY절

테이블의 개별 행이 아닌 행 그룹에 대한 검색을 위해서는 GROUP BY절이 필요하다. GROUP BY절은 특정 열의 값이 같은 행들끼리 그룹을 만든다. GROUP BY절을 사용하면 SELECT절은 개별 행이 아닌 그룹별로 검색 결과를 반환한다. 즉, 각 그룹에 대한 결과를 반환한다.

그룹 검색과 관련된 SELECT 명령문의 형식은 다음과 같다.

```
SELECT  [DISTINCT|ALL] 열_리스트❷
FROM    테이블_리스트
[GROUP BY 그룹_기준열_리스트]❶
[HAVING 그룹_조건식] ;❸
```

❶ GROUP BY 키워드 뒤에는 그룹을 분류하는 기준이 되는 열을 지정한다. FROM절에 명세된 테이블을 GROUP BY절에 명세된 '그룹_기준열'의 값에 따라 여러 그룹으로 분할한다.

❷ GROUP BY절에서 그룹화 기준으로 명세한 '그룹_기준열'은 SELECT절에도 명세해야 그룹별 결과의 의미를 구별할 수 있다.

❸ HAVING절의 '그룹_조건식'은 그룹에 대한 제한 조건을 명세함으로써 질의 결과로 나타나는 그룹을 제한하는 역할을 한다.

Tip GROUP BY절과 SELECT절의 관계

보통 GROUP BY절의 '그룹_기준열_리스트'에 속한 열이나 집계 함수에 사용되는 열 그리고, 각 그룹마다 같은 값을 갖는 열 이외에는 SELECT절에 사용할 수 없다. 그룹화 검색을 할 때 SELECT절은 개별 행이 아닌 행들의 그룹에 관한 각 그룹별 정보를 검색 대상으로 하기 때문이다.
GROUP BY절에 명세한 열 이름을 반드시 SELECT절에 명세할 필요는 없지만 검색 결과의 의미 파악을 위해서 대부분 명세한다.

예제 5-10 전체 학생의 성별 최고 나이와 최저 나이를 검색하시오.

```
SELECT 성별, MAX(나이) AS '최고 나이', MIN(나이) AS '최저 나이'
FROM 학생
GROUP BY 성별 ;
```

성별	최고 나이	최저 나이
남	30	26
여	23	23

학생 테이블의 모든 행을 '성별' 열의 값에 따라 '남'과 '여' 2개의 그룹으로 분할하고 각 그룹별로 SELECT절을 실행한다. MAX(나이), MIN(나이) 집계 함수는 2개의 그룹별로 각각 최대값, 최소값을 반환한다.

Note GROUP BY절과 집계 함수

집계 함수는 항상 그룹을 대상으로 적용된다. GROUP BY절은 개별 행에 대한 내용이 아닌 그룹에 대한 내용을 검색 결과로 반환한다. 따라서, 자연스럽게 GROUP BY절은 그룹별 통계 값을 반환하는 집계 함수와 연관성이 높다.
GROUP BY절 없이 집계 함수를 사용하는 [예제 5-8], [예제 5-9]는 테이블 전체 또는 일부를 하나의 그룹으로 간주하는 것으로 이해할 수 있다.
WHERE절이 있는 경우, GROUP BY절의 적용 대상은 테이블 전체 행이 아닌 WHERE절의 조건식을 만족하는 행들만을 대상으로 그룹화되는 점에 유의하자.

다음은 일부 행을 대상으로 그룹화 검색을 적용한 예이다.

예제 5-11 20대 학생만을 대상으로 나이별 학생수를 검색하시오.

```
SELECT 나이, COUNT(*) AS '나이별 학생수'
FROM 학생
WHERE 나이>=20 and 나이<30
GROUP BY 나이 ;
```

나이	나이별 학생수
23	3
26	2

그룹 조건 검색: HAVING절

HAVING절은 그룹이 만족해야 하는 제한 조건을 명세한다. HAVING절을 사용하면 GROUP BY절을 통해 생성된 그룹 중에서도 특정 조건을 만족하는 그룹만으로 검색을 제한한다. WHERE절이 행에 대한 '검색_조건식'을 명세한다면 HAVING절은 행 그룹에 대한 '그룹_조건식'을 명세한다.

예제 5-12 각 학년별로 2명 이상의 학생을 갖는 학년에 대해서만 학년별 학생수를 검색하시오.

```
SELECT 학년, COUNT(*) AS '학년별 학생수'
FROM 학생
GROUP BY 학년
HAVING COUNT(*)>=2;
```

학년	학년별 학생수
1	2
2	2
4	2

4개의 학년 그룹 중에서 학생수가 1명인 3학년을 제외한 나머지 학년의 학생수를 반환한다.

LIKE 문자 연산자 검색: '_', '%' 와일드카드

'=' 연산자는 비교하는 문자열 값 전체가 완전 일치해야 '참'을 반환하고 검색 결과에 포함한다. 검색 문자열 값을 정확히 모르거나 일부만 알고 있는 경우, LIKE 키워드를 사용한다. LIKE 키워드는 부분 문자열(substring) 포함 여부를 검색하기 위해 WHERE절 '검색_조건식'에 사용되는 비교 연산자이다. 숫자 값을 갖는 열에 대해서는 적용할 수 없다.

LIKE 키워드를 사용하여 부분 문자열 패턴을 명세할 때 〈표 5-4〉의 2가지 와일드카드가 필요하다.

〈표 5-4〉 LIKE 와일드카드 기호

기호	기능
_	문자열 중 특정 위치에 1개의 모든 문자를 허용
%	문자열 중 임의 위치에 0개 이상의 모든 문자(열)를 허용

'_'은 문자열 중 특정 위치의 임의의 한 문자를 대체한다. '%'는 문자열 중 빈 문자를 포함한 임의의 복수 문자를 대체한다. 0개 이상의 어떤 문자열도 대체 처리한다. '_'와 '%' 기호는 서로 조합하여 사용이 가능하다. 〈표 5-5〉는 여러 조합의 예를 보여준다.

〈표 5-5〉 LIKE 와일드카드의 적용 예

적용 예	검색 일치	검색 불일치
LIKE '_ook'	book, look	good, books, ook
LIKE '9_7_5'	98765, 91715, 9a7b5	975, 98754
LIKE '%k'	book, milk, ok, k,	books
LIKE 'b%k'	book, bblack, bk	kbkbk, bbooks

예제 5-13 '이'씨 성을 가진 학생들의 학번과 학생 이름을 검색하시오.

```
SELECT 학번, 이름
FROM 학생
WHERE 이름 LIKE '이__' ;
```

학번	이름
s003	이승엽
s004	이영애
s007	이은진

예제 5-14 주소지가 '서울'인 학생의 이름, 주소, 학년을 학년 순(내림차순)으로 검색하시오.

```
SELECT 이름, 주소, 학년
FROM 학생
WHERE 주소 LIKE '%서울%'
ORDER BY 학년 DESC ;
```

이름	주소	학년
김연아	서울 서초	4
홍길동	서울 종로	2

문자열 조건식에 비교 연산자 '='를 사용할 경우, 해당 열의 전체 문자열 값과 정확히 일치하는 경우만 검색한다. 문자열의 일부만 알 경우 검색 결과를 얻기가 어렵다. 보통 문자열을 검색 대상으로 조건식을 명세할 때는 LIKE 연산자를 많이 사용한다.

널 값 검색: IS NULL, IS NOT NULL

열값으로 NULL을 갖고 있는 행을 검색할 경우 '=' 비교 연산자를 사용할 수 없다. '열_이름=NULL' 조건식은 허용되지 않는다. 대신 열의 값이 널 값인지를 비교하려면 IS NULL 키워드를 사용한다. 널 값이 아닌지를 비교하려면 IS NOT NULL 키워드를 사용한다.

예제 5-15 휴대폰번호가 등록되지 않은(널 값을 갖는) 학생의 이름과 휴대폰번호를 검색하시오.

```
SELECT 이름, 휴대폰번호
FROM 학생
WHERE 휴대폰번호 IS NULL ;
```

이름	휴대폰번호
홍길동	NULL
이승엽	NULL

Note 널(NULL) 값 검색

■ NULL 비교 검색

NULL은 아직 지정되지 않은 값을 의미한다. 특정 열 값의 입력이 생략될 경우 대신 입력된다.

NULL은 '0', ' '(공백 문자), ''(빈 문자) 등과 다른 특별한 값으로 =, >, <= 등과 같은 비교 연산자로는 비교가 불가능하다. 널 값을 찾을 때는 '=' 대신 'IS NULL'을 사용하고 널이 아닌 값을 찾을 때는 <> 대신 'IS NOT NULL'을 사용한다.

■ NULL 연산

NULL을 집계 함수에 사용할 때 다음에 유의한다

- NULL이 포함된 산술식 연산의 결과는 항상 NULL이다.
- NULL이 포함된 행은 대부분의 집계 함수 결과에서 제외된다.
- '100 <> NULL'처럼 널 값을 일반 비교연산자로 비교하면 결과는 항상 거짓(false)이다.

집합 연산자를 이용한 검색: UNION

서로 다른 SQL 검색문의 결과 집합이 의미적으로 또 형식적으로 일치할 경우 관계 대수의 집합 연산자를 적용한다. UNION(합집합) 연산자는 여러 SELECT 명령문의 검색 결과를 결합한다. 결과 테이블에서 자동으로 중복 행을 제거한 나머지 행들을 반환한다. MySQL에서는 다른 INTERSECT(교집합), EXCEPT 또는 MINUS(차집합) 연산자 등은 지원하지 않는다.

예제 5-16 '여'학생이거나 'A'학점을 받은 학생의 학번을 검색하시오.

```
SELECT 학번
FROM 학생
WHERE 성별 = '여'
UNION
SELECT 학번
FROM 수강
WHERE 평가학점='A' ;
```

학번
s001
s004
s005
s007

서브 질의문을 이용한 검색

SELECT 검색문 안에 또 다른 SELECT 검색문을 포함할 수 있다. **서브 질의문**(subquery)은 질의문 안에 중첩(nested)되어 포함된 또 다른 SELECT 검색문을 말한다. 여러 번 반복해서 서브 질의문이 중첩되어 포함될 수 있다.

서브 질의문은 괄호로 둘러싼다. 실행은 괄호 안의 가장 안쪽 서브 질의문부터 먼저 수행되고 가장 바깥쪽 주 질의문이 가장 나중에 수행된다. 보통 WHERE절의 검색 조건 값을 미리 알지 못하거나 실시간으로 조건식을 완성해야 하는 경우 유용하다.

▪ IN 연산자

다음은 IN 연산자를 적용한 예이다.

예제 5-17a 과목번호가 'c002'인 과목을 수강한 학생의 이름을 검색하시오.

```
SELECT 이름
FROM 학생
WHERE 학번 IN ('s001','s003','s004') ;
```

이름
김연아
이승엽
이영애

IN은 괄호 안에 나열된 값들 중에서 하나라도 일치하는 경우 참(true)을 반환하는 연산자이다. 이를 위해서는 과목번호 'c002'를 수강한 3명의 학번을 미리 알고 있어야 한다. 그러나 특정 과목 수강 학생의 학번을 미리 알기는 현실적으로 어렵다.

3명의 학번을 알지 못할 경우, 과목번호 'c002'를 수강한 학생의 학번을 검색하는 서브 질의문을 IN 연산자 뒤에 작성하면 된다. NOT IN은 나열된 값들 중 어떤 값도 일치하지 않을 경우 참값을 반환한다. IN 연산자는 여러 값들과의 반복 비교를 위해 '=' 기호를 나열할 필요 없이 한꺼번에 표현하도록 한다.

▪ 서브 질의문

다음은 서브 질의문을 적용한 예이다.

예제 5-17b 과목번호가 'c002'인 과목을 수강한 학생의 이름을 검색하시오.

```
SELECT 이름
FROM 학생
WHERE 학번 IN ( SELECT 학번
                FROM 수강
                WHERE 과목번호='c002' ) ;
```

이름
김연아
이승엽
이영애

과목 번호 'c002'를 알지 못하는 경우, 'c002' 값을 명세하는 위치에 과목 테이블에서 과목 이름을 통해 과목 번호를 반환하는 서브 질의문을 안쪽에 중첩하여 포함시킬 수 있다. 가장 안쪽의 SELECT 서브 질의문부터 시작하여 가장 바깥쪽 SELECT 주 질의문까지 순차적으로 실행한다. 안쪽에 위치한 서브 질의문을 **내부 질의**(inner query)라고 한다. 바깥쪽 주 질의문은 **외부 질의**(outer query) 또는 주 질의(main query)라고 한다.

■ 중첩 서브 질의문

다음은 중첩 서브 질의문을 적용한 예이다.

예제 5-17c '정보보호' 과목을 수강한 학생의 이름을 검색하시오.

```
SELECT 이름
FROM 학생
WHERE 학번 IN ( SELECT 학번
                FROM 수강
                WHERE 과목번호 = ( SELECT 과목번호
                                  FROM 과목
                                  WHERE 이름='정보보호' ) );
```

이름
김연아
이승엽
이영애

먼저, 과목 테이블에서 '정보보호' 과목의 과목 번호 'c002'를 획득한 뒤, 수강 테이블에서 과목번호가 'c002'인 과목을 수강한 학생들의 학번 's001', 's003', 's004'를 얻고 마지막으로 해당 학번을 갖는 학생들의 이름을 학생 테이블에서 검색한다.

가장 안쪽의 서브 질의문은 단일 값을 반환하므로 '=' 비교 연산자를, 그 다음 서브 질의문은 다중 값을 반환하므로 IN 연산자를 사용한다.

■ EXISTS 연산자

EXISTS는 서브 질의문의 실행 결과로 반환되는 행이 존재하는지 존재 유무를 확인하는 연산자이다. 다른 연산자와는 다르게 왼쪽에 상수 값이나 열 이름을 명세하지 않는다. 괄호 안의 서브 질의문을 먼저 실행한 뒤 그 결과가 공집합이면 거짓(false), 공집합이 아니면 참(true)을 반환한다.

예제 5-17d 과목번호가 'c002'인 과목을 수강한 학생의 이름을 검색하시오.

```
SELECT 이름
FROM 학생
WHERE EXISTS ( SELECT *
               FROM 수강
               WHERE 수강.학번=학생.학번 AND 과목번호='c002' ) ;
```

이름
김연아
이승엽
이영애

[예제 5-17d]에서 질의문은 바깥쪽 외부 질의의 학생 테이블 각 행에 대하여 안쪽 내부 질의를 실행한 뒤 EXISTS 연산자 충족 여부를 확인하는 과정을 반복한다. 즉, 질의문에서 내부 질의는 외부 질의를 만족하는 행마다 반복해서 수행되므로 외부 질의가 반환하는 행의 개수만큼 여러 번 수행된다.

Note 상호연관(상관) 질의문

[예제 5-17d]는 안쪽 부 질의문의 WHERE절 조건식에 바깥 주 질의문의 '학생' 테이블이 사용되어 바깥 질의와 안쪽 질의가 서로 연관되어 실행된다. 이처럼 중첩 질의문 중에서 내부 질의의 WHERE절 '검색_조건식'이 외부 질의에 선언된 테이블의 일부 열을 참조하는 질의를 **상호연관 질의문**(correlated query) 또는 상관 질의문이라고 한다.
상관 질의문은 조인에 비해 처리 속도가 느리고 이해하기도 어렵다. 대부분 조인으로 변환가능하므로 가능하면 조인으로 작성하는 것이 바람직하다.

서브 질의문은 값 하나만을 반환하는 단일값 서브 질의문과 값 여러 개를 반환하는 다중값 서브 질의문으로 분류된다. 반환되는 서브 질의문의 실행 결과에 따라 비교하는 연산자도 제한된다. 〈표 5-6〉은 서브 질의문이 반환하는 값을 비교할 때 사용 가능한 연산자를 보여준다.

〈표 5-6〉 서브 질의문 반환값 비교 연산자

비교 연산자	기능
=, <>, >=, <=, >, <	서브 질의문 결과가 하나이고 비교 결과가 참이면 검색 조건 만족
= ALL	서브 질의문 결과 중 전부의 비교 결과가 참이면 검색 조건 만족
= ANY 혹은 = SOME	서브 질의문 결과 중 하나라도 비교 결과가 참이면 검색 조건 만족
IN	서브 질의문 결과 중 하나라도 일치하면 검색 조건 만족
NOT IN	서브 질의문 결과 중 전부가 일치하지 않으면 검색 조건 만족
EXISTS	서브 질의문 결과가 하나라도 존재하면 검색 조건 만족
NOT EXISTS	서브 질의문 결과가 하나도 존재하지 않으면 검색 조건 만족

ALL, ANY, SOME 키워드 앞에는 '='뿐만 아니라 '<>', '>=', '<=', '>', '<' 등의 다양한 비교 연산자를 결합하여 사용할 수 있다. IN은 '= ANY'와 같은 의미이고 NOT IN은 '<> ALL'과 의미가 같다.

예제 5-17e 학생 중에서 한 과목도 수강하지 않은 학생의 이름을 검색하시오.

```
SELECT 이름
FROM 학생
WHERE NOT EXISTS ( SELECT *
                   FROM 수강
                   WHERE 수강.학번=학생.학번 ) ;
```

이름
송윤아
홍길동
이은진

Note 서브 질의문

■ 서브 질의문의 종류

서브 질의문(subquery)은 보통 WHERE절에 사용되지만 다른 절에도 사용 가능하다. 내장되는 SELECT 문의 위치에 따라 3가지로 분류한다.

- **스칼라 서브 질의문**

  주로 SELECT절 안에 포함되므로 'SELECT 서브 질의문'이라고 한다. 실행 결과로 반드시 단일값을 반환한다. 드물게 UPDATE SET 절에서도 내장될 수 있다.

- **인라인 뷰**

  주로 FROM절 안에 포함되므로 'FROM 서브 질의문'이라고 한다. 실제 뷰는 아니지만 FROM 절의 테이블을 대신해서 일시적으로 뷰와 같은 역할을 한다.

- **중첩 질의문**
  WHERE절 안에 포함되므로 'WHERE 서브 질의문'이라고 한다. 일반적으로 서브 질의문하면 중첩 질의문을 말한다. 검색 조건을 위한 술어(predicate)를 사용하므로 '술어 부질의문'이라고도 한다.

■ 서브 질의문의 활용

WHERE절의 '검색_조건식'에 사용할 값을 모르거나 다른 테이블의 값을 참조해야하는 경우 상수 값 대신 그 위치에 서브 질의문을 작성한다. 여러 테이블을 참조해야만 검색 가능한 결과를 위해서도 서브 질의문을 사용할 수 있다. 사람의 사고 과정과 유사한 절차적 질의 작성이 가능하다는 점이 장점이다. 대부분 조인 질의문을 사용해서도 같은 결과를 가져올 수 있다.

조인 검색: JOIN

검색을 위해 참조해야할 테이블이 여러 개일 경우 조인 조건을 사용하여 검색문을 작성한다. 조인 검색은 둘 이상의 테이블로부터 연관된 행들의 결합을 통해서 검색 결과를 생성한다.

조인 검색과 관련된 SELECT 명령문의 형식은 다음과 같다.

```
[조인 명세 방법1]❶
SELECT 열_리스트
FROM   조인테이블_리스트
WHERE  ❸<조인_조건식> AND <검색_조건식>

[조인 명세 방법2]❷
SELECT 열_리스트
FROM   테이블이름1 { [INNER] JOIN 테이블이름2 ON ❸<조인_조건식> }+
WHERE  <검색_조건식>
```

조인 검색문은 관계 대수의 조인 연산을 SQL 문장으로 표현한 것으로 2가지 명세 방법이 가능하다.

❶ 첫 번째 방법은 FROM절에 조인 대상 테이블 이름들을, WHERE절에는 '조인_조건식'을 명세한다. 관계 대수의 조인 연산을 사용하는 조인 검색을 위해서는 WHERE절 안에 '조인_조건식'을 명세해야 한다.

❷ 두 번째 방법은 FROM절에 조인 테이블과 '조인_조건식'을 함께 명세한다. 조인 조건과 검색 조건이 WHERE절에 섞여있는 첫 번째 방법에 비해 두 조건을 명확히 분리하기 때문에 모호하지 않고 이해하기 쉽다.

❸ '조인_조건식'은 조인 대상이 되는 관련 테이블 사이의 기본키와 외래키를 조인 속성으로 명세한 조건식이다. FROM절에 세 개의 테이블이 나열되었다면 반드시 두 개의 '조인_조건식'을 명세해야 한다. 즉, FROM절에 명세한 조인 대상 테이블이 n개이면 n–1개의 '조인_조건식'이 필요하다.

■ 크로스 조인

다음 두 개의 질의문을 실행해 보자.

'학생'과 '수강' 두 테이블 행들 사이의 모든 조합을 행으로 갖는 하나의 통합 테이블을 만들어낸다. '조인_조건식' 없이 이루어진 이러한 조인을 **크로스 조인**(cross join)이라고 한다. 관계 대수의 카티션 프로덕트 연산을 적용한 결과(두 테이블을 곱한 결과)를 반환하지만 대부분의 행이 의미 없는 기계적인 결합일 뿐이다.

```
SELECT *
FROM 학생, 수강 ;
```

```
SELECT *
FROM 학생 CROSS JOIN 수강 ;
```

학번	이름	주소	학년	나이	성별	휴대폰번호	소속학과	학번	과목번호	신청날짜	중간성적	기말성적	평가학점
s001	김연아	서울 서초	4	23	여	010-1111-2222	컴퓨터	s001	c002	2019-09-03	93	98	A
s002	홍길동	미정	1	26	남	NULL	통계	s001	c002	2019-09-03	93	98	A
s003	이승엽	NULL	3	30	남	NULL	정보통신	s001	c002	2019-09-03	93	98	A
s004	이영애	경기 분당	2	NULL	여	010-4444-5555	정보통신	s001	c002	2019-09-03	93	98	A
s005	송윤아	경기 분당	4	23	여	010-6666-7777	컴퓨터	s001	c002	2019-09-03	93	98	A
s006	홍길동	서울 종로	2	26	남	010-8888-9999	컴퓨터	s001	c002	2019-09-03	93	98	A
s007	이은진	경기 과천	1	23	여	010-2222-3333	경영	s001	c002	2019-09-03	93	98	A
s001	김연아	서울 서초	4	23	여	010-1111-2222	컴퓨터	s001	c004	2019-03-05	82	89	B
s002	홍길동	미정	1	26	남	NULL	통계	s001	c004	2019-03-05	82	89	B
s003	이승엽	NULL	3	30	남	NULL	정보통신	s001	c004	2019-03-05	82	89	B
s004	이영애	경기 분당	2	NULL	여	010-4444-5555	정보통신	s001	c004	2019-03-05	82	89	B
s005	송윤아	경기 분당	4	23	여	010-6666-7777	컴퓨터	s001	c004	2019-03-05	82	89	B
s006	홍길동	서울 종로	2	26	남	010-8888-9999	컴퓨터	s001	c004	2019-03-05	82	89	B
s007	[illegible]	경기 과천	1	[illegible]	여	010-[illegible]	경영	[illegible]	c004	[illegible]	82	[illegible]	[illegible]
· · · · · ·													
[illegible]	이영애	[illegible]	2	NULL	[illegible]	010-4444-5555	[illegible]	s004	c005	2019-03-03	72	78	C
s005	송윤아	경기 분당	4	23	여	010-6666-7777	컴퓨터	s004	c005	2019-03-03	72	78	C
s006	홍길동	서울 종로	2	26	남	010-8888-9999	컴퓨터	s004	c005	2019-03-03	72	78	C
s007	이은진	경기 과천	1	23	여	010-2222-3333	경영	s004	c005	2019-03-03	72	78	C

63개의 기계적 행 조합이 만들어지므로 일부를 생략하여 표시하였다.

■ 동등 조인

이번에는 다음 질의문을 실행해 보자. '조인_조건식'에 '=' 연산자를 사용하는 동등 조건에 의한 조인을 **동등 조인**(equi join)이라 한다. 두 테이블의 학번이 같은 행 조합만 반환함으로써 '학생'과 '수강' 두 테이블 행들 사이의 의미 있는 조합만을 검색한다. 앞에서 살펴본 크로스 조인의 결과 테이블 중에서 의미 없는 조합을 제외함으로써 관계 대수의 동등 조인 연산을 적용한 결과를 반환한다.

예제 5-18 전체 학생의 기본 정보와 모든 수강 정보를 검색하시오.

```
SELECT *
FROM 학생, 수강
WHERE 학생.학번=수강.학번 ;
```

```
SELECT *
FROM 학생 JOIN 수강 ON 학생.학번=수강.학번 ;
```

[예제 5-18]에서 WHERE절의 '학생.학번=수강.학번'은 조인 조건을 표현하는 '조인_조건식'이다. FROM절의 '학생'과 '수강' 두 테이블 행들 사이의 의미 있는 조합만을 만드는 역할을 한다.

학번	이름	주소	학년	나이	성별	휴대폰번호	소속학과	학번	과목번호	신청날짜	중간성적	기말성적	평가학점
s001	김연아	서울 서초	4	23	여	010-1111-2222	컴퓨터	s001	c002	2019-09-03	93	98	A
s001	김연아	서울 서초	4	23	여	010-1111-2222	컴퓨터	s001	c004	2019-03-05	82	89	B
s001	김연아	서울 서초	4	23	여	010-1111-2222	컴퓨터	s001	c005	2020-09-03	74	79	C
s002	홍길동	미정	1	26	남	NULL	통계	s002	c001	2018-03-10	31	50	F
s003	이승엽	NULL	3	30	남	NULL	정보통신	s003	c001	2019-03-03	81	82	B
s003	이승엽	NULL	3	30	남	NULL	정보통신	s003	c002	2017-09-06	85	82	B
s004	이영애	경기 분당	2	NULL	여	010-4444-5555	정보통신	s004	c002	2018-03-05	92	95	A
s004	이영애	경기 분당	2	NULL	여	010-4444-5555	정보통신	s004	c003	2020-09-03	91	94	A
s004	이영애	경기 분당	2	NULL	여	010-4444-5555	정보통신	s004	c005	2019-03-03	72	78	C

Tip '테이블_이름.열_이름' 표기

둘 이상의 테이블을 조인하여 질의문을 작성하는 경우도 '테이블_이름'과 '열_이름'을 '.' 기호로 연결하여 모호성 문제가 발생하지 않도록 한다. 하나의 질의문 안에서 여러 테이블을 사용하는 경우, '학번' 열처럼 같은 이름의 열이 여러 테이블에 존재한다면 문제가 될 수 있다.

'WHERE 학번 = 학번'처럼 어느 테이블의 열인지 특정할 수 없는 형태로 작성할 수는 없다. 열을 구별하기 위하여 '열_이름' 앞에 '테이블_이름'을 추가해야 한다. '테이블_이름'과 '열_이름'은 '.' 기호로 연결한다. '학생.학번'은 학생 테이블의 학번 열을 의미한다.

다음 예는 2개의 테이블을 조인 검색하는 예이다.

예제 5-19 학생 중에서 과목번호가 'c002'인 과목을 수강한 학생의 학번과 이름, 과목번호 그리고 변환중간성적(학생별 중간 성적의 10% 가산점수)을 검색하시오.

```
SELECT 학생.학번, 이름, 과목번호, 중간성적+(중간성적*0.1) AS 변환중간성적
FROM 학생, 수강
WHERE 학생.학번=수강.학번 AND 과목번호='c002' ;
```

```
SELECT 학생.학번, 이름, 과목번호, 중간성적+(중간성적*0.1) AS 변환중간성적
FROM 학생 JOIN 수강 ON 학생.학번=수강.학번
WHERE 과목번호='c002' ;
```

학번	이름	과목번호	변환중간성적
s001	김연아	c002	102.3
s003	이승엽	c002	93.5
s004	이영애	c002	101.2

다음 예는 3개의 테이블을 조인 검색하는 예이다.

예제 5-20 학생 중에서 '정보보호' 과목을 수강한 학생의 학번과 이름, 과목번호를 검색하시오.

```
SELECT 학생.학번, 학생.이름, 수강.과목번호
FROM 학생, 수강, 과목
WHERE 학생.학번=수강.학번 AND 수강.과목번호=과목.과목번호 AND 과목.이름='정보보호' ;
```

```
SELECT 학생.학번, 학생.이름, 수강.과목번호
FROM ( 학생 JOIN 수강 ON 학생.학번=수강.학번 ) JOIN 과목 ON 수강.과목번호=과목.과목번호
WHERE 과목.이름='정보보호' ;
```

학번	이름	과목번호
s001	김연아	c002
s003	이승엽	c002
s004	이영애	c002

[예제 5-21]에서 FROM절에 조인 대상이 되는 '학생(Student)' 테이블을 S, '수강(Enroll)' 테이블을 E 별칭으로 선언한다. 별칭을 선언하는 AS 키워드는 생략가능하다. 별칭을 선언한 후, '학생' 테이블 이름 대신에 S를, '수강' 테이블 이름 대신에 E를 사용할 수 있다. 선언된 별칭은 선언된 질의문 안에서만 유효하므로 질의문이 실행되고 나면 의미가 없어진다.

예제 5-21 학생 중에서 과목번호가 'c002'인 과목을 수강한 학생의 이름, 과목번호를 검색하시오.

```
SELECT 이름, 과목번호
FROM 학생 AS S, 수강 E
WHERE S.학번=E.학번 AND 과목번호='c002' ;
```

이름	과목번호
김연아	c002
이승엽	c002
이영애	c002

Tip 테이블 별칭 사용

'테이블_이름.열_이름' 형태로 열을 표기할 때 '테이블_이름'이 길어 불편하거나 반복 사용된다면 별칭(alias)을 사용할 수 있다. FROM절에서 '테이블_이름' 뒤에 간단한 테이블 별칭을 선언하면 된다. 테이블 별칭은 '테이블_이름'을 읽기 쉽게 변경하거나 짧은 이름으로 변경하도록 한다.

■ 셀프 조인

특정 테이블에 속하는 행들을 같은 테이블에 속하는 행들과 조인하는 것을 **셀프 조인**(self join)이라고 한다. 하나의 테이블은 테이블 별칭을 다르게 지정함으로써 셀프 조인이 가능하다. 같은 테이블 안의 행들도 역할이나 의미를 다르게 부여할 경우, 마치 복제된 두 테이블이 존재하는 것처럼 조인이 가능하다.

예제 5-22 주소가 같은 학생들의 이름을 쌍으로 검색하시오. 이때, 검색되는 첫 번째 학생이 두 번째 학생보다 학년이 높도록 하시오.

```
SELECT S1.이름, S2.이름
FROM 학생 S1 JOIN 학생 S2 ON S1.주소=S2.주소
WHERE  S1.학년 > S2.학년 ;
```

이름	이름
송윤아	이영애

■ 외부 조인

일반적인 조인 즉, **내부 조인**(inner join)을 하게 되면 조인 조건을 만족하는 행들만 결과에 포함된다. 때로는 조인 대상 테이블의 모든 행들이 결과에 포함되기를 원하는 경우도 있다.

이때는 **외부 조인**(outer join)을 사용하면 된다.

만약, FROM절의 JOIN 키워드 왼쪽 테이블의 모든 행이 조인 결과에 포함되기를 원하면 LEFT OUTER JOIN 키워드를 사용한다. 또, 오른쪽 테이블의 모든 행이 조인 결과에 포함되기를 원할 경우 RIGHT OUTER JOIN을 사용하면 된다.

예제 5-23 과목을 수강하지 않은 학생을 포함하여 모든 학생의 학번, 이름과 학생이 수강한 교과의 평가학점을 검색하시오.

```
SELECT 학생.학번, 이름, 평가학점
FROM 학생 LEFT OUTER JOIN 수강 ON 학생.학번=수강.학번
```

학번	이름	평가학점
s001	김연아	A
s001	김연아	B
s001	김연아	C
s002	홍길동	F
s003	이승엽	B
s003	이승엽	B
s004	이영애	A
s004	이영애	A
s004	이영애	C
s005	송윤아	NULL
s006	홍길동	NULL
s007	이은진	NULL

내부 조인을 수행했다면 결과에 포함되지 않을 3명의 학생을 포함하여 왼쪽 학생 테이블의 모든 행이 검색 결과로 반환된다. 과목을 수강하지 않은 학생의 경우, 평가 학점은 NULL을 갖는다.

Note 외부 조인

■ 외부 조인(OUTER JOIN)의 종류

조인 결과에 포함되기를 원하는 릴레이션의 위치와 대상에 따라 3가지로 분류한다.

- LEFT OUTER JOIN
  조인 연산자의 왼쪽 테이블의 모든 행들이 빠짐없이 조인 최종 결과에 포함
- RIGHT OUTER JOIN
  조인 연산자의 오른쪽 테이블의 모든 행들이 빠짐없이 조인 최종 결과에 포함
- FULL OUTER JOIN
  조인 연산자의 왼쪽과 오른쪽 테이블의 모든 행들이 빠짐없이 조인 최종 결과에 포함

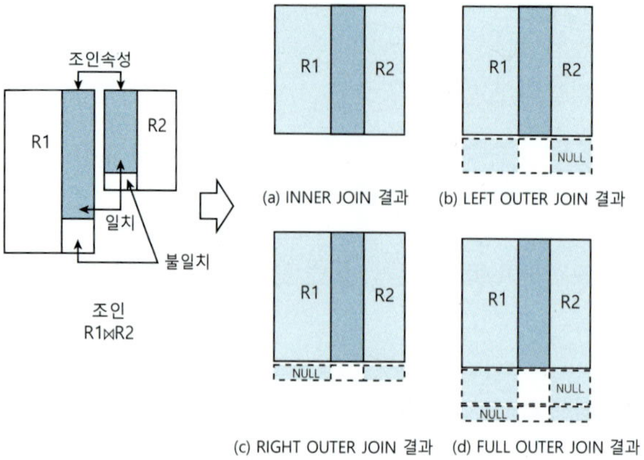

3.2 행 삽입 INSERT문

테이블 안에 행을 삽입하기 위해서는 INSERT문을 사용한다. INSERT문은 기본적으로 한 번에 행 하나씩을 입력한다.

■ INSERT문의 형식

INSERT 명령문의 형식은 다음과 같다.

```
INSERT INTO 테이블_이름 [(열_리스트)]❶
VALUES (열_값_리스트) ;
```

❶ [ ]로 표시한 부분은 생략 가능하다. '열_리스트'를 생략하면 CREATE TABLE 명령문을 작성할 때의 열 순서대로 '열_값_리스트'를 작성한다.

Tip 복제 테이블 생성

입력, 수정, 삭제 실습을 위해서 앞에서 사용했던 예제(학생, 과목, 수강) 테이블의 복사본(학생1, 과목1, 수강1) 테이블을 추가로 생성하자.
다음과 같은 'CREATE TABLE .. AS ..' 명령문을 사용한다.

```
CREATE TABLE 학생1 AS ( SELECT * FROM 학생 ) ;
CREATE TABLE 과목1 AS ( SELECT * FROM 과목 ) ;
CREATE TABLE 수강1 AS ( SELECT * FROM 수강 ) ;
```

기존 테이블의 내용과 구조를 복사하여 새로운 테이블을 생성하는 'CREATE TABLE .. AS ..' 명령문의 형식은 다음과 같다.

```
CREATE TABLE 새로운_테이블명 AS (SELECT * FROM 기존_테이블명) ;
```

'새로운_테이블'에 데이터는 복제되지만 키나 제약 조건 등은 복제되지 않으므로 주의한다.

행 기본 입력

예를 들어 [예제 5-24]와 같은 질의 요청에 대해서는 아래와 같은 명령문을 작성하면 된다.

예제 5-24 '학생1' 테이블에 학번 'g001', 이름 '김연아2', 주소 '서울 서초', 학년 4, 나이 23, 성별 '여', 휴대폰번호 '010-1111-2222', 소속학과 '컴퓨터'인 학생 정보를 삽입하시오.

```
INSERT INTO 학생1
VALUES ('g001', '김연아2', '서울 서초', 4, 23, '여', '010-1111-2222', '컴퓨터') ;
```

열값이 문자이면 작은따옴표(' ')로 둘러싸고, 숫자이면 작은따옴표 없이 값을 나열한다. 위 예처럼 생성된 테이블의 열 순서에 맞추어 순차적으로 모든 열값들을 입력하는 경우에는 테이블 이름 뒤에 '열_리스트'를 생략할 수 있다.

기본 값 혹은 널 값 입력

입력하려는 행이 특정 열값으로 널 값을 포함하는 경우, 널 값을 입력하려면 해당 열 순서에 NULL을 명세하거나 값을 생략한다. 값을 생략할 경우, NULL을 허용하도록 설정된 열이더라도 기본 값이 설정되어 있다면 기본 값이 저장된다. 기본 값을 입력할 경우도 해당 열 순서에 DEFAULT를 명세하거나 값을 생략하면 된다.

예제 5-25 학번 'g002', 이름 '홍길동2', 주소 '미정', 학년 1, 나이 26, 성별 '남', 휴대폰번호 'NULL', 소속학과 '통계'인 학생 정보를 삽입하시오.

```
INSERT INTO 학생1(이름, 주소, 학년, 나이, 성별, 휴대폰번호, 소속학과, 학번)
VALUES ('홍길동2', DEFAULT, 1, 26, '남', NULL , '통계', 'g002') ;
```

다음과 같이 입력해도 실행 결과는 같다.

```
INSERT INTO 학생1(이름, 학년, 나이, 성별, 소속학과, 학번)
VALUES ('홍길동2', 1, 26, '남', '통계', 'g002') ;
```

다음 [예제 5-26]처럼 테이블 이름 뒤에 '열_리스트'를 명세하는 경우, 테이블 열 순서가 아닌 '열_리스트' 순서에 맞추어 값들을 순차적으로 명세하면 된다.

예제 5-26 학번 'g003', 이름 '이승엽2', 주소 '미정', 학년 3, 나이 30, 성별 '남', 휴대폰번호 'NULL', 소속학과 '정보통신'인 학생 정보를 삽입하시오.

```
INSERT INTO 학생1(학년, 나이, 성별, 소속학과, 학번, 이름)
VALUES (3, 30, '남', '정보통신', 'g003', '이승엽2') ;
```

테이블 이름 뒤의 '열_리스트'에 NULL을 허용하는 열 이름을 생략할 경우, 자연스럽게 열 값을 명세하지 않음으로써 기본 값이나 NULL 값이 자동적으로 입력된다.

```
SELECT * FROM 학생1 WHERE 학번 LIKE 'g%' ;
```

학번	이름	주소	학년	나이	성별	휴대폰번호	소속학과
g001	김연아2	서울 서초	4	23	여	010-1111-2222	컴퓨터
g002	홍길동2	미정	1	26	남	NULL	통계
g003	이승엽2	미정	3	30	남	NULL	정보통신

INSERT 명령문을 통해 3명의 학생 정보가 추가되었음을 확인할 수 있다.

Tip 서브 질의문을 이용한 행 삽입

이미 존재하는 테이블에 검색 결과를 활용하여 여러 개의 행을 한꺼번에 삽입하는 것도 가능하다.
아래 예처럼 '학생' 테이블로부터 4학년생만을 검색하는 SELECT 질의문을 VALUES 절 대신에 명세하면 된다. 이 경우, 기존 '학생' 테이블의 '학번', '이름', '학년' 3가지 열들의 유형이 '4학년생' 테이블의 대응 열 '학생번호', '학생이름', '학년' 유형과 의미적으로, 형식적으로 일치하여야 한다. 열 이름까지 같을 필요는 없다. 이때 '4학년생' 테이블은 미리 생성되어 존재하는 테이블이어야 한다.

```
INSERT INTO 4학년생(학생번호, 학생이름, 학년)
SELECT 학번, 이름, 학년
FROM 학생
WHERE 학년=4 ;
```

'4학년생' 테이블에 다른 열들이 추가로 존재한다면 널 값을 허용하거나 기본 값이 설정되어 있어 검색된 3개 열의 값만으로 행 입력이 가능한 경우에만 실행이 허용된다.

3.3 행 수정 UPDATE문

테이블 안의 특정 행을 수정하기 위해서는 UPDATE문을 사용한다.

■ UPDATE문의 형식

UPDATE 명령문의 형식은 다음과 같다.

```
UPDATE 테이블_이름❶
SET 열_이름 = 산술식 [{,열_이름=산술식}*]❷
[WHERE 수정_조건식] ;❸
```

❶ 수정할 테이블의 이름을 명세한다. UPDATE문을 통한 행 수정은 특정 테이블 하나에 대해서만 가능하다.

❷ SET절은 값을 어떻게 수정할지를 명세한다. 산술식은 간단한 연산식이나 널 값, 상수 값 등이 가능하다. 특정 상수 값을 반환하는 서브 질의문도 명세할 수 있다.

❸ WHERE절의 '수정_조건식'을 만족하는 행들을 모두 수정한다. WHERE절을 생략하면 테이블 안의 모든 행들이 수정 대상이 된다.

기본키와 외래키에 해당하는 열들은 참조 무결성 제약 조건을 위배하지 않는 범주 안에서만 수정이 가능하다.

Tip UPDATE와 DELETE 명령어 오류

MySQL 워크벤치에서 UPDATE와 DELETE 명령어 실행 시 다음과 같은 오류가 발생할 수 있다.

> Error Code: 1175. You are using safe update mode and you tried to update a table without a WHERE that uses a KEY column To disable safe mode, toggle the option in Preferences -> SQL Editor -> Query Editor and reconnect

기본 모드가 'safe update' 모드로 설정되어 있어 WHERE절에 반드시 키 열을 포함해야하기 때문이다. 낮은 단계의 안전 모드로 변경하면 해결된다. 다음 명령어를 실행한다.

```
SET SQL_SAFE_UPDATES = 0 ;
```

단일 행, 단일 열 수정

먼저, 특정 테이블의 행 하나, 열 값 하나를 변경해 보자. 다음은 단일 행, 단일 열을 수정하는 예이다.

예제 5-27 '이은진' 학생의 학년을 '3'학년으로 수정하시오.

```
UPDATE 학생1
SET 학년=3
WHERE 이름='이은진' ;

SELECT * FROM 학생1 WHERE 이름='이은진' ;
```

학번	이름	주소	학년	나이	성별	휴대폰번호	소속학과
s007	이은진	경기 과천	3	23	여	010-2222-3333	경영

복수 행, 복수 열 수정

특정 테이블의 여러 행에 대해 여러 열의 값을 동시에 변경해 보자. 다음은 복수개의 행, 복수개의 열을 수정하는 예이다.

예제 5-28 모든 학생의 학년을 1씩 증가시키고 소속학과를 '자유전공학부'로 변경하시오.

```
UPDATE 학생1
SET 학년=학년+1, 소속학과='자유전공학부'
WHERE 학년=4 ;

SELECT * FROM 학생1 ;
```

학번	이름	주소	학년	나이	성별	휴대폰번호	소속학과
s001	김연아	서울 서초	5	23	여	010-1111-2222	자유전공학부
s002	홍길동	미정	1	26	남	NULL	통계
s003	이승엽	NULL	3	30	남	NULL	정보통신
s004	이영애	경기 분당	2	NULL	여	010-4444-5555	정보통신
s005	송윤아	경기 분당	5	23	여	010-6666-7777	자유전공학부
s006	홍길동	서울 종로	2	26	남	010-8888-9999	컴퓨터
s007	이은진	경기 과천	3	23	여	010-2222-3333	경영
g001	김연아2	서울 서초	5	23	여	010-1111-2222	자유전공학부
g002	홍길동2	미정	1	26	남	NULL	통계
g003	이승엽2	미정	3	30	남	NULL	정보통신

4학년 학생들이 모두 5학년이 되어 '자유전공학부' 소속으로 변경되었음을 확인할 수 있다.

서브 질의문을 이용한 수정

서브 질의문은 SET절과 WHERE절에 모두 명세 가능하다. 먼저, WHERE절에 서브 질의문을 적용한 UPDATE 명령문을 실행해 보자.

예제 5-29 수강 내용이 없는 학생의 소속학과를 널 값으로 수정하시오.

```
UPDATE 학생1
SET 소속학과 = NULL
WHERE 학번 NOT IN ( SELECT 학번
                    FROM 수강1 ) ;

SELECT * FROM 학생1 ;
```

학번	이름	주소	학년	나이	성별	휴대폰번호	소속학과
s001	김연아	서울 서초	5	23	여	010-1111-2222	자유전공학부
s002	홍길동	미정	1	26	남	NULL	통계
s003	이승엽	NULL	3	30	남	NULL	정보통신
s004	이영애	경기 분당	2	NULL	여	010-4444-5555	정보통신
s005	송윤아	경기 분당	5	23	여	010-6666-7777	NULL
s006	홍길동	서울 종로	2	26	남	010-8888-9999	NULL
s007	이은진	경기 과천	3	23	여	010-2222-3333	NULL
g001	김연아2	서울 서초	5	23	여	010-1111-2222	NULL
g002	홍길동2	미정	1	26	남	NULL	NULL
g003	이승엽2	미정	3	30	남	NULL	NULL

6명의 학생이 수강 내용이 없어 소속학과가 NULL로 변경되었음을 확인할 수 있다. 다음은 SET절에 서브 질의문을 활용한 UPDATE 명령문의 예이다.

예제 5-30 학번이 's003'인 학생의 수강 내용을 '이은진' 학생이 수강한 것으로 수정하시오.(즉, 수강1 테이블의 학번을 's003' 대신에 '이은진' 학생의 학번으로 변경하시오)

```
UPDATE 수강1
SET 학번 = ( SELECT 학번
             FROM 학생1
            WHERE 이름='이은진' )
WHERE 학번='s003' ;

SELECT * FROM 수강1 WHERE 학번='s003' OR 학번='s007';
```

학번	과목번호	신청날짜	중간성적	기말성적	평가학점
s007	c001	2019-03-03	81	82	B
s007	c002	2017-09-06	85	82	B

's003' 학번을 갖는 학생의 수강 내용은 없어지고 대신 수강 내용이 없던 '이은진' 학생(학번이 's007'인)의 수강 내용으로 변경되었음을 확인할 수 있다.

3.4 행 삭제 DELETE문

테이블 안에 특정 행의 삭제를 위해서는 DELETE문을 사용한다.

■ DELETE문의 형식

DELETE 명령문의 형식은 다음과 같다.

```
DELETE FROM 테이블_이름❶
[WHERE 삭제_조건식] ;❷
```

❶ 삭제할 테이블 이름을 명세한다. DELETE문을 통한 행 삭제는 특정 테이블 하나에 대해서만 가능하다.

❷ WHERE절의 '삭제_조건식'을 만족하는 행을 모두 삭제한다. WHERE절을 생략하면 테이블 안의 모든 행들이 삭제 대상이 되므로 결국 빈 테이블만 남는다. 삭제된 데이터는 되돌릴 수 없으므로 주의해야 한다.

단일 행 삭제

다음은 단일 행을 삭제하는 예이다.

예제 5-31 '송윤아' 학생의 모든 정보를 삭제하시오.

```
DELETE FROM 학생1
WHERE 이름='송윤아' ;

SELECT * FROM 학생1 ;
```

학번	이름	주소	학년	나이	성별	휴대폰번호	소속학과
s001	김연아	서울 서초	5	23	여	010-1111-2222	자유전공학부
s002	홍길동	미정	1	26	남	NULL	통계
s003	이승엽	NULL	3	30	남	NULL	정보통신
s004	이영애	경기 분당	2	NULL	여	010-4444-5555	정보통신
s006	홍길동	서울 종로	2	26	남	010-8888-9999	NULL
s007	이은진	경기 과천	3	23	여	010-2222-3333	NULL
g001	김연아2	서울 서초	5	23	여	010-1111-2222	NULL
g002	홍길동2	미정	1	26	남	NULL	NULL
g003	이승엽2	미정	3	30	남	NULL	NULL

'송윤아' 학생 정보가 모두 삭제되었음을 확인할 수 있다.

복수 행 삭제

다음은 복수 행을 삭제하는 예이다.

예제 5-32 3학년 모든 학생 정보를 삭제하시오.

```
DELETE FROM 학생1
WHERE 학년=3 ;

SELECT * FROM 학생1 ;
```

학번	이름	주소	학년	나이	성별	휴대폰번호	소속학과
s001	김연아	서울 서초	5	23	여	010-1111-2222	자유전공학부
s002	홍길동	미정	1	26	남	NULL	통계
s004	이영애	경기 분당	2	NULL	여	010-4444-5555	정보통신
s006	홍길동	서울 종로	2	26	남	010-8888-9999	NULL
g001	김연아2	서울 서초	5	23	여	010-1111-2222	NULL
g002	홍길동2	미정	1	26	남	NULL	NULL

3학년 학생 정보가 모두 삭제되었음을 확인할 수 있다.

서브 질의문을 이용한 삭제

서브 질의문은 WHERE절에 명세 가능하다.

예제 5-33 수강자가 2명 미만인 과목에 대한 과목 정보를 모두 삭제하시오.

```
DELETE FROM 과목1
WHERE 과목번호 IN
       ( SELECT 과목번호
         FROM 수강1
         GROUP BY 과목번호
         HAVING COUNT(*)<2 ) ;

SELECT * FROM 과목1 ;
```

과목번호	이름	강의실	개설학과	시수
c001	데이터베이스	126	컴퓨터	3
c002	정보보호	137	정보통신	3
c005	전공글쓰기	120	교양학부	1

수강자가 2명 미만인 '모바일웹', '철학개론' 과목 정보가 삭제되었음을 확인할 수 있다.

모든 행 삭제

예제 5-34 모든 학생 정보를 삭제하시오.

```
DELETE FROM 학생1 ;

SELECT * FROM 학생1 ;
```

학번	이름	주소	학년	나이	성별	휴대폰번호	소속학과

'학생1' 테이블은 존재하지만 빈 테이블이다. 모든 학생 정보가 완전히 삭제된다. 삭제된 행은 되살릴 수 없으므로 DELETE 명령문은 항상 신중하게 실행해야 한다.

Tip DELETE와 DROP 명령어의 차이

DELETE FROM 명령문은 행 삭제를 위한 명령문으로 모든 행 삭제까지는 가능하지만 테이블 자체를 제거할 수는 없다. 반면, DROP TABLE 명령문은 테이블 자체를 제거한다. 테이블에 포함된 행도 자동 제거되므로 별도의 DELETE 명령어를 실행할 필요가 없다.

DELETE FROM 명령문 실행 후에 INSERT 명령어를 통한 행 추가가 바로 가능하지만 DROP 명령어를 실행한 후에는 다시 CREATE TABLE문을 통해 테이블부터 새롭게 재생성해야 한다.

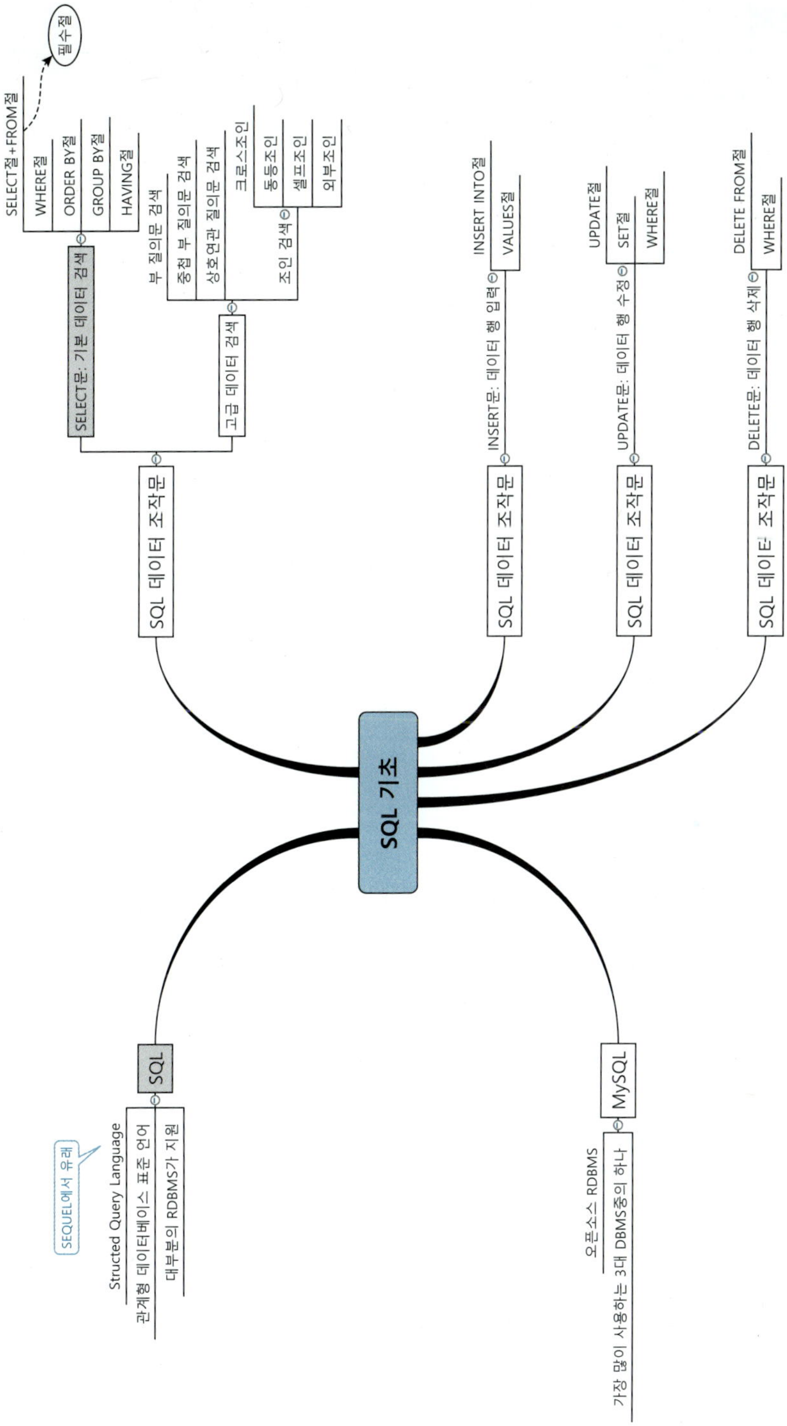
SQL 기초
SQL
Structed Query Language
SEQUEL에서 유래
관계형 데이터베이스 표준 언어
대부분의 RDBMS가 지원
MySQL
오픈소스 RDBMS
가장 많이 사용하는 3대 DBMS중의 하나
SQL 데이터 조작문
SELECT문: 기본 데이터 검색
SELECT절+FROM절
필수절
WHERE절
ORDER BY절
GROUP BY절
HAVING절
고급 데이터 검색
부 질의문 검색
중첩 부 질의문 검색
상호연관 질의문 검색
조인 검색
크로스조인
동등조인
셀프조인
외부조인
SQL 데이터 조작문
INSERT문: 데이터 행 입력
INSERT INTO절
VALUES절
SQL 데이터 조작문
UPDATE문: 데이터 행 수정
UPDATE절
SET절
WHERE절
SQL 데이터 조작문
DELETE문: 데이터 행 삭제
DELETE FROM절
WHERE절

연습문제 EXERCISE

01 다음 SQL 문장 중 문법적으로 옳은 것은?

① SELECT 이름 FROM 학생 WHERE 학년 IN (1, 2, 3, 4) ;
② SELECT 이름, 학년 FROM 학생 WHERE 학년 = NULL ;
③ SELECT 이름, 학년 FROM 학생 ORDER 학년 ;
④ SELECT 학년 FROM 학생 WHERE 이름 = '한%' ;

02 다음 SQL문 중 문법적으로 옳은 것은?

① SELECT COUNT(학년) FROM 학생 GROUP 학년 ;
② SELECT 학년 FROM 학생 WHERE 이름 = '최%' ;
③ SELECT 이름, 학과 FROM 학생 WHERE 학년 = (1, 2, 3, 4) ;
④ SELECT * FROM 학생 WHERE 학년 IS NULL ;

03 SQL의 SELECT절에 사용할 수 없는 키워드는?

① ASC ② DISTINCT
③ * ④ ALL

04 다음 SQL문에 대한 설명으로 옳지 않은 것은?

```
SELECT  학번, 성적, 학년
FROM    학생
WHERE   성적 >= 70
ORDER BY 학년, 성적 ASC
```

① 점수가 70점 이상인 학생만을 검색한다.
② 학생 테이블을 검색한다.
③ 학년별 학생들의 성적 순위를 쉽게 알 수 있다.
④ 전체학생의 성적이 점수순(내림차순)으로 정렬된다.

05 다음 SQL문 중 문법적으로 옳지 않은 것은?

① SELECT COUNT(DISTINCT 급여액) FROM 직원 ;

② SELECT 부서번호, COUNT(*), AVG(급여액) FROM 직원 GROUP BY 부서번호 ;

③ SELECT 이름 FROM 직원 WHERE 상급자 IS NULL ;

④ SELECT 부서이름, COUNT(*) FROM 부서 GROUP BY 부서번호 WHERE COUNT(*)>5 ;

06 데이터베이스에서 널(NULL) 값에 대한 설명 중 옳지 않은 것은?

① 실세계의 정보 중에서 알 수 없는 값을 표현한다.

② 기본키 속성은 널 값을 허용하지 않는다.

③ 널 값에 대한 비교는 항상 참으로 간주한다.

④ 널 값과 영(zero)은 구별해 주어야 한다.

07 다음 중 SELECT 문의 질의를 계산하는 순서로 맞는 것은?

① FROM–WHERE–ORDER BY–SELECT–GROUP BY–HAVING

② FROM–WHERE–GROUP BY–HAVING–SELECT–ORDER BY

③ WHERE–FROM–ORDER BY–GROUP BY–HAVING–SELECT

④ WHERE–GROUP BY–HAVING–FROM–SELECT–ORDER BY

08 SQL의 GROUP BY에 대한 설명으로 옳지 않은 것은?

① SELECT절에 GROUP BY절에서 사용한 속성을 명세한다.

② GROUP BY절은 그룹화할 기준 속성을 명세한다.

③ 조건을 부여하려면 HAVING절을 사용한다.

④ 반드시 WHERE절을 사용해야 한다.

09 다음 문장이 참이면 ○, 거짓이면 ×를 하시오.

① SELECT절과 FROM절은 반드시 명세해야 하는 필수절이며 나머지 절들은 생략 가능하다. ( )

② 검색 결과에서 중복을 제거하기 위하여 'SELECT DISTINCT 나이, DISTINCT 학년 FROM 학생'처럼 명세한다. ( )

③ 원칙적으로 ORDER BY절이나 GROUP BY절 정렬(그룹핑) 기준으로 명세한 열은 SELECT절에도 명세해야한다. ( )

④ COUNT(*)는 중복 행도 개수에 포함한다. ( )

⑤ 집계 함수는 WHERE절에는 사용할 수 없지만 HAVING절에는 사용 가능하다. (　)
⑥ WHERE절의 LIKE 'g_d'는 열 값으로 god, good, gd 등을 갖는 행들을 검색한다. (　)
⑦ NULL이 포함된 행은 대부분의 집계 함수의 결과에서 제외된다. (　)
⑧ 부 질의문은 보통 WHERE절에 사용되지만 SELECT, FROM 절에도 사용 가능하다. (　)

10 다음 ( ) 안에 적당한 용어를 채워 완성하시오.

① 관계형 데이터베이스 표준 언어인 SQL은 (　)의 약어이다.
② SQL은 대화식 그리고 (　)의 2가지 방식으로 사용할 수 있다.
③ univDB로 작업 대상 데이터베이스를 변경하는 명령은 '(　) univDB'이다.
④ SELECT절의 '(　)'는 테이블의 모든 열 이름을 나열한 것과 같다.
⑤ 조건을 만족하는 결과가 존재하는지만 알고 싶거나 그 중 일부만 검색하고자 하는 경우 (　) 키워드를 사용한다.
⑥ 집계 함수는 그룹 함수와 밀접한 관련성이 있으며 SELECT절이나 (　)절에만 사용할 수 있다.
⑦ SELECT절에서 연산이나 집계 함수의 적용 결과로 새로운 값을 반환할 때 새로운 이름인 별칭을 정의하는 키워드는 (　)이다.
⑧ (　)은 질의문 안에 중첩(nested)되어 포함된 또 다른 SELECT 검색문을 말한다.
⑨ WHERE절에 사용되는 (　) 연산자는 괄호 안에 나열된 값들 중에서 하나라도 일치하는 경우 참(true)을 반환하는 연산자이다.
⑩ (　) 연산자는 부 질의문의 실행 결과로 반환되는 행이 존재하는지 존재 유무를 확인하는 연산자이다.
⑪ 중첩 질의문 중에서 내부 질의의 WHERE절 검색조건식이 외부 질의에 선언된 테이블의 일부 열을 참조하는 질의를 (　)이라고 한다.
⑫ FROM절에 명세한 조인 대상 테이블이 n개이면 (　)개의 조인 조건식이 필요하다.

11 다음 학생 테이블에 대해 "1학년부터 4학년 순으로 학년별 평균 성적을 검색하라."는 SQL문을 작성한 것이다. ( ) 안에 알맞은 용어를 쓰시오.

이름	성적	학년
박민식	44	1
이소라	78	4
한인우	99	2
민수진	87	4
한별	83	2

```
SELECT   ( ㄱ ), ( ㄴ ) (성적)
FROM     학생
( ㄷ )    학년
( ㄹ )    학년 ASC
```

ㄱ. (　　　)　ㄴ. (　　　)　ㄷ. (　　　)　ㄹ. (　　　)

12 다음 학생 테이블에 대해 "이 씨 성을 가진 2,3,4학년 학생들의 성적을 내림차순으로 검색하라."는 SQL문을 작성한 것이다. ( ) 안에 알맞은 용어를 쓰시오.

이름	성적	학년
이충성	34	3
이사랑	67	2
이미라	98	1
박수선	78	1
이별	89	4

```
SELECT   이름, 성적
FROM     학생
WHERE    학년 ( ㄱ ) 2 AND 이름 ( ㄴ ) '이%'
( ㄷ )    성적 ( ㄹ )
```

ㄱ. (　　　)　ㄴ. (　　　)　ㄷ. (　　　)　ㄹ. (　　　)

13 다음 과목 테이블에 대해 "1학년을 제외한 2,3,4학년별 평균성적이 80점 이상인 과목에 대해서 과목별 학생수를 검색하라."는 SQL문을 작성한 것이다. ( ) 안에 알맞은 용어를 쓰시오.

학번	과목	성적	학년
ST00001	데이터베이스	34	3
ST00003	자료구조	67	2
ST00007	데이터베이스	98	2
ST00008	자료구조	78	3
ST00011	자료구조	89	4

```
SELECT      과목, COUNT(*) ( ㄱ ) 학생수
FROM        과목
WHERE       학년 ( ㄴ ) 1
GROUP BY    ( ㄷ )
( ㄹ )       AVG(성적) >= 80
```

ㄱ. (   )   ㄴ. (   )   ㄷ. (   )   ㄹ. (   )

14 다음 SQL문의 절과 연관되는 관계 대수 연산을 보기에서 선택하시오.

ㄱ.조인 연산	ㄴ.셀렉트 연산	ㄷ.프로젝트 연산	ㄹ.카티션 프로덕트

① SELECT절 -------- (   )
② FROM절 --------- (   ) (   )
③ WHERE절 -------- (   )

15 다음 '학생' 테이블에 대해 4학년 학생들의 성적을 10점씩 증가시키는 SQL 명령문을 쓰시오.

이름	성적	학년
이충성	34	3
이사랑	67	2
이미라	98	1
박수선	78	1
이별	89	4

(   )

16 다음 데이터베이스를 대상으로 질의 요구사항을 SQL로 표현하시오.

학생(학번, 이름, 나이, 성별, 학년)

① 나이를 알 수 없는 학생의 이름을 검색하라.

② 성이 김 씨이고 학년이 3학년인 학생들의 나이를 검색하라(동일한 나이는 중복제거).

③ 학생 중 남학생(M)과 여학생(F)별 평균 연령을 검색하라.

④ 학생들의 학번, 나이, 학년을 나이의 내림차순으로, 나이가 같을 경우엔 학년의 오름차순으로 검색하라.

⑤ 남학생 중 나이가 최소인 학생의 학번, 이름, 나이를 검색하라.

⑥ 나이가 같은 학생이 50명 이상인 연령에 대해서만 해당 나이와 학생수를 검색하라.

17 다음 데이터베이스를 대상으로 질의 요구 사항을 SQL로 표현하시오.

학생(학번, 이름, 학년, 소속학과)
수강(학번, 과목번호, 중간성적, 기말성적, 평가학점)
과목(과목번호, 과목이름, 학점, 학과, 담당교수)

① 컴퓨터학과에 소속되어 있는 학생들의 이름과 학년을 고학년에서 저학년 순서로 검색하시오.

② 각 학생들의 학번, 과목번호, 수강과목별 총점(중간성적과 기말성적의 합)을 검색하시오.

③ 각 학생들의 이름, 수강한 모든 과목의 총점(중간성적과 기말성적의 합)을 검색하시오.

④ 각 과목별 기말평균이 90점 이상인 과목의 번호와 과목별 기말성적의 평균점수를 검색하시오.

⑤ 각 평가학점별로 취득한 학생의 수를 검색하시오.

⑥ '이'씨 성을 가진 모든 학생들의 이름과 과목이름, 평가학점을 검색하시오.

⑦ 컴퓨터학과에 소속된 학생들의 이름과 수강한 과목이름을 검색하시오.

CHAPTER 06

SQL 활용

학습목표

- CREATE, ALTER, DROP문의 작성 방법을 알아본다.
- 사용자 계정 및 권한 관리 방법을 알아본다.
- 뷰의 개념과 활용 방법을 이해한다.
- 인덱스의 개념과 활용 방법을 이해한다.

CHAPTER

6 SQL 활용

1. SQL 데이터 정의문

자신만의 데이터베이스를 구축하려면 먼저, 데이터를 저장할 데이터베이스와 테이블 구조를 생성해야 한다. 데이터베이스와 테이블 구조를 생성하는 명령문이 데이터 정의어이다. 데이터 정의를 위한 SQL 명령문에는 CREATE(데이터베이스 객체 생성)문, ALTER(데이터베이스 객체 변경)문 그리고 DROP(데이터베이스 객체 삭제)문이 있다.

1.1 테이블 생성 CREATE문

SQL에서 다루는 가장 중요한 데이터베이스 객체는 바로 테이블(table)이다. 테이블을 생성하는 명령어는 CREATE TABLE이다. 생성된 테이블은 DBMS에 의해 실제로는 물리적 파일 안에 저장된다. CREATE TABLE 명령문은 테이블 이름과 열 이름, 그리고 데이터 유형, 널 허용 여부, 각종 무결성 제약 조건과 기본키, 외래키, 대체키 등의 제약 조건들을 정의한다.

Tip **데이터 정의문과 데이터베이스 객체**

CREATE, ALTER, DROP 명령어를 포함한 데이터 정의문은 테이블뿐만 아니라 다양한 데이터베이스 객체들을 생성, 변경, 삭제하기 위해 사용된다. 데이터 정의문의 실행 대상이 되는 **데이터베이스 객체**는 데이터베이스, 테이블, 뷰, 인덱스, 저장 프로시저, 사용자 등을 포함한다.
예를 들면, 데이터베이스를 생성, 삭제하는 데이터 정의문은 다음과 같다.

■ 데이터베이스의 생성

```
CREATE DATABASE 데이터베이스_이름 ;
```

■ 데이터베이스의 삭제

```
DROP DATABASE 데이터베이스_이름 ;
```

CREATE TABLE문의 형식

CREATE TABLE문의 형식은 다음과 같다. [ ]로 표시한 부분은 생략 가능하고 { }로 표시한 부분은 반복 가능하다. '|'은 선택을, '+'는 1번 이상 반복을, '*'는 0번 이상 반복을 의미한다. 키워드는 편의상 대문자로 표기한다.

```
CREATE TABLE 테이블_이름❶
  ({ 열_이름 ❷데이터_유형 ❸[NULL|NOT NULL] ❹[DEFAULT 기본_값], }+
     [PRIMARY KEY (열_이름_리스트),]❺
   { [UNIQUE (열_이름_리스트),] }*❻
   { [FOREIGN KEY (열_이름_리스트) REFERENCES 테이블_이름 (열_이름_리스트),] }*❼
  ) ;
```

❶ 생성할 테이블의 '테이블_이름'을 정의한다. '테이블_이름'은 기존 테이블 이름과 중복되지 않아야 한다.

❷ 테이블을 구성하는 열의 '열_이름'과 '데이터_유형'을 반복해서 정의한다. 각 '열_이름'도 중복되지 않아야 한다. 테이블 열에 입력할 값들의 형식인 '데이터_유형'을 정의하기 위해서 〈표 6-1〉을 참조한다.

❸ NOT NULL

열마다 **널 값 입력 허용 여부**를 정의한다. 각 열의 '데이터_유형' 입력 값으로 널 값을 허용하면 NULL 키워드를, 허용하지 않으면 NOT NULL 키워드를 명세한다. 반드시 입력해야 하는 필수 데이터 값은 NOT NULL을 지정한다.

❹ DEFAULT

DEFAULT는 입력 값을 생략할 경우, 자동으로 입력될 **'기본_값'**을 정의한다. '기본_값'을 지정하지 않으면 널 값이 기본 값이 된다.

❺ PRIMARY KEY

PRIMARY KEY는 **기본키**를 정의하며 테이블 당 한 번만 정의한다. 명세된 기본키 열들은 널 값을 허용하지 않아야 한다.

❻ UNIQUE

UNIQUE는 **대체키** 즉, 후보키를 정의하며 테이블에 여러 번 정의할 수 있다. UNIQUE를 지정하면 열값으로 중복된 값의 입력이나 수정을 허용하지 않는다. 명세된 대체키 열들은 NOT NULL을 명세하지 않으면 널 값이 허용된다.

❼ FOREIGN KEY

FOREIGN KEY는 **외래키**를 정의한다. REFERENCES 뒤에 명세하는 '테이블_이름(열_이름_리스트)'는 참조하는 테이블 안의 PRIMARY KEY로 명세된 기본키 속성(들)이거나 드물게 UNIQUE로 명세된 속성(들)일 수 있다.

PRIMARY KEY는 **개체 무결성 제약 조건**을, FOREIGN KEY는 **참조 무결성 제약 조건**을 실제 구현하는 명령어이다. NULL이나 NOT NULL, DEFAULT 키워드도 **도메인 무결성 제약 조건**을 구현한다. 넓게는 CHAR, VARCHAR, INT와 같은 열의 '데이터_유형'도 도메인 무결성과 연관된다. 또, UNIQUE는 **유일성 제약 조건**을 구현하는 명령어이다.

DBMS마다 지원하는 데이터 유형이 조금 다르다. 〈표 6-1〉은 MySQL에서 지원하는 '데이터_유형'이다. 테이블 열의 유형이나 변수의 유형을 정의할 때 사용한다.

〈표 6-1〉 데이터 유형

분류	데이터 유형	저장 유형
문자형	CHAR(길이)	고정길이 문자열, 남은 공간은 공백으로 채움
	VARCHAR(길이)	가변길이 문자열, 남은 공간이 없음
	TEXT	긴 문자열(255자 이상)
정수형	INT	소수점이 없는 기본 정수형
	SMALLINT	소수점이 없는 작은 정수형
실수형	DECIMAL(전체길이,소수점이하길이)	고정 소수점을 포함한 실수
	FLOAT(전체길이,소수점이하길이)	단정도 부동 소수점 실수
	DOUBLE(전체길이,소수점이하길이)	배정도 부동 소수점 실수
날짜형	DATE	날짜(연도-월-일)
	DATETIME	날짜시간(연도-월-일 시:분:초)
	TIME	시간(시:분:초)
	YEAR	날짜(연도)

CREATE TABLE문의 예제

먼저, 테이블 데이터베이스 객체를 생성해 보자. [예제 6-1]은 '과목2' 테이블을 생성하는 CREATE TABLE 명령문의 예이다.

■ '과목2' 테이블 생성

[예제 6-1]은 '과목2' 테이블을 생성하는 CREATE TABLE 명령문의 예이다.

예제 6-1 '과목번호', '이름', '강의실', '개설학과', '시수' 열로 구성된 '과목2' 테이블을 생성하시오. '과목번호'를 기본키로 설정하시오.

```
CREATE TABLE 과목2
    ( 과목번호 CHAR(4) NOT NULL PRIMARY KEY,❶
      이름 VARCHAR(20) NOT NULL,❷
      강의실 CHAR(5) NOT NULL,
      개설학과 VARCHAR(20) NOT NULL,
      시수 INT NOT NULL ) ;❸
```

❶ 테이블 생성 시 반드시 기본키를 정의해야 한다. 열 명세 끝에 PRIMARY KEY를 명세하여 기본키를 정의할 수 있다. '과목번호' 열은 자리수가 일정하므로 고정 길이의 문자열 데이터로 정의한다. 기본키 속성은 널 값을 허용하지 않으므로 NOT NULL을 명시한다.

❷ 이름 열을 최대 길이가 20인 가변 길이의 문자열 데이터로 정의하고 널 값을 허용하지 않도록 정의한다. NOT NULL을 지정한 열들은 반드시 값을 입력해야 하는 열들이다.

❸ 세미콜론(;)으로 테이블 생성 명령문의 끝을 표시한다.

SQL 명령문은 대소문자를 구별하지 않는다. 실행 결과로 '과목2' 이름을 갖는 빈 테이블 객체가 만들어진다.

■ '학생2' 테이블 생성

[예제 6-2]는 '학생2' 테이블을 생성하는 CREATE TABLE 명령문의 예이다.

예제 6-2 '학번', '이름', '주소', '학년', '나이', '성별', '휴대폰번호', '소속학과' 열로 구성된 '학생2' 테이블을 생성하시오. '학번'을 기본키로, '휴대폰번호'를 대체키로 지정하고 '주소' 열에는 기본 값을 설정하시오.

```
CREATE TABLE 학생2
    ( 학번 CHAR(4) NOT NULL,
      이름 VARCHAR(20) NOT NULL,
      주소 VARCHAR(50) DEFAULT '미정',❹
      학년 INT NOT NULL,
      나이 INT NULL,
      성별 CHAR(1) NOT NULL,
      휴대폰번호 CHAR(13) NULL,
      소속학과 VARCHAR(20) NULL,
      PRIMARY KEY (학번),❺
      UNIQUE (휴대폰번호) ) ;❻
```

❹ '주소' 열값을 생략하고 입력하지 않으면 NULL 대신에 DEFAULT 키워드로 지정한 '미정' 문자열이 기본 값으로 저장된다. 문자나 날짜 값을 명세할 때는 작은 따옴표로 묶는다.

❺ '학번' 열을 기본키로 별도로 정의한다.

❻ UNIQUE 키워드는 각 행을 유일하게 식별하는 대체키를 정의한다. '휴대폰번호' 열값은 중복을 허용하지 않지만 NULL은 허용한다.

■ DESC 명령문

생성된 '학생2' 테이블의 구조를 확인하려면 다음과 같이 DESC 명령문을 실행한다.

```
DESC 학생2 ;
```

Field	Type	Null	Key	Default	Extra
학번	char(4)	NO	PRI	NULL	
이름	varchar(20)	NO		NULL	
주소	varchar(50)	YES		미정	
학년	int(11)	NO		NULL	
나이	int(11)	YES		NULL	
성별	char(1)	NO		NULL	
휴대폰번호	char(14)	YES	UNI	NULL	
소속학과	varchar(20)	YES		NULL	

Tip 테이블 생성 SQL 확인

■ 테이블 생성 SQL문의 확인

이미 생성된 테이블의 생성 SQL문을 확인할 수도 있다. 다음과 같이 SHOW CREATE TABLE 명령문을 사용한다.

```
SHOW CREATE TABLE 테이블_이름 ;
```

'학생2' 테이블의 생성 SQL 문장을 확인해 보자.

```
SHOW CREATE TABLE 학생2 ;
```

Table	Create Table
학생2	CREATE TABLE \`학생2\` (\`학번\` char(4) NOT NULL, \`이름\` varchar(20) NOT NULL, \`주소\` varchar(50) DEFAULT '미정', \`학년\` int NOT NULL, \`나이\` int DEFAULT NULL, \`성별\` char(1) NOT NULL, \`휴대폰번호\` char(13) DEFAULT NULL, \`소속학과\` varchar(20) DEFAULT NULL, PRIMARY KEY (\`학번\`), UNIQUE KEY \`휴대폰번호\` (\`휴대폰번호\`)) ENGINE=InnoDB DEFAULT CHARSET=utf8mb4 COLLATE=utf8mb4_0900_ai_ci

■ '수강2' 테이블 생성

[예제 6-3]은 '수강2' 테이블을 생성하는 SQL 명령문 예이다. 외래키 정의를 위해 참조하는 '과목2' 테이블과 '학생2' 테이블이 반드시 먼저 생성되어야 한다.

예제 6-3 '학번', '과목번호', '신청날짜', '중간성적', '기말성적', '평가학점' 열로 구성된 '수강2' 테이블을 생성하시오. '과목', '과목번호'의 조합을 기본키로, '학번'과 '과목번호'를 외래키로 설정하시오.

```
CREATE TABLE 수강2
    ( 학번 CHAR(4) NOT NULL,
      과목번호 CHAR(4) NOT NULL,
      신청날짜 DATE NOT NULL,
      중간성적 INT NULL DEFAULT 0,
      기말성적 INT NULL DEFAULT 0,
      평가학점 CHAR(1) NULL,
      PRIMARY KEY(학번, 과목번호),❽
      FOREIGN KEY(학번) REFERENCES 학생2(학번),❾
      FOREIGN KEY(과목번호) REFERENCES 과목2(과목번호) ) ;❿
```

❽ '학번'과 '과목번호' 열의 조합을 기본키로 지정한다.

❾ 외래키 '학번' 열이 '학생2' 테이블의 '학번' 열을 참조함을 정의한다. 이때, 참조되는 '학생2.학번'은 기본키이며 참조하는 '수강2.학번'과 도메인이 같아야 한다. 참조 무결성 제약 조건이 DBMS에 의해 설정되어 참조되는 '학생2' 테이블의 특정 학생 행을 함부로 삭제하거나 변경하지 못한다.

❿ 외래키 '과목번호' 열도 '과목2' 테이블의 기본키 '과목번호' 열을 참조함을 정의한다. 참조 무결성 제약 조건이 DBMS에 의해 설정되어 참조되는 '과목2' 테이블의 특정 과목 행을 함부로 삭제하거나 변경하지 못한다.

Note 외래키 설정 주의사항

외래키를 설정할 때는 참조되는 테이블이 반드시 먼저 존재해야 함을 주의한다. 외래키가 참조하는 기본키를 갖는 테이블을 **부모**(parent) **테이블**이라고 하고 외래키를 갖는 테이블을 **자식**(child) **테이블**이라고 한다.
테이블 생성할 때는 부모 테이블을 먼저 생성한 뒤, 자식 테이블을 생성해야 한다. 테이블 삭제할 경우는 반대 순서로 진행해야 오류 없이 실행이 가능하다. 예를 들면, '수강2' 자식 테이블은 '과목2', '학생2' 부모 테이블이 먼저 생성되어 존재해야 외래키 설정이 가능하고 테이블이 생성된다. 행 입력도 외래키가 참조하는 기본키 값들이 미리 부모 테이블에 존재해야 가능하다.

Note 무결성 제약 조건의 동작 확인

'과목2', '학생2', '수강2' 테이블 생성 시 설정한 각종 무결성 제약 조건이 실제로 MySQL DBMS에 의해 동작하는지 확인해 보자. 오류가 발생한다면 어떤 제약 조건에 위배되는지 판단하고 해결해 보자.

■ '과목2' 테이블의 행 입력

```
INSERT INTO 과목2(과목번호, 이름, 강의실, 개설학과)
VALUES ('c111', 'database', A-123, '산업공학') ;
-- ❶ CHAR(5) 유형 오류('강의실'열의 문자형 유형에 불일치함)
INSERT INTO 과목2(과목번호, 이름, 강의실, 개설학과, 시수)
VALUES ('c111', 'database', 'A-123', '산업공학') ;
-- ❷ NULL 제약 조건 오류('시수'열이 NULL을 허용하지 않음)
INSERT INTO 과목2(과목번호, 이름, 강의실, 개설학과, 시수)
VALUES ('c111', 'database', 'A-123', '산업공학', 3) ;
-- ❸ 정상 수행
```

■ '학생2' 테이블의 행 입력

```
INSERT INTO 학생2(학번, 이름, 학년, 나이, 성별, 휴대폰번호, 소속학과)
VALUES ('s111', '박태환', 4, NULL, '남', '010-1111-1111', '산업공학') ;
-- ❹ 정상 수행
INSERT INTO 학생2(학번, 이름, 학년, 나이, 성별, 휴대폰번호, 소속학과)
VALUES ('s222', '박태환', 2, NULL, '남', '010-1111-1111', '산업공학') ;
-- ❺ UNIQUE 제약 조건 오류('휴대폰번호'열 값이 중복됨)
INSERT INTO 학생2(학번, 이름, 학년, 나이, 성별, 휴대폰번호, 소속학과)
VALUES ('s222', '박태환', 2, NULL, '남', '010-2222-2222', '산업공학') ;
-- ❻ 정상 수행
```

■ '수강2' 테이블의 행 입력

```
INSERT INTO 수강2(학번, 과목번호, 신청날짜)
VALUES ('s111', 'c111', '2019-12-31') ;
-- ❼ 정상 수행
INSERT INTO 수강2(학번, 과목번호, 신청날짜, 중간성적, 기말성적, 평가학점)
VALUES ('s111', 'c222', '2019-12-31', 93, 98, 'A') ;
-- ❽ 외래키 제약 조건 오류(입력 과목번호 값이 '과목2' 테이블에 존재하지 않음)
INSERT INTO 수강2(학번, 과목번호, 신청날짜, 중간성적, 기말성적, 평가학점)
VALUES ('s111', 'c111', '2019-12-31', 93, 98, 'A') ;
-- ❾ 기본키 제약 조건 오류(기본키 '학번'과 '과목번호'열의 조합이 중복 값이 존재함)
INSERT INTO 수강2(학번, 과목번호, 신청날짜, 중간성적, 기말성적, 평가학점)
VALUES ('s222', 'c111', '2019-12-31', 93, 98, 'A') ;
-- ❿ 정상 수행
```

1.2 테이블 수정 ALTER문

생성된 테이블은 ALTER TABLE 명령문으로 수정할 수 있다. 새로운 열이나 제약 조건을 추가하거나 기존 열이나 제약 조건의 변경 등이 가능하다.

하지만 테이블을 수정하는 것은 기존 데이터에 예상치 못한 영향을 줄 수 있고 동작이 제한되는 경우도 있다. 테이블 생성을 신중하게 결정함으로써 가급적 ALTER문은 사용을 최소화하는 것이 바람직하다.

ALTER TABLE문의 형식

테이블 수정을 위한 ALTER TABLE 명령문의 형식은 다음과 같다.

```
ALTER TABLE 테이블_이름❶
  { [ADD|MODIFY] 열_이름 데이터_유형 [NULL|NOT NULL] [DEFAULT 기본_값] }❷
  | { ADD CONSTRAINT 제약조건_이름 제약조건_상세내용 }❸
  | { DROP COLUMN 열_이름 }❹
  | { DROP CONSTRAINT 제약조건_이름 } ;❺
```

❶ 수정할 '테이블_이름'을 명세한다.

❷ ADD는 테이블 생성할 때와 같은 형식으로 추가할 열을 명세한다.

❹ DROP은 이미 만들어진 기존 열을 삭제한다.

❸,❺ 관련 제약 조건이나 참조하는 열이 있을 경우, 추가와 삭제가 제한되어 수정되지 않을 수 있다. 새로운 제약 조건을 추가하거나 기존 제약 조건을 삭제한다.

ALTER TABLE문의 예제

우선, 테이블의 수정 실습을 위해 기존 '과목', '학생', '수강' 테이블의 데이터를 앞에서 생성한 '과목2', '학생2', '수강2' 테이블에 복제한다.

```
INSERT INTO 과목2 SELECT * FROM 과목 ;
INSERT INTO 학생2 SELECT * FROM 학생 ;
INSERT INTO 수강2 SELECT * FROM 수강 ;
```

다음은 '학생2' 테이블을 수정하는 SQL 명령문의 예이다.

예제 6-4 '학생2' 테이블에 새로운 '등록날짜' 열을 추가하시오.

```
ALTER TABLE 학생2
    ADD 등록날짜 DATETIME NOT NULL DEFAULT '2019-12-30' ;❻

SELECT * FROM 학생2 ;
```

학번	이름	주소	학년	나이	성별	휴대폰번호	소속학과	등록날짜
s001	김연아	서울 서초	4	23	여	010-1111-2222	컴퓨터	2019-12-30 00:00:00
s002	홍길동	미정	1	26	남	NULL	통계	2019-12-30 00:00:00
s003	이승엽	NULL	3	30	남	NULL	정보통신	2019-12-30 00:00:00
s004	이영애	경기 분당	2	NULL	여	010-4444-5555	정보통신	2019-12-30 00:00:00
s005	송윤아	경기 분당	4	23	여	010-6666-7777	컴퓨터	2019-12-30 00:00:00
s006	홍길동	서울 종로	2	26	남	010-8888-9999	컴퓨터	2019-12-30 00:00:00
s007	이은진	경기 과천	1	23	여	010-2222-3333	경영	2019-12-30 00:00:00

예제 6-5 '학생2' 테이블의 '등록날짜' 열을 삭제하시오.

```
ALTER TABLE 학생2
    DROP COLUMN 등록날짜 ;❼

SELECT * FROM 학생2 ;
```

학번	이름	주소	학년	나이	성별	휴대폰번호	소속학과
s001	김연아	서울 서초	4	23	여	010-1111-2222	컴퓨터
s002	홍길동	미정	1	26	남	NULL	통계
s003	이승엽	NULL	3	30	남	NULL	정보통신
s004	이영애	경기 분당	2	NULL	여	010-4444-5555	정보통신
s005	송윤아	경기 분당	4	23	여	010-6666-7777	컴퓨터
s006	홍길동	서울 종로	2	26	남	010-8888-9999	컴퓨터
s007	이은진	경기 과천	1	23	여	010-2222-3333	경영

❻ 기존 테이블의 행들에 날짜 '2019-12-30' 값을 갖는 새로운 '등록날짜' 열이 추가 생성된다.

❼ 기존 '등록날짜' 열을 삭제하며 해당 열의 값들도 함께 삭제된다.

Tip 열 이름과 테이블 이름 변경

■ 열 이름의 변경

이미 생성된 테이블의 특정 열 이름만을 변경하는 것도 가능하다. 'ALTER TABLE .. CHANGE ..' 명령문을 사용한다.

```
ALTER TABLE 테이블이름 CHANGE 기존_열이름 새로운_열이름 기존_열_유형 ;
```

'학생2' 테이블의 '이름' 열을 새로운 '학생이름'열로 변경하고 싶다면 다음과 같은 ALTER 명령문을 실행하며 된다.

```
ALTER TABLE 학생2 CHANGE 이름 학생이름 VARCHAR(20) ;
```

■ 테이블 이름의 변경

이미 생성된 테이블의 이름을 변경하는 것도 가능하다. 'ALTER TABLE .. RENAME TO ..' 명령문을 사용한다.

```
ALTER TABLE 테이블이름 RENAME TO 새로운_테이블이름 ;
```

'학생2' 테이블의 이름을 '재학생2'로 새롭게 변경하고 싶다면 다음과 같은 ALTER 명령문을 실행하면 된다.

```
ALTER TABLE 학생2 RENAME TO 재학생2 ;
```

1.3 테이블 삭제 DROP문

생성된 테이블은 DROP TABLE문으로 삭제할 수 있다.

DROP TABLE문의 형식

테이블 삭제를 위한 DROP TABLE 명령문의 형식은 다음과 같다.

```
DROP TABLE 테이블_이름 ;
```

참조하는 테이블이 있다면 테이블 삭제가 거절된다. 다른 테이블에서 외래키로 참조하고 있다면 삭제가 불가능하므로 이때는 외래키 관계를 먼저 해제해야 테이블 삭제가 가능하다.

DROP TABLE문의 예제

다음은 '과목2' 테이블을 삭제하는 SQL 명령문의 예이다.

예제 6-6 '과목2' 테이블을 삭제하시오.

```
DROP TABLE 과목2 ;     -- 삭제 불가
```

'과목2' 부모 테이블은 참조하는 '수강2' 자식 테이블이 존재하여 삭제가 불가하다. 먼저, '수강2' 참조 테이블을 삭제한 후에, '과목2' 테이블 삭제가 가능하다.

```
DROP TABLE 수강2 ;     -- 참조(자식) 테이블 삭제
DROP TABLE 과목2 ;     -- 삭제 가능
```

다음 SQL 명령문을 실행한다. '과목2' 테이블이 삭제되어 존재하지 않음을 확인할 수 있다.

```
SELECT * FROM 과목2 ;
DESC 과목2 ;
```

2. SQL 데이터 제어문

데이터 제어문의 대표적 기능인 사용자 계정의 생성과 삭제, 권한 부여 및 철회 방법을 알아본다.

2.1 사용자 및 권한 관리

사용자 계정, 비밀번호, 권한, 스키마 등에 관한 시스템 데이터는 설치할 때 자동 생성된 'mysql' 데이터베이스 안에 저장되어 있다. 여러 사용자가 MySQL 서버에 접속 가능하도록 계정을 생성하고 권한을 부여할 수 있다.

새로운 사용자 계정을 생성하고 다양한 권한을 부여해 보자.

계정 생성: CREATE USER

MySQL에 접속하기 위해서 각 사용자는 계정이 필요하다. CREATE USER문을 사용하여 각 사용자를 위한 계정을 생성할 수 있다.

■ CREATE USER문의 형식

CREATE USER 명령문의 형식은 다음과 같다.

```
CREATE USER 사용자_계정 IDENTIFIED BY '비밀번호' ;
```

MySQL에서 '사용자_계정'은 '아이디'@'접속_호스트'로 구성된다. '접속_호스트'는 기본적으로 사용자가 서버로 접속하는 컴퓨터의 IP 주소를 의미한다. 특정 아이디를 갖는 사용자라도 계정에서 정의한 호스트에서만 접속이 허용된다.

> **Tip 계정 생성 및 권한 부여 권한**
>
> 사용자 계정 생성이나 권한 부여와 같은 특별한 기능은 'root' 슈퍼 사용자만 가능하다. 기본적으로 계정 생성과 권한 부여에 관한 권한을 가진 'root' 계정으로 접속해야한다. 또는 'root'로부터 해당 권한을 위임받은 사용자 계정이 있다면 그 사용자 계정으로 접속해도 실행이 가능하다.

■ CREATE USER문의 예제

다음은 'user1'~'user4' 4명의 사용자 계정을 생성하는 예이다.

```
CREATE USER 'user1'@'127.1.1.1' IDENTIFIED BY '1111' ;❶
CREATE USER 'user2'@'localhost' IDENTIFIED BY '2222' ;❷
CREATE USER 'user3'@'192.182.10.2' IDENTIFIED BY '3333' ;❸
CREATE USER 'user4'@'%' IDENTIFIED BY '4444' ;❹
```

❶,❷ 'user1'과 'user2'는 MySQL 서버가 기동 중인 로컬 호스트에서만 접속이 허용되고 외부에서는 접속이 불가하다.

❸ 'user3'은 특정 컴퓨터(예를 들면 IP 주소가 192.182.10.2인 컴퓨터)에서만 접속이 허용된다.

❹ 'user4'는 어느 컴퓨터에서나 자유롭게 접속이 허용된다. @뒤의 '%' 문자는 모든 IP 또는 호스트명을 의미한다. 보통 사용자가 외부에서도 자유롭게 접속하도록 허용할 때 설정한다. 모든 컴퓨터에서 계정 접속이 가능하다.

생성된 사용자 계정 정보를 확인하려면 다음 SQL 명령문을 실행한다.

```
SELECT host, user FROM mysql.user ;
```

host	user
%	admin
%	manager
%	user4
127.1.1.1	user1
192.182.10.2	user3
localhost	mysql.sys
localhost	root
localhost	user2

접속이 허용되는 등록된 호스트와 사용자 계정 정보를 확인할 수 있다.

권한 부여: GRANT

생성한 '사용자_계정'은 적절한 권한을 부여 받아야 데이터베이스 서버에 접속하여 원하는 작업 수행이 가능하다. GRANT문을 사용하여 '사용자_계정'에 여러 권한을 부여할 수 있다.

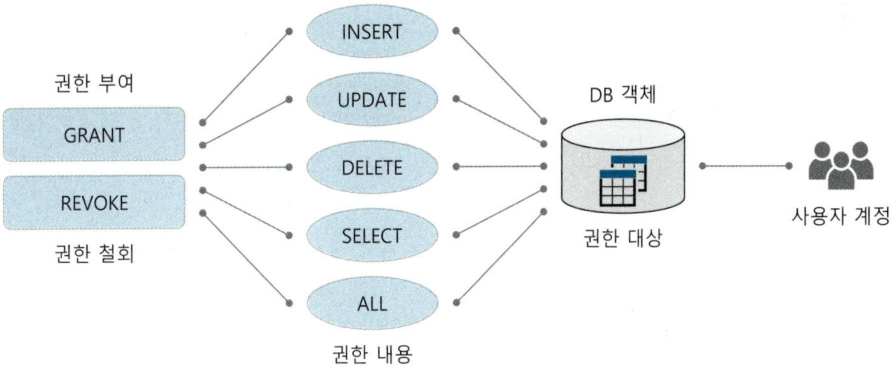

[그림 6-1] 권한 부여와 철회 명령의 구성

■ GRANT문의 형식

'사용자_계정'에 권한을 부여하는 GRANT 명령문의 형식은 다음과 같다.

```
GRANT 권한_내용 ON 권한_대상 TO 사용자_계정 ;❺
GRANT 권한_내용 ON 권한_대상 TO 사용자_계정 WITH GRANT OPTION ;❻
```

❺ '권한_내용'은 데이터에 대한 입력, 수정, 삭제, 검색 권한을 의미한다. 각각 INSERT, UPDATE, DELETE, SELECT 키워드를 콤마로 구별하여 나열한다. 모든 권한을 부여할 때는 ALL 키워드를 사용한다. '권한_대상'은 '데이터베이스이름.객체이름' 형식으로 특정 데이터베이스의 특정 객체에 대한 '권한_내용'을 부여한다.

❻ WITH GRANT OPTION을 함께 명세하면 부여받은 권한을 계정 사용자가 다른 '사용자_계정'에게도 부여할 수 있는 권한을 갖게 된다.

■ GRANT문의 예제

다음은 권한을 부여하는 GRANT 명령문의 예이다.

```
GRANT INSERT, UPDATE, DELETE ON univDB.* TO 'user1'@'127.1.1.1' ;❼
GRANT ALL ON *.* TO 'user4'@'%' WITH GRANT OPTION ;❽
GRANT SELECT ON univDB.학생 TO 'user2'@'localhost' ;❾
```

❼ ON 뒤에는 권한을 부여할 데이터베이스 객체를 명시한다. 'univDB.*'는 'univDB' 데이터베이스의 모든 테이블(또는 데이터베이스 객체)들이, 'univDB.학생'은 '학생' 테이블만이 권한 부여 대상임을 의미한다.

❽ '*.*'는 모든 데이터베이스의 모든 테이블(또는 객체)에 접근할 수 있고 ALL은 모든 권한(입력,수정,삭제,검색)을 다 갖게 됨을 뜻한다. 'user4'는 다른 사용자에게 권한도 부여할 수 있어 가장 강력한 권한을 부여 받는다.

❾ 'user2'는 MySQL 서버가 기동 중인 로컬 호스트에서만 접속이 허용되고 오직 '학생' 테이블에 검색 권한만 갖게 되어 극히 제한된 권한만 갖는다.

사용자 계정별 다양한 권한을 부여함으로써 데이터베이스 보안을 강화할 수 있다.

Tip 사용자 계정의 권한 확인

사용자 계정에 부여된 권한은 다음과 같이 'SHOW GRANTS FOR' 명령문을 사용하면 확인이 가능하다.

```
SHOW GRANTS FOR 'user1'@'127.1.1.1' ;  -- user1 사용자의 권한 표시
```

Grants for user1@127.1.1.1
GRANT USAGE ON *.* TO 'user1'@'127.1.1.1'
GRANT INSERT, UPDATE, DELETE ON \`univdb\`.* TO 'user1'@'127.1.1.1'

'user1' 사용자 계정에게 모든 데이터베이스 객체의 사용 권한과 'univDB'의 모든 객체에 대한 입력, 수정, 삭제 권한이 부여되어 있다.
현재 접속 사용자의 권한을 알고 싶다면 다음 SHOW GRANTS 명령문을 실행한다.

```
SHOW GRANTS ;                    -- 현재 접속 사용자의 권한 표시
```

권한 철회: REVOKE

'사용자_계정'에게 부여한 권한은 REVOKE문을 사용하여 다시 철회할 수 있다.

▪ REVOKE문의 형식

권한을 회수하는 REVOKE 명령문의 형식은 다음과 같다.

```
REVOKE 권한_내용 ON 권한_대상 FROM 사용자_계정 ;⑩
```

⑩ GRANT TO 대신에 REVOKE FROM을 써서 '사용자_계정'이 가진 권한 중 일부 또는 전부를 철회할 수 있다.

▪ REVOKE문의 예제

다음은 권한을 철회하는 REVOKE 명령문의 예이다.

```
REVOKE DELETE ON univDB.* FROM 'user1'@'127.1.1.1' ;⑪
```

⓫ 'user1'에게 부여된 권한 중 univDB의 모든 테이블에 대한 삭제 권한만 철회한다.

결과적으로 'user1'은 univDB의 모든 테이블에 대해서는 입력과 수정 권한을 계속 유지한다.

Grants for user1@127.1.1.1
GRANT USAGE ON *.* TO 'user1'@'127.1.1.1'
GRANT INSERT, UPDATE ON \`univdb\`.* TO 'user1'@'127.1.1.1'

계정 삭제: DROP USER

필요할 경우 등록된 사용자 계정을 DROP USER 명령문을 사용하여 삭제할 수 있다.

■ DROP USER문의 형식

DROP USER 명령문의 형식은 다음과 같다.

```
DROP USER 사용자_계정
```

■ DROP USER문의 예제

다음은 사용자 계정을 삭제하는 DROP USER 명령문의 예이다.

```
DROP USER 'user1'@'127.1.1.1' ;
```

'user1' 사용자는 모든 권한이 취소되고 계정이 삭제된다.

Tip 접속 중인 사용자 계정 확인

현재 MySQL 서버에 접속 중인 사용자 계정이 궁금하다면 다음 명령문을 실행하면 된다.

```
SHOW PROCESSLIST ;
```

2.2 사용자 계정 생성

새로운 사용자 계정을 생성하고 권한을 부여해 보자.

1) 새로운 'manager' 관리자 계정을 생성한다.

'root' 계정은 많이 알려져 있으므로 별도의 다른 아이디를 생성하여 관리자 계정을 준비하는 것이 좋다. 사용자를 생성하는 권한은 기본적으로 'root'에게 있다. 다음은 'root' 계정으로 접속하여 아이디가 'manager'인 관리자 계정을 생성하는 명령어이다.

```
CREATE USER 'manager'@'%' IDENTIFIED BY '1234' ;
```

모든 컴퓨터에서 'manager' 관리자 계정 접속이 가능하도록 한다. '@' 뒤의 '%' 문자는 모든 IP 또는 호스트명을 의미한다. 비밀번호는 '1234'이다.

2) 생성한 'manager' 관리자 계정에 권한을 부여한다.

이번에는 'manager' 관리자 계정에게 'root' 슈퍼 사용자와 같은 권한을 부여하자.

```
GRANT ALL ON *.* TO 'manager'@'%' WITH GRANT OPTION ;
```

GRANT는 사용자에게 권한을 부여하는 명령어이다. ALL은 SELECT(검색), INSERT(입력), UPDATE(수정), DELETE(삭제) 모든 권한을 포함한다. ON 뒤에는 권한을 부여할 데이터베이스 객체를 명시한다. '*.*'은 모든 데이터베이스의 모든 테이블 객체가 대상임을 의미한다. 예를 들어 'univDB.student'는 univDB 데이터베이스의 student 테이블 객체를 의미한다. WITH GRANT OPTION은 부여받은 권한을 또 다른 사용자에게 부여할 수 있도록 허용한다는 의미이다.

3) 'manager' 관리자 계정으로 접속한다.

MySQL 워크벤치에서 [Database]-[Manage Connections...]-[new] 버튼을 선택한다. [Connection Name]에 'manager', [Username]에 'manager'를 입력한다. [Test Connection]을 선택하고 비밀번호를 입력하여 성공적으로 접속이 되는지 확인한 뒤 [Close] 버튼을 누른다.

MySQL 워크벤치의 시작 화면에서 마우스 우측 버튼을 눌러 단축 메뉴에서 [Rescan for Local MySQL Servers] 항목을 선택하면 생성한 'Manager' 접속 탭이 추가로 표시된다.

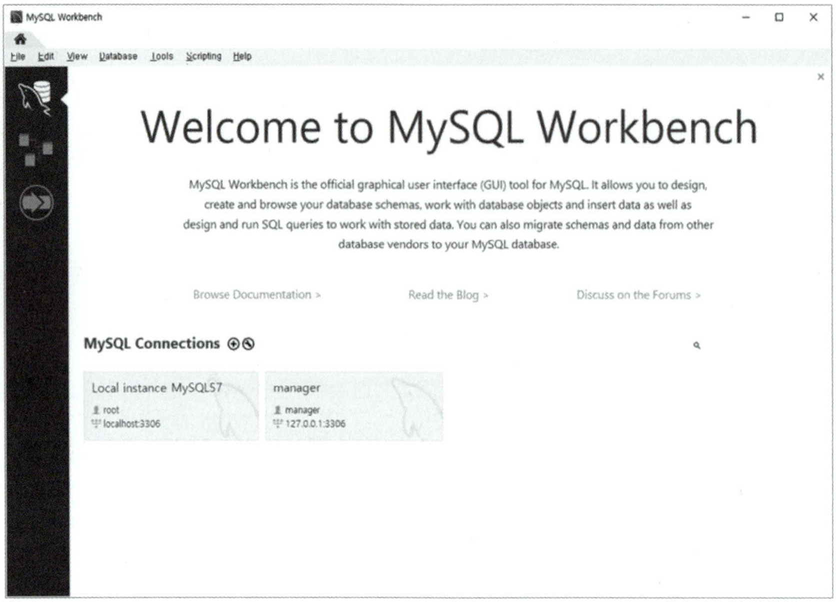

[그림 6-2] 'manager' 계정 로그인

4) MySQL 워크벤치 시작 화면에서 'manager' 접속 탭을 클릭하고 비밀번호를 입력하여 MySQL 데이터베이스 서버에 접속한다. 현재 접속한 사용자 아이디를 확인해 보자. SQL 질의 창에 다음 명령어를 입력한다.

```
SELECT user( ) ;         -- 현재 MySQL 사용자 표시
```

'manager' 아이디로 접속했음을 확인할 수 있다.

3. 뷰

실제 응용 프로그램을 개발하는 과정에는 테이블 객체뿐만 아니라 뷰 객체도 많이 활용된다. 뷰의 기본 개념과 생성 및 활용 방법들을 알아보자.

3.1 뷰 개념

뷰는 데이터베이스를 바라보는 창문(window)과 같다. 테이블이 전체 조직의 관점에서 여러 사용자 요구를 수용하여 최적의 저장 단위로써 만들어졌다면 뷰는 개인 관점에서 필요로 하는 접근 구조로써 자유롭게 정의할 수 있다. 뷰는 데이터베이스에 저장된 테이블 구조를 각 사용자별로 서로 다르게 볼 수 있도록 한다.

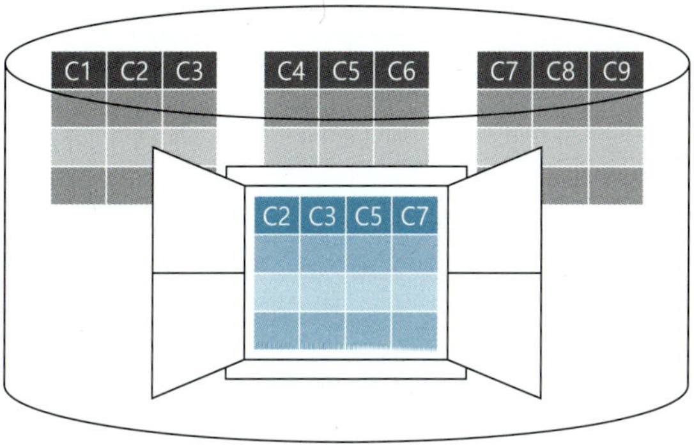

[그림 6-3] 뷰의 개념

뷰의 정의

뷰(view)는 실제 데이터를 저장하지 않는 **가상 테이블**(virtual table)이다. SELECT문을 통한 검색 결과를 가상의 테이블로 정의하여 필요할 때만 실제 테이블처럼 사용하도록 만든 데이터베이스 개체이다. 사용자에게는 똑같은 테이블로 보이지만 CREATE TABLE 명령어로 만들어진 물리적인 기반 테이블과는 다르다. 기반 테이블(base table)은 뷰를 정의하는데 사용되는 실제 데이터를 갖는 물리적인 테이블이다.

뷰는 데이터를 저장하지 않는다. 단지 뷰 생성을 위한 SELECT명령문만 뷰 정의로 저장할 뿐이다. 뷰에 대해 사용자가 질의를 요청할 때 비로소 DBMS는 뷰 정의를 참조하여 질의를 수행하고 그 결과를 사용자에게 반환한다. 뷰는 주로 기반 테이블로부터 정의되지만 또 다른 뷰를 기반으로도 정의될 수도 있다.

[그림 6-4]는 다양한 뷰 생성의 유형을 보여준다.

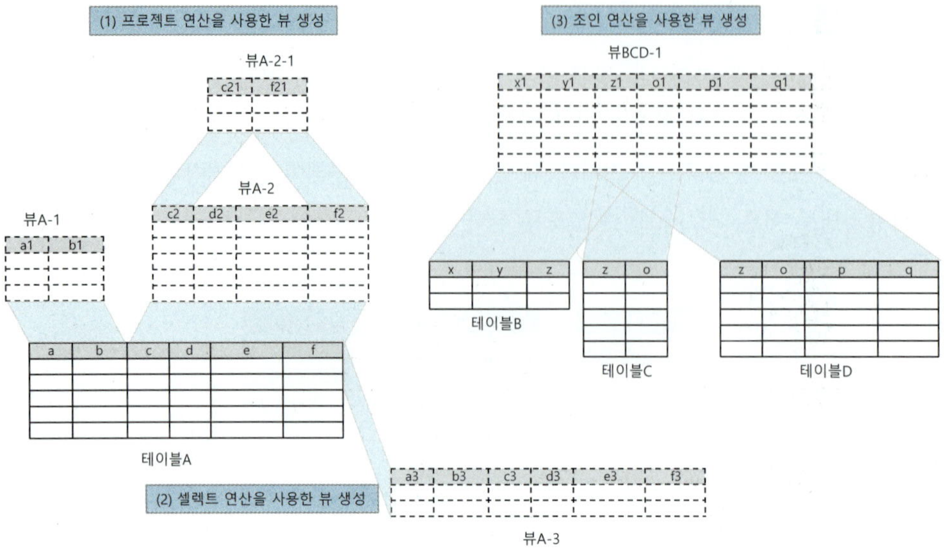

[그림 6-4] 뷰 생성의 유형

셀렉트 연산이나 프로젝트 연산을 적용하여 생성된 뷰는 사용자의 접근을 제한하는 역할을 한다. 또, 조인 연산을 적용한 뷰는 질의를 단순화시켜 쉽고 편리하게 데이터베이스를 접근할 수 있도록 한다.

뷰의 장점

뷰를 활용하면 다음과 같은 장점을 기대할 수 있다.

1) 편의성: 복잡한 질의문 작성이 쉽고 간단해진다.

조인, 중첩 질의, 집계 함수, GROUP BY절 등을 사용하여 뷰를 미리 생성하면 SQL 질의문 작성 시 복잡한 SQL문을 다시 작성할 필요가 없다. 뷰에 대한 간단한 질의문만으로도 원하는 내용을 검색할 수 있다. 단일 SQL문으로는 어려운 복잡한 검색 결과도 뷰를 이용하면 쉽게 얻을 수 있다.

2) 보안성: 데이터 보안 유지가 쉽다.

물리적인 테이블 안에는 사용자에 따라 접근이 허용되지 않아야할 중요한 열들이 있을 수 있다. 같은 테이블에 대한 다양한 뷰를 생성함으로써 특정 열을 숨길 수 있다. 사용자별로 특정 뷰를 통해서만 접근하도록 하면 데이터 접근을 제한할 수 있어 보안 제어가 쉽다.

3) 재사용성: 반복되는 질의문 작성에 효율적이다.

작성 빈도가 높거나 빈번하게 참조되는 검색 결과가 있다면 미리 뷰로 정의한다. 질의가 반복될 때마다 매번 뷰를 이용하여 SQL 질의문을 쉽고 간단하게 작성할 수 있다.

4) 독립성: 스키마 변경에도 뷰 질의문은 변경할 필요가 없다.

뷰의 기반이 되는 물리적 기반 테이블의 구조가 변경되더라도 뷰를 정의하는 질의문만 수정하면 된다. 뷰가 스키마 변경을 반영하므로 뷰를 활용한 질의문은 분리되어 변경하지 않아도 된다. 뷰 질의문을 활용하면 응용 프로그램에 영향을 주지 않으면서 유연하게 기반 릴레이션의 스키마 변경이 가능하다.

3.2 뷰 생성

뷰 생성을 위해서는 CREATE VIEW문을 사용한다.

CREATE VIEW문

CREATE VIEW 명령문의 형식은 다음과 같다.

```
CREATE VIEW 뷰_이름 [ (열_리스트) ]❶
AS SELECT_검색문❷
```

❶ '뷰_이름'은 생성할 뷰의 이름이다. 중복되지 않게 고유한 이름을 지정한다. '열_리스트'는 뷰에 사용할 열의 이름들을 나열하며 생략할 경우, 'SELECT_검색문'에 나열된 SELECT절의 '열_리스트'를 뷰에서도 그대로 사용한다.

❷ 'SELECT_검색문'은 뷰의 실체를 정의한다.

CREATE VIEW 적용 예

다음은 뷰를 생성하는 CREATE VIEW 명령문의 예이다.

예제 6-7 3학년 혹은 4학년 학생의 학생이름, 나이, 성, 학년으로 구성된 뷰를 'V1_고학년학생'이라는 이름으로 생성하시오.

```
CREATE VIEW V1_고학년학생(학생이름, 나이, 성, 학년)
AS SELECT 이름, 나이, 성별, 학년
   FROM 학생
   WHERE 학년 >= 3 AND 학년 <= 4
```

가상 테이블인 뷰는 기반 테이블의 실제 데이터가 변경되면 뷰의 데이터도 함께 변경된다. 실제 '학생' 테이블에 3,4학년 학년이 추가로 입력되면 'V1_고학년학생' 뷰도 추가된 데이터를 즉각 반영한다.

뷰의 생성 확인

생성된 뷰의 존재를 확인해 보자. 다음과 같이 'V1_고학년학생' 뷰의 데이터를 확인할 수 있다.

```
SELECT *
FROM V1_고학년학생 ;      -- V1_고학년학생 뷰의 데이터 확인
```

학생이름	나이	성	학년
김연아	23	여	4
이승엽	30	남	3
송윤아	23	여	4

Tip 뷰의 존재 확인

생성된 뷰는 직접 뷰의 데이터를 검색하지 않더라도 명령문을 통하여 뷰의 존재를 확인할 수 있다. 다음 SHOW TABLES 명령문을 실행해 보자.

```
SHOW TABLES ;
```

Tables_in_univdb
과목
수강
재학생1
학생
v1_고학년학생

univDB 안에 생성된 테이블과 뷰의 목록을 확인할 수 있다. 다음과 같이 DESC 명령문을 통해 'V1_고학년학생' 뷰의 구조를 확인할 수도 있다.

```
DESC V1_고학년학생 ;
```

Field	Type	Null	Key	Default	Extra
학생이름	varchar(20)	NO		NULL	
나이	int(11)	YES		NULL	
성	char(1)	NO		NULL	
학년	int(11)	NO		NULL	

다음은 조인을 이용하여 새로운 뷰를 생성한 예이다.

예제 6-8 각 과목별 과목번호, 강의실, 수강 인원수로 구성된 뷰를 'V2_과목수강현황'이라는 이름으로 생성하시오(과목별로 강의실이 동일하다고 가정한다).

```
CREATE VIEW V2_과목수강현황(과목번호, 강의실, 수강인원수)
AS SELECT 과목.과목번호, 강의실, COUNT(과목.과목번호)
   FROM 과목 JOIN 수강 ON 과목.과목번호 = 수강.과목번호
   GROUP BY 과목.과목번호 ;

SELECT * FROM V2_과목수강현황 ;
```

과목번호	강의실	수강인원수
c001	126	2
c002	137	3
c003	128	1
c004	117	1
c005	120	2

다음은 뷰에 기반을 둔 새로운 뷰를 생성한 예이다.

예제 6-9 'V1_고학년학생' 뷰를 기반으로 여학생만으로 구성된 뷰를 'V3_고학년여학생' 이름으로 생성하시오.

```
CREATE VIEW V3_고학년여학생
AS SELECT *
   FROM V1_고학년학생
   WHERE 성 = '여'

SELECT * FROM V3_고학년여학생 ;
```

학생이름	나이	성	학년
김연아	23	여	4
송윤아	23	여	4

3.3 뷰 활용

뷰를 통해 데이터 검색뿐만 아니라 데이터 변경도 가능하다.

뷰를 통한 검색

뷰는 일반 테이블과 같은 방식으로 검색이 가능하다. 뷰 검색이 실행되면 뷰는 CREATE VIEW 정의 시 저장되었던 SQL 문장을 즉각 수행함으로써 실시간의 데이터 값을 갖게 된다. 뷰 검색은 실제로는 뷰의 기반 테이블에 대한 검색으로 변환되어 수행된다.

다음은 뷰에 대한 검색 예이다.

예제 6-10 생성된 뷰들을 통해 고학년여학생 정보만 검색하시오.

```
❶SELECT *                          ❸SELECT 이름 AS '학생이름', 나이, 성별 AS '성', 학년
  FROM V1_고학년학생          ⇒       FROM 학생
  WHERE 성 = '여' ;                   WHERE 학년 >= 3 AND 학년 <= 4 AND 성별 = '여' ;
```

```
                                    ❸SELECT 이름 AS '학생이름', 나이, 성별 AS '성', 학년
❷SELECT *                     ⇒       FROM 학생
  FROM V3_고학년여학생                 WHERE 학년 >= 3 AND 학년 <= 4 AND 성별 = '여' ;
```

'V1_고학년학생' 뷰(❶)나 'V3_고학년여학생' 뷰(❷)에 대한 질의를 통하여 고학년여학생 정

보를 검색할 수 있다. 어떤 뷰에 대한 질의(❶,❷)를 실행하더라도 결국 '학생' 기반 테이블에 대한 같은 질의(❸)로 변환되어 실행된다.

학생이름	나이	성	학년
김연아	23	여	4
송윤아	23	여	4

다음은 뷰에 대한 또 다른 검색 예이다.

예제 6-11 'V2_과목수강현황' 뷰에서 수강생 인원이 가장 많은 과목과 가장 적은 과목에 대한 과목번호, 강의실, 수강인원수 정보를 검색하시오.

```
SELECT *
FROM V2_과목수강현황
WHERE 수강인원수 = ( SELECT MAX(수강인원수) FROM V2_과목수강현황 ) OR
      수강인원수 = ( SELECT MIN(수강인원수) FROM V2_과목수강현황 ) ;
```

과목번호	강의실	수강인원수
c002	137	3
c003	128	1
c004	117	1

뷰를 사용하지 않을 경우, 매우 복잡한 SQL 문장으로 작성해야 하지만 'V2_과목수강현황' 뷰를 통하여 비교적 단순한 질의 작성이 가능하다.

뷰를 통한 데이터 변경

뷰를 통해 데이터의 입력, 수정, 삭제도 가능하지만 제한이 있다. 뷰 검색은 제한없이 가능한 반면 뷰 변경은 특정한 경우로 한정된다.

뷰 변경이 제한되는 이유는 뷰를 정의하는 'SELECT_검색문'의 조건이 다양하기 때문이다. 예를 들면, 조인, 합집합, 서브 질의문을 통하여 여러 테이블을 결합하여 만들어진 뷰는 변경이 어렵다. 뷰의 입력, 수정, 삭제는 결국 뷰가 참조하는 기반 테이블을 변경해야 하므로 내부 처리가 어려운 경우는 변경이 허용되지 않는다.

앞에서 생성한 뷰 중에서 'V1_고학년학생' 뷰는 변경이 가능하지만 'V2_과목수강현황' 뷰는 변경이 불가능하다.

Note 갱신이 불가능한 뷰

다음은 뷰를 통한 변경이 불가능한 경우로 입력, 수정, 삭제가 제한된다.

- 기반 테이블의 기본키를 포함하지 않은 뷰
- 집계 함수(또는 계산) 결과를 포함하는 뷰
- DISTINCT 키워드를 적용한 결과를 포함하는 뷰
- GROUP BY 절을 적용한 결과를 포함하는 뷰
- 다수의 기반 테이블의 조인을 통해 생성된 뷰
- 뷰에 포함되지 않은 기반 테이블의 열이 NOT NULL인 경우

3.4 뷰 삭제

뷰를 삭제하기 위해서는 DROP VIEW문을 사용한다.

DROP VIEW문

DROP VIEW 명령문의 형식은 다음과 같다.

```
DROP VIEW 뷰_이름 ;
```

뷰를 삭제하더라도 뷰의 기반 테이블은 삭제되지 않는다.

DROP VIEW 적용 예

다음은 뷰를 삭제하는 DROP VIEW 명령문의 예이다.

예제 6-12 'V1_고학년학생' 뷰를 삭제하시오.

```
DROP VIEW V1_고학년학생 ;

SHOW TABLES ;
```

Tables_in_univdb
과목
수강
재학생1
학생
v2_과목수강현황
v3_고학년여학생

테이블과 뷰 객체 목록에서 'V1_고학년학생' 뷰가 삭제되었음을 확인할 수 있다. 'V1_고학년학생' 뷰를 기반으로 하던 'V3_고학년여학생' 뷰는 존재는 하지만 참조하던 'V1_고학년학생' 뷰가 삭제됨으로써 실행이 불가능하다.

4. 인덱스

대량의 데이터를 저장하는 데이터베이스로부터 필요로 하는 데이터를 빠르게 검색하기 위해서는 인덱스의 사용이 필수적이다. 보통 테이블마다 5개 미만의 적절한 인덱스 생성이 필요하다. 인덱스의 개념과 생성 방법을 알아본다.

4.1 인덱스 개념

인덱스(index)는 테이블 안의 데이터를 쉽고 빠르게 찾을 수 있도록 만든 데이터베이스 객체이다. 책에서 원하는 내용이 설명된 페이지를 목차나 색인을 통해 쉽게 찾는 것과 같은 개념이다.

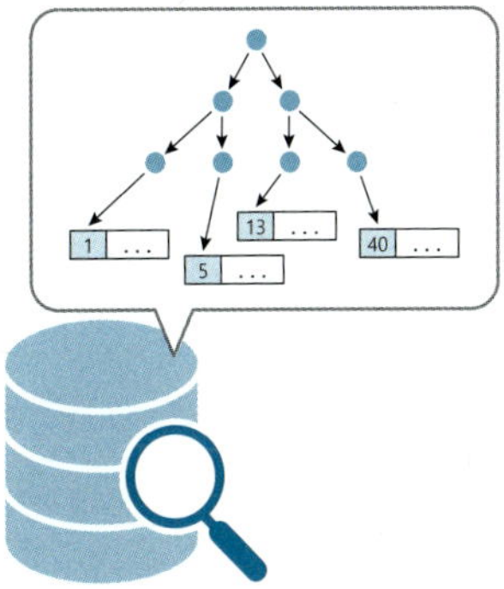

[그림 6-5] 인덱스의 개념

인덱스의 필요성

실제 데이터베이스 안의 테이블 데이터가 저장되는 곳은 디스크와 같은 보조기억장치이다. 주기억장치의 데이터베이스 버퍼 영역에 모든 데이터가 위치할 수는 없기 때문이다. 따라서 SQL 실행 시 디스크로부터 필요한 데이터를 찾게 된다. 디스크 안의 데이터베이스 파일로부터 필요한 블록을 반복해서 주기억장치로 읽어오게 되는데 문제는 디스크 접근 속도가 주기억장치보다 비교할 수 없을 정도로 느리다는 점이다. DBMS는 성능 향상을 위해 고유한 방식으로 데이터를 디스크에 저장하고 주기억 장치로 읽어온다.

SQL을 실행할 때, 디스크 접근 횟수를 줄여 검색 속도를 높이기 위해 인덱스를 사용한다. 인덱스의 구조와 적용 방법을 알아보자.

인덱스의 구조

대부분의 DBMS는 B-트리(Balanced tree) 구조의 인덱스를 지원한다. B-트리 인덱스는 루트(root) 노드, 중간(intermediate) 노드, 리프(leaf) 노드로 구성되며 가장 하위에 위치한 단말 노드인 리프 노드들이 모두 같은 수준에 존재하는 균형 트리이다. 리프 노드의 인덱스 페이지에는 데이터의 위치 정보가 저장되어 있다. 루트 노드로부터 리프 노드까지의 탐색 길이가 같아서 모든 데이터에 대한 일정 수준의 검색 시간을 보장하는 장점이 있다.

인덱스 사용의 장점을 [그림 6-6]이 보여준다.

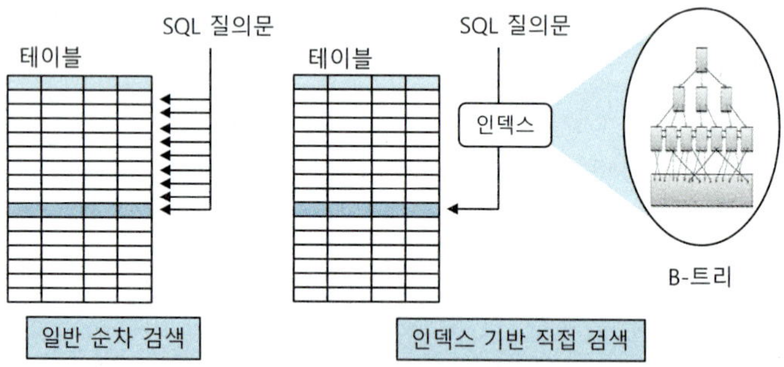

[그림 6-6] B-트리 인덱스의 사용

[그림 6-6]에서 순차 검색(스캔 검색)은 모든 행을 순차적으로 주기억장치로 읽어 들여 비교를 통해 데이터를 검색한다. 반면 인덱스 기반의 직접 검색은 필요한 일부 행만 주기억장치로 읽어 들여서 직접 비교함으로써 디스크 입출력 횟수를 크게 감소시킨다.

인덱스 검색은 루트 노드부터 값을 비교하기 시작하여 관련 중간 노드를 찾는 과정을 반복하여 마지막으로 특정 리프(단말) 노드에 도달한다. 선택된 리프 노드는 검색 데이터의 저장 위치 정보를 갖고 있어 필요한 디스크 블록을 바로 찾을 수 있다. 트리 노드들을 따라 한 번씩 검색할 때마다 검색 대상이 줄어 접근 시간이 감소한다. 몇 번의 디스크 블록 검색만으로 수만 개 중에서도 원하는 행을 찾을 수 있다. 결과적으로 검색 성능이 크게 향상된다.

4.2 인덱스 생성

인덱스를 생성하는 명령어는 CREATE INDEX문이다.

CREATE INDEX문

CREATE INDEX 명령문의 형식은 다음과 같다.

```
CREATE ❶[REVERSE] ❷[UNIQUE] INDEX [인덱스_이름]
 ON 테이블_이름 ({열_이름 ❸[ASC|DESC]},+) ;
```

❶ 인덱스를 역순으로 생성하도록 한다.

❷ 테이블의 열값에 중복이 없는 유일한 인덱스를 생성하도록 한다. 인덱스가 설정되는 열값은 중복된 값을 허용하지 않는다.

❸ 열값의 정렬 방식(ASC; 오름차순, DESC; 내림차순)을 의미한다.

CREATE INDEX 적용 예

다음은 테이블에 인덱스를 생성하는 CREATE INDEX 명령문의 예이다.

예제 6-13 '수강' 테이블의 '학번', '과목번호' 열을 대상으로 인덱스 'idx_수강'을 생성하시오.

```
CREATE INDEX idx_수강
ON 수강 (학번,과목번호) ;
```

생성된 색인을 확인하려면 SHOW INDEX 명령문을 실행한다.

```
SHOW INDEX FROM 수강 ;
```

Table	Non_unique	Key_name	Seq_in_index	Column_name	Collation	Cardinality	Sub_part	Packed	Null	Index_type
수강	0	PRIMARY	1	학번	A	4	NULL	NULL		BTREE
수강	0	PRIMARY	2	과목번호	A	9	NULL	NULL		BTREE
수강	1	idx_수강	1	학번	A	4	NULL	NULL		BTREE
수강	1	idx_수강	2	과목번호	A	9	NULL	NULL		BTREE

'학번'과 '과목번호'에 'idx_수강' 인덱스가 B-트리 형식으로 생성되었음을 확인할 수 있다. 이외에도 '수강' 테이블의 기본키는 자동으로 유일 인덱스(unique index)가 설정되어 있음도 알 수 있다.

예제 6-14 '과목' 테이블의 이름 열을 대상으로 유일한 값을 갖는 인덱스 'idx_과목'을 생성하시오.

```
CREATE UNIQUE INDEX idx_과목
  ON 과목 (이름 ASC) ;
```

'과목' 테이블, '이름' 열값의 오름차순으로 정렬된 B-트리 인덱스가 생성된다. UNIQUE 키워드를 지정하면 B-트리의 키값으로 중복된 과목 이름은 허용하지 않는다. 테이블 행이 입력되거나 수정될 때마다 인덱스가 재구성되는데 이 과정에서 기존 과목 이름과 중복 여부를 검사하기 때문이다.

생성된 인덱스는 MySQL 워크벤치의 개체 탐색기를 통해 확인할 수 있다.

4.3 인덱스 삭제

인덱스는 데이터를 검색할 때는 효율적이지만 데이터를 추가하고 수정할 때는 인덱스 관리 때문에 시간이 더 걸린다. 불필요한 인덱스를 삭제하기 위해서는 DROP INDEX문을 사용한다.

DROP INDEX문

인덱스 삭제를 위한 DROP INDEX 명령문의 형식은 다음과 같다.

```
DROP INDEX 인덱스_이름 ON 테이블_이름 ;
```

DROP INDEX 적용 예

다음은 인덱스를 삭제하는 DROP INDEX 명령문의 예이다.

예제 6-15 인덱스 'idx_수강'을 삭제하고 '과목' 테이블의 인덱스 'idx_과목'을 삭제하시오.

```
DROP INDEX idx_수강 ON 수강 ;❶
ALTER TABLE 과목 DROP INDEX idx_과목 ;❷
```

❶ '수강' 테이블 관련 'idx_수강' 인덱스를 DROP INDEX 명령문을 통해 삭제한다.

❷ 테이블 수정을 위한 ALTER TABLE 명령문을 사용해서도 테이블 관련 인덱스를 삭제할 수 있다.

▪ 인덱스 적용 고려사항

인덱스를 많이 생성한다고 검색 성능이 반드시 향상되는 것은 아니다. 불필요한 인덱스는 오히려 성능을 떨어뜨리고 저장 공간만 낭비할 수 있다. 인덱스는 꼭 필요한 만큼만 효과적으로 생성해야 한다.

인덱스 적용 시 다음 사항을 고려한다.

[인덱스 생성이 필요한 경우]

- 기본키와 외래키의 경우, 인덱스 생성이 바람직하다. 대부분의 DBMS는 기본키에 대해서 자동으로 인덱스를 생성한다.
- WHERE절 조건식에 자주 사용되는 테이블 열의 경우, 인덱스 생성이 바람직하다.
- 조인 조건식에 자주 사용되는 테이블 열도 인덱스 생성이 바람직하다.
- 하나의 테이블에 3~5개 정도의 인덱스가 효과적이다.
- 가변길이 문자형이나 실수형, 날짜형 열보다는 정수형, 고정길이 문자형 열에 인덱스를 생성하는 것이 바람직하다.
- ORDER BY절이나 GROUP BY절에 자주 사용되는 열의 경우, 인덱스 생성을 고려할 수 있다.

【인덱스 생성이 불필요한 경우】

- 갱신이 빈번한 테이블 열의 경우, 인덱스가 바람직하지 않다.
- 집계 함수, 내장 함수를 적용하여 열 값을 변형하는 경우, 인덱스가 효과적이지 않다.
- '성별'같은 열처럼 도메인이 작아서 열의 **선택도**(selectivity)가 높을 경우, 인덱스가 바람직하지 않다.
- 범위 검색을 하는 경우, 인덱스가 바람직하지 않다.
- 테이블의 행 개수가 별로 없는 경우, 인덱스가 바람직하지 않다.

Tip 인덱스 활용 시 유의 사항

다음과 같이 인덱스를 설정하더라도 작동하지 않는 경우가 있어 성능 향상을 위해 SQL 작성 시 주의할 필요가 있다.

- 인덱스 설정한 열에 산술 연산을 적용하는 경우
  예) WHERE 열_이름*5 < 100
- 인덱스 설정한 열에 내장 함수를 적용하는 경우
  예) WHERE SUBSTR(열_이름, 3, 2) = '대학'
- 인덱스 설정한 열에 널 값을 비교하는 경우
  예) WHERE 열_이름 IS NULL

이외에도 성능 향상을 위해서는 가급적 SELECT절의 DISTINCT나 GROUP BY절, HAVING절처럼 시스템 부하가 큰 명령어의 사용을 가급적 최소화하는 것이 바람직하다.

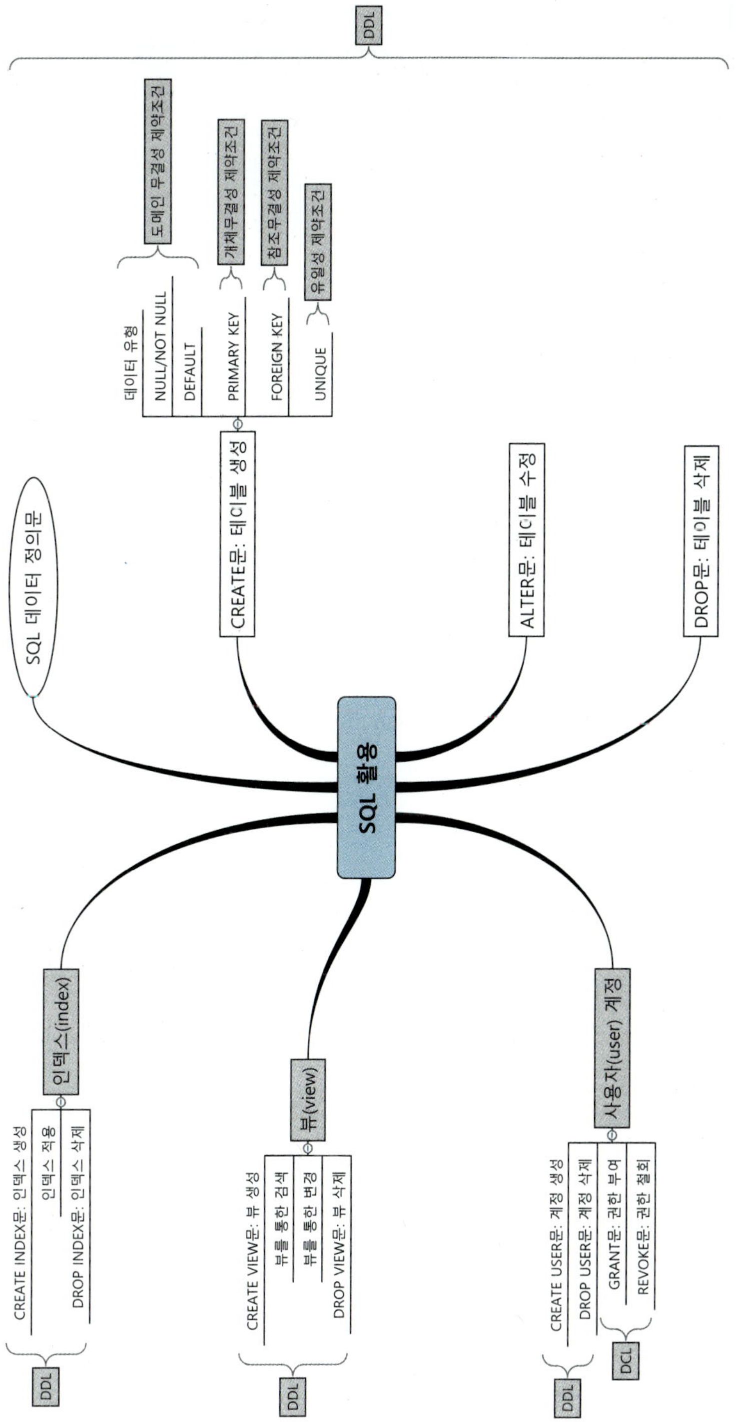
SQL 활용
SQL 데이터 정의문
CREATE문: 테이블 생성
데이터 유형
NULL/NOT NULL
DEFAULT
도메인 무결성 제약조건
PRIMARY KEY
개체무결성 제약조건
FOREIGN KEY
참조무결성 제약조건
UNIQUE
유일성 제약조건
DDL
ALTER문: 테이블 수정
DROP문: 테이블 삭제
인덱스(index)
CREATE INDEX문: 인덱스 생성
인덱스 적용
DROP INDEX문: 인덱스 삭제
DDL
뷰(view)
CREATE VIEW문: 뷰 생성
뷰를 통한 검색
뷰를 통한 변경
DROP VIEW문: 뷰 삭제
DDL
사용자(user) 계정
CREATE USER문: 계정 생성
DROP USER문: 계정 삭제
GRANT문: 권한 부여
REVOKE문: 권한 철회
DDL
DCL

연습문제 EXERCISE

01 CREATE TABLE 명령문에서 속성의 제약 조건 설정을 위한 것이 아닌 것은?

① CASCADE ② CHECK
③ UNIQUE ④ DEFAULT

02 다음 중 CREATE TABLE 구문으로 명세할 수 없는 것은?

① 데이터 유형 ② 대체키
③ 외래키 ④ 인덱스

03 SQL 명령문 중 데이터 정의어(DDL)에 해당하는 것은?

① REVOKE문 ② ALTER문
③ SELECT문 ④ GRANT문

04 SQL 명령문 중 데이터 제어어(DCL)에 해당하는 것은?

① REVOKE문 ② ALTER문
③ SELECT문 ④ DROP TABLE문

05 사용자가 허가받은 권한을 다른 사용자에게도 부여할 수 있도록 허용하는 SQL문을 작성할 때 필요한 명령어 옵션은?

① WITH ROLE OPTION ② WITH PUBLIC OPTION
③ WITH AUTHORITY OPTION ④ WITH GRANT OPTION

06 다음 SQL 관련 명령어 중 DCL과 가장 연관성이 낮은 것은?

① EXEC ② GRANT
③ REVOKE ④ COMMIT

07 다음 GRANT 구문 중 옳지 않은 것은?

① GRANT INSERT, DELETE ON 학생 TO 홍길동 WITH GRANT OPTION
② GRANT UPDATE(점수) ON 수강 TO 홍길동
③ GRANT ALL ON 학생 TO 홍길동
④ GRANT FOREIGN KEY(소속학과명) ON 교수 TO 홍길동

08 다음 보기의 GRANT와 REVOKE 문장의 실행 결과는?

㉠ GRANT SELECT ON 과목 TO 홍길동 WITH GRANT OPTION ; ('root' 실행) ㉡ GRANT SELECT ON 과목 TO 김연아 ; ('홍길동' 실행) ㉢ REVOKE SELECT ON 과목 FROM 홍길동 CASCADE ; ('root' 실행)

① 홍길동, 김연아 모두에게 권한이 있음
② 홍길동(SELECT 권한 있음), 김연아(SELECT 권한 없음)
③ 홍길동(SELECT 권한 없음), 김연아(SELECT 권한 있음)
④ 홍길동, 김연아 모두에게 권한이 없음

09 뷰(view)에 대한 설명 중 옳지 않은 것은?

① 뷰는 또 다른 뷰를 통해 정의될 수 있다.
② CREATE VIEW SQL 명령을 실행함으로써 생성된다.
③ 뷰는 가상 테이블이므로 데이터 변경은 불가능하다.
④ 뷰는 둘 이상의 테이블간의 조인을 통해 정의될 수 있다.

10 뷰(view)에 대한 설명 중 옳지 않은 것은?

① 데이터의 접근을 쉽게 제어하게 함으로써 보안을 제공한다.
② 논리적 데이터에 대한 독립성이 보장된다.
③ 뷰가 정의된 기반 테이블이 삭제되면 뷰도 자동적으로 삭제된다.
④ 하나 이상의 기반 테이블로부터 유도되어 만들어지는 실제 테이블이다.

11 뷰를 수정할 수 있는 경우는?

① 특정 기반 테이블의 부분 행을 갖는 단순 뷰인 경우
② 여러 뷰의 조합으로 정의된 복합 뷰인 경우
③ 뷰가 집계 함수로 정의되어 있는 경우
④ 뷰가 기본키를 갖고 있지 않는 경우

12 인덱스에 관한 설명으로 옳지 않은 것은?

① 검색 실행 시간을 단축하고자 하는 것이 목적이다.

② 기존 컬럼값과의 중복 여부를 검사할 수 있도록 인덱스화할 수 있다.

③ 인덱스는 꼭 필요한 만큼만 효과적으로 생성해야 한다.

④ 데이터가 늘어날수록 인덱스는 작아진다.

13 다음 문장이 참이면 ○, 거짓이면 ×를 하시오.

① 'WITH GRANT OPTION'을 함께 명세하면 부여받은 권한을 계정 사용자가 다른 사용자 계정에게도 부여할 수 있는 권한을 갖게 된다. ( )

② DROP TABLE문은 행 삭제를 위한 명령문으로 모든 행 삭제까지는 가능하지만 테이블 자체를 제거할 수 없는 반면, DELETE FROM 명령문은 테이블 자체를 삭제한다. ( )

③ 뷰는 물리적 기반 테이블로부터만 정의될 수 있고 또 다른 뷰를 기반으로는 정의될 수 없다. ( )

④ 뷰는 데이터는 직접 갖지 않지만 검색할 경우, 항상 실시간 정확한 데이터 값을 제공한다. ( )

⑤ GROUP BY절을 적용한 검색 결과를 포함하는 뷰를 통해서는 데이터 변경이 불가능하다. ( )

⑥ 인덱스를 많이 사용한다고 검색 성능이 무조건 좋아지지는 않는다. ( )

14 다음 ( ) 안에 적당한 용어를 채워 완성하시오.

① 생성된 학생 테이블의 구조를 확인하는 명령은 '( ) 학생'이다.

② 계정에게 부여한 권한은 ( ) 명령문을 통해 다시 철회할 수 있다.

③ 뷰의 장점은 편의성, ( ), 재사용성, 독립성이다.

④ 대부분의 DBMS는 ( ) 구조의 인덱스를 지원한다.

15 뷰에 대한 설명으로 적합한 것을 모두 고르시오. ( )

㉠ 뷰는 CREATE VIEW 명령문을 사용하여 생성한다.
㉡ 뷰는 ALTER VIEW 명령문을 사용하여 삭제가 가능하다.
㉢ 뷰에 SELECT 문을 사용하여 검색이 가능하다.
㉣ 뷰는 물리적으로 데이터를 저장 장치에 실제 저장한다.
㉤ 뷰를 삭제하면 기반이 된 물리적 테이블도 영향을 받는다.
㉥ 뷰의 데이터 갱신과 삭제 연산은 항상 허용되는 것이 아니고 제약이 따른다.
㉦ 뷰를 기반으로 또 다른 새로운 뷰를 만들 수 있다.
㉧ 뷰는 데이터의 보안 유지에 도움이 된다.

16 univDB 데이터베이스의 학생 테이블과 수강 테이블을 대상으로 한 과목이라도 평가학점을 'A'를 얻은 학생의 학번과 이름, 학년, 휴대폰번호를 갖는 '장학생' 뷰를 생성하는 SQL 명령문을 작성하시오.

17 인덱스의 장점과 단점을 설명하시오.

18 인덱스를 사용하는 것이 바람직한 경우와 그렇지 않은 경우를 구분하여 설명하시오.

CHAPTER

07 SQL 응용

학습목표

- 내장 함수의 종류와 사용 방법을 알아본다.
- 저장 프로시저와 트리거의 개념과 활용 방법을 이해한다.
- 사용자 정의 함수의 개념과 활용 방법을 이해한다.
- 트랜잭션의 개념과 종류, 사용 방법을 이해한다.

CHAPTER

7 SQL 응용

1. 내장 함수

다양한 사용자의 질의 요청을 지원하기 위하여 MySQL은 SQL 명령문 안에서 활용할 수 있는 내장 함수를 제공한다. 활용도가 높은 기본 내장 함수 중심으로 사용 방법을 알아보자.

1.1 내장 함수의 개요

SQL 명령문 안에서 검색 결과를 변환하거나 원하는 결과로 가공하는 SQL 함수를 사용할 수 있다. SQL 함수는 DBMS가 제공하는 **내장 함수**(built-in function)와 사용자가 직접 정의하는 사용자 정의 함수(user-defined function)로 분류한다.

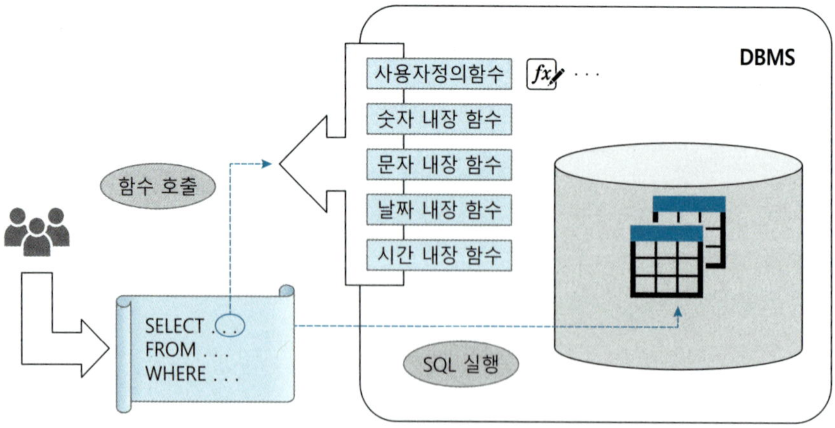

[그림 7-1] 내장 함수와 사용자정의 함수의 활용 개념

SQL 내장 함수는 열이름이나 상수 값을 입력받아 값 하나를 결과로 반환한다. 기본 연산 함수와 시스템 정보 제공 함수, 데이터 가공 함수 등이 제공된다. SELECT절이나 WHERE절 뿐만 아니라 UPDATE SET절 등에서도 사용 가능하다.

MySQL에서 제공하는 주요 내장 함수는 〈표 7-1〉과 같다.

〈표 7-1〉 MySQL 주요 내장 함수

구분	함수	기능
숫자 함수	ABS(값)	입력 값의 절댓값 반환 예 ABS(5) → 5, ABS(−5) → 5
	CEIL(값)	입력 값보다 큰 정수 중에서 가장 작은 수 반환 예 CEIL(1.23) → 2, CEIL(−1.23) → −1
	FLOOR(값)	입력 값보다 작은 정수 중에서 가장 큰 수 반환 예 FLOOR(1.23) → 1, FLOOR(-1.23) → −2
	ROUND(값,자리수)	입력 값을 소수점이하 자리수까지 반올림값한 값 반환 예 ROUND(34.521) → 35, ROUND(34.521,1) → 34.5
	FORMAT(값,형식)	입력 값을 형식에 맞게 변환하여 반환 예 FORMAT(1234567, '#,###,####') → 1,234,567
문자 함수	LENGTH(문자열)	문자열의 길이(바이트수)를 반환 예 LENGTH('데이터베이스') → 12 예 LENGTH('database') → 8
	CHAR_LENGTH(문자열)	문자열의 길이(문자수)를 반환 예 CHAR_LENGTH('데이터베이스') → 6 예 CHAR_LENGTH('database') → 8
	CONCAT(문자열_리스트)	콤마로 구분된 문자열, 컬럼 값들의 결합 반환 예 CONCAT('데이터','_','베이스') → 데이터_베이스
	LEFT/RIGHT(문자열,길이)	문자열의 왼쪽/오른쪽부터 길이만큼만 반환 예 LEFT('데이터베이스',3) → 데이터 예 RIGHT('데이터베이스',3) → 베이스
	LTRIM/RTRIM(문자열)	문자열의 왼쪽/오른쪽 공백을 제거하여 반환 예 LTRIM(' 데이터베이스 ') → 데이터베이스 예 RTRIM(' 데이터베이스 ') → 데이터베이스
	SUBSTRING(문자열,위치,길이)	문자열의 '위치'번째부터 '길이' 개수만큼의 부분 문자열을 반환 예 SUBSTRING('데이터베이스',2,3) → 이터베
	REPLACE(문자열,검색문자열,치환문자열)	문자열의 일부를 치환하여 반환 예 REPLACE('데이터베이스','데이터','지식') → 지식베이스
	REPEAT(문자열,반복횟수)	문자열을 반복 횟수만큼 반복하여 반환 예 REPEAT('*',7) → *******

<table>
<tr><td rowspan="10">날짜
·
시간
함수</td><td>SYSDATE( ), NOW( )</td><td>현재 날짜와 시간을 반환</td></tr>
<tr><td>CURRENT_DATE( )</td><td>현재 날짜를 반환</td></tr>
<tr><td>CURRENT_TIME( )</td><td>현재 시간을 반환</td></tr>
<tr><td>YEAR(날짜)
MONTH(날짜)
DAY(날짜)</td><td>입력 날짜의 연도/월/일 부분을 반환</td></tr>
<tr><td>HOUR(시간)
MINUTE(시간)
SECOND(시간)</td><td>입력 시간의 시/분/초 부분을 반환</td></tr>
<tr><td>LAST_DAY(날짜)</td><td>입력 날짜의 해당 월의 마지막 날짜를 반환</td></tr>
<tr><td>DATE_ADD(날짜, INTERVAL 증분값 DAY/MONTH/YEAR)</td><td>입력 날짜에서 증분값만큼 날/월/년을 더한 날짜를 반환
예 DATA_ADD('2020-12-12', INTERVAL 42 DAY) → 2021-01-23</td></tr>
<tr><td>DATE_SUB(날짜, INTERVAL 감소값 DAY/MONTH/YEAR)</td><td>입력 날짜에서 감소값만큼 날/월/년을 뺀 날짜를 반환
예 DATA_SUB('2020-12-12', INTERVAL 13 DAY) → 2019-11-29</td></tr>
<tr><td>DATE_FORMAT(날짜,'형식')</td><td>입력 날짜를 형식에 맞게 변환하여 반환
<table>
<tr><th>형식</th><th>표시 내용</th></tr>
<tr><td>%Y</td><td>4자리연도(1999, 2000)</td></tr>
<tr><td>%y</td><td>2자리연도(99, 00)</td></tr>
<tr><td>%c</td><td>월 (0 ~ 12)</td></tr>
<tr><td>%m</td><td>월 (00 ~ 12)</td></tr>
<tr><td>%M</td><td>월 (January ~ December)</td></tr>
<tr><td>%b</td><td>월 (Jan ~ Dec)</td></tr>
<tr><td>%d</td><td>일 (01 ~ 31)</td></tr>
<tr><td>%e</td><td>일 (0 ~ 31)</td></tr>
<tr><td>%a</td><td>주 (Sun ~ Sat)</td></tr>
</table>
예 DATE_FORMAT('2019-12-12','%Y %M %d %a') → 2019 December 12 Fri</td></tr>
</table>

Tip 실습 준비

필요할 경우, 5장 2절처럼 univDB의 SQL 실습 자료를 초기화시킨 후 진행한다.

1.2 내장 함수의 적용

MySQL에서 제공하는 기본 내장 함수는 숫자와 문자, 날짜, 시간 관련 함수를 포함한다.

1) 숫자 함수

변환 결과를 숫자로 반환하는 여러 SQL 문에서 기본 사칙 연산자(+,−,*,/)와 나머지(%) 연산자를 사용할 수 있다. 이외에도 숫자 함수를 제공한다. 숫자 함수 입력으로 상수 값 또는 열이름을 사용한다. 여러 함수의 결합 사용도 가능하다.

```
SELECT ABS(+17), ABS(-17), CEIL(3.28), FLOOR(4.259) ;
```

ABS(+17)	ABS(-17)	CEIL(3.28)	FLOOR(4.259)
17	17	4	4

```
SELECT 학번, SUM(기말성적)/COUNT(*), ROUND(SUM(기말성적)/COUNT(*), 2)
FROM 수강
GROUP BY 학번
```

학번	SUM(기말성적)/COUNT(*)	ROUND(SUM(기말성적)/COUNT(*), 2)
s001	88.6667	88.67
s002	50.0000	50.00
s003	82.0000	82.00
s004	89.0000	89.00

2) 문자 함수

문자 함수는 문자열을 원하는 형식으로 변환하는 유용한 함수이다. 문자열 상수 값이나 CHAR, VARCHAR 유형으로 선언된 열이름이 문자 함수의 입력이 된다.

```
SELECT LENGTH(소속학과), RIGHT(학번,2), REPEAT('*',나이), CONCAT(소속학과,'학과')
FROM 학생 ;
```

LENGTH(소속학과)	RIGHT(학번,2)	REPEAT("*",나이)	CONCAT(소속학과, '학과')
9	01	************************	컴퓨터학과
6	02	***************************	통계학과
12	03	*******************************	정보통신학과
12	04	NULL	정보통신학과
9	05	************************	컴퓨터학과
9	06	***************************	컴퓨터학과
6	07	************************	경영학과

문자열의 일부를 취하거나 부분 문자열을 다른 문자로 대치할 수도 있다.

```
SELECT SUBSTRING(주소,1,2), REPLACE(SUBSTRING(휴대폰번호,5,9),'-',',')
FROM 학생 ;
```

SUBSTRING(주소,1,2)	REPLACE(SUBSTRING(휴대폰번호,5,9), '-', ',')
서울	1111,2222
미정	NULL
NULL	NULL
경기	4444,5555
경기	6666,7777
서울	8888,9999
경기	2222,3333

3) 날짜 · 시간 함수

테이블 안에 날짜 혹은 시간 정보를 저장할 경우가 많다. 단순히 문자열로 저장할 수도 있지만 날짜나 시간 계산은 날짜형 데이터로 저장하면 편리하다. 날짜·시간 함수는 날짜형 데이터에 대한 다양한 변환과 연산을 지원한다.

다음은 SELECT절과 WHERE절에서 날짜 함수를 적용함으로써 날짜에 대한 다양한 변환을 손쉽게 활용하는 예이다.

```
SELECT 신청날짜, LAST_DAY(신청날짜)
FROM 수강
WHERE YEAR(신청날짜) = '2019' ;
```

신청날짜	LAST_DAY(신청날짜)
2019-09-03	2019-09-30
2019-03-05	2019-03-31
2019-03-03	2019-03-31
2019-03-03	2019-03-31

까다로운 날짜 계산도 날짜 함수를 활용하면 편리하다. SYSDATE( )는 인자가 필요 없는 함수로써 DBMS가 제공하는 현재 날짜와 현재 시간을 반환하는 함수이다. NOW( )도 같은 기능의 함수이다.

```
SELECT SYSDATE( ), DATEDIFF(신청날짜,'2019-01-01')
FROM 수강 ;
```

SYSDATE()	DATEDIFF(신청날짜,'2019-01-01')
2019-04-09 23:57:12	245
2019-04-09 23:57:12	63
2019-04-09 23:57:12	611
2019-04-09 23:57:12	-297
2019-04-09 23:57:12	61
2019-04-09 23:57:12	-482
2019-04-09 23:57:12	-302
2019-04-09 23:57:12	611
2019-04-09 23:57:12	61

검색을 위해 입력받는 값 등을 포함하여 기본 데이터가 문자열이기 때문에 문자형과 날짜형의 값들의 비교가 많이 발생한다. 문자형과 날짜형은 형식이 다르므로 둘 중 하나를 문자형이나 날짜형으로 변환해야만 연산이 가능하다. DATE_FORMAT( ) 함수를 활용하면 날짜 같은 다양한 유형의 문자열로 변환이 가능하다.

```
SELECT 신청날짜, DATE_FORMAT(신청날짜,'%b/%d/%y'), DATE_FORMAT(신청날짜,'%Y년%c월%e일')
FROM 수강 ;
```

신청날짜	DATE_FORMAT(신청날짜,'%b/%d/%y')	DATE_FORMAT(신청날짜,'%Y년%c월%e일')
2019-09-03	Sep/03/19	2019년9월3일
2019-03-05	Mar/05/19	2019년3월5일
2020-09-03	Sep/03/20	2020년9월3일
2018-03-10	Mar/10/18	2018년3월10일
2019-03-03	Mar/03/19	2019년3월3일
2017-09-06	Sep/06/17	2017년9월6일
2018-03-05	Mar/05/18	2018년3월5일
2020-09-03	Sep/03/20	2020년9월3일
2019-03-03	Mar/03/19	2019년3월3일

2. 저장 프로시저

저장 프로시저(stored procedure)는 미리 작성하여 데이터베이스 안에 저장한 SQL 문장들의 묶음이다. 독립된 프로그램으로 데이터베이스 안에 하나의 객체로 저장된다. 보통 DBA가 데이터베이스 관리를 수행하기 위해 사용하는 기능들이 DBMS에 의해 저장 프로시저로 제공된다.

직접 저장 프로시저를 정의하면 복잡한 조건의 SQL 작업을 함수처럼 인자만 전달해서 실행할 수 있다. 또, 필요할 때마다 호출하여 반복 사용이 가능하다.

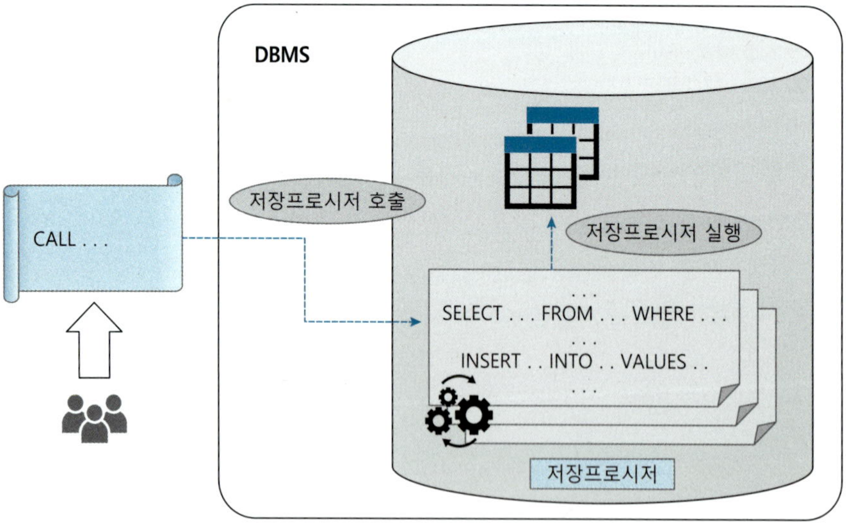

[그림 7-2] 저장 프로시저의 활용 개념

저장 프로시저를 사용할 경우, 최적화된 SQL문을 미리 데이터베이스에 작성해둘 수 있고 복잡한 SQL문을 전달할 필요가 없어 네트워크 부하가 줄어들며 여러 응용 프로그램간의 공유가 가능한 것이 장점이다.

2.1 삽입·수정 저장 프로시저의 생성 및 활용

저장 프로시저를 정의하기 위해서는 CREATE PROCEDURE문을 사용한다.

CREATE PROCEDURE문

저장 프로시저를 생성하는 CREATE PROCEDURE 명령문의 형식은 다음과 같다.

```
CREATE PROCEDURE 프로시저_이름
BEGIN
 ...
 SQL 명령문 ;
 ...
END
```

저장 프로시저는 미리 최적화되어 저장됨으로써 복잡한 SQL문의 작성과 전송 부담을 줄여준다. 또, 여러 프로그램에서의 재사용이 가능해 반복 사용에 효과적이다. 몇 가지 유형의 프로시저 활용 예를 살펴보자.

CREATE PROCEDURE의 적용 예

인자를 입력 받아 테이블을 변경하는 저장 프로시저를 생성해 보자.

■ 삽입 · 수정 저장 프로시저 생성

다음은 테이블을 변경하는 삽입·수정 저장 프로시저의 정의 예이다.

예제 7-1 '과목' 테이블에 데이터를 추가(입력 또는 수정)하는 저장 프로시저를 작성하시오

```
❶ DELIMITER //
❷ CREATE PROCEDURE InsertOrUpdateCourse (
❸   IN CourseNo    VARCHAR(4),
     IN CourseName  VARCHAR(20),
     IN CourseRoom  CHAR(3),
     IN CourseDept  VARCHAR(20),
     IN CourseCredit  INT)
❹ BEGIN
❺   DECLARE Count INT;
❻   SELECT COUNT(*) INTO Count FROM 과목 WHERE 과목번호 = CourseNo  ;
❼   IF (Count = 0) THEN
      INSERT INTO 과목(과목번호, 이름, 강의실, 개설학과, 시수)
      VALUES(CourseNo, CourseName, CourseRoom, CourseDept, CourseCredit) ;
    ELSE
      UPDATE 과목
      SET 이름 = CourseName,  강의실 = CourseRoom, 개설학과 = CourseDept, 시수 = CourseCredit
      WHERE 과목번호 = CourseNo ;
    END IF ;
  END ❽ //
❾ DELIMITER ;
```

❶ 저장 프로시저 전체도 하나의 SQL 명령문으로 간주하므로 몸체 안에서 세미콜론(;)을 만나면 프로시저를 종료하게 된다. DELIMITER 명령어는 세미콜론(;) 대신에 구분 문자 '//'가 프로시저의 끝임을 정의한다.

❷ CREATE PROCEDURE 명령문은 프로시저를 생성하는 명령어이다. 프로시저를 정의하는 선언부로 프로시저 이름과 매개변수를 선언한다.

❸ 저장 프로시저의 매개변수를 정의하는 문장이다. 매개변수는 저장 프로시저가 호출될 때 프로시저에 전달되는 인자 값의 저장 공간이다. 저장 프로시저를 호출할 때 입력한 값이 전달되는 입력 매개변수는 IN, 저장 프로시저의 실행 후, 최종 결과 값을 전달하기 위한 출력 매개변수는 OUT 키워드로 구별한다.

❹ 프로시저의 실행부로 프로그램의 실행 내용을 구현한다. 'BEGIN .. END' 문은 여러 SQL 실행 문장들을 하나의 수행 단위로 묶어 블록을 정의한다.

❺ DECLARE는 저장 프로시저나 트리거 안의 내부 지역 변수(local variable)를 선언한다.

❻ 매개변수를 통해 전달받은 과목번호 값을 비교 조건으로 한 SELECT 검색문의 실행 결과를 Count 내부 지역 변수에 저장한다. Count 변수는 같은 과목 번호를 갖는 행이 몇 개 있는지를 저장한다.

❼ 'IF .. THEN .. ELSEIF .. END IF' 문은 조건식의 참, 거짓 여부를 검사해서 서로 다른 문장을 실행하도록 한다. 예제에서는 Count 변수의 값이 0인지를 비교하여 참이면 INSERT문을, 거짓이면 UPDATE문을 실행한다. 과목번호(CourseNo)와 같은 과목이 있는지 확인하고 있으면 강의실만 새로운 강의실(CourseRoom)로 수정하고 아니면 행 전체를 새로 삽입한다.

❽ '//'은 전체 프로시저 문장들을 하나의 단위로 실행시킨다. SQL문의 실행 단위 ';' 대신에 실행 명령문의 끝을 의미하는 임시 지정자이다.

❾ 구분 문자를 '//'에서 다시 ';'로 되돌린다.

■ 삽입 저장 프로시저의 호출

다음은 행 삽입을 수행하는 저장 프로시저를 활용한 예이다.

예제 7-2 'InsertOrUpdateCourse' 저장 프로시저를 호출하여 '과목' 테이블에 '연극학개론' 과목을 등록하시오.

```
-- 행 삽입 예
❿ CALL InsertOrUpdateCourse('c006', '연극학개론', '310', '교양학부', 2) ;
⓫ SELECT * FROM 과목 ;
```

❿ 저장된 'InsertOrUpdateCourse' 프로시저를 CALL문으로 호출하는 구문이다. 'InsertOrUpdateCourse' 프로시저를 호출하면서 입력 값 5개를 전달한다. 'InsertOrUpdateCourse' 프로시저는 'c006'을 CourseNo 매개변수에 저장하고 SELECT 검색을 통해 같은 과목이 테이블에 존재하는지를 검사한다. 같은 과목이 없으면 입력한 매개변수들로 새로운 행 하나가 추가된다.

⓫ '과목' 테이블에 과목번호가 'c006'인 행 하나가 추가되었음을 확인할 수 있다.

실행 결과는 다음과 같다.

과목번호	이름	강의실	개설학과	시수
c001	데이터베이스	126	컴퓨터	3
c002	정보보호	137	정보통신	3
c003	모바일웹	128	컴퓨터	3
c004	철학개론	117	철학	2
c005	전공글쓰기	120	교양학부	1
c006	연극학개론	310	교양학부	2

■ 수정 저장 프로시저의 호출

다음은 행 수정을 수행하는 저장 프로시저를 활용한 예이다.

예제 7-3 'InsertOrUpdateCourse' 저장 프로시저를 호출하여 '과목' 테이블의 '연극학개론' 과목 강의실을 '410'으로 수정하시오.

```
-- 행 수정 예
⓬ CALL InsertOrUpdateCourse('c006', '연극학개론', '410', '교양학부', 2) ;
⓭ SELECT * FROM 과목 ;
```

⓬ 저장된 'InsertOrUpdateCourse' 프로시저를 CALL문으로 다시 호출한다.

⓭ 프로시저 실행 결과, '과목' 테이블에 과목번호가 'c006'인 행이 있으므로 강의실 번호만 '310'에서 '410'으로 변경한다.

실행 결과는 다음과 같다.

과목번호	이름	강의실	개설학과	시수
c001	데이터베이스	126	컴퓨터	3
c002	정보보호	137	정보통신	3
c003	모바일웹	128	컴퓨터	3
c004	철학개론	117	철학	2
c005	전공글쓰기	120	교양학부	1
c006	연극학개론	410	교양학부	2

2.2 검색 저장 프로시저의 생성 및 활용

검색 저장 프로시저의 실행 결과는 여러 행이나 복수 열을 포함할 수 있다. 이를 위해 커서를 사용한다.

커서(cursor)는 검색 결과 안의 행들을 한 번에 하나씩 처리하기 위해 테이블의 특정 행을 가리키는 객체이다. 처리 대상이 되는 다음 행의 위치를 지정하는 포인터 역할을 한다.

■ 검색 저장 프로시저의 생성

매개변수를 입력받아 테이블을 검색하는 저장 프로시저를 생성해 보자.

예제 7-4 '수강' 테이블에서 중간 성적 혹은 기말 성적으로 특정 점수 이상을 받은 학생수를 반환하는 'SelectAverageOfBestScore' 프로시저를 작성하시오.

```
DELIMITER //
CREATE PROCEDURE SelectAverageOfBestScore (
 ❶ IN Score INT,
 ❷ OUT Count INT)
BEGIN
 ❸ DECLARE NoMoreData INT DEFAULT FALSE;
   DECLARE Midterm INT ;
   DECLARE Final INT ;
   DECLARE Best INT ;
 ❹ DECLARE ScoreListCursor CURSOR FOR
      SELECT 중간성적, 기말성적 FROM 수강 ;
 ❺ DECLARE CONTINUE HANDLER FOR NOT FOUND SET NoMoreData = TRUE ;
      SET Count = 0;
 ❻ OPEN ScoreListCursor ;
 ❼ REPEAT
 ❽    FETCH ScoreListCursor INTO Midterm, Final ;
      IF Midterm > Final THEN
         SET Best = Midterm ;
      ELSE
         SET BEST = Final ;
      END IF ;
      IF (Best >= Score) THEN
         SET Count = Count + 1 ;
      END IF ;
   UNTIL NoMoreData END REPEAT ;
 ❾ CLOSE ScoreListCursor ;
END ;
//
DELIMITER ;
```

❶ 저장 프로시저 호출 시 특정 점수를 전달받기 위해 입력 매개변수 Score를 선언한다.

❷ 프로시저 안에서 중간 혹은 기말 성적 중 하나라도 입력 매개변수 Score 변수 값 이상인 학생수를 반환받기 위한 출력 매개변수 Count를 선언한다.

❸ DECLARE로 필요한 지역 변수를 선언한다. 지역 변수는 SET 명령으로 값을 지정한다.

❹ '수강' 테이블의 '중간성적'과 '기말성적' 열값을 임시로 저장하는 커서를 선언한다.

❺ 커서가 데이터 집합의 끝에 도달해 더 이상 행이 없을 때를 감지하는 NOT FOUND 핸들러를 정의한다. 마지막 행이 패치되면 NoMoreData 변수 값을 참으로 설정한다.

❻ 커서를 열어 실제 질의를 실행한다.

❼ 커서에 더 이상 조건을 만족하는 행이 없을 때 즉, NoMoreData가 참이 될 때까지 반복한다.

❽ 루프를 돌며 각 행을 패치하면서 커서 안의 두 열 값을 Midterm과 Final 변수에 반복해서 저장하고 둘 중 높은 점수가 Score 변수 값 이상인 경우만 Count 변수 값을 1씩 증가시킨다.

❾ 커서를 닫는다.

■ 검색 저장 프로시저의 호출

다음은 행 검색을 수행하는 저장 프로시저를 활용한 예이다.

예제 7-5 'SelectAverageOfBestScore' 저장 프로시저를 호출하여 중간 혹은 기말 성적 중 95점 이상 받은 학생수를 검색하시오.

```
-- 행 검색 예
CALL SelectAverageOfBestScore(95, @Count) ;
SELECT @Count  ;
```

'SelectAverageOfBestScore' 저장 프로시저를 호출하여 중간 혹은 기말성적 95점 이상을 받은 학생수를 @Count 사용자 변수로 반환 받는다. 실행 결과로 반환값을 출력하면 다음과 같다.

@Count
2

2.3 저장 프로시저의 삭제

저장 프로시저를 삭제하기 위해서는 DROP PROCEDURE문을 사용한다.

DROP PROCEDURE문

DROP PROCEDURE 명령문의 형식은 다음과 같다.

```
DROP PROCEDURE 프로시저_이름 ;
```

DROP PROCEDURE의 적용 예

프로시저 삭제하기 전에 삭제할 저장 프로시저의 내용을 확인해 보자. SHOW CREATE PROCEDURE 명령어를 실행하면 삭제할 저장 프로시저의 내용을 확인할 수 있다.

```
SHOW CREATE PROCEDURE InsertOrUpdateCourse ;
```

Procedure	sql_mode	Create Procedure
InsertOrUpdateCourse	STRICT_TRAN...	CREATE DEFINER=`manager`@`%` PROCEDURE `InsertOrUpdateCourse`(IN CourseNo VARCHAR(4), ...

다음은 저장 프로시저를 삭제하는 DROP PROCEDURE 명령문의 예이다.

예제 7-6 'InsertOrUpdateCourse' 프로시저를 삭제하시오.

```
DROP PROCEDURE InsertOrUpdateCourse ;
```

3. 트리거

트리거(trigger)는 데이터 변경 등의 명세된 이벤트가 발생할 때 이를 감지하여 자동 실행되는 사용자 정의 프로시저이다. INSERT, UPDATE, DELETE 명령문의 실행 직후에 마치 방아쇠를 당기듯이 자동으로 호출되어 실행된다. 트리거가 정의된 테이블 또는 뷰에 대한 삽입, 삭제, 수정 요청이 수행될 때 DBMS에 의해 자동 호출된다.

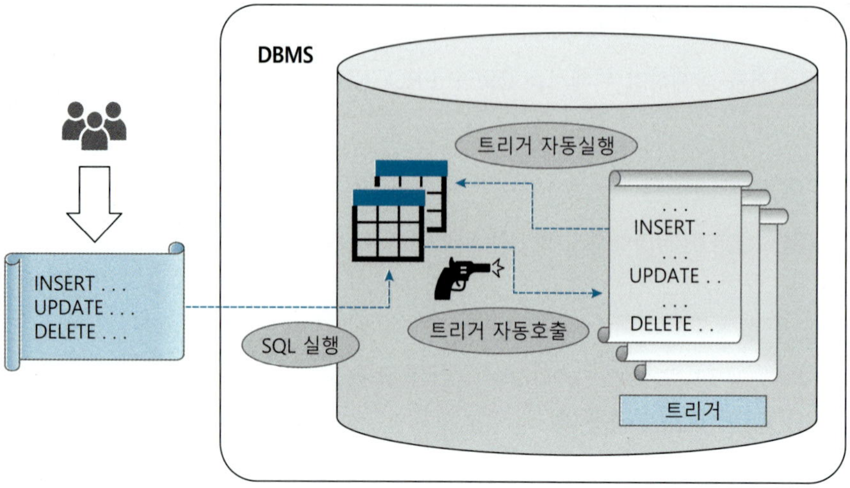

[그림 7-3] 트리거의 활용 개념

3.1 트리거의 생성 및 활용

트리거는 데이터 변경 시에 부수적으로 필요한 작업들을 처리하기 위해 많이 사용한다. 보통 무결성 제약 조건을 유지하거나 업무 규칙 등을 적용하기 위해 사용한다. 기본 값 설정이나 릴레이션 간의 데이터 제약, 뷰 수정, 참조 무결성 강화 등을 위해서도 활용된다. 트리거는 데이터 무결성 제약 조건이외에 별도의 무결성 조건과 일관성 조건들을 추가로 적용하고자 할 때 매우 유용하다.

트리거를 생성하고 실제 활용해 보자.

CREATE TRIGGER문

트리거를 생성하는 CREATE TRIGGER 명령문의 형식은 다음과 같다.

```
CREATE TRIGGER 트리거_이름
[ ❶BEFORE | ❷AFTER ][ INSERT|UPDATE|DELETE ] ON 테이블이름 FOR EACH ROW
BEGIN
...
 SQL 명령문 ;
...
END
```

트리거는 호출되는 시점에 따라 2가지로 분류한다.

❶ BEFORE는 사전 트리거를 선언한다. 사전 트리거는 특정 명령문(INSERT, UPDATE DELETE) 실행 전에 처리할 내용을 정의한다.

❷ AFTER는 사후 트리거를 선언한다. 사후 트리거는 특정 삽입, 수정, 삭제 요청이 처리된 직후에 작업할 내용을 정의한다.

트리거는 변경된 데이터를 SQL 명령문에 의해 접근할 수 있다. 변경 전의 값은 'OLD.열이름'으로, 변경 후의 값은 'NEW.열이름'으로 참조한다. SELECT문은 테이블을 변경하지 않으므로 트리거 이벤트와 관련이 없다.

> **Tip 트리거 참조 테이블 OLD & NEW**
>
> 테이블에 어떠한 처리가 이루어지기 직전의 값과 직후의 값들을 저장하는 특별한 테이블이 **OLD 테이블**과 **NEW 테이블**이다.
> - OLD.열이름 : 처리 직전의 특정 열 값
> - NEW.열이름 : 처리 직후의 특정 열 값

CREATE TRIGGER의 적용 예

새로운 학생이 등록되면 남녀 성별에 따라 '남녀학생총수의 인원수'를 자동으로 변경하는 삽입 트리거를 작성해 보자.

예제 7-7 '학생' 테이블에 행이 삽입되면 '남녀학생총수' 테이블의 '남'학생 또는 '여'학생의 인원수를 1만큼씩 자동으로 증가시키는 트리거를 작성하시오.

■ 예제 테이블의 생성

다음 명령문을 실행하여 트리거 실행을 위한 '남녀학생총수' 임시 예제 테이블을 먼저 생성하자.

```
❸ CREATE TABLE 남녀학생총수
  ( 성별 CHAR(1) NOT NULL DEFAULT 0,
   인원수 INT NOT NULL DEFAULT 0,
   PRIMARY KEY (성별) ) ;
❹ INSERT INTO 남녀학생총수  SELECT '남', COUNT(*) FROM 학생 WHERE 성별 = '남' ;
  INSERT INTO 남녀학생총수  SELECT '여', COUNT(*) FROM 학생 WHERE 성별 = '여' ;
❺ SELECT * FROM 남녀학생총수 ;
```

❸ 먼저, 트리거가 작업할 대상인 '남녀학생총수' 예제 테이블을 생성한다.

❹ 현재 입력된 '학생' 테이블의 7명 학생에 대해 남녀 성별로 학생총수를 입력한다.

❺ 남녀 학생총수를 확인한다.

성별	인원수
남	3
여	4

▪ 트리거의 생성

다음은 'AfterInsertStu' 트리거를 생성하는 명령문이다.

```
  DELIMITER //
❻ CREATE TRIGGER AfterInsertStu
❼ AFTER INSERT ON 학생 FOR EACH ROW
  BEGIN
❽   IF ( NEW.성별 = '남' ) THEN
       UPDATE 남녀학생총수 SET 인원수 = 인원수 + 1 WHERE 성별 = '남' ;
    ELSEIF ( NEW.성별 = '여' ) THEN
       UPDATE 남녀학생총수 SET 인원수 = 인원수 + 1 WHERE 성별 = '여' ;
    END IF ;
  END ;
  //
  DELIMITER ;
```

❻ 트리거를 정의하는 문장으로 트리거 생성은 CREATE TRIGGER 명령어를 사용한다.

❼ '학생' 테이블에 INSERT문을 통해 각 행이 입력될 때마다 입력된 직후 자동으로 실행된다는 의미이다.

❽ NEW는 새로 삽입되는 행의 값을 가리키는 지정자이다. 'IF .. THEN .. ELSEIF .. END IF' 구문에서 삽입 행의 '성별' 열값이 '남' 혹은 '여'인지에 따라 '남녀학생총수' 테이블의 남학생 혹은 여학생의 인원수 값을 증가시킨다. '학생' 테이블에 INSERT문이 실행되면 'AfterInsertStu' 트리거에 의해서 자동으로 '남녀학생총수' 테이블에 UPDATE문이 실행된다.

■ 트리거의 실행

생성된 'AfterInsertStu' 트리거를 실행시켜 보자.

'학생' 테이블에 INSERT 명령문을 실행하면 연쇄적으로 'AfterInsertStu' 트리거가 실행된다. 이름이 '최동석'인 학생을 추가할 때 '학생' 테이블과 '남녀학생총수' 테이블이 어떻게 연동되어 변경되는지 확인해 보자.

```
❾ INSERT INTO 학생
  VALUES ('s008', '최동석', '경기 수원', 2, 26, '남', '010-8888-6666', '컴퓨터') ;

  SELECT * FROM 학생 ;
❿ SELECT * FROM 남녀학생총수 ;
```

❾ 8번째 '최동석' 학생이 입력되자마자 바로 'AfterInsertStu' 트리거가 동작한다.

❿ '학생' 테이블에 8번째 남학생 1명이 추가됨에 따라 '남녀학생총수' 테이블의 남학생 인원수도 3명에서 4명으로 자동으로 변경됨을 확인할 수 있다.

실행 결과는 다음과 같다.

학번	이름	주소	학년	나이	성별	휴대폰번호	소속학과
s001	김연아	서울 서초	4	23	여	010-1111-2222	컴퓨터
s002	홍길동	미정	1	26	남	NULL	통계
s003	이승엽	NULL	3	30	남	NULL	정보통신
s004	이영애	경기 분당	2	NULL	여	010-4444-5555	정보통신
s005	송윤아	경기 분당	4	23	여	010-6666-7777	컴퓨터
s006	홍길동	서울 종로	2	26	남	010-8888-9999	컴퓨터
s007	이은진	경기 과천	1	23	여	010-2222-3333	경영
s008	최동석	경기 수원	2	26	남	010-8888-6666	컴퓨터

성별	인원수
남	4
여	4

3.2 트리거의 삭제

트리거를 삭제하기 위해서는 DROP TRIGGER문을 사용한다.

DROP TRIGGER문

DROP TRIGGER 명령문의 형식은 다음과 같다.

```
DROP TRIGGER 트리거_이름 ;
```

DROP TRIGGER 적용 예

삭제하기 전에 삭제할 트리거의 내용을 확인해 보자. 다음 명령어를 실행하면 트리거의 내용을 확인할 수 있다.

```
SHOW TRIGGERS ;
```

Trigger	Event	Table	Statement		Timing	Created
AfterInsertStu	INSERT	학생	BEGIN IF (NEW.성별 = '남') THEN	UPDA...	AFTER	2019-04-10 00:37:32.60

다음은 트리거를 삭제하는 DROP TRIGGER 명령문의 예이다.

예제 7-8 'AfterInsertStu' 트리거를 삭제하시오.

```
DROP TRIGGER AfterInsertStu ;
```

4. 사용자 정의 함수

MySQL DBMS의 기본 제공 함수가 충분하지 않다면 필요한 함수를 직접 정의할 수도 있다. **사용자 정의 함수**(user defined function)는 사용자가 직접 정의한 함수로 DBMS 안에 독립된 데이터베이스 객체로 저장된다. SELECT문이나 프로시저 안에서 호출되어 특정 기능을 수행하고 결과 값을 반환하는 용도로 사용된다.

반환되는 결과 값에 따라 스칼라 함수와 테이블 함수로 분류된다. 스칼라 함수는 하나의 값 또는 NULL을 반환한다. 테이블 함수는 각 행이 하나 이상의 열로 구성된 테이블을 반환한다.

4.1 사용자 정의 함수의 생성

사용자 정의 함수를 생성해보자. CREATE FUNCTION문을 사용한다.

CREATE FUNCTION문

사용자 정의 함수를 생성하는 CREATE FUNCTION 명령문의 형식은 다음과 같다.

```
CREATE FUNCTION 함수명(매개변수 매개변수_자료형)
RETURNS 반환값_자료형
BEGIN
  . . .
  SQL 명령문 ;
  . . .
  RETURN 반환값 ;
END
```

함수를 선언할 때는 함수명, 매개변수, 매개변수의 자료형 그리고 반환값의 자료형을 지정한다.

CREATE FUNCTION 적용 예

'수강' 테이블 검색을 위해서 '학점'(A~F)을 '평가 등급'(최우수~미흡)으로 변환하여 반환하는 사용자 정의 함수를 작성해 보자. 다음은 사용자 정의 함수를 적용하는 예이다.

예제 7-9 '수강' 테이블에서 학생의 학점이 A이면 '최우수', B이면 '우수', C이면 '보통' D나 F이면 '미흡'으로 변환하여 반환하는 사용자 정의 함수를 작성하시오.

■ 사용자 함수의 정의

다음은 'Fn_Grade( )' 사용자 정의 함수를 생성하는 명령문이다.

```
  DELIMITER //
❶ CREATE FUNCTION Fn_Grade( grade CHAR(1) )
❷ RETURNS VARCHAR(10)
❸ BEGIN
    DECLARE ret_grade VARCHAR(10) ;
    IF ( grade = 'A' ) THEN
```

```
      SET ret_grade = '최우수' ;
    ELSEIF ( grade = 'B' ) THEN
      SET ret_grade = '우수' ;
    ELSEIF ( grade = 'C' ) THEN
      SET ret_grade = '보통' ;
    ELSEIF ( grade = 'D' OR grade = 'F' ) THEN
      SET ret_grade = '미흡' ;
    END IF ;
    RETURN ret_grade ;
  END
  //
  DELIMITER ;
```

❶ 함수를 정의하는 문장으로 함수 생성은 CREATE FUNCTION 명령어를 사용한다. 사용자가 새롭게 정의하는 함수 이름은 'Fn_Grade( )'이며 입력 값으로 학점에 해당하는 알파벳 문자가 매개변수 grade에 전달된다.

❷ 함수 'Fn_Grade( )'는 문자열을 반환한다.

❸ 입력 받은 학점에 따라 대응하는 '최우수' ~ '미흡'까지 한글 평가 등급으로 변환된 문자열을 반환한다.

■ 사용자 함수의 적용

생성된 함수는 SQL 명령문 안에서 활용할 수 있다. 다음 예에 적용해 보자.

예제 7-10 '수강' 테이블에서 전체 학생의 '학번', '과목번호', '평가학점'과 한글로 변환된 '평가등급'을 검색하시오('Fn_Grade( )' 사용자 정의 함수를 활용).

```
SELECT 학번, 과목번호, 평가학점, Fn_Grade(평가학점) AS '평가 등급' FROM 수강 ;
```

검색 결과로 '평가학점'과 이에 대응하는 한글 '평가 등급'을 함께 확인할 수 있다. 실행 결과는 다음과 같다.

학번	과목번호	평가학점	평가 등급
s001	c002	A	최우수
s001	c004	B	우수
s001	c005	C	보통
s002	c001	F	미흡
s003	c001	B	우수
s003	c002	B	우수
s004	c002	A	최우수
s004	c003	A	최우수
s004	c005	C	보통

4.2 사용자 정의 함수의 삭제

불필요한 사용자 정의 함수를 삭제하기 위해서는 DROP FUNCTION문을 사용한다.

DROP FUNCTION문

DROP FUNCTION 명령문의 형식은 다음과 같다.

```
DROP FUNCTION 사용자정의함수_이름 ;
```

DROP FUNCTION의 적용 예

삭제하기 전에 삭제할 사용자 정의 함수의 내용을 확인해 보자. 다음 명령문을 실행하면 사용자 정의 함수 Fn_Grade( )의 내용을 표시한다.

```
SHOW CREATE FUNCTION Fn_Grade ;
```

Function	sql_mode	Create Function
Fn_Grade	STRICT_TRAN...	CREATE DEFINER=`manager`@`%` FUNCTION `Fn_Grade`(grade CHAR(1))...

다음은 사용자 정의 함수를 삭제하는 DROP FUNCTION 명령문의 예이다.

예제 7-11 사용자 정의 함수 'Fn_Grade( )'를 삭제하시오.

```
DROP FUNCTION Fn_Grade ;
```

■ 저장 프로시저, 트리거, 사용자 정의 함수의 비교

앞에서 살펴본 저장 프로시저와 트리거, 사용자 정의 함수는 서로 비슷하면서도 다르다. 이 3가지 데이터베이스 객체의 특성을 간략히 비교하면 〈표 7-2〉와 같다.

〈표 7-2〉 저장 프로시저, 트리거, 사용자 정의 함수의 비교

구분	저장 프로시저	트리거	사용자 정의 함수
공통점	데이터베이스 객체 DBMS 안에 저장 절차적 언어로 작성		
차이점	CREATE PROCEDURE CALL문으로 직접 호출 실행 SQL문을 포함 반환값 제공(선택사항)	CREATE TRIGGER INSERT, UPDATE, DELETE문 실행시 자동 호출 실행 SQL문을 포함 반환값 없음	CREATE FUNCTION SELECT문 실행시 간접 호출 실행 SQL문에 포함 반환값 제공(필수사항)

저장 프로시저는 여러 응용 프로그램 사이에 공유함으로써 처리의 일관성이 높아지고 보안을 쉽게 강화할 수 있다. 또, 전송되는 SQL 명령문의 양을 줄이고 미리 컴파일된 코드를 호출함으로써 반복적인 처리를 할 경우 성능을 크게 향상시킬 수 있는 장점이 있다.

트리거는 복잡한 데이터 무결성을 강화하거나 다양한 데이터 처리 업무 규칙을 구현할 수 있지만 성능이 다소 저하될 수 있는 단점이 있다.

사용자 정의 함수는 특정 값뿐만 아니라 테이블도 반환할 수 있어 제한된 SQL 명령문의 기능을 확장시키고 명령문 작성의 편의성을 향상시키는 장점이 있다.

5. 트랜잭션

데이터베이스 응용 프로그램을 개발하기 위해서는 개별 SQL 문장을 묶어 트랜잭션 단위로 정의하는 것이 필요하다. 트랜잭션의 개념과 종류, 활용 방법을 알아본다.

5.1 트랜잭션의 개념

현실적으로 데이터베이스에 의미 있는 업무 처리를 하려면 SQL 명령문 하나로는 어려운

경우가 많다. 수강 신청과 같은 데이터베이스 요청은 대부분 여러 SQL 문장을 이용하여 처리된다. 이를 위해서는 관련 SQL 문장들을 묶어서 하나의 처리 단위로 다루는 트랜잭션 개념이 필요하다.

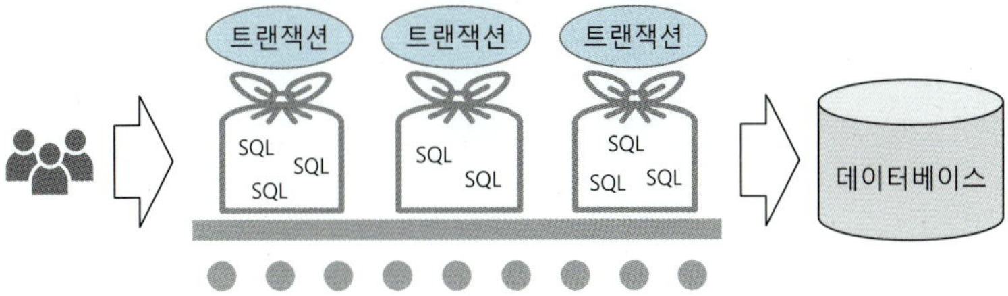

[그림 7-4] 트랜잭션의 개념

트랜잭션 정의

트랜잭션(transaction)은 한 묶음으로 처리되어야 하는 SQL 명령문들의 집합이다. 트랜잭션에 속한 SQL 명령문들이 모두 정상 처리되어야 함께 완료된다. 하나의 명령문이라도 오류가 발생하면 전체를 취소한다.

여러 SQL 명령문을 트랜잭션으로 묶으려면 START TRANSACTION 명령문으로 시작하고 COMMIT 명령문으로 끝맺음을 한다. 실행 중인 트랜잭션 안의 SQL 명령문은 수행하더라도 최종 완료 전에는 언제라도 취소될 수 있다. 트랜잭션의 실행 결과를 데이터베이스에 최종적으로 반영하는 것을 정상 종료 즉, **커밋**(commit)이라고 한다. 실행 결과를 반영하지 않고 취소하여 원래 상태로 되돌리는 것을 **롤백**(rollback)이라고 한다. 커밋은 임시로 실행 처리한 트랜잭션의 실행 결과를 실제 데이터베이스에 반영하는 명령이다. 커밋되기 전까지는 데이터베이스에 완전하게 반영되었다고 확신할 수 없는 임시 실행 결과일 뿐이다.

■ 트랜잭션의 예

[그림 7-5]는 2개의 UPDATE문으로 구성된 '계좌이체' 트랜잭션의 예이다.

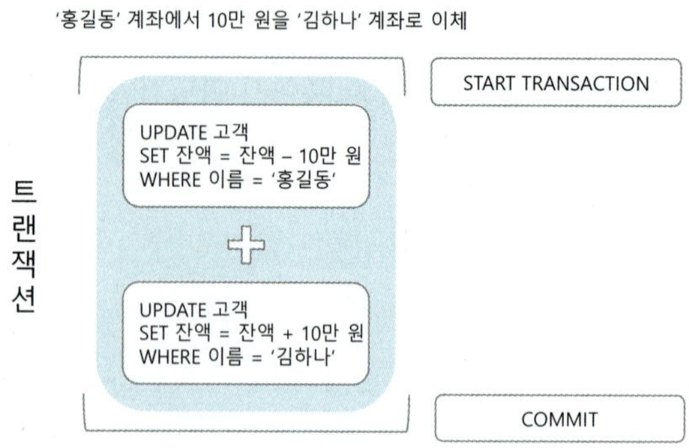

[그림 7-5] 트랜잭션(계좌 이체)의 예

홍길동이 김하나에게 10만 원을 이체시킬 경우를 가정해 보자.

데이터베이스 상의 계좌이체는 '홍길동' 고객의 잔액을 10만 원 감소시키고 '김하나' 고객의 잔액을 10만 원 증가시키는 2개의 UPDATE문이 필요하다. 2개의 UPDATE문은 모두 실행되어야하고, 둘 중 하나의 UPDATE문만 실행되어서는 곤란하므로 트랜잭션으로 묶어 처리해야 한다. START TRANSACTION 명령문과 COMMIT 명령문으로 2개 UPDATE 문을 둘러쌈으로써 트랜잭션을 구성한다.

트랜잭션은 데이터베이스에서 가장 중요한 개념 중 하나이다. 데이터베이스에서 SQL 처리를 위한 작업 단위로 트랜잭션 개념을 도입한 이유는 복수 사용자의 동시 접근성을 제어하고 장애 발생 시 안정적으로 데이터를 복구하기 위해서이다. 데이터베이스 장애(failure)의 종류는 서버나 저장 장치, 네트워크의 고장이나 자연 재해 그리고 해킹 등을 통한 고의적인 훼손들이다.

트랜잭션의 특성

트랜잭션이 갖는 기본 4가지 특성은 다음과 같다.

- 원자성

원자성(Atomicity)은 트랜잭션 안의 SQL 명령문을 모두 성공적으로 실행하여 완료하거나 아니면 모두 철회하여 무효화해야함을 의미한다. '**전부 혹은 전무**(all or nothing)' 실행 규칙을 적용한다. 만약 장애가 발생한다면 장애 발생 시점에 이미 정상 완료되어 커밋된 트랜잭션은 제외하고 완료되지 않은 트랜잭션은 모두 취소시킨다.

• 일관성

일관성(Consistency)은 데이터베이스가 트랜잭션 실행 전의 일관된 상태에서 트랜잭션 실행 후에도 또 다른 일관된 상태로 전환되어야함을 의미한다. 트랜잭션 시작 전과 커밋 후에도 항상 데이터의 일관성이 유지된다. 트랜잭션 수행 도중에는 일시적으로 일관성이 지켜지지 않을 수 있다. 동시 실행되는 트랜잭션 사이의 상호 간섭을 로크와 같은 수단을 통해 제어함으로써 데이터의 일관성을 유지시킨다.

• 고립성

고립성(Isolation)은 커밋될 때까지 트랜잭션이 수행한 임시 실행 결과가 다른 트랜잭션에게 공개되지 않아야함을 의미한다. 같은 데이터를 처리하려는 다른 트랜잭션들의 간섭 방지를 위해서이다. 동시 실행중인 각 트랜잭션은 커밋되기 전까지는 변경 내용을 로크를 통해 고립시켜 다른 트랜잭션의 접근을 방지한다.

• 지속성

지속성(Durability)은 일단 트랜잭션이 커밋되면 그 트랜잭션의 실행 결과는 장애가 발생하더라도 보존되어야함을 의미한다. 커밋된 트랜잭션의 결과는 최종적으로 안정된 저장 장치에 반영되는 것을 보장하며 결코 손상되지 않는다. 저장 장치가 손상되더라도 로그와 같은 실행 기록을 참조하여 손상 이전 상태로 회복시킨다.

이 4가지 특성을 'ACID' 특성이라고 하며 트랜잭션이 항상 만족해야 하는 필수 조건이다.

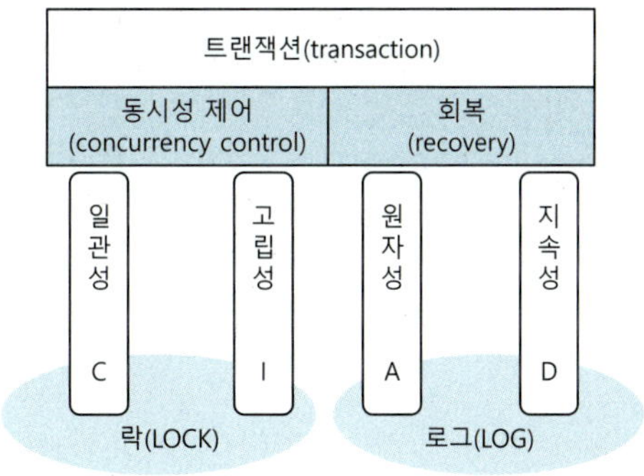

[그림 7-6] 트랜잭션의 특성과 기법

■ 트랜잭션 지원 DBMS 모듈

트랜잭션을 지원하기 위해 DBMS는 동시성 제어와 회복 모듈을 제공한다.

- **동시성 제어**(concurrency control) 모듈

동시에 실행되는 트랜잭션 간의 간섭을 제어한다. 최종적으로 각 트랜잭션이 순차적으로 실행한 결과와 동일한 고립성 결과를 보장하고 트랜잭션 실행 이전과 이후의 데이터베이스 일관성이 항상 유지되도록 한다.

- **회복**(recovery) 모듈

완전한 트랜잭션 결과의 복구를 보장한다. 장애 발생 시 트랜잭션 실행의 원자성을 보장하고 커밋된 트랜잭션의 결과는 반드시 데이터베이스에 반영되도록 지속성을 지원한다.

이론적으로는 다양한 동시성 제어 및 회복 기법이 존재하지만 DBMS의 지원 기법은 대부분 비슷하다. 대표적인 동시성 제어 기법은 **로킹**(locking)이며 대표적인 회복 기법은 **로깅**(logging)이다.

5.2 트랜잭션의 종류

트랜잭션은 설정 모드에 따라 [그림 7-7]과 같이 3가지 트랜잭션으로 구분할 수 있다.

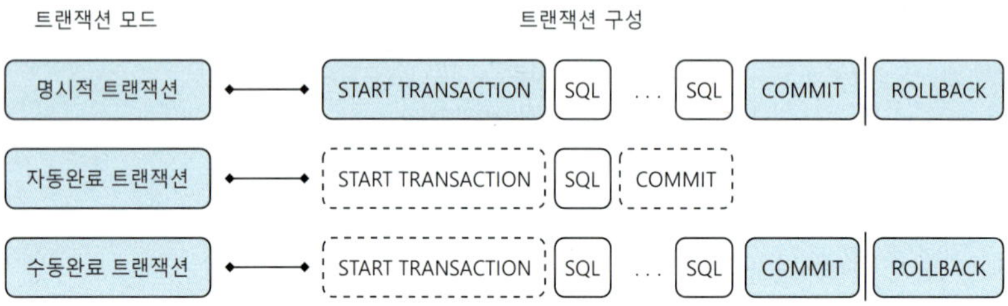

[그림 7-7] 트랜잭션의 종류

명시적 트랜잭션

명시적 트랜잭션은 트랜잭션의 시작과 끝을 사용자가 직접 명시적으로 지정하는 트랜잭션이다. '**사용자 트랜잭션**' 또는 '**수동 트랜잭션**'이라고도 한다.

■ 명시적 트랜잭션의 정의

명시적 트랜잭션을 정의하는 명령문의 형식은 다음과 같다.

```
❶ START TRANSACTION ;
    . . .
   SQL 명령문 ;
    . . .
  { ❷COMMIT | ❸ROLLBACK } ;
```

❶ START TRANSACTION 명령문

START TRANSACTION 명령문은 직접 트랜잭션의 시작을 지시한다. START TRANSACTION 명령문에 의해 명시적 트랜잭션이 시작된다. 기본 모드인 자동 모드 상태에서 수동 모드 상태로 전환한다.

❷ COMMIT 명령문

COMMIT 명령문은 트랜잭션의 처리 결과를 성공적으로 완료한다. 모든 작업의 정상적 처리를 확정하는 명령어로 변경 내용을 모두 실제 데이터베이스에 영구적으로 반영한다. 한번 커밋된 SQL 명령문의 실행 결과는 다시 되돌릴 수 없다. 트랜잭션 동작을 종료하고 다시 자동 모드 상태로 전환한다.

❸ ROLLBACK 명령문

ROLLBACK 명령문은 트랜잭션 처리 내용을 취소하고 트랜잭션 시작 이전의 원래 상태로 되돌린다. 작업 중 장애나 문제가 발생하여 트랜잭션의 처리 과정에서 발생한 변경 내용을 모두 취소하는 명령어이다. 수동 모드 상태에서는 커밋되기 이전까지 SQL 명령문들이 임시로 처리가 되기 때문에 트랜잭션을 이전 상태로 되돌릴 수 있다.

■ 명시적 트랜잭션의 적용 예

```
❹ START TRANSACTION ;
❺  DELETE FROM 학생 WHERE 성별 = '남' ;
❻  SELECT * FROM 학생 ;
❼ ROLLBACK ;
❽ SELECT * FROM 학생 ;
```

❹ 새로운 명시적 트랜잭션의 시작을 선언한다.

❺ 트랜잭션의 첫 번째 SQL문으로 학생 중에서 남학생 정보만 모두 삭제한다.

❻ 트랜잭션의 두 번째 SQL문으로 남학생 정보가 모두 삭제된 '학생' 테이블을 검색한다. 명시적 트랜잭션 실행 중에 '학생' 테이블을 검색한 결과는 다음과 같다.

학번	이름	주소	학년	나이	성별	휴대폰번호	소속학과
s001	김연아	서울 서초	4	23	여	010-1111-2222	컴퓨터
s004	이영애	경기 분당	2	NULL	여	010-4444-5555	정보통신
s005	송윤아	경기 분당	4	23	여	010-6666-7777	컴퓨터
s007	이은진	경기 과천	1	23	여	010-2222-3333	경영

❼ 명시적 트랜잭션 안에서 지금까지 실행한 모든 SQL문의 결과를 롤백한다. 남학생을 삭제한 DELETE 명령문의 실행 결과를 취소하고 트랜잭션 시작 이전의 '학생' 테이블로 되돌린다.

❽ 롤백되어 처음 상태로 되돌아간 '학생' 테이블을 검색한 결과는 다음과 같다.

학번	이름	주소	학년	나이	성별	휴대폰번호	소속학과
s001	김연아	서울 서초	4	23	여	010-1111-2222	컴퓨터
s002	홍길동	미정	1	26	남	NULL	통계
s003	이승엽	NULL	3	30	남	NULL	정보통신
s004	이영애	경기 분당	2	NULL	여	010-4444-5555	정보통신
s005	송윤아	경기 분당	4	23	여	010-6666-7777	컴퓨터
s006	홍길동	서울 종로	2	26	남	010-8888-9999	컴퓨터
s007	이은진	경기 과천	1	23	여	010-2222-3333	경영

삭제되었던 3명의 남학생 정보가 다시 복원되었음을 확인할 수 있다.

자동완료 트랜잭션

자동완료 트랜잭션은 특별한 설정이 없을 경우 적용되는 기본 모드의 트랜잭션이다. 데이터베이스를 변경시키는 SQL문 하나를 독립된 하나의 트랜잭션으로 자동 정의한다. SQL문의 실행 결과에 따라 자동으로 커밋 또는 롤백하는 트랜잭션이다. **'시스템 트랜잭션'**이라고도 한다.

DBMS가 각 SQL 문장 앞뒤에 START TRANSACTION문과 COMMIT문 또는 ROLLBACK문을 자동으로 붙여 실행한다.

■ 자동완료 트랜잭션의 설정

현재 접속(connection)에 옵션 설정을 통해 자동완료 트랜잭션 모드를 실행할 수 있다. 다음과 같이 자동완료 모드를 설정하면 하나의 SQL 명령문마다 개별 트랜잭션으로 처리된다.

```
❶ SELECT @@AUTOCOMMIT ;
❷ SET AUTOCOMMIT=1 ;
```

@@AUTOCOMMIT
1

❶ 자동커밋 옵션 설정 값을 확인한다. '@@AUTOCOMMIT'은 트랜잭션 모드 설정 값을 저장하고 있는 시스템 변수이다. 값이 '1'이면 자동완료 모드가 설정된 것이다.

❷ 자동커밋 설정 값을 '1'로 설정하면 자동완료 트랜잭션 모드로 전환한다.

■ 자동완료 트랜잭션의 적용 예

```
❸ INSERT INTO 과목 VALUES ('c007', '영어회화', '333', '교양학부', 3) ;
❸ SELECT * FROM 과목 ;
❹ ROLLBACK ;
❺ SELECT * FROM 과목 ;
```

❸ 자동 완료 트랜잭션 모드에서는 INSERT문과 SELECT문 각각 앞뒤에 START TRANSACTION과 COMMIT 명령문이 자동으로 추가된다.
각 INSERT문과 SELECT문이 독립된 트랜잭션으로 시작되어 2개의 트랜잭션이 커밋됨으로써 결과가 최종적으로 데이터베이스에 반영된다.

❹ INSERT 명령문과 SELECT 명령문이 각기 다른 트랜잭션으로 이미 커밋되어 더 이상 실행중인 트랜잭션이 없으므로 롤백할 대상이 없다. 자동완료 모드에서는 모든 SQL 문장 하나하나가 실행되면 바로 커밋되기 때문에 롤백 명령문은 적용되지 않는다.

❺ 자동완료 트랜잭션이 커밋한 이후의 검색 결과이다.

과목번호	이름	강의실	개설학과	시수
c001	데이터베이스	126	컴퓨터	3
c002	정보보호	137	정보통신	3
c003	모바일웹	128	컴퓨터	3
c004	철학개론	117	철학	2
c005	전공글쓰기	120	교양학부	1
c006	연극학개론	410	교양학부	2
c007	영어회화	333	교양학부	3

'영화회화' 과목 추가가 성공적으로 완료되었음을 확인할 수 있다.

수동완료 트랜잭션

수동완료 트랜잭션은 트랜잭션의 끝만 사용자가 직접 명시적으로 지정하는 트랜잭션이다. 트랜잭션 시작은 자동으로 실행된다. **'암시적**(implicit) **트랜잭션'**이라고도 한다. 다음 명령문 중 하나를 실행하면 START TRANSACTION 명령문 없이도 트랜잭션이 자동으로 시작된다.

```
CREATE, ALTER, INSERT, UPDATE, DELETE, SELECT, DROP, FETCH, GRANT, OPEN, REVOKE, TRUNCATE TABLE
```

보통 데이터를 추가, 수정, 삭제, 조회하는 조작 명령어인 DML 문장이 실행됨과 동시에 트랜잭션이 시작된다.

■ 수동완료 트랜잭션의 설정

현재 접속에 옵션 설정을 통해 수동완료 트랜잭션 모드를 실행할 수 있다. 다음과 같이 수동완료 모드를 설정하면 START TRANSACTION 명령문은 필요 없으나 COMMIT 명령문이나 ROLLBACK 명령문은 반드시 명세해야 한다.

```
  SELECT @@AUTOCOMMIT ;    -- 자동커밋 현재 설정 상태 확인
❶ SET AUTOCOMMIT=0 ;        -- 수동완료 모드 설정(자동완료 모드 해제)
```

❶ 트랜잭션 모드를 수동완료 모드로 설정한다.

■ 수동완료 트랜잭션의 적용 예

```
❷ DELETE FROM 과목 WHERE 이름 = '연극학개론' ;
❸ SELECT * FROM 과목 ;
   INSERT INTO 과목 VALUES ('c008', '독서와토론', '111', '교양학부', 2) ;
❹ SELECT * FROM 과목 ;
❺ ROLLBACK ;
❻ SELECT * FROM 과목 ;
❼ SET AUTOCOMMIT=1 ;        -- 자동완료 모드 설정
```

❷ DELETE 명령문을 시작하면 자동으로 새로운 수동완료 트랜잭션이 시작된다.

❸ 수동완료 트랜잭션 실행 중으로 '연극학개론' 과목을 삭제한 후의 임시 검색 결과이다.

과목번호	이름	강의실	개설학과	시수
c001	데이터베이스	126	컴퓨터	3
c002	정보보호	137	정보통신	3
c003	모바일웹	128	컴퓨터	3
c004	철학개론	117	철학	2
c005	전공글쓰기	120	교양학부	1
c007	영어회화	333	교양학부	3

트랜잭션이 커밋된 상태가 아니므로 언제든지 취소될 수 있다. 수동완료 모드에서는 SQL 명령문을 실행하더라도 트랜잭션이 커밋되지 않기 때문에 데이터베이스에 최종적으로 반영된 것이 아니다. 실행 결과를 확정하려면 반드시 'COMMIT ;' 명령문을 실행해야 한다. 언제든지 'ROLLBACK ;' 명령문에 의해 취소가 가능하다. 만약, COMMIT문을 실행하지 않고 MySQL을 종료하면 작업한 내용이 반영되지 않고 영원히 사라지므로 주의한다.

❹ 아직 수동완료 트랜잭션 실행중이며 '독서와토론' 과목을 추가한 후의 검색 결과이다. COMMIT 명령문을 실행하기 이전이므로 계속 하나의 트랜잭션이 실행 중이다.

과목번호	이름	강의실	개설학과	시수
c001	데이터베이스	126	컴퓨터	3
c002	정보보호	137	정보통신	3
c003	모바일웹	128	컴퓨터	3
c004	철학개론	117	철학	2
c005	전공글쓰기	120	교양학부	1
c007	영어회화	333	교양학부	3
c008	독서와토론	111	교양학부	2

❺ 수동완료 트랜잭션을 커밋하지 않고 롤백함으로써 이전 실행한 DELETE 명령문과

INSERT 명령문의 결과는 모두 취소된다.

❻ 수동완료 트랜잭션을 롤백한 이후의 검색 결과이다. 처음 상태로 테이블 값이 되돌려진 것을 확인할 수 있다.

과목번호	이름	강의실	개설학과	시수
c001	데이터베이스	126	컴퓨터	3
c002	정보보호	137	정보통신	3
c003	모바일웹	128	컴퓨터	3
c004	철학개론	117	철학	2
c005	전공글쓰기	120	교양학부	1
c006	연극학개론	410	교양학부	2
c007	영어회화	333	교양학부	3

❼ 기본 트랜잭션 모드인 자동완료 모드로 재설정한다.

5.3 트랜잭션과 로그

데이터베이스에 대한 SQL 처리 작업은 주기억 장치에서 이루어지므로 처리 중 장애가 발생할 경우, 처리 결과가 사라지는 심각한 문제가 발생할 수 있다. 로그 회복은 장애 발생에 대한 안전한 복구를 지원하기 위한 대표적 기법이다.

트랜잭션 처리 과정

먼저, 트랜잭션의 처리 과정을 간략히 살펴보자. 대략적인 DBMS의 트랜잭션 처리 과정은 [그림 7-8]과 같다.

먼저, 데이터 변경 요청이 데이터베이스 서버로 들어오면 DBMS의 쿼리 처리기(query processor)를 통해 SQL 명령문들이 접수되어 해석된다. 다음으로 검색 또는 변경 대상이 되는 데이터 페이지 블록들이 디스크 안의 저장 데이터베이스 파일로부터 주기억장치의 데이터베이스 버퍼 캐시 영역으로 로드된다. 찾는 페이지가 이미 데이터베이스 버퍼 캐시에 있다면 다시 로드되지 않는다.

해석된 SQL 명령문들은 데이터베이스 버퍼 캐시 안의 해당 페이지를 대상으로 검색하거나 데이터 페이지 내용을 변경한다. 버퍼 캐시 안의 데이터 페이지가 성공적으로 변경되면 디스크 안의 저장 데이터베이스 파일에 써져야 하는데 보통은 즉시 디스크에 반영되지 않는다. **지연 쓰기 전략**은 버퍼 캐시 안의 페이지들을 다시 요청하는 경우를 위해 디스크 입출력 횟수를 최대한 줄여 성능을 향상시키기 위해서이다.

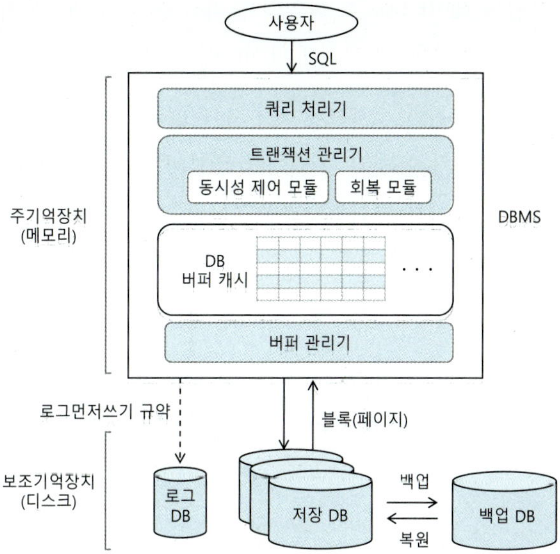

[그림 7-8] 트랜잭션 처리 과정

■ 로그 먼저 쓰기 규약

결국, 작업한 가장 최근 데이터는 대부분 버퍼 캐시 안에 남게 된다. 문제는 휘발성 저장 장치인 버퍼 캐시 내용이 디스크 기록 이전에 장애가 발생하여 삭제될 수 있다는 점이다. 장애가 발생하면 완벽한 회복이 가능해야 한다. 이를 위해 버퍼 캐시 페이지들은 즉각적으로 디스크에 반영하지 않더라도 트랜잭션 실행 기록인 로그는 매번 트랜잭션 처리 직전에 먼저 디스크 안의 로그 데이터베이스 파일에 안전하게 기록한다. 이를 **로그 먼저 쓰기 규약**(write-ahead log protocol)이라고 한다.

■ 로그 데이터베이스

로그 데이터베이스 파일은 트랜잭션의 모든 데이터 변경 사항을 저장 데이터베이스 파일에 반영하기 전에 미리 기록하는 특별한 데이터베이스이다. **로그**(log)는 하드웨어 또는 소프트웨어 오류나 미디어 장치 손실, 자연 재해 등의 장애로 인해 데이터가 손실되는 것을 대비하여 추후 복구를 위해 저장하는 트랜잭션 처리 정보이다.

■ 백업 데이터베이스

백업 데이터베이스 파일은 데이터베이스 파일의 물리적 손상에 대비하여 별도로 저장한 복제 데이터베이스이다. 다양한 미디어 장치에 데이터베이스 복사본을 저장할 수 있다.

백업은 매번 전체 데이터베이스의 복사본을 저장하는 **전체 백업**(full backup)과 이전 전체 데이터베이스의 복사본과 차이가 있는 변경 데이터 부분만 추가로 백업하는 **차등 백업**(deferential backup), 전체 데이터베이스 복사본과 이후의 로그 데이터베이스 복사본을 저장하는 **증분 백업**(incremental backup) 등이 있다.

백업 데이터베이스는 주기적으로 데이터베이스 운영에 지장을 주지 않도록 계획을 세워 생성한다. 백업 데이터베이스를 사용하여 원래 상태로 되돌리는 작업을 **복원**(restore)이라고 한다. DBMS는 복원 과정과 회복을 지원하기 위해 정기적 백업과 로깅, 체크포인트 등을 수행한다. 우선 주로 야간에 일 단위, 주 단위로 지속적 백업을 통해 복사본을 생성한다.

로그는 트랜잭션 실행 직전에 미리 저장하는 트랜잭션 실행 기록이다. 트랜잭션 로그를 살펴보자.

트랜잭션 로그

로그를 통한 **회복**(recovery)의 기본 단위 역시 트랜잭션이다. 장애 발생 시 트랜잭션 단위로 회복을 진행하기 위해 트랜잭션 로그를 로그 데이터베이스 파일에 저장한다.

트랜잭션 로그의 기본 구조를 알아보자.

■ 트랜잭션 로그의 구조

트랜잭션 로그에는 로그 일련번호를 포함하여 트랜잭션_식별자와 START, COMMIT, ROLLBACK, 명령문 유형과 변경 내용 등이 기록된다.

다음은 로그 데이터베이스에 기록되는 트랜잭션 로그의 기본 구조이다.

```
[ 트랜잭션_식별자, 로그_유형, 데이터_항목, 변경전_값, 변경후_값 ]
```

■ 트랜잭션 로그의 예

다음은 T1, T2 두 트랜잭션의 변경 내용에 대한 트랜잭션 로그 기록의 예이다. SELECT 문을 통한 데이터 검색은 데이터 값을 변경시키지 않기 때문에 로그에 기록하지 않는다.

```
[ T1, START ]
[ T1, UPDATE, 학생(김연아).중간성적, 88, 99 ]
[ T2, START ]
[ T2, UPDATE, 학생(이승엽).기말성적, 89, 93 ]
[ CHECKPOINT ]
[ T2, UPDATE, 학생(홍길동).기말성적, 77, 66 ]
[ T1, UPDATE, 학생(이영애).중간성적, 91, 97 ]
[ T1, COMMIT ]
[ T2, COMMIT ]
```

T1 트랜잭션이 먼저 시작하여 2개의 UPDATE문을 수행하고 먼저 커밋되었다. T2 트랜잭션이 조금 늦게 시작하여 역시 2개의 UPDATE문을 수행하고 정상 완료되어 커밋되었음을 기록하였다.

■ 체크 포인트

체크 포인트(check point)는 특정 시점까지의 데이터 버퍼 안의 모든 변경 내용을 데이터베이스 파일에 물리적으로 저장하는 시점을 말한다. 장애 발생 시 복구 작업량을 줄이기 위해서 주기적으로 동기화를 수행하고 체크 포인트 역시 로그에 기록한다. 체크 포인트 시점에는 버퍼 캐시 안의 데이터와 디스크 안의 저장 데이터베이스가 100% 일치하는 동기화가 수행된다. '**검사점**'이라고도 하며 결과적으로 회복 대상을 마지막 체크 포인트 시점 이후의 로그 내용으로만 제한시킨다. 체크 포인트가 트랜잭션 로그에 기록되는 순간 모든 데이터 버퍼 안의 데이터들이 데이터베이스 파일에 써지기 때문이다.

로그를 이용한 회복 기법

회복의 기본 개념은 장애 발생 시점에 이미 커밋된 트랜잭션의 변경 내용은 로그를 이용하여 반드시 데이터베이스에 반영한다는 것이다. 반면 커밋되지 못하고 중단된 트랜잭션의 실행 결과는 철회되어야 한다.

트랜잭션 로그를 이용한 회복 기법의 적용 과정은 다음과 같다.

- 회복은 장애 발생 시점에 중단된 트랜잭션의 작업 내용을 **롤백**(rollback) 즉 철회시키기 위해서 로그 기록의 역순으로 이전 상태로 되돌리는 **취소**(UNDO) **작업**을 진행한다.
- 마지막 체크 포인트 이후의 커밋되지 않은 트랜잭션의 로그 내용들은 모두 롤백(rollback) 즉, 순서의 역순으로 취소된다.
- 반대로, 장애 발생 시점까지 정상적으로 종료된 트랜잭션의 실행 결과를 보장하기 위해서는 로그 기록의 순서대로 다시 실행하는 **재실행**(REDO) **작업**을 진행한다.
- 마지막 체크 포인트 이후의 커밋된 트랜잭션의 로그 내용들은 모두 **롤포워드**(rollforward) 즉, 로그 순서대로 재실행된다.

■ 트랜잭션 로그 기반 회복의 예

앞의 트랜잭션 로그 예에서 체크 포인트 기록 시점 이후에 다음과 같이 장애가 발생하였다고 가정하자. 지연 갱신(deferred update) 모드로 커밋되기 전에는 데이터 버퍼 안의 내용이 디스크에 반영되지 않는다고 단순 가정한다.

```
[ T1, START ]
[ T1, UPDATE, 학생(김연아).중간성적, 88, 99 ] ❶
[ T2, START ]
[ T2, UPDATE, 학생(이승엽).기말성적, 89, 93 ] ❷
[ CHECKPOINT ]
[ T2, UPDATE, 학생(홍길동).기말성적, 77, 66 ] ❸
[ T1, UPDATE, 학생(이영애).중간성적, 91, 97 ] ❹
[ T1, COMMIT ]
~~~~~~~~~~~~~~~ 장애 발생 ❺
```

트랜잭션 T1은 장애 발생 이전에 커밋되어 정상 완료되었다.

❶ 체크 포인트 시점 이전의 T1의 UPDATE문( )의 실행 결과는 데이터베이스 파일에 이미 기록되었으므로 처리할 내용이 없다.

❷ 반면 체크 포인트 시점 이후의 T1의 UPDATE문( )의 실행 결과는 지연 갱신으로 버퍼 캐시에 남아있다 장애 발생 시 사라졌으므로 로그를 참조하여 반드시 재실행(REDO)해야 한다.

트랜잭션 T2는 장애 발생으로 커밋되지 않은 채 비정상 완료되었다.

❸ 체크 포인트 시점에 데이터베이스 파일에 이미 반영된 UPDATE문( )의 처리 결과는 반드시 취소(UNDO)해야 한다.

❹ 한편 체크 포인트 시점 이후의 T2의 UPDATE문( )의 실행 결과는 지연 갱신으로 버퍼 캐시에 남아있다 장애 발생 시 사라졌으므로 처리할 내용이 없다.

[그림 7-9]는 장애 발생(❺) 시 T1, T2 트랜잭션에 대한 회복 처리 과정을 보여준다.

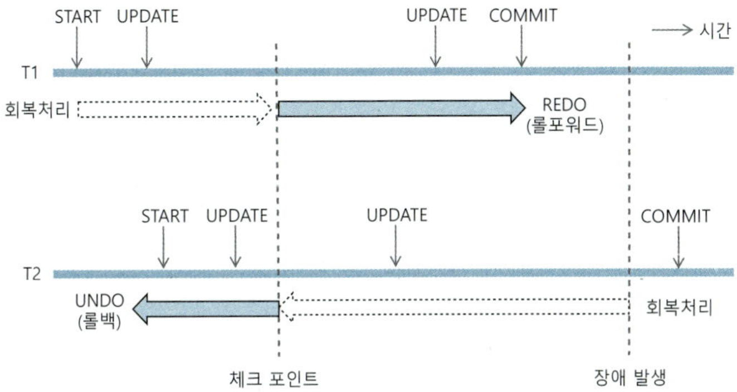

[그림 7-9] 트랜잭션의 회복(REDO, UNDO)

T1 트랜잭션은 커밋 후 장애가 발생했으므로 커밋된 트랜잭션의 데이터베이스 반영을 보장해야 한다. 가장 최근의 체크포인트 시점부터 이후의 T1 실행 로그 기록을 참조하여 시간 순서대로 재실행(REDO)한다.

T2 트랜잭션은 커밋 전에 장애가 발생했으므로 트랜잭션의 실행을 취소해야 한다. 시간의 역순으로 로그 기록을 참조하여 실행 내역을 취소(UNDO)한다. 체크포인트 이후의 실행 결과는 데이터베이스 파일에 반영된 결과가 있다면 선택적으로 취소하지만 체크포인트 이전의 실행 결과는 반드시 취소해야 한다.

5.4 트랜잭션과 로크

데이터베이스는 여러 사용자가 동시에 같은 데이터에 접근할 수 있다. 적절한 절차 없이 동시 접근을 허용할 경우, 여러 심각한 문제들이 발생할 수 있다. 로크 잠금은 다중 사용자 환경에서 동시 접근을 올바르게 제어하기 위한 대표적 기법이다.

로크의 개념

바람직한 동시성(concurrency)이란 2개 이상의 트랜잭션을 동시에 실행하는 **비직렬 스케쥴**(non-serial schedule)의 결과가 트랜잭션을 뒤섞지 않고 순차적으로 실행하는 **직렬 스케쥴**(serial schedule)의 결과와 같도록 보장하는 것이다. 이를 보장하는 트랜잭션 스케쥴을 **'직렬 가능**(serializable)'이라고 한다. 직렬 가능성(serializability)을 보장하기 위한 방법 중 하나가 로크를 이용하는 것이다.

로크(lock) 또는 잠금이란 데이터베이스의 데이터를 다른 사용자가 접근하지 못하도록 잠그는 것을 말한다. 로크 잠금은 다수 트랜잭션의 동시 처리를 보장하는 동시성 제어 기법 중 대표적인 기법이다.

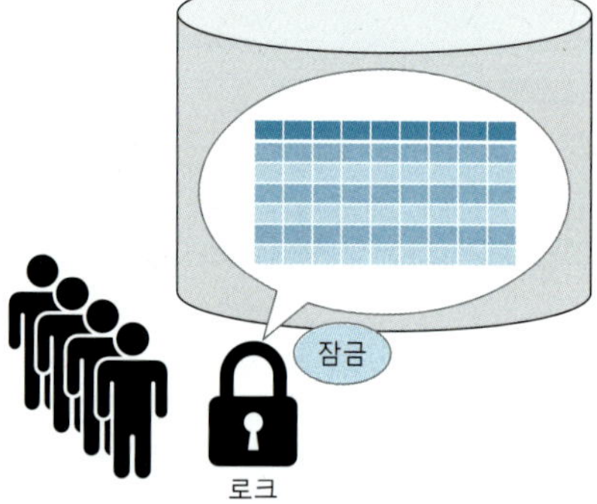

[그림 7-10] 로크 잠금의 개념

로크를 사용하는 동시성 제어 기법에서는 트랜잭션 내에서 데이터에 SQL 명령문을 실행하기 전에 반드시 해당 데이터에 로크를 **설정**(lock)하여 잠가야 한다. 또, 설정된 로크는 SQL 명령문 실행 직후가 아닌 트랜잭션 커밋 혹은 롤백이 실행됨과 동시에 일제히 **해제**(unlock)해야 한다.

■ 로크의 종류

로크에는 공유 로크와 독점 로크의 2가지 유형이 있다.

• 공유 로크

공유 로크(shared lock)는 데이터를 검색하는 SELECT문을 실행하기 위한 읽기 전용 로크이다. 읽기만 가능하고 수정은 불가능하다. 공유 로크가 설정된 데이터에 대해서는 추가적으로 공유 로크를 설정할 수 있다. 여러 트랜잭션 간에 공유 로크를 같은 데이터에 설정할 수 있다.

• 독점 로크

독점 로크(exclusive lock)는 INSERT, UPDATE, DELETE문과 같은 데이터 변경을 위한 배타적 로크이다. 특정 데이터에 대해서 오직 하나의 트랜잭션만 독점 로크를 설정할 수 있다. 이미 독점 로크가 설정되어 있을 경우, 공유 로크도 독점 로크도 모두 추가적으로 설정할 수 없다. 데이터에 대한 모든 공유 로크와 독점 로크가 해제된 이후에만 독점 로크를 설정할 수 있다.

〈표 7-3〉 로크의 종류

종류	공유 락	독점 락
잠금 목적	읽기 목적	쓰기 목적
잠금 시작	SELECT문 실행 시	INSERT, UPDATE, DELETE문 실행 직전
잠금 해제	SELECT문 실행 직후 또는 트랜잭션 종료 후	트랜잭션 종료 후
특성	다른 공유 로크와는 양립하지만 독점 로크와는 양립하지 않음	어떤 다른 로크와도 양립하지 않음

로크 설정과 해제

트랜잭션은 반드시 필요한 로크를 먼저 설정한 이후에만 데이터에 접근할 수 있다. 트랜잭션이 커밋될 때는 모든 로크를 해제해야 한다.

■ 로크 단위와 로크 설정

데이터베이스 안의 모든 데이터를 접근할 때는 먼저 로크 테이블(lock table) 안에 해당 데이터에 대한 로크 정보를 기록한다. 로크 잠금 대상의 크기를 **로크 단위**(lock granularity)라고 한다. 테이블 행 단위나 테이블, 데이터베이스 단위로 로크를 설정할 수 있다.

가장 작은 로크의 단위는 테이블의 행이다. 행 단위로 로크를 설정하면 다른 행에 로크를 설정할 수 있기 때문에 동시성은 좋아진다. 그러나 많은 행을 여러 차례 반복해서 로크를 설정하는 경우에는 페이지나 테이블처럼 보다 큰 범위로 로크를 한 번에 설정하고 빨리 로크를 해제하는 것이 더 성능을 향상시킬 수도 있다.

로크 단위가 커지면 관리하기는 쉬워지지만 로크의 충돌이 자주 발생한다. 로크를 어느 단위로 설정하고 해제할지를 결정하는 것도 상황에 따라 결정해야 하는 중요한 문제이다.

■ 로크 양립성

독점 로크와 공유 로크 2가지 유형의 로크 사이에는 서로 추가 잠금 허용 여부를 결정하는 **로크 양립성**(lock compatability) 규칙이 있다. 로크 양립성 규칙을 요약하면 〈표 7-4〉와 같다.

〈표 7-4〉 로크 양립성 규칙

기존 로크 유형	요청 로크 유형	
	공유 로크(S-lock)	독점 로크(X-lock)
공유 로크(S-lock)	○(설정)	X(대기)
독점 로크(X-lock)	X(대기)	X(대기)

트랜잭션이 읽기 위해 데이터를 접근할 때는 공유 로크(S-lock)를 설정해야 한다. 해당 데이터에 설정된 로크가 없거나 공유 로크만 설정되어 있다면 공유 로크를 추가로 설정할 수 있다. 독점 로크가 먼저 걸려 있다면 공유 로크를 걸 수 없고 독점 로크가 해제될 때까지 기다려야 한다.

트랜잭션이 변경하기 위해 데이터를 접근할 때는 독점 로크(X-lock)를 설정해야 한다. 해당 데이터에 공유 로크나 독점 로크가 설정되어 있다면 추가로 독점 로크를 걸 수 없고 모든 로크가 해제될 때까지 기다려야 한다.

■ 2단계 로킹 규약과 로크 해제

단지 로크를 설정했다고 해서 동시성 제어가 완벽하게 이루어지지 않는다. 로크를 적절히 설정했더라도 로크를 너무 일찍 해제할 경우, 트랜잭션의 고립성이 손상되어 결국 데이터 일관성이 유지되지 않는다. 로크 설정과 로크 해제를 적절한 시점에 할 필요가 있다.

2-단계 로킹 규약(2-phased locking protocol)은 각 트랜잭션별로 로크를 설정하는 과정과 로

크를 해제하는 과정 2단계로 진행함으로써 필요한 순간까지 획득한 로크를 유지하도록 하는 규칙이다.

2-단계 로킹 규약은 [그림 7-11]과 같이 로크를 계속 획득하면서 로크를 확장하는 1단계를 거쳐 반대로 로크를 계속 해제하면서 로크를 축소하는 2단계로 진행한다.

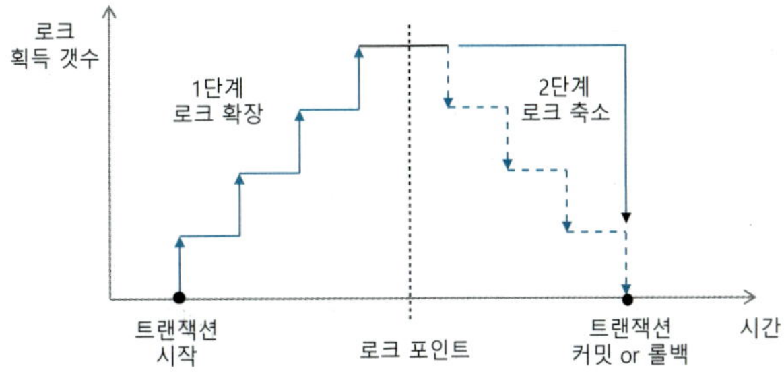

[그림 7-11] 2-단계 로킹 규약

- 1단계: **로크 확장 단계**(growing phase)

  접근하고자 하는 데이터에 대한 모든 로크를 획득할 때까지 새로운 로크를 지속적으로 요청하여 잠금을 설정한다. 보유하고 있는 로크를 해제할 수는 없고 로크를 추가로 획득할 수만 있다.

- 2단계: **로크 축소 단계**(shrinking phase)

  필요로 하는 모든 로크를 획득하는 시점인 로크 포인트(lock point)가 되면 보유하고 있던 로크를 점차적으로 해제한다. 로크를 계단식으로 하나씩 해제할 수도 있지만 대부분 완료(커밋 혹은 롤백) 시점에 한꺼번에 모든 로크를 해제한다. 일단 하나라도 로크를 해제하기 시작하면 다시 새로운 로크를 요청할 수는 없다.

■ 교착 상태

로크를 적용하면 교착 상태에 빠질 수 있으므로 주의해야 한다. **교착 상태**(dead lock)는 둘 이상의 트랜잭션의 로크가 서로 얽혀서 영원히 풀리지 않는 상태를 말한다. 서로 필요한 데이터 중 일부에 대한 로크를 획득하고 서로 상대방이 획득한 로크가 풀리기를 기다리게 되면 교착 상태에 들어가게 된다. 어느 한 쪽이라도 트랜잭션을 완료해야 로크가 풀리고 상대 트랜잭션의 기다림 상태가 해결되는데, 두 쪽 모두가 기다림 상태로 어느 쪽도 완료할 수 없는 상태가 되는 것이다.

[그림 7-12]는 교착 상태의 예를 보여준다.

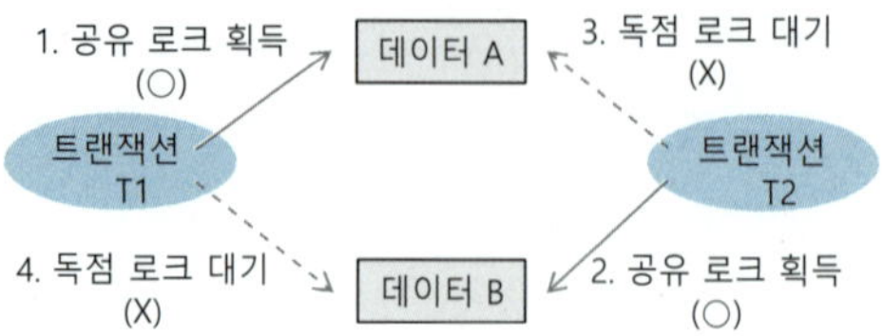

[그림 7-12] 교착 상태

트랜잭션 T1이 데이터 A에 대한 공유 로크를 획득하고 데이터 B에 대한 독점 로크를 요청 중이다. 반대로 트랜잭션 T2는 데이터 B에 대한 공유 로크를 획득하고 데이터 A에 대한 독점 로크를 요청 중인 상황이다. T1, T2 모두 필요한 로크를 전부 획득하지 못한 상태이기 때문에 획득한 로크를 해제할 수도 없다. 또, 서로 상대 트랜잭션이 로크를 풀어주기를 기다리는 상황이라 기다려도 서로 원하는 로크를 획득할 수도 없다.

일반적인 교착 상태 회피 방법처럼 데이터를 모든 트랜잭션이 특정 순서에 따라 차례대로 로크를 획득하도록 하는 것이 바람직하다. 또, 트랜잭션을 구성하는 명령문들의 수를 최소화하여 트랜잭션의 처리 시간을 줄이도록 한다. 만약, 교착 상태가 발생한 경우, 트랜잭션 중 처리 시간이 가장 적게 소요된 트랜잭션을 교착 상태의 희생자로 지정하여 강제로 롤백할 필요가 있다.

트랜잭션의 고립 수준

로크를 설정하는 목적은 적절한 수준에서 트랜잭션 동시 실행이 이루어지도록 하기 위해서이다. 로크 설정을 생략하거나, 로크 관리를 느슨하게 할 경우에는 원하지 않은 결과를 가져올 수 있다. 반대로 로크 설정을 엄격하게 관리할 경우에는 데이터의 동시 접근성이 크게 감소하여 성능이 문제가 될 수도 있다.

필요로 하는 트랜잭션의 실행 수준에 따른 다양한 고립 수준을 정의하고 상황에 맞는 적절한 수준의 잠금 전략을 수행한다. **고립 수준**(isolation level)은 트랜잭션이 다른 트랜잭션과 고립되는 정도를 의미한다.

■ 4가지 고립 수준

〈표 7-5〉는 SQL 명령문에서 설정 가능한 4가지 트랜잭션 고립 수준을 보여준다.

〈표 7-5〉 고립 수준

수준	고립_수준_키워드	발생 문제 유형	로크 설정
수준 0	READ UNCOMMITTED	오손 데이터 읽기 반복 불가능 읽기 유령 데이터 읽기	SELECT문 – 로크 관계없이 자유롭게 읽음 UPDATE,DELETE문 – 독점 로크 설정 및 유지
수준 1	READ COMMITTED	반복 불가능 읽기 유령 데이터 읽기	SELECT문 – 공유 로크 설정, 실행 후 즉시 해제 UPDATE,DELETE문 – 독점 로크 설정 및 유지
수준 2	REPEATABLE READ	유령 데이터 읽기	SELECT문 – 공유 로크 설정 및 유지 UPDATE,DELETE문 – 독점 로크 설정 및 유지
수준 3	SERIALIZABLE	없음	SELECT문 – 공유 로크 설정 및 유지 인덱스 공유 로크 설정 및 유지(다른 트랜잭션의 INSERT문 수행 방지) UPDATE,DELETE문 – 독점 로크 설정 및 유지

고립 수준에 따라 발생할 수 있는 문제 유형은 다음과 같다.

- **오손 데이터 읽기**(dirty data read) 문제

  커밋되지 않은 트랜잭션 T1의 수정된 중간 결과를 읽어오는 것이 허용된다면 발생할 수 있는 문제이다. 트랜잭션 T2가 T1의 중간 결과 값을 읽어 온 뒤에 T1이 최종적으로 커밋되지 않고 롤백되는 경우, T2가 읽은 결과 값은 존재하지 않는 데이터 즉, 오손 데이터(dirty data)를 읽어 온 결과가 된다.

- **반복 불가능 읽기**(non-repeatable read) 문제

  트랜잭션 T1이 읽어서 처리중인 데이터를 트랜잭션 T2가 자유롭게 변경하는 것이 허용된다면 발생할 수 있는 문제이다. T1이 같은 값을 반복해서 읽을 때 그 사이 T2가 변경한다면 값이 다를 수 있어 반복 읽기가 불가능한 상황이 된다.

- **유령 데이터 읽기**(phantom data read) 문제

  트랜잭션 T1이 읽어서 처리중인 데이터를 트랜잭션 T2가 변경하는 것을 방지하더라도 트랜잭션 T2의 데이터 추가가 허용된다면 발생할 수 있는 문제이다. 트랜잭션 T1이 같은 값을 반복해서 읽을 때 이전에 없던 트랜잭션 T2가 중간에 추가한 데이터 즉, 유령 데이터(phantom data)가 나타날 수 있다.

고립 수준이 높아질수록 동시 수행성을 제한하기 때문에 트랜잭션 처리의 성능 저하를 가져오는 반면에 데이터 정확성은 높아진다. 따라서 허용 가능한 고립 수준을 선택함으로써

가능한 범주 안에서 성능을 향상시킬 수 있다.

사용자가 SET 명령문을 통해 고립 수준을 설정하면 고립 수준에 따라서 트랜잭션 간의 로크 설정 및 유지 방식이 결정된다.

■ SET TRANSACTION ISOLATION LEVEL문

고립 수준을 정의하는 명령문의 형식은 다음과 같다.

```
SET TRANSACTION ISOLATION LEVEL 고립_수준_키워드 ;
```

'고립_수준_키워드'는 〈표 7-5〉의 4가지 '고립_수준_키워드' 중 하나를 명세한다. 다음은 4가지 고립 수준을 설정하는 예이다. 한번 설정된 고립 수준은 재설정 전까지는 계속해서 수행되는 트랜잭션들에게 적용된다.

```
SET TRANSACTION ISOLATION LEVEL READ UNCOMMITTED ;       -- 고립수준 0
SET TRANSACTION ISOLATION LEVEL READ COMMITTED ;         -- 고립수준 1
SET TRANSACTION ISOLATION LEVEL REPEATABLE READ ;        -- 고립수준 2
SET TRANSACTION ISOLATION LEVEL SERIALIZABLE ;           -- 고립수준 3
```

■ 트랜잭션 고립 수준 적용 예

다음 예를 실행함으로써 트랜잭션 고립 수준에 따른 로크 설정과 해제 과정을 확인해 보자.

먼저, 실습을 위한 '고객' 예제 테이블을 준비한다. '학생' 테이블을 복제하여 '고객' 테이블을 새롭게 생성하고 데이터 검색을 통해 확인한다.

```
-- 트랜잭션 고립 수준 적용 준비
USE univDB ;
CREATE TABLE 고객 SELECT 이름, 나이, 성별 FROM 학생 ;
SELECT * FROM 고객 ;
```

다음으로 동시에 2개의 트랜잭션을 실행시켜보자. 두 트랜잭션 사이의 로크 잠금과 대기, 커밋과 롤백의 결과를 확인하기 위해 2개의 MySQL 워크벤치를 실행한다. MySQL 워크벤치에서 접속 'root' 탭을 두 번 반복하여 클릭함으로써 관리자 계정으로 질의를 실행할 수 있는 2개의 접속 패널 창을 생성하면 된다. 각각 대상 데이터베이스와 고립 수준을 설정한 뒤, 한쪽 접속 패널의 질의 입력 창에 〈사용자_1〉의 코드를, 나머지 한쪽 접속 패널의 질의 입력 창에는 〈사용자_2〉의 코드를 입력한 뒤, ⓿~⓰ 번호 순서대로 순차적으로 실행한다.

```
-- < 사용자_1 >

SET SQL_SAFE_UPDATES = 0 ; -- ⓿
USE univDB ; -- ❶
SET TRANSACTION ISOLATION LEVEL READ COMMITTED ; -- 고립수준 1 ❷

START TRANSACTION ; -- ❸
SELECT * FROM 고객 ; -- ❹
SELECT * FROM 고객 ; -- 대기상태(이전 버전을 읽음) ⓫
UPDATE 고객 SET 나이 = 나이 + 100 ; -- 내기상태 ⓬
SELECT * FROM 고객 ; -- ⓮
ROLLBACK ; -- ⓯

SELECT * FROM 고객 ; -- ⓰
```

```
-- < 사용자_2 >

SET SQL_SAFE_UPDATES = 0 ; -- ⓿
USE univDB ; -- ❺
SET TRANSACTION ISOLATION LEVEL READ COMMITTED ; -- 고립수준 1 ❻

START TRANSACTION ; -- ❼
SELECT * FROM 고객 ; -- ❽
UPDATE 고객 SET 나이 = 10 WHERE 성별 = '여' ; -- ❾
SELECT * FROM 고객 ; -- ❿
COMMIT ; -- ⓭
```

- 먼저 'safe update' 모드를 트랜잭션 안의 UPDATE문 실행을 위해 낮은 단계의 안전 모드로 변경한다.(⓿).
- 〈사용자_1〉과 〈사용자_2〉를 가정한 첫 번째와 두 번째 접속 패널에서 먼저 대상 데이터베이스를 'univDB'로 각각 지정한다.(❶,❺) 트랜잭션 고립 수준을 둘 다 'READ COMMITTED'로 설정한다.(❷,❻)

- 〈사용자_1〉과 〈사용자_2〉 모두 각각 트랜잭션을 시작한다.(❸,❼)
- 〈사용자_1〉과 〈사용자_2〉 모두 고객 테이블의 전체 행에 공유 로크를 설정하고 검색한 다음 바로 공유 로크를 해제한다.(❹,❽,❿,⓮)
- 〈사용자_2〉가 고객 테이블 중 여성 고객에 관한 일부 행에만 독점 로크를 설정, 독점 로크를 유지한다.(❾)
- 〈사용자_1〉은 고객 테이블 중 일부 행에 독점 로크가 걸려 있으므로 공유 로크를 설정하지 못한다.(⓫) MySQL에서는 대신 이전 버전의 고객 정보를 제공하여 검색할 수 있도록 한다.
- 〈사용자_1〉은 고객 테이블 중 일부 행에 독점 로크가 유지되고 있으므로 독점 로크를 설정하지 못하고 로크가 풀릴 때까지 대기 상태에 들어간다.(⓬)
- 〈사용자_2〉가 트랜잭션 커밋을 수행함으로써 여성 고객의 나이를 전부 10으로 수정한 결과를 반영한다. 독점 로크를 해제한다.(⓭) 독점 로크가 풀리자마자 로크 해제를 기다리던 〈사용자_1〉의 고객 테이블의 전체 행 갱신 요청이 처리된다.(⓬)
- 〈사용자_1〉은 공유 로크를 설정하여(⓮) 〈사용자_2〉의 커밋 결과(❾여성 고객의 모든 나이가 10으로 변경)와 그에 대해 수행된 갱신 결과(⓬전체 고객의 나이를 100만큼 증가시킴)가 반영된 최신 고객 정보를 검색한다.
- 〈사용자_1〉의 트랜잭션 롤백을 수행함으로써 갱신 결과(⓬)를 철회한다.(⓯)
- 최종적으로 〈사용자_2〉의 커밋된 트랜잭션의 결과(❾)만 반영된 트랜잭션 처리 결과를 확인할 수 있다.(⓰)

〈 사용자_1 〉	〈 사용자_2 〉

〈 사용자_1 〉 ⓿,❶,❷,❸,❹ 실행

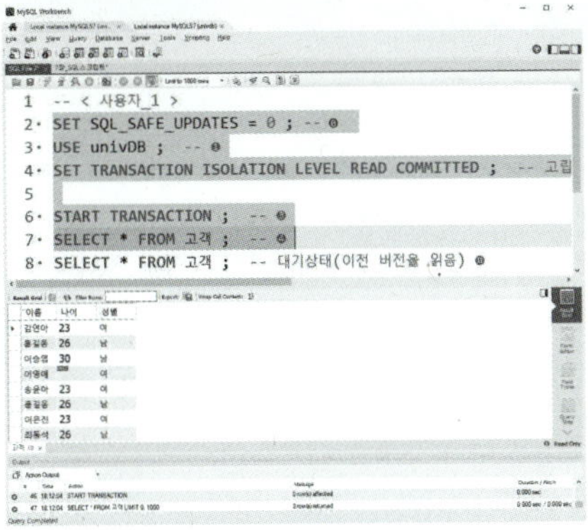

〈 사용자_2 〉 ⓿,❺,❻,❼,❽ 실행

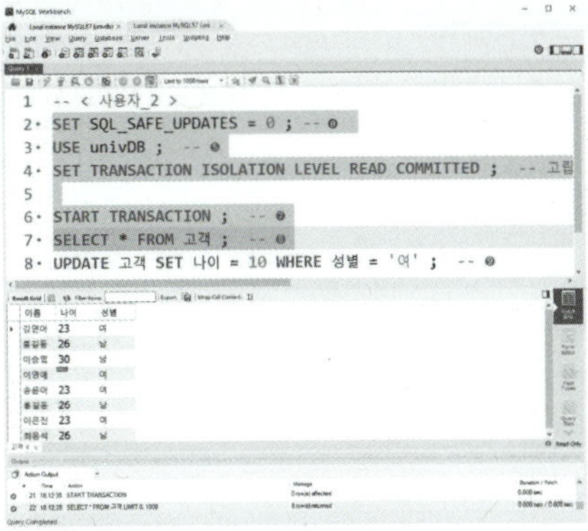

〈 사용자_2 〉 ❾,❿ 실행

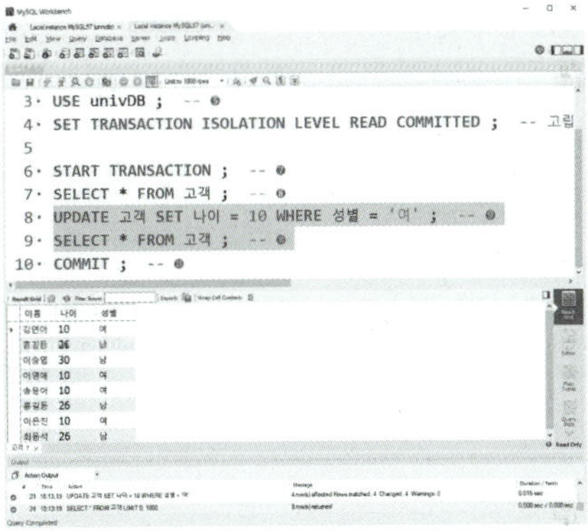

〈 사용자_1 〉 ⓫ 실행

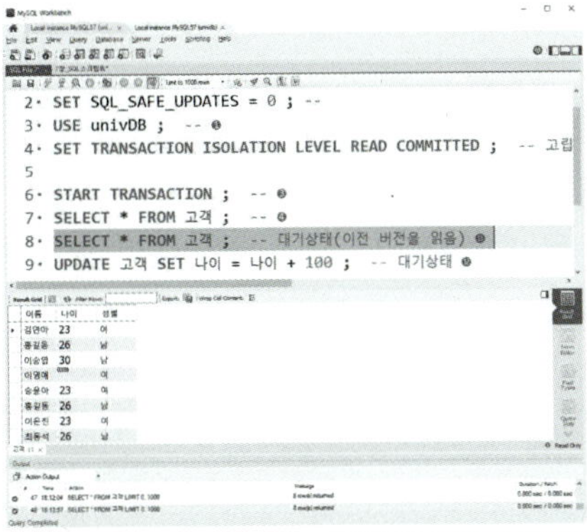

〈 사용자_1 〉	〈 사용자_2 〉

⑫ 실행 (〈 사용자_1 〉)

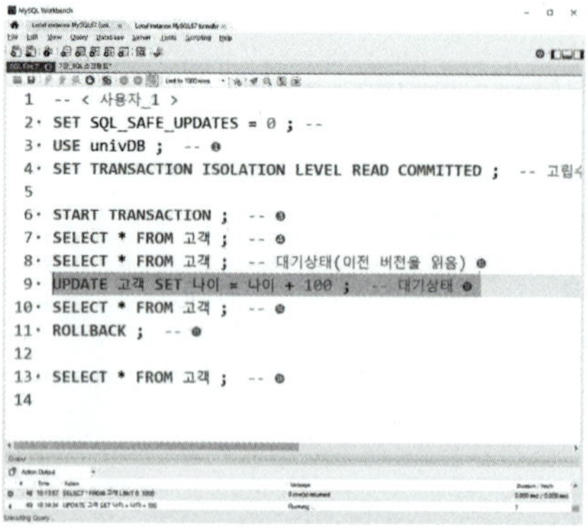

⑬ 실행 (〈 사용자_2 〉)

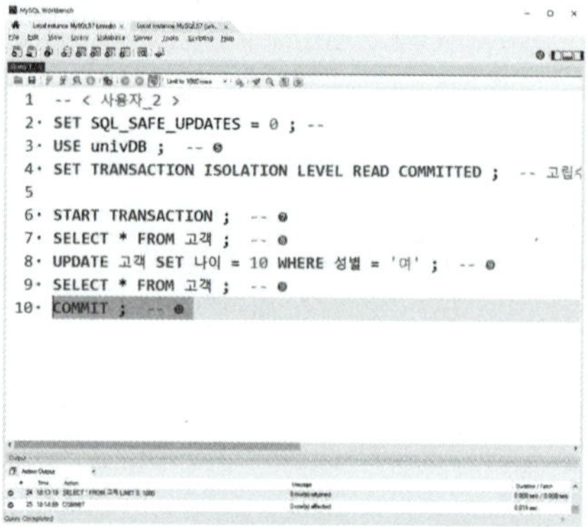

⑭ 실행 (〈 사용자_1 〉)

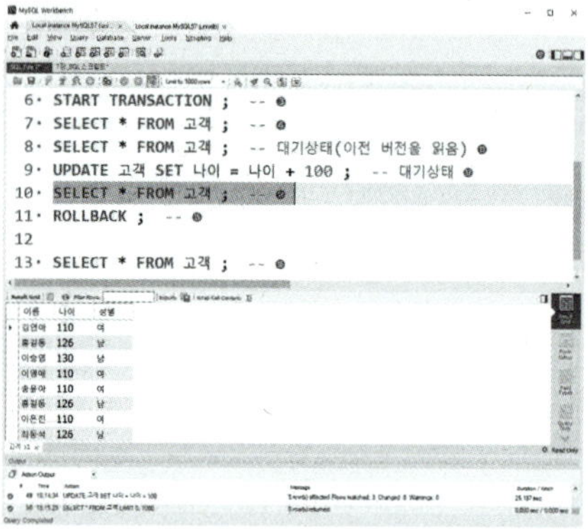

⑮, ⑯ 실행 (〈 사용자_1 〉)

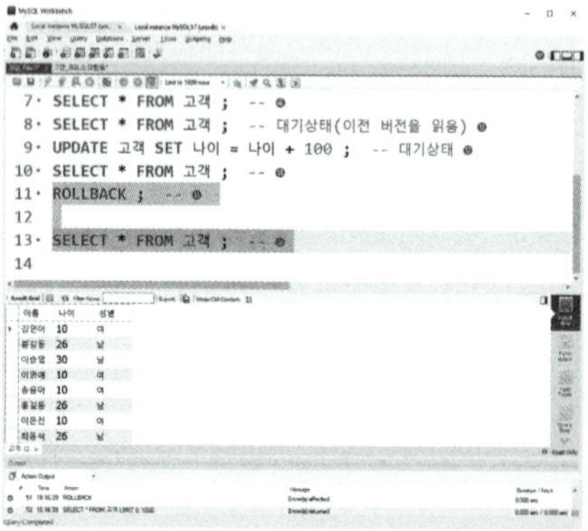

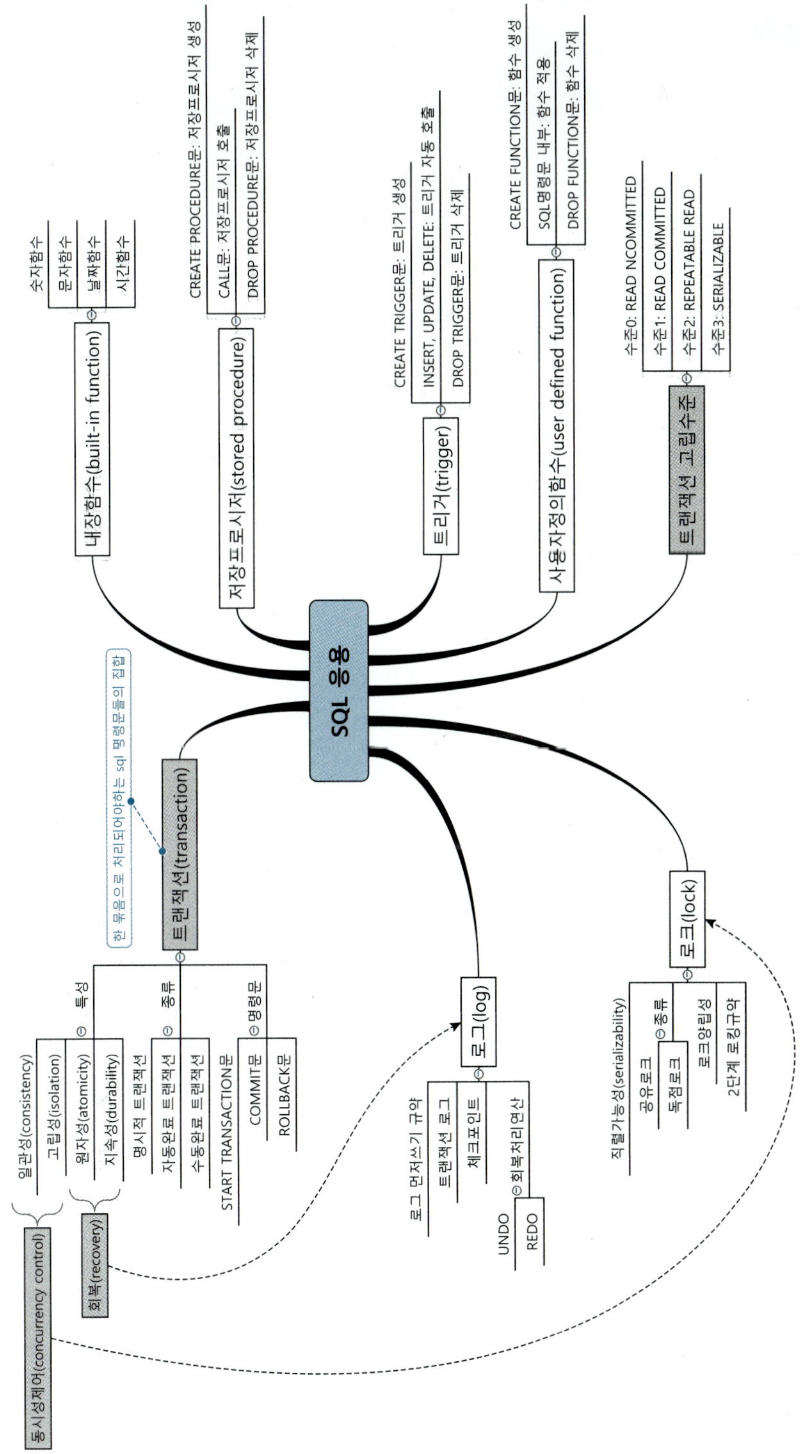
SQL 응용
내장함수(built-in function)
숫자함수
문자함수
날짜함수
시간함수
저장프로시저(stored procedure)
CREATE PROCEDURE문: 저장프로시저 생성
CALL문: 저장프로시저 호출
DROP PROCEDURE문: 저장프로시저 삭제
트리거(trigger)
CREATE TRIGGER문: 트리거 생성
INSERT, UPDATE, DELETE: 트리거 자동 호출
DROP TRIGGER문: 트리거 삭제
사용자정의함수(user defined function)
CREATE FUNCTION문: 함수 생성
SQL명령문 내부: 함수 적용
DROP FUNCTION문: 함수 삭제
트랜잭션 고립수준
수준0: READ NCOMMITTED
수준1: READ COMMITTED
수준2: REPEATABLE READ
수준3: SERIALIZABLE
트랜잭션(transaction)
한 묶음으로 처리되어야하는 sql 명령문들의 집합
특성
일관성(consistency)
고립성(isolation)
원자성(atomicity)
지속성(durability)
종류
명시적 트랜잭션
자동완료 트랜잭션
수동완료 트랜잭션
명령문
START TRANSACTION문
COMMIT문
ROLLBACK문
동시성제어(concurrency control)
회복(recovery)
로그(log)
로그 먼저쓰기 규약
트랜잭션 로그
체크포인트
회복처리연산
UNDO
REDO
로크(lock)
직렬가능성(serializability)
종류
공유로크
독점로크
로크양립성
2단계 로킹규약

연습문제 EXERCISE

01 데이터 변경(삽입, 삭제, 수정)문이 실행될 때 미리 정해놓은 조건에 따라 자동으로 실행되는 데이터베이스 객체는 무엇인가?

① 트리거 ② 덤프
③ 인덱스 ④ 뷰

02 검색 저장 프로시저를 정의하기 위한 커서 관련 문자의 사용 절차가 옳은 것은?

① DECLARE–FETCH–OPEN–CLOSE
② OPEN–DECLARE–FETCH–CLOSE
③ OPEN–FETCH–DECLARE–CLOSE
④ DECLARE–OPEN–FETCH–CLOSE

03 SQL 언어와 같은 집합 수준(set–level) 언어에서 여러 개의 데이터를 순차적으로 처리할 목적으로 다음 처리 대상 행을 지정하기 위해 도입한 개념은?

① 포인터(pointer) ② 버퍼(buffer)
③ 캐시(cache) ④ 커서(cursor)

04 저장 프로시저에 대한 설명 중 옳지 않은 것은?

① 응용 프로그램의 필요한 기능을 클라이언트 버퍼에 저장하여 빠르게 실행하도록 한다.
② 저장 프로시저에 포함된 SQL 명령문은 최적화되어 있어 빠르게 동작한다.
③ 저장 프로시저의 호출 권한을 관리함으로써 높은 보안성을 제공할 수 있다.
④ 저장 프로시저 정의시 입력매개변수, 출력매개변수 및 지역변수를 정의할 수 있다.

05 데이터베이스의 일관성을 유지하기 위한 동시성 제어 및 회복의 기본 작업 단위는?

① 타임스탬프 ② 트랜잭션
③ 도메인 ④ 트리거

06 트랜잭션의 직렬 가능성(serializability)에 대한 설명으로 옳은 것은?

① 일관성 유지를 위해 한 트랜잭션의 수행은 원자적으로 수행되어야 한다.
② 데이터베이스의 참조 무결성을 보장하기 위해 트랜잭션이 만족해야 하는 요구사항이다.
③ 일관성 유지를 위해 트랜잭션들은 반드시 순차적으로 수행되어야 한다.
④ 동시 수행된 트랜잭션들의 실행 결과가 순차적 트랜잭션의 실행 결과와 같아야 한다.

07 회복과 관련성이 가장 먼 것은?

① 체크 포인트 ② 직렬스케줄
③ 백업 ④ 로그

08 A, B 두 트랜잭션사이의 로크 양립성에 관한 설명 중 옳은 것은?

① A 트랜잭션이 독점 로크를 설정한 뒤 B 트랜잭션이 독점 로크를 설정할 수 있다.
② A 트랜잭션이 공유 로크를 설정한 뒤 B 트랜잭션이 독점 로크를 설정할 수 있다.
③ A 트랜잭션이 독점 로크를 설정한 뒤 B 트랜적션이 공유 로크를 설정할 수 있다.
④ A 트랜잭션이 공유 로크를 설정한 뒤 B 트랜적션이 공유 로크를 설정할 수 있다.

09 2단계 로킹 규약에 대한 설명으로 옳지 않은 것은?

① 로크를 획득하는 확장 단계와 로크를 해제하는 축소 단계로 구성된다.
② 직렬 가능성이 보장된다.
③ 교착 상태 발생을 방지할 수 있다.
④ 필요한 모든 로크 설정 연산을 실행한 후에만 로크 해제 연산을 실행할 수 있다.

10 COMMIT과 ROLLBACK 명령어에 의해 보장받는 트랜잭션의 특성은?

① 통합성 ② 일관성
③ 원자성 ④ 지속성

11 데이터베이스의 회복 기법에 해당하지 않는 것은?

① 그림자 페이징 기법 ② 로킹 기법
③ 검사점 기법 ④ 로그 기법

12 동시성 제어 기법과 가장 관련성이 없는 용어는?

① 2단계 로킹 ② 직렬 스케줄
③ 교착상태 ④ 체크 포인트

13 다음 문장이 참이면 ○, 거짓이면 ×를 하시오.

① 저장 프로시저와 트리거는 SQL문을 포함하지만 사용자 정의 함수는 SQL문 안에 포함된다. ( )
② 트랜잭션 수행 중에는 일시적으로 일관성이 지켜지지 않을 수 있다. ( )
③ 트랜잭션의 원자성, 지속성 특성은 DBMS의 회복 기법에 의해 지원된다. ( )
④ 수동완료 트랜잭션 모드에서 CREATE문을 실행하면 트랜잭션이 자동으로 시작된다. ( )
⑤ 데이터에 대한 모든 공유 락이 해제된 이후에만 독점 락을 설정할 수 있다. ( )
⑥ 고립화 수준이 높아질수록 동시 접근성도 높아진다. ( )

14 다음 ( ) 안에 적당한 용어를 채워 완성하시오.

① SQL 함수는 DBMS가 제공하는 내장 함수와 사용자가 필요에 따라 직접 정의하는 ( )2가지로 분류한다.
② ( )는 미리 작성되어 DBMS에 저장된 연관된 SQL 문장들의 묶음이다.
③ ( )는 실행 결과의 행을 한 번에 하나씩 처리하기 위해 테이블의 행을 순차적으로 가리키는 객체이다.
④ ( ) 테이블은 트리거를 위해 변경후의 값을 일시적으로 저장하는 테이블로서 새로 삽입되는 행의 값을 가리키는 지정자 역할을 한다.
⑤ ( )은 한 묶음으로 처리되어야 하는 데이터베이스 변경 명령어들의 집합이다.
⑥ 트랜잭션이 자동으로 시작되지만 반드시 사용자가 커밋이나 롤백문을 명시적으로 지정해야 커밋되는 트랜잭션 모드를 ( )커밋 트랜잭션이라고 한다.
⑦ 데이터베이스 캐시 안의 데이터 페이지가 성공적으로 변경되면 데이터베이스 파일에 쓰여지기 전에 로그 파일에 먼저 기록되어야하는 특성을 ( )이라고 한다.
⑧ ( )는 다수 트랜잭션의 동시성 제어 기법 중 대표적인 기법이다.
⑨ 오손 데이터 읽기는 발생하지 않지만 반복 불가능 읽기, 유령 데이터 읽기 문제가 여전히 발생하는 트랜잭션 고립 수준은 ( )이다.

15 다음은 트랜잭션 관련 설명으로 ( ) 안의 적합한 용어를 작성하시오.

> 트랜잭션의 실행이 성공적으로 종료되었음을 선언하는 완료 연산은 (㉠)이고, 트랜잭션을 실행 이전 상태로 되돌리기 위해 작업 취소를 선언하는 복귀 연산은 (㉡)이다.

㉠ (   )

㉡ (   )

16 〈표 7-1〉의 주요 내장 함수 중에서 숫자 함수, 문자 함수, 날짜 · 시간 함수 각 3개씩을 사용하는 SQL 문장 예를 작성하시오.

17 다음과 같은 두 트랜잭션을 동시에 실행시킬 때 ①~⑤의 실제 실행 순서를 기술하시오.

사용자1(T1)	사용자(T2)
	SET TRANSACTION ISOLATION LEVEL REPEATABLE READ; SELECT 기말성적 FROM 수강; ④
SET TRANSACTION ISOLATION LEVEL READ COMMITTED; SELECT 기말성적 FROM 수강; ①	
UPDATE 수강 SET 기말성적=기말성적+100; ②	
	UPDATE 수강 SET 기말성적=기말성적*2; ⑤ ROLLBACK;
UPDATE 수강 SET 기말성적=기말성적-20; ③ COMMIT;	

시간 흐름 ↓

실행순서: (   ) → (   ) → (   ) → (   ) → (   )

18 저장 프로시저, 트리거, 사용자 정의 함수의 공통점과 차이점을 설명하시오.

19 트랜잭션의 대표적인 4가지 특성에 대해 설명하시오.

20 체크 포인트에 대해 설명하시오.

21 로그를 이용한 회복 과정에서의 REDO와 UNDO 작업에 대해 설명하시오.

22 트랜잭션 실행이 적절한 수준에서 이루어지도록 잠금을 제어하는 트랜잭션 고립 수준의 4가지 단계에 대해 설명하시오.

CHAPTER 08

정규화

1. 정규화와 이상 현상
2. 함수 종속성
3. 기본 정규형

학습목표

- 정규화의 필요성과 이상 현상을 이해한다.
- 함수 종속성의 개념과 함수 종속 다이어그램을 알아 본다.
- 기본 정규형을 이해하고 정규화를 적용해 본다.

CHAPTER

8 정규화

1. 정규화와 이상 현상

많은 사용자가 함께 사용하는 대량의 데이터를 데이터베이스 안에 어떻게 조직하여 구성하느냐는 중요한 문제이다. 현실 세계를 정확하고 자연스럽게 반영할 수 있도록 데이터베이스 스키마를 구성해야 한다

잘못된 스키마 정의는 원하지 않는 여러 이상 현상을 발생시킨다. 정규화는 잘못된 스키마 정의를 바로 잡는 데이터베이스 설계 방법이다. 정규화 원리에 대해 알아보자.

1.1 정규화의 필요성

관계형 데이터베이스는 테이블 형태의 릴레이션 단위로 데이터를 조직화한다. 관계형 데이터베이스 설계는 몇 개의 릴레이션으로 구성할지 또, 각 릴레이션 안의 속성을 어떻게 구성할지를 결정한다.

잘못된 데이터베이스 설계는 여러 부작용을 가져온다. 릴레이션 구성을 잘못하는 경우, 데이터 관리가 어려워지고 데이터 일관성이 훼손되거나 데이터 무결성이 손상될 수 있다. 부작용은 대부분 불필요한 데이터 중복 때문에 발생한다. 좋은 설계는 데이터 중복을 최소화하는 형태로 릴레이션 스키마를 정의하는 것이다.

좋은 릴레이션 스키마를 설계하도록 하는 절차적 방법이 바로 정규화이다.

1.2 이상 현상

데이터 이상(data anomaly)은 릴레이션 처리 과정에서 불필요한 데이터 중복으로 인해 발생하는 부작용을 말한다. 릴레이션 안에 데이터를 입력, 수정 혹은 삭제하려고 할 때 의도하지 않은 문제점이 발생하거나 불필요한 작업을 추가 수행해야 하는 곤란한 상황을 의미한다. 데이터 이상이 발생하는 이유는 잘못된 릴레이션 스키마 설계 때문이다.

다음 '예약' 릴레이션의 예를 살펴보자.

'예약' 릴레이션은 '고객번호'와 고객이 예약한 '영화번호', 예약한 영화 '티켓수' 그리고 '상영관' 이름을 속성으로 갖는 테이블이다. 기본키가 '고객번호'와 '영화번호'의 조합으로 구성된 복합 속성이다.

예약

고객번호	영화번호	티켓수	상영관
c001	m002	3	3관
c004	m005	2	2관
c003	m002	5	3관
c002	m001	1	1관
y001	m004	2	5관
c004	m003	1	2관
y001	m002	4	3관
c003	m001	1	1관
c004	m002	2	3관

'예약' 릴레이션에 대해 SELECT문으로 검색할 경우는 아무런 이상 현상이 발생하지 않는다. 그러나 INSERT, UPDATE, DELETE문으로 데이터를 변경할 때는 다음과 같은 3가지 이상 현상이 발생할 수 있다.

1) 삽입 이상

새로 출시한 영화번호 'm006'이 상영관 '4관'에서 상영된다는 사실을 '예약' 릴레이션에 추가하는 경우를 가정해 보자. 이를 위해 〈NULL, 'm006', NULL, '4관'〉 투플을 삽입해야 한다. 그런데, 최소 한 명 이상의 고객이 이 영화를 예약하지 않으면 투플은 삽입될 수 없다. 예약 '고객번호'가 없으면 '고객번호' 속성 값은 NULL을 저장해야 하는데 '고객번호'와

'영화번호'는 기본키이므로 NULL이 허용되지 않기 때문이다. 투플을 추가하려면 예약 '고객번호'를 거짓으로라도 강제로 삽입해야만 가능하다. 불필요한 데이터를 함께 입력하지 않고서는 원하는 데이터만 입력이 불가능한 상황을 **삽입 이상**(insertion anomaly)이라 한다.

2) 갱신 이상

영화번호 'm002'인 영화의 상영관을 '3관'에서 '4관'으로 변경하는 경우를 가정해 보자. 영화번호 'm002'인 투플 4개 모두를 빠짐없이 갱신해야 한다. 만약 'm002'인 투플이 4,000개라면 4,000개 '상영관' 속성 값을 모두 동일하게 수정해야 한다. 중복된 속성 값 중 일부가 수정되지 않을 경우 데이터 불일치가 발생할 수 있는데 이러한 상황을 **갱신 이상**(update anomaly)이라 한다.

3) 삭제 이상

고객번호 'y001'인 고객이 영화번호 'm004'인 영화의 예약을 취소하는 경우를 가정해 보자. 고객번호가 'y001'이고 영화번호가 'm004'인 투플을 찾아 삭제해야 한다. 그런데, 문제는 해당 투플을 삭제하면 영화번호 'm004'인 영화의 상영관이 '5관'이라는 사실 정보도 함께 삭제된다는 점이다. 삭제 투플이 이 영화의 상영관 정보를 갖는 유일한 투플이기 때문에 문제가 심각할 수 있다. 삭제할 때 원하지 않는 유용한 데이터까지 함께 삭제되어 데이터 손실이 발생할 수 있는 상황을 **삭제 이상**(deletion anomaly)이라 한다.

이상 현상의 주원인은 릴레이션 안의 불필요한 데이터 중복 때문이다. 데이터 중복이 필요 이상으로 발생하는 이유는 무엇일까? 릴레이션 안에 너무 많은 속성을 표현하다보니 연관성이 낮은 속성까지 함께 포함하기 때문이다.

1.3 정규화의 개념

데이터베이스 안의 속성들은 연관성을 갖는 속성끼리 자연스럽게 그룹화할 수 있다. 기본적으로 연관성이 높은 속성들을 하나의 릴레이션으로 구성하는 것이 바람직하다. 같은 릴레이션 안에 연관성이 높은 속성과 낮은 속성을 함께 포함시키면 자연스럽지 못하고 데이터 중복도 증가한다.

속성 사이의 많은 연관 관계를 무리하게 하나의 릴레이션으로 표현할 때 이상 현상이 발생한다. 이를 방지하려면 속성 사이의 연관 관계 즉, 종속성(dependency)을 분석하여 하나의 릴레이션에는 하나의 종속성만 표현되도록 릴레이션을 분해하면 된다. 데이터 이상 방지를 위해 중복을 감소시키는 구조로 단계적 규칙에 따라 릴레이션을 분해하는 과정을 **정규화**(normalization)라 한다. 정규화는 잘못된 설계를 바로 잡는 과정이다.

정규화 과정에서 이상 문제를 해결하려면 연관성이 높은 속성들로만 릴레이션을 구성해야 한다. 이를 위해 릴레이션 속성 사이의 연관성을 평가하기 위한 척도가 필요하다. 바로 함수 종속성이다.

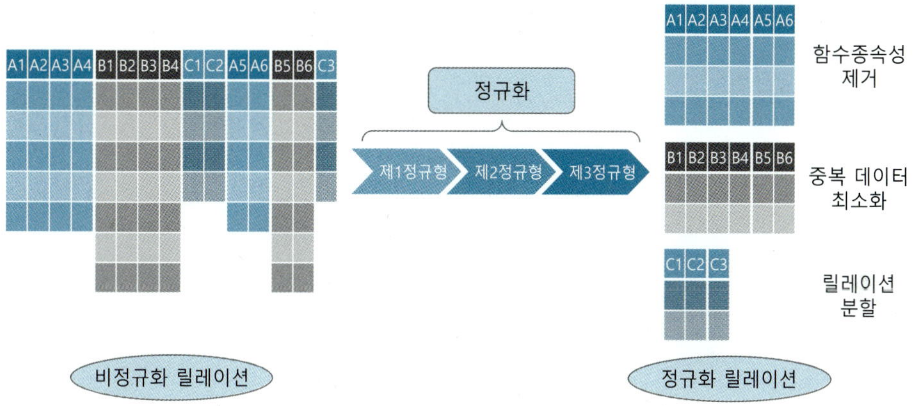

[그림 8-1] 정규화의 개념

2. 함수 종속성

함수 종속성은 같은 릴레이션 안에 포함된 속성 사이의 연관성을 분석할 수 있는 척도이다. 바람직한 릴레이션 스키마 생성을 위해서 함수 종속성을 분석하고 표현하는 방법을 알아 보자.

2.1 함수 종속성 정의

함수 종속성(FD; Functional Dependency)은 같은 릴레이션 안의 속성 간에 특정 속성 값이 함수적으로 다른 속성 값을 결정하는 종속 관계를 말한다.

'학번'이 기본키 속성인 '학생_1' 릴레이션을 고려해 보자.

학생_1

학번	이름	주소	학년	성별
s001	김연아	서울 서초	4	여
s002	홍길동	미정	1	남
s003	이승엽	미정	3	남
s004	이영애	경기 분당	2	여
s005	송윤아	경기 분당	4	여
s006	홍길동	서울 종로	2	남
s007	이은진	경기 과천	1	여

'학생_1' 릴레이션에서 학번이 결정되면 이름, 주소, 학년, 성별 속성 값도 자동 결정된다.

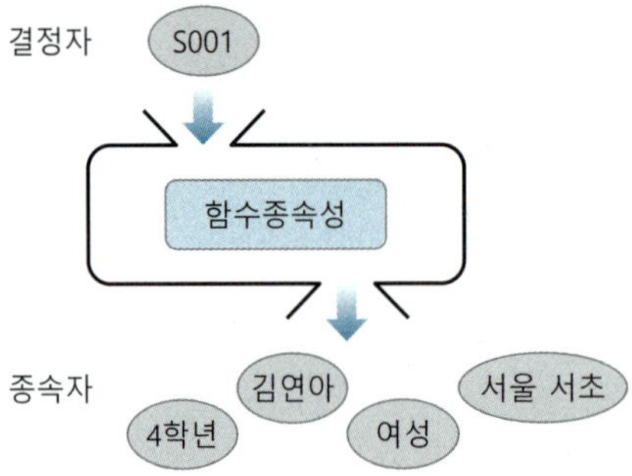

[그림 8-2] 함수 종속성의 개념

특정 학생을 대표하는 학번 속성 값에 대응하는 이름, 주소, 학년, 성별 값은 오직 하나씩뿐이다. 즉, 's005' 학번 속성의 값이 결정되면 대응하는 이름, 주소, 학년, 성별 속성의 값은 '송윤아', '경기 분당', 4, '여'로 하나씩 자동 결정된다. 만약 투플의 학번이 같다면 반드시 이름, 주소, 학년, 성별 값도 같다. 학번이 결정되면 나머지 속성 값들도 유일하게 결정되기 때문이다.

이처럼 어떤 속성 값은 다른 속성 값을 고유하게 결정할 수 있다. 어떤 속성2의 값이 다른 속성1의 값에 의해 결정되는 함수 종속 관계를 '속성1 → 속성2'로 표기한다. 이때, 속성1은 속성2를 결정하는 **결정자**(determinant), 속성2는 속성1에 종속된 **종속자**(dependent)이다. 결정자인 각 속성1의 값에 대해서 반드시 종속자인 속성2의 값이 하나씩만 대응된다. 속성1과 속성2는 복합 속성일 수 있다.

'학생_1' 릴레이션에서 '이름', '주소', '학년', '성별' 속성은 '학번 속성에 **함수 종속**(functional dependent)이다'고 할 수 있다. 보통 릴레이션의 기본키 또는 후보키 속성에 대해 나머지 속성들은 모두 함수 종속이다.

'학생_1' 릴레이션에 존재하는 모든 함수 종속성을 표현하면 다음과 같다.

```
학번 → 이름
학번 → 주소
학번 → 학년
학번 → 성별
```

또는 다음과 같이 표현할 수도 있다.

```
학번 → (이름, 주소, 학년, 성별)
```

'학번' 속성은 결정자 역할을 한다. 보통 투플을 유일하게 식별하는 기본키 혹은 후보키는 다른 모든 속성들을 함수적으로 결정하므로 결정자가 된다. 기본키나 후보키가 아닌 일반 속성도 결정자가 될 수 있다.

함수 종속성을 판단할 때, 현재 릴레이션에 저장된 속성 값만을 가지고 판단하지 않도록 주의한다. 릴레이션 안의 속성 값은 계속 변할 수 있다. 함수 종속성은 릴레이션의 모든 가능한 인스턴스에 대해서 충족되어야 한다. 결국 속성 값보다는 속성 자체의 의미로 종속성 여부를 판단해야 한다.

Note 함수 종속 정의

■ 결정자와 종속자

릴레이션 R의 속성 집합 X와 Y에 대해서 X의 값에 항상 Y의 값이 오직 하나만 대응될 때 'Y는 X에 함수 종속'이라고 한다. 이때 X는 '결정자(determinant)' 또는 '결정 속성', Y는 '종속자(dependent)' 또는 '종속 속성'이라 하고 다음과 같이 표기한다.

```
   X   →   Y
결정자  종속자
```

'X는 Y를 **함수적으로 결정한다**' 혹은 'Y는 X에 **함수적으로 종속이다**'라고 한다.

2.2 함수 종속 다이어그램

릴레이션 안의 속성들은 서로 다양한 함수 종속 관계를 갖는다. 하나의 릴레이션을 구성하는 속성들 간의 복잡한 함수 종속 관계를 이해하기 쉽도록 표현한 그림이 **함수 종속 다이어그램**(FD diagram)이다.

'학생_1' 릴레이션의 모든 함수 종속성을 함수 종속 다이어그램으로 표현하면 [그림 8-3]과 같다.

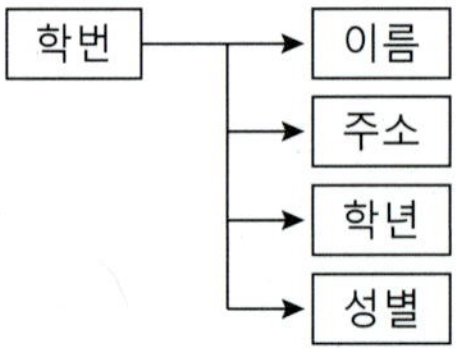

[그림 8-3] 함수 종속 다이어그램의 예(학생_1)

함수 종속 다이어그램에서 릴레이션 속성은 사각형으로, 속성 간의 함수 종속성은 화살표로 표기한다.

또 다른 예로 '학번'과 '과목번호' 속성의 조합이 기본키인 '수강_1' 릴레이션 안의 함수 종속성을 분석해 보자.

수강_1

학번	과목번호	학점	성별	강의교수
s001	c002	A	여	강창욱
s004	c005	C	여	이기찬
s003	c002	B	남	강창욱
s002	c001	F	남	홍리라
s001	c004	B	여	김우영
s004	c003	A	여	박미라
s001	c005	C	여	이기찬
s003	c001	B	남	홍리라
s004	c002	A	여	강창욱

■ 완전 함수 종속

기본키인 복합 속성 {학번, 과목번호} 조합에 나머지 '학점', '성별', '강의교수' 속성은 모두 함수 종속이다. 정확히 말하면 '학점'은 {학번, 과목번호} 조합을 통해서만 결정되므로 '완전' 함수 종속이다.

'수강1' 릴레이션처럼 결정자가 둘 이상의 속성 조합인 경우, 특정 속성이 결정자인 둘 이상의 전체 속성 조합에는 함수 종속이면서 결정자의 어떤 일부 속성에도 함수 종속이 아닐 때 **완전 함수 종속**(full functional dependency)이라고 한다. 즉, 결정자인 기본키에 속한 모든 속성 값을 통해서만 기본키가 아닌 일반 속성을 결정할 수 있음을 뜻한다. 보통 함수 종속은 완전 함수 종속을 의미한다. 결정자가 단일 속성이면 당연히 완전 함수 종속이다.

■ 부분 함수 종속

'성별' 속성은 기본키의 일부인 '학번' 속성에 대해서, '강의교수' 속성은 역시 기본키의 일부인 '과목번호' 속성에 대해서도 함수 종속이다. 따라서 '성별'과 '강의교수' 속성은 {학번, 과목번호} 조합에 대해서는 '부분' 함수 종속이다. 특정 속성이 결정자인 둘 이상의 전체 속성 조합에도 함수 종속이면서 결정자의 일부 속성에도 함수 종속일 때 **부분 함수 종속**(partial functional dependency)이다. 기본키에 속한 일부 속성 값만으로도 결정될 수 있기 때문이다.

'수강_1' 릴레이션에 존재하는 모든 함수 종속성을 표현하면 다음과 같다.

{학번, 과목번호} → (학점, 성별, 강의교수)
학번 → 성별
과목번호 → 강의교수

[그림 8-4]는 '수강_1' 릴레이션의 속성 간 종속 관계를 표현한 함수 종속 다이어그램이다.

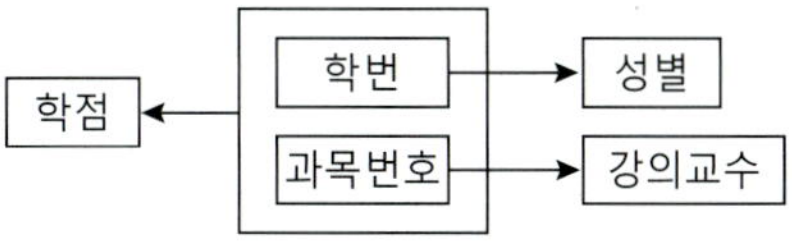

[그림 8-4] 함수 종속 다이어그램의 예(수강_1)

함수 종속 다이어그램에서 복합 속성은 사각형의 묶음으로 나타낸다. '학점'은 {학번, 과목번호}에 완전 함수 종속이다. 반면 '성별'과 '강의교수'는 '{학번, 과목번호}'에 부분 함수 종속이다.

함수 종속성은 릴레이션에 데이터가 입력, 수정, 삭제될 때마다 데이터베이스가 항상 유지해야하는 필수 조건이다. 같은 결정자 속성 값에 대해서 둘 이상의 종속자 속성 값들이 대응된다면 릴레이션은 함수 종속성을 위반한 것이다. 결과적으로 데이터베이스가 현실 세계를 잘못 반영한 결과가 된다.

Note 완전 함수 종속과 부분 함수 종속성 정의

Y가 X에 함수 종속이면서 X의 전체가 아닌 일부 집합에는 함수 종속이 아닐 때 'Y는 X에 **완전 함수 종속**(full functional dependency)'이라고 하며 Y가 X의 일부 집합에도 함수 종속일 때 'Y는 X에 **부분 함수 종속**(partial functional dependency)'이라고 한다.

---

3. 기본 정규형

정규화 과정에서 실제 활용도가 높은 기본 정규형의 종류와 변환 방법을 알아보자.

3.1 정규형의 종류

이상 현상은 릴레이션을 분해함으로써 제거할 수 있다. 정규화는 함수 종속성이 없는 비연관 속성 그룹들을 분리하여 별개의 릴레이션으로 분해해 가는 과정이다. 정규화의 목표는 모든 릴레이션을 연관 있는 속성들로만 구성하는 것이다.

■ 정규형

정규화는 여러 단계를 걸쳐 점증적으로 진행되며 각 단계별 정규화 수준을 정규형으로 표현한다. **정규형**(NF; Normal Form)은 정규화 과정에서 릴레이션이 만족해야 하는 특정한 함수 종속성의 충족 조건을 말한다. 특정 정규형이 요구하는 충족 조건을 릴레이션이 만족하면 해당 수준의 정규형을 충족함을 의미한다. 즉, 제1정규형이 요구하는 충족 조건을 릴레이션이 만족하면 '제1정규형을 충족한다'고 말한다.

정규형은 [그림 8-5]처럼 제1정규형부터 제5정규형까지 있다. 차수가 높아질수록 충족 조건이 많아지고 수준도 높아진다.

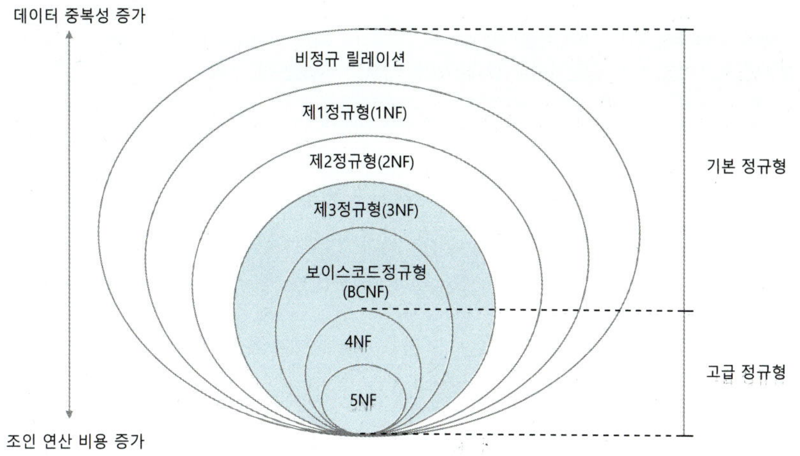

[그림 8-5] 정규형의 종류

실제 대부분의 경우, 제3정규형 이상의 정규형을 충족하면 충분한 정규화가 이루어졌다고 본다. 보통 제3정규형 또는 보이스코드 정규형까지만 정규화를 진행한다.

기본 정규형인 제1정규형, 제2정규형, 제3정규형과 보이스코드 정규형을 중심으로 정규화 과정을 살펴보자.

3.2 제1정규형

제1정규형의 의미와 문제점을 살펴보고 해결 방법을 알아본다.

제1정규형 정의

가장 낮은 수준의 정규형인 제1정규형은 다음과 같이 정의한다.

> **제1정규형(1NF)**: 어떤 릴레이션 R에 속한 모든 속성의 도메인이 원자 값(atomic value)만을 갖는다면 제1정규형(First Normal Form)에 속한다.

관계형 데이터 모델에서 릴레이션의 모든 속성 값은 원자 값을 갖는다고 정의하였다. 따라서 정규화 대상인 릴레이션이 관계형 데이터 모델의 기본 원칙을 따르기만 한다면 당연히 제1정규형에 속한다. 제1정규형을 위배하는 경우는 속성 하나가 n개의 여러 속성 값을 갖는 경우이다.

학생_2(학번, 학생이름, 주소, {전화번호}, 성별) **제1정규형** (x)
학생_3(학번, 학생이름, 주소, 집전화번호, 휴대폰번호, 성별) **제1정규형** (o)

'학생_2' 릴레이션에서 '{전화번호}' 속성은 하나의 '학번'에 해당하는 값이 여러 개임을 의미한다. 학생당 전화번호를 여러 개 저장할 수 있어 다중 값 속성으로 표현한 것이다. '전화번호' 속성 값으로 여러 전화번호들의 집합을 허용한다면 엄밀한 의미에서 릴레이션이라 부를 수 없고 단순 테이블일 뿐이다.

따라서 다중 값 속성을 가진 '학생_2' 릴레이션은 제1정규형을 충족하지 않는다. '학생_3' 릴레이션처럼 '집전화번호'와 '휴대폰번호'로 속성을 분리하여 각 속성마다 하나의 값만 저장한다면 기본적으로 제1정규형을 충족한다.

제1정규형의 문제점

다음 '수강_2' 릴레이션은 {학번, 과목번호} 속성 조합이 기본키로 지정된 수강 관련 정보를 저장하는 테이블이다.

수강_2

학번	과목번호	학점	학년	과목개설학과	학과장
s001	c001	A	1	컴퓨터	박유찬
s002	c001	B	3	컴퓨터	박유찬
s002	c002	C	3	경영	김철수
s003	c004	A	4	컴퓨터	박유찬
s004	c003	B	2	정보통신	강민애
s004	c003	C	2	정보통신	강민애
s002	c005	F	3	컴퓨터	박유찬

'수강_2' 릴레이션은 각 속성의 도메인이 원자 값이므로 제1정규형에 속한다.

'수강_2' 릴레이션의 경우, 실제 데이터를 분석해보면 불필요한 데이터의 중복이 많아 데이터의 삽입, 수정, 삭제 시 다음과 같은 이상 현상이 발생할 수 있다.

(1-1) 삽입 이상

과목번호 'c006'인 과목의 개설학과가 '통계'학과라는 사실만 따로 삽입할 수가 없다. {학번, 과목번호} 속성의 조합이 기본키이기 때문에 어떤 학생이 과목번호 'c006'을 수강하지 않으면 '학번' 속성 값이 NULL이 되어 기본키 제약 조건을 위배하기 때문이다.

(1-2) 수정 이상

컴퓨터학과의 학과장이 '박유찬'에서 '홍길동'으로 변경될 경우, 과목개설학과 '컴퓨터'인 모든 투플을 찾아 '학과장' 속성 값을 한꺼번에 '홍길동'으로 변경해야 한다. 4개 투플의 '학과장' 속성 값을 모두 변경해야 한다. '과목개설학과'에 대한 '학과장' 속성 값이 불필요하게 여러 번 중복 저장되어 있기 때문이다. 일부만 변경할 경우, 갱신 불일치 문제의 원인이 된다.

(1-3) 삭제 이상

'수강_2' 릴레이션에서 과목번호 'c002' 과목에 관련된 투플은 단 하나이다. 만약, 학번 's002' 학생이 과목번호 'c002' 과목 수강을 취소하여 이 투플을 삭제하면 'c002' 과목의 개설학과가 '경영'학과이고 학과장이 '김철수'라는 원하지 않은 정보까지 데이터베이스에서 함께 삭제되어 버린다.

제1정규형의 문제점 해결

제1정규형을 충족하는 릴레이션의 삽입(1-1), 수정(1-2), 삭제(1-3) 이상 현상을 해결하기 위해 속성 간의 함수 종속성을 분석해 보자. 함수 종속성을 파악하기 위해서는 우선 기본키를 찾는다. {학번, 과목번호}의 조합이 기본키이다.

'수강_2' 릴레이션의 함수 종속성은 다음과 같다.

{학번, 과목번호} → (학점,학년,과목개설학과,학과장)
학번 → 학년
과목번호 → 과목개설학과
과목번호 → 학과장
과목개설학과 → 학과장

'수강_2' 릴레이션의 함수 종속 다이어그램은 [그림 8-6]과 같다.

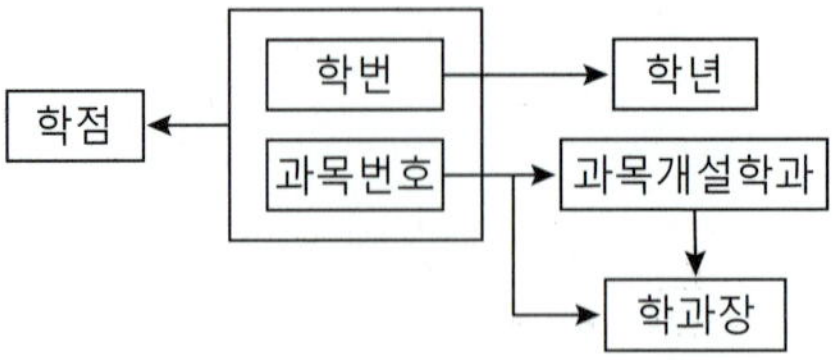

[그림 8-6] 함수 종속 다이어그램의 예(수강_2)

'수강_2' 릴레이션의 이상 원인은 기본키 속성인 {학번, 과목번호}에 완전 함수 종속은 '학점' 속성뿐이고 나머지 속성들은 기본키에 부분 함수 종속되기 때문이다. 기본키에 부분 함수 종속되는 속성들은 서로 연관성이 낮아 불필요한 데이터의 중복이 발생한다. 이 문제를 해결하려면 '수강_2' 릴레이션을 연관성이 높은 속성끼리 [그림 8-7]과 같이 3개의 릴레이션으로 분해하여 부분 함수 종속성을 제거한다.

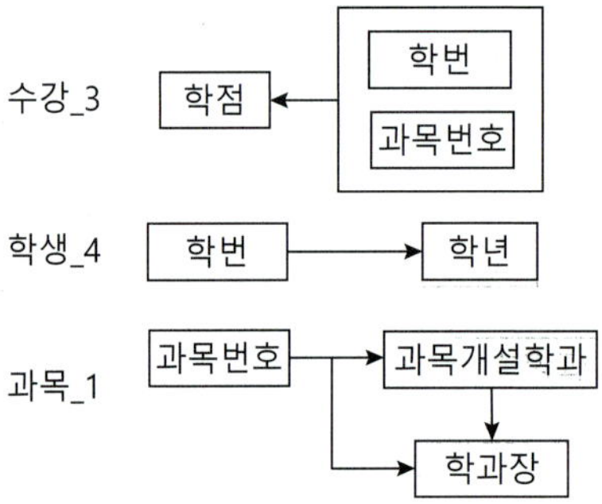

[그림 8-7] 부분 함수 종속성 제거(수강_2)

■ 무손실 분해

정규화 과정에서 릴레이션 분해는 어떤 정보도 손실되지 않게 동등한 릴레이션들로 분해해야 한다. 이를 **무손실 분해**(nonloss decomposition)라고 한다. 정보 손실 없이 프로젝트(project) 연산으로 무손실 분해된 릴레이션은 자연 조인(natural join) 연산에 의해 다시 분해 이전의 릴레이션으로 복원이 가능하다. 복원이 불가능하면 잘못된 분해이며 이는 올바른 정규화가 아니다.

보통 분해할 때 결정자와 결정자에 종속되는 속성들을 함께 떼어내어 새로운 릴레이션을 만들게 된다. 이때 결정자를 분할 전의 릴레이션에도 공통 속성으로 남겨두어야 한다. 그래야 결정자가 이후 외래키로써 분해된 릴레이션 사이의 연관성을 유지할 수 있다.

[그림 8-7]의 함수 종속 관계를 고려하여 '수강2' 릴레이션을 다음 3개의 릴레이션으로 분

해한다. 분해된 릴레이션들은 데이터 중복이 감소하고 앞에서 지적한 삽입(1-1), 수정(1-2), 삭제(1-3) 이상이 발생하지 않게 된다.

수강_3

학번	과목번호	학점
s001	c001	A
s002	c001	B
s002	c002	C
s003	c004	A
s004	c003	B
s004	c003	C
s002	c005	F

학생_4

학번	학년
s001	1
s002	3
s003	4
s004	2

과목_1

과목번호	과목개설학과	학과장
c001	컴퓨터	박유찬
c002	경영	김철수
c003	정보통신	강민애
c004	컴퓨터	박유찬
c005	컴퓨터	박유찬

제1정규형의 이상 원인은 기본키의 일부이면서 결정자 역할을 하는 속성이 존재하기 때문이다. 기본키뿐만 아니라 기본키의 일부분에도 종속되는 속성이 포함되면 중복성이 발생한다. 기본키에 대한 부분 함수 종속성을 제거함으로써 해결 가능하다.

Tip 제1정규형 분해 방법

■ 제1정규형 => 제2정규형 변환 방법
릴레이션 R(A,B,C,D,E)의 기본키가 {A,B}이고 {A,B}→C, {A,B}→D, {A,B}→E, A→D, B→E 함수 종속 관계를 가질 경우, R1(A,B,C), R2(A,D), R3(B,E)로 분해한다. 이때, R1의 기본키는 {A,B}, R2의 기본키는 A, R3의 기본키는 B이다.

3.3 제2정규형

제2정규형의 의미와 문제점을 살펴보고 해결 방법을 알아본다.

제2정규형 정의

제1정규형보다 한 단계 높은 수준의 정규형인 제2정규형은 다음과 같이 정의한다.

제2정규형(2NF): 어떤 릴레이션 R이 제1정규형이고 기본키에 속하지 않는 모든 속성이 기본키에 완전 함수 종속이면 제2정규형(Second Normal Form)에 속한다.

제2정규형은 제1정규형을 충족하는 릴레이션의 기본키가 복합 속성일 때, 기본키의 일부 속성이 결정자인지를 검사한다. 만약 기본키가 단일 속성이면, 모든 속성이 완전 함수 종속이므로 검사할 필요가 없이 제2정규형에 속한다.

학생_3(학번, 학생이름, 주소, 집전화번호, 휴대폰번호, 성별)	**제2정규형 (O)**
수강_2(학번, 과목번호, 학점, 학년, 과목개설학과, 학과장)	**제2정규형 (X)**
수강_3(학번, 과목번호, 학점)	**제2정규형 (O)**
학생_4(학번, 학년)	**제2정규형 (O)**
과목_1(과목번호, 과목개설학과, 학과장)	**제2정규형 (O)**

'학생_3' 릴레이션은 제1정규형이면서 기본키가 단일 속성이므로 제2정규형을 충족한다. '수강_2' 릴레이션은 부분 함수 종속성이 존재하므로 제2정규형 조건을 충족하지 않는다. 그러나 '수강_2' 릴레이션을 분해한 '수강_3', '학생_4', '과목_1' 릴레이션은 모두 제2정규형이다.

제2정규형의 문제점

'수강_2' 릴레이션을 분해한 릴레이션 중 다음 '과목_1' 릴레이션은 과목 관련 속성들로 구성된 테이블이며 과목번호가 기본키이다.

과목_1

과목번호	과목개설학과	학과장
c001	컴퓨터	박유찬
c002	경영	김철수
c003	정보통신	강민애
c004	컴퓨터	박유찬
c005	컴퓨터	박유찬

'과목_1' 릴레이션은 부분 함수 종속성이 없으므로 제2정규형에 속한다.

'과목_1' 릴레이션의 경우, 실제 데이터를 분석해보면 여전히 불필요한 데이터의 중복이 있어 데이터의 삽입, 수정, 삭제 시 다음과 같은 이상 현상이 발생할 수 있다.

(2-1) 삽입 이상

과목개설학과인 '통계'학과의 학과장이 '홍장미'라는 사실만 따로 삽입할 수가 없다. '과목번호' 속성이 기본키이기 때문에 어떤 과목을 미리 등록하지 않으면 '과목번호' 속성 값이 NULL이 되어 기본키 제약 조건을 위배하기 때문이다.

(2-2) 수정 이상

컴퓨터학과의 학과장이 '박유찬'에서 '홍길동'으로 변경될 경우, 여전히 과목개설학과 '컴퓨터'인 모든 투플을 찾아 '학과장' 속성 값을 한꺼번에 '홍길동'으로 변경해야 한다. 이는 '과목개설학과'에 대한 '학과장' 속성 값이 불필요하게 여러 번 중복 저장되어 있기 때문이다.

(2-3) 삭제 이상

과목번호 'c002'의 등록을 취소하여 이 투플을 삭제하면 '경영'학과의 학과장이 '김철수'라는 원하지 않은 정보까지 함께 삭제된다. 경영학과에서 개실한 다른 교과목이 등록되어 있지 않다면 경영학과의 학과장 정보는 데이터베이스에서 완전히 사라져버린다.

제2정규형의 문제점 해결

제2정규형을 충족하는 '과목_1' 릴레이션에 삽입(2−1), 수정(2−2), 삭제(2−3) 이상이 발생하는 이유는 아직도 둘 이상의 의미적 연관성을 하나의 릴레이션으로 함께 표현했기 때문이다. 이를 해결하기 위해 속성들 간의 함수 종속성을 분석해 보자.

'과목_1' 릴레이션의 함수 종속성은 다음과 같다.

과목번호 → 과목개설학과
과목번호 → 학과장
과목개설학과 → 학과장

'과목_1' 릴레이션의 함수 종속 다이어그램은 [그림 8-8]과 같다.

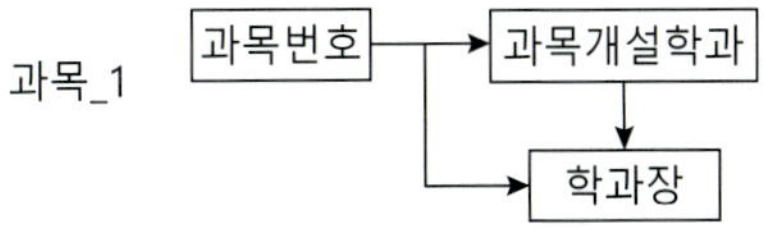

[그림 8-8] 함수 종속 다이어그램의 예(과목_1)

'과목_1' 릴레이션의 이상 원인은 '학과장' 속성이 기본키인 '과목번호'뿐만 아니라 '과목개설학과' 속성에도 완전 함수 종속이기 때문이다. 결과적으로 '과목번호'가 '과목개설학과'를 결정하고, 다시 '과목개설학과'가 '학과장'을 결정하는 이행적 종속 관계로 인해 불필요한 데이터의 중복이 발생한다.

이행적 함수 종속성(transitive functional dependency)은 기본키에 속하지 않은 일반 속성 값이 기본키에 속하지 않은 또 다른 일반 속성 값을 결정함을 뜻한다. 이 문제를 해결하려면 이행적 종속 관계를 끊어 두 종속 관계를 각기 다른 릴레이션에 표현한다. 즉, 2개의 릴레이션으로 분해한다.

Note 이행적 함수 종속성 정의

■ 이행적 함수 종속성

릴레이션 R의 속성 집합 X와 Y, Z에 대해서 다음 조건을 만족하면

$$X \rightarrow Y \text{ AND } Y \rightarrow Z$$

X는 Z를 함수적으로 결정하게 되어 X → Z가 성립하며 이를 **이행적 함수 종속**(transitive functional dependency)이라고 한다.

'과목_1' 릴레이션을 다음 2개의 릴레이션으로 분해하면 데이터 중복이 감소하고 앞에서 지적한 삽입(2-1), 수정(2-2), 삭제(2-3) 이상이 발생하지 않게 된다.

과목_2

과목번호	과목개설학과
c001	컴퓨터
c002	경영
c003	정보통신
c004	컴퓨터
c005	컴퓨터

과목_3

과목개설학과	학과장
컴퓨터	박유찬
경영	김철수
정보통신	강민애

제2정규형의 이상 원인인 이행적 함수 종속성을 제거하여 두 개의 릴레이션으로 분해함으로써 해결 가능하다.

> **Tip 제2정규형 분해 방법**
>
> ■ 제2정규형 => 제3정규형 변환 방법
>
> 릴레이션 R(A,B,C)의 기본키가 A이고 A→B, B→C, A→C 함수 종속 관계를 가질 경우, R1(A,B), R2(B,C)로 분해한다. 이때, R1의 기본키는 A, R2의 기본키는 B이다.

3.4 제3정규형

제3정규형의 의미와 문제점을 살펴보고 해결 방법을 알아본다.

제3정규형 정의

제2정규형보다 한 단계 높은 수준의 정규형인 제3정규형은 다음과 같이 정의한다.

> 제3정규형(3NF): 어떤 릴레이션 R이 제2정규형이고 기본키에 속하지 않는 모든 속성이 기본키에 이행적 함수 종속이 아니면, 제3정규형(Third Normal Form)에 속한다.

제3정규형은 제2정규형을 충족하는 릴레이션의 기본키가 아닌 일반 속성이 결정자인지를 검사한다. 일반 속성이 기본키 속성이 아닌 일반 속성에 종속적일 때 제3정규형에 위배된다. 일반 속성들은 서로 종속되지 않아야하기 때문이다.

수강_3(학번, 과목번호, 학점)	제3정규형 (O)
학생_4(학번, 학년)	제3정규형 (O)
과목_1(과목번호, 과목개설학과, 학과장)	제3정규형 (X)
과목_2(과목번호, 과목개설학과)	제3정규형 (O)
과목_3(과목개설학과, 학과장)	제3정규형 (O)

'수강_3', '학생_4' 릴레이션은 제3정규형이지만 '과목_1' 릴레이션은 이행적 함수 종속성이 존재하여 제3정규형 조건을 충족하지 않는다. 그러나 '과목_1' 릴레이션을 분해한 '과목_2', '과목_3' 릴레이션은 모두 제3정규형이다.

> **Tip 정규형 적용시 유의점**
>
> 정규형은 단순히 특정 시점에 저장된 속성 값들의 연관 관계를 뜻하지 않는다. 시간이 흐름에 상관없이 현재 또는 미래에 나타날 속성 값들도 항상 만족해야 한다. 즉, 시간이 흘러도 변하지 않는 속성 간의 의미적 종속 관계에 따라 정규형을 판단해야 한다.

제3정규형의 문제점

제3정규형만으로도 일반적인 중복성이 제거되므로 대부분의 경우 제3정규형까지 정규화를 진행한다. 그러나 다음과 같은 제3정규형의 경우 여전히 이상 현상이 발생할 수 있다.

수강_4

학번	과목번호	학점	강의담당교수
s001	c001	A	p001
s002	c001	B	p001
s002	c002	C	p002
s003	c001	A	p004
s004	c003	B	p003
s005	c003	C	p003
s004	c001	F	p001

'수강_4' 릴레이션은 부분 함수 종속성과 이행적 함수 종속성이 없으므로 제3정규형에 속한다.

'수강_4' 릴레이션의 경우, 과목당 '강의담당교수'는 여러 명이지만 교수는 한 과목만 담당한다는 제한이 있다고 가정하자. '수강_4' 릴레이션의 실제 데이터를 분석해보면 데이터의 삽입, 수정, 삭제시 다음과 같은 이상 현상이 발생할 수 있다.

(3-1) 삽입 이상

과목번호 'c004'의 강의담당교수가 'p005'이라는 사실만 따로 삽입할 수는 없다. '학번' 속성이 기본키이기 때문에 수강 학생의 학번을 등록하지 않으면 '학번' 속성 값이 NULL이 되어 기본키 제약 조건을 위배하기 때문이다.

(3-2) 수정 이상

강의담당교수 'p001'의 담당 과목번호가 'c005'로 변경될 경우, 'p001'과 관련된 모든 투플을 찾아 '과목번호' 속성 값을 한꺼번에 'c005'로 변경해야 한다. 이는 '강의담당교수'에 대한 '과목번호' 속성 값이 불필요하게 여러 번 중복되어 발생하는 것으로 갱신 불일치 문제의 원인이 될 수 있다.

(3-3) 삭제 이상

학번 's002'인 학생이 교과번호 'c002'의 수강을 취소하여 이 투플을 삭제하면 'p002' 교수가 'c002' 과목을 강의한다는 정보까지 함께 삭제된다. 'c002' 과목을 수강하는 다른 학생이 없다면 'p002' 교수가 'c002' 과목을 담당한다는 강의 담당 정보는 데이터베이스에서 완전히 사라지게 된다.

제3정규형의 문제점 해결

제3정규형의 문제점을 해결하기 위해 속성들 간의 함수 종속성을 분석해 보자.

'수강_4' 릴레이션의 함수 종속성은 다음과 같다.

{학번, 과목번호} → 학점
{학번, 과목번호} → 강의담당교수
강의담당교수 → 과목번호

'수강_4' 릴레이션의 함수 종속 다이어그램은 [그림 8-9]와 같다.

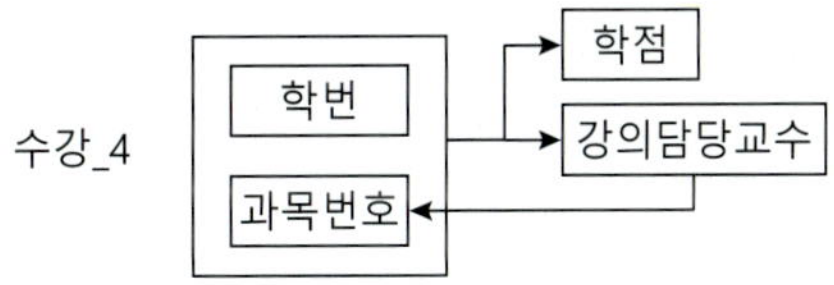

[그림 8-9] 함수 종속 다이어그램의 예(수강_4)

'수강_4' 릴레이션의 이상 원인은 기본키가 아닌 '강의담당교수' 속성이 기본키의 일부인 '과목번호' 속성을 결정하기 때문이다. 제3정규형을 충족하지만 기본키가 아닌 속성이 기본키 일부 속성의 결정자가 되는 경우이다. 드물지만 릴레이션의 후보키가 둘 이상이고 기본키가 둘 이상의 속성 조합일 때 발생한다.

'수강_4' 릴레이션의 경우, {학번, 과목번호}와 {학번, 강의담당교수} 속성 조합이 후보키들로 여기에 해당한다. 이러한 문제를 해결하려면 기본키가 아닌 결정자를 분리하여 2개의 릴레이션으로 분해한다.

'수강_4' 릴레이션을 다음 '수강_5', '과목_4' 2개의 릴레이션으로 분해하면 데이터 중복이 감소하고 앞에서 지적한 삽입(3-1), 수정(3-2), 삭제(3-3) 이상이 발생하지 않게 된다.

수강_5

학번	강의담당교수	학점
s001	p001	A
s002	p001	B
s002	p002	C
s003	p004	A
s004	p003	B
s005	p003	C
s004	p001	F

과목_4

강의담당교수	과목번호
p001	c001
p002	c002
p004	c001
p003	c003
p001	c001

> **Tip 제3정규형 분해 방법**
>
> ■ 제3정규형 => BCNF 정규형 변환 방법
> 릴레이션 R(A,B,C)의 기본키가 {A,B}이고 {A,B}→C, C→B 함수 종속 관계를 가질 경우, R1(A,C), R2(C,B)로 분해한다. 이때, R1의 기본키는 {A,C}, R2의 기본키는 C이다.
> 릴레이션 R(A,B,C,D)의 기본키가 {A,B}이고 {A,B}→C, {A,B}→D, D→B 함수 종속 관계를 가질 경우, R1(A,D,C), R2(D,B)로 분해한다. 이때, R1의 기본키는 {A,D}, R2의 기본키는 D이다.

3.5 보이스코드 정규형

보이스코드 정규형의 의미와 활용 방법을 알아본다.

보이스코드 정규형의 정의

보이스코드 정규형(BCNF; Boyce Codd Normal Form)은 복잡한 식별자 관계에 의한 문제를 해결하기 위해 제3정규형을 보완한 것이다. 제3정규형보다 강력하다고 볼 수 있어 '강한 제3정규형(strong 3NF)'이라고도 한다.

보이스코드 정규형은 다음과 같이 정의한다.

> 보이스코드 정규형(BCNF): 릴레이션 R의 모든 결정자(determinant)가 후보키(candidate key)이면 릴레이션 R은 보이스코드 정규형에 속한다.

제3정규형 정의보다 훨씬 간단하다. 제1정규형, 제2정규형, 제3정규형은 모두 하나의 후보키 즉, 하나의 기본키를 가진 릴레이션을 대상으로 한다. 만약 릴레이션에 여러 후보키가 존재한다면 제3정규형도 이상 현상이 발생할 수 있다. 제3정규형보다 좀 더 엄격한 정규형이 요구되는 이유이다.

제3정규형이더라도 기본키 속성이 기본키 속성이 아닌 일반 속성에 종속적일 때 보이스코드 정규형에 위배된다. 제3정규형을 만족하는 릴레이션을 보이스코드 정규형으로 정규화하려면 모든 결정자를 후보키로 만들면 된다. 즉, 기본키가 아니면서 결정자 역할을 하는 속성과 그 결정자에 함수 종속되는 속성을 하나의 릴레이션으로 분리한다. 이때, 결정자는 분리 전의 릴레이션에도 남겨서 외래키 역할을 하도록 한다.

릴레이션	제3정규형	BCNF
수강_3(학번, 과목번호, 학점)	제3정규형 (O)	BCNF (O)
학생_4(학번, 학년)	제3정규형 (O)	BCNF (O)
과목_1(과목번호, 과목개설학과, 학과장)	제3정규형 (X)	BCNF (X)
과목_2(과목번호, 과목개설학과)	제3정규형 (O)	BCNF (O)
과목_3(과목개설학과, 학과장)	제3정규형 (O)	BCNF (O)
수강_4(학번, 과목번호, 학점, 강의담당교수)	제3정규형 (O)	BCNF (X)
수강_5(학번, 강의담당교수, 학점)	제3정규형 (O)	BCNF (O)
과목_4(강의담당교수, 과목번호)	제3정규형 (O)	BCNF (O)

'과목_1' 릴레이션은 '학과장' 속성 값을 결정하는 '과목개설학과' 속성이 후보키가 아닌 결정자이므로 보이스코드 정규형이 아니다. 이행 함수 종속성이 존재하므로 제3정규형도 충족하지 않는다. '과목1' 릴레이션을 분해한 '과목_2', '과목_3' 릴레이션은 모두 보이스코드 정규형이다.

또, '수강_4' 릴레이션도 후보키가 아닌 '강의담당교수' 속성이 결정자로 존재하여 보이스코드 정규형이 아니다. '수강_4' 릴레이션은 {학번, 과목번호} 조합이 기본키이다. '강의담당교수' 속성이 기본키가 아니면서 기본키의 일부인 '과목번호' 속성의 결정자 역할을 하므로 이들을 하나의 릴레이션으로 분리한다. 이때, 결정자인 '강의담당교수' 속성은 원 릴레이션에도 남겨서 외래키 역할을 하도록 한다. '수강_4' 릴레이션을 분해한 '수강_5', '과목_4' 릴레이션은 모두 보이스코드정규형이다.

'수강_4'처럼 추가 분해가 필요한 경우를 제3정규형 정의는 수용하지 못하지만 BCNF는 이를 수용할 수 있다.

Note BCNF의 유래

3NF(2NF 포함)는 기본적으로 릴레이션에 후보키가 하나인 경우를 가정한 것으로 보통의 경우 제3정규형만으로도 충분하다.
그러나, 3NF는 다음 경우에 적용이 어려운 문제점이 있다.

- 릴레이션에 후보키가 여러 개인 경우
  학생_3(학번,학생이름,주소,집전화번호,휴대폰번호,성별)　　제3정규형 (X)　BCNF (O)
  학생_5(학번,주민번호,나이)　　제3정규형 (X)　BCNF (O)

'학생_3' 릴레이션의 '학번', '집전화번호', '휴대폰번호' 속성은 모두 후보키가 될 수 있다. 셋 중 하나가 기본키이면 다른 둘은 또 다른 결정자로서 이행 종속성을 발생시킨다. 이행 종속성을 제거하려면 두 후보키를 각각 다른 릴레이션의 기본키로 분리해야한다. 그렇지만 분할하더라도 중복성이 감소되지 않기에 불필요하다. 굳이 정규화하지 않아도 되는 이러한 경우를 제3정규형 정의는 수용하기 어렵다. 반면 BCNF 정의는 모든 결정자가 후보키이므로 이러한 경우를 만족하는 것으로 수용한다.
위와 같이 2NF나 3NF를 보완할 목적으로 BCNF가 정의되었다.

3.6 정규화의 적용

정규화는 릴레이션을 정보 표현 측면에서 동등하면서도 중복을 감소시키는 더욱 작은 릴레이션들로 무손실 분해함으로써 이상 현상을 제거하는 데이터베이스 설계의 한 방법이다. 정규형의 수준을 높여갈수록 보다 바람직한 구조로 변환되며 이 과정에서 제약 조건(함수 종속성, 다치 종속성, 조인 종속성)을 이용하여 프로젝트 연산을 수행한다. 정규형은 제1정규형, 제2정규형, 제3정규형, BCNF, 제4정규형, 제5정규형까지 존재한다.

다음 [그림 8-10]은 일련의 프로젝트 연산 단계와 그 결과로 충족되는 정규형들을 요약한다.

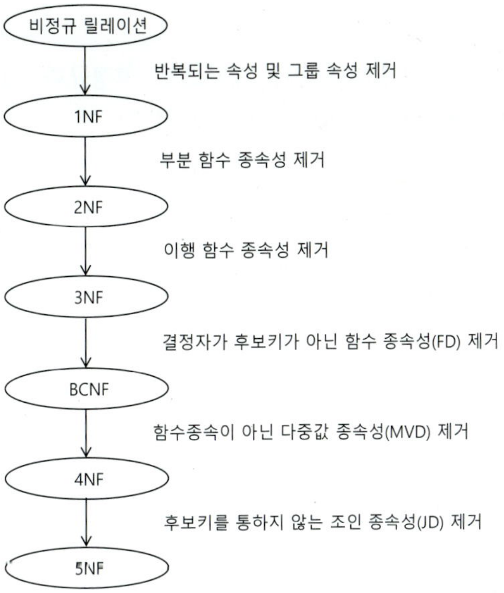

[그림 8-10] 정규화 과정

정규화를 진행하더라도 모든 경우에 데이터의 중복성이 감소하지는 않는다. 따라서 항상 모든 릴레이션을 반드시 제5정규형까지 분해해야 하는 것은 아니다. 보통 릴레이션을 BCNF까지 정규화하면 실제적인 이상 현상은 제거된다. 현실적으로 보통 3NF나 BCNF 수준까지만 정규화를 수행한다.

Note **고급 정규형**

기본 정규형 이외에 제4정규형, 제5정규형을 포함하는 고급 정규형이 있다. 고급 정규형은 이해하기도 어렵고 사용하는 경우도 드물기 때문에 제4정규형과 제5정규형에 대한 자세한 설명은 생략한다.

■ 제4정규형

제4정규형은 결정자가 특정 속성 값 하나가 아니라 여러 개의 값 집합을 결정하는 다치 종속성(MD; Multivalued Dependency) 충족 조건을 이용한다. BCNF를 만족하는 릴레이션에 대해서 함수 종속이 아닌 다치 종속성을 제거하면 제4정규형이 된다.

■ 제5정규형

제5정규형은 릴레이션이 특정 프로젝트들의 조인 결과와 똑같도록 하는 조인 종속(JD; Join Dependency) 충족 조건을 이용한다. 4NF를 만족하는 릴레이션에 대해서 후보키를 통한 조인 종속만 만족된다면 제5정규형이 된다.

■ 반정규화

반정규화(de-normalization)는 정규화의 반대 개념으로 '**역정규화**'라고도 한다. 정규화와는 반대로 보다 낮은 수준의 정규형으로 릴레이션을 통합하는 것이다. 성능 저하가 문제될 경우 정규화를 통해 분해된 릴레이션을 역으로 통합함으로써 성능을 향상시키는 설계 방법이다.

높은 정규형을 만족하는 릴레이션 스키마가 반드시 최적이라고 할 수는 없다. 정규화는 데이터의 정합성과 무결성이 강화되는 장점이 있지만 반대로 릴레이션 수가 과다하게 늘어나 SQL 문장이 복잡해지고 조인 연산 등으로 실행 시간이 오래 걸릴 수도 있기 때문이다.

자주 또 다량으로 조회되는 데이터에 대해서는 역으로 데이터 중복을 허용하는 반정규화를 수행할 수도 있다.

반정규화는 다음과 같은 다양한 과정을 포함한다.

- 릴레이션들을 병합
- 통계·이력 릴레이션을 추가
- 여러 릴레이션에 같은 속성을 중복하여 추가
- 총계·평균 같은 파생 속성을 추가

반정규화는 데이터베이스 설계의 최종 단계에서 신중하게 고려한다.

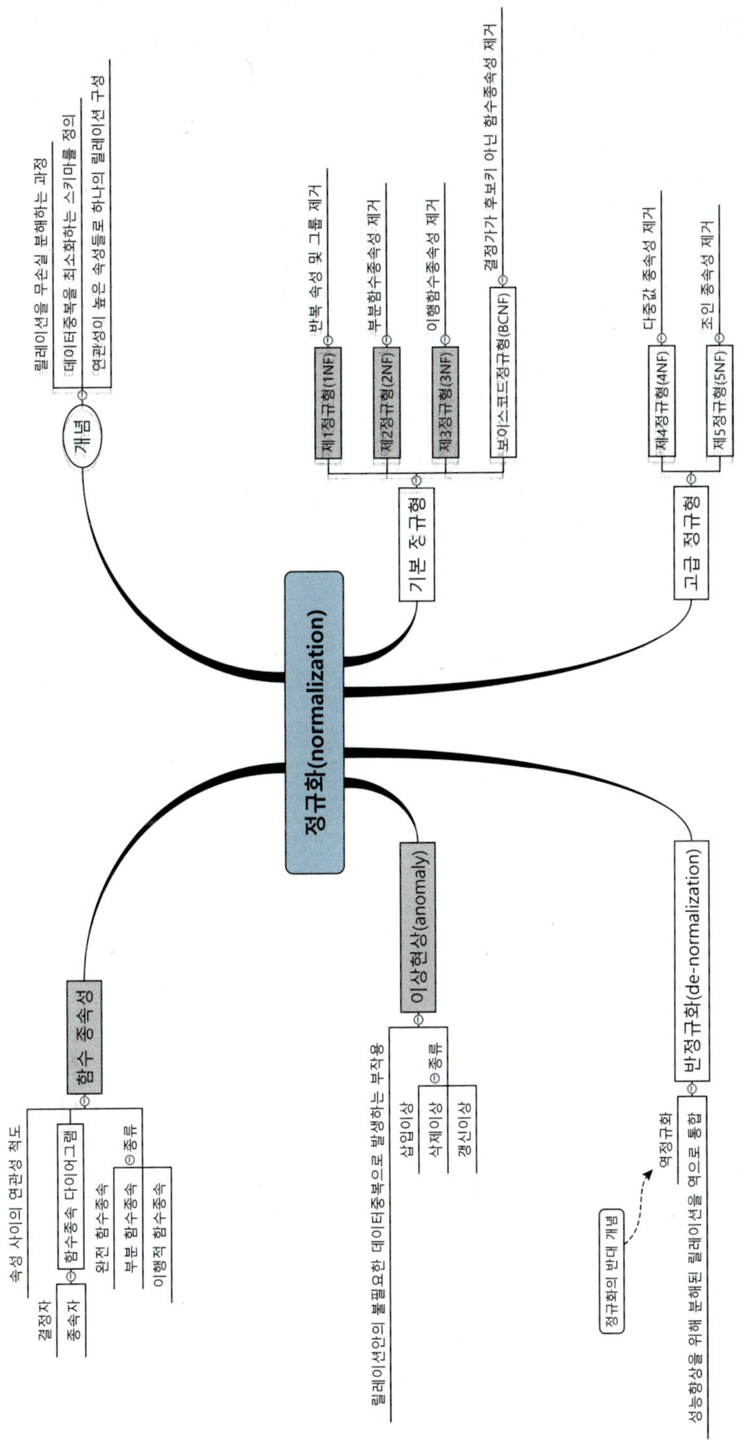
정규화(normalization)
개념
릴레이션을 무손실 분해하는 과정
데이터중복을 최소화하는 스키마를 정의
연관성이 높은 속성들로 하나의 릴레이션 구성
기본 정규형
제1정규형(1NF)
반복 속성 및 그룹 제거
제2정규형(2NF)
부분함수종속성 제거
제3정규형(3NF)
이행함수종속성 제거
보이스코드정규형(BCNF)
결정가가 후보키 아닌 함수종속성 제거
고급 정규형
제4정규형(4NF)
다중값 종속성 제거
제5정규형(5NF)
조인 종속성 제거
함수 종속성
속성 사이의 연관성 척도
함수종속 다이어그램
결정자
종속자
종류
완전 함수종속
부분 함수종속
이행적 함수종속
이상현상(anomaly)
릴레이션안의 불필요한 데이터중복으로 발생하는 부작용
종류
삽입이상
삭제이상
갱신이상
반정규화(de-normalization)
성능향상을 위해 분해된 릴레이션을 역으로 통합
역정규화
정규화의 반대 개념

연습문제 EXERCISE

01 다음 중 연관성이 가장 적은 것은?

① 함수 종속성 ② 데이터 이상
③ 정규화 ④ 외부 조인

02 다음 릴레이션에 존재하는 함수 종속성으로 옳은 것은?

A	B	C	D
1	2	7	7
2	8	5	6
2	6	5	6
4	8	7	2

① B → C ② A → B
③ {A, D} → B ④ {C, D} → A

03 데이터의 불필요한 중복으로 인해 발생하는 이상 현상에 속하지 않는 것은?

① 검색 이상 ② 삽입 이상
③ 삭제 이상 ④ 갱신 이상

04 부분 함수 종속성을 제거함으로써 릴레이션의 모든 속성이 기본키에 완전 함수 종속되는 정규형은?

① 비정규형 ② 제1정규형
③ 제2정규형 ④ 제3정규형

05 이행적 함수 종속성을 제거함으로써 릴레이션의 모든 속성들이 기본키에만 종속되는 정규형은?

① 비정규형 ② 제1정규형
③ 제2정규형 ④ 제3정규형

06 다음 함수 종속성을 가지는 릴레이션 R은 어떤 정규형에 속하는가?

R(A, B, C, D, E)
기본키 : {A, B, C}
함수 종속성 : {A, B, C} → D {A, B, C} → E {A, C} → D

① 제1정규형
② 제2정규형
③ 제3정규형
④ 보이스코드 정규형

07 정규화 과정들을 올바른 순서대로 나열한 것은?

ㄱ. 결정자가 후보키가 아닌 함수 종속성을 제거
ㄴ. 부분 함수 종속성을 제거
ㄷ. 속성을 원자값만 갖도록 분해
ㄹ. 이행적 함수 종속성을 제거

① ㄷ → ㄴ → ㄹ → ㄱ
② ㄱ → ㄴ → ㄷ → ㄹ
③ ㄱ → ㄷ → ㄹ → ㄴ
④ ㄷ → ㄱ → ㄴ → ㄹ

08 정규화와 가장 관련성이 높은 릴레이션의 특징은?

① 속성 값의 원자성
② 투플의 무순서성
③ 속성의 무순서성
④ 투플의 유일성

09 정규화와 관련된 설명 중 옳지 않은 것은?

① 정규화를 할수록 릴레이션의 수가 많아진다.
② 정규화를 할수록 이상 현상이 사라진다.
③ 정규화를 할수록 검색 성능이 좋아진다.
④ 제1정규형이란 모든 값이 원자 값으로 구성된다.

10 정규화에 대한 설명 중 옳지 않은 것은?

① 모든 키가 하나의 속성으로 되어 있을 때 2NF이다.
② 원자 값을 갖는 것은 1NF이다.
③ 모든 BCNF는 3NF에 속한다.
④ 2NF는 모든 기본키가 하나의 속성으로만 구성된다.

11 다음 설명에 해당하는 것은?

주어진 응용에서 빈번하게 수행되는 검색 질의들의 수행 속도를 높이기 위해서 이미 분해된 두 개 이상의 릴레이션들을 합쳐서 하나의 릴레이션으로 만드는 작업이다.

① 정규화 ② 인덱싱
③ 클러스터링 ④ 역정규화

12 다음 문장이 참이면 ○, 거짓이면 ×를 하시오.

① SELECT 문으로 검색할 경우에는 어떤 이상 현상도 발생하지 않는다. ( )
② 이상 현상의 주원인은 릴레이션 안의 불필요한 데이터 중복 때문이다. ( )
③ 릴레이션의 기본키 또는 후보키 속성에 대해 나머지 속성들은 모두 함수 종속이다. ( )
④ 함수 종속성은 현재 릴레이션에 저장된 속성 값만을 기준으로 엄격하게 판단해야한다. ( )
⑤ 보이스코드 정규형은 강한 제3정규형이라고도 한다. ( )
⑥ 모든 릴레이션은 반드시 제5정규형까지 분해해야 한다. ( )

13 다음 ( ) 안에 적당한 용어를 채워 완성하시오.

① 데이터 ( )은 불필요한 데이터 중복으로 인해 릴레이션 처리 시 발생하는 부작용을 말한다.
② 데이터 이상 현상 방지를 위해 규칙에 따라 릴레이션을 분할하는 과정을 ( )라고 한다.
③ 함수 ( )은 같은 릴레이션 안의 속성 간에 특정 속성 값이 함수적으로 다른 속성 값을 결정하는 종속 관계를 말한다.
④ 제1정규형의 문제점을 해결하려면 ( ) 함수 종속성을 제거해야 한다.
⑤ ( ) 함수 종속성은 기본키에 속하지 않은 일반 속성 값이 기본키에 속하지 않는 또 다른 일반 속성 값을 결정함을 의미한다.

14 다음 정규화 과정들의 올바른 순서대로 ( ) 안을 채우시오.

ㄱ. 결정자가 후보키가 아닌 함수 종속성을 제거
ㄴ. 부분 함수 종속성을 제거
ㄷ. 애트리뷰트를 원자 값만 갖도록 분해
ㄹ. 이행적 함수 종속성을 제거

제1정규형 제2정규형 제3정규형 BCNF

( ) → ( ) → ( ) → ( )

15 다음 관계형 데이터베이스 설계 과정과 관련한 설명 중 ( ) 안에 알맞은 용어를 쓰시오.

투플들에 있어서 서로 관련되는 데이터 속성 요소간의 종속성을 최소화하기 위한 구성기법을 (ㄱ)(이)라 한다. (ㄱ)(은)는 정보의 중복으로 인해 발생할 수 있는 문제점, 즉, 삽입・삭제・갱신 등의 과정에서 발생할 수 있는 (ㄴ) 현상을 방지하기 위한 것으로 이 중에서 삭제 (ㄴ)(은)는 키 값의 삭제시 의도와는 달리 다른 데이터가 삭제될 때 발생한다.

ㄱ. ( ) ㄴ. ( )

16 다음 주문 릴레이션의 함수 종속성은 다음과 같다. 질문에 답하시오.

주문(<u>주문장바구니번호</u>, <u>도서명</u>, 저자명, 도서유형, 가격, 출판사, 주문수량)
{주문장바구니번호, 도서명, 저자명}→주문수량 {도서명,저자명}→출판사
도서명→도서유형 도서유형→가격

① 릴레이션은 몇 정규형인가? 그 이유를 설명하시오.

② 정규화를 수행한 최종 데이터베이스 스키마를 명세하시오.

17 다음 릴레이션 R에서 성립하는 정규형은 무엇인지 그 이유도 함께 설명하시오.

릴레이션: R(H,I,J,K,L,M,N,O)
기본키:{H,I}
함수 종속성: {H,I} → J,K,L,M,N,O J → M K → N L → O

( )

18 다음과 같은 수강 릴레이션을 제3정규형으로 변환하시오(PK표시).

> 수강(<u>학번</u>, 학생이름, 학년, {취미}, <u>교양과목번호</u>, 강의교수이름, 학생소속단과대학이름, 학장이름, 수강학기, 성적)

19 3가지 이상(anomaly) 현상에 대해 간략히 설명하시오.

20 무손실 분해(nonloss decomposition)에 대해 간략히 설명하시오.

21 반정규화(de-normalization)에 대해 간략히 설명하시오.

CHAPTER 09

E-R 모델

학습목표

- E-R 모델의 기본 개념을 이해한다.
- 개체, 속성, 관계의 유형을 살펴본다.
- E-R 다이어그램 표기법을 이해하고 작성 방법을 알아본다.

CHAPTER

9 E-R 모델

1. E-R 모델

현실 세계의 실체를 개체와 관계, 속성으로 표현하는 것이 E-R 모델과 E-R 다이어그램의 핵심이다. E-R 모델은 데이터베이스가 표현해야할 실세계의 대상을 간단한 기호만으로 표현할 수 있어 사용자와 개발자 사이의 유용한 소통 수단이 된다.

1.1 E-R 모델과 E-R 다이어그램

개체-관계 모델(Entity-Relationship model) 또는 **E-R 모델**은 1976년 피터 첸(Peter Chen)이 처음 제안한 모델이다. 현실 세계를 개체와 관계를 이용하여 개념 구조로 표현하는 대표적인 개념적 모델링 방법이다. E-R 모델의 장점은 E-R 다이어그램(diagram)이라는 그래픽 기호로 표현하여 쉽게 이해할 수 있다는 점이다.

E-R 다이어그램은 기본적으로 개체를 표현하는 사각형, 관계를 나타내는 마름모, 개체나 관계의 속성을 표현하는 타원, 그리고 이들을 연결하는 링크(link)로 구성된다.

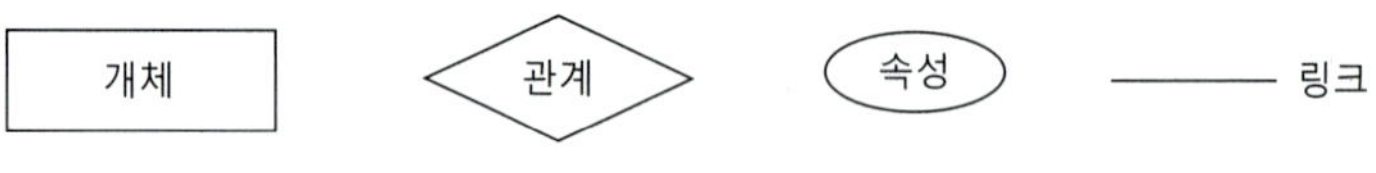

[그림 9-1] E-R 다이어그램의 구성 요소

E-R 다이어그램을 이해하려면 핵심 요소인 개체, 관계, 속성을 이해해야 한다.

우선 개체부터 차례대로 살펴보자.

1.2 개체

E-R 다이어그램에서 현실 세계를 모델링하는 가장 중요한 요소는 개체이다. **개체**(entity)는 현실 세계에서 저장할 가치가 있는 데이터와 관련된 독립적 존재를 의미한다. 사람(학생, 교수 등), 사물(컴퓨터, 도서 등), 장소(강의실, 주차장 등)와 같은 물리적 존재뿐만 아니라 추상적 개념(과목, 학과) 등이 해당한다. 개체는 개체의 특성을 나타내는 속성에 의해 구별된다.

데이터베이스 관점에서는 각 개체 정보의 저장 구조를 구성하는 것이 중요하므로 개체의 공통된 특성을 모아 구조를 정의한다.

[그림 9-2]처럼 E-R 다이어그램에서 개체는 사각형 기호로 표시하며 다른 개체와 구별되는 고유한 개체 이름과 하나 이상의 속성으로 정의한다. 개체의 속성은 개체 고유의 특성이나 상태 정보를 표현한다. 사각형 안에 개체 이름을 표기하고 속성은 타원형 기호로 표시하여 사각형과 링크로 연결한다.

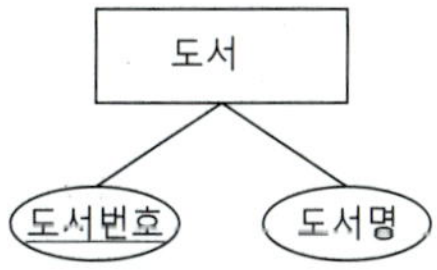

[그림 9-2] 개체의 예

개체를 구성하는 각 속성에 대응하는 실제 값을 하나씩 정의함으로써 특정 개체를 실체화할 수 있다. 실체화된 개체는 개체 인스턴스(entity instance) 또는 개체 어커런스(entity occurrence)라고 한다. 즉, 릴레이션이 갖는 실제 데이터가 인스턴스이다. 예를 들면 〈'B001', '데이터베이스 입문'〉은 '도서' 개체에 대한 개체 인스턴스 중 하나이다. 같은 개체에 대해 서로 속성 값이 다른 개체 인스턴스는 여러 개 존재할 수 있다. 특정 개체의 개체 인스턴스를 모아놓은 그룹을 **개체 집합**(entity set)이라 한다. 개체(정확하게는 **개체 타입**)는 개체 인스턴스의 공통된 속성 구조를 표현하는 반면에 개체 집합은 같은 유형의 개체 인스턴스들을 집단으로 표현하는 개념이다.

Note 개체와 개체 타입, 개체 집합

■ 개체와 개체 타입, 개체 집합의 차이점

E-R 다이어그램을 이용한 개념 데이터 모델링 과정에서 개체(entity)와 개체 타입(entity type), 개체 집합(entity set) 3가지 용어는 비슷하지만 개념적으로 다르다. 3가지 개념의 차이점을 요약하면 다음과 같다.

개체(entity) 또는 개체 인스턴스	개체 집합(entity set)	개체 타입(entity type)
데이터베이스 관점에서 관심을 갖는 현실 세계의 특정 존재 하나하나를 의미한다.	공통된 속성을 갖는 개체들을 모아놓은 그룹이다.	같은 속성을 갖는 개체 집합의 추상적 표현이다.
예) '홍길동', '18413', '데이터베이스'	예) {홍길동, 홍장미, 홍미림}, {18413, 18221}, {데이터베이스, 자료구조}	예) 학생, 강의실, 교과목

■ 개체와 개체 타입, 개체 집합의 예

예를 들면 **개체**가 실제 도로 위를 달리는 자동차 한 대 한 대를 의미한다면 **개체 집합**은 '승용차'처럼 데이터 관점에서 관심을 갖는 일부 자동차 그룹(버스, 트럭 제외)만을 의미한다. **개체 타입**은 '승용차' 개체 집합에 속한 자동차들이 갖는 많은 특성 정보 중 데이터베이스에 저장할 필요가 있는 공통된 특성만으로 정의한다.

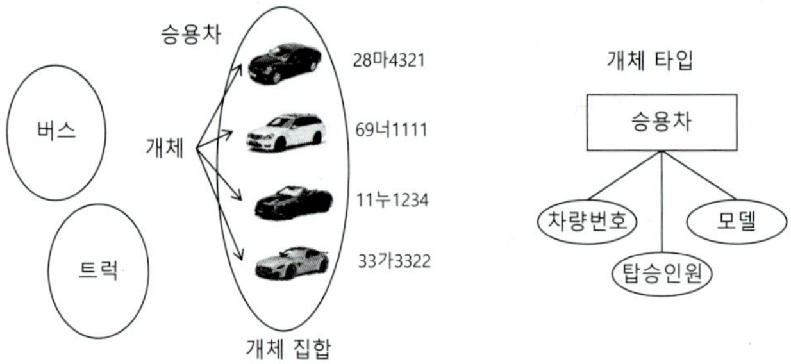

보통 모델링 과정에서 개체 → 개체 집합 → 개체 타입 순서로 추상화한다. 모델링 관점에서는 데이터 저장 구조를 정의해야 하므로 개체 타입이 중요하다. E-R 다이어그램은 개체 타입을 명세한다.

■ 관계형 모델과의 관계

3가지 개념은 앞에서 살펴본 관계형 모델의 용어들과 다음과 같은 관련성이 있다.

- 개체 = 투플
- 개체 타입 = 릴레이션 스키마
- 개체 집합 = 릴레이션 인스턴스

E-R 다이어그램은 정확하게는 개체가 아닌 개체 타입을 표현하지만 보통 편의상 줄여서 개체로 표현한다. 이 책에서도 개체 타입 대신에 개체로 표기하지만 그 의미는 구별해서 이해하도록 한다.

1.3 속성

속성(attribute)은 개체 또는 관계가 갖는 고유한 특성이다. 속성은 스스로 존재할 수는 없는 종속적 개념으로 개체나 관계와 연결되어 가장 작은 정보 단위로서 중요한 의미를 표현한다. [그림 9-3]처럼 E-R 다이어그램에서 속성은 타원형 기호로 표현하며 타원 안에 고유한 속성 이름을 표기한다. 직사각형이나 마름모 기호와 실선으로 연결한다.

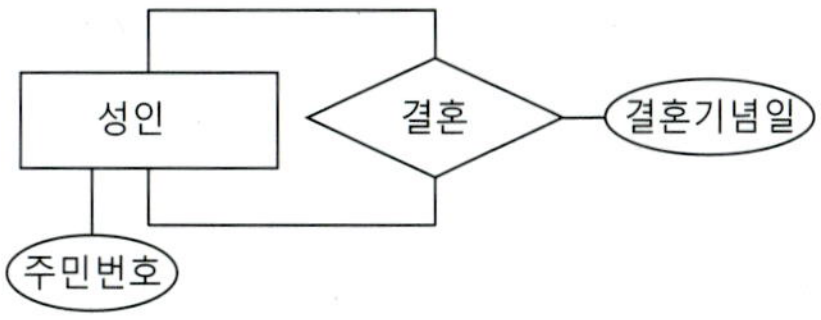

[그림 9-3] 속성의 예

속성은 다음과 같은 여러 유형으로 표현이 가능하다.

1) 단일 값 속성과 다중 값 속성

특정 속성이 갖는 값이 하나이면 **단일 값 속성**(single-valued attribute)이라 한다. 보통 기본(default) 속성이 단일 값 속성이며 실선 타원으로 표시한다. 만약 개체가 갖는 속성 값이 여러 개이면 **다중 값 속성**(multivalued attribute)이며 이중 실선의 타원으로 표시한다.

[그림 9-4]에서 학생은 '학생명' 속성 값으로 이름을 하나만 가지므로 단일 값 속성이다. '전화번호'는 집전화, 휴대폰전화 등 전화번호를 여러 개 가질 수 있으므로 다중 값 속성으로 표현한다.

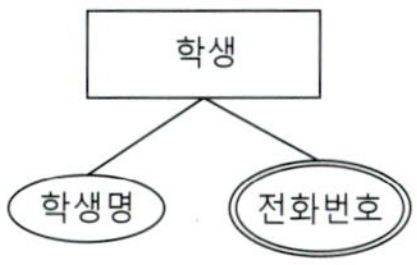

[그림 9-4] 다중 값 속성의 예

2) 단순 속성과 복합 속성

단순 속성(simple attribute)은 의미적으로 더 이상 분해할 수 없는 속성이다. 기본 속성으로 대부분의 속성이 이에 속한다. **복합 속성**(composite attribute)은 둘 이상의 속성으로 이루어져 의미적으로 더 작은 단위로 분해가 가능한 속성이다. 타원 모양의 상위 속성과 하위 속성을 실선 링크로 연결한다. 단순 속성은 의미가 하나이지만 복합 속성은 여러 의미를 포함한다.

[그림 9-5]에서 '학생명'은 단일 속성이다. '생년월일'은 년, 월, 일 등으로 의미를 나눌 수 있어 복합 속성으로 표현한다.

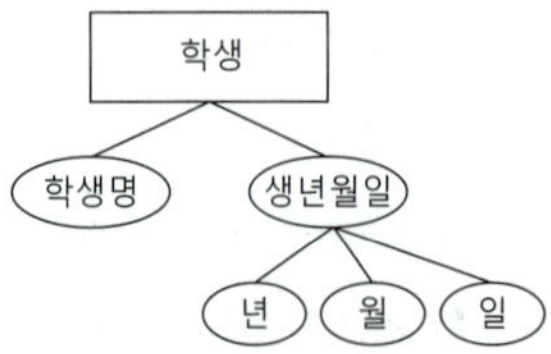

[그림 9-5] 복합 속성의 예

3) 저장 속성과 유도 속성

저장 속성(stored attribute)은 실제 값을 저장하는 속성이다. 기본 속성으로 대부분의 속성이 저장 속성이다. **유도 속성**(derived attribute)은 값을 저장하지 않아도 다른 속성 값에서 계산되거나 유도될 수 있는 속성이다. 유도 속성은 E-R 다이어그램에서 점선의 타원으로 표시한다.

[그림 9-6]에서 '학생명'과 '생년월일'은 저장 속성이다. '나이'는 '생년월일' 속성 값으로부터 계산될 수 있으므로 유도 속성으로 표현한다.

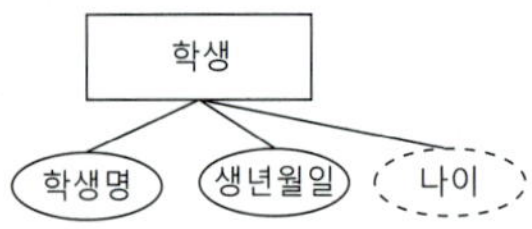

[그림 9-6] 유도 속성의 예

4) 키 속성

속성은 키 속성과 일반 속성으로 구분한다. **키 속성**(key attribute)은 각 개체를 유일하게 식별할 수 있는 고유한 값을 갖는 속성이다. [그림 9-7]처럼 키 속성은 E-R 다이어그램에서 밑줄을 그어 표시한다. '학생' 개체의 경우, '학번' 속성 값이 학생마다 다르므로 키 속성이 된다. '학생명'과 '생년월일'의 조합처럼 둘 이상의 속성 조합을 통해서도 키 속성을 지정할 수 있다.

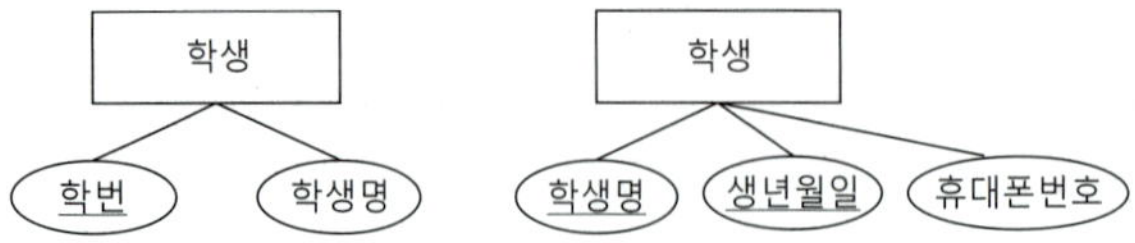

[그림 9-7] 키 속성의 예

[그림 9-7]에서 '학번' 속성 또는 {학생명, 생년월일} 속성 조합이 각 '학생' 개체의 키 속성

이다. 학번이 없는 '학생' 개체의 경우, 이름은 같을 수 있지만 생년월일까지 같은 학생은 없다고 가정한다면 '학생명'과 '생년월일'을 조합하여 키를 구성할 수 있다. 만약, 키 속성이 될 수 있는 속성이 여러 개이면 그 중 하나를 키로 지정한다. [그림 9-7]에서 '휴대폰번호' 속성도 키 속성이 될 수 있다.

E-R 다이어그램에서 사용하는 속성의 종류는 [그림 9-8]과 같다.

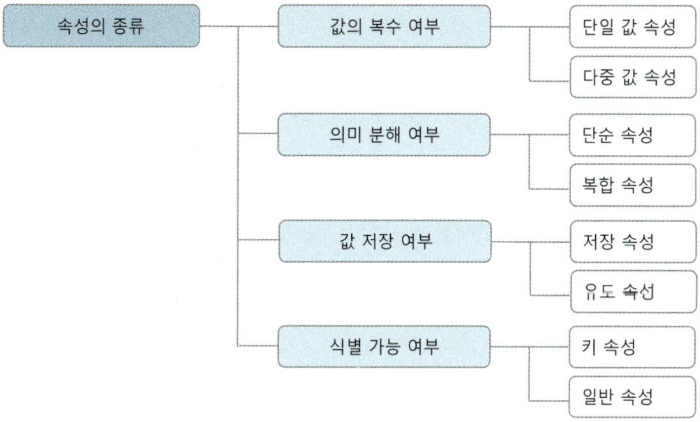

[그림 9-8] 속성의 종류

1.4 관계

E-R 다이어그램에서 또 하나의 중요한 모델링 요소는 **관계**(relationship)이다. 관계는 개체와 개체 사이에 맺어지는 연관성을 의미하다. 주로 저장 가치가 있는 데이터를 발생시키는 의미 있는 연관성을 표현한다.

개체는 독립적 존재이지만 관계는 개체 없이는 존재할 수 없는 종속적 존재이다. 거래(등록, 구매, 예약 등), 행위(치료, 상담, 수강 등), 신분(소속, 관리 등)과 같은 물리적, 추상적 개념들이 해당한다.

데이터베이스 관점에서는 관계 정보의 저장 구조를 구성하는 것이 중요하므로 각 관계의 공통 특성을 모아 구조를 정의한다. 관계는 '**관계성**'이라고도 하며 관계 이름과 필요한 속성들로 정의한다. 마름모 기호로 표시하고 보통 둘 이상의 개체와 실선으로 연결한다. 관계의 속성은 각 관계를 맺음으로써 발생하는 특성 정보를 표현한다. 마름모 기호 안에 관계 이름(정확하게는 **관계 타입**)을 표기하고 타원형 기호로 표시되는 속성을 마름모에 실선으로 연결한다.

Note 관계와 관계 타입, 관계 집합의 차이

개체의 경우처럼, 관계(relationship)와 관계 집합(relationship set), 관계 타입(relationship type)도 개념적으로 다르다.

- 관계: 관계는 특정 개체와 개체 사이에 맺어지는 하나의 연관성을 의미한다.
- 관계 집합: 관계 집합은 개체 집합과 개체 집합 사이에 실제로 맺어지는 모든 관계 인스턴스를 의미한다.
- 관계 타입: 관계 타입은 개체 타입과 개체 타입 사이에 성립할 수 있는 모든 관계를 총체적으로 추상화하여 표현한 것이다. 개체 타입의 모든 인스턴스들, 즉 개체 집합 사이의 사상을 의미한다.

E-R 다이어그램은 정확하게는 관계가 아닌 **관계 타입**을 표현하지만 보통 편의상 줄여서 관계로 표현한다. 이 책에서도 관계 타입 대신에 관계로 표기하지만 그 의미는 구별해서 이해하도록 한다.

개체만으로는 의미 표현이 제한적일 수 있지만 관계를 통해 개체 간의 상호 관계를 정의하면 보다 다양한 개체의 의미를 표현할 수 있다.

[그림 9-9]는 '학생' 개체와 '과목' 개체 사이에 '수강' 관계를 정의한 E-R 다이어그램을 보여준다.

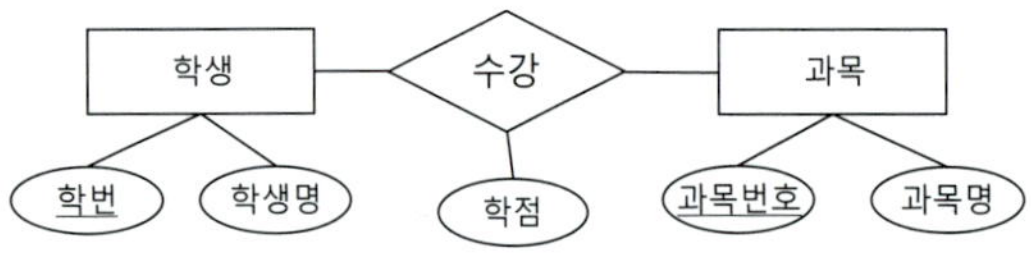

[그림 9-9] 개체와 관계

[그림 9-10]은 정의된 E-R 다이어그램 (a)에 의해 실제 표현될 수 있는 '학생' 개체 집합과 '과목' 개체 집합 사이의 특정 '수강' 관계 집합과 그 원소인 인스턴스들의 다양한 연관 (b)을 보여준다.

밴 다이어그램 안의 점들은 하나의 특정 개체 인스턴스나 관계 인스턴스를 나타낸다. 점과 점 사이의 연결된 선을 통해 특정 학생과 특정 과목이 어떤 유형의 수강 관계를 맺는지 알 수 있다.

[그림 9-10]은 9명의 학생과 4개의 과목 사이에 9번의 수강이 이루어짐을 보여준다. 이러한 개체 인스턴스의 수와 관계 인스턴스의 수 그리고, 관계 유형은 시간 흐름에 따라 동적으로 변화한다. 이 때 개체와 관계들의 다양한 조합은 관계의 의미와 현실 요건에 맞게 제한된 범위 안에서만 허용하도록 명세될 필요가 있다.

이를 위해 관계마다 허용되는 특정 유형을 추가로 명세하는 방법을 살펴보자.

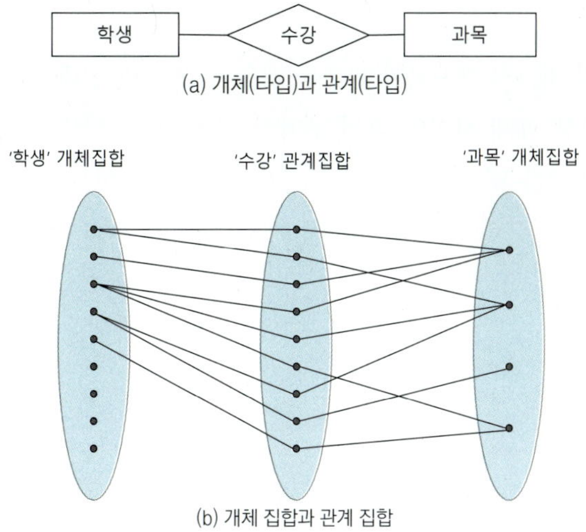

[그림 9-10] 개체 집합과 관계 집합

1.5 관계의 유형

사람과 사람, 사람과 사물 그리고 사물과 사물 등 여러 유형의 개체 사이에는 수많은 관계가 존재한다. 개체 사이의 관계는 셀 수 없을 만큼 많지만 실제 맺어질 수 있는 관계의 유형은 한정된다. 관계의 유형을 몇 가지 유형으로 제한하는 방법을 알아보자.

관계의 유형을 분류하는 첫 번째 기준은 관계 카디널리티이다.

분류기준1: 관계 카디널리티

관계 카디널리티(relationship cardinality)는 관계를 맺는 두 개체 집합 간의 사상(mapping) 형태를 정의한다. 두 개체 집합이 서로 관계를 맺을 때 각 개체 인스턴스에 사상되는 상대 개체 인스턴스의 개수가 기준이 된다. 관계 카디널리티는 사상되는 최대 원소수와 최소 원소수를 명세함으로써 정의한다.

1) 최대 사상 수

최대 사상수는 특정 개체와의 관계에 실제 참여하는 상대 개체의 수 중에서 최대값을 표현한다. 최대값은 '1' 또는 다수(many)를 의미하는 'm'(혹은 'n')으로 표기한다.

최대 사상 수의 표기 유형은 다음 4가지 중 하나가 된다.

■ 일대일(1:1)

두 개체가 서로 오직 하나의 개체와만 관계를 맺을 수 있다면 **일대일** 관계이다. [그림 9-11]은 '남성' 개체와 '여성' 개체 사이의 '혼인' 관계를 보여준다. 남성도 여성 1명과, 여성도 남성 1명과만 '혼인' 관계를 맺을 수 있으므로 일대일 관계 유형을 갖는다. 일대일 관계 카디널리티는 E-R 다이어그램에서 관계와 각 개체 사이의 링크 선 위에 숫자 '1'로 표기한다.

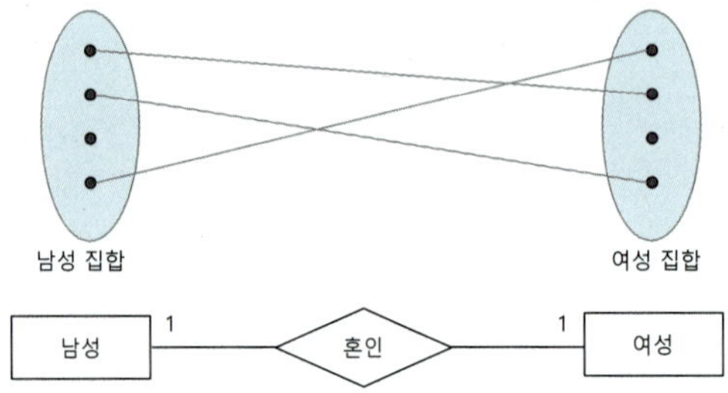

[그림 9-11] 일대일 관계 예

■ 일대다(1:n)

한 개체는 여러 개체와 관계를 맺을 수 있지만 상대 개체는 많아야 하나의 개체와만 관계를 맺을 수 있다면 **일대다** 관계이다. [그림 9-12]처럼 '교사' 개체와 '학생' 개체 사이에는 '지도' 관계가 존재한다. 한 명의 교사가 여러 명의 학생을 지도하지만 학생은 오직 한 명의 교사에게만 지도를 받는다면 일대다 관계 유형을 갖는다. 관계와 각 개체 사이의 링크 선 위에 숫자 '1' 그리고 'n'으로 표기한다.

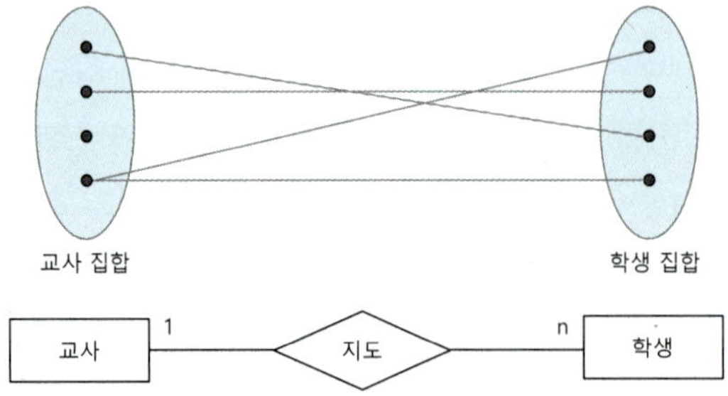

[그림 9-12] 일대다 관계 예

■ 다대일(n:1)

한 개체는 최대 하나의 개체와 관계를 맺을 수 있지만 상대 개체는 여러 개체와 관계를 맺을 수 있다면 **다대일** 관계이다. [그림 9-13]처럼 '직원' 개체와 '부서' 개체 사이에는 '소속' 관계가 존재한다. 보통 직원 한 명은 부서 하나에만 소속되지만 한 부서에는 여러 명의 직원들이 소속될 수 있어 다대일 관계 유형을 갖는다.

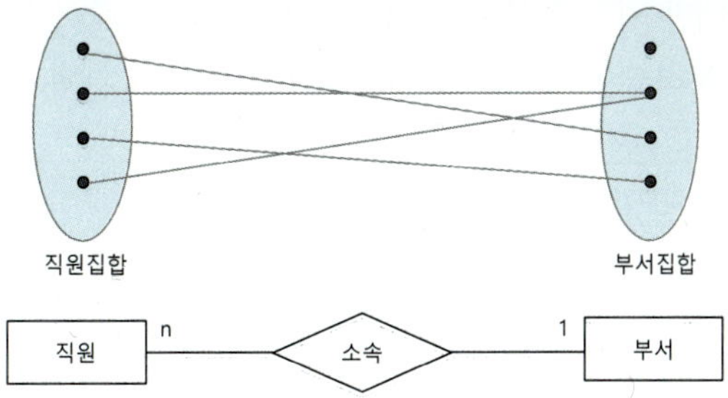

[그림 9-13] 다대일 관계 예

- 다대다(m:n)

두 개체가 서로 여러 개체와 관계를 맺을 수 있다면 **다대다** 관계이다. [그림 9-14]처럼 '배우' 개체와 '영화' 개체 사이에는 '출연' 관계가 존재한다. 보통 배우 한 명은 여러 영화에 출연할 수 있고 한 영화에도 여러 명의 배우들이 출연할 수 있어 다대다 관계 유형을 갖는다. 관계와 각 개체 사이의 링크 선 위에 'm' 그리고 'n'으로 표기한다.

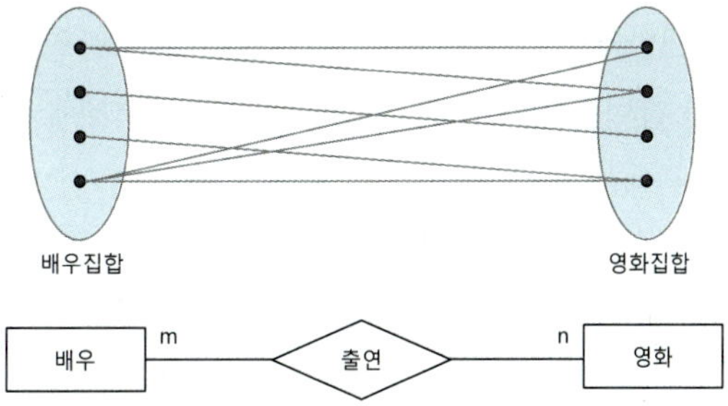

[그림 9-14] 다대다 관계 예

최대 사상 수는 특정 순간에 대한 일시적 관계 유형을 정의하는 것이 아니다. 시간 흐름과 무관하게 항상 유지되는 정적인 관계 유형을 정의한다. 보통 관계의 본질적인 의미에 의해 제한된다.

2) 최소 사상 수

최소 사상수는 특정 개체와의 관계에 실제 참여하는 상대 개체의 수 중에서 최소값을 표현한다. 최소값은 숫자가 아닌 링크 선의 종류에 의해 표시된다.

최소 사상 수는 다음 2가지 중의 하나이다.

■ 최소값 1인 경우(전체 참여)

만약 개체가 적어도 하나 이상의 개체와 반드시 관계를 맺어야 한다면 최소 사상 수는 1이다. 개체에서 관계에 대한 링크를 이중 실선으로 표시한다. 이중 실선은 **전체**(total) **참여** 또는 **필수적**(mandatory) **참여**를 의미한다. 모든 개체가 빠짐없이 관계에 참여함을 뜻한다.

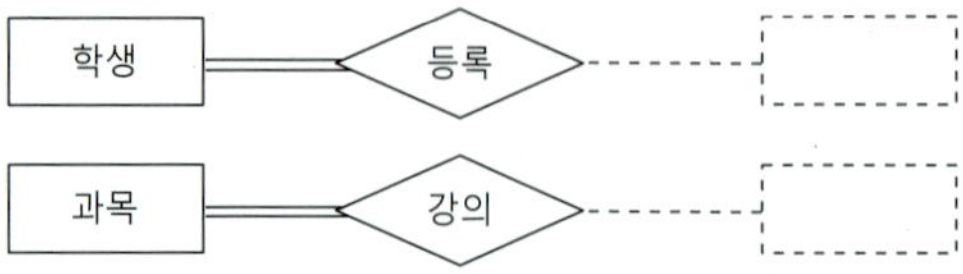

[그림 9-15] 전체 참여의 예

[그림 9-15]에서 모든 학생은 반드시 등록해야 하고 모든 과목도 반드시 강의가 이루어져야 한다. '학생'과 '과목' 개체는 둘 다 관계에 전체 참여해야하므로 링크를 이중 실선으로 표시한다.

■ 최소값 0인 경우(부분 참여)

만약 개체가 다른 개체와 관계를 맺을 수도 혹은 맺지 않을 수도 있다면 최소 사상 수는 0이다. 개체에서 관계에 대한 링크를 단일 실선으로 표시한다. 단일 실선은 **부분**(partial) **참여** 혹은 **선택적**(optional) **참여**를 의미한다. 개체 중 일부는 관계에 참여하지 않을 수도 있음을 뜻한다. 대부분의 관계는 부분 참여이다.

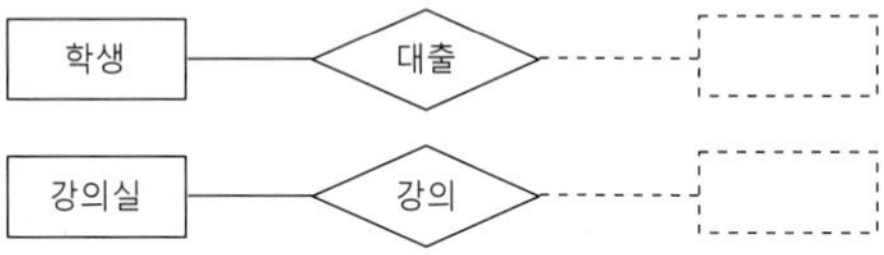

[그림 9-16] 부분 참여의 예

[그림 9-16]에서 학생은 대출받을 수도, 받지 않을 수도 있고 강의실 중에는 강의가 없는 강의실도 있을 수 있다. '학생'과 '강의실' 개체는 둘 다 관계에 부분 참여하므로 링크를 단일 실선으로 표시한다.

분류기준2: 관계 차수

관계의 유형을 분류하는 두 번째 기준은 관계 차수이다. 관계에 참여하는 개체의 수를 **관계 차수**(relation degree)라고 한다.

차수를 기준으로 다음과 같이 분류할 수 있다.

■ 1진 관계

1진 관계 또는 **순환**(recursive) **관계**는 차수가 1이며 개체가 자기 자신과 스스로 맺는 관계이다.

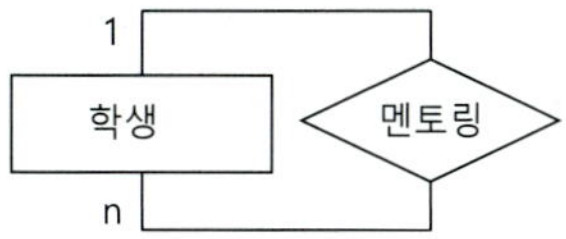

[그림 9-17] 1진 관계의 예

■ 2진 관계

2진 관계는 차수가 2인 가장 일반적인 관계 유형이다. 두 개의 개체가 서로 맺는 관계이다.

[그림 9-18] 2진 관계의 예

■ 3진 관계

3진 관계는 3개의 개체가 함께 맺는 관계이다.

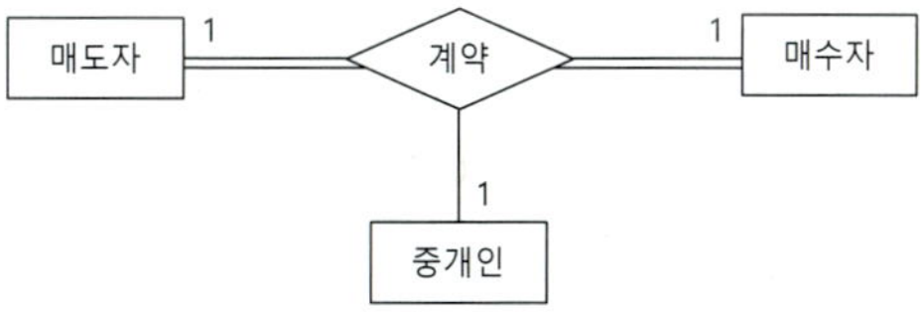

[그림 9-19] 3진 관계의 예

드물지만 4개 이상의 개체도 함께 관계를 맺을 수 있다. 이처럼 하나의 관계를 함께 맺는 개체의 개수가 n개이면 '**n진 관계**'라고 한다.

분류기준3: 관계의 종속성

관계의 유형을 분류하는 세 번째 기준은 관계의 종속성이다.

1) 비식별 관계와 식별 관계

■ 비식별 관계

보통 독립적인 두 개체가 관계를 맺을 때 대등한 관계를 맺게 된다. 이를 **비식별 관계**(non-identifying relationship)라고 한다. 대부분의 관계는 비식별 관계이며 실선 마름모로 표시한다.

■ 식별 관계

두 개체가 대등한 관계가 아닌 종속적 관계를 맺는 경우도 있다. [그림 9-20]처럼 '부양가족' 개체가 '직원' 개체의 존재 여부에 의존적일 경우, 즉 '직원' 개체가 존재해야 '부양가족' 개체도 존재할 수 있을 때, '부양가족' 개체는 '직원' 개체에 존재 종속(existence dependence)이다. 존재 종속인 두 개체 간의 관계를 **식별 관계**(identifying relationship)라고 하며 이중 실선 마름모로 표시한다.

Note 약 개체와 부분키

■ 강 개체와 약 개체

개체는 키 속성 보유 여부에 따라 강 개체와 약 개체로 분류한다.

- 강 개체
  [그림 9-20]의 '직원'처럼 자신을 고유하게 식별할 수 있는 속성을 갖는 개체는 **강 개체**(strong entity)이다. 실선 사각형으로 표시한다. 대부분의 개체는 보통 강 개체이다.
- 약 개체
  [그림 9-20]의 부양가족 개체처럼 자신을 고유하게 식별할 수 있는 속성을 갖지 못하는 개체를 **약 개체**(weak entity)라고 한다. 이중 실선 사각형으로 표시한다. 약 개체는 소유자 개체가 있어야 존재할 수 있고 소유자 개체의 키 속성을 결합해야만 자신을 식별할 수 있다.

■ 부분키

강 개체에 종속되는 약 개체는 독립된 존재가 아니므로 고유한 식별 속성을 갖지 못한다. 대신 키의 일부가 될 수 있는 **부분키**(partial key) 속성만을 갖으며 점선 밑줄로 표시한다. 부분키 속성만으로는 키 구성이 어렵다. 따라서 식별 관계를 맺는 강 개체의 키 속성을 상속받아 부분키 속성과 조합하여 키로 사용하게 된다.
[그림 9-20]에서 약 개체 '부양가족'은 {사번, 이름} 속성의 조합이 키가 된다.

[그림 9-20]의 '직원' 개체는 '부양가족' 개체에 대해 **소유자 개체**(owner entity) 또는 **식별 개체**(identifying entity)가 된다. 직원이 존재해야만 부양가족도 존재할 수 있다. 회사 입장에서 직원이 퇴사하여 직원 정보가 삭제되면 부양가족 정보도 더 이상 필요가 없으므로 함께

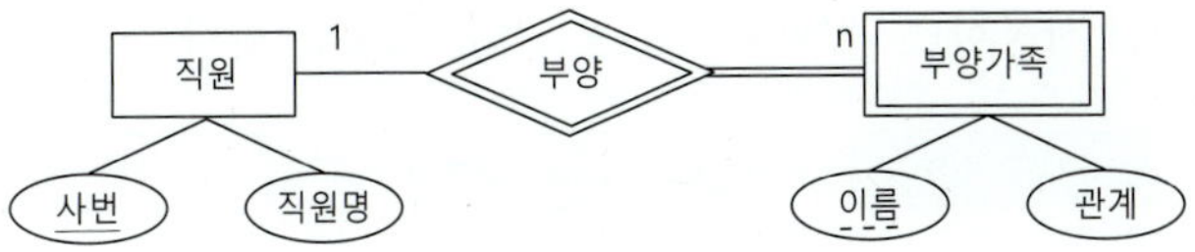

[그림 9-20] 식별 관계와 약 개체의 예

삭제된다.

'직원' 개체는 강 개체이며 '부양가족' 개체는 약 개체이다. 보통 강 개체와 약 개체는 일대다의 식별 관계를 맺게 되며 약 개체는 관계에 전체 참여한다.

2) 일반화 관계

개체 사이에 상하 관계를 가질 경우 **일반화**(generalization) 관계로 표현한다. 일반화 관계는 'IS A 관계'라고도 하며 역삼각형으로 표현한다. 역삼각형 위로는 **상위 개체**(supertype entity)를, 아래에는 **하위 개체**(subtype entity)를 실선으로 연결한다. 상위 개체는 하위 개체들이 공통으로 갖는 속성을 표현한다. 반면 하위 개체는 공통 속성 이외에 추가로 갖는 고유 속성만을 표현한다.

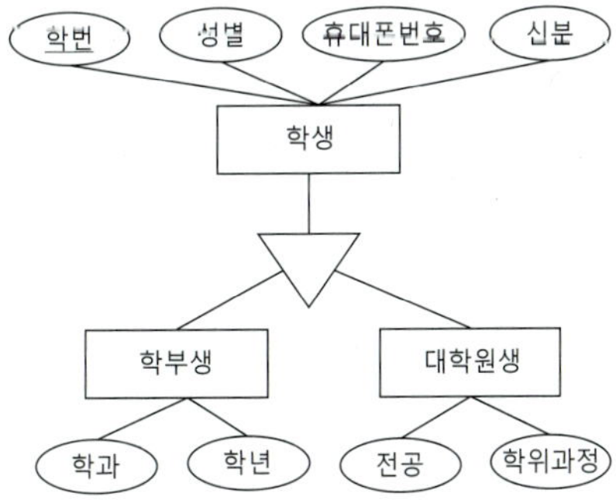

[그림 9-21] 일반화 관계의 예

[그림 9-21]에서 학부생과 대학원생이 공통으로 갖는 속성인 '학번', '성별', '휴대폰번호'는 상위 개체인 '학생' 개체에 표현한다. 하위 개체인 '학부생'은 학부생만이 갖는 '학과'와 '학년' 속성을 표현한다. 하위 개체인 '대학원생'은 대학원생만이 갖는 '전공'과 '학위과정' 속성을 표현한다.

상위 개체의 속성 중에 **구별자**(discriminator) 역할의 속성을 포함할 수 있다. '학생' 릴레이션에 학부생인지 대학원생인지 구분해주는 '신분' 속성이 있다면 구별자 속성에 해당한다.

E-R 다이어그램에서 사용하는 개체의 종류는 [그림 9-22]와 같다.

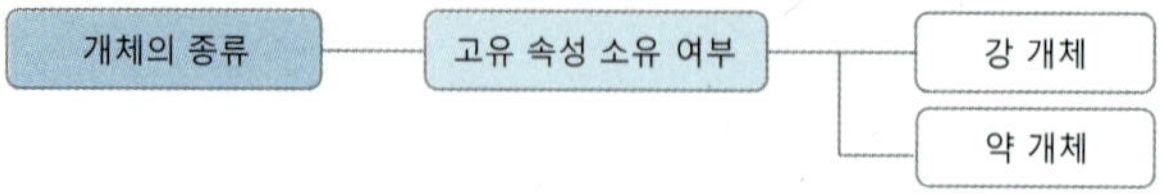

[그림 9-22] 개체의 종류

또, E-R 다이어그램에서 사용하는 관계의 종류는 [그림 9-23]과 같다.

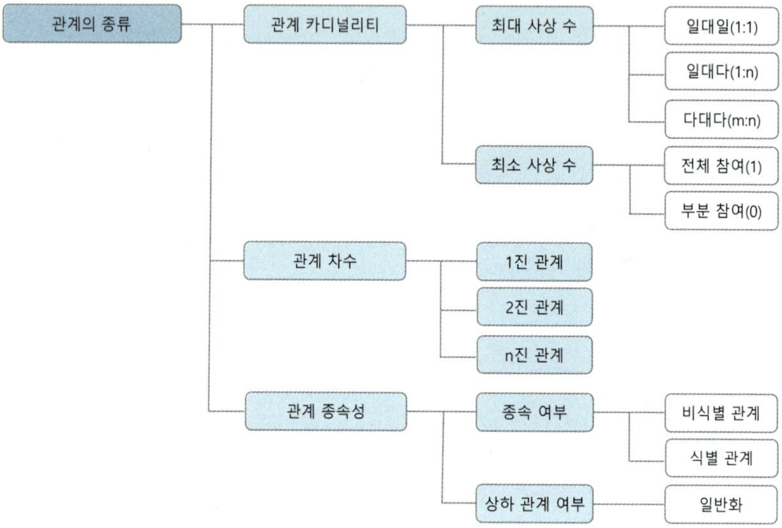

[그림 9-23] 관계의 종류

2. E-R 다이어그램

지금까지 살펴본 E-R 다이어그램의 기호들을 정리해보고 실제 예를 통해 적용 방법을 알아보자.

2.1 E-R 다이어그램의 표기법 요약

초기 E-R 다이어그램은 사각형, 마름모, 타원 그리고 링크 선으로만 구성된 단순한 표기법을 사용하였다. 점차 보다 상세하고 정확하게 모델링 결과를 표현하기 위하여 여러 기호를 추가하여 표기법이 확장되어왔다.

앞에서 설명한 기호를 포함하여 확장된(extended) E-R 다이어그램의 표기법을 요약하면 〈표 9-1〉과 같다.

〈표 9-1〉 확장된 E-R 다이어그램 표기법

기호	의미	기능
	(강) 개체	고유한 키 속성을 갖는 개체
	약 개체	키 속성을 갖지 못하는 개체
	(비식별) 관계	강 개체와 강 개체 사이의 대등한 관계
	식별 관계	강 개체와 약 개체 사이의 종속적 관계
	(단일, 저장, 단순) 속성	의미적으로 분해되지 않는 값 하나를 저장하는 속성
	키 속성	개체를 고유하게 구별짓는 속성
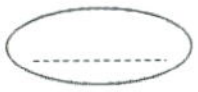	부분키 속성	키의 일부에 속할 수 있는 속성
	다중 값 속성	값 여러 개를 가질 수 있는 속성
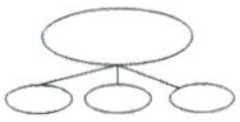	복합 속성	의미적으로 더 분해 가능한 속성
	유도 속성	다른 속성들로부터 값을 유도 또는 계산 가능한 속성
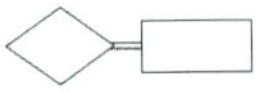	전체참여 개체	관계에 빠짐없이 참여해야하는 개체
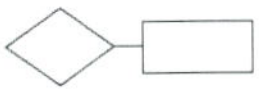	부분참여 개체	관계에 참여하지 않을 수도 있는 개체
	일반화 관계	개념을 포함하는 상위 개체와 하위 개체와의 관계

E-R 다이어그램 작성 시 흔히 발생하는 오류 유형들이 있다. 대부분 각 표기법의 의미나 제한 사항을 충분히 이해하지 못하는 경우에 발생한다.

[그림 9-24]는 올바른 표기법과 옳지 않은 표기법의 예를 보여준다. 옳지 않은 표기법 예의 경우, 불가능한 조합과 필수 요소가 누락되는 흔한 경우를 예시로 보여준다. E-R 다이어그램 작성 시 주의하도록 하자.

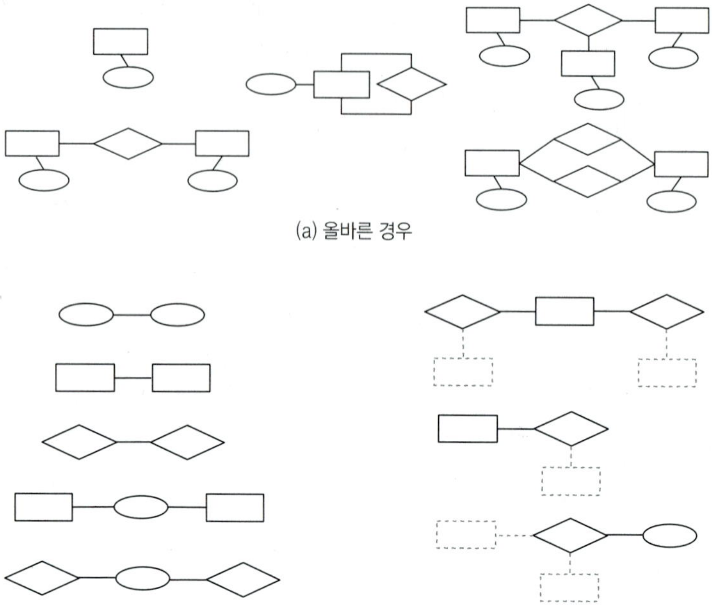

(a) 올바른 경우

(b) 옳지 않은 경우(불가능한 조합)

(c) 옳지 않은 경우(필수 요소 누락)

[그림 9-24] E-R 다이어그램의 표기 예

[그림 9-24]의 (b)에서 보는 것처럼 속성과 속성, 개체와 개체, 관계와 관계는 직접 링크로 연결될 수 없다. 또, 속성이 둘 이상의 개체 또는 관계에 링크로 연결되는 것도 불가능하다. (c)는 관계가 적어도 둘 이상의 개체와 링크로 연결되어야 하므로 필요한 개체 요소가 누락된 잘못된 예를 보여준다. 점선으로 표시된 개체가 누락되지 않고 추가되어야 한다.

2.2 E-R 다이어그램의 작성 예

지금까지 살펴본 E-R 다이어그램 표기법을 이용하여 수강 신청과 관련한 간단한 E-R 다이어그램의 예를 작성해 보자.

수강 신청을 위한 데이터베이스 구성을 위해 먼저 '교수', '강의실', '교과목' 개체를 도출하고 [그림 9-25(a)]에서 사각형으로 표시한다. 다음으로 표시된 3개의 개체 사이의 관계로 '강의'를 추가한다. 속성도 각 개체에 추가하여 링크로 연결한다.

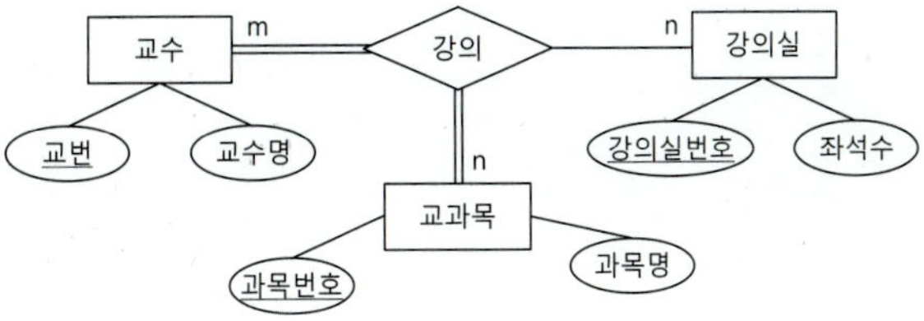

[그림 9-25(a)] 수강신청 E-R 다이어그램의 작성 예(일부)

[그림 9-25(a)]에 대한 개략적인 의미 분석 내용은 〈표 9-2〉와 같다.

〈표 9-2〉 수강신청 [그림 9-25(a)] E-R 다이어그램의 분석

개체	개체 유형	속성/관계	속성/관계 유형	의미
교수	강 개체	교번	키 속성	교수는 반드시 고유한 교번을 가짐
		교수명	일반 속성	교수는 교수명을 가짐
		강의	비식별 관계	전체 참여(모든 교수는 강의를 해야 함) 1:n(한 교수가 여러 강의실에서 여러 교과목 강의가 가능함)
강의실	강 개체	강의실번호	키 속성	강의실은 반드시 고유한 강의실번호를 가짐
		좌석수	일반 속성	강의실은 좌석수를 가짐
		강의	비식별 관계	부분 참여(일부 강의실은 강의가 없을 수 있음) 1:n(한 강의실에서 여러 교수가 여러 교과목 강의가 가능함)
교과목	강 개체	과목번호	키 속성	교과목은 반드시 고유한 과목번호를 가짐
		과목명	일반 속성	교과목은 과목명을 가짐
		강의	비식별 관계	전체 참여(모든 교과목은 강의가 이루어짐) 1:n(한 교과목을 여러 교수가 여러 강의실에서 강의가 가능함)

다음으로 기존 '교과목' 개체에 추가하여 '학생' 개체를 도출하고 [그림 9-25(b)]에서 사각형으로 표시한다. 다음으로 '수강신청', '수강취소'를 두 개체 사이의 관계로 추가한다. '신청날짜'와 '취소날짜' 속성은 각 관계에 추가하여 링크로 연결한다.

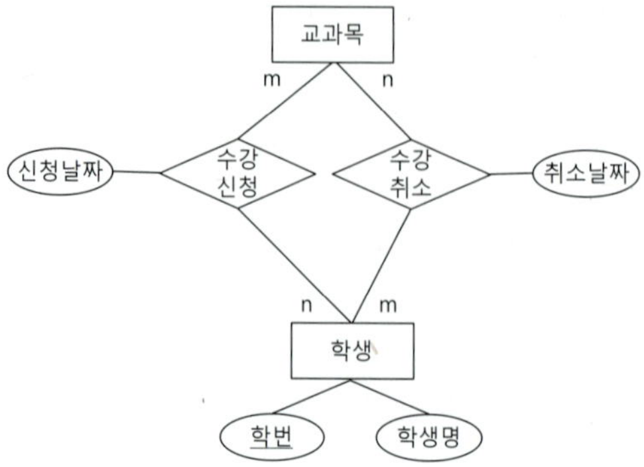

[그림 9-25(b)] 수강신청 E-R 다이어그램의 작성 예(일부)

[그림 9-25(b)]에 대한 추가 의미 분석 내용은 〈표 9-3〉과 같다.

〈표 9-3〉 수강신청 [그림 9-25(b)] E-R 다이어그램의 분석

개체	개체 유형	속성/관계	속성/관계 유형	의미
교과목	강 개체	수강신청	비식별 관계	부분 참여(일부 교과목은 수강신청이 없을 수 있음) 1:n(한 교과목을 여러 학생이 수강신청 가능함)
		수강취소	비식별 관계	부분 참여(일부 교과목은 수강취소가 없을 수 있음) 1:n(한 교과목을 여러 학생이 수강취소 가능함)
학생	강 개체	학번	키 속성	학생은 반드시 고유한 학번을 가짐
		학생명	일반 속성	학생은 학생명을 가짐
		수강신청	비식별 관계	부분 참여(일부 학생은 수강신청이 없을 수 있음) 1:n(한 학생이 여러 과목을 수강신청 가능함)
		수강취소	비식별 관계	부분 참여(일부 학생은 수강취소가 없을 수 있음) 1:n(한 학생이 여러 과목을 수강취소 가능함)
관계	**관계 유형**	**속성**	**속성 유형**	**의미**
수강신청	비식별 관계	신청날짜	일반 속성	학생이 교과목과 수강신청 관계를 맺을 때 신청날짜를 가짐
수강취소	비식별 관계	취소날짜	일반 속성	학생이 교과목과 수강취소 관계를 맺을 때 취소날짜를 가짐

다음으로 기존 '학생' 개체에 추가하여 '보호자' 개체를 도출하고 [그림 9-25(c)]에서 사각형으로 표시한다. 다음으로 '보호'를 두 개체 사이의 관계로 추가한다. '이름'과 '관계' 속성은

'보호자' 개체에 추가하여 링크로 연결한다.

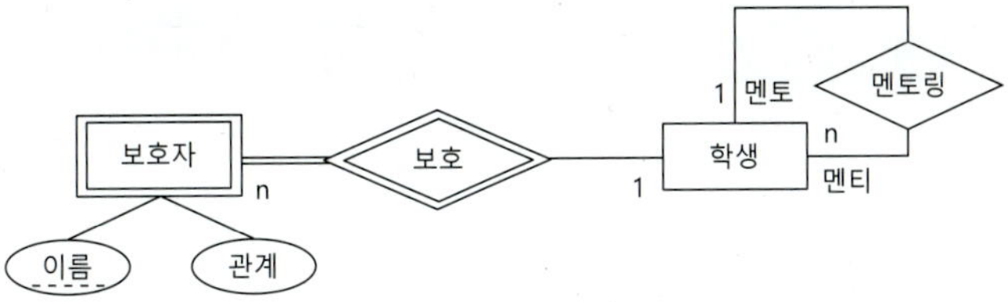

[그림 9-25(c)] 수강신청 E-R 다이어그램의 작성 예(일부)

[그림 9-25(c)]에 대한 추가 의미 분석 내용은 〈표 9-4〉와 같다.

〈표 9-4〉 수강신청 [그림 9-25(c)] E-R 다이어그램의 분석

개체	개체 유형	속성/관계	속성/관계 유형	의미
학생	강 개체	멘토링 (멘토)	비식별 관계	부분 참여(일부 학생은 멘토링을 안 할 수 있음) 1:n(한 학생이 여러 학생을 멘토링 가능함)
		멘토링 (멘티)	비식별 관계	부분 참여(일부 학생은 멘토링을 안 받을 수 있음) 1:1(한 학생은 한 학생으로부터만 멘토링을 받을 수 있음)
		보호	식별 관계	부분 참여(일부 학생은 보호자가 없을 수 있음) 1:n(한 학생이 여러 보호자로부터 보호받을 수 있음)
보호자	약 개체	이름	부분키 속성	보호자는 보호 학생의 학번과 보호자 이름의 조합을 반드시 고유하게 가짐
		관계	일반 속성	보호자는 관계를 가짐
		보호	식별 관계	전체 참여(모든 보호자는 보호하는 학생이 있음) 1:1(한 보호자는 오직 한 명 학생만 보호 가능함)

[그림 9-26]은 지금까지 살펴본 [그림 9-25(a)], [그림 9-25(b)], [그림 9-25(c)]의 E-R 다이어그램을 통합하여 완성한 수강 신청 E-R 다이어그램 완성본이다.

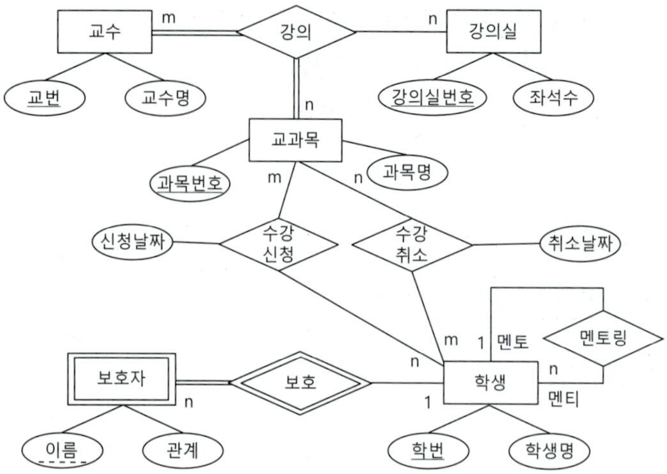

[그림 9-26] 수강신청 E-R 다이어그램의 작성 예(통합)

E-R 다이어그램을 완성하기 전에 누락된 키 속성과 카디널리티가 없는지 확인한다. 각 개체에는 반드시 키 속성을, 관계가 개체와 연결되는 링크 선에는 반드시 최대, 최소 카디널리티를 표시한다.

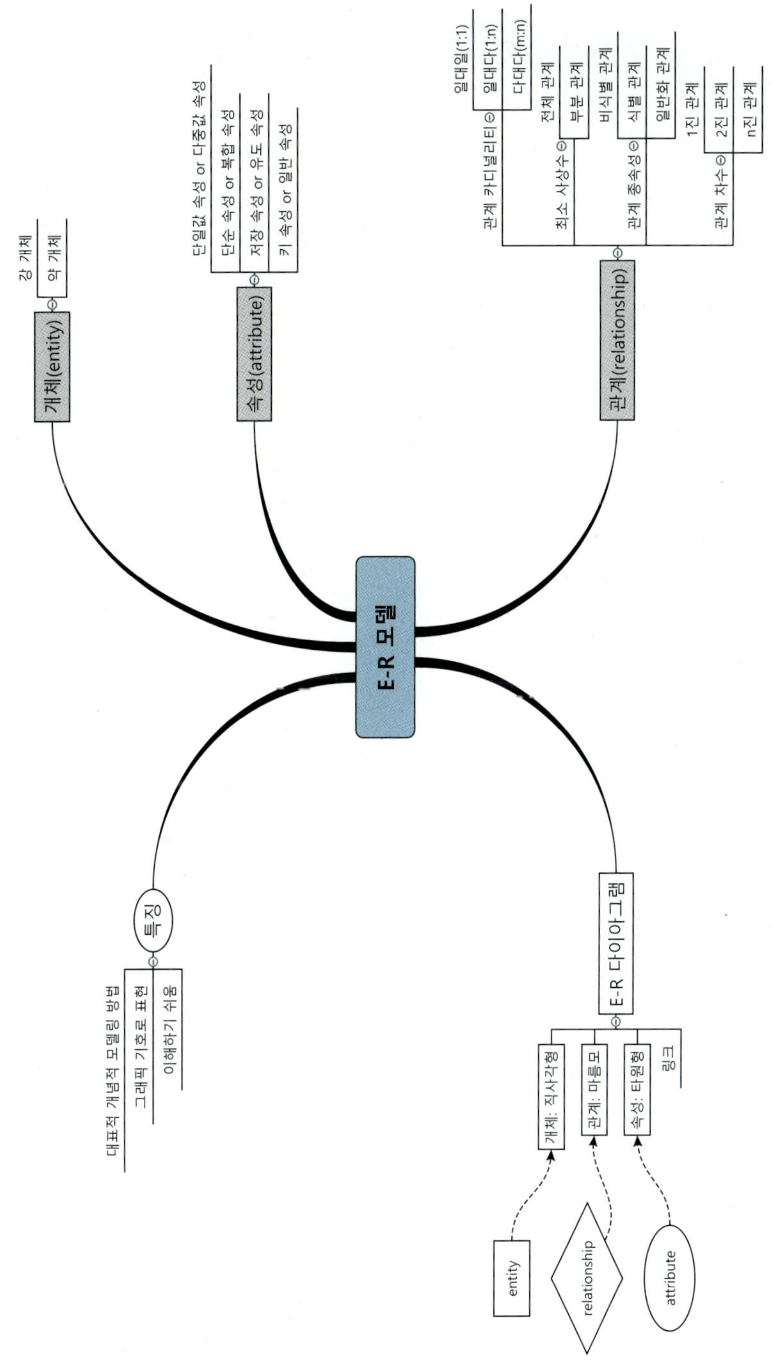
E-R 모델
개체(entity)
강 개체
약 개체
속성(attribute)
단일값 속성 or 다중값 속성
단순 속성 or 복합 속성
저장 속성 or 유도 속성
키 속성 or 일반 속성
관계(relationship)
관계 카디널리티
일대일(1:1)
일대다(1:n)
다대다(m:n)
최소 사상수
전체 관계
부분 관계
관계 종속성
비식별 관계
식별 관계
일반화 관계
관계 차수
1진 관계
2진 관계
n진 관계
특징
대표적 개념적 모델링 방법
그래픽 기호로 표현
이해하기 쉬움
E-R 다이아그램
개체: 직사각형
관계: 마름모
속성: 타원형
링크
entity
relationship
attribute

연습문제 EXERCISE

01 E-R 다이어그램에 대한 설명으로 옳지 않은 것은?

① 관계 타입은 삼각형으로 표시한다.
② 현실 세계를 잘 이해할 수 있도록 표현한 개념적 구조이다.
③ 특정 DBMS를 고려한 것은 아니다.
④ 피터 첸(Peter Chen)이 제안하였다.

02 E-R 다이어그램에서 개체 타입을 나타내는 기호는?

① 사각형 ② 삼각형
③ 타원형 ④ 마름모

03 E-R 다이어그램의 속성 종류와 그 예로 옳지 않는 것은?

① 복합 속성 – 생년월일 ② 다중 값 속성 – 연락처
③ 유도 속성 – 나이 ④ 키 속성 – 이름

04 학교 안의 학생과 동아리 개체간의 연관성을 표현한 E-R 다이어그램이다. 이에 대한 설명으로 옳지 않은 것은?

① 학생 한 명이 여러 동아리에 가입할 수 있다.
② 동아리는 반드시 가입 학생이 있어야 한다.
③ 동아리에는 여러 명의 학생이 가입할 수 있다.
④ 학생은 동아리에 가입하지 않을 수도 있다.

05 다음 E-R 다이어그램에서 고객에 대한 속성 표현이 적절하지 않은 것은?

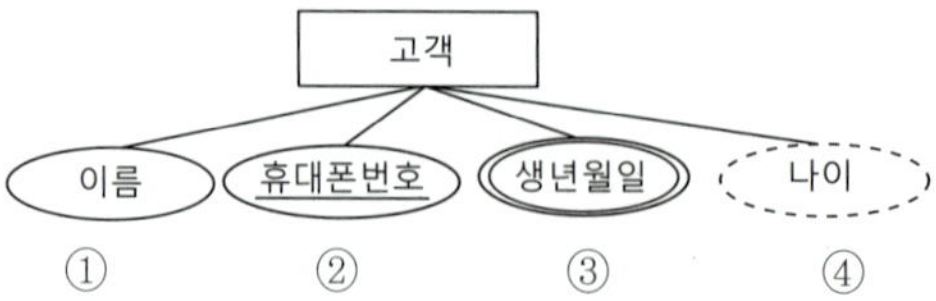

06 E-R 모델에서의 〈관계 타입〉 예로 가장 옳은 것은?

① 〈의사〉, 〈진료〉, 〈환자〉 ② 〈환자〉, 〈예약〉, 〈진료〉
③ 〈병원〉, 〈상담〉, 〈의사〉 ④ 〈진료〉, 〈상담〉, 〈예약〉

07 다음 E-R 다이어그램 중에서 그 구성 요소의 연결 표현이 옳지 않은 것은?

①
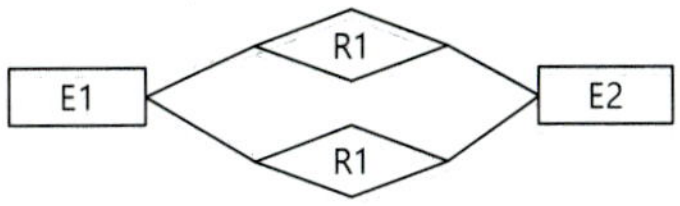

②
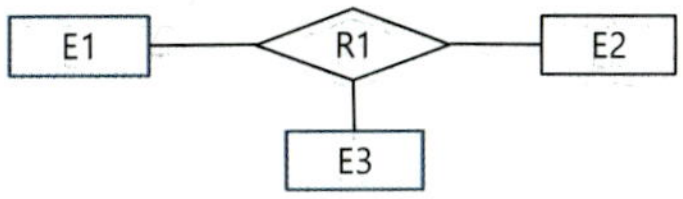

③
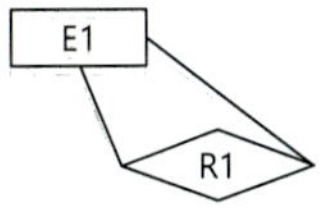

④

08 다음 문장이 참이면 ○, 거짓이면 ×를 하시오.

① E-R 모델은 논리적 모델링에 사용되는 대표적 모델이다. ( )
② 사람, 사물, 장소 등의 물리적 존재와는 다르게 추상적 개념은 개체에 해당하지 않는다. ( )
③ E-R 다이어그램은 정확하게 말하면 개체 집합과 관계 타입을 그래픽 기호로 표현하는 것이다. ( )
④ E-R 다이어그램에서 관계도 속성을 가질 수 있다. ( )
⑤ E-R 다이어그램에서 관계는 개체 없이는 존재할 수 없는 종속적 존재이다. ( )
⑥ E-R 다이어그램에서 단일 실선으로 연결된 관계는 부분 참여 또는 선택적 참여를 의미한다. ( )

09 다음 ( ) 안에 적당한 용어를 채워 완성하시오.

① E-R 모델은 현실 세계를 ( )와 관계를 이용하여 개념적 구조로 표현하는 방법이다.
② ( ) 속성은 값을 저장하지 않아도 다른 속성 값으로부터 계산될 수 있는 속성으로 점선의 타원으로 표시된다.
③ 보통 강개체와 약개체는 일대다의 ( ) 관계를 맺게 되며 약개체는 관계에 ( )참여하게 된다.
④ E-R 다이어그램에서 ( )관계는 IS-A 관계라고도 하며 역삼각형으로 표현한다.
⑤ 관계 ( )는 관계를 맺는 두 개체 집합간의 사상 형태를 정의한다.

10 E-R 모델의 장점에 대해 설명하시오.

11 E-R 다이어그램에서 다양한 속성의 종류와 표기법을 간략히 설명하시오.

12 E-R 다이어그램에서 관계 카디널리티(cardinality)와 관계 차수(degree)에 대해 간략히 설명하시오.

13 다음 요구명세서를 E-R 다이어그램으로 표현하시오.

1) [회사] 요구명세서

① 부서는 현재 1명 이상의 직원이 소속되어 있으며 직원은 한 개의 부서에 소속된다.
② 직원은 고유한 사번과 이름, 나이 정보를 갖는다.
③ 부서는 고유한 부서번호와 부서이름 정보를 갖는다.
④ 직원은 과거에 근무했던 여러 부서에 대한 근무기간과 직책 정보를 갖는다.

2) [대학] 요구명세서

① 학생은 고유한 학번과 이름, 학년 정보를 갖는다.
② 교수는 고유한 교수번호와 이름, 전공, 소속학과 정보를 갖는다.
③ 학생은 특정 학기마다 여러 과목들을 수강할 수 있고 수강 과목에 대해서는 학점을 받는다.
④ 과목은 유일한 과목번호와 과목이름, 이수학점 정보를 갖는다.
⑤ 과목은 오직 한 교수에 의해서만 강의가 이루어지며 강의시간과 강의장소 정보를 갖는다.
⑥ 교수는 여러 과목을 강의할 수 있고 한 명의 학생만 지도할 수 있다.
⑦ 학생도 오직 한 명의 교수에게만 지도를 받는다.

CHAPTER 10

데이터베이스 설계

학습목표

- 데이터베이스 설계 과정을 이해한다.
- 요구사항 분석, 개념적 설계, 논리적 설계 과정을 이해하고 적용 방법을 알아본다.
- ERwin 활용 방법을 학습하고 IE 표기법의 적용 방법을 알아본다.

CHAPTER

10 데이터베이스 설계

1. 데이터베이스 설계

데이터베이스 설계는 정보 시스템 개발 과정에서 가장 기초가 되는 핵심적인 과정이다. 건축물을 짓기 위해 가장 먼저 **설계 도면**을 작성하는 과정과 비슷하다. 데이터베이스 설계 과정과 적용 예를 알아보자.

1.1 데이터 모델링과 데이터 모델

데이터베이스는 실세계를 비추는 **거울**과도 같다. 끊임없이 변화하는 현실 세계를 데이터를 통해 실시간으로 빠르고 정확하게 반영하기 때문이다. 이를 위해서는 데이터베이스의 구조가 중요하다.

데이터 모델링

개발자들은 흔히 자신의 경험에 의존하여 손쉽게 데이터베이스 구조를 결정하려 한다. 복잡한 현실 세계를 자연스럽게 반영할 수 있는 좋은 데이터베이스 구조를 직관으로 바로 생성하기는 매우 어려운 일이다.

[그림 10-1] 데이터베이스의 역할

데이터베이스 구조는 **데이터베이스 모델링** 즉, **데이터 모델링**(data modeling)의 여러 절차적 과정을 통해 생성된다. 이러한 절차적 모델링 방법은 데이터베이스 규모가 아무리 크더라도 충분한 시간만 주어지면 자연스럽게 세부 단계를 거쳐 데이터베이스 구조를 완성할 수 있도록 한다. 경험 많은 개발자에게도 데이터 모델링은 어렵고 힘든 작업이다. 잘못된 모델링은 데이터베이스 구조를 반복적으로 수정하는 결과를 가져와 관련 응용 프로그램의 연쇄적인 변경을 발생시킨다.

데이터 모델링은 개념적 모델링과 논리적 모델링, 물리적 모델링의 3단계로 구성된다. [그림 10-2]는 데이터 모델링의 전체 과정을 보여준다.

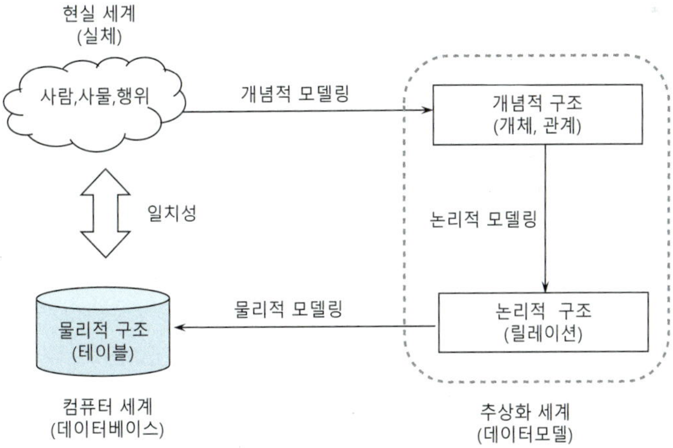

[그림 10-2] 데이터 모델링 과정

각 모델링 단계마다 데이터베이스 구조를 명세하기 위한 다양한 표현 도구를 사용하는데 이를 **데이터 모델**(data model)이라고 한다.

데이터 모델링과 데이터 모델

데이터 모델링의 핵심은 모델링 도구인 데이터 모델이다. 모델링 대상을 개념적 요소로 추상화 하느냐, 논리적 요소 또는 물리적 요소로 추상화 하느냐에 따라 개념적 데이터 모델과 논리적 데이터 모델, 물리적 데이터 모델로 구분한다.

데이터 모델링을 위해 제안된 데이터 모델은 종류가 다양하다. 어떤 데이터 모델을 적용하느냐에 따라 현실 세계를 표현하는 방법도 다르다. 가장 대표적인 데이터 모델들을 중심으로 살펴보자.

1) 개념적 데이터 모델링

개념적 데이터 모델링(conceptual data modeling)은 주로 분석 관점에서 사용자 요구 사항을 충실히 표현하는데 중점을 둔다. 표현된 개념적 구조는 어떤 논리적 데이터 모델로도 변환이 가능하다. 즉, 논리적 데이터 모델에 독립적이다. 가장 대표적인 개념적 데이터 모델은 E-R 모델이다. E-R 모델은 현실 세계의 실체들을 크게 **개체**(entity)와 **관계**(relationship)의 2가지 핵심 개념으로 분류하여 표현한다.

2) 논리적 데이터 모델링

논리적 데이터 모델링(logical data modeling)은 주로 설계 관점에서 개념적 모델을 충실히 변환하여 표현하는데 중점을 둔다. 개념적 구조로부터 변환되는 논리적 구조는 **특정 유형군의 DBMS**를 염두에 두고 표현된다. 관계형 데이터 모델을 사용할 경우, 자연스럽게 관계형 데이터베이스 관리 시스템인 RDBMS를 위한 논리적 구조를 명세하게 된다. 그러나 하나의 특정 DBMS에만 종속되지는 않기 때문에 DBMS 독립적이다. 가장 널리 사용되는 논리적 데이터 모델은 관계형 데이터 모델(relational data model)이다. 관계형 데이터 모델은 E-R 모델의 개체와 관계를 **릴레이션 스키마**(relation schema)의 테이블 구조로 표현한다.

3) 물리적 데이터 모델링

물리적 데이터 모델링(physical data modeling)은 선택한 **특정 DBMS**의 특성과 구조에 적합한 물리적 데이터 구조를 명세한다. 이전 단계에서 선택한 논리적 데이터 모델에 따라 그 연장선에서 **물리적 구조**를 표현한다. 관계형 데이터 모델을 적용한 경우, 이를 지원하는 ORACLE, MS SQL-Server, MySQL 등의 다양한 RDBMS 중에서 특정 RDBMS를 선택해 그에 최적화된 테이블 레코드 형식과 저장 구조, 접근 방식 등을 명세한다.

1.2 데이터베이스 설계 과정

잘못 구축된 데이터베이스는 많은 불편함과 피해를 발생시킬 수 있다. 특히, 데이터베이스 구조는 한번 결정되면 변경이 어려우므로 데이터베이스 설계는 매우 중요하다. 좋은 데이터베이스 설계는 사용자의 요구사항을 충실히 만족시키면서도 데이터의 일관성과 무결성 유지가 쉽고 최적의 성능을 발휘할 수 있는 데이터베이스 스키마를 결정하는 것이다. 데이터베이스 시스템과 이를 사용하는 사용자는 서로에게 영향을 주고받으므로 한 번에 좋은 설계를 완성하기는 매우 어렵다. 이를 위해서는 **단계적인 접근**이 필요하다.

데이터베이스 설계는 [그림 10-3]과 같은 5단계의 설계 과정을 순차적으로 진행한다.

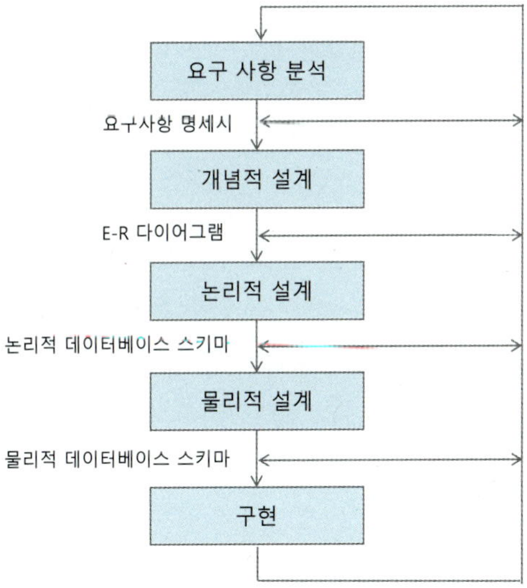

[그림 10-3] 데이터베이스의 설계 과정

■ 1단계: 요구사항 분석

요구사항 분석 단계는 데이터베이스 사용자로부터 요구사항을 수집하고 분석하여 데이터베이스의 구축 범위를 결정하는 **요구사항 명세서**(requirement specification)를 작성한다. 요구사항 수집을 위해 문서를 분석하거나 인터뷰, 설문 조사 등을 수행한다. 사용자와 설계자 사이의 원활한 의사소통 능력이 요구된다. 데이터베이스 설계의 첫 번째 단계로서 이후 각 단계들의 기초가 되므로 데이터베이스의 품질을 결정짓는 중요한 과정이다.

■ **2단계: 개념적 설계**

개념적 설계 단계는 이전 단계의 결과물인 요구사항 명세서에 담긴 사용자 요구사항을 개념적 데이터 모델로 표현하는 과정이다. 대표적인 개념적 데이터 모델이 E-R 모델이므로 대부분 **E-R 다이어그램**을 작성하여 개념적 스키마를 완성한다.

■ **3단계: 논리적 설계**

논리적 설계 단계는 먼저 기술적, 경제적 요인을 고려하여 DBMS 유형을 선정한다. E-R 다이어그램으로 표현된 개념적 스키마를 개발에 사용할 DBMS의 데이터 모델에 맞게 논리적 스키마로 변환한다. 보통 관계형 DBMS를 사용하므로 관계형 데이터 모델에 맞게 릴레이션들을 정의함으로써 **논리적 데이터베이스 스키마**를 완성한다. 필요할 경우, 정규화를 통하여 설계된 데이터베이스 스키마를 정제한다.

■ **4단계: 물리적 설계**

물리적 설계 단계는 사용할 DBMS를 선택하고 DBMS의 특성을 충분히 고려하여 논리적 스키마를 구현할 데이터베이스의 내부 저장 구조와 접근 기법 등을 결정한다. 트랜잭션의 빈도와 유형 등을 추가로 고려하여 뷰, 인덱스 등도 결정한다. 최종적으로 튜닝 등을 통하여 효율적인 저장 공간과 처리 능력을 최대화하는 **물리적 데이터베이스 스키마**를 완성한다.

■ **5단계: 구현**

구현 단계는 완성된 물리적 스키마를 DBMS를 통해 실제 데이터베이스로 실현한다. SQL 명령문을 통해 여러 테이블들로 구성된 실제 데이터베이스를 생성한다.

1단계~5단계의 설계 과정이 한 번에 바로 완료되는 경우는 드물다. 각 단계마다 검증을 통해 보완이 필요할 경우, 이전 단계들을 재 수행하는 반복적인 설계 과정을 통해 정제된 최종 설계 결과가 완성된다.

데이터베이스 모델링이 분석에 초점을 맞췄다면 데이터베이스 설계는 구현에 초점을 맞춰 데이터베이스 시스템 구축 과정을 표현한다. 데이터베이스 모델링의 핵심이 E-R 다이어그램을 작성하는 개념적 모델링(설계) 과정이라면 데이터베이스 설계의 핵심은 작성된 E-R 다이어그램을 관계형 데이터 모델로 변환하는 논리적 데이터 설계(모델링) 과정이다.

논리적 데이터 모델링 또는 논리적 데이터베이스 설계에 가장 많이 사용되는 관계형 데이터 모델을 기준으로 데이터베이스 설계 과정을 살펴보자.

2. 요구사항 분석

데이터베이스 설계 과정을 따라가며 병원 데이터베이스를 위한 간단한 논리적 데이터베이스 스키마를 설계해 보자. 먼저 데이터베이스 설계 과정의 첫 번째 단계인 요구사항 명세서를 작성해 본다.

2.1 요구사항 명세

요구사항 분석 단계에서는 먼저, 구축하고자 하는 데이터베이스의 구현 범위와 사용자의 범주를 결정한다. 예비 사용자들로부터 요구 사항을 수집하고 업무 처리를 위해 필요한 데이터를 분석한다. 분석 결과는 요구사항 명세서로 문서화한다.

분석가는 담당자의 요구를 정확하게 파악하도록 노력하고 용어 등이 모호성이 없도록 최대한 명확하게 명세서를 정리한다. 요구사항 명세서는 분석가의 자유로운 해석이나 심삭이 아닌 사용자의 요구 사항만을 충실히 반영하여 구체적 문장 형태로 서술한다. 최종적인 요구사항 명세서는 사용자에게 최종 확인을 받는 과정이 필요하다.

2.2 요구사항 명세서(병원 DB)의 작성

요구사항 명세서의 작성 예를 살펴보자. 병원을 위한 기초 데이터베이스를 구축한다고 가정하면 다음과 같은 간략한 요구사항 명세서를 작성할 수 있다. 요구사항 분석 단계의 결과물이다.

【1단계】 병원 DB의 요구사항 명세서

- 병원에 근무하는 모든 의사들은 특정 진료과에 소속되어 많은 환자들을 진료한다. 의사는 전문의와 전공의(인턴, 레지던트)로 구분되며 전공의들을 포함한 일부 의사들은 각각 특정 의사로부터 지도를 받는다.
- 환자는 여러 명의 의사로부터 진료를 받으며 진료날짜, 진료의사, 진료내용 등의 진료 기록들이 유지된다.

- 진료 결과, 수술이 필요한 환자는 병실을 배정받아 입원하게 되며 수술이 끝나 퇴원한 후에도 입원날짜와 퇴원날짜가 보관된다.
- 입원한 수술 환자는 환자 1인당 1명의 간병인을 둘 수 있으며 간병인에 대한 이름과 전화번호, 경력연수 등이 관리된다. 간병인은 많아야 1명의 환자만 간병할 수 있다.
- 모든 병실은 여러 개의 침대를 보유하고 있으며 병실에 대해서는 병실번호와 건물명, 층, 수용인원 등의 정보가 관리되어야 한다. 침대에 대해서도 침대일련번호와 침대종류, 청결상태 등의 정보가 추가로 관리되어야 한다.
- 모든 의사에 대해서는 고유한 의사번호와 이름, 진료과목 등의 정보가 유지되고 진료과에 배정된 날짜도 관리한다. 모든 환자에 대해서는 고유한 주민등록번호와 전화번호, 이름, 나이 등의 신상 정보를 보관한다.
- 의사 중에서 전문의에 대해서는 근무기간 정보가, 전공의(인턴, 레지던트)에 대해서는 수련기간 정보가 유지된다.

3. 개념적 설계

개념적 설계 단계는 데이터베이스 설계의 전체 골격을 결정하는 과정이다. 요구사항 명세서로부터 핵심 데이터 요소들을 추출하여 E-R 다이어그램을 작성한다. 개략적인 개념적 설계 과정은 [그림 10-4]와 같다.

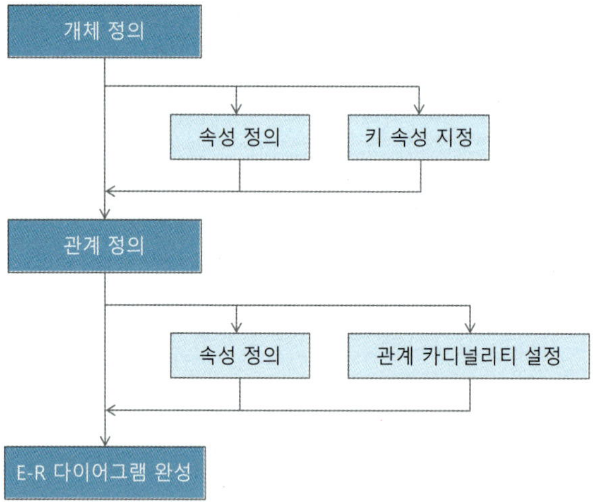

[그림 10-4] 개념적 설계(E-R 다이어그램 작성) 과정

E-R 다이어그램을 작성하는 과정은 다음과 같다. 먼저, 개체를 도출하여 정의한 후 도출된 개체간의 관계를 설정한다. 다음으로 개체의 특성을 분석하여 속성을 정의하고 키 속성

도 지정한다. 관계에 대해서도 필요한 속성을 정의하고 개체와의 연관성을 표현하는 관계 카디널리티를 설정한다. E-R 다이어그램은 반복적인 수정 보완을 통해 사용자의 요구사항을 빠짐없이 반영하였는지 검증함으로써 완성도를 점차적으로 높여간다.

개체를 도출하여 정의하는 과정부터 살펴보자.

3.1 개체 정의

먼저, 요구사항 명세서로부터 개체를 정의해 보자.

■ 개체 도출

E-R 다이어그램을 작성할 때는 가장 먼저 개체(entity)를 도출하여 정의한다. 개체는 E-R 다이어그램을 작성하기 위한 기본 요소이다. 건물을 짓는 일에 비유하면 기둥이나 **주춧돌**을 놓는 것에 해당한다. 개체를 먼저 결정해야 관계나 속성 정의도 가능하다. 정의되어야 할 필수 개체가 도출되지 않으면 관계 설정이 어렵거나 부자연스럽다. 처음 시작 단계에서는 최대한 많은 개체를 정의한 후 나중에 불필요한 개체를 제거한다.

개체 도출은 경험 많은 개발자라면 직관적으로 가능할 수도 있지만 초보자에게는 어려운 작업이다. 어떻게 시작할지 또 결과물이 올바른지 확신하기도 쉽지 않다. 현실적으로 적용 가능한 몇 가지 유용한 경험적 규칙을 적용해 보자.

요구사항 명세서로부터 개체를 식별하여 정의하는 방법은 다음과 같다.

【개체 식별 방법】
- 개체는 저장할 가치가 있는 핵심 데이터를 가진 사람이나 사물, 장소 또는 무형적 개념을 의미한다. 보통 요구사항 명세서 문장 중에서 주어나 목적어로 표현되는 명사들을 찾는다.
- 명사들은 서로 의미를 명확히 표현하거나 꾸며주는 연관성을 가지고 있다. 속성에 해당하는 하위 개념의 명사들로부터 꾸밈을 받는 상위 개념의 명사가 주로 개체가 된다.
- 개체는 실세계에서 독립적 존재이므로 꾸밈을 받는 하위 개념 명사 중에 고유한 명칭(번호나 코드, 이름 등)을 가진다.
- 개체는 관계와 비교하면 상대적으로 오랜 시간 지속되는 특성이 있다.
- 개체는 보통 또 다른 여러 개체들이 공유하는 대상이다.

■ 개체 정의 예

개체로 정의할 수 있는 명사들의 예는 [그림 10-5]와 같다.

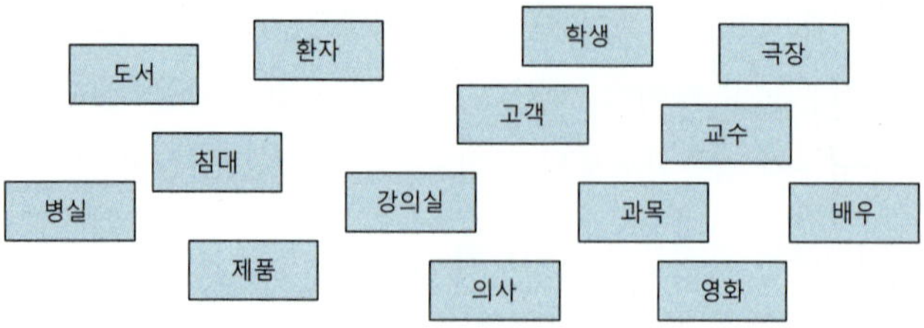

[그림 10-5] 개체의 예

3.2 관계 정의

필요한 개체가 모두 정의되면 도출된 **개체 간**의 특별한 관계(relationship)를 분석하여 정의한다. 관계는 적어도 둘 이상의 개체를 대상으로 연관성을 찾는다.

찾은 둘 이상의 연관성 대상 중에서 하나라도 개체가 아닐 경우 잘못된 관계이다. 예를 들면 연관성 대상이 개체와 속성인 경우, 관계가 아닌 링크로 표시해야 한다. 만약 연관성 대상이 개체와 관계인 경우는 요구 사항을 다시 명세해야 한다. 찾은 연관성 대상이 정보를 갖는 개체가 아니고 기능을 수행하는 대상(시스템, 사람, 관리자)인 경우, 정보 측면에서 의미가 없으므로 무시하면 된다. 관계 정의가 매끄럽지 않으면 개체 도출이 충분했는지 재검토할 필요가 있다.

■ 관계 도출

요구사항 명세서로부터 관계를 식별하여 정의하는 방법은 다음과 같다.

【관계 식별 방법】

- 관계는 저장 가치가 있는 데이터를 발생시키는 사건이나 행위와 같은 개체간의 연관성을 의미한다. 요구사항 명세서 문장 중에서 서술어로 표현되는 동사들을 찾는다.
- 관계는 반드시 연관성을 갖는 둘 이상의 개체가 필요하다.
- 대부분의 관계는 의미를 명확히 표현하거나 꾸며주는 하위 개념의 속성을 갖는다.
- 관계는 실세계에서 종속적 존재이므로 보통 하위 개념인 관계 속성 중에 고유한 명칭(번호, 코드, 이름 등)을 갖지 않는다.
- 관계는 개체와 비교하면 일시적이며 상대적으로 짧은 시간만 지속되는 특성이 있다.

■ 관계 정의 예

관계로 정의할 수 있는 동사들의 예는 [그림 10-6]과 같다.

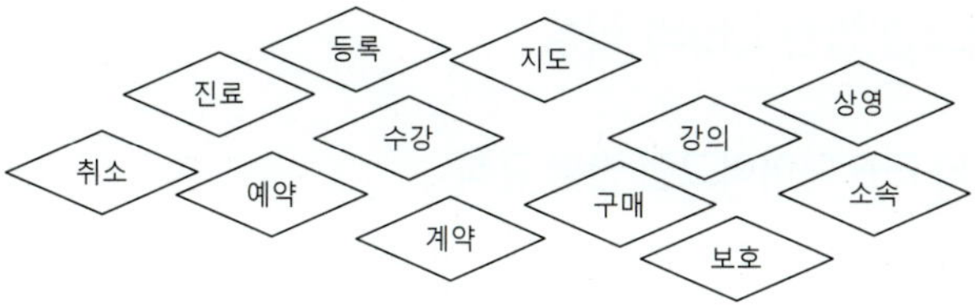

[그림 10-6] 관계의 예

3.3 속성 정의

개체와 관계가 모두 정의되면 도출된 개체와 관계를 명확하게 하는 속성(attribute)을 정의한다. 속성은 기존 개체나 관계 중 하나에 링크를 통해 연결한다.

요구사항 명세서 내용 안에는 속성에 해당하는 중복되거나 유사한 용어들이 많으므로 그 개념을 명확히 구별하여 속성으로 표현한다. 속성 이름은 간결하면서도 **개체나 관계의 특성**을 잘 드러낼 수 있도록 정한다.

■ 속성 도출

요구사항 명세서로부터 속성을 식별하여 정의하는 방법은 다음과 같다.

【속성 식별 방법】
- 속성은 도출된 개체나 관계의 존재 혹은 상태를 나타내는 특성을 의미한다. 요구사항 명세서 문장 중에서 주어나 목적어, 서술어를 수식하거나 꾸며주는 하위 명사들을 찾는다.
- 속성은 보통 또 다른 속성들과 함께 공통의 특정 대상을 명확히 표현하기 위해 연관성을 가진다. 개체에 해당하는 상위 개념의 명사나 관계에 해당하는 상위 개념의 동사를 꾸며주는 하위 개념의 명사가 주로 속성이 된다. 속성은 실제 값을 저장한다.
- 속성은 실세계에서 종속적 존재이므로 상위 개념이 반드시 필요하다.

■ 속성 정의 예

속성으로 정의할 수 있는 명사들의 예는 [그림 10-7]과 같다.

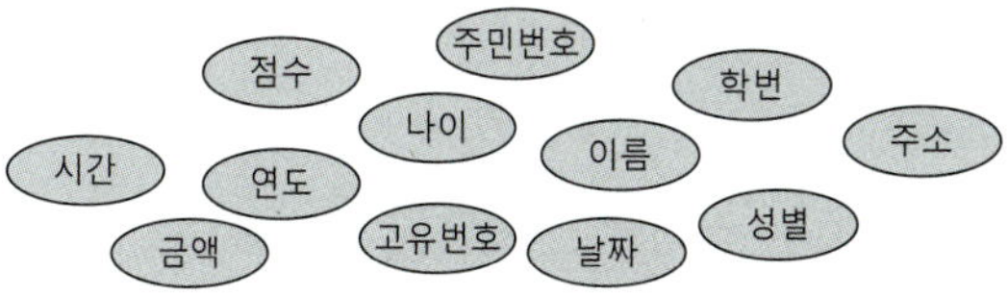

[그림 10-7] 속성의 예

3.4 E-R 다이어그램(병원 DB)의 작성

요구사항 명세서의 E-R 다이어그램 변환 규칙

E-R 다이어그램으로 변환하기 위해서 먼저, 요구사항 명세서로부터 개체, 관계, 속성을 추출하는 과정을 정리해 보자.

■ 개체, 관계, 속성 구별 방법

요구사항 명세서로부터 개체와 관계, 속성을 구별하기 위한 방법들을 정리하면 〈표 10-1〉과 같다.

〈표 10-1〉 개체, 관계, 속성 구별 방법

개체	관계	속성
독립적 존재	종속적 존재	종속적 존재
명사(주어,목적어)로 표현	동사(서술어)로 표현	명사(수식어)로 표현
상위 개념	상위 개념	하위 개념
고유한 명칭(이름,번호) 보유	인위적 명칭(이름,번호) 부여	해당사항 없음
지속적	일시적	지속적/일시적

■ 유의 사항

몇 가지 주의할 점도 있다. 유의 사항을 살펴보자.

- 요구사항 명세서 문장 안에서 개체를 찾아 사각형으로, 관계는 마름모, 속성은 타원형으로 표시한다.
- 의미가 중복되거나 반복되는 대상은 하나의 표준 용어로 통일하여 표시한다.
- 데이터와 직접적인 연관성이 낮거나 혹은 너무 일반적인 표현은 삭제한다. 특히, 데이터 관점에서 불필요하거나 반복되는 기능 관련 표현들은 무시한다.

명세서 문장 안에는 불필요한 단어나 개념들이 표현되는 경우가 많다. 예를 들어 '정보', '유지' 같은 용어는 명세서 안의 모든 대상이 정보에 해당하고 따라서 정보를 유지하는 것은 너무 당연한 일이다. 이렇게 특별한 의미를 부여하기 어렵거나 일반적인 표현은 무시한다.

명세서 문장 중에 불필요하거나 무시해도 좋은 대표적인 표현 사례는 〈표 10-2〉와 같다.

〈표 10-2〉 E-R 다이어그램 작성 시 유의 사항

불필요한 표현	무시해도 좋은 이유
정보, 데이터	모든 특성에 관련되는 공통 표현에 해당되어 속성으로 부적절함
유지, 저장, 관리, 기록, 보관	데이터베이스의 일반 기능에 해당되어 관계로 부적절함
입력, 수정, 삭제, 검색	데이터베이스 시스템의 일반 기능으로 해당되어 관계로 부적절함
발급, 부여, 선택, 확인, 취소	관리자나 사용자의 소프트웨어 기능에 해당되어 관계로 부적절함

병원 DB의 E-R 다이어그램

앞에서 작성한 【단계1】 병원 데이터베이스 구축을 위한 요구사항 명세서 내용 중 관련 문장들을 분석하여 E-R 다이어그램으로 표현해 보자. 보통 명세서는 사용자 입장에서 기술되기 때문에 E-R 표기법으로 쉽게 대응되지 않는 부분이 있을 수 있다. E-R 다이어그램 작성을 위해서는 명세서 내용을 데이터 중심의 모델링 관점에서 꼼꼼하게 분석하고 이해하여야 한다.

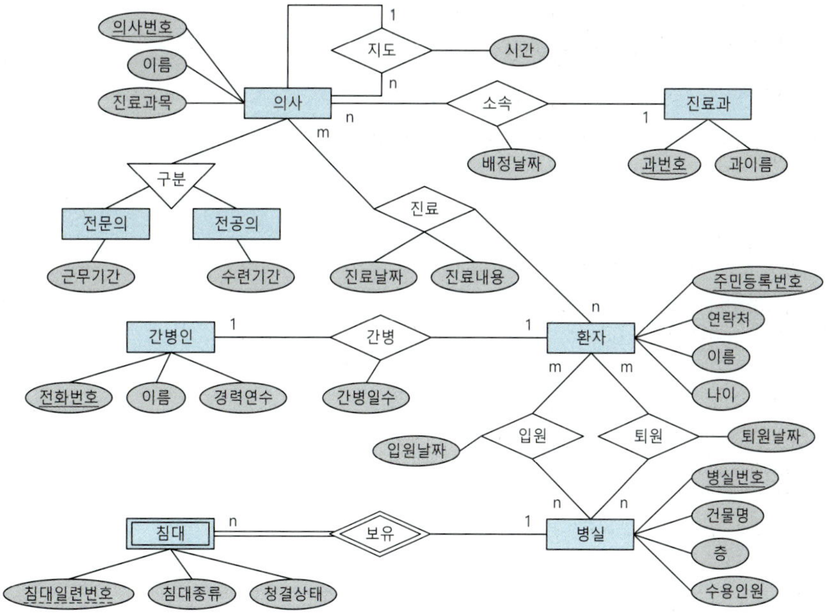

[그림 10-8] 【단계2】 병원 DB의 E-R 다이어그램

【단계1】 병원 DB의 데이터베이스 요구사항 명세서로부터 추출한 개체, 관계, 속성 전체를 하나의 다이어그램으로 표현한 결과는 [그림 10-8]과 같다. 【단계2】 개념적 설계의 최종 결과물이다.

4. 논리적 설계

논리적 설계 단계는 개념적 설계의 최종 결과물인 E-R 다이어그램을 특정 데이터 모델에 따라 논리적 스키마로 변환한다. 가장 많이 사용하는 관계형 데이터 모델에 따른 논리적 설계는 여러 릴레이션들로 구성된 관계형 데이터베이스 스키마를 정의한다.

E-R 다이어그램은 개체와 관계를 구분하지만 관계형 데이터베이스 스키마는 모두 릴레이션으로 표현하므로 적절한 변환 과정이 필요하다. E-R 다이어그램을 관계형 데이터베이스 스키마로 변환하는 과정은 나름의 규칙을 정의할 수 있어 개념적 설계보다는 상대적으로 쉬울 수 있다. 개체와 관계의 유형에 따라 각기 다르게 변환한다.

릴레이션 스키마로의 변환 규칙을 정리하면 다음과 같다.

4.1 개체 변환

E-R 다이어그램의 개체를 다음 규칙에 따라 변환한다.

- 개체는 기본적으로 하나의 릴레이션으로 변환된다. 새로 생성된 릴레이션을 E-R 다이어그램의 개체를 표현한다는 의미에서 **개체 릴레이션**(entity relation)이라고 한다. 생성된 개체 릴레이션은 개체 이름이 릴레이션의 이름이 된다.
- 개체의 키 속성은 릴레이션의 기본키 속성으로, 일반 속성은 릴레이션의 속성으로 변환된다. 개체의 속성 이름이 릴레이션의 속성 이름이 된다.

개체 변환 규칙을 적용해 보자.

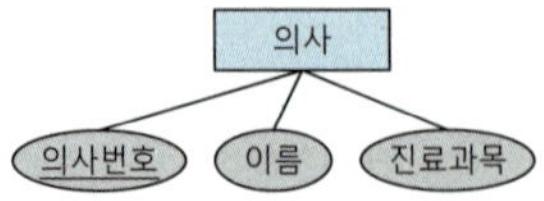

[그림 10-9] 개체(의사)의 예

[그림 10-9] E-R 다이어그램의 '의사' 개체를 릴레이션 스키마로 다음과 같이 변환한다.

```
의사(의사번호,이름,진료과목)
```

E-R 다이어그램의 '의사' 개체는 '의사' 릴레이션으로 변환한다. '의사' 개체의 '의사번호', '이름', '진료과목' 속성은 릴레이션의 속성으로 변환한다. 그리고 '의사' 개체의 키 속성이었던 '의사번호'를 릴레이션의 기본키로 정의한다.

4.2 관계 변환

E-R 다이어그램의 관계는 관계 카디널리티 값에 따라 변환 과정이 다르다.

일대다(1:n) 관계 변환

보통 E-R 다이어그램의 일대다 관계는 다음 규칙에 따라 변환한다.

- 일대다 관계 자체는 하나의 외래키 속성으로 변환한다.
- 일대다 관계를 갖는 두 릴레이션(개체에서 변환됨)에서 '일'(1)측 개체 릴레이션의 기본키 속성을 가져와 '다'(n)측 개체 릴레이션에 **외래키 속성**으로 추가하여 포함시킨다. 추가하는 외래키 속성의 이름에 관계 이름을 포함하도록 변경(예를 들면 '과번호'를 '소속진료과번호'처럼 변경)하면 그 의미를 명확히 할 수 있다.
- 일대다 관계가 가지고 있던 모든 하위 속성들도 외래키를 추가한 '다'(n)측 개체 릴레이션의 속성으로 함께 변환한다.

일대다 관계의 변환 규칙을 적용해 보자.

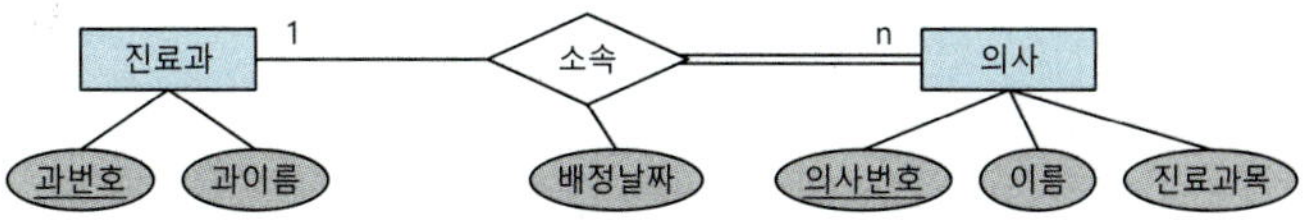

[그림 10-10] 일대다 관계(소속)의 예

[그림 10-10] E-R 다이어그램의 일대다 관계인 '소속' 관계를 릴레이션 스키마로 다음과 같이 변환한다.

진료과(과번호,과이름)
의사(의사번호,이름,진료과목,**소속진료과번호,배정날짜**)

'진료과' 개체 릴레이션의 기본키인 '과번호' 속성을 '의사' 개체 릴레이션에 '소속진료과번호' 속성으로 추가하여 포함시키고 외래키로 정의함으로써 관계를 표현한다. '소속' 관계의 '배정날짜' 속성도 함께 '의사' 릴레이션에 포함시킨다.

만약, 반대로 '의사' 릴레이션의 기본키 '의사번호'를 '진료과' 릴레이션의 '소속의사번호' 외래키 속성으로 포함시킨다면 한 진료과에 여러 의사가 소속된 경우, 여러 값을 저장해야하므로 릴레이션 정의를 위배하게 되므로 바람직하지 않다.

일대일(1:1) 관계 변환

E-R 다이어그램의 일대일 관계는 다음 규칙에 따라 변환한다.

- 일대일 관계 자체도 일대다 관계의 경우처럼 하나의 외래키 속성으로 변환한다.
- 한쪽 개체 릴레이션의 기본키 속성을 가져와 다른 쪽 개체 릴레이션에 외래키 속성으로 포함시킨다. 어느 쪽 릴레이션에 **외래키**를 추가하더라도 상관없다.
- 일대일 관계가 갖고 있던 모든 속성들도 외래키를 추가한 릴레이션의 속성으로 함께 변환한다.

일대일 관계의 변환 규칙을 적용해 보자.

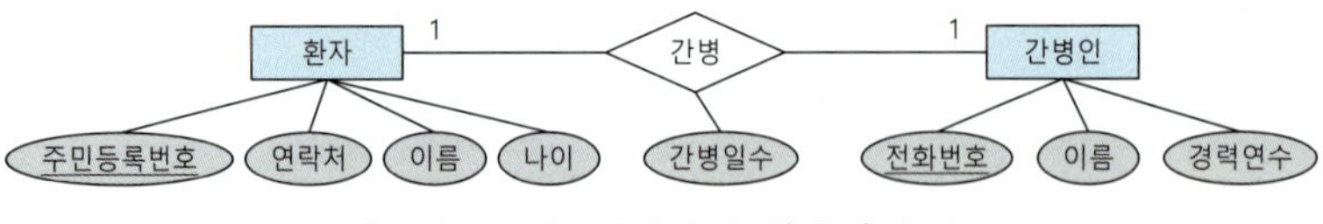

[그림 10-11] 일대일 관계(간병)의 예

[그림 10-11] E-R 다이어그램의 일대일 관계인 '간병' 관계를 릴레이션 스키마로 다음과 같이 변환한다.

<방법1>
환자(주민등록번호,전화번호,이름,나이,**간병인전화번호,간병일수**)
간병인(전화번호,이름,경력연수,**간병환자주민등록번호**)

<방법2>
환자(주민등록번호,전화번호,이름,나이,**간병인전화번호,간병일수**)
간병인(전화번호,이름,경력연수)

<방법3>
환자(주민등록번호,전화번호,이름,나이)
간병인(전화번호,이름,경력연수,**간병환자주민등록번호,간병일수**)

[그림 10-11]처럼 개체 간의 일대일 관계는 〈방법1〉처럼 서로의 기본키를 주고받아 각자 릴레이션이 이를 외래키로 정의할 수 있다. '환자' 릴레이션의 외래키로 '간병인전화번호' 속성을, '간병인' 릴레이션에는 외래키로 '간병환자주민등록번호' 속성을 추가한다. 그러나 '간병' 관계를 표현하기 위해서 일부러 양쪽 모두가 외래키를 가질 필요는 없다. 불필요한 데이터 중복이 발생하기 때문이다. 〈방법2〉, 〈방법3〉처럼 한 쪽 릴레이션만 외래키를 가져도 중복 없이 '간병' 관계를 충분히 표현할 수 있다.

다대다(m:n) 관계 변환

다대다 관계인 경우, 일대다 관계와는 다르게 변환한다. E-R 다이어그램의 다대다 관계는 다음 규칙에 따라 변환한다.

- 다대다 관계는 하나의 **독립된 릴레이션**으로 변환된다. 관계 이름이 새로운 릴레이션의 이름이 된다.
- 관계의 속성은 릴레이션의 속성으로 변환된다. 관계 속성 이름이 새로운 릴레이션의 속성 이름이 된다.
- 새로 생성된 릴레이션을 E-R 다이어그램의 관계를 표현한다는 의미에서 **관계 릴레이션**(relationship relation)이라고 한다. 관계 릴레이션은 보통 키 속성이 없으므로 관계를 맺고 있던 양쪽 개체 릴레이션의 기본키 속성을 외래키 속성으로 포함시키고 양쪽 기본키의 조합을 새로운 기본키로 지정한다. 양쪽 기본키 속성의 이름이 같을 경우, 이름을 다르게 변경한다.

다대다 관계의 변환 규칙을 적용해 보자.

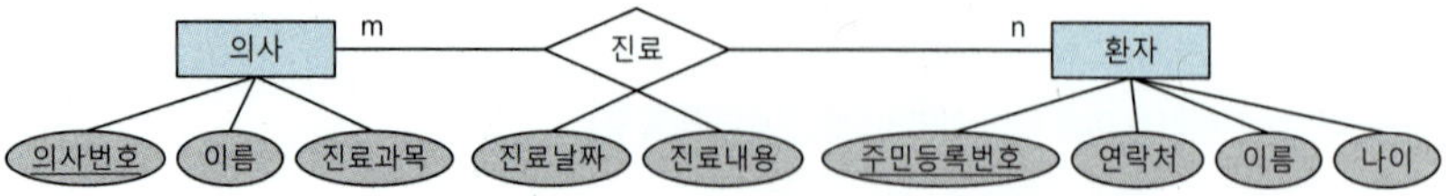

[그림 10-12] 다대다 관계(진료)의 예

[그림 10-12] E-R 다이어그램의 다대다 관계인 '진료' 관계를 릴레이션 스키마로 다음과 같이 변환한다.

의사(의사번호,이름,진료과목)
진료(의사번호,환자주민등록번호,진료날짜,진료내용)
환자(주민등록번호,전화번호,이름,나이)

새로운 관계 릴레이션으로 '진료' 릴레이션을 생성한다. '의사' 릴레이션의 키 속성인 '의사번호' 속성을 '진료' 릴레이션의 '의사번호' 속성으로 추가하고 외래키로 지정한다. 또, '환자' 릴레이션의 키 속성인 '주민등록번호' 속성을 '진료' 릴레이션의 '환자주민등록번호' 속성으로 추가하고 외래키로 지정한다. '의사번호'와 '환자주민등록번호'의 조합을 '진료' 릴레이션의 기본키로 지정한다. '진료' 관계의 '진료날짜'와 '진료내용' 속성을 새로운 '진료' 릴레이션에 포함시킨다.

4.3 논리적 스키마(병원 DB)의 작성

개념적 설계의 결과물인 [그림 10-8] 【단계2】 병원 DB의 E-R 다이어그램을 지금까지 설명한 변환 방법을 적용하여 【단계3】 병원 DB의 논리적 데이터베이스 스키마로 변환한 결과는 다음과 같다. 논리적 설계의 최종 결과물이다.

【단계3】 병원 DB의 논리적 데이터베이스 스키마

진료과(과번호,과이름)
의사(의사번호,이름,진료과목,소속진료과번호,배정날짜,지도의사번호,구분)
전문의(의사번호,근무기간)
전공의(의사번호,수련기간)
진료(의사번호,환자주민등록번호,진료날짜,진료내용)
환자(주민등록번호,전화번호,이름,나이,간병인전화번호,간병일수)
간병인(전화번호,이름,경력연수)

입원(<u>환자주민등록번호,병실번호,</u>입원날짜)
퇴원(<u>환자주민등록번호,병실번호,</u>퇴원날짜)
병실(<u>병실번호,</u>건물명,층,수용인원)
침대(<u>보유병실번호,침대일련번호,</u>침대종류,청결상태)

논리적 설계 후에 진행하는 물리적 설계 단계에서는 논리적 설계의 결과물인 관계형 데이터베이스 스키마를 DBMS 안에 실제 물리적인 저장 구조를 생성하는 SQL 명령어 문장으로 명세한다. 논리적 설계가 DBMS에 독립적이라면 물리적 설계는 특정 DBMS에 의존적이다.

선택한 DBMS의 특성을 고려한 열의 데이터 유형이나 크기, 제약 조건, 뷰, 인덱스 등을 정의한다. 데이터 사용량과 업무 프로세스를 분석하고 필요할 경우 역 정규화를 적용한다. 물리적 설계의 결과물은 그 결과가 다양하고 실제 DBMS 안에 저장 구조를 생성할 수 있는 완전한 명세 내용을 포함하므로 각자 적용해 보기로 한다.

병원 DB의 간단한 예제를 가지고 논리적 설계 과정까지 적용해 보았다. 보통 많은 경험을 통해 익숙해지기 전까지는 실제로 개념적, 논리적 설계를 적용하는 것이 생각만큼 쉽지 않다. 모델링의 특성상 설계 단계에서 각기 다른 해석이나 주관적인 해결 방안 등이 적용되면 통일된 결과물을 얻기 어려운 경우도 발생한다.

5. ERwin 실습

데이터베이스 스키마를 설계하기 위한 데이터 모델링 도구는 ERwin과 ER STUDIO, DA# 등 다양하다. ERwin은 가장 많이 사용하는 모델링 도구이다. 미국 CA 테크놀로지에서 개발했으며 IE 표기법을 지원한다. 앞에서 작성한 E-R 다이어그램을 ERwin을 활용하여 표현하는 방법을 학습해 보자. ERwin의 설치 과정은 '[부록 B] ERwin 설치'를 참조한다.

실습할 때 유의할 점은 ERwin은 앞에서 배운 E-R 표기법과 같은 개념적 모델링을 지원하지 않는다는 점이다. 대신에 논리적 모델링과 통합하여 작업하도록 되어 있다.

5.1 ERwin의 기본 화면 구성

ER 다이어그램을 작성하기에 앞서 ERwin의 기본 화면 구성을 살펴보자. 실행된 ERwin 데이터 모델러(Data Modeler) 도구의 초기 화면은 [그림 10-13]과 같다. ER 다이어그램 작성을 위한 기본 편집 화면이다. 기본 편집 화면은 4개의 영역으로 구성된다.

- 메뉴 영역(화면 맨 위쪽) : ERwin의 전반적인 기능을 수행한다.
- 툴바 영역(화면 위쪽) : ER 다이어그램을 그리기 위해 필요한 도구 및 메뉴 모음이다.
- 다이어그램 작성 영역(화면 중앙) : ER 다이어그램을 그리는 작업 영역이다.
- 모델 탐색기 영역(화면 왼쪽) : 다이어그램의 속성을 확인하거나 변경한다.

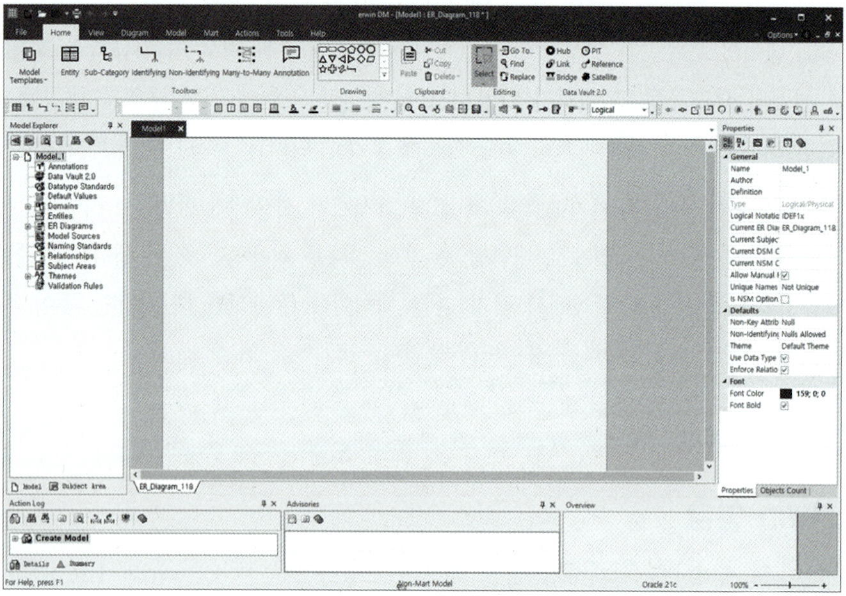

[그림 10-13] ERwin의 기본 화면

툴바 영역에서 다이어그램 작성 시 가장 많이 사용하는 [그림 10-14]와 같은 툴박스를 살펴보자.

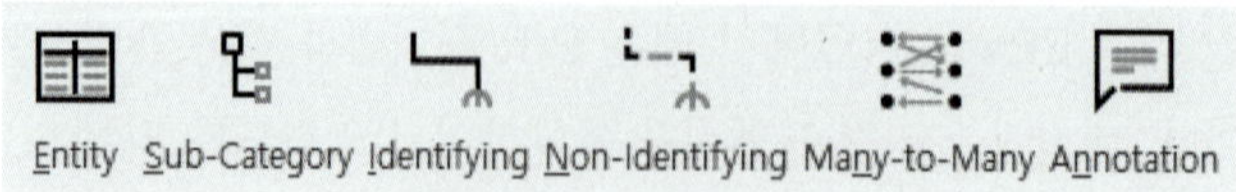

[그림 10-14] 툴박스

- 개체(Entity) : 개체 유형의 이름, 식별자, 속성을 표현한다.
- 서브 타입(Sub-Category) : IS-A 관계를 갖는 슈퍼(상위) 개체와 서브(하위) 개체를 개체 간의 부모와 자식 관계로 표현한다.
- 일대다 식별(Identifying) 관계 : 두 개체 사이의 1:n 식별 관계를 표현한다.
- 일대다 비식별(Non-Identifying) 관계 : 두 개체 사이의 1:n 비식별 관계를 표현한다.
- 다대다 식별(Many-to-Many) 관계 : 두 개체 사이의 m:n 식별 관계를 표현한다.

5.2 ERwin 실습을 위한 기본 환경 설정

ERwin으로 ER 다이어그램을 작성하기 위한 기본 환경을 설정해 보자. ER 다이어그램을 작성하기 전에 모델 유형과 DBMS, 표기법을 선택해야 한다. 다음과 같이 기본 환경값을 설정한다.

〈표 10-3〉 ERwin 실습을 위한 기본 환경 설정

설정 항목		설정 값
모델 유형 (Type)	Logical Physical Logical/Physical	Logical/Physical
DBMS (Target Server)	ORACLE SQL Server MySQL	ORACLE
표기법 (Notation)	IDEF1x(Integration DEFinition for Information Modeling) IE(Information Engineering)	IE 표기법

기본 환경 설정은 아래의 순서대로 진행한다.

1) 적용할 모델의 유형과 대상 DBMS의 종류를 선택한다.

먼저, [FILE]-[NEW] 메뉴를 선택한다. [그림 10-15(a)]와 같은 [New Model] 창이 나타나면 유형(Type) 항목에서 'Logical/Physical'을 선택하고 대상 서버(Target Server) 항목에서 'Oracle', '21c'를 선택한 후 'OK' 버튼을 누른다.

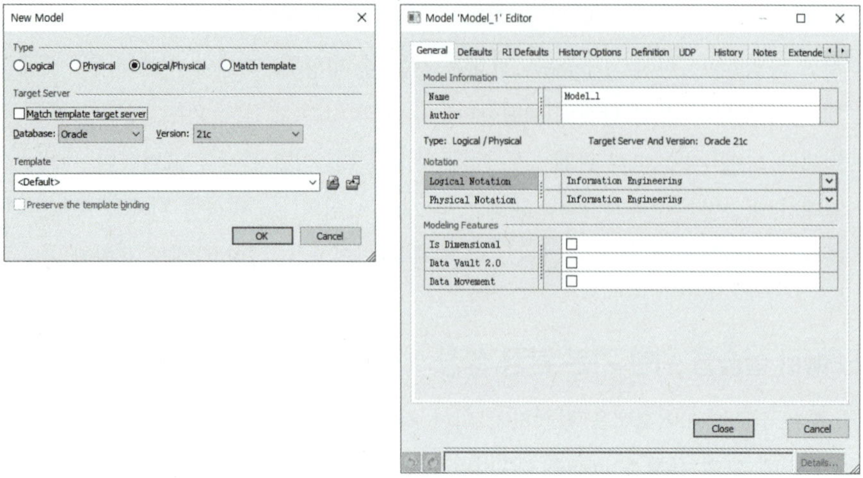

(a) 모델 속성 설정 (b) IE 표기법으로 변경

[그림 10-15] ERwin 기본 환경 설정

2) IE 표기법으로 변경한다.

모델 유형과 DBMS를 결정한 후에는 사용할 표기법을 결정한다. 표기법 변경을 위해서는 [Model]-[Model Properties] 메뉴를 선택한다. [그림 10-15(b)]에서 논리적 혹은 물리적 표기법(Notation)이 'Information Engineering'으로 선택되어 있는지 확인하고 다르게 선택되어 있다면 변경한 후 'Close' 버튼을 누른다.

> **Tip IE 표기법**
>
> ERwin은 IE(Information Engineering) 표기법과 미 국방성 표준안인 IDEF1X(Integration DEFinition for Information Modeling) 표기법을 지원한다. 일반적으로 산업계에서는 IE 표기법을 주로 사용한다. 이 책에서도 IE 표기법을 사용한다.

Note ERwin 모델 유형 설정

ERwin은 Logical, Physical, Logical/Physical의 세 가지 모델 유형 중 하나를 선택하여 모델링 작업을 수행할 수 있다.

■ **논리적**(Logical) 모델 유형

작업 대상인 현실 세계의 객체를 엔터티와 속성으로 추출하고 그들 간의 관계를 다이어그램으로 표현한다.

■ **물리적**(Physical) 모델 유형

실제 사용하는 DBMS의 특징에 맞게 엔터티, 속성, 관계 등을 테이블, 컬럼, 제약관계 등으로 정의하여 표현하고 테이블을 생성한다.

■ **논리적/물리적**(Logical/Physical) 모델 유형

같은 내용을 논리적 모델과 물리적 모델로 통합 구성하여 함께 작업하는 유형이다. 논리적 모델링과 물리적 모델링의 작업 내용을 서로 연계하여 두 작업 과정을 상호 전환하면서 진행할 수 있다.

논리적/물리적 유형을 선택하면 논리적 모델에서부터 최종 물리적 테이블 생성까지 하나의 모델 안에서 진행할 수 있다. 보통 논리적/물리적 유형을 선택하는 경우가 대부분이다. 엔터티 정의만 필요하고 물리적 테이블을 생성할 필요가 없는 경우에는 논리적 모델 유형을 선택한다.

이제 ERwin을 사용하여 ER 다이어그램을 작성하기 위한 기본 준비가 완료되었다.

5.3 IE 표기법

지금까지 9장과 10장 모델링 과정에서 피터 첸(Peter Chen)이 제안한 고전적 E-R 모델 표기법을 사용하였다. 데이터 모델링 도구마다 IE(Information Engineering) 표기법과 바커(Baker) 표기법 등 다양한 ER 다이어그램 표기법을 제공한다. 이 책에서는 ERwin의 IE 표기법에 따른 ER 다이어그램 작성 방법을 살펴본다. 앞으로 설명할 IE 표기법에서는 이전까지의 E-R 다이어그램과 구별하기 위해 '개체' 대신 '엔터티'란 용어를 또, E-R 다이어그램 대신 'ER 다이어그램'으로 표기한다.

엔터티 표현

IE 표기법에서는 엔터티(entity)와 속성(attribute)을 사각형 기호 안에 표현한다. **엔터티**를 표현하는 사각형은 세 영역으로 나누어진다. 먼저, 사각형 위쪽 영역에는 엔터티 이름을 명세한다. 사각형 안의 위쪽 영역에는 기본키에 해당하는 키 속성을 입력한다. 사각형 안의 아래쪽 영역에는 키 속성을 제외한 나머지 속성들을 입력한다. [그림 10-16]은 엔터티에 대한 2가지의 서로 다른 ER 다이어그램 표기법을 보여준다. 9장의 E-R 모델 표기법과 10장 ERwin의 IE 표기법의 엔터티 표현 방법을 비교할 수 있다.

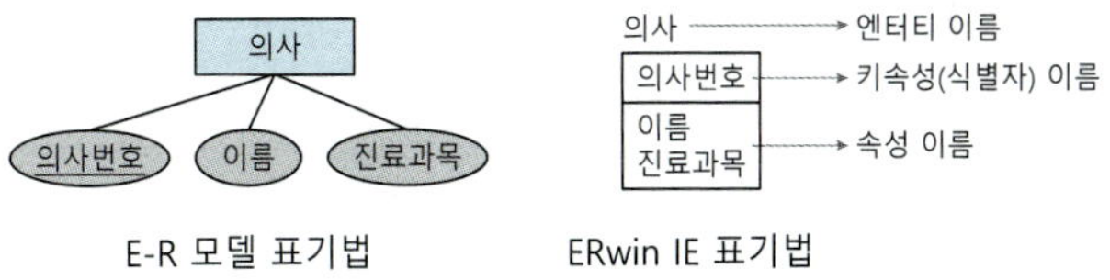

[그림 10-16] IE 표기법(강 엔터티)의 예

Note ERwin의 엔터티와 속성 입력

사각형을 선택한 후, 마우스 우측 버튼을 눌러 단축 메뉴에서 엔터티 특성(entity properties)을 선택한다. 엔터티 이름을 입력하고 속성 특성(attribute properties)을 선택하면 속성 이름을 입력할 수 있다. 입력한 속성들 중에서 기본키(primary key) 체크 상자를 선택하면 사각형의 위쪽 영역에 키 속성으로 표시된다.

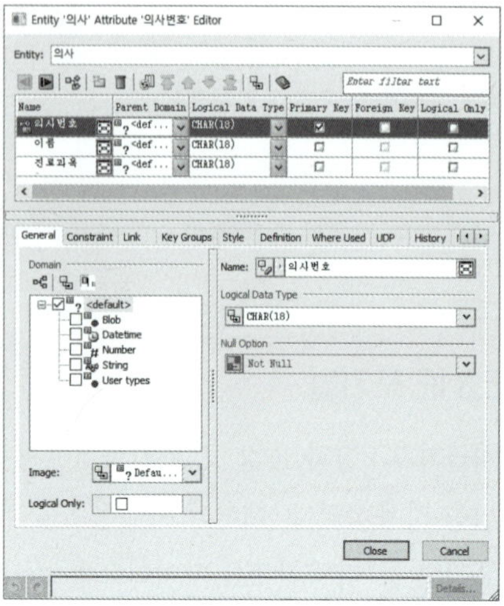

관계선 표현

IE 표기법에서 관계는 마름모꼴 대신 **관계선**으로 엔터티인 사각형을 연결하고 다양한 기호의 조합을 이용하여 관계 카디널리티 등을 표현한다.

Note ERwin의 관계선 입력

관계선을 표시하려면 먼저, 툴상자에서 관계선 유형을 선택한다.

그 다음 일대다(1:n)의 '일'(1)에 해당하는 엔터티 사각형(부모 엔터티)을 먼저 클릭한 다음, 일대다의 '다'(n)에 해당하는 엔터티 사각형(자식 엔터티)을 순서대로 클릭하면 두 사각형 사이에 관계선이 표시된다.

생성된 관계선을 선택한 다음, 마우스 우측 버튼을 눌러 단축 메뉴에서 특성(properties)을 선택한다. 관계선 편집 창에서 일반(general) 탭 안의 유형 특성(type properties)과 관련하여 식별/비식별 관계선 종류와 자식 엔터티에 외래키로 추가되는 속성의 널 값 허용 여부 등을 선택한다.

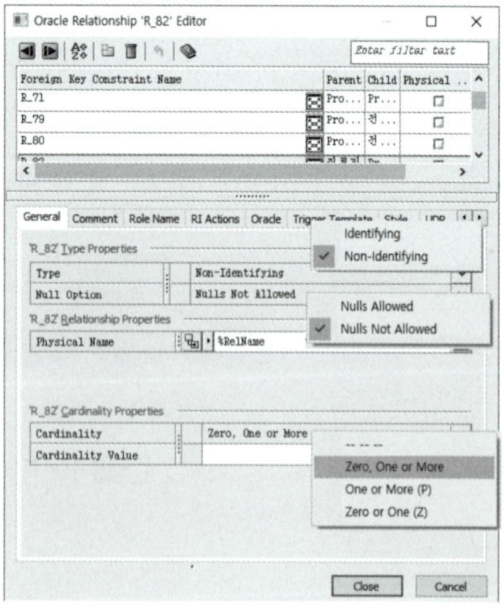

■ 'Non-identifying'과 'Identifying' 유형

관계선 유형(type) 중 'Non-identifying'은 비식별 관계로 관계선을 점선으로 표시한다. [그림 10-14] 툴박스에서 'Non-identifying' 관계선을 선택한 후 부모 엔터티에서 자식 엔터티로 관계선을 연결하면 부모 엔터티의 키 속성이 사각형 안의 아래쪽 영역에 외래키 속성으로 자동 추가된다.

관계선 유형 중 'Identifying'은 식별 관계를 의미한다. 관계선을 실선으로, 자식 엔터티를 둥근 사각형으로 표시한다. 부모 엔터티에서 자식 엔터티로 'Identifying' 관계선을 연결하면 사각형 안의 위쪽 영역에 키 속성으로 외래키 속성이 자동 추가된다.

식별 관계는 자식 엔터티를 약 엔터티(둥근 사각형)로 표시하고 비식별 관계는 자식 엔터티를 강 엔터티(직사각형)로 표시한다. 대부분의 엔터티는 강 엔터티이므로 보통 관계선은 비식별 관계인 점선으로 표시된다.

■ 'Nulls Allowed'와 'Nulls Not Allowed' 특성

자식 엔터티의 **널 옵션**(null option) 중 'Nulls Allowed'는 자동 추가되는 외래키 속성의 널 값을 허용한다. 그 결과 부모 엔터티 쪽의 연결선 끝에 'ㅇ' 기호가 표시된다. 'ㅇ'이 표시되면 관계선 반대쪽 자식 엔터티의 관계 참여가 선택(optional)인 경우이다. 표시되지 않으면 필수(mandatory)인 경우이다.

'Nulls Not Allowed'는 자동 추가되는 외래키 속성의 널 값을 허용하지 않으며 부모 엔터티 쪽의 연결선 끝에 'ㅣ' 기호가 표시된다. 관계선 반대쪽 자식 엔터티의 관계 참여가 필수인 경우이다.

■ 'Zero or One'/'One or More'/'Zero, One or More' 특성

관계에 참여하는 자식 엔터티 인스턴스의 수를 의미하는 **관계 카디널리티**(cardinality)는 3가지 유형의 관계 대응수를 선택함으로써 설정한다.

- 'Zero, One or More' 특성 : 자식 엔터티의 관계 대응수는 0 이상이고 부모 엔터티가 선택 참여임을 의미한다. 'ㅇ<' 기호로 표시된다. 자식 엔터티에 관계선을 연결함에 따라 자동 추가된 외래키 속성의 값으로 각 부모 엔터티의 키 속성값이 한 번도 참조되지 않거나 여러 번 참조될 수 있음을 의미한다.
- 'One or More' 특성 : 자식 엔터티의 관계 대응수는 1 이상이고 부모 엔터티가 필수

참여임을 의미한다. '|<' 기호로 표시된다. 자식 엔터티에 자동 추가된 외래키 속성의 값으로 각 부모 엔터티의 키 속성값이 적어도 한 번 이상 여러 번 참조될 수 있음을 의미한다.

- 'Zero or One' 특성 : 자식 엔터티의 관계 대응수는 0 또는 1이고 부모 엔터티가 선택 참여임을 의미한다. 'o|' 기호로 표시된다. 자식 엔터티에 자동 추가된 외래키 속성의 값으로 각 부모 엔터티의 키 속성값이 한 번도 참조되지 않거나 많아야 한 번만 참조될 수 있음을 의미한다.

> **Tip 새발(crow-feet) 표기법**
>
> IE 표기법은 관계 카디널리티를 새의 발 모양 기호로 표현한다. 자식 엔터티의 관계선 연결부에 표현하는 '|' 기호와 '<' 기호는 자식 엔터티의 최대사상수가 각각 '1'과 'n'임을 나타낸다. 자식 엔터티의 관계선 연결부에 표현하는 'o'는 부모 엔터티의 최소 사상수가 '부분참여'임을 'o' 기호가 없으면 '전체참여'임을 나타낸다.

■ 관계선의 유형

[그림 10-17]을 통해 표시 가능한 관계선의 다양한 유형을 살펴보자.

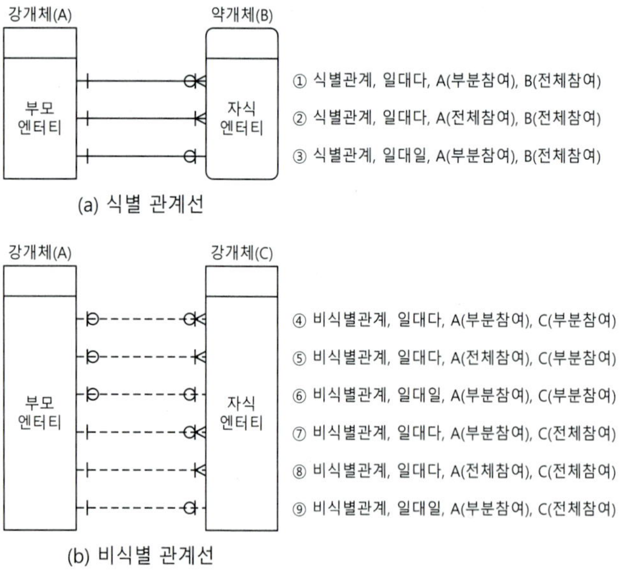

[그림 10-17] 관계선의 유형

A는 부모 엔터티, B와 C는 자식 엔터티로 부모 엔터티로부터 자식 엔터티로의 일대일 또는 일대다 관계선을 연결한다. '|' 기호는 일대일의 '일'(1)을, '<' 기호는 일대다의 '다'(n)를 표시

한다. 부모 엔터티 쪽의 '○' 기호는 자식 엔터티의 부분 참여를 표현한다. 반대로 자식 엔터티 쪽의 '○' 기호는 부모 엔터티의 부분 참여를 의미한다. '○' 기호가 없으면 곧 전체 참여를 의미한다.

5.4 IE 표기법의 적용 예

IE 표기법에 따른 엔터티와 다양한 관계 카디널리티를 갖는 관계선의 표현 예제를 살펴보자.

■ 일대일(1:1) 관계 예

[그림 10-18]에서 '간병' 관계는 강 엔터티 간의 관계이므로 IE 표기법에서 비식별(non-identifying) 관계선인 점선으로 연결한다. '간병인' 엔터티 쪽의 '○<' 기호를 통해 환자가 '간병을 원하지 않을 경우 간병인이 없을 수도 있다(선택)'은 것을 표현한다. '환자' 엔터티 쪽의 '+○' 기호를 통해 '환자는 많아야 한 명의 간병인으로부터 간병 받을 수 있으며 일시적으로 간병하는 환자가 없는 간병인도 있을 수 있다(선택)'는 것을 표현한다.

'간병인' 엔터티에서 '환자' 엔터티로 관계선을 연결하면 자동적으로 '간병인' 엔터티의 기본키가 '환자' 엔터티의 외래키로 사각형 안의 아래쪽 영역에 일반 속성으로 자동 추가된다. 자동 추가된 '전화번호' 외래키 속성의 이름을 '간병인' 관계의 의미를 살려 '간병인전화번호'로 변경한다.

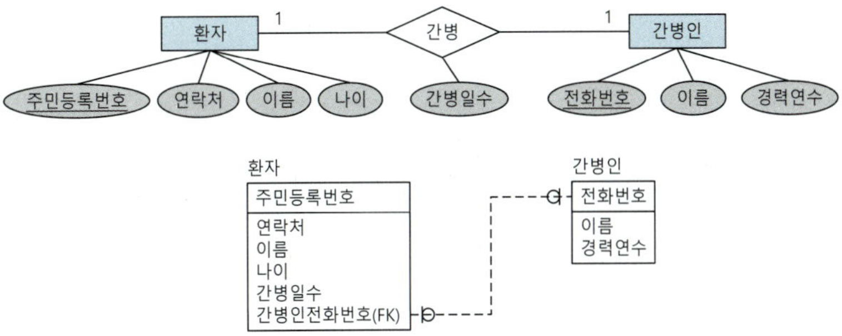

[그림 10-18] IE 표기법(1:1 비식별 관계)의 예

■ 일대다(1:n) 관계 예

[그림 10-19]에서 '소속' 관계도 강 엔터티 간의 관계이므로 점선으로 연결한다. '진료과' 엔터티 쪽의 '+' 기호를 통해 '의사는 진료과에 반드시 소속되어야 한다(필수)'는 것을 표현한

다. '의사' 엔터티 쪽의 '⊖<' 기호를 통해 '진료과는 의사를 0명 이상 포함한다'라는 것을 표현한다. 이는 '의사가 없는 진료과(예를 들면 신설 진료과인 경우)는 있을 수 있다(선택)'는 의미이다. '의사' 엔터티에 자동 추가된 '과번호' 외래키 속성의 이름을 '소속' 관계의 의미를 살려 '소속진료과번호'로 변경한다.

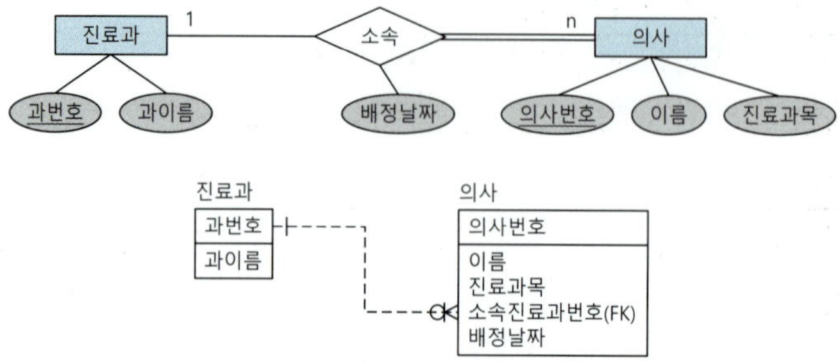

[그림 10-19] IE 표기법(1:n 비식별 관계)의 예

■ 다대다(m:n) 관계 예

[그림 10-20]에서 '진료' 관계는 강 엔터티 간의 다대다 관계로 2개의 식별(identifying) 관계선으로 분리하여 실선으로 연결한다. 이를 위해 2개의 식별 관계선을 연결하는 **중간 엔터티**를 생성한다. 관계 이름이었던 '진료'가 새로운 중간 엔터티의 이름이 된다. m:n '진료' 관계는 '의사' 엔터티와 '진료' 중간 엔터티, '환자' 엔터티와 '진료' 중간 엔터티 간의 두 개의 1:n 관계로 변환하여 표현한다. '의사'와 '환자' 엔터티에서 '진료' 엔터티로 관계선을 연결하면 자동적으로 '의사'와 '환자' 엔터티의 기본키가 '진료' 엔터티의 외래키로 사각형 안의 위쪽 영역에 키 속성으로 자동 추가된다.

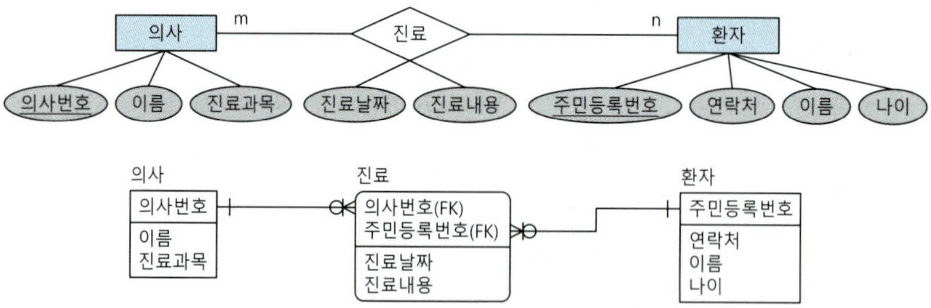

[그림 10-20] IE 표기법(m:n 비식별 관계)의 예

'진료' 엔터티는 '의사' 엔터티 쪽에 표현된 '|' 기호를 통해 '의사와 반드시 연관되어야 한다(필수)'라는 것을 알 수 있다. 또한 '의사' 엔터티는 '진료' 엔터티 쪽에 표현된 '⊖<' 기호를 통

해 '의사는 진료와 0번 이상 연관된다(선택)'는 것을 표현한다. 이는 진료가 없는 의사도 있을 수 있고 여러 번 진료를 보는 것도 가능하다는 의미이다. '환자' 엔터티는 '진료' 엔터티에 대해서 '의사' 엔터티와 같은 연관 관계와 의미를 갖는다.

Tip 다대다 관계선의 사용

툴 박스 안의 다대다(m:n) 관계선은 실제 테이블로 변환되어야 한다. 이를 해결하려면 테이블로의 변환 과정에서 두 엔터티 사이에 또 다른 중간 엔터티(교차 엔터티라고도 함)를 새롭게 생성한다. 결국 대다다 관계선은 새로운 중간 엔터티와의 2개의 일대다 관계선으로 변환되어야만 한다. 따라서 이 책에서는 다대다 관계선의 사용을 처음부터 고려하지 않도록 한다.

■ 순환 관계 예

엔터티가 자신과 관계를 맺는 순환 관계를 IE 표기법으로 표현하면 [그림 10-21]과 같다. '지도' 관계는 강 엔터티인 '의사' 자신과의 관계이므로 비식별(non-identifying) 관계, 실선으로 연결한다. 지도를 받는(예를 들면 인턴, 레지던트) '의사' 엔터티는 지도교수 역할을 하는 '의사' 엔터티 쪽에 표현된 '-+o' 기호를 통해 '지도교수 의사로부터 지도를 받지 않을 수도 있다(선택)'는 것을 표현한다. 지도교수 역할을 하는 '의사' 엔터티는 지도학생에 해당하는 '의사' 엔터티 쪽에 표현된 '>o' 기호를 통해 '의사(지도교수)는 의사(인턴, 레지던트)를 0명 이상 여러 명까지 지도한다(선택)'라는 것을 표현한다. 결과적으로 지도교수가 없는(있더라도 최대 1명뿐임) 의사와 어느 누구도 지도하지 않는(지도교수가 아닌) 의사도 가능하다는 의미이다.

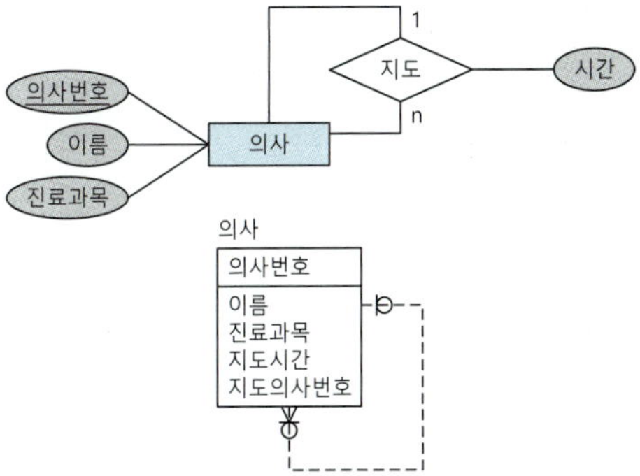

[그림 10-21] IE 표기법(1:n 순환 관계)의 예

■ 약 엔터티의 식별 관계 예

[그림 10-22]는 약 엔터티의 IE 표기법 예를 보여준다. '보유' 관계는 약 엔터티를 포함하는

식별 관계이므로 약 엔터티인 '침대' 엔터티의 키 속성으로 부모 엔터티인 '병실' 엔터티의 식별자인 '병실번호' 속성을 포함시킨다. 병실마다 같은 번호를 가진 침대가 있을 수 있으므로 침대 일련번호만으로는 어느 병실의 침대인지 알 수가 없기 때문이다. 식별 관계는 관계선을 실선으로 표시하며 약 엔터티는 둥근 사각형으로 구별된다.

'병실' 엔터티에서 '침대' 엔터티로 식별(identifying) 관계선을 연결하면 자동적으로 '병실' 엔터티의 기본키가 '침대' 엔터티의 외래키로, 사각형 안의 위쪽 영역에 키 속성으로 자동 추가된다. 추가된 외래키 속성은 '보유병실번호'로 이름을 변경한다.

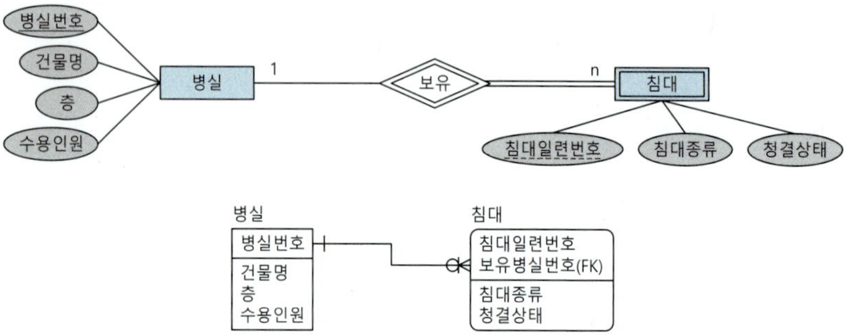

[그림 10-22] IE 표기법(약 엔터티의 1:n 식별 관계)의 예

■ 일반화 관계 예

[그림 10-23]은 상위 엔터티와 하위 엔터티들 사이의 일반화 관계를 IE 표기법으로 표현한 예이다. 가장 간단한 방법은 상위 엔터티와 하위 엔터티들을 각각의 독립된 엔터티로 표현하는 것이다. 먼저 상위 엔터티에는 '구분' 일반화 관계를 표현하기 위한 '구분' 일반 속성이 추가된다. 상위 엔터티의 키 속성인 '의사번호'는 하위 엔터티의 키 속성으로 식별자 역할을 하기 위해 상속되어 추가된다. 일반화 관계선도 실선으로 표시된다.

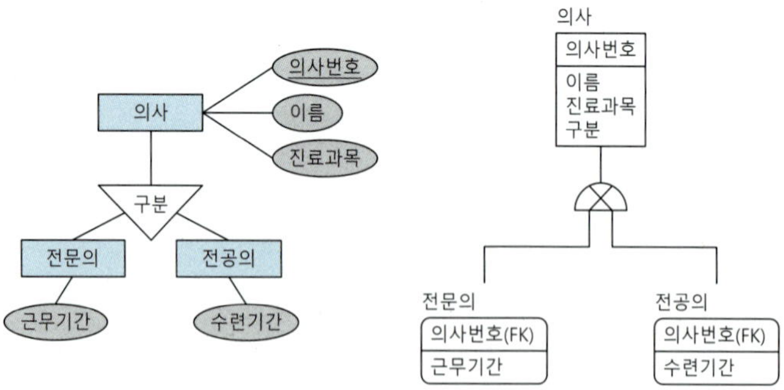

[그림 10-23] IE 표기법(1:n 순환 관계)의 예

ERwin을 이용한 IE 표기법(logical model) 변환

[그림 10-8]의 병원 DB E-R 다이어그램을 ERwin을 이용하여 IE 논리적 모델(logical model) 표기법으로 변환하여 표현하면 [그림 10-24]와 같다.

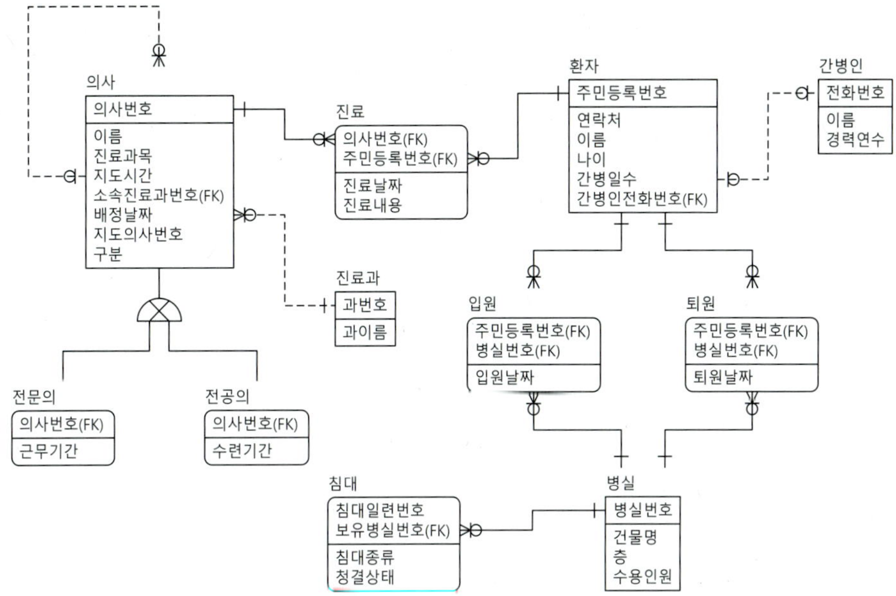

[그림 10-24] 병원 DB의 IE 논리적 모델 변환 표현

ERwin의 IE 논리적 모델(logical model) 표기법으로 표현할 경우, 테이블에 매핑되는 시각적 기호를 사용함으로써 전체 스키마 구조를 보다 직관적으로 파악할 수 있다. 또 각 테이블들의 구성(기본키와 외래키)과 상호 연관 관계를 보다 명확하게 표현할 수 있다.

테이블 개수가 많을 경우, [그림 10-25]처럼 열 수준(열 이름 표시)이 아닌 테이블 수준(열 이름 생략, 테이블 이름만 표시)으로 전체 스키마 구성을 단순화하여 표시하는 것도 가능하다. 먼저, 바탕화면에서 마우스 오른쪽 버튼을 클릭한 후, 단축 메뉴에서 [properties] 메뉴 항목을 선택한다. [ER Diagram Editor] 창의 [Entity] 탭에서 [Display Level]을 'Attribute'에서 'Entity'로 변경하면 된다.

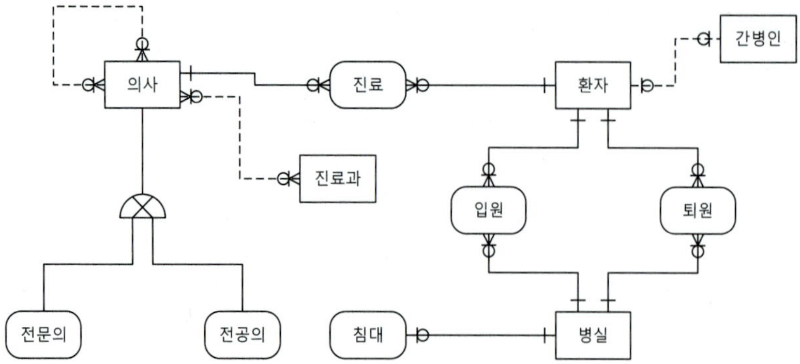

[그림 10-25] ERwin IE 논리적 모델(엔터티 수준 요약) 표현

ERwin을 이용한 IE 표기법(physical model) 변환

ERwin의 Logical/Physical 모델은 하나의 데이터 모델 안에서 논리적 모델과 물리적 모델을 모두 표현할 수 있다. 완성된 논리적 모델을 기반으로 메뉴에서 [Physical] 모드를 선택함으로써 쉽게 변환이 가능하다. [그림 10-24]를 ERwin의 IE 물리적 모델(physical model) 표기법으로 변환하여 표현하면 [그림 10-26]과 같다.

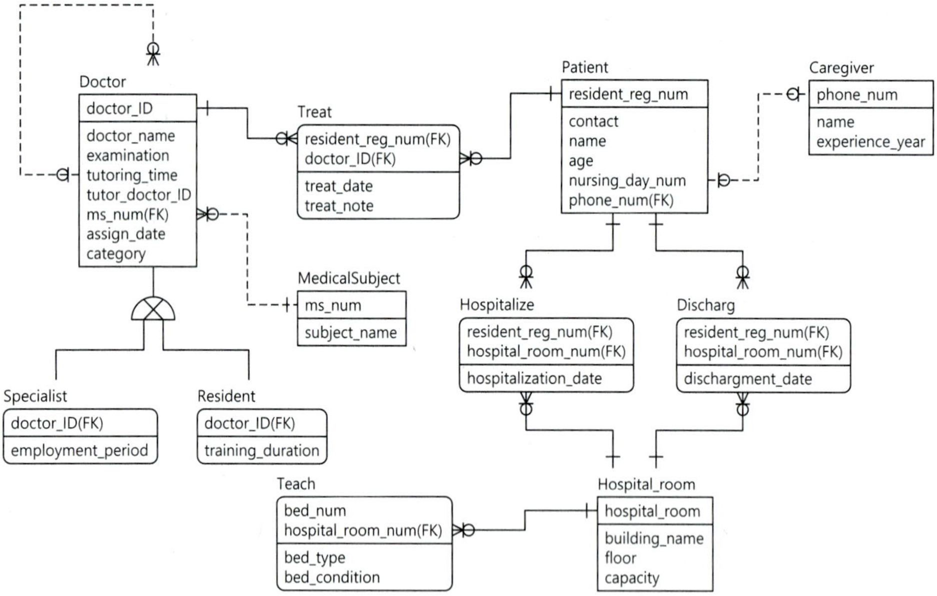

[그림 10-26] 병원 DB의 IE 물리적 모델 변환 표현

ERwin의 물리적 모델도 논리적 모델과 같은 기호와 표기법을 사용한다. 다만, 각 열의 데

이터 유형을 추가하여 DBMS의 물리적 테이블 구조를 표현한다. 실제 물리적 테이블 생성을 위해서는 특정 DBMS를 타겟 서버로 지정해야한다. 물리적 모델은 새로 작성하는 것이 아니라 기존 논리적 모델을 그대로 가져와 변환함으로써 쉽게 생성한다. 논리적 모델의 엔터티가 모두 테이블로 변환된다. 이 과정에서 영문명과 열의 데이터 유형 등의 물리적 속성을 추가한다. 필요할 경우, 도메인과 각 열의 기본값을 입력하여 설정할 수 있다. 인덱스와 뷰 생성도 가능하다.

SQL 자동 생성

물리적 모델로 명세된 스키마는 데이터베이스의 실제 테이블을 생성하는 DDL 명령문을 자동 생성할 수 있다. ERwin의 SQL 생성 기능을 활용한다. [Tools] 메뉴의 'schema' 아이콘을 클릭하여 [Forward Engineer Schema Generation Wizard]를 실행시킨다. [그림 10-27]과 같이 오라클 DBMS에 적용 가능한 스키마 생성 SQL 명령문을 자동으로 생성할 수 있다.

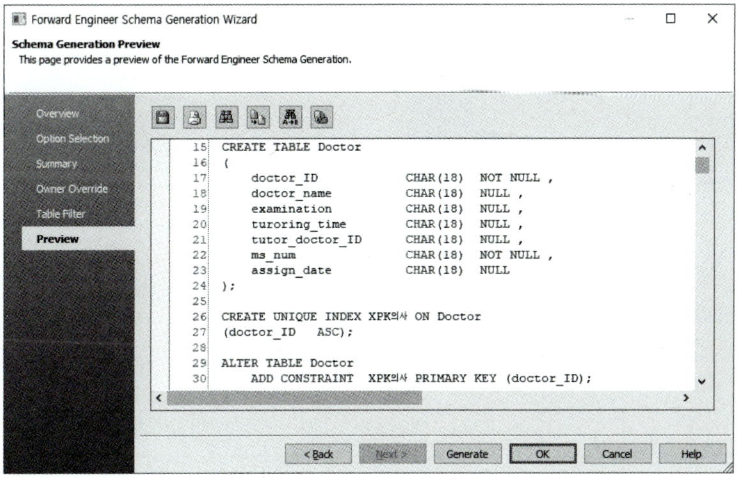

[그림 10-27] ERwin의 자동 SQL(DDL 스크립트) 생성

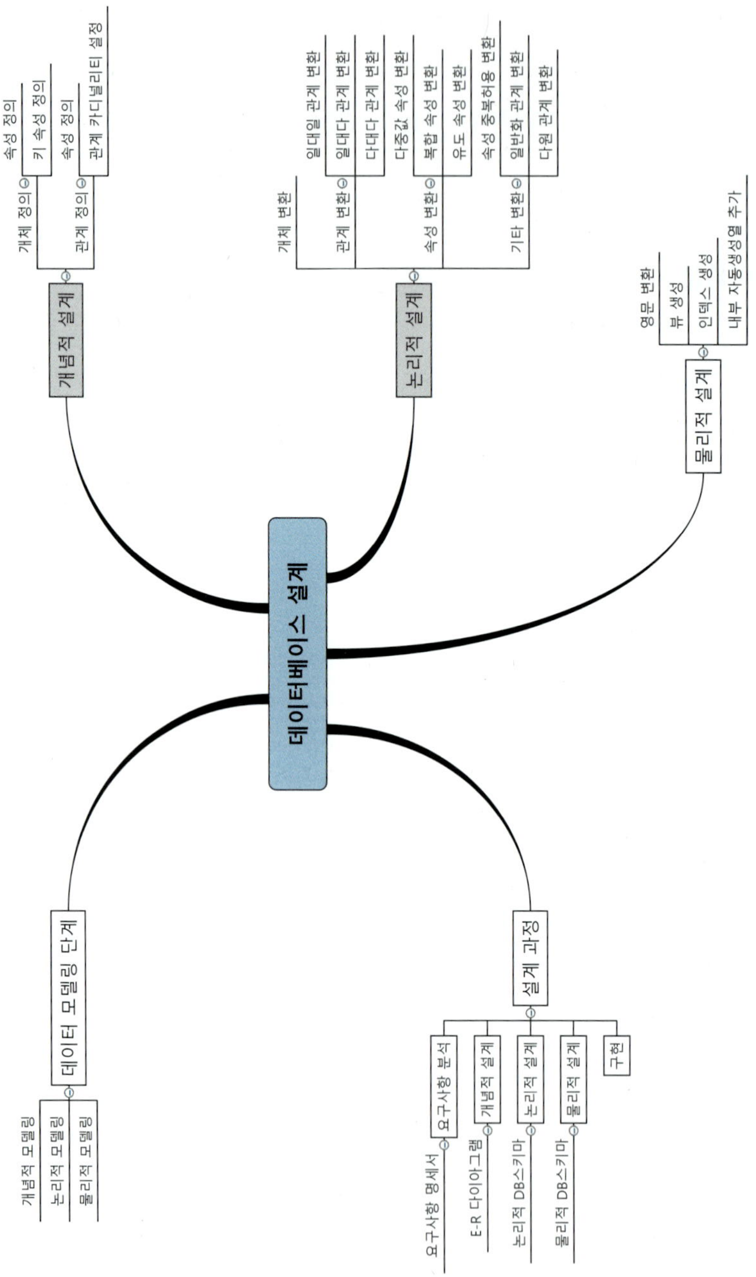
데이터베이스 설계
개념적 설계
개체 정의
속성 정의
키 속성 정의
관계 정의
속성 정의
관계 카디널리티 설정
논리적 설계
개체 변환
관계 변환
일대일 관계 변환
일대다 관계 변환
다대다 관계 변환
속성 변환
다중값 속성 변환
복합 속성 변환
유도 속성 변환
기타 변환
속성 중복허용 변환
일반화 관계 변환
다원 관계 변환
물리적 설계
영문 변환
뷰 생성
인덱스 생성
내부 자동생성열 추가
데이터 모델링 단계
개념적 모델링
논리적 모델링
물리적 모델링
설계 과정
요구사항 분석
요구사항 명세서
개념적 설계
E-R 다이아그램
논리적 설계
논리적 DB스키마
물리적 설계
물리적 DB스키마
구현

연습문제 EXERCISE

01 데이터베이스 설계 단계 중 다음 ( ) 안의 내용 순서로 옳은 것은?

요구사항 분석 → (　　　　) → (　　　　) → (　　　　)

① 논리적 설계 → 물리적 설계 → 개념적 설계
② 논리적 설계 → 개념적 설계 → 물리적 설계
③ 개념적 설계 → 논리적 설계 → 물리적 설계
④ 물리적 설계 → 논리적 설계 → 개념적 설계

02 데이터베이스 물리적 설계 단계에 대한 설명으로 옳은 것은?

① 데이터 및 처리 요구 사항을 설계한다.
② 사용할 DBMS에 맞는 스키마를 설계한다.
③ 트랜잭션의 세부 설계를 한다.
④ 트랜잭션을 모델링한다.

03 물리적 데이터베이스 설계를 위해 고려해야 하는 요소가 아닌 것은?

① 응답 시간　② 저장 공간
③ 종속성　④ 트랜잭션 처리도

04 정규화를 적용할 수 있는 설계 단계는?

① 개념적 설계　② 논리적 설계
③ 물리적 설계　④ 코딩

05 E-R 모델에서의 〈관계 타입〉 혹은 〈개체 타입〉의 예로 가장 옳은 것은?

① 관계 타입: 〈학생〉,〈수강〉,〈교수〉
② 개체 타입: 〈학생〉,〈강의실〉,〈과목〉
③ 관계 타입: 〈상담〉,〈수강〉,〈과목〉
④ 개체 타입: 〈상담〉,〈교수〉,〈강의실〉

06 다음 E-R 다이어그램을 릴레이션 스키마로 가장 올바르게 변환한 것은?

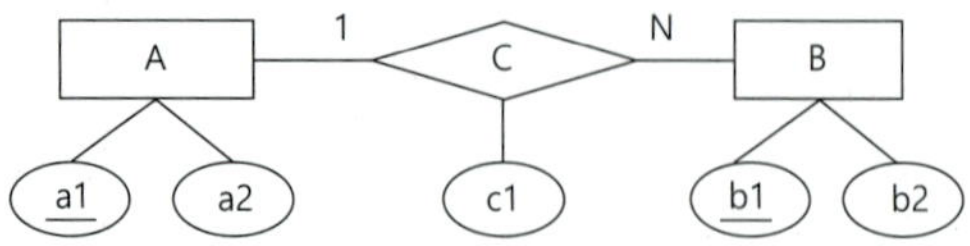

① A(a1, a2, b1, c1) B(b1, b2)
② A(a1, a2) B(b1, b2, a1, c1)
③ A(a1, a2, c1) B(b1, b2, c1)
④ A(a1, a2) B(b1, b2) C(a1, c1)

07 다음 문장이 참이면 ○, 거짓이면 ×를 하시오.

① 데이터베이스 모델링은 분석을, 데이터베이스 설계는 구현에 초점을 맞춘 것이다. (　)
② E-R 다이어그램을 작성하기 위한 가장 중요한 요소는 관계이다. (　)
③ 관계는 적어도 둘 이상의 개체를 대상으로 연관성을 갖는다. (　)
④ 속성은 실세계에서 종속적 존재이므로 반드시 상위 개념이 필요하다. (　)
⑤ E-R 다이어그램의 개체는 기본적으로 하나의 독립된 릴레이션으로 변환된다. (　)
⑥ E-R 다이어그램에서 다중값 속성은 하나의 릴레이션으로 분리하여 변환한다. (　)
⑦ ER-win 모델링 도구에서는 논리적 모델링과 물리적 모델링의 작업 내용을 서로 연계하여 두 작업 과정을 상호 전환하면서 진행할 수 있다. (　)
⑧ ER-win에서 식별 관계는 관계선을 점선으로 표시하며 약 엔터티는 둥근 사각형으로 구별된다. (　)
⑨ ER-win에서 엔터티를 표현하는 사각형 안의 위쪽 영역에는 기본키에 해당하는 키 속성을 입력한다. (　)

08 다음 ( ) 안에 적당한 용어를 채워 완성하시오.

① 데이터베이스 설계의 핵심은 작성된 E-R 다이아그램을 (　) 데이터 모델로 변환하는 논리적 데이터 설계 과정이다.
② 요구사항 명세서에서 고유한 명칭(이름, 번호)을 보유하는 존재는 (　)로 표현하는 것이 바람직하다.
③ E-R 다이어그램의 관계는 관계 (　)에 따라서 관계형 데이터 모델로의 변환 과정이 다르다.
④ (　) 설계는 릴레이션 스키마들을 실제 DBMS 안에 물리적인 저장 구조를 생성하는 SQL 명령어 문장으로 변환한다.
⑤ E-R 다이아그램에서 일대다 관계는 하나의 (　)키 속성으로 변환한다.

⑥ ERwin에서 결국 대다다 관계선은 새로운 ( ) 엔터티와의 2개의 일대다 관계선으로 변환되어야만 한다.

⑦ ERwin에서 식별 관계는 자식 엔터티를 약 엔터티 즉, ( ) 사각형으로 표시하고 비식별 관계는 자식 엔터티를 강 엔터티 즉, ( )사각형으로 표시한다.

09 다음 E-R 다이아그램을 관계형 데이터베이스 스키마로 변환하여 릴레이션 구조로 표현하시오.

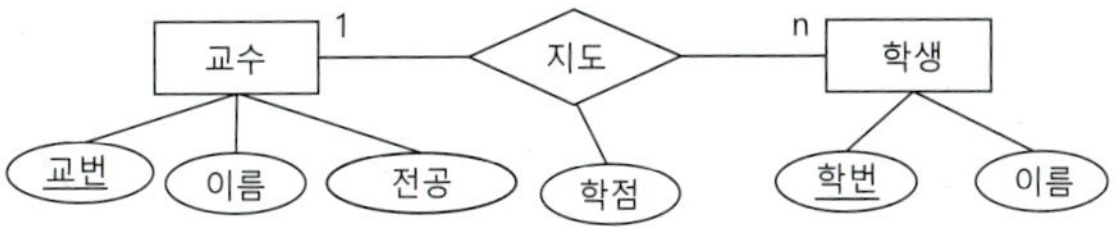

10 다음 요구명세서를 E-R 다이어그램으로 표현한 후, 관계형 데이터베이스 스키마로 변환하시오 (PK,FK표시).

① 많은 건물들로 연결된 복합 빌딩 안의 여러 회사가 주차장을 함께 사용하고 있다. ② 각 회사는 직원들을 위해 여러 주차 건물동에 주차장을 여러 개 임대하고 있다. ③ 데이터베이스에 각 회사에 대한 회사명, 주소, 설립년도 등의 정보를 관리하며 각 주차장은 주차장 이름, 건물동 이름, 주차대수, 주차층 정보로 구성된다. ④ 각 주차장의 주차 공간은 일련번호가 붙은 여러 개의 주차면으로 구성되어 있다. ⑤ 직원은 지정 주차면을 요청할 수 있고 주차면에 대한 지정 주차 기간 정보(지정 주차 시작일, 지정 주차 종료일)를 관리한다. ⑥ 직원은 직원번호, 이름, 구내전화번호, 운전면허번호 정보로 구성된다.

11 데이터베이스 모델링 3단계 과정에 대해 간략히 설명하시오.

12 데이터베이스의 설계 과정을 간략히 단계별로 설명하시오.

13 E-R 다이어그램의 일반화 관계를 관계형 데이터 모델로 변환하는 방법을 간략히 설명하시오.

CHAPTER

11

데이터웨어하우스와 데이터베이스 응용

1. 데이터웨어하우스 개념
2. 데이터웨어하우스 설계
3. OLAP
4. 데이터베이스 응용

학습목표

- 데이터웨어하우스의 출현 배경과 특성을 이해한다.
- 다차원 모델링과 스타스키마 설계 방법을 알아본다.
- OLAP의 특성과 종류, 인터페이스를 알아본다.
- 다양한 데이터베이스 응용에 대해 알아본다.

CHAPTER

11 데이터웨어하우스와 데이터베이스 응용

1. 데이터웨어하우스 개념

1.1 데이터웨어하우스의 출현 배경

데이터베이스 안에 대량의 데이터가 축적됨에 따라 '데이터웨어하우스'라는 또다른 데이터 저장소가 등장하였다. 데이터웨어하우스가 출현하게 된 기존 정보 시스템의 문제점을 알아보자.

정보 시스템의 문제점

그 동안 구축된 정보 시스템은 저장된 방대한 데이터 양에 비해 실제 의사 결정에 활용할 수 있는 정보는 매우 제한적이다. 그마저도 필요할 때 즉시 제공되지 못한다. '풍요속의 빈곤'처럼 데이터는 넘쳐나는데 정작 필요한 정보는 얻을 수 없는 상황인 것이다. 이를 두고 **정보의 위기**(information crisis)라고 한다.

[그림 11-1]의 **거미줄**(spider web) **구조**는 기존 정보 시스템의 문제점을 잘 보여준다. 시간이 흐를수록 데이터가 쌓이면서 데이터양은 점차 증가하고 복잡해지는 문제점이 발생한다. 거미줄 모양의 복잡한 시스템 구조가 만들어지는 것이다.

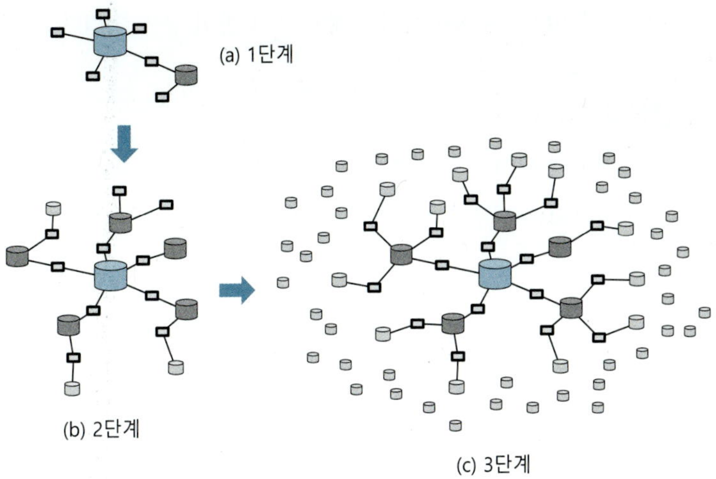

[그림 11-1] 거미줄 구조의 생성

기존 정보 시스템이 의사 결정에 도움을 주지 못하는 구조적인 문제점은 다음과 같다.

- **데이터의 비통합성**

여러 업체에 의해 서로 다른 시기에 개발됨으로써 연관된 데이터들이 통합되어 있지 않은 경우가 많다. 데이터 통합에 많은 시간과 비용을 투자해야 한다.

- **데이터의 비일관성**

각 업무 프로그램 중심으로 개발되다보니 데이터가 중복되어 존재하는 경우가 많다. 중복 데이터 간의 표현 및 의미상의 차이는 많은 혼란을 발생시킨다. 데이터 변환을 위한 추가적인 노력이 요구된다.

- **데이터의 비신뢰성**

데이터의 생성 주기나 추출 알고리즘 등에 따라서 연관된 데이터가 서로 일치하지 않아 의사 결정을 어렵게 한다. 서로 다른 결과값이 도출됨으로써 분석 결과에 대한 신뢰성이 손상될 수 있다.

- **데이터의 단기성**

대량의 데이터가 저장되어 있지만 주로 현 시점 위주의 단기간 데이터가 대부분이다. 과거부터 현재까지의 이력 데이터가 부족하여 장기적인 추이 분석 등이 어렵다.

■ 데이터의 비생산성

많은 화면과 장표를 개발해야 하므로 높은 개발 비용이 요구된다. 상당한 시간이 필요하고 분석 화면의 수정이 반복되는 경우 생산성이 문제가 된다.

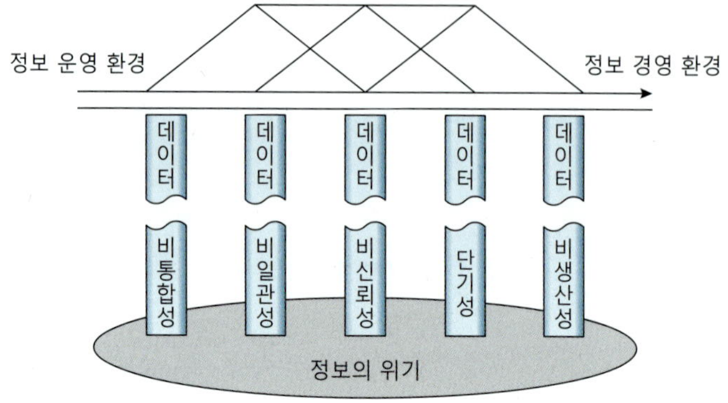

[그림 11-2] 기존 정보시스템의 문제점

데이터웨어하우스의 등장

데이터베이스는 즉각적인 업무 처리를 위한 OLTP(On-Line Transaction Processing) 환경에 적합한 데이터 저장소이다. 신속한 데이터 처리에 비해 상대적으로 데이터 분석은 느리고 많은 제한을 가지므로 비효율적이다. 해결 방안은 업무용 데이터와 분석용 데이터의 저장소를 분리하는 것이다. 데이터베이스는 업무 트랜잭션 처리를 위한 운영 저장소로 사용하고 **분석을 위한 새로운 저장소**를 구축하는 방식인데 바로 데이터웨어하우스이다.

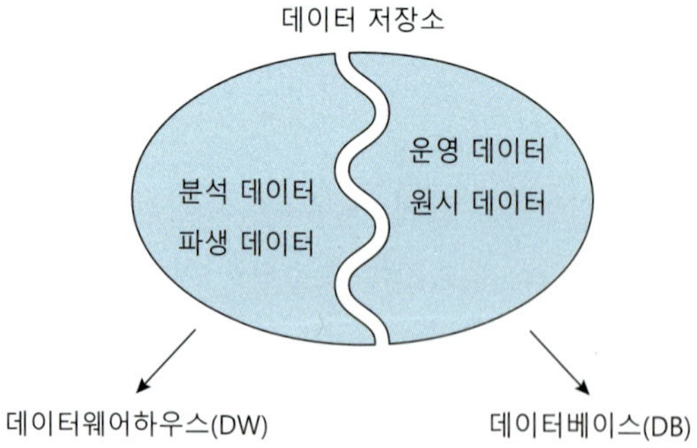

[그림 11-3] 데이터 저장소의 분리

1.2 데이터웨어하우스의 정의

데이터웨어하우스(data warehouse)는 의사결정을 위한 효율적인 분석 기반을 제공하는 통합 데이터 저장소이다. 이질적인 데이터들의 추출, 변환, 통합 과정을 통해 구축된 거대한 분석 전용 데이터 창고라고 할 수 있다.

데이터웨어하우스는 다음 4가지 특성을 갖는 저장소로 정의한다.

1) 주제 지향성(subject-oriented)

데이터베이스는 응용 프로그램 중심의 데이터 구조를 갖지만 데이터웨어하우스는 분석 프로그램 중심의 데이터 구조를 갖는다. 대학의 예를 들면, 데이터웨어하우스는 학생, 교수, 과목, 학과 등 분석하고자 하는 **주제 중심**으로 구성된다. 주제별로 요약되어 있어 학과뿐만 아니라 학생별, 교수별, 과목별로 다양한 분석이 가능하다.

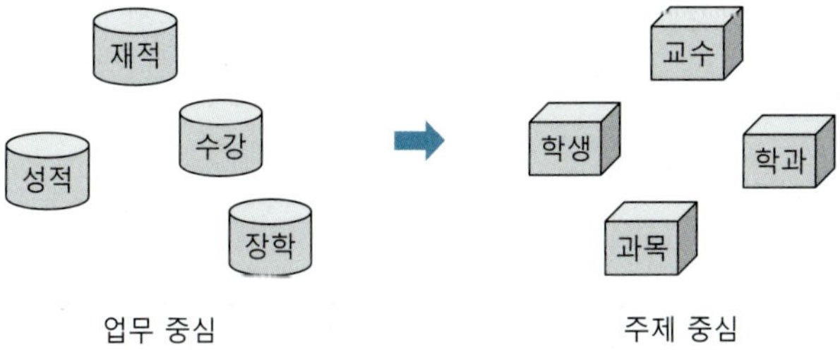

[그림 11-4] 데이터웨어하우스의 주제 지향성

2) 통합성(integrated)

데이터웨어하우스는 데이터베이스뿐만 아니라 외부 문서(웹 문서, 엑셀 문서, 텍스트 문서 등) 간의 통합을 고려해야 한다. 흩어져 있는 데이터들은 의미가 같더라도 대부분 서로 다른 형태로 존재한다. 남녀 성별 데이터의 경우, 'm'과 'f' 또는 '1'과 '0', '남'과 '여', 'male'과 'female' 등 다양하다. 분석을 위해서는 하나의 **통일된 형식**으로 변환이 필요하다. 통합 과정에서 데이터 유형과 측정 단위, 데이터의 불일치 문제 등을 해결해야 한다. 통합성은 데이터웨어하우스의 핵심이 되는 가장 중요한 특성으로 많은 시간과 노력이 필요하다.

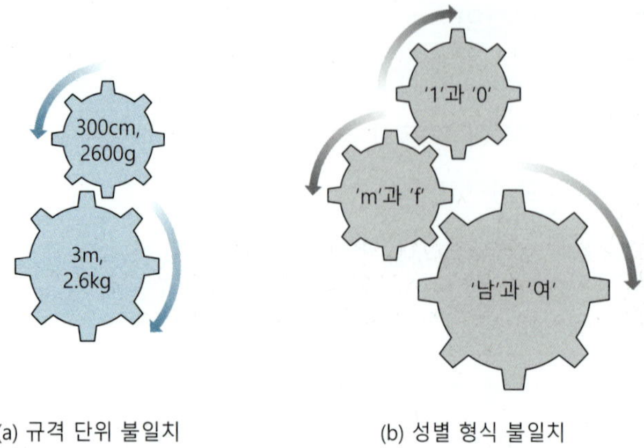

[그림 11-5] 데이터웨어하우스의 통합성

3) 시계열성(time-variant)

데이터베이스는 주로 현 시점까지의 업무 결과를 반영한다. 분석 과정에서는 현재 데이터만큼 과거 데이터도 필요하다. 과거부터 현재까지 여러 시점의 데이터가 모두 의미가 있다. 추이 분석을 위해서는 각 시점에서의 데이터 버전 즉, **스냅샷**(snapshot)을 저장하는 것이 중요하다.

데이터웨어하우스는 스냅샷 데이터들이 축적되는 대규모 저장소이다. 시간 흐름에 따라 원시 데이터 혹은 요약 데이터 형태로 다양하게 중복 저장한다. 데이터웨어하우스의 시계열적 특성은 과거의 분석을 허용하고 정보를 현재 상황까지 연관시킬뿐만 아니라 미래에 대한 예측까지 가능하게 한다.

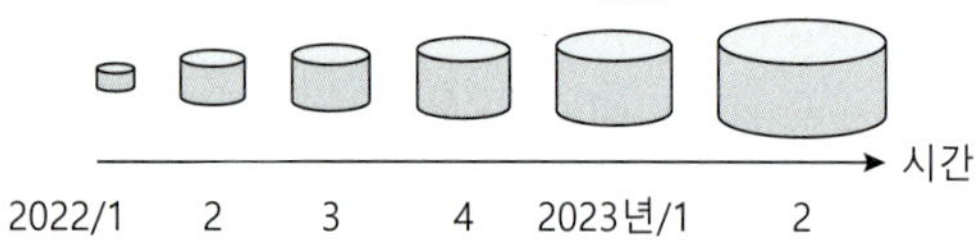

[그림 11-6] 데이터웨어하우스의 시계열성

4) 비휘발성(nonvolatile)

데이터웨어하우스는 수정이나 삭제가 거의 없는 일종의 **검색 전용** 데이터베이스이다. 데이터가 일단 저장되면 검색이나 추가적 적재만 발생할 뿐 갱신과 삭제는 거의 발생하지 않는다. 데이터베이스가 하루 수백 개의 투플 단위로 수만 건의 트랜잭션을 처리한다면 반대로 데이터웨어하우스는 하루 동안 수백 건의 분석을 위해 수만 개의 투플들을 사용한다는 점이 다르다.

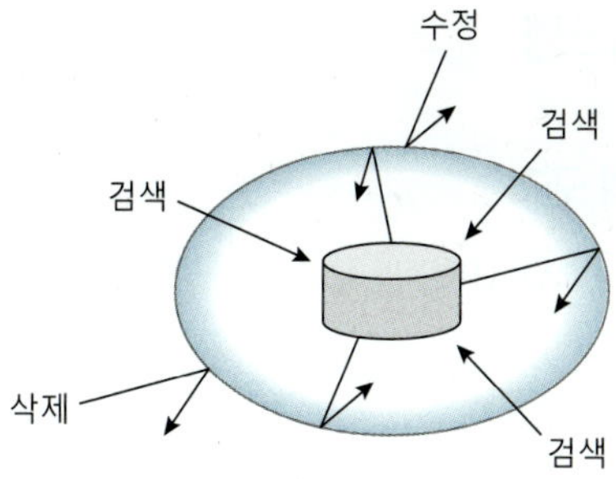

[그림 11-7] 데이터웨어하우스의 비휘발성

데이터베이스와 데이터웨어하우스의 비교

데이터웨어하우스가 필요한 가장 큰 이유는 의사 결정에 필요한 **올바른 정보**(right information)를 **올바른 형식**(right form)으로 **적시**(right time)에 제공하기 위해서이다. 데이터웨어하우스는 의사 결정을 위한 맞춤 형식으로 구축되고 전적으로 데이터 분석 용도로 사용된다.

데이터베이스와 데이터웨어하우스의 차이점은 〈표 11-1〉과 같다.

〈표 11-1〉 데이터베이스와 데이터웨어하우스의 차이점

특성	데이터베이스	데이터웨어하우스
목적	정보 운영(트랜잭션처리)	정보 분석(의사결정지원)
사용자	고객지향적 (실무자,하위관리자)	시장지향적 (상위관리자,경영자,분석가)
구조 설계	ER 모델링 업무 중심 설계	차원 모델링 주제 중심 설계
대상	현재 데이터(동적)	최근/과거데이터(정적)
접근	읽기/쓰기(수정가능)	읽기 전용(수정불가,비휘발성)
관점	상세, 평면적	요약, 다차원적
처리 투플수	수백 건	수백만 건
사용자수	수천 명	수백 명
응답시간	초 단위	분 단위
용량	메가/기가 바이트	기가/테라바이트
갱신주기	지속적 갱신	주기적 갱신
처리	OLTP(운영환경)	OLAP(분석환경)

1.3 데이터웨어하우스 시스템

데이터웨어하우스 시스템의 구조

데이터웨어하우스 시스템은 [그림 11-8]과 같은 **3-계층 구조**(3-tier architecture)를 갖는다.

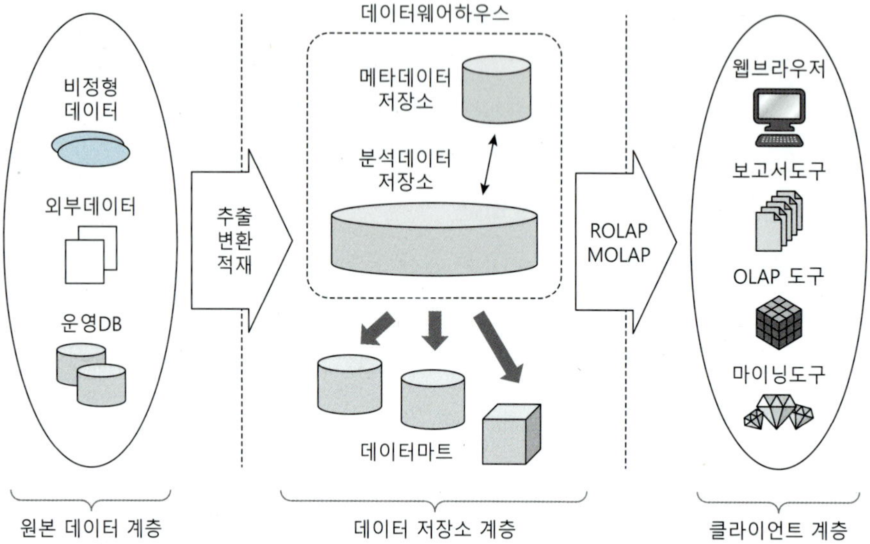

[그림 11-8] 데이터웨어하우스 시스템 구조

1) 원본 데이터 계층

원본 데이터(source data) 계층은 기존 데이터베이스 안의 운영 데이터와 비정형 데이터 그리고 외부 데이터를 포함한 다양한 데이터 원본들을 포함한다. 분석용 데이터는 원본 데이터로부터 추출되어 변환 및 표준화 과정을 거쳐 데이터웨어하우스로 적재된다. 추출 및 변환 프로그램은 직접 개발할 수도 있지만 대부분 자동화된 전문 도구들을 활용한다.

2) 데이터 저장소 계층

데이터 저장소 계층의 핵심은 분석 데이터 저장소이다. 관계형 데이터베이스 또는 다차원 데이터베이스의 2가지 유형이 가능하다. 저장소는 OLAP(On Line Analytical Processing) 서버와 밀접하게 관련된다. 메타 데이터 저장소는 데이터 모델, 업무 요소의 정의, 변환 규칙 그리고 원본 및 대상 데이터베이스에 대한 설명 등을 저장한다. 메타 데이터는 데이터웨어하우스 안의 데이터를 쉽게 항해할 수 있도록 하는 '항해 지도'와 같은 역할을 한다.

3) 클라이언트 계층

클라이언트 계층에는 다양한 유형의 도구가 포함된다. 기본적으로 웹 브라우저와 정형 및 비정형 분석 보고서를 생성할 수 있는 보고서 도구가 제공된다. 또 다른 도구인 OLAP 도구는 동적인 차원 분석 기능을 제공한다. 차원 분석은 다양한 관점의 조합으로 분석 화면을 구성하고 관심 영역에 따라 데이터 요약 수준을 확대 또는 축소하면서 분석한다. 데이터 마이닝 도구는 숨겨져 있는 데이터의 상관관계를 분석함으로써 알려져 있지 않던 규칙 및 의미 등을 자동으로 발견할 수 있도록 한다.

데이터웨어하우스 구축

데이터웨어하우스의 구축은 3가지 방식이 가능하다.

- 상향식
  소규모의 **데이터 마트**(data mart)들을 순차적으로 먼저 구축한 후 나중에 이를 통합하여 전사적 데이터웨어하우스(enterprise data warehouse)를 완성하는 방식이다.
- 하향식
  먼저 **전사적 데이터웨어하우스**를 구축한 뒤, 필요할 경우 순차적으로 데이터 마트를 하나씩 추가하여 전체 시스템을 완성하는 방식이다
- 절충식
  기획과 설계는 하향식 구축 방식으로 하고 실제 구축은 상향식 구축 방식처럼 가장 우선시 되는 중요한 분야부터 진행하는 방법이다. 전사적 관점에서 하나의 전체 데이터웨어하우스를 **슈퍼 마트**(super mart)라고 하는 핵심 저장 단위들로 분할하여 설계한 후, 각 슈퍼 마트들을 우선순위에 따라 독자적으로 구축해감으로써 최종적으로 전사적 데이터웨어하우스를 완성해가는 방식이다.

Note **데이터 마트**

데이터 마트(data mart)는 조직의 일부 사용자만 사용할 목적으로 주제 범위를 제한하여 구축한 데이터 저장소이다. 데이터웨어하우스의 부분 집합으로 규모가 작아 '**미니 데이터웨어하우스**'로 불린다. 분석 대상이 특정 주제로 집중되기 때문에 부서 단위의 분석 업무에 적합하다.

최근 전사적 데이터웨어하우스보다는 데이터 마트를 구축하여 사용자의 요구를 빠르게 반영하고자 하는 경향이 있다. 저렴한 비용으로 쉽고 빠르게 구축할 수 있기 때문이다. 그러나 데이터 마트 수가 너무 많아지면 통합이 어려워 많은 혼란을 가져올 수 있다. 전사적 데이터웨어하우스를 대체하기 보다는 보완하는 개념이다. 필요한 부서부터 데이터 마트를 구축한 후 점차적으로 통합하면서 최종적으로는 전사적 데이터웨어하우스를 완성해 간다.

데이터웨어하우스가 구축되면 데이터 분석 과정이 빨라지고 간단해진다. 수 일이 소요되던 정형 보고서도 수십 초~수분 내에 제공받을 수 있고 비정형 보고서도 직접 빠르게 생성할 수 있다. 데이터웨어하우스는 데이터베이스와 함께 조직의 운영과 전략을 지원하는 핵심 데이터 인프라이다.

Tip 정형 및 비정형 보고서

- 정형 보고서
예상되는 집계 데이터를 미리 요약 테이블에 저장하고 있어 데이터양이 많더라도 항상 일정 시간 안에 생성된다. 개발자의 프로그래밍 작업을 통해 미리 개발된 **정적 보고서**이다.

- 비정형 보고서
사용자의 요구를 예상할 수 없어 미리 요약되지 않고 대부분 상세 데이터로 존재하는 경우에 생성된다. 데이터양과 시스템 사양에 따라 다르지만 보통 정형 보고서에 비해 시간이 더 소요된다. 사용자가 직접 프로그래밍 작업 없이도 손쉽게 작성할 수 있는 **동적 보고서**이다.

2. 데이터웨어하우스 설계

2.1 다차원 모델링

다차원 모델링

데이터베이스와 데이터웨어하우스의 차이점 중 하나는 데이터의 **다차원성**이다. 다차원적인 분석을 위해서 데이터웨어하우스는 다차원 구조로 구성한다. 다차원 구조는 각 분석 관점 간의 다양한 조합에 의해 데이터에 대한 상호 연관성 분석이 가능하도록 한다. '순이익이 얼마인가?'와 같은 단순 분석뿐만 아니라 '매월 각 지점의 제품별 매출액 증가와 감소의 폭은 어떠한가?'와 같은 복잡한 분석이 가능하다.

다차원 모델링(multi-dimensional modeling)은 높은 연관성을 갖는 데이터들을 데이터웨어하우스 안에서 다차원성을 유지하도록 구조화하는 것이다. 다차원 모델링 과정에서 고려해야 하는 데이터웨어하우스의 주요 특징은 다음과 같다.

- 데이터베이스 이외에도 개인 파일, 외부 매체 등의 다양한 원본으로부터 수집된 데이터들을 통합할 수 있는 구조이어야 한다.
- 데이터 변경이 아닌 조회 중심의 데이터 구조이어야 한다.
- 분석 관점에 따라 핵심 주제별로 데이터 저장소를 구성해야 한다.

- 이력 데이터의 분석이 필수이므로 대부분의 데이터 키에 시간 정보를 포함해야 한다.
- 검색 속도가 중요하므로 비정규화를 통해 데이터 중복을 허용해야 한다.
- 여러 수준으로 집계 요약한 데이터들이 다량으로 존재할 수 있어야 한다.
- 빠른 데이터 접근을 위해 상대적으로 많은 색인들이 필요하다.

데이터웨어하우스는 데이터베이스와는 다르게 개체와 관계가 아닌 차원 중심으로 모델링한다. **다차원 데이터베이스**는 **데이터 큐브**(data cube)의 개념을, **관계형 데이터베이스**는 **스타 스키마**(star schema) 등의 개념을 이용하여 다차원 모델링을 한다.

다차원 데이터베이스

다차원 데이터베이스(MDB; Multi-Dimensional Database)는 관계형 데이터베이스의 한계점을 극복하기 위해 개발된 분석 전용 데이터베이스이다. 다차원 데이터베이스는 다차원 큐브 구조로 모델링한다. 저장소 구조 자체가 다차원 분석에 적합하도록 생성되기 때문에 복잡한 모델링이 필요 없다.

■ 다차원 데이터베이스의 구조

데이터 값은 **'큐브'**(cube)라고 불리는 특별한 다차원 배열 구조의 '셀'(cell) 안에 저장된다. 큐브 셀은 모든 큐브 좌표의 교차점 개수만큼, 즉 **차원 멤버**(dimension member)들의 모든 가능한 조합 수만큼 존재한다. 다차원 데이터베이스는 검색 속도는 빠르지만 구조를 변경할 경우 재구성되어야하는 단점이 있다.

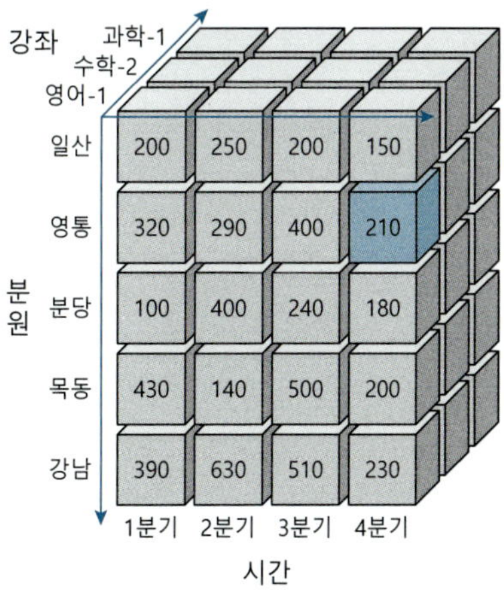

[그림 11-9] '학원수강생' 다차원 데이터베이스 구조

[그림 11-9]는 큐브 형태의 다차원 데이터베이스 구조를 보여준다. [그림 11-9]의 다차원 데이터베이스 예제는 3차원 데이터 큐브로 셀 안에 수강생수를 저장한다. 각 셀은 분기당 특정 분원의 해당 강좌 수강생수가 저장되는 공간으로 최대 60개의 데이터를 저장한다. '영통' 분원에서 '영어-1' 강좌에 '4분기'에 등록한 수강생수는 진하게 표현된 셀 안에 저장되며 210명이다.

다차원 데이터베이스는 다차원 분석 지원 연산과 빠른 속도가 장점이다. 해싱(hashing)으로 큐브 셀의 위치를 계산하고 캐싱(caching)을 통해 주기억 장치에 많은 데이터를 유지하기 때문에 검색 속도가 빠르다. 단점은 분석 차원이 많아질수록 그에 비례해서 크기가 급격하게 증가한다는 점이다.

■ 다차원 질의

다차원 질의(multi-dimensional query)는 다차원 데이터베이스의 어느 영역을 분석하고자 하는지를 명세한다. 큐브를 자신이 원하는 모양으로 절단하여 살펴보는 것이다. 큐브의 일부분을 둘로 쪼개어 자신이 원하는 큐브 단면을 분석하는 것을 **슬라이싱**(slicing)이라 한다. **다이싱**(dicing)은 큐브 중에서 보고자 하는 부분만을 선별함으로써 작은 부분 큐브 형태의 영역을 분석하는 것이다. 큐브의 축 위치를 바꾸어 같은 분석 결과를 확인할 수도 있는데 이를 **피보팅**(pivoting)이라 한다. [그림 11-10]은 다차원 질의의 기본 유형을 보여준다.

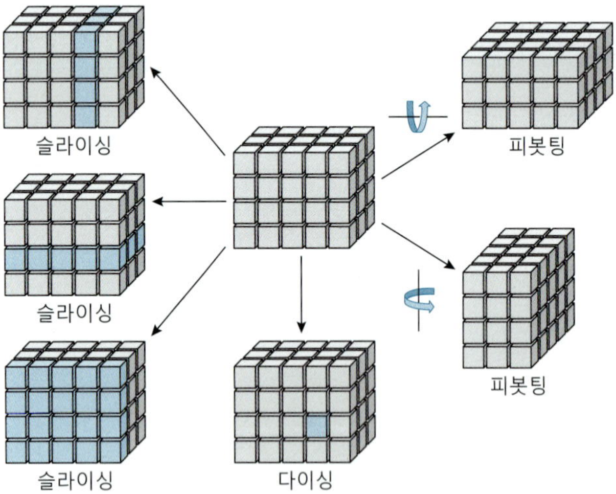

[그림 11-10] 다차원 질의 유형

다차원 질의 결과는 화면에 2차원 보고서 형식으로 표시되어야 한다. 다차원 질의는 3개 이상의 차원들로 구성될 수 있으므로 그 결과를 2차원 평면에 표현하려면 차원의 중첩(nesting)이 이루어진다. 다차원 질의는 고정된 보고서가 아니라 OLAP 도구 등을 통하여 사용자가 대화식으로 자유롭게 다양한 관점에서 문제를 바라보고 분석할 수 있도록 지원한다.

다차원 모델

다차원 모델을 구성하는 기본 구성 요소 중 데이터 큐브와 차원, 차원 멤버들 간의 개념 계층을 살펴보자.

1) 데이터 큐브

데이터 큐브(data cube)는 다차원 모델의 기본 구조이다. 보통 2차원 면들로 조합된 다면체 도형으로 표현한다. 데이터 큐브의 각 축은 **차원**(dimension)이라 하고 축 좌표는 **차원 멤버**(dimension member)라고 한다. 축 좌표들의 조합으로 큐브 안의 특정 **셀**(cell)을 지정한다. 큐브 셀 안에는 하나의 **측정값**(measure)이 저장된다. 데이터 큐브는 n개의 차원성을 갖는 데이터들을 n-차원의 큐브 구조로 모델링한다. [그림 11-11]은 4차원 큐브의 예를 보여준다.

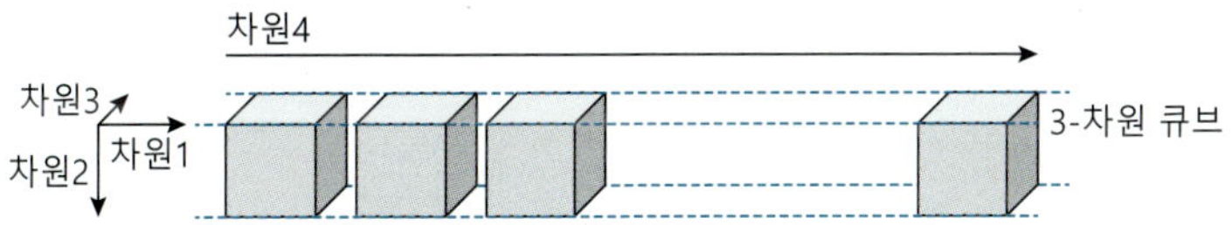

[그림 11-11] n-차원 큐브 예(n=4)

예를 들어, 전국 규모의 대형 학원을 위한 데이터웨어하우스를 구축한다고 가정하자. [그림 11-12]는 학원의 매출 집계를 위한 데이터 큐브를 보여준다. 큐브는 '분원'(강남, 목동, 분당, 영통, 일산 등의 지점값), '시간'(1분기, 2분기, 3분기, 4분기 등의 분기값), '강좌'(영어-1, 수학-2, 과학-1 등의 과목이름값) 3개의 차원으로 구성된다. 큐브의 각 셀에 저장된 측정값은 '매출액'을 나타낸다. 예를 들어, '분당' 지점에서 '과학-1' 과목에 대한 '3분기' 총 수강생 수는 〈3분기, 분당, 과학-1〉셀에 저장되어 있는 3,000명이다. SQL의 group by 명령문을 실행하여 집계값을 얻을 수 있다.

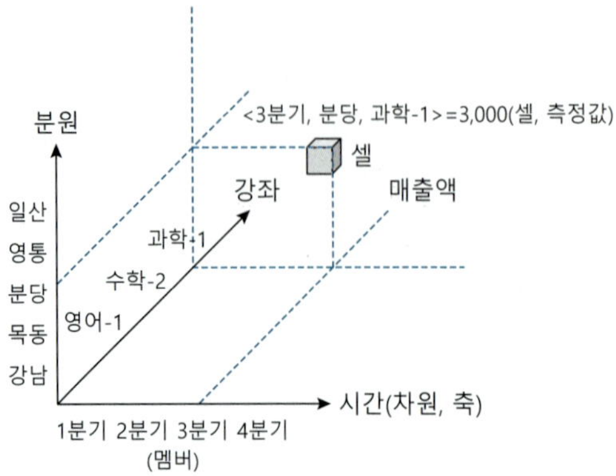

[그림 11-12] '학원 매출' 3차원 데이터 큐브의 예

2) 차원

차원(dimension)은 데이터에 대한 하나의 분석 관점 또는 분석 시각을 표현한다. 분석 관점이 다양하고 데이터 간의 상호 연관성이 높을수록 차원의 개수는 증가한다. 각 차원은 하나의 축으로 표현되기 때문에 차원의 개수에 따라 큐브의 구조가 결정된다.

각 차원은 차원 멤버들에 의해서 하나의 축을 구성한다. 같은 축을 구성하는 차원 멤버들은 [그림 11-13]처럼 유사한 일련의 항목들이거나 유사하지만 수준이 다른 항목들이다.

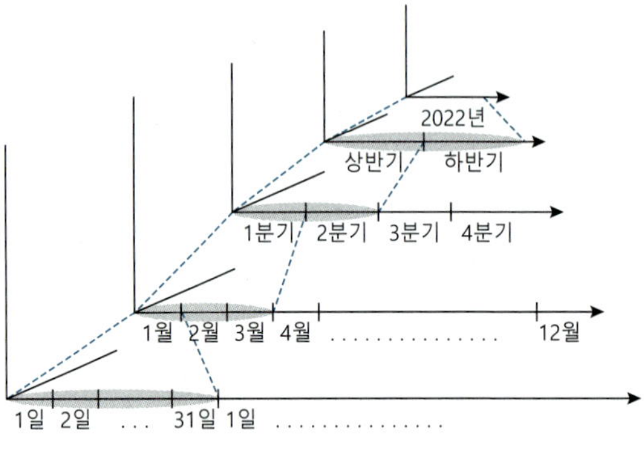

'일반날짜' 개념계층의 차원 멤버 구성

[그림 11-13] '시간' 차원의 '일반날짜' 개념계층의 차원 멤버 구성

3) 개념 계층

차원을 구성하는 차원 멤버들은 데이터를 기술하는 상세 정도 즉 차원의 **수준**(level)이 각

각 다를 수 있다. 동일한 차원이라도 차원 수준에 따라 서로 다른 차원 멤버들이 존재한다. 같은 차원 안의 수준들 간의 수직적 상하 관계를 **개념 계층**(concept hierarchy)이라 한다. 개념 계층은 상위 수준의 개념으로부터 하위 수준의 개념으로 차원 멤버들을 계층적으로 조직화한다. 예를 들면 대학교 안의 '조직' 차원은 '대학교', '단과대학', '학과' 차원 수준들로 개념 계층을 구성한다.

[그림 11-14]는 '시간' 차원을 구성하는 차원 멤버들 간의 계층적 관계를 보여준다.

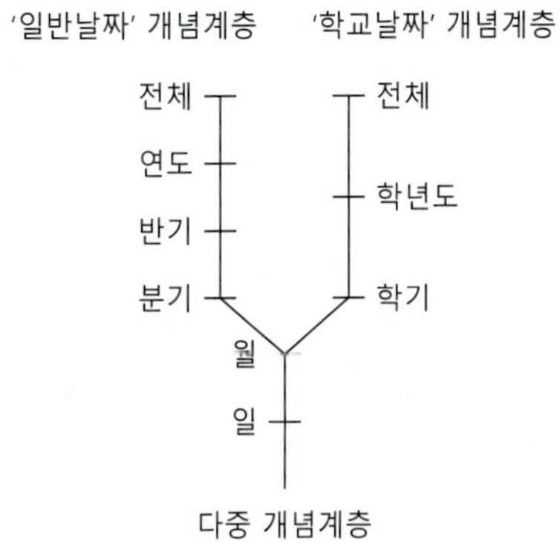

[그림 11-14] '시간' 차원의 개념 계층

차원은 보통 하나의 개념 계층을 갖지만 여러 개를 갖는 경우도 많다. 시간 차원의 경우, 연도, 반기, 분기, 월, 일 등의 계층 구조를 갖는 '일반 날짜' 개념 계층과 학사에 따른 학년도, 학기, 월, 일 등의 계층 구조를 갖는 '학교 날짜' 개념 계층을 둘 다 가질 수 있다. 하나의 차원이 둘 이상의 개념 계층을 가질 때 **다중-개념 계층**(multi-concept hierarchy)을 갖는다고 한다.

> **Tip 집계(aggregation)**
>
> 데이터값이 실제 저장되는 부분은 큐브 각 차원의 최하위 멤버들의 조합에 따른 주소 공간이다. 적재된 하위 멤버의 데이터 값을 기반으로 상위 멤버들의 데이터값이 계산된다. 이 과정을 **집계**(aggregation)라고 한다. 집계를 위해서는 계층 관계에 있는 상 · 하위 차원 멤버들 간에 연산식을 미리 정의해야 한다. 매일 일별 순이익을 계산한 뒤 이에 기반하여 주별, 월별, 분기별, 연도별 순이익 데이터가 연쇄적으로 집계된다.

2.2 스타 스키마

스타스키마 : 관계형 데이터베이스 기반의 차원 모델링

개념적 다차원 모델링 결과를 관계형 스키마 구조로 변환하기 위해서는 '차원 모델링'이라고 하는 특별한 모델링 방법을 필요로 한다.

■ 차원 모델링

차원 모델링(dimensional modeling)은 관계형 스키마 구조에 차원성을 부여하는 설계 방법이다. 테이블들이 입체적인 다양한 연관성을 가질 수 있도록 주제 중심의 스키마 구조로 변환한다. 정규화를 중요하게 고려하지 않고 오직 분석을 빠르고 효과적으로 지원하기 위한 스키마 구조를 정의하는데 중점을 둔다. 차원 모델링에 사용되는 대표적인 모델은 스타 스키마이다.

■ 스타 스키마

스타 스키마(star schema)는 관계형 데이터베이스 안에 가상의 데이터 큐브를 만들기 위한 차원 모델링의 대표적 모델이다. 비정규화된 관계형 스키마의 특수한 형태이다. 스타 조인 스키마(star join schema), 별 스키마 또는 성형 스키마라고도 한다.

하나의 **사실 테이블**(fact table)을 중심으로 주위에 여러 개의 **차원 테이블**(dimension table)들이 연결되는 방사성 구조이다. 마치 별 모양과 비슷해서 스타 스키마라고 한다. 스타 스키마의 장점은 구조가 단순하고 속도가 빠르다는 점이다. 차원 테이블을 비정규화함으로써 조인 횟수를 최소화하여 검색 시간을 단축한다.

사실과 차원

사실 테이블(fact table)에 저장되는 **사실**(fact)은 매 순간 조직에서 발생하는 **측정값**(measure) 또는 **집계값**이다. 대부분 수치 데이터이며 판매량, 매출액, 구매자수, 수익률 등과 같이 분석 대상이 되는 실제 값들이다. 차원 테이블(dimension table)에 저장되는 **차원**(dimension)은 사실을 바라보는 특정 **관점**을 의미한다. 대리점명, 분기명, 제품명, 고객 연령과 같이 사실 테이블의 측정값 의미를 설명하는 데이터이다. 사실 테이블은 측정값들의 이력을 저장하거나 집계 결과를 저장하기 때문에 차원 테이블에 비하여 데이터양이 무척 많다. 작은 크기의 여러 차원 테이블이 거대한 하나의 사실 테이블을 일대다의 참조 관계로 연결하는 형태이다. 일대다 참조 관계를 이용하여 사실 테이블과 차원 테이블들을 하나로 결합하는데 이때 사용하는 조인 연산이 **스타 조인**(star join)이다.

■ 스타 스키마의 예

스타 스키마의 예를 살펴보자. 대학의 조직이 대학교/단과대학/학과 단위로 구성되어 있고 연도/학기/월별 장학금 지급액과 장학금을 받은 학생 수를 분석한다고 가정하자. 다음과 같이 2개의 차원 테이블과 1개의 사실 테이블로 스키마를 구성할 수 있다.

- 차원(dimension) 테이블 스키마

```
시간(연도/학기/월)
조직(대학교/단과대학/학과)
```

- 사실(fact) 테이블 스키마

```
장학(장학금액, 장학생수, 재학생수)
```

'시간', '조직' 차원 테이블과 '장학' 사실 테이블에 기반한 스타 스키마의 예는 [그림 11-15]와 같다.

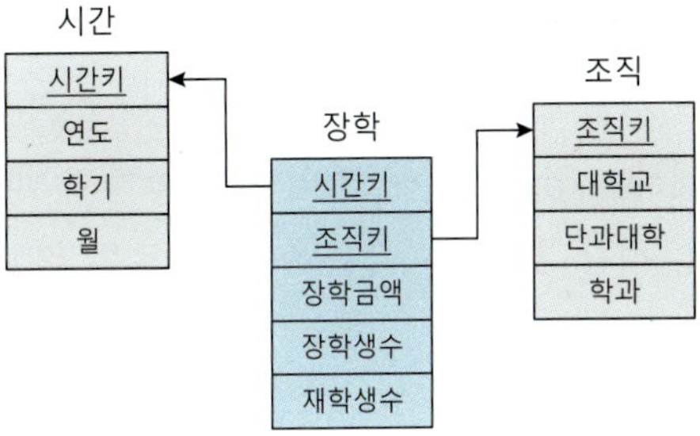

[그림 11-15] 대학 장학 스타 스키마 예

시간별, 조직별 장학 현황을 분석하는 경우에 모든 분석 질의를 위해 3개의 테이블만 조인하면 되므로 조인 수가 적다는 점이 스타 스키마의 장점이다. 단점은 차원 테이블이 정규화되어 있지 않아 중복이 많은 점이다. '시간' 차원 테이블의 특정 '월'에 대해서 '연도', '학기' 정보가 중복되고 '조직' 테이블은 각 '학과'에 대해서 '대학교', '단과대학' 정보가 중복된다.

스타 스키마는 SQL을 이용하여 간단한 다차원 분석을 수행할 수 있다. 예를 들어, 연도별 단과대학 장학 현황을 분석하고자 할 경우 다음과 같이 SQL문을 작성한다.

```
select 시간.연도, 조직.단과대학, sum(장학금액) as '단과대학별 총 장학 금액'
from 장학, 시간, 조직
where 장학.시간키 = 시간.시간키 and 장학.조직키 = 조직.조직키
group by 시간.연도, 조직.단과대학
```

차원 테이블은 사용자의 분석 관점을 나타내기 때문에 다차원 분석은 차원 테이블부터 시작한다. 먼저, 분석 조건에 해당하는 데이터들을 선택하는 작업이 차원 테이블을 대상으로 수행된다. 선택된 차원 테이블의 투플(tuple)들은 외래키를 통해 사실 테이블의 관련 투플들과 조인되며 이 스타 조인을 통해 사실 테이블에서 분석하고자 하는 측정값들을 얻게 된다.

2.3 스노우플레이크 스키마

스노우플레이크 스키마(snowflake schema)는 데이터 중복을 줄이기 위해 차원 테이블을 정규화한 구조이다. 스타 스키마의 변형된 형태이다. 구조와 모양이 눈송이와 비슷하여 눈송이 스키마라고도 한다.

[그림 11-15]의 스타 스키마 예를 스노우플레이크 스키마 구조로 변환하면 [그림 11-16]과 같다. 두 스키마의 차이는 차원 테이블의 구조에 있다. 스타 스키마의 '조직' 차원 테이블은 스노우플레이크 스키마에서는 정규화되어 3개의 새로운 차원 테이블 '학과'와 '단과대학', '대학교'로 분할·확장된다. '시간' 차원 테이블은 3개의 새로운 '월'과 '학기', '연도' 차원 테이블로 정규화된다.

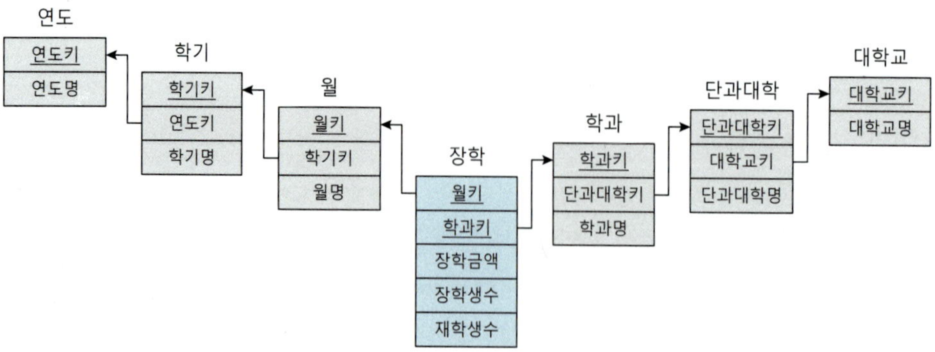

[그림 11-16] 대학 장학 스노우플레이크 스키마 예

[그림 11-16]의 스노우플레이크 스키마 구조는 차원 테이블이 2개에서 6개로 분리됨으로써 조금 더 복잡하다. 분석하기 위한 SQL 문장도 보다 복잡하다.

```
select 연도.학년도, 단과대학.단과대학명, sum(장학금액) as '단과대학별 총 장학 금액'
from 장학, 월, 학기, 연도, 학과, 단과대학
where 장학.월키 = 월.월키 and 월.학기키 = 학기.학기키 and 학기.연도키 = 연도.연도키 and 장학.학과키 = 학
      과.학과키 and 학과.단과대학키 = 단과대학.단과대학키
group by 연도.연도명, 단과대학.단과대학명
```

스타 스키마와 스노우플레이크 스키마의 비교

차원 모델링을 수행할 경우 스타 스키마 혹은 스노우플레이크 스키마 중에서 어느 것을 적용할지 결정해야 한다. 보통 응답 시간이 빠르고 구조가 단순하여 이해하기 쉽기 때문에 스타 스키마를 많이 사용한다.

〈표 11-2〉는 스타 스키마와 스노우플레이크 스키마를 비교하여 보여준다.

〈표 11-2〉 관계형 데이터베이스 기반의 차원 모델링 비교

비교	스타 스키마	스노우플레이크 스키마
장점	구조가 간단함 적은 조인으로 응답시간이 빠름	정규화로 데이터 중복이 거의 없음 적은 기억장소 요구 유연성 및 확장성 높음
단점	비정규화로 데이터 중복에 따른 데이터의 비일관성 높음 많은 기억장소 요구 유연성 낮음	구조가 복잡함 많은 조인으로 응답시간이 느림

Note 은하수 스키마

은하수 스키마(galaxy schema)는 같은 차원 테이블을 공유하는 여러 사실 테이블들을 포함하는 관계형 스키마 구조이다. 관련된 여러 스타 스키마들이 모여서 구성되므로 스타 패밀리 스키마 또는 성운 스키마라고도 한다. 다음은 은하수 스키마의 예이다.

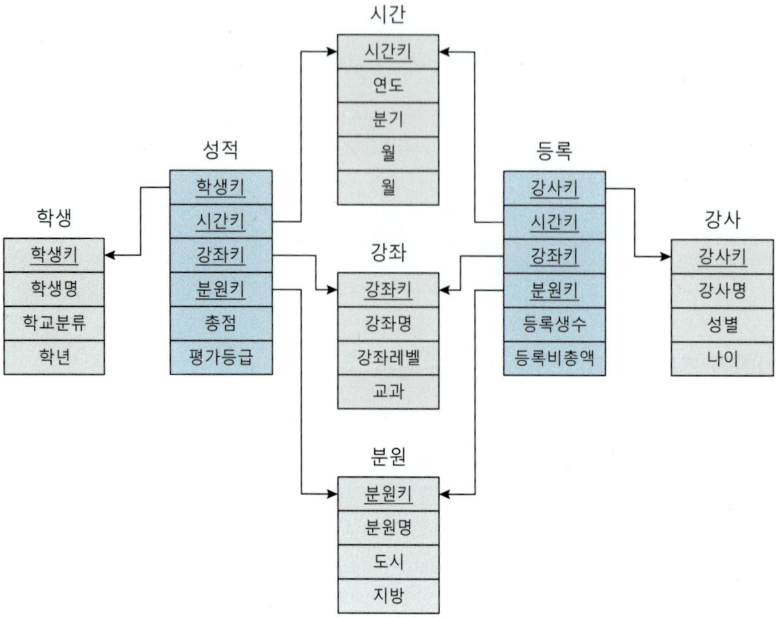

스타 스키마와 스노우플레이크 스키마, 은하수 스키마의 구조를 비교하면 다음과 같다.

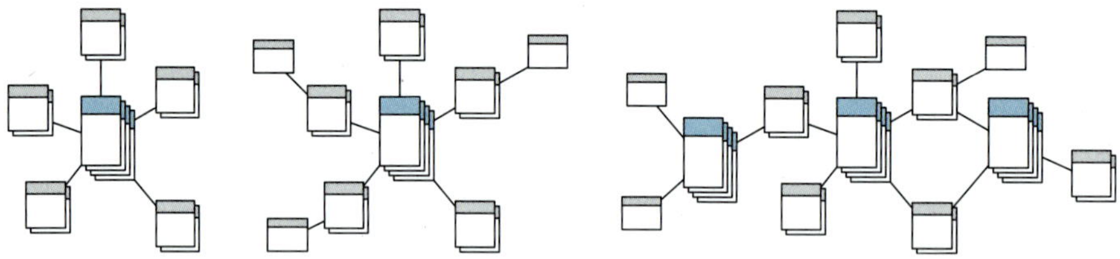

(a) 스타 스키마 (b) 스노우플레이크 스키마 (c) 은하수 스키마

다차원 모델링의 예

지난 12개월간 2개 학과에서 개설한 3개 과목의 수강 실적을 분석하기 위해 다차원 모델링을 적용해 보자. 관계형 데이터베이스를 사용하여 다차원 모델링을 한다면 [그림 11-17]과 같은 스타 스키마를 설계할 수 있다.

시간 차원테이블

시간키	월
T1	1월
T2	2월
T3	3월
T4	4월
T5	5월
T6	6월
T7	7월
T8	8월
T9	9월
T10	10월
T11	11월
T12	12월

학과 차원테이블

학과키	학과명
D1	컴퓨터학과
D2	경제학과

과목 차원테이블

과목키	과목명
C1	경제학원론
C2	DB프로그래밍
C3	알고리즘

수강 사실테이블

시간키	학과키	과목키	수강생수
T3	D2	C1	39
T4	D2	C1	39
T5	D2	C1	39
T6	D2	C1	39
T3	D1	C3	48
T4	D1	C3	48
T5	D1	C3	48
T6	D1	C3	48
T9	D1	C2	60
T10	D1	C2	60
T11	D1	C2	60
T12	D1	C2	60

[그림 11-17] 다차원 모델링의 관계형 데이터베이스 표현

[그림 11-18]은 [그림 11-17]과 동일한 예를 다차원 데이터베이스로 설계하여 구축한 예이다. 다차원 모델링에 대한 관계형 데이터베이스와 다차원 데이터베이스의 차이를 알 수 있다.

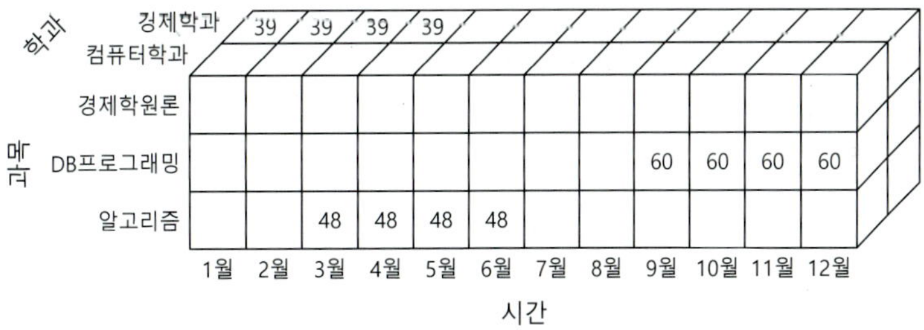

[그림 11-18] 다차원 모델링의 다차원 데이터베이스 표현

> **Tip 희박성**
>
> 다차원 데이터베이스를 구성하는 셀 중에는 의미 없는 차원 조합에 의한 빈 셀도 포함된다. 특히, 차원이 너무 많거나 일부 차원 간에만 의미적 연관성이 있는 경우, 데이터가 없는 **빈 셀**이 증가한다. 다차원 데이터베이스에서 빈 셀이 거의 필연적으로 발생한다. 이러한 희박성(sparsity)에 대해서 데이터 저장과 연산 측면에서 효율적인 대처 방안이 필요하다.

3. OLAP

OLAP은 데이터웨어하우스와 분석자 사이의 중개자로서 데이터를 다차원으로 분석할 수 있도록 지원하는 프로그래밍 기술이다. OLAP에 대해서 알아보자.

3.1 OLAP의 정의

데이터웨어하우스의 OLAP(온라인 분석 처리; On Line Analytical Processing)은 데이터베이스의 OLTP(On Line Transaction Processing)에 대응하는 개념이다. 코드(Codd)에 의해 처음으로 OLAP 개념이 사용되었다. OLAP은 최종 사용자가 직접 다양한 분석 관점의 흐름에 따라 대규모의 다차원 데이터를 온라인에서 동적으로 분석하고 보고서를 만드는 모든 과정으로 정의할 수 있다.

OLAP은 다차원 공유 정보에 대한 신속한 분석(FASMI; Fast Analysis of Shared Multi-dimensional Information)이라고도 한다. OLAP 분석 과정은 보통 하나의 궁금한 질의로부터 시작된다. 흥미로운 질의를 유발하고 그 과정이 연쇄적으로 일어난다. 질의가 꼬리를 물고 진행되면서 최종적으로는 중요한 의사 결정에 필요한 분석 정보를 모두 얻게 된다.

데이터베이스에 DBMS 엔진과 질의 도구가 필요하듯이 데이터웨어하우스를 관리하고 분석하기 위해서는 OLAP 엔진과 OLAP 도구들이 필요하다.

OLAP의 특성

OLAP의 5가지 주요 특성은 [그림 11-19]와 같다.

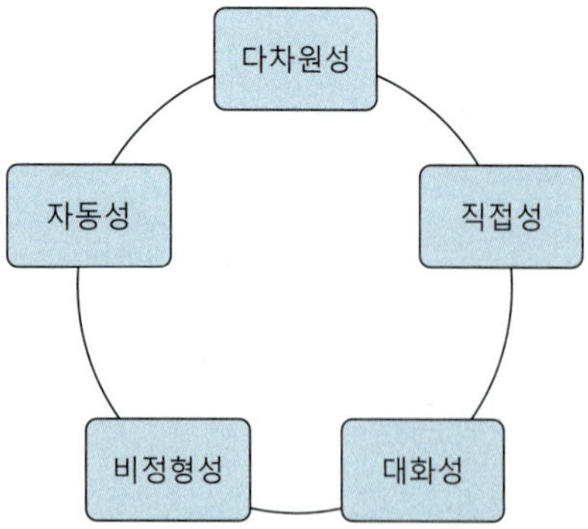

[그림 11-19] OLAP의 주요 특성

- 다차원성
  OLAP은 다차원 구조로 조직화함으로써 사용자들이 관심 주제별로 다양한 관점에서 접근 가능하도록 한다. OLAP의 가장 중요한 특징이다.

- 직접성
  OLAP은 의사결정자가 개발자의 도움 없이도 스스로 직접 분석하도록 지원한다.

- 대화성
  OLAP은 사용자의 반복적인 질문을 통해 의사 결정에 필요한 정보들을 발견해내도록 대화식 인터페이스를 지원한다.

- 비정형성
  사용자의 분석 요구를 미리 알아내는 것은 불가능하다. OLAP은 사용자가 즉각적으로 보고서를 자유롭게 만들 수 있도록 함으로써 비정형 분석을 지원한다.

- 자동성
  OLAP은 메타 데이터를 활용하여 몇 번의 조작만으로도 원하는 분석 보고서를 생성하도록 한다.

3.2 OLAP의 종류

OLAP 방식은 저장 방식에 따라 다차원 데이터베이스 기반의 다차원 OLAP과 관계형 데이터베이스 기반의 관계형 OLAP, 그리고 혼합형 OLAP, 데스크톱 OLAP 등으로 분류한다.

■ 다차원 OLAP

다차원 OLAP 즉, **MOLAP**(Multi-dimensional OLAP)은 다차원 배열 형태의 물리적 구조인 큐브에 데이터를 저장하는 다차원 데이터베이스로부터 직접 OLAP을 수행하는 방식이다. 다차원 OLAP은 구조는 단순하지만 다차원화된 상태로 구축되어 미리 데이터를 요약하고 집계하여 저장함으로써 어떤 요청에도 빠른 응답 시간을 보장한다. 반대로 데이터 적재 과정은 많은 시간이 소요된다. 큐브 안에 빈 셀이 많이 발생하고 대용량 처리가 어려운 단점이 있다.

■ 관계형 OLAP

관계형 OLAP 즉, **ROLAP**(Relational OLAP)은 관계형 데이터베이스를 이용하여 구축한 데이터웨어하우스로부터 직접 OLAP을 수행하는 방식이다. 스타 스키마나 스노우플레이크 스키마의 테이블을 조인함으로써 다차원 데이터베이스와 동일한 사용자 뷰를 제공한다. 다차원 OLAP이 공간 제약 때문에 요약 데이터를 중심으로 저장하는데 비해서 관계형 OLAP은 확장성이 우수하고 훨씬 적은 공간을 사용함으로써 상세한 원본 데이터까지도 저장할 수 있다.

■ 혼합형 OLAP

혼합형 OLAP 즉, **HOLAP**(Hybrid OLAP)은 다차원 데이터의 저장소로 관계형 데이터베이스와 다차원 데이터베이스를 함께 사용하는 OLAP 방식이다. 대용량의 상세한 데이터는 관계형 데이터베이스에 저장하고 용량이 적은 요약·집계 데이터는 다차원 데이터베이스에 저장한다. 다차원 OLAP의 신속성과 관계형 OLAP의 확장성 두 방식의 장점을 갖는다. 단점으로는 데이터 접근 속도가 떨어지고 다차원 모델링이 추가로 요구된다는 점이다.

이외에도 다차원 분석 데이터의 저장과 처리가 모두 클라이언트에서 수행되는 데스크톱 OLAP 즉, **DOLAP**(Desktop OLAP)과 웹 환경에서 OLAP을 구현하는 웹 OLAP 즉, **WOLAP**(Web OLAP) 등이 있다.

어떤 OLAP을 선택할지에 대한 결정은 얼마나 빠른 응답 시간을 요구하고 얼마나 복잡한 질의를 사용할 것인지에 따라 다르다. 〈표 11-3〉은 3가지 OLAP 방식을 비교 분석한 내용이다.

〈표 11-3〉 OLAP 방식 비교

항목	관계형 OLAP	다차원 OLAP	혼합형 OLAP
저장소	RDB	MDB	MDB + RDB
모델	차원 모델링	데이터 큐브	차원 모델링과 데이터 큐브
분석 수준	간단한 분석	복잡한 분석	복잡한 분석
조작	읽기	읽기/쓰기	읽기/쓰기
용량	대용량	중 · 소용량	대 · 중용량
속도	느림	빠름	보통

구축 기간	중기	단기	중기
개발 주체	정보부서	사용자	정보부서 + 사용자
확장성	높음	낮음	높음
대상	전사적 데이터웨어하우스	데이터마트	데이터웨어하우스, 데이터마트

3.3 OLAP 인터페이스

OLAP 도구의 인터페이스는 사용자가 원하는 분석 결과를 손쉽고 빠르게 생성하도록 지원해야 한다. [그림 11-20]은 기본적인 OLAP 인터페이스를 보여준다.

		Year				
		2009년	2010년	2011년	2012년	총합계
Level	School	LoanAmounts	LoanAmounts	LoanAmounts	LoanAmounts	LoanAmounts
대학원			8	12		20
학부	공과대학	5	8	7		20
	상경대학	4	2			6
	합계	9	10	7		26
총합계		9	18	19		46

[그림 11-20] OLAP 인터페이스의 예

OLAP 도구는 공통적으로 지원하는 5가지 표준 연산 기능들이 있다.

1) 드릴-다운 연산

요약된 현재 수준보다 보다 상세한 하위 수준으로 단계적으로 데이터를 분석해가는 연산이다. **드릴-다운**(drill-down) 연산은 차원의 개념 계층을 따라 진행한다. 예를 들면, 전체 학부에 대해 요약된 도서 대출권수를 드릴-다운하여 단과 대학별, 다시 드릴-다운하여 학과 별로 요약된 도서 대출권수를 분석한다. 보통 전체에 해당하는 집계 데이터를 먼저 보는 것에서 출발하여 점점 상세 수준으로 탐색해간다. 가장 일반적인 다차원 연산 중 하나이다.

				Year				
				2009년	2010년	2011년	2012년	총합계
Level	School	Department	Student	LoanAmounts	LoanAmounts	LoanAmounts	LoanAmounts	LoanAmounts
대학원					8	12		20
학부	공과대학	정보통신학과		5	5	7		17
		컴퓨터학과			3			3
		합계		5	8	7		20
	상경대학			4	2			6
	합계			9	10	7		26
총합계				9	18	19		46

[그림 11-21] OLAP 인터페이스(드릴-다운 이후)

[그림 11-21]은 [그림 11-20]의 화면에서 '조직'에 대한 개념 계층을 'School' 수준에서 더 상

세한 수준인 'Department'로 한 단계 내려감으로써 큐브에 대한 드릴-다운 연산을 수행한 결과이다. 결과로 큐브는 단과대학별 요약이 아니라 공과대학 소속의 개별 학과별 총 도서 대출권수를 상세히 보여준다.

2) 롤-업 연산

롤-업(roll-up) 연산은 상세한 현재 수준보다 요약된 상위 수준 방향으로 단계적으로 집계된 데이터를 분석해가는 연산이다. **드릴-업**(drill-up)이라고도 한다. 드릴-다운과는 반대 방향으로 진행한다. 예를 들면, 일별 도서 매출 데이터를 롤-업하여 월별 요약된 대출 데이터를, 다시 롤-업하여 연도별로 요약된 총매출 데이터를 분석할 수 있다.

				Year ▾				
				⊞ 2009년	⊞ 2010년	⊞ 2011년	⊞ 2012년	총합계
Level ▾	School	Department	Student	LoanAmounts	LoanAmounts	LoanAmounts	LoanAmounts	LoanAmounts
⊞ 대학원					8	12		20
⊞ 학부				9	10	7		26
총합계				9	18	19		46

[그림 11-22] OLAP 인터페이스(롤-업 후)

[그림 11-22]는 [그림 11-21]의 화면에서 주어진 '조직'에 대한 개념 계층을 따라 올라가면서 롤-업 연산을 수행한 결과이다. 'Department'에서 'School' 수준으로, 다시 'Level' 수준으로 상승하면서 데이터를 학과별로 묶는 대신 학부와 대학원별로 데이터를 묶는다.

3) 슬라이스와 다이스 연산

슬라이스와 다이스(slice & dice)는 큐브의 일부분을 원하는 형태로 잘라서 작은 부분 큐브를 만드는 연산이다. **슬라이스** 연산은 주어진 큐브에서 특정한 하나의 차원에 대해서 차원 멤버를 선택함으로써 부분 큐브를 만든다. **다이스** 연산은 2개 이상의 차원들에 대해 차원 멤버를 선택함으로써 부분 큐브를 생성한다.

				Year ▾	Semester
				⊞ 2010년	총합계
Level ▾	School	Department	Student	LoanAmounts	LoanAmounts
⊞ 학부				10	10
총합계				10	10

[그림 11-23] OLAP 인터페이스(다이스 연산 후)

[그림 11-23]은 큐브로부터 '조직' 차원에서 '학부'를, '시간' 차원에서 '2010년' 멤버를 선택함으로써 다이스 연산 결과를 보여준다. 예를 통해 2010년 학부생이 대출한 도서의 총 대출권수가 10권임을 분석할 수 있다.

4) 피봇 연산

피봇(pivot) 연산은 최종 결과 화면에서 현재 분석 중인 데이터의 축을 변경하기 위한 연산이다. 예를 들면, 가로축에 시간 정보를, 세로축에 조직 정보를 배치한 분석 보고서를 가로축과 세로축을 서로 맞바꾸어 새로운 분석 양식을 생성할 수 있다.

		Level ▾ School Department Student			
		⊟학부			총합계
		⊞공과대학	⊞상경대학	합계	
Year ▾	Semester	LoanAmounts	LoanAmounts	LoanAmounts	LoanAmounts
⊟2010년	⊞상반기				
	⊞하반기	8	2	10	10
	합계	8	2	10	10
총합계		8	2	10	10

[그림 11-24] OLAP 인터페이스(피봇 연산 후)

[그림 11-24]는 [그림 11-20]의 '시간' 열 축과 '조직' 행 축을 서로 맞바꿈으로 축을 회전한 피봇 연산의 적용 결과이다.

5) 드릴-쓰루 연산

드릴-쓰루(drill-through) 연산은 큐브 안의 요약된 데이터 수준에서 연관된 상세 데이터로 이동하여 분석하는 연산이다. 집계 정보만 미리 요약하여 저장한 경우 검색은 빠르지만 상세 데이터를 볼 수 없다. 드릴-쓰루 연산은 데이터 큐브의 최하위 수준을 거쳐 연계된 데이터베이스까지 이동하여 내려가면서 상세 데이터를 제공하는 연산이다. 예를 들면, 월별 매출 요약 정보를 분석하다가 매출이 급감한 특정 월에 대해서 일별, 또는 시간별 매출 정보를 상세하게 분석할 수 있다.

6) 드릴-어크로스 연산

드릴-어크로스(drill-across) 연산은 현재 검색 중인 큐브에서 새로운 분석 욕구에 따라 다른 큐브로 이동하여 분석해가는 연산이다. 예를 들어, 사용자가 '매출' 큐브를 분석하는 과정에서 판교 매장에서 휴대폰의 매출액이 급격히 증가하고 있음을 발견했다면 사용자는 '재고' 큐브로 드릴-어크로스하여 각 매장별로 부족한 휴대폰의 재고량을 조절할 수 있다.

4. 데이터베이스 응용

데이터베이스의 활용 범위가 넓어짐에 따라 범용적인 관계 데이터베이스로는 수용할 수 없는 다양한 요구 사항이 생겨났다. 자연스럽게 이러한 요구를 수용하기 위한 여러 확장된 데이터베이스들이 등장하였다. 데이터웨어하우스 이외의 대표적인 데이터베이스 응용들을 살펴보자.

4.1 분산 데이터베이스

분산 데이터베이스는 물리적으로는 분산된 데이터베이스를 컴퓨터 네트워크로 연결하여 하나의 데이터베이스처럼 사용할 수 있도록 저장·관리하는 데이터베이스이다. 지리적으로 분산된 여러 데이터베이스를 마치 하나의 중앙 집중형 데이터베이스처럼 논리적으로 통합하여 사용자가 사용할 수 있도록 지원한다. 주요 구성 요소는 지역 데이터를 처리하는 **분산 처리기**와 **통신 네트워크**, 분산된 **지역 데이터베이스**로 구성된다. 데이터의 분산을 사용자에게 숨기고 모든 복잡한 분산 처리 과정을 관리하는 **분산 DBMS**가 필요하다.

분산 데이터 독립성

분산 데이터베이스는 사용자나 응용 프로그램이 전체 데이터의 지역 데이터베이스 분할 여부를 인식하지 않아도 되도록 **분산 데이터 독립성**(distributed data independency)을 제공한다. 분산 데이터베이스는 다음 5가지 데이터의 분산 투명성을 보장한다.

- 위치 투명성(location transparency) : 사용자는 데이터의 물리적 저장 위치를 알 필요가 없다. DBMS가 위치 정보를 시스템 카탈로그에 유지하여 내부적으로 해결한다.
- 중복 투명성(replication transparency) : 사용자는 데이터의 사본(copy) 존재 여부나 중복된 데이터의 관리에 신경쓰지 않아도 된다. DBMS가 중복 데이터의 일관성을 유지하고 관리한다.
- 단편화 투명성(fragmentation transparency) : DBMS는 릴레이션을 분산이나 중복을 위한 더 작은 최적의 단위인 단편(fragment)들로 분할하여 관리한다. 사용자가 단편(fragment)들의 존재를 알 필요는 없다.
- 병행 투명성(concurrency transparency) : 여러 트랜잭션이 분산된 데이터를 대상으로 동시에 실행되더라도 DBMS는 사용자에게 이를 숨기면서 정상적인 완료 결과를 보장한다.

- 장애 투명성(failure transparency) : 일부 시스템이나 통신망이 손상되더라도 DBMS는 사용자에게 이를 숨기면서 정상적인 처리가 이루어지도록 한다.

[그림 11-25]는 데이터 투명성을 제공하기 위한 전역, 단편화, 할당 스키마를 포함한 분산 데이터베이스의 구조를 보여준다. 다양한 스키마의 기능은 다음과 같다.

- 전역 스키마 : 분산 데이터베이스의 모든 데이터 구조와 제약 조건을 정의
- 단편 스키마 : 전역 스키마를 논리적으로 분할한 단편들을 정의
- 할당 스키마 : 각 단편들을 물리적으로 저장할 지역 위치를 정의
- 지역 스키마 : 지역별로 저장하는 데이터의 구조와 제약조건을 정의

분산 DBMS가 스키마 사이의 매핑과 변환을 관리하고 처리한다.

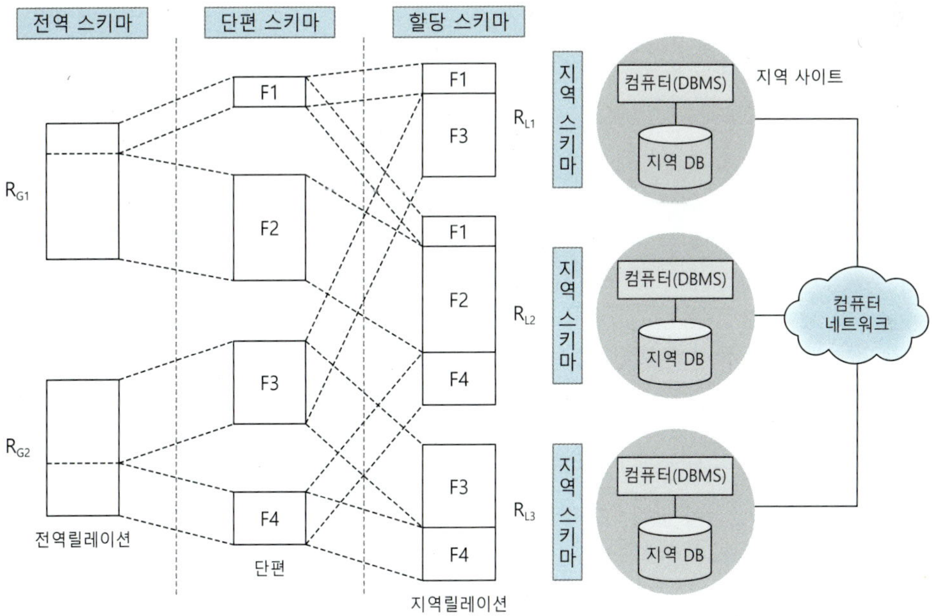

[그림 11-25] 분산 데이터베이스의 스키마 구조

분산 데이터베이스의 질의어 처리 과정은 매우 복잡하다. 중앙집중 데이터베이스는 디스크 접근 횟수를 최소화하는 질의 처리 전략을 선택한다. 분산 데이터베이스는 질의문을 분해한 뒤 분산 처리를 위한 네트워크상의 데이터 전송 비용과 여러 분산 사이트에 병렬 처리했을 때의 성능 등을 고려하여 최선의 실행 전략을 선정한다. 병행 실행 시에도 분산 트랜

잭션의 실행 결과의 원자성을 보장하기 위해서 보다 복잡한 기법이 필요하다. 분산 환경에서 한 트랜잭션이 완료(commit)되기 위해서는 해당 트랜잭션의 실행에 참여한 모든 사이트들이 빠짐없이 먼저 완료해야하는 **2-단계 완료 규약**(2PC; 2-Phase Commit protocol)이 대표적이다. 분산 환경에서는 사이트 장애, 통신선 장애, 메시지 분실, 네트워크 분리 등의 추가적 장애를 고려한 복구 기능도 요구된다.

Tip 단편화와 제약 조건

단편(fragment)은 릴레이션의 부분 집합으로 데이터베이스 분할을 위한 논리적 기본 단위이다. 전역 릴레이션을 단편으로 분할하는 것을 **단편화**(fragmentation)라고 한다. 단편화 방식은 다음 3가지가 가능하다.

- 수평 단편화(horizontal fragmentation)

릴레이션을 셀렉트 연산을 통해 수평으로 즉, 투플(또는 행) 단위로 나누는 분할 방식이다.

- 수직 단편화(vertical fragmentation)

릴레이션을 프로젝트 연산을 통해 수직으로 즉, 속성(또는 열) 단위로 나누는 분할 방식이다.

- 혼합 단편화(mixed fragmentation)

릴레이션을 수평과 수직 양 방향으로 혼용하여 나누는 분할 방식이다.

단편화를 진행할 때 반드시 따라야할 3가지 제약 조건이 있다.

- 완전성(completeness)

릴레이션의 모든 데이터는 빠짐없이 어느 한 단편에 속해야 한다

- 회복성(reconstruction)

단편화된 릴레이션은 단편들로부터 본래의 릴레이션으로 원상회복 가능해야 한다

- 분리성(disjointness)

릴레이션의 데이터들은 서로 중복없이 단편들로 분할되어야 한다

분산 데이터베이스는 설계와 구축 과정이 복잡하여 오류 가능성, 처리비용, 개발 및 관리비용이 증가하는 단점이 있다. 반면 데이터의 중복과 분산을 통해 가용성과 신뢰성, 지역자치성, 효율성, 확장성, 성능 측면에서 장점이 있다.

클라이언트-서버 데이터베이스

클라이언트-서버 구조는 다양한 컴퓨터 장비가 네트워크를 통해 연결된 분산 컴퓨팅 환경에 대처하기 위한 서비스 구조이다. 요청을 인식하여 전달하는 **클라이언트**(client)와 요청된 서비스를 수행하는 **서버**(server)로 처리 기능을 분리한다.

클라이언트-서버 데이터베이스는 클라이언트-서버 구조를 이용하여 분산 데이터베이스를

구현한다. DBMS의 전체 기능을 클라이언트와 서버 역할을 하는 컴퓨터들에 분할하는 것으로 관계 데이터베이스의 분산 시스템 구현을 위해 많이 사용한다. 클라이언트에 해당하는 전위(front-end) 컴퓨터는 사용자가 요청한 질의문을 적절하게 여러 독립적인 서브질의로 분해하여 각 서버 사이트들로 전송한다. 서버에 해당하는 후위(back-end) 컴퓨터는 서브질의를 처리하고 결과를 클라이언트 사이트로 반송한다. 전위 컴퓨터는 서브질의 실행 결과들을 조합해서 원래의 질의문에 대한 실행 결과를 생성한다.

4.2 객체지향 데이터베이스

객체지향 데이터베이스(object-oriented database)는 객체, 속성, 메소드, 클래스 계층과 상속, 복합 객체 등의 핵심 객체지향 개념을 지원함으로써 객체 단위로 데이터를 저장·관리하는 데이터베이스이다. 객체지향 프로그래밍 개념에 기반을 두고 있어 새로운 데이터베이스 요구 사항을 자연스럽게 수용한다. 객체지향(object oriented) 개념은 본래 **확장성**이 있어 새로운 요구사항을 지원하고 데이터의 의미 관계를 표현하기 쉬워 데이터베이스 모델로 적합하다.

객체지향 응용 프로그램 안의 데이터와 관계형 데이터베이스 안의 데이터 유형은 서로 달라 복잡한 매핑 과정이 필요하다. 즉, JAVA나 C++ 언어와 SQL 데이터베이스 언어 사이의 개념과 구조가 서로 달라 구현하기 어렵다. 객체 데이터베이스는 객체 개념을 손쉽게 데이터베이스 안에 직접 저장한다. '객체'라는 같은 개념으로 응용 프로그램 개발과 데이터 저장을 일관되게 할 수 있어 **데이터 유형 불일치**(data type mismatch) **문제를 해결**한다.

객체지향 데이터 모델

[그림 11-26]은 객체지향 데이터 모델의 핵심 개념인 클래스와 객체, 속성, 메소드 등의 관련성을 보여준다.

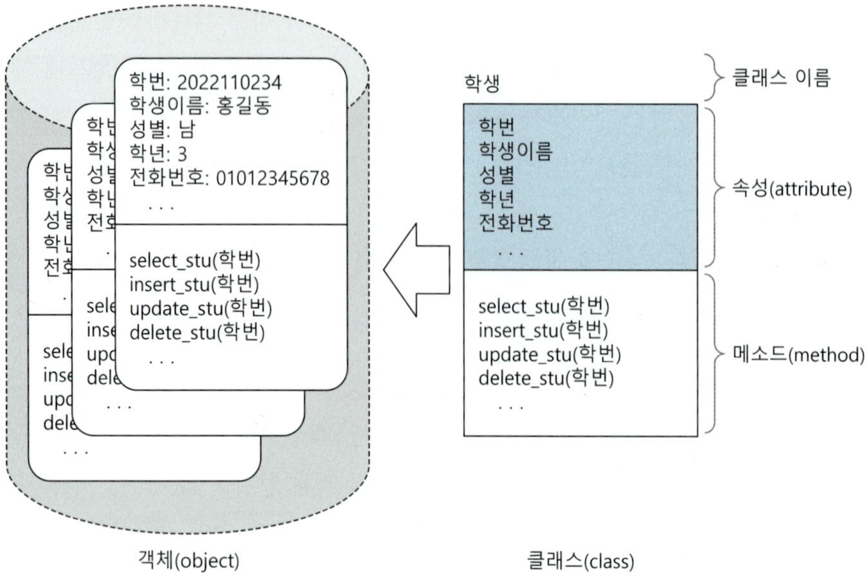

[그림 11-26] 클래스와 객체

- **클래스**(class) : 비슷한 특성을 갖는 객체들을 하나의 공통 그룹으로 정의한 것으로 같은 속성과 메소드를 갖는다. 클래스를 정의할 때 클래스에 속한 각 객체를 위한 데이터 저장 구조와 메소드에 관한 세부 구현 사항을 명세한다. 실세계의 개체를 표현하고 저장하기 위해 관계형 데이터베이스에서 릴레이션을 활용하는 것처럼 객체지향 데이터베이스에서는 클래스를 정의하고 생성한다.
- **객체**(object) : 객체는 고유한 **객체 식별자**(OID; Object IDentifier)를 갖으며 클래스 안에 하나의 인스턴스로 저장된다. 릴레이션 안의 투플과 기본키에 대응하는 개념이 클래스 안의 객체와 객체 식별자이다.
- **속성**(attribute) : 속성은 특정 객체의 상태값을 표현한다. 투플의 속성은 기본적으로 원자값 하나만 저장할 수 있지만 객체의 속성은 여러 개의 값을 저장하거나 하위 객체들을 포함할 수 있다.
- **메소드**(method) : 메소드는 객체의 속성값을 다루기 위한 함수이다. 응용 프로그램 안에 작성할 속성 관련 입력, 수정, 삭제, 검색 프로그램 코드를 메소드 안에 함수 형태로 미리 명세함으로써 데이터가 요청되면 필요한 메소드만 호출하면 된다. 메소드는 객체를 접근하기 위한 일종의 공개된 인터페이스라고 할 수 있다. 객체 안의 내부 데이터 접근을 메소드를 통해서만 가능하도록 마치 캡슐처럼 속성들을 메소드들

이 둘러싸고 있는 형태이다.

- **상속**(inheritance) : 클래스 간에 다양한 관계가 형성될 수 있다. 대표적인 관계가 상위 클래스(superclass)와 하위 클래스(subclass) 사이의 **클래스 계층**(class hierarchy) 관계이다. 상위 수준의 클래스를 **세분화**(specialization)하면 하위 클래스로 분류되며 반대로 하위 수준의 클래스를 **일반화**(generalization)하면 상위 클래스로 통합된다. 하위 클래스를 상위 클래스가 개념적으로 포함함으로써 클래스간의 계층 관계는 상속 개념을 제공한다.

  클래스 계층 경로에서 하위 클래스는 자신보다 상위에 있는 클래스들의 속성과 메소드를 상속받는다. 상속은 재사용을 가능하게 하여 하위 클래스는 자신의 속성과 메소드 이외에 상위 클래스의 모든 속성과 메소드도 상속받아 공유하는 개념이다.

  하나의 상위 클래스로부터 속성과 메소드를 상속받으면 **단일 상속**(single inheritance)이라고 하며 여러 상위 클래스로부터 속성과 메소드를 상속받으면 **다중 상속**(multiple inheritance)이라고 한다. 클래스의 특정 속성이 다른 클래스를 참조하여 도메인으로 가질 수 있으며 이를 복합 클래스(composite class)라고 한다. 복합 클래스에 속한 객체는 속성값으로 참조 객체의 객체 식별자 값을 갖는다. 클래스 간에 상속 관계가 있을 경우, 하위 클래스는 상위 클래스와 'is-a' 관계를 갖는다. 클래스 간에 참조 관계가 있을 경우, 참조하는 클래스는 참조되는 클래스와 'is-part-of' 관계를 갖는다.

[그림 11-27]은 클래스 간의 단일 상속과 다중 상속의 예를 보여준다.

객체지향 데이터베이스는 클래스와 속성, 메소드, 객체 등을 이용하여 질의를 작성한다. 릴레이션을 대신해서 클래스에 질의하면 그 결과로 투플 대신 객체들을 반환받는다. ODMG의 **OQL**(Object Query Language) 질의어가 표준으로 제시되었으며 SQL과 아주 비슷하다. 객체지향 데이터베이스는 CAD/CAM, 통신, 지리정보, 멀티미디어와 같은 복잡한 데이터베이스 응용을 설계하고 구현하는 특정 전문 분야에 적합하다.

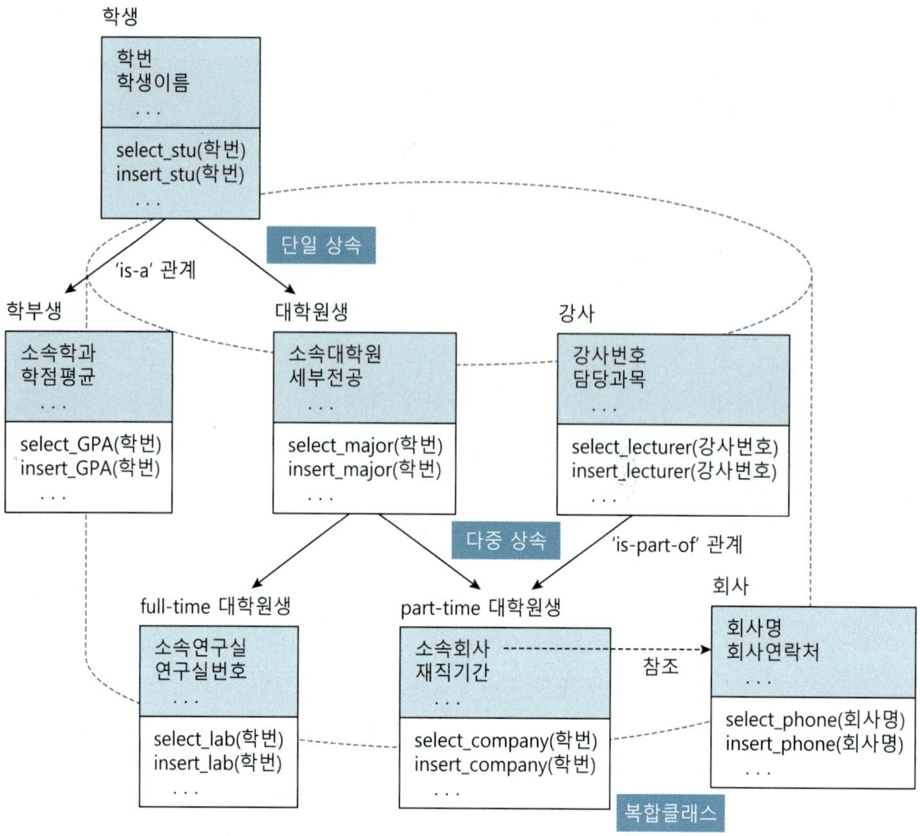

[그림 11-27] 클래스 계층과 단일/다중 상속

4.3 객체-관계 데이터베이스

객체-관계 데이터베이스는 관계 데이터베이스에 객체지향 데이터 모델의 장점을 접목한 **이종**(hybrid) 데이터베이스이다. 관계 데이터 모델의 단순성과 편의성 그리고 객체지향 데이터 모델의 확장성을 모두 제공한다. 객체-관계 데이터 모델은 객체 지향 개념과 관계 개념을 통합한 모델이다. 릴레이션 개념에 객체지향의 객체, 객체 식별자, 사용자 정의 유형, 참조 유형, 메소드 등의 개념을 추가적으로 지원한다. 관계 데이터 모델의 테이블이 투플 또는 객체들의 집합으로 선택적으로 정의된다.

객체-관계 데이터베이스의 질의어는 SQL3이다. 관계 데이터베이스의 질의어인 **SQL3** 표준부터 질의어를 확장하여 객체지향 개념을 지원한다. 객체-관계 데이터베이스는 객체 지향 데이터베이스처럼 객체 식별자, 사용자 정의 유형, 상속 등의 개념들을 모두 지원한다.

객체-관계 및 객체 지향 데이터베이스는 개념적으로나 기능적으로는 매우 유사하다. 동시성 제어나 복구와 같은 트랜잭션 개념도 모두 지원한다. 반면 근본적인 개발 목적과 실제 구현 방식이 다르기 때문에 모델링 기능과 효율성 측면에서는 차이점이 있다. 객체지향 데이터베이스가 객체지향 프로그래밍에 데이터베이스 기능을 갖도록 확장했다면 객체-관계 데이터베이스는 관계 데이터베이스에 객체 개념을 갖도록 확장한 것이다.

객체-관계 DBMS(ORDBMS; Object Relational DBMS)에는 Universal Server, Oracle, DB2 Universal DB 등이 있다. ORDBMS는 보통 SQL3의 여러 확장 기능들을 추가로 지원하는 RDBMS로 간주한다.

4.4 멀티미디어 데이터베이스

멀티미디어 데이터베이스는 텍스트, 그래픽, 이미지, 비디오, 오디오 등이 복합적으로 구성된 다양한 미디어를 효율적으로 저장·관리하기 위한 데이터베이스이다. 문자와 숫자 등 정형 데이터 이외에 사진, 동영상, 음성 등과 같은 다양한 **비정형 데이터**를 효과적으로 저장하고 질의하는 기능을 제공한다.

[그림 11-28] 멀티미디어 데이터베이스

■ 저장과 검색

다양한 유형의 멀티미디어 데이터는 기본적으로 대용량이고 정형화된 데이터가 아니므로 미디어별로 별도의 저장과 검색 방법이 필요하다.

- 저장 : 음성, 영상 등 압축을 필요로 하는 메가바이트 단위의 원시 데이터(raw data)뿐만 아니라 해상도, 용량, 형식 등의 멀티미디어 관련 특성 데이터와 미디어 내용을 설

명하는 키워드 등의 명세 데이터 등이 함께 저장된다.

- 검색 : 미리 작성된 멀티미디어 데이터의 특성이나 내용에 관한 키워드 검색이 기본 제공된다. 사진이나 동영상 속의 내용과 의미를 직접 추출하여 질의할 수 있는 다양한 검색 기법이 필요하다.

멀티미디어 데이터베이스에 필요한 질의의 유형은 특정 객체를 포함한 멀티미디어 데이터를 찾는 것이 대표적이다. '태극기'를 포함한 모든 사진을 검색하거나 '손흥민' 득점 영상 클립을 검색하는 등의 질의가 가능해야 한다. 즉, 내용기반 검색이 요구된다. 사진 데이터의 경우 이미지 콘텐츠의 자동 분석 결과인 색상(color), 질감(texture), 모양(shape) 등의 시각적 특성에 기반하여 특정 객체를 포함하거나 유사한 사진을 검색한다. 콘텐츠 의미에 관한 주석 태그(annotation tag)를 활용하기도 한다. 동영상 데이터는 같은 객체나 행위에 관한 비디오 세그먼트(순차적인 연속된 정적 이미지들로 구성) 단위로 분할한 후 프레임 세그먼트 트리 등을 이용하여 색인화함으로써 필요할 때 검색을 지원한다. 오디오 데이터는 크기, 강도, 고저 등의 오디오 특성을 식별하기 위한 변환 기법과 유사도 색인 기반의 검색 등을 지원한다.

■ 시스템 유형

멀티미디어 데이터베이스 안에 저장하는 미디어 데이터의 종류와 수에 따라 다음과 같은 다양한 시스템 구성이 가능하다.

- 파일 시스템 활용 방식 : 직접 멀티미디어 데이터를 파일로 저장하고 관리하는 방식으로 단순한 멀티미디어 활용이 필요한 경우에 과거에 많이 사용한 방식이다. 동시 접근이나 회복 등의 지원이 부족하다.
- 관계 데이터베이스 활용 방식 : 멀티미디어 원시 데이터는 파일에 저장하고 멀티미디어 데이터의 특성이나 명세 관련 데이터는 관계 데이터베이스에 분리하여 저장하는 이원화 방식이다.
- 관계 데이터베이스의 확장 기능 활용 방식 : 대용량 데이터 저장을 위한 BLOB(Binary Large OBject) 등 확장된 관계 데이터베이스 기능을 이용하여 일반 데이터와 동일하게 관계 데이터베이스 안에 저장하는 방식이다.
- 객체지향 데이터베이스 활용 방식 : 객체지향 데이터베이스의 캡슐화, 상속 등의 객체지향 개념을 활용하여 멀티미디어 데이터 특성과 관계를 가장 효과적으로 반영하고

저장하는 방식이다.

4.5 공간 데이터베이스

공간 데이터베이스는 다차원 공간 안의 객체와 객체간의 공간 관계를 공간적 특성과 함께 저장하고 관리하는 데이터베이스이다. 위치에 기반한 공간 데이터의 저장, 공간 색인, 공간 질의, 공간 분석 등의 기능을 제공한다. 일반적으로 3가지 부류의 공간 데이터 유형을 관리한다.

- **지리 데이터**(geographic data) : 도로, 지형, 행정 경계, 토지 특성, 지역 기후 등 위도와 경도, 고도를 갖는 좌표 기반 데이터이다.
- **기하학 데이터**(geometric data) : 빌딩, 항공기, 다리 등과 같은 구조 객체의 공간 구성 정보를 2,3차원 공간 좌표로 표현한 데이터이다.
- **공간 속성 데이터**(spatial attribute data) : 지도 및 위성 이미지와 각 공간 객체 그리고 위치에 관련한 각종 특성, 통계 자료 등을 표현한 데이터이다.

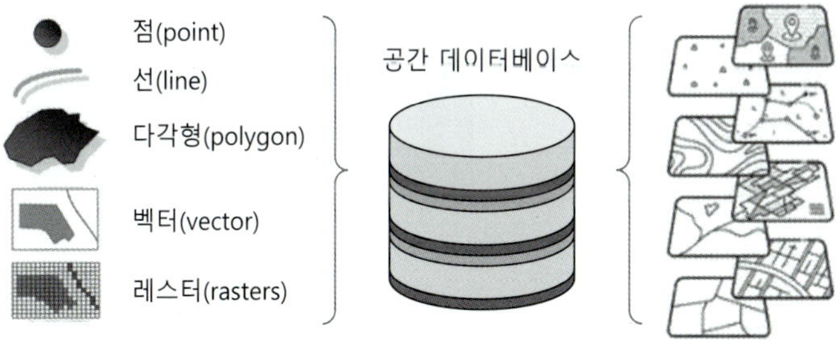

[그림 11-29] 공간 데이터베이스

공간 데이터베이스는 2차원 이상의 비트맵이나 픽셀맵으로 구성된 레스터 데이터(raster data)나 2차원의 다각형, 3차원의 구, 정육면체 등의 벡터 데이터(vector data)에 대한 다차원 객체의 모델링 및 인덱싱 기능을 제공한다. CAD 설계 데이터를 효율적으로 관리하거나 공간 연산을 활용한 검색 기능 등도 지원해야 한다. 지원하는 공간 질의 기능으로는 특정 영역 안에 있는 개체를 찾는 영역 질의(region query)나 특정 위치 기준 가까운 객체를 검색하는 근접 질의(nearness query), 지도상의 최소 거리를 찾는 공간 그래프 질의(spatial graph query) 등을 포함한다.

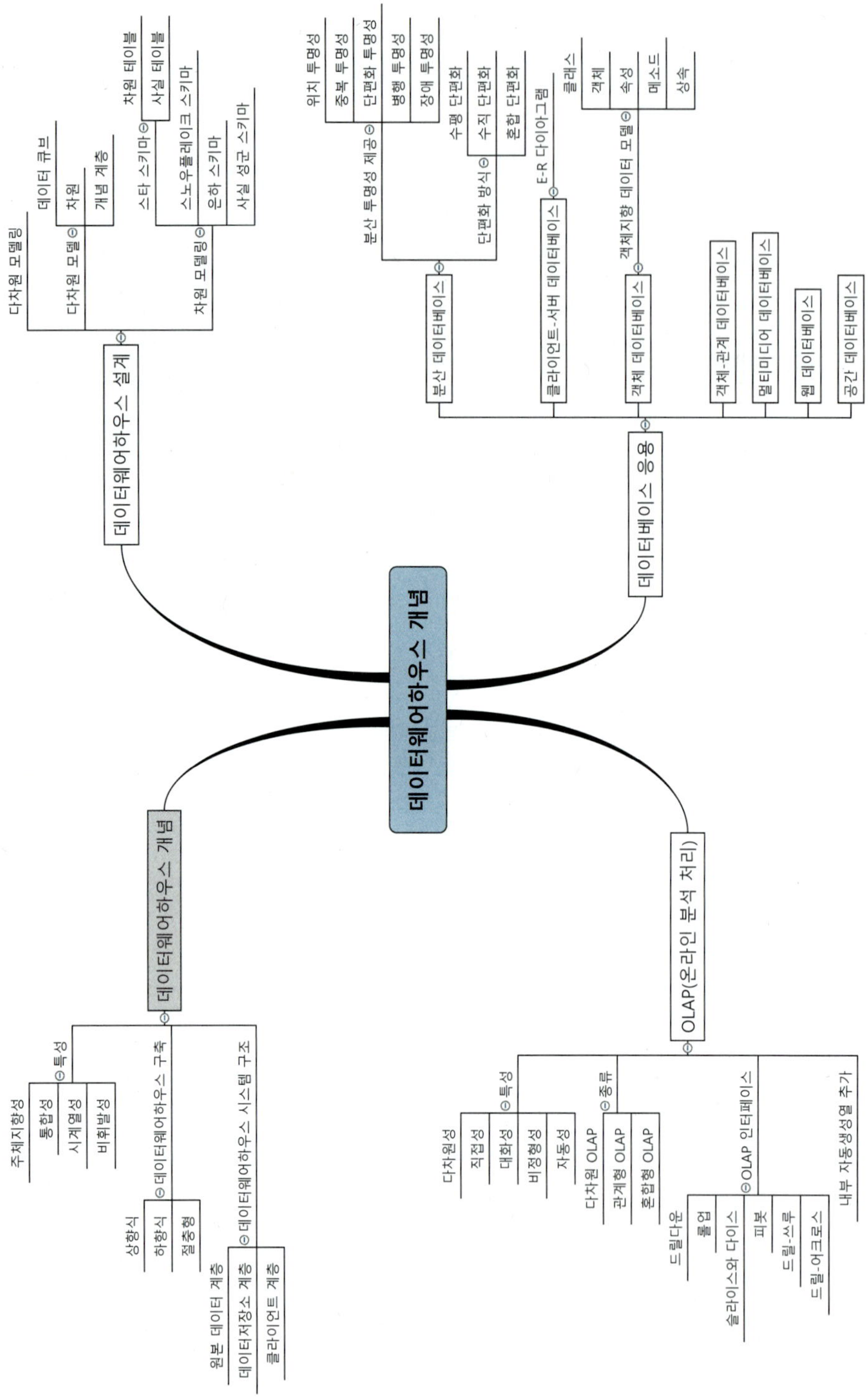

데이터웨어하우스 개념
데이터웨어하우스 설계
다차원 모델링
다차원 모델
데이터 큐브
차원
개념 계층
차원 모델링
스타 스키마
차원 테이블
사실 테이블
스노우플레이크 스키마
은하 스키마
사실 성군 스키마
데이터베이스 응용
분산 데이터베이스
분산 투명성 제공
위치 투명성
중복 투명성
단편화 투명성
병행 투명성
장애 투명성
단편화 방식
수평 단편화
수직 단편화
혼합 단편화
클라이언트-서버 데이터베이스
E-R 다이어그램
객체 데이터베이스
객체지향 데이터 모델
클래스
객체
속성
메소드
상속
객체-관계 데이터베이스
멀티미디어 데이터베이스
웹 데이터베이스
공간 데이터베이스
데이터웨어하우스 개념
특성
주제지향성
통합성
시계열성
비휘발성
데이터웨어하우스 구축
상향식
하향식
절충형
데이터웨어하우스 시스템 구조
원본 데이터 계층
데이터저장소 계층
클라이언트 계층
OLAP(온라인 분석 처리)
특성
다차원성
직접성
대화성
비정형성
자동성
종류
다차원 OLAP
관계형 OLAP
혼합형 OLAP
OLAP 인터페이스
드릴다운
롤업
슬라이스와 다이스
피봇
드릴-쓰루
드릴-어크로스
내부 자동생성열 추가

연습문제 EXERCISE

01 현재의 정보 시스템이 의사 결정을 효과적으로 지원하지 못하는 구조적인 문제점이 아닌 것은?

① 데이터의 비통합성 ② 데이터의 비생산성
③ 데이터의 비일관성 ④ 데이터의 장기성

02 데이터웨어하우스의 주요 특성으로 거리가 먼 것은?

① 주제지향성 ② 시계열성
③ 휘발성 ④ 통합성

03 기획과 설계는 하향식 구축 방식으로 하고 실제 구축은 상향식 구축 방식처럼 가장 우선시 되는 중요한 분야부터 진행하는 데이터웨어하우스 구축 방법은?

① 절충식 ② 상향식
③ 하향식 ④ 나선식

04 관계형 데이터베이스 안에 가상의 데이터 큐브를 만들기 위한 차원 모델링의 대표적 모델이 아닌 것은?

① 스타 스키마 ② 성형 스키마
③ 스타 조인 스키마 ④ 스노우플레이크 스키마

05 집계 가능한 수치 데이터를 갖는 스타 스키마의 핵심 테이블은?

① 사실 테이블 ② 차원 테이블
③ 집계 테이블 ④ 요약 테이블

06 OLAP 도구가 공통적으로 지원하는 5가지 표준 연산 기능애 해당하지 않는 것은?

① 드릴-다운 ② 슬라이스와 다이스
③ 피봇 ④ 드릴-아웃

07 같은 차원 테이블을 공유하는 여러 사실 테이블들을 포함하는 관계형 스키마 구조로 관련된 여러 스타 스키마들이 모여서 구성된 또 다른 스키마 구조로 보이기 때문에 스타 패밀리 또는 성운 스키마라고도 하는 것은?

① 스노우플레이크 스키마　② 은하수 스키마
③ 단편 스키마　④ 우주 스키마

08 OLAP의 5가지 주요 특성에 속하지 않는 것은?

① 다차원성　② 직접성
③ 대화성　④ 정형성

09 다음은 OLAP의 종류에 속하지 않는 것은?

① 다차원 OLAP　② 지능형 OLAP
③ 혼합형 OLAP　④ 관계형 OLAP

10 객체-관계 데이터베이스에 대한 설명은 옳지 않은 것은?

① 동시성 제어나 복구와 같은 트랜잭션 개념도 모두 지원한다.
② 객체-관계 데이터베이스는 관계 데이터베이스에 객체 개념을 갖도록 확장한 것이다.
③ 객체-관계 및 객체 지향 데이터베이스는 개념적으로나 기능적으로는 매우 다르다.
④ 관계 데이터베이스에 객체지향 데이터 모델의 장점을 접목한 이종(hybrid) 데이터베이스이다.

11 분산 데이터베이스의 데이터 투명성을 제공하기 위한 스키마 특성 중 옳은 설명은?

① 전역 스키마 : 전역 스키마를 논리적으로 분할하는 방법인 단편화를 정의
② 할당 스키마 : 분산 데이터베이스의 모든 데이터 구조와 제약 조건을 정의
③ 지역 스키마 : 지역별로 저장하는 데이터의 구조와 제약조건을 정의
④ 단편화 스키마 : 각 단편들을 물리적으로 저장하는 지역(위치)을 정의

12 분산 데이터베이스가 제공하는 데이터의 분산 투명성에 해당하지 않는 것은?

① 회복 투명성　② 중복 투명성
③ 단편화 투명성　④ 위치 투명성

13 단편화를 진행할 때 반드시 따라야할 3가지 제약 조건이 아닌 것은?

① 완전성 ② 회복성
③ 분리성 ④ 통합성

14 다음 문장이 참이면 ○, 거짓이면 ×를 하시오.

① 데이터웨어하우스는 즉각적인 업무 처리를 위한 OLTP(On-Line Transaction Processing) 환경을 지원하는 데이터 저장소이다. (　　)
② 데이터웨어하우스(data warehouse)는 이질적인 데이터들의 추출, 변환, 통합 과정을 통해 구축된 거대한 분석 전용 데이터 창고라고 할 수 있다. (　　)
③ 관계형 데이터베이스는 데이터 큐브(data cube)의 개념을, 다차원 데이터베이스는 스타 스키마(star schema) 등의 개념을 이용하여 다차원 모델링을 한다. (　　)
④ 다차원 데이터베이스는 다차원 큐브 구조로 모델링한다. (　　)
⑤ 스타 스키마는 거대한 크기의 여러 사실 테이블이 작은 하나의 차원 테이블을 일대다의 참조 관계로 연결하는 모양이다. (　　)
⑥ 스타 스키마 구조를 스노우플레이크 스키마 구조로 변환할 수 있다. (　　)
⑦ 다차원 모델링 수행시 보통 응답 시간이 빠르고 구조가 단순하여 이해하기 쉽기 때문에 스타 스키마를 많이 사용한다. (　　)
⑧ 전사적 데이터웨어하우스처럼 대용량 데이터 분석은 관계형 OLAP이 적합하다. 부서 내부의 복잡한 추세 분석은 다차원 OLAP이 적절하다. (　　)
⑨ 객체지향 데이터베이스는 '객체'라는 같은 개념으로 응용 프로그램 개발과 데이터 저장을 일관되게 할 수 있어 데이터 유형 불일치(data type mismatch) 문제를 해결한다. (　　)

15 다음 ( ) 안에 적당한 용어를 채워 완성하시오.

① (　　)는 조직의 일부 사용자만 사용할 목적으로 주제 범위를 제한하여 구축한 분석 데이터 저장소이다.
② (　　) 모델링은 높은 연관성을 갖는 데이터들을 데이터웨어하우스 안에서 다차원성을 유지하도록 구조화하는 것이다.
③ 다차원 데이터베이스에서 데이터는 '(　　)'라고 불리는 특별한 다차원 배열 구조의 '셀'(cell) 안에 저장된다.
④ 같은 차원 안의 수준들 간의 수직적 상하 관계를 (　　)이라 하며 상위 수준의 개념으로부터 하위 수준의 개념으로 차원 멤버들을 계층적으로 조직화한다.
⑤ 스타 스키마는 하나의 (　　) 테이블을 중심으로 주위에 여러 개의 차원 테이블(dimension table)들이 연결되는 방사성 구조이다.

⑥ 개념 계층은 한 단계 낮은 상세 수준을 검색하기 위한 드릴다운과 한 단계 높은 요약 수준을 얻기 위한 (　　) 연산을 지원한다.

⑦ (　　) 스키마는 데이터 중복을 줄이기 위해 차원 테이블을 정규화한 구조이다.

⑧ (　　)은 최종 사용자가 직접 다양한 분석 관점의 흐름에 따라 대규모의 다차원 데이터를 온라인에서 동적으로 분석하고 보고서를 만드는 모든 과정으로 정의할 수 있다.

⑨ (　　)는 큐브 안의 요약된 데이터 수준에서 연관된 상세 데이터로 이동하여 분석하는 연산이다.

16 데이터베이스와 데이터웨어하우스의 차이점에 대해 설명하시오.

17 슈퍼 마트(super mart)를 설명하시오.

18 슬라이싱(slicing)과 다이싱(dicing)에 대해 설명하시오.

19 스타 스키마와 스노우플레이크 스키마를 간략히 비교설명하시오.

20 학원 매출액을 분석하는 스타 스키마의 예를 작성해 보시오.

CHAPTER 12

빅데이터와 NoSQL

1. 빅데이터 개념
2. 빅데이터 기술과 NoSQL

학습목표

- 빅데이터의 등장 배경을 이해한다.
- 빅데이터의 특성과 유형을 살펴본다.
- 빅데이터의 수집 및 처리 기술을 이해하고 활용 방법을 알아본다.
- NoSQL과 빅데이터의 저장, 분석, 시각화 기술을 이해하고 활용 방법을 알아본다.

CHAPTER

12 빅데이터와 NoSQL

1. 빅데이터 개념

빅데이터의 등장 배경과 특성을 알아보자.

1.1 빅데이터의 등장 배경

빅데이터 기술은 현대 사회의 복잡성을 분석하고 예측하기 위해 꼭 필요한 데이터 관리 기술이다. 빅데이터가 모든 사람의 관심사가 된 가장 큰 원인은 다음과 같은 디지털 정보량의 급격한 증가 때문이다.

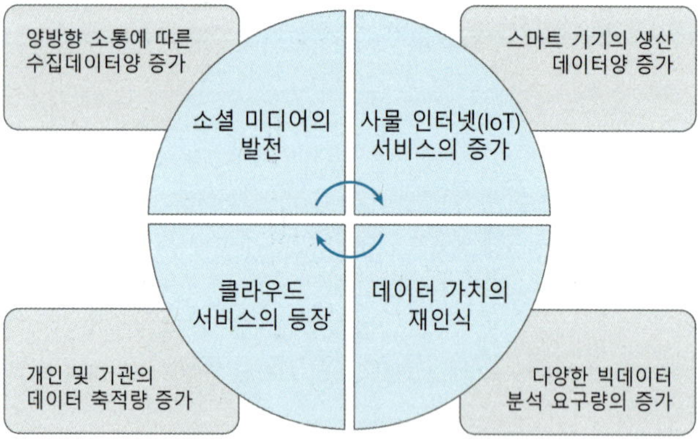

[그림 12-1] 빅데이터의 등장 배경

빅데이터는 SNS 메시지, 인터넷 클릭 정보, IoT 센서 데이터, 웹서버 로그 등 다양한 데이터를 포함한다. 개인과 공공 정보의 생산과 축적, 유통이 급속히 늘어남에 따라 기존 데이터 관련 기술은 한계를 맞게 되었다. 새로운 대용량 데이터의 시대적 변화에 대처하는 데이터 기술과 활용 측면의 모든 노력과 대응은 '**빅데이터**'라는 개념으로 정의되고 있다. 다양한 오픈 소스 프로젝트로 대용량 데이터의 처리 비용이 낮아지면서 여러 성공 사례를 통해 빅데이터에 대한 관심과 활용이 크게 증가하고 있다.

Tip **데이터 과학**

데이터 과학(data science)은 데이터로부터 의미있는 정보와 지식, 지혜를 추출하는 학문이다. 다양한 데이터를 분석 대상으로 하고 수집된 빅데이터로부터 새로운 의미와 가치를 찾아내는 모든 처리 과정과 기술을 포함한다.

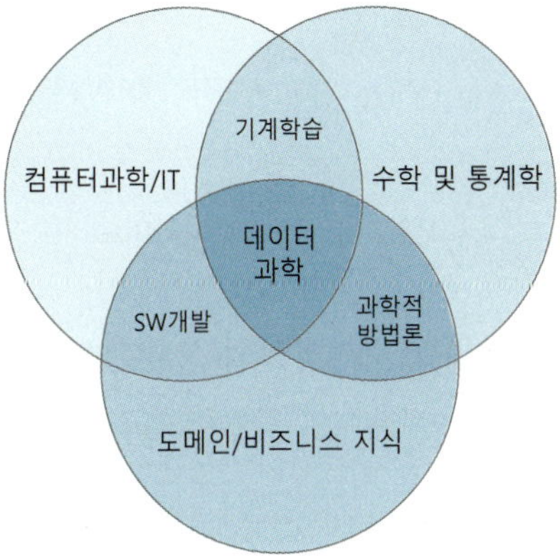

데이터 과학은 프로그래밍 기술 이외에도 통계학 등의 전문 지식, 업무 영역에 대한 깊은 이해를 바탕으로 다양한 실제적인 문제에 대한 답을 찾도록 한다. 해석과 통찰을 위한 과학적 방법론과 통계학, 컴퓨터 과학 등이 필요한 융합 분야이다. 이 해결 과정을 전문적으로 수행하는 전문가를 **데이터 과학자**(data scientist)라고 한다. 데이터 과학자는 데이터를 대상으로 가설을 세우고 모델을 만들어 검증하는 과정을 반복하면서 숨겨진 진실을 탐구해가는 역할을 수행한다.

1.2 빅데이터의 기본 개념

빅데이터의 정의

빅데이터(big data)는 기존 하드웨어나 소프트웨어의 처리 능력을 넘어서는 대용량 데이터의 집합이다. 최근 SNS와 같은 소셜 미디어의 활용과 IoT 기기의 확산에 따라 테라바이트(terabyte) 수준의 데이터들이 대량으로 쏟아지고 있다. 빅데이터는 이전에는 얻을 수 없었던 통찰을 제공하기 때문에 의사 결정을 위한 소중한 정보 자산으로 간주된다. 대량일 뿐만 아니라 다양하고 복합적인 성격을 갖기 때문에 기존 데이터 처리 기술의 한계를 넘어선다. 새로운 빅데이터 관련 기술이 필요한 이유이다.

대량의 데이터로부터 가치를 발굴하는 것은 새로운 통찰을 얻는 과정으로 정의되며 흔히 'DIKW'(Data Information Knowledge Wisdom) **피라미드**'로 표현한다.

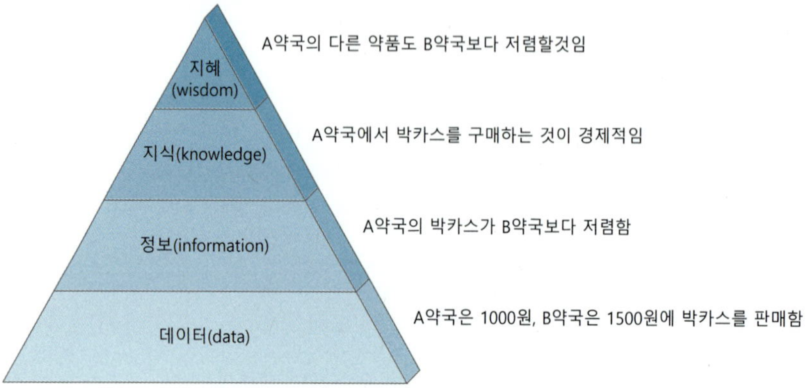

[그림 12-2] DIKW 피라미드

[그림 12-2]에서 보는 것처럼 수집한 '데이터'들의 상관관계를 분석하면 '정보'를 발견할 수 있다. 정보를 조직화하면 '지식'(knowledge)이 만들어지고 지식을 구조화하면 '지혜'(wisdom)가 된다.

빅데이터의 특성

빅데이터는 본질적으로 대량의 데이터를 뜻하지만 빅데이터를 정의하는 고유한 특성들이 있다. 빅데이터는 3V(Volume, Variety, Velocity) 또는 5V(Volume, Variety, Velocity, Value, Veracity)로 요약되는 [그림 12-3]과 같은 특성들을 갖는다.

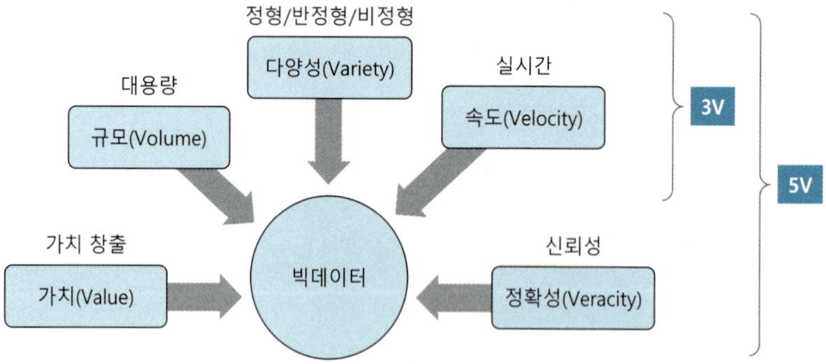

[그림 12-3] 빅데이터의 특성

▪ 증가된 데이터의 용량(Volume)

첫 번째 특성은 **데이터의 규모**이다. 빅데이터가 기존 데이터 관리 기술의 수용 한계를 넘는 대용량임을 의미한다. IT서비스의 확대, 각종 스마트 기기와 인터넷의 발달에 따라 디지털 정보량은 폭발적으로 증가하고 있다. 정보 서비스 수준이 높아질수록 방대한 데이터 처리량이 요구되고 데이터 공유가 쉬워지면서 데이터 저장량이 크게 증가하기 때문이다. 빅데이터의 크기는 테라바이트 수준을 넘어 페타바이트(Petabyte=210Terabyte) 수준 이상이다.

▪ 높아진 데이터의 다양성(Variety)

두 번째는 **데이터의 다양성**이다. 빅데이터가 기존 데이터 저장 기술로는 처리하기 어려운 다양한 유형의 데이터임을 의미한다. 쏟아지는 데이터의 유형이나 종류가 매우 다양하다. 문자열, 수치값 등의 정형 데이터뿐만 아니라 자유로운 형식의 이메일, 음성, 스트리밍 등의 비정형 데이터까지를 포함한다. 정보 서비스가 다양해짐에 따라 발생되는 데이터 유형도 다양해진 결과이다. 빅데이터 처리 과정에서는 정형 데이터보다 비정형 데이터가 중심이 되기도 한다. 비정형 데이터의 비중이 증가할수록 데이터 처리의 복잡성은 증가한다.

▪ 빨라진 데이터의 생성 속도(Velocity)

세 번째는 **데이터의 발생 속도**이다. 빅데이터는 생성 속도가 빨라 매우 신속한 처리와 분석이 요구되는 데이터임을 의미한다. 동영상, 문자 메시지, 각종 사물(센서 및 모니터링) 데이터, 로그 데이터 등 다양한 원천으로부터 끊임없이 데이터가 생성된다. 쏟아지는 데이터의 양도 문제이지만 데이터의 발생 속도 또한 감당하기 어려운 수준이다.

규모, 다양성, 속도 이외에 빅데이터의 또 다른 특성으로 고려되는 것은 가치와 정확성이다.

▪ 광범위한 가치(Value)

네 번째는 **데이터의 가치**이다. 빅데이터 분석을 통해 기업과 사회의 현실 문제를 해결하여 가치 창출에 기여하는 특성이다. 빅데이터 활용을 통해서 매출과 수익 같은 경제적 이익이외에도 시간, 비용, 만족도 측면에서 또 다른 가치(질적 향상)를 기대할 수 있다.

■ 신뢰할 수 있는 정확성(Veracity)

다섯 번째는 **데이터의 정확성**이다. 질 높은 의사결정을 위해서 정확한 사실 데이터에 기반한 분석을 요구하는 특성이다. 정확성은 데이터에 부여할 수 있는 신뢰의 수준을 말한다. 빅데이터 분석 결과의 신뢰성을 높이기 위해서는 데이터의 정제와 검증에 많은 시간과 노력을 기울여야 한다.

빅데이터의 유형

빅데이터의 유형은 다양하고 복잡하다. 형식과 구조의 고정성 정도에 따라서 [그림 12-4]와 같이 정형 데이터와 반정형 데이터 그리고 비정형 데이터로 구분한다.

번호	이름	나이	성별
s001	홍길동	25	남
s002	김나리	22	여
s003	이승훈	27	남

정형 데이터

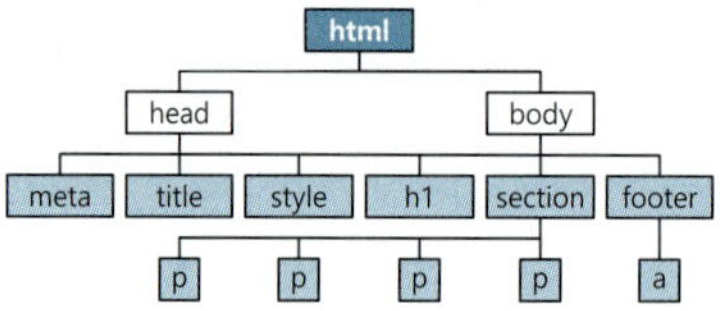

반정형 데이터

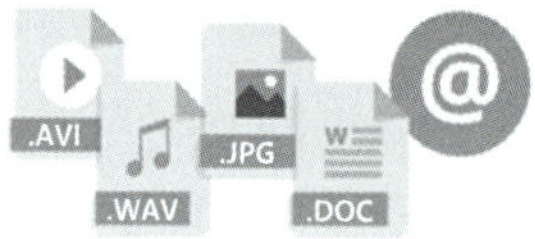

비정형 데이터

[그림 12-4] 빅데이터의 유형

- **정형 데이터**(structured data)

  정해진 형식과 구조에 따라 고정된 필드에 저장되도록 구성된 데이터이다. 예를 들면 '인사' 테이블이나 '매출' 스프레드시트와 같이 통일된 형식을 갖는다. 대부분 데이터베이스 안의 지정된 크기와 형식을 갖는 숫자 또는 문자 값들이다. 정형화된 형식과 저장 구조를 가지므로 검색, 변경 등의 연산이 쉽다. 기존의 정형화된 업무나 서비스로부터 발생한다.

- **반정형 데이터**(semi-structured data)

  고정된 필드로 저장되지만 데이터의 형식과 구조가 변경될 수 있는 데이터이다. 보통 구조 정보를 데이터와 함께 제공하는 XML, JSON 등의 파일 형식의 데이터이다. 통일된 형식은 아니지만 비슷한 구조를 갖는다. 분석을 위해서는 파싱을 통해 정형 데이터로 변환되어야한다. 파일 내부에 스키마에 해당하는 메타 데이터를 포함하고 있어 정형 데이터로의 변환이 가능하다.

- **비정형 데이터**(unstructured data)

  음성이나 동영상, 블로그, SNS 메시지 등과 같이 정해진 형식이나 구조가 없는 정형화되지않은 데이터이다. 대부분 크기와 형식을 미리 정의하기 어려운 데이터들을 포함한다. 정해진 저장 구조가 없기 때문에 내용에 대한 질의 처리가 어려우므로 정형 또는 반정형 데이터로 변환 작업이 필요하다. 데이터 수집과 처리는 어렵지만 최근 비중이 가장 빠르게 증가하는 데이터 유형이다. 잠재 가치가 가장 높아 관심과 연구가 집중되고 있다.

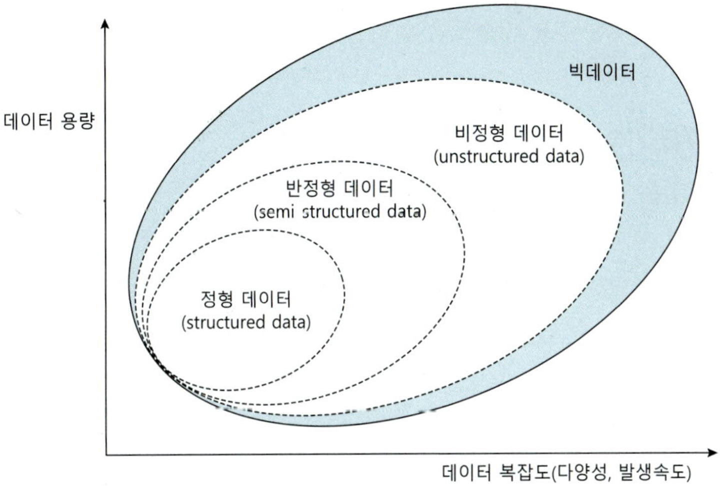

[그림 12-5] 빅데이터의 분류

[그림 12-5]는 데이터 복잡도와 용량에 따른 데이터의 유형 특성을 보여준다. 빅데이터의 유형별 특성과 종류를 정리하면 〈표 12-1〉과 같다.

〈표 12-1〉 빅데이터의 유형별 특성

구분	특성과 종류	
정형 데이터	• DB 스키마 구조 안에 저장 가능한 데이터 • 고정된 필드에 저장된 데이터 예 실적 테이블, 업무 스프레드시트 등	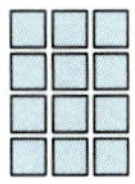
반정형 데이터	• DB 스키마 구조 안에 저장 가능하지만 비효율적인 데이터 • 가변적인 비구조적 형태의 필드에 저장된 데이터 • 파일 내부에 구조에 관한 메타 정보를 포함한 데이터 예 HTML, XML, JSON, 웹문서, 웹로그 등	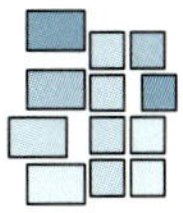

비정형 데이터	• DB 스키마 구조 안에 저장 불가능한 데이터 • 비구조화된 파일 형식의 데이터 • 자유로운 형식의 멀티미디어 객체 데이터 예 소셜 데이터(이메일, 블로그, SNS 메시지), 센서 데이터(QR 코드, RFID, GPS), 멀티미디어 데이터(이진파일, 이미지, 오디오, 비디오) 등	

2. 빅데이터 기술과 NoSQL

빅데이터를 다루기 위한 주요 기술들을 살펴보자.

빅데이터의 주요 기술

빅데이터의 핵심은 대용량의 데이터 저장소를 구축하고 적합한 데이터 분석 모형을 적용하여 탐색, 분석, 시각화하는 것이다. 데이터의 수집에서부터 저장, 처리, 분석에 이르기까지 빅데이터의 유형별로 각기 다른 기술이 요구된다. [그림 12-6]은 빅데이터 주요 기술을 보여준다. 5가지 주요 기술들은 빅데이터 분석을 위한 전체 과정에서 단계별로 순차적으로 활용한다.

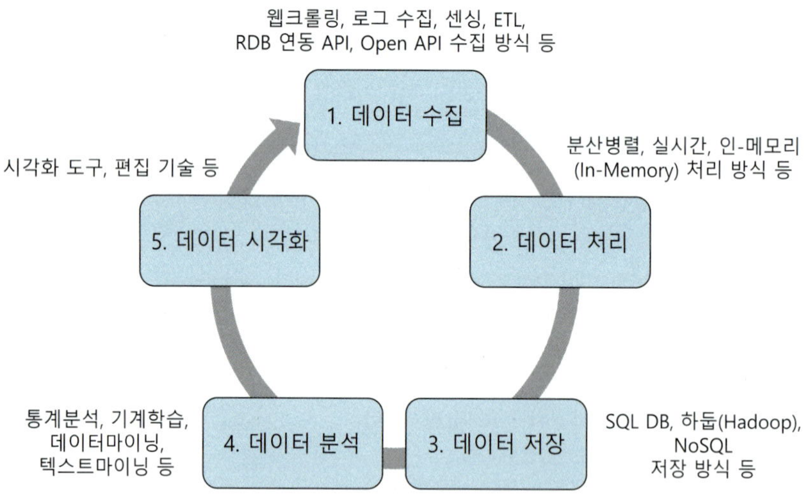

[그림 12-6] 빅데이터의 주요 기술

1) 빅데이터 수집 기술

필요한 데이터를 단순히 확보하는 수준이 아닌 데이터를 발굴하여 변환 과정을 통해서 정제된 데이터를 획득하는 기술이다. 조직 내부와 외부에 존재하는 다양한 원천 데이터(source data)에 대하여 데이터웨어하우스의 추출, 변환, 적재(ETL; Extract Transform Load)와 유사한 과정을 확대 수행한다. 수집된 정보는 분석 목적에 적합하도록 추가적인 데이터 변환 작업이 이루어진다.

2) 빅데이터 처리 기술

수집된 대용량 데이터는 저장, 가공, 공유, 분석 과정을 지원하기 위한 다양한 처리 기술이 필요하다. 먼저 수집된 데이터를 필터링하거나 데이터의 유형을 변형 또는 정제하는 등의 작업이 수행된다. 다음으로 분석이 편리하도록 변환, 통합, 축소 등의 작업을 거치게 된다. 처리 과정의 결과물은 RDB, NoSQL, 분산파일시스템 등에 저장된다.

3) 빅데이터 저장 기술

다양한 유형의 대용량 데이터를 적은 비용으로 빠르고 쉽게 저장하는 기술이다. 수집한 데이터를 빅데이터의 특성에 따라 데이터 유형별로 적합한 저장소에 저장한다. 보통 정형 데이터는 관계형 데이터베이스에, 반정형 데이터는 관계형 또는 NoSQL 데이터베이스에 저장한다. 비정형 데이터는 NoSQL 데이터베이스나 분산 파일 시스템에 저장한다.

4) 빅데이터 분석 기술

다양한 데이터의 정확한 분석과 분석 결과의 활용을 위한 기술이다. 분석 계획을 수립한 후 분석 시스템을 구축하고 실제 분석을 실행한다. 수집된 데이터를 분석하여 숨겨진 의미를 파악하기 위해서는 기초 통계 분석부터 데이터마이닝에 이르기까지 다양한 분석 기법들을 활용한다.

5) 빅데이터 시각화 기술

데이터 분석 결과를 다양한 차트와 그래픽 등으로 시각화하는 표현 기술이다. 빅데이터로부터 정보와 가치를 찾아내는 것도 중요하지만 사람들이 쉽게 직관적으로 알 수 있도록 효과적으로 전달하는 것도 매우 중요하다.

2.1 빅데이터의 수집

빅데이터의 수집은 조직 내·외부의 데이터를 효과적으로 수집하는 과정이다. 방대한 데이터 속에서 원하는 데이터를 찾아내고 모아서 변형하는 일련의 과정을 거쳐 정제된 데이터로 만드는 복잡한 작업이다. 분석 과정에서 가장 중요하면서도 어려운 과정이다.

의미있는 분석 결과를 얻기 위해 다음 4가지 기준을 고려한다.

- 데이터의 충분성(데이터의 축적 기간 및 분량의 충분성 등)
- 데이터의 완전성(데이터 누락 및 결측값의 비율 등)
- 데이터의 일관성(데이터 유형과 값의 일치성 등)
- 데이터의 정확성(데이터 편향과 분산 등)

수집 데이터의 유형 분류

데이터의 수집 경로가 파악되면 수집할 데이터를 종류별로 분류한다. 수집할 데이터의 유형, 크기, 보관 방식, 수집 주기 등에 따라 적합한 수집 소프트웨어 도구들을 선택적으로 사용한다.

〈표 12-2〉 수집 데이터의 유형 분류

분류 기준	종류
데이터 유형	정형 데이터, 반정형 데이터, 비정형 데이터
데이터 특성	정량적 데이터, 정성적 데이터
데이터 위치	내부 데이터(조직 안의 데이터), 외부 데이터(조직 밖의 데이터)
수집 빈도	일회성, 반복성
수집 주기	배치(일괄), 실시간
데이터 형식	RDB, 스프레드시트, HTML, XML, 센서 데이터, 웹로그, 이미지, 동영상, 문서 등

외부 데이터는 내부 데이터에 비하여 상대적으로 수집이 어렵지만 분석 활용 가치가 높다. 정성적 데이터(qualitative data)는 비계량적, 질적 데이터를 말하며 데이터 하나하나가 함축된 의미를 가진다. 정량적 데이터(quantitative data)는 주로 계량적, 양적 데이터를 말하며 여러 속성이 결합하여 통합된 의미나 설명이 가능하다. 빅데이터의 수집은 정제된 데이터를 확보하는 모든 기술과 과정을 포함한다. 데이터웨어하우스 구축을 위한 ETL 과정과 매우 유사하다.

Note **ETL 과정**

데이터웨어하우스나 데이터마이닝에서는 수집된 데이터를 분석이 쉽도록 통일된 형태로 변환하는 과정을 ETL(Extract, Transformation, Load)이라고 한다. 빅데이터의 데이터 수집 과정은 데이터웨어하우스 수집 과정과 매우 유사하지만 규모나 파급성 측면에서 훨씬 중요하다. 빅데이터 수집을 위해서는 ETL 과정을 포함하되 보다 복잡하고 섬세한 작업이 요구된다.

- ETL 세부 과정
  - **추출**(Extract)
    하나 또는 그 이상의 원천으로부터 데이터를 획득한다.
  - **변형**(Transformation)
    데이터 정제를 위해 형식 변화, 표준화, 통합 또는 업무 규칙을 적용하여 변환한다.
  - **적재**(Load)
    변형 단계에서 처리가 완료된 데이터를 목표 시스템에 저장한다.

- ETL의 주요 기능
  - 논리적 데이터 변환
  - 도메인 검증
  - DBMS간 변환
  - 필요시 기본값 생성
  - 데이터 요약
  - 데이터 키값을 이용한 시간 추정
  - 데이터 키값의 재구성
  - 레코드 통합
  - 불필요한 데이터 또는 중복 데이터의 삭제

빅데이터의 수집 기술

수집 데이터의 유형에 따라 적합한 수집 기술을 선택하여 적용한다. **정형 데이터**는 주로 내부 데이터로 테이블, 스프레드시트과 같이 통일된 형식을 가지고 있어 수집이 쉽다. **반정형 데이터**는 XML(eXtensible Markup Language), HTML(Hypertext Markup Language), JSON(Javascript Object Notation) 등과 같이 데이터 내부에 스키마에 해당하는 메타 데이터를 포함한다. 분석 가치가 비교적 높지만 메타 데이터를 해석하여 정형화된 형태로 변환하는 과정이 필요하다. **비정형 데이터**는 연산이 불가능하고 수집 과정이 가장 어렵다. 텍스트나 파일을 파싱하여 반정형 구조로, 그리고 다시 정형 구조로 변환해야 한다. 소셜 미디어 서비스의 확산으로 비정형 데이터의 양은 감당하기 어려운 수준이다. 분석 가치가 가장 높기 때문에 대용량 수집과 저장을 위한 자동화 기술이 중요하다.

Note 텍스트 데이터 수집 기술

가장 일반적인 비정형 데이터인 웹텍스트 관련 수집 기술을 살펴보자. 크롤링이나 스크래핑은 웹상에 흩어져있는 데이터를 수집하는 대표적 기술이다.

- **웹 크롤링**(crawling)

웹 로봇인 크롤러를 이용하여 소셜 데이터 및 인터넷 웹 페이지 데이터를 반복적으로 자동으로 수집하는 기술이다.

- **웹 스크래핑**(scraping)

웹사이트나 웹문서 중 원하는 특정 위치의 정보를 자동으로 추출하여 수집하는 기술이다. 추가적인 웹텍스트 수집 기술에는 인터넷 서버와 각종 파일을 송 · 수신하는 FTP 파일 수집 기술, XML 기반 웹콘텐츠 정보를 공유하는 RSS 수집 기술, 개발자에게 개방된 공개 API 실시간 데이터 수집 기술, 웹로그나 클릭 로그 등에 대한 로그 수집 기술 등이 있다.

데이터 유형별로 빅데이터 수집을 위한 다양한 제품들이 선택가능하다. 대표적인 빅데이터 수집 제품으로는 테이블 또는 스프레드시트로부터의 정형 데이터 수집을 위한 스쿱(Sqoop), 로그 센서 데이터와 같은 반정형 데이터 수집을 위한 플럼(flume) 그리고 소셜 데이터와 같은 비정형 데이터 수집을 위한 스크라피(scrapy) 등이 있다.

수집 데이터의 처리

수집 데이터의 처리는 데이터 가공이나 데이터 분석을 준비하는 과정이다. 수집된 모든 빅데이터는 분석 가능한 데이터로 변환하는 전처리 과정을 수행한 후 저장한다. 저장 이후에는 분석을 위하여 후처리 과정을 추가적으로 수행한다.

빅데이터 전처리(pre-processing)는 수집 데이터에 대한 필터링, 데이터 유형 변환, 정제 등의 작업을 수행하는 과정이다. 이 과정을 거친 후 데이터 저장소에 적재된다. **빅데이터 후처리**(post-processing)는 데이터 저장소에 적재된 데이터를 분석이 쉽도록 가공하는 작업 과정이다. 데이터의 변환, 통합, 축소 과정을 포함한다.

Note 빅데이터 정제

보통 수집된 빅데이터를 그대로 분석에 활용하기는 쉽지 않다. 수집된 데이터 안에는 결측치, 잡음, 이상치와 같이 데이터 오류들이 포함되어 있기 때문이다. 오류 데이터를 걸러내거나 제거함으로써 기준에 맞는 완전한 데이터로 만드는 과정이 **데이터 정제**(data cleansing)이다.

- 결측값(missing value) 처리

결측값은 입력이 누락된 데이터값이다. 오류인 경우도 있지만 일부러 피하거나 제공하지 않을 경우(예: 개인 신체 정보 등)에도 발생한다. 해당 결측값의 제거 또는 무시, 결측치 추정(평균, 중앙값, 최빈값 등 사용), 예측 모델을 통한 예측값 적용 등을 활용한다.

- 잡음(noise) 처리

잡음은 사실값에서 벗어난 오류값이다. 단순 기록 오류나 통신상의 문제로 발생하는데 완전히 제거하기는 어렵다. 보통 잡음 제거를 위해 일정 범위의 평균값이나 중간값으로 대체한다.

- 이상값(anomaly 또는 outlier) 처리

이상값은 정상적인 범위를 많이 벗어난 터무니없이 크거나 작은 데이터값이다. 보통 이상값은 제거하거나 무시한다. 오류가 아닌 특이값인 경우에는 발생 원인을 파악하고 난 후 분석을 수행한다.

정제가 완벽하게 이루어지지 않을 경우, 데이터값이 일관되지 않아 바람직한 빅데이터 분석을 할 수 없다.

2.2 빅데이터의 처리와 하둡(맵리듀스)

빅데이터 처리 과정에서는 처리 비중이 높은 비정형 데이터를 어떻게 분석할 것인지, 복잡한 처리 과정을 어떻게 분산할 것인지 그리고 어떤 분석 모델을 적용할 것인가 등에 따라 적합한 처리 방식을 적용한다. 데이터 처리 방식은 **대화형**(interactive), **일괄형**(batch), **실시간형**(real time) 처리 방식으로 구분한다. 보통 일괄 처리나 실시간 처리 방식을 적용한다. 일괄처리 방식은 여러 서버에 분산해서 한꺼번에 처리하고 결과를 다시 정리하는 분산병렬처리 방식을 의미한다. 실시간 처리 방식은 SNS, 블로그 등의 글이나 사진, 동영상 등의 비정형 데이터를 발생 즉시 처리하는 방식이다. 대부분 하둡과 같은 일괄처리 기반의 분산 파일 시스템을 많이 사용한다.

아파치 하둡

빅데이터는 규모가 크기 때문에 파일 저장 시스템을 그대로 사용하는 경우, 처리 시간이 문제가 된다. 해결 방안 중 하나는 여러 서버에 분석 작업을 분배하고 결과를 조합하는 분산병렬 컴퓨팅 기술을 활용하는 것이다. 대부분의 빅데이터 처리 시스템은 대용량 데이터의 수집, 관리, 유통, 분석 과정을 분산 병렬 처리한다. 가장 인기있는 하둡이 대표적인 예이다. 빅데이터를 위해서는 고확장성과 고성능의 인프라 구축이 필수적이다.

하둡(Hadoop; High-availability distributed object-oriented platform)은 대용량의 데이터를 분산 처리할 수 있는 플랫폼이다. 아파치 재단에서 공개한 자바 기반의 오픈소스 소프트웨어로 구글의 방대한 데이터를 분석한다. 하둡은 빅데이터 기술에서 가장 중요한 요소로 빅데이터 생태계의 중심이 되고 있다. 서버의 저장 공간이나 처리 용량을 증가시키는 수직적 확장이 아닌 분산 처리 서버의 수를 계속 늘려가는 수평적 확장 방식을 통해 빅데이터를 처리한다.

하둡의 핵심 요소는 다음 2가지이다.

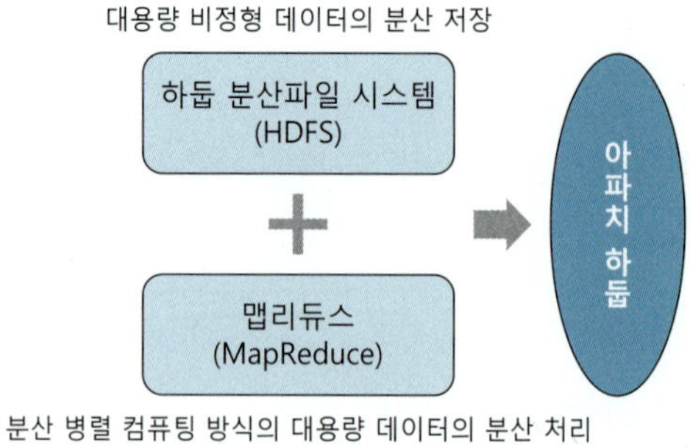

[그림 12-7] 하둡의 핵심 요소

■ **하둡 분산파일 시스템**

대용량 데이터를 저장하는 **HDFS**(Hadoop Distributed File System)는 수백에서 수천 노드(서버)의 클러스터를 이용하여 기가바이트 이상의 데이터를 분산 처리한다. 마스터/슬레이브(Master Slave) 노드 구조를 갖으며 하나의 네임 노드(마스터)와 다수의 데이터 노드(슬레이브)로 구성된다. 네임 노드(name node)는 파일 시스템의 이름 공간을 관리하면서 파일 접근 요청을 처리한다. 데이터 노드(data node)들은 파일을 저장하고 가용성을 보장하기 위해 노드 간 복제를 수행한다. 하나의 파일은 블록 단위로 분할되어 여러 데이터 노드에 분산·저장된다. 수집된 데이터들은 하둡 분산파일 시스템에 저장되었다가 다시 맵리듀스를 통해 처리된다.

■ **맵리듀스**

맵리듀스(MapReduce)는 대용량 데이터의 분산 병렬처리를 위해 구글에서 만든 소프트웨어 프레임워크이다. 프레임워크의 핵심은 분산 병렬 컴퓨팅이다. 기존 방식처럼 중앙으로 모든 데이터를 가져오지 않고 분할 정복 방식으로 대량의 데이터를 작게 분할하여 여러 노드에 분산 처리함으로써 아무리 큰 데이터라도 쉽게 분할 처리할 수 있다. 병렬도가 높거나 단순한 작업에 효과적이며 실시간 처리에는 부적합하다.

하둡은 시스템 중단없이도 장비 추가가 쉽고 비용 대비 데이터 처리 속도가 빠르다. 병렬 분산 처리의 자동화와 높은 장비 확장성 등도 장점이다. 파일 수는 작지만 대용량인 데이터 파일들을 오프라인에서 배치 처리하는데 적합한 프레임워크이다. 단점은 실시간 데이터 분석에는 부적합하고 데이터 변경이 어렵기 때문에 반복되는 읽기에 최적화된 기술이라는 점이다.

트위터, 넷플릭스 등 많은 사례에서 몇 천대의 서버와 수십 페타바이트 수준의 스토리지로 구성된 하둡 클러스터를 성공적으로 운영 중이다. 현재는 HDFS와 맵리듀스로 하기 어려운 작업을 쉽게 할 수 있도록 여러 확장 기술들을 추가하였으며 이를 하둡 에코 시스템이라고 한다. **하둡 에코 시스템**은 하둡 프레임워크를 이루고 있는 다양한 서브 프로젝트들의 모임이다. 많은 수의 하둡 관련 오픈소스 프로젝트가 진행중이며 다양한 하둡 확장 기술들이 포함되어 하나의 거대한 기술 생태계를 구성하고 있다.

맵리듀스 처리 과정

■ 맵리듀스 처리 단계

맵리듀스는 맵과 리듀스 두 과정으로 구성되며 실제 처리 절차는 다음 3단계로 실행된다.

1) 멥(map) 딘계

맵리듀스의 입출력 단위는 레코드이며 〈키, 값〉 쌍의 형태로 처리한다. 첫 번째 **맵 단계**는 데이터를 여러 개의 스플릿(split) 조각으로 나누어 맵 함수(mapper)에 입력한다. 맵 함수는 나누어진 스플릿 조각 수만큼 서버에서 병렬 처리한다. 맵 단계의 핵심은 문서와 같은 비정형 데이터로부터 〈키, 값〉의 쌍으로 매핑된 정형 데이터를 생성하는 것이다. 맵 단계는 불필요한 레코드들을 제거하고 입력 데이터를 원하는 형태의 데이터로 묶는 작업을 수행한다.

2) 셔플(shuffle) 단계

맵 단계에서 생성된 결과는 **셔플**(shuffle) **작업**을 통해 통합된 후 다음 단계인 리듀스의 입력이 된다. 맵 단계가 완료되면 추출된 〈키, 값〉 형태의 분석 대상 레코드들을 정렬한다. 정렬된 레코드들은 같은 키를 갖는 값들을 하나의 리스트로 묶어서 리듀스 단계로 전달한다.

3) 리듀스(reduce) 단계

세 번째 **리듀스 단계**는 셔플 단계로부터 전달받은 입력값을 리듀스 함수(reducer)를 통해 중복 데이터를 제거하고 원하는 데이터만 추출하는 작업을 수행한다. 리듀스 함수는 전달받은 레코드를 축소하여 새로운 〈키, 값〉의 쌍을 만들어 내고 하둡 분산 파일 시스템인 HDFS로 내보낸다.

■ 맵리듀스 활용 예

각 단어의 갯수를 세는 처리 과정을 예로 들어보자. [그림 12-8]의 예제는 특정 문서를 입력하면 맵리듀스 방식을 통해 문서 안 각 단어의 갯수를 구하여 반환한다.

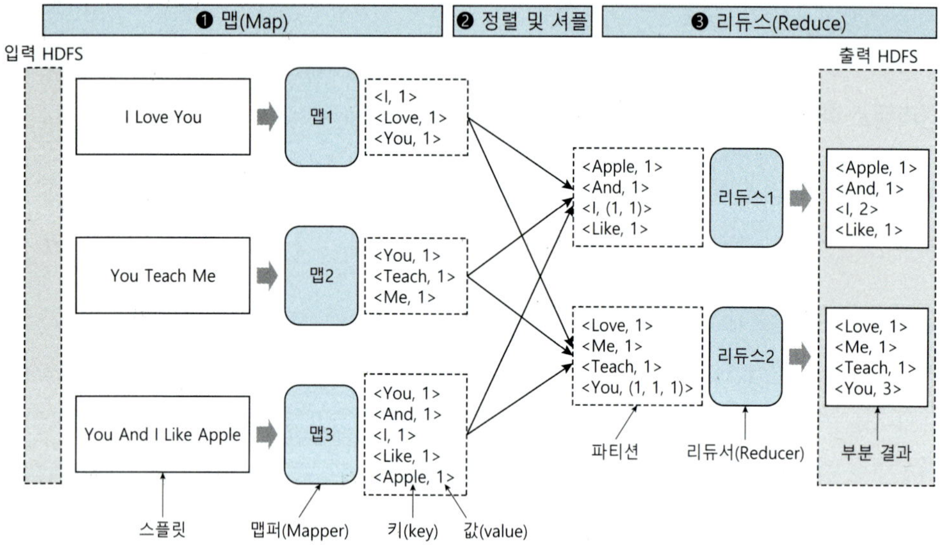

[그림 12-8] 맵리듀스 프레임워크의 실행 과정(문장 안의 단어 개수 반환 예)

먼저, HDFS에 저장된 비정형 원시 데이터(문서)를 맵에서 처리할 수 있는 3개의 스플릿 조각(문장) 단위로 나눈다. 스플릿의 목적은 병렬 처리를 위해 데이터를 일정하게 나눔으로써 각 맵의 작업 부하를 줄이는 것이다. 예에서 'You Teach Me' 문장이 두 번째 스플릿이다.

❶ 3개의 문장이 입력되면 **맵퍼**는 각 문장에서 단어를 추출하여 개수를 센다. 문장 안의 모든 단어가 '〈단어, 단어_갯수〉' 레코드 형식으로 변환된다. 이때 각 '단어'는 키가 되며 '단어_갯수'는 값이 된다. 예에서 두 번째 스플릿에 대한 '〈You, 1〉' 레코드는 두 번째 문

장에서 'You' 단어가 '1'번 등장함을 의미한다. 맵퍼를 통해 입력받은 스플릿을 파싱하고 불필요한 데이터는 제거하여 분석에 적합한 〈키, 값〉의 쌍을 생성한 결과이다. 많은 맵퍼들이 병렬 처리됨으로써 처리 성능이 향상된다.

❷ 맵퍼에 의해 생성된 '〈단어, 단어_갯수〉' 레코드들은 연관된 파티션들로 분류되고 키를 기준으로 정렬된 후 리듀서에게 매핑된다. 이 뒤섞는 과정을 **셔플**(shuffle)이라고 한다. 각 단어는 중복될 수 있으므로 프레임워크는 자동으로 키를 정렬한 후 같은 키에 대한 값들의 리스트로 구성된 〈단어, (단어_갯수1, 단어_갯수2, . . .)〉 레코드들을 생성한다. 예에서 두 번째 파티션 안의 '〈You, (1,1,1)〉' 레코드는 전체 3개의 문장 안에 'You' 단어가 각각 1번씩 등장함을 의미한다.

❸ **리듀서**는 필터링을 통해 입력받은 레코드 안의 값들을 같은 키를 갖는 것끼리 통합한다. 생성된 레코드로부터 중복된 단어들은 리듀서를 통해 필터링되고 통합됨으로써 최종적으로 각 단어의 개수를 계산하여 〈난어, 난어_총갯수〉 레코드로 출력한다. '〈You, (1,1,1)〉' 레코드는 '〈You, 3〉' 레코드로 통합되어 'You' 단어가 전체 3번 등장함을 표현한다. 리듀서에서 생성되는 최종 〈키, 값〉의 쌍들은 HDFS에 파일로 출력된다.

대용량 데이터를 맵리듀스 형태로 처리하면 클러스터링 환경에서 여러 노드에 작업을 분배하여 병렬 수행하고 그 과정에서 데이터 이동을 최소화함으로써 효과적으로 분산 처리가 가능하다. 준비 과정이 오래 걸리지만 구조가 단순하고 데이터양이 많을수록 성능이 효과적이어서 빅데이터의 배치 처리 작업에 적합하다.

2.3 빅데이터의 저장과 NoSQL

수집 과정을 통하여 확보한 빅데이터로부터 유용한 정보를 추출하려면 데이터를 효과적으로 저장 및 관리하여야 한다. 보통 정형 데이터는 SQL 데이터베이스에 저장하고 반정형 데이터는 SQL 데이터베이스 또는 NoSQL 데이터베이스를 사용한다. 비정형 데이터는 NoSQL 데이터베이스나 분산 파일 시스템에 저장한다.

빅데이터 저장 방식

빅데이터 저장 방식은 크게 데이터베이스 방식과 분산 파일 시스템 방식으로 분류한다. 데이터베이스 방식은 다시 SQL 데이터베이스와 NoSQL 데이터베이스로 구분할 수 있다.

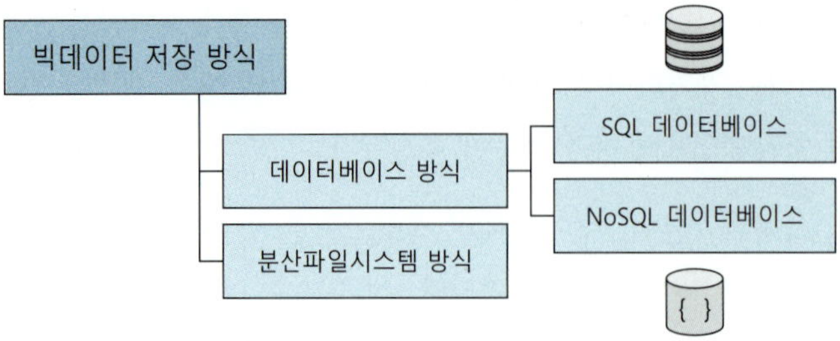

[그림 12-9] 빅데이터 저장 방식

■ SQL 데이터베이스

테이블 형식의 관계형 모델을 엄격하게 지원하는 **관계형 데이터베이스**이다. 미리 정의된 스키마를 가진 구조화된 **정형** 데이터를 저장한다. 기존 운영 시스템으로부터 수집, 추출한 데이터를 대량으로 저장할 때 주로 사용한다. Oracle, MySQL, DB2, PostgreSQL 등이 해당된다. 다차원 분석을 위한 데이터웨어하우스 저장소로써 주제별, 시계열적 데이터를 저장하기도 한다.

■ NoSQL 데이터베이스

엄격한 관계형 모델이 갖는 제약(정규화, 조인 비용 등)을 완화하여 유연성을 지원하는 데이터 저장소이다. 고정된 스키마 없이 자유롭게 필드를 추가할 수 있어 스키마가 유연하거나 생략될 수 있는 **반정형** 및 **비정형**데이터를 저장한다. 조인 연산이나 SQL을 지원하지 않는다. 데이터 복제, 분할 저장 등 분산 환경에서의 가용성 및 수평적 확장성을 지원한다. 저비용으로 대용량 데이터의 저장 및 분산 처리가 가능하여 높은 성능을 제공한다. MongoDB, Hbase, Cassandra, Redis 등이 해당된다.

■ 분산 파일 시스템

주로 내부 구조가 없는 **비정형** 데이터를 **분산 파일** 형태로 확장 가능하도록 저장한다. 분산된 서버에 파일을 나누어 저장하고 파일 읽기, 쓰기 연산을 API를 통하여 지원하는 대용량 데이터 저장소 구현 방식이다. 저사양의 서버들로도 고성능의 대용량, 분산 저장 환경을 제공하므로 데이터 처리가 중심이 되는 고성능의 고장-감내(fault-tolerant) 환경에 적합하다. 대표적인 예는 아파치의 HDFS(Hadoop Distributed File System), 구글의 GFS(Google File System) 등이 있다.

비정형 데이터는 어느 정도 구조적인 데이터 형태로 변환하여 NoSQL에 저장할 수 있다. 반정형 데이터도 변환을 통해 관계형 데이터베이스에 저장 가능하다. SQL 데이터베이스와 NoSQL 데이터베이스의 특성과 차이점을 비교하면 〈표 12-3〉과 같다.

〈표 12-3〉 SQL 데이터베이스와 NoSQL 데이터베이스의 비교

SQL 데이터베이스	NoSQL 데이터베이스
관계형 데이터베이스	비관계형 데이터베이스
테이블 형식	문서, 키값, 컬럼 패밀리, 그래프 형식
변경 어려운 고정된 스키마(정적)	스키마가 필요없는 유연한 스키마(동적)
구조화된 질의어(SQL) 사용	구조화되지 않은 질의어 또는 API 사용
수직 확장 가능	수평 확장 가능
고비용(고성능 메모리, CPU, 서버 증설)	저비용(저렴한 서버 증설, 클라우드 활용)
정형 데이터에 적합(데이터 유형 제한됨)	비정형 데이터에 적합(데이터 유형 제한없음)
빅데이터 처리에 한계	클라우드 컴퓨팅, 빅데이터 처리에 효과적
분산 처리 어려움	분산 처리 쉬움
외래키, 조인 방식	참조(링크), 내장(임베디드) 방식
소용량 핵심 비즈니스 데이터 처리 최적화	대용량 소셜미디어, 로그, IoT 데이터 처리 최적화
무결성 보장	무결성 완화

NoSQL 데이터베이스

관계형 데이터베이스는 규격화된 데이터를 저장 대상으로 하므로 폭발적으로 증가하는 비정형 데이터 저장에는 한계가 있다. 고가의 서버 확장과 용량 확대를 위해서는 큰 비용이 요구되므로 확장도 쉽지 않다. 빅데이터 환경에서 요구하는 대용량 데이터의 읽기와 쓰기, 빠른 응답시간, 높은 가용성 등은 기존 SQL 데이터베이스로는 효율적으로 지원하기 어렵다.

이에 대한 새로운 대안이 바로 NoSQL 데이터베이스이다. **NoSQL**은 'Not Only SQL' 또는 'Non SQL'의 줄임말이다. 'SQL 이외에도 사용가능한' 비관계형 데이터베이스를 의미한다. NoSQL 데이터베이스는 SQL 데이터베이스에 비해 보다 유연하고 확장성 있는 모델을 지원한다. NoSQL 사용의 가장 큰 이점은 분산 환경이다. 데이터를 여러 서버에 분산저장하고 운용하는데 필요한 최적화된 기능을 제공함으로써 단일 서버의 관계형 데이터베이스로는 감당하기 어려운 대용량 데이터를 병목없이 우수한 성능으로 제공한다. SQL 데이터

베이스와 NoSQL은 상호보완적이다. 다른 하나를 대체하는 개념이 아니므로 선택에 신중해야 한다. 무조건적으로 서둘러 NoSQL로 변경하는 것도 바람직하지 않다.

Tip 빅데이터 처리 능력 향상 방법

서버의 처리 능력을 향상시키기 위한 서버 확장 방식은 다음 2가지이다.

■ **상향식** 확장 방식

고성능, 고용량으로 특정 서버의 처리 능력을 늘리는 것이다. **수직적**(vertical) 혹은 **스케일 업**(scale up) 확장 방식이다. 작업 부하가 증가하면 기존 서버를 업그레이드하거나 고성능의 새로운 서버로 교체한다. **기존 관계형** DBMS들이 취할 수 있는 빅데이터 대응 방식이다. 간단하지만 장치를 확장하더라도 일정 수준까지만 가능하여 물리적 확장이 제한되는 문제점이 있다.

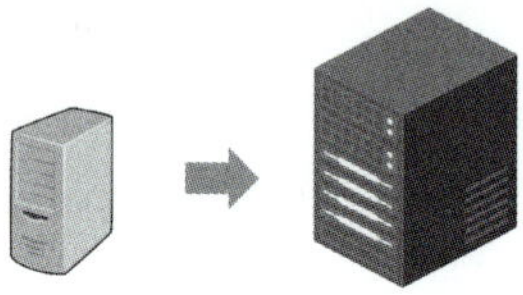

■ **외적** 확장 방식

저가의 서버라도 서버 자체를 더 추가한 뒤 서버들을 묶어 분산 병렬 처리함으로써 전체 시스템의 처리 능력을 키우는 방식이다. **수평적**(horizontal) 또는 **스케일 아웃**(scale out) 확장 방식이다. 기존 서버를 활용할 수 있고 장애 발생 시 분산된 서버로 피해를 줄일 수 있다. 늘어난 부하에 맞게 서버를 필요에 따라 동적으로 추가하거나 제거하는 형태로 빅데이터에 대응하는 유연한 방식이다. 주로 하둡이나 NoSQL 등의 빅데이터 분산 시스템 환경에서 사용한다.

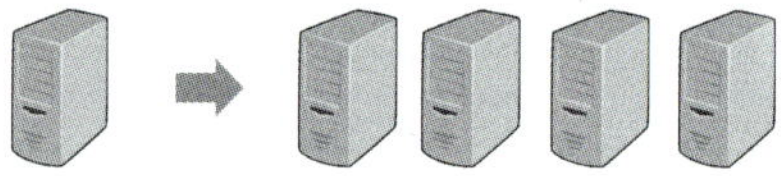

■ NoSQL 데이터베이스의 장점

NoSQL 데이터베이스의 장점은 다음과 같다.

- 유연성

  NoSQL 데이터베이스는 비고정 스키마 형태로 테이블 구조를 미리 정의하지 않아도 된다. 동적으로 새로운 속성의 추가, 삭제가 가능하다. 스키마 없이도 자유로운 형식으로 데이터를 저장할 수 있다.

- 확장성

  NoSQL 데이터베이스는 처음부터 분산 환경을 고려하기 때문에 상대적으로 제약이 덜하다. 서버를 증설해 확장하는 대신에 클라우드 서비스를 이용하거나 저가의 서버들을 간섭없이 필요할 때마다 추가함으로써 성능을 향상시킬 수 있다.

- 경제성

  NoSQL 데이터베이스는 오픈 소스 형태로 대부분의 소프트웨어를 무료로 사용할 수 있다. 성능 향상이 필요할 경우에도 기존 서버에 저가의 서버들을 추가하여 확장이 쉽기 때문에 경제적이다.

- 가용성

  NoSQL 데이터베이스는 기본적으로 분산 환경을 고려하여 자동 데이터 복제 기능과 여러 분산 서버를 쉽게 이용할 수 있도록 지원한다. 데이터 사본을 자동으로 복제하기에 서버 일부가 고장 나더라도 클러스터 안의 다른 서버가 작업을 떠맡아 서비스는 중단없이 수행된다.

Tip NoSQL과 CAP 속성

트랜잭션 처리를 위한 4가지 ACID 속성과 유사하게 분산 시스템을 위한 다음 3가지 CAP 속성이 있다.

- 일관성(Consistency)

분산 환경에서 모든 노드는 같은 시점에 같은 데이터를 보여주어야 한다.

- 가용성(Availability)

분산 환경에서 일부 노드의 장애에 상관없이 시스템은 항상 모든 요청에 대한 결과를 반환해야 한다.

- 분할 허용(Partition tolerance)

분산 환경에서 노드 장애가 아닌 네트워크 장애로 노드 연결이 끊겨도 시스템은 계속 동작해야 한다.

CAP 이론은 어떤 분산 시스템이든지 3가지 CAP 속성 모두를 동시에 만족시키기는 어렵고 최대 2가지 속성만 충족할 수 있다는 것이다.

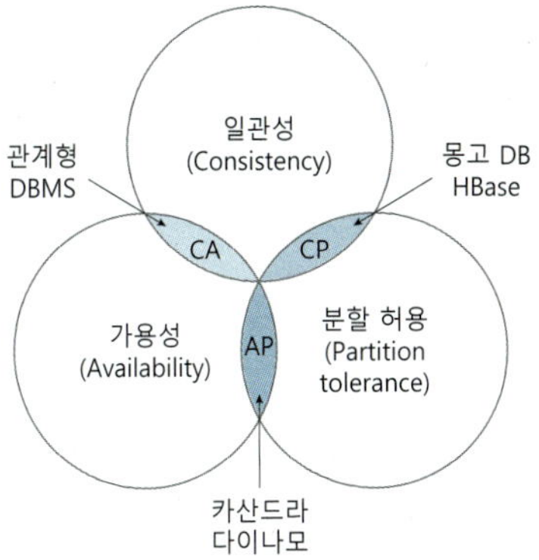

NoSQL에 CAP 이론을 적용하면 대부분 분할 허용을 필수적으로 충족하고 일관성이나 가용성중 하나를 포기한다. CA는 네트워크 장애가 절대 발생하지 않아야 하므로 사실상 불가능하기 때문이다. 충족할 수 있는 CAP 속성의 첫 글자를 조합하여 크게 CP와 AP 둘로 분류한다.

- CP는 데이터의 일관성을 만족하고 분할 허용을 충족하지만 사용자 응답에 지연이 발생할 수 있는 유형으로 mongoDB, HBase 등이 해당한다.
- AP는 서비스 가용성을 만족하는 동시에 성능을 위해 데이터 일관성을 희생하여 응답 지연은 없지만 일정시간 일관성이 보장되지 않을 수 있는 유형으로 Dynamo, Cassandra 등이 해당한다.

관계형 DBMS는 대부분 CA 부류에 해당한다. NoSQL 데이터베이스 선정 시 분산 시스템의 특성에 따라 CAP 필요성을 분석하고 그에 맞는 데이터베이스를 선택한다.

■ NoSQL 데이터베이스의 유형

NoSQL 데이터베이스는 데이터 모델에 따라 문서지향(document-oriented) 방식, 키-값(key-value) 방식, 컬럼지향(column-oriented) 방식, 그래프(graph) 방식 4가지 유형으로 분류할 수 있다. 4가지 NoSQL 유형의 특성과 표현 방식의 차이점을 비교해 보자.

1) 키-값 데이터베이스

키-값 데이터베이스(key-value database)는 NoSQL 데이터베이스 중 가장 단순하고 기본적인 형태이다. 모든 데이터를 '키'와 '값'의 쌍으로 매핑하여 저장한다. 조회를 위한 유일한 키와 하나의 데이터 값을 매핑해 정해진 스키마없이 저장하는 방식이다. '키'는 속성 이름을, '값'은 속성에 연결된 데이터 값을 의미한다. 데이터 분할이 가능하고 다른 데이터베이스로는 불가능한 수준까지 수평 확장이 가능하다. 단점은 특정값 검색에는 효율적이지만 데이터 정렬, 그룹화, 범위 검색 등이 어렵다는 점이다.

- **키**(key)

  키는 값을 접근하기 위한 식별자이다. 연관된 데이터 모임을 구별하기 위한 일종의 표식으로 항공기 탑승 시 짐에 붙이는 수하물 태그는 '키'에, 수하물 짐은 '값'에 비유할 수 있다.

- **값**(value)

  값은 키와 함께 저장되는 데이터이다. 숫자, 문자, 이미지, 이진값 등 모든 유형을 저장할 수 있다. 하나의 값은 단지 바이트 배열일 뿐이다. 스키마도 없고 데이터 유형 등의 개념도 없다. 데이터 유형을 제한하지 않고 유연성을 부여하므로 데이터 길이와 유형 변경이 가능하다.

예를 들어 웹 페이지를 저장할 경우, 'URL 주소'가 키가 되고 'HTML 파일 내용'이 값에 해당한다. 키-값 데이터베이스는 '데이터 저장 및 조회'라는 최소한의 기본 요구 사항만을 충실히 지원한다. 조회는 오직 키를 사용해서만 가능하다. 새로운 값을 추가하거나 키를 이용해서 값을 검색하거나 삭제할 수만 있다. 관계형 데이터베이스와 비교하면 제약 조건이나 조인, 외래키 그리고 SQL 질의어 등을 지원하지 않는다.

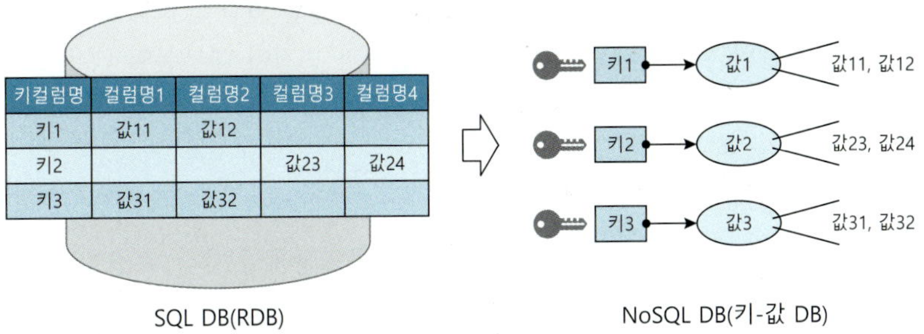

[그림 12-10] 키-값 데이터베이스의 표현 방식

2) 문서 데이터베이스

문서 데이터베이스(document database)는 키-값 데이터베이스의 발전된 형태로 반구조적 데이터의 저장과 검색에 사용된다. 차이점은 키에 대응하는 값이 문서라는 점이다. **'키-문서'** 데이터베이스 형태로 키에 대응하는 각각의 문서는 속성과 속성에 대응하는 데이터를 가진다. 문서는 반구조화된(semi-structured) 데이터 형태로 계층적 구조를 가지며 객체와 유사하게 하나의 단위로 취급한다. JSON이나 XML 문서 등이 이에 속한다. 제품 카탈로그처럼 각 제품마다 저장할 속성 개수도, 속성 유형도 다른 경우 효율적이다. [그림 12-11]은 JSON 형식과 유사한 문서 데이터베이스 안의 문서 예를 보여준다.

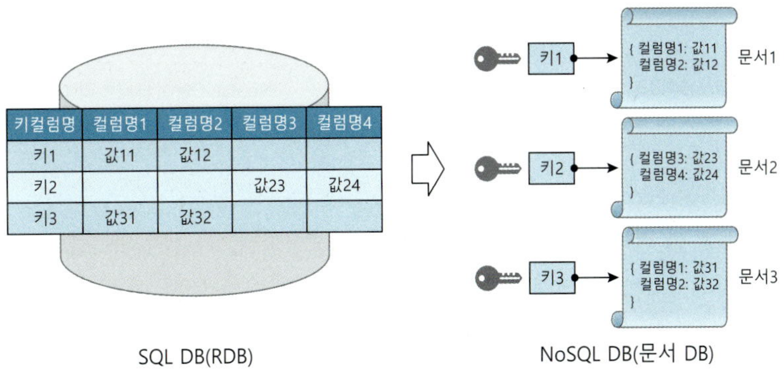

[그림 12-11] 문서 데이터베이스의 표현 방식

문서 데이터베이스는 스키마를 정의할 필요가 없어 유연하다. 문서를 추가하는 것만으로도 데이터 구조를 생성할 수 있다. 같은 개체 유형이라도 서로 다른 속성이 허용된다. 예를 들면 저장된 학생 정보 중에는 '군복무기간'이나 '직장경력', '해외국적' 등의 속성을 가진 학생도, 가지지 않는 학생도 존재할 수 있다. 문서 안에는 복수 개의 값을 갖는 속성도 저장가능하고 또 다른 문서도 속성 안에 내장해 저장할 수 있다. 여러 면에서 객체지향 데이터베이스와 비슷한 점이 많다. 스키마가 자주 바뀌거나 저장할 데이터가 복잡한 계층 구조를 가질 경우 또 문서간의 비교보다는 문서 자체의 검색과 변경이 대부분일 경우 효과적이다. NoSQL 데이터베이스 중에서 가장 인기있는 유형이다.

3) 컬럼 패밀리 데이터베이스

컬럼 패밀리 데이터베이스(column family database)는 구조면에서 가장 복잡한 유형이다. 테이블 형식으로 저장하므로 관계형 데이터베이스와 비슷한 점이 많다. 기본 저장 단위는 컬럼으로 키에 대응되는 '(컬럼명, 값)' 조합으로 된 여러 개의 필드를 갖는다.

컬럼을 기반으로 컬럼 단위로 묶어서 저장하는 **컬럼-지향**(column-oriented) 데이터베이스이다. 하나의 행에 많은 컬럼을 포함할 수 있어서 유연성이 높고 분산 저장과 확장이 가능하여 빅데이터에 유리한 구조이다.

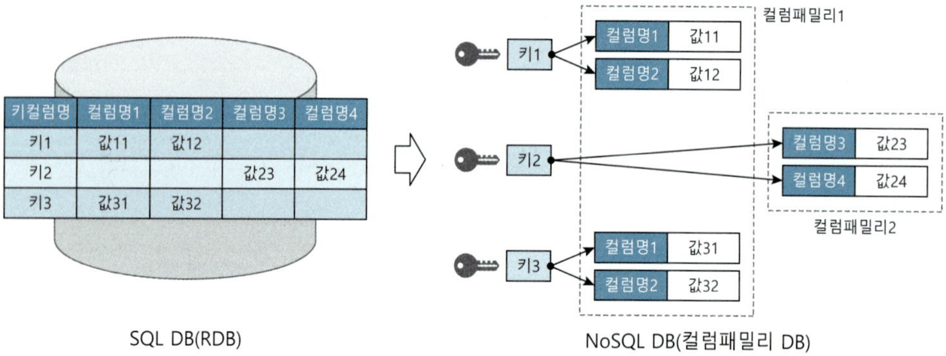

[그림 12-12] 컬럼 패밀리 데이터베이스의 표현 방식

[그림 12-12]에서 한 무리의 컬럼이 모여 행(row)을 구성한다. 하나의 테이블에 식별을 위한 키와 여러 컬럼이 달려있는 형태이다. 행은 같은 컬럼을 가질 수도 있고 다른 컬럼을 가질 수도 있다. 컬럼 수가 많다면 서로 관련된 컬럼들을 묶는 것이 바람직하다. '성'과 '이름', '사무실 주소'와 '사무실 전화번호'처럼 연관된 컬럼끼리 묶은 컬럼의 그룹을 '컬럼 패밀리'라고

한다. 컬럼 패밀리가 모여서 하나의 객체를 표현하며 테이블을 구성한다. 미리 정의된 고정 스키마를 사용하지 않으므로 얼마든지 컬럼을 추가할 수 있다.

4) 그래프 데이터베이스

그래프 데이터베이스(graph database)는 데이터를 데이터 간의 관계와 함께 표현하는 특수한 유형이다. 소셜미디어, 교통망, 전력망처럼 많은 객체 간의 연결을 표현하는데 적합하다. 객체를 표현하는 **'노드'**(node)와 두 객체 사이의 연결 관계를 보여주는 **'링크'**(link) 두 요소를 사용한다. 노드에는 식별자와 객체 속성을, 링크에는 노드간의 연관 속성을 저장한다. 교통망을 표현할 경우, 노드는 '도시'를, 링크는 도시 간의 '거리'나 '이동 시간' 등의 정보를 저장한다.

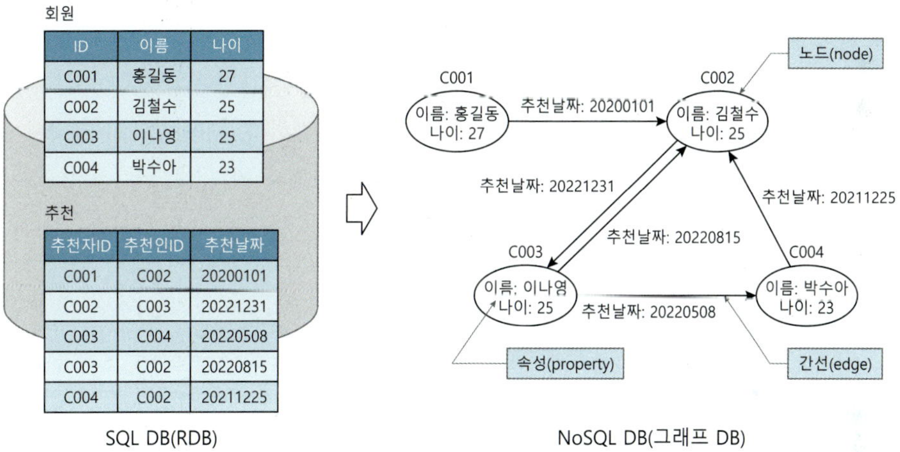

[그림 12-13] 그래프 데이터베이스의 표현 방식

[그림 12-13]처럼 모든 노드는 인접한 다른 객체를 가리키는 포인터가 있어 그래프 경로를 따라가는 질의를 빠르게 처리할 수 있다. 특정 도시간의 가장 빠른 경로를 조회하거나 회원 간의 추천 관계를 통해 회원 간의 영향력, 친밀도 등의 관계 정보를 효과적으로 질의할 수 있다.

2.4 빅데이터의 분석과 데이터 마이닝

빅데이터 처리의 핵심 요소인 빅데이터 분석 기술은 크게 통계 분석과 데이터 마이닝으로 구분된다.

빅데이터의 분석

빅데이터 분석은 빅데이터 탐색과 빅데이터 해석으로 구분할 수 있다.

▪ 빅데이터의 탐색

빅데이터 탐색은 데이터를 깊이있게 이해하기 위하여 여러 통계 기법과 시각화 방법을 적용하여 측정값을 관찰하는 과정이다. 통계적 기초 도구는 엑셀뿐만 아니라 SPSS, SAS, R, Python 등으로 다양하다. 시각화는 여러 차트나 그래프, 피봇 테이블 등을 이용하여 데이터의 가독성을 높여 탐색하는 데이터의 특성을 파악하도록 돕는다. 빅데이터의 탐색 과정에 11장의 데이터웨어하우스 구조와 OLAP 기법을 활용할 수도 있다.

▪ 빅데이터의 해석

빅데이터 해석은 분석된 데이터에 의미를 부여하고 지식화하는 과정이다. 분야별로 유용한 분석 방식을 선택적으로 적용함으로써 정보를 도출하고 해석한다. 데이터 해석 과정에서는 통찰이 중요하다. **통찰**(insight)은 빅데이터를 분석하여 새롭게 얻게 되는 지식이나 식견, 시사점 등을 말한다. 데이터에 대한 깊이있는 탐색과 이해를 통해 데이터 사이의 숨겨진 사실이나 관계를 밝히고 점차적으로 상위 개념을 발견함으로써 지식이나 통찰을 얻을 수 있다. 〈표 12-4〉는 빅데이터를 활용한 다양한 해석 사례를 보여준다.

〈표 12-4〉 빅데이터의 해석

기법	적용 사례
회귀 분석	고객의 성별이 구매 상품의 선택에 어떤 영향을 미치는지 분석
분류	고객이 어떤 구매성향을 갖는 고객 집단에 속하는지 분석
연관규칙 발견	상품 A를 구매한 고객이 상품 B를 같이 구매하는지 분석
기계 학습	상품 구매 패턴을 분석하여 고객에게 새로운 상품을 추천
감정 분석	신규 상품에 대한 고객의 반응을 분석
소셜미디어 분석	특정 상품에 대한 소셜 미디어에서의 평판을 분석
유전 알고리즘	특정 상품에 대한 최적의 마케팅 전략을 수립

데이터마이닝

데이터마이닝(data mining)은 데이터 집합으로부터 의미있는 규칙이나 패턴을 찾아냄으로써 데이터의 새로운 가치를 찾아내는 기법이다. 데이터 속의 숨겨진 **지식을 발견**(KDD; Knowledge Discovery in Database)하는 것으로 통계학뿐만 아니라 패턴인식, 기계학습, 인공지능 등의 기술과 밀접하게 관련된다. 크게 정형 데이터마이닝 기법과 비정형 데이터마이닝 기법으로 분류한다.

■ 정형 데이터마이닝 기법

활용 목적에 따른 주요 정형 데이터마이닝 기법과 적용 사례는 다음과 같다.

1) 분류(classification) 분석

분석 대상인 개체가 어떤 범주에 속하는지 미리 정의된 그룹 중 하나로 분류하는 분석 방법이다. 일정한 집단에 대해서 미리 정의된 특성을 기준으로 여러 그룹으로 구분한다. 훈련 데이터를 사용하므로 **지도 학습**(supervised learning)에 속한다. 적용 기법으로는 로지스틱 회귀분석이나 판별 분석 등과 같은 통계적 방법과 의사 결정 규칙에 따라서 소집단으로 분류하는 의사 결정 나무 기법, 기계 학습 기법으로는 인공 신경망 모델을 들 수 있다.

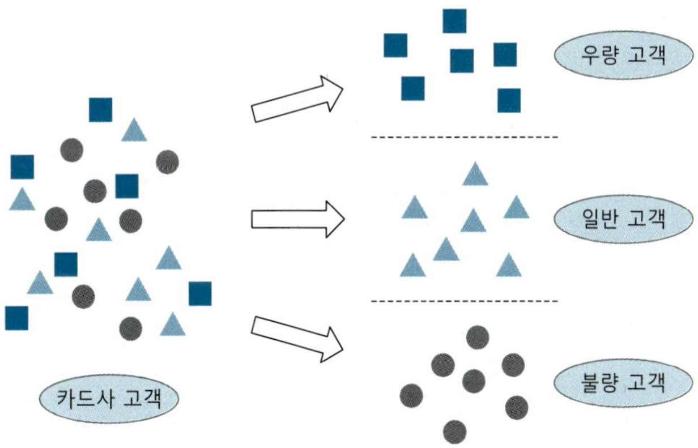

[그림 12-14] 분류 분석(카드사 고객 분류 적용 예)

2) 군집(clustering) 분석

분석 대상 개체들 사이의 유사성(similarity)에 기초하여 몇 개의 군집으로 그룹화하는 분석 방법이다. 특별한 사전 지식 없이도 비슷한 특성을 갖는 데이터들을 합쳐가면서 유사 군집으로 묶어 구분한다. 군집에 관한 특성이나 구분 기준을 미리 정의하지 않는 점이 분류 분석과 다르다. 훈련 데이터를 사용하지 않으므로 자율적인 **비지도학습**(unsupervised learning)에 해당한다. 군집에 속한 개체들의 유사성과 다른 군집에 속한 개체들 간의 상이성을 발견하고 이해할 수 있다.

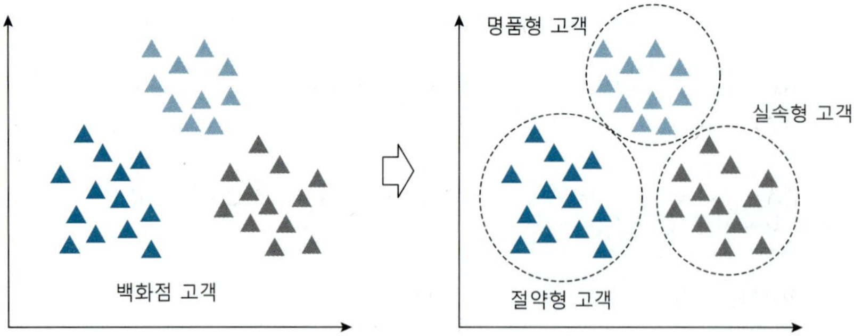

[그림 12-15] 군집 분석(구입성향에 따른 고객군 그룹화 적용 예)

3) 연관(association) 분석

확률에 기반하여 데이터 사이의 인과 관계, 종속 관계 등의 연관성을 파악하는 분석방법이다. **패턴 분석**이라고도 하며 가장 대표적인 데이터 마이닝 기법이다. 연관된 데이터에 대한 동시 또는 시차를 두고 발생하는 사건 간의 규칙을 통해 유용한 패턴을 발견한다. 어떤 사건이 얼마만큼 다른 사건을 동반하는지 수치로 표현하고 연관성 규칙을 통해 분석한다. 연관 분석은 두 데이터 그룹 사이에 강한 연관성이 존재하는지를 알아보는 것이다.

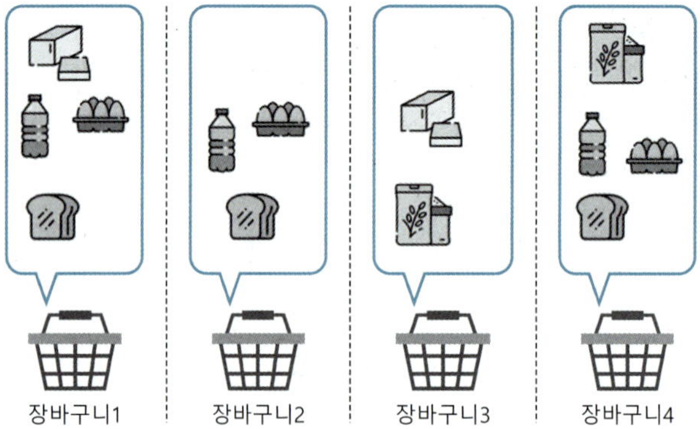

[그림 12-16] 연관 분석(장바구니안 상품간의 구매 연관성 분석 예)

4) 예측(forecasting) 분석

현재까지의 데이터 안에 숨겨진 패턴 분석을 통해서 미래의 결과를 예상하는 분석 방법이다. 장바구니 분석, 의사결정나무, 신경망 모델, 시계열 분석 등이 모두 예측에 사용되는 기법들이다. 데이터의 특성에 따라 적합한 기법을 적용한다. 시계열 분석은 시간의 흐름에 따른 데이터의 변화를 이용해서 미래 값을 예측한다.

예 2월과 5월 꽃 성수기의 수요량 예측

Tip 데이터마이닝 알고리즘

데이터마이닝을 위해 숨겨진 데이터 패턴을 찾는 대표적인 알고리즘은 다음과 같다.

- 의사결정 나무(decision tree)

데이터 사이에 존재하는 일정한 패턴을 찾아 규칙들의 조합으로 표현한다. 의사결정 규칙을 **트리 구조**로 표현하므로 이해하기 쉽다. 전체 객체를 몇 개의 그룹으로 분류하거나 예측하기 위한 대표적 데이터마이닝 기법이다.

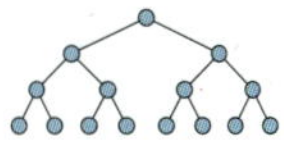

- 인공 신경망(neural network)

기계 학습 방법 중 하나로 인간 **뇌의 동작 원리**를 모방한 모델링 방법이다. 뇌가 문제를 해결하는 것과 유사하게 구현된 알고리즘을 사용하여 데이터 안의 패턴을 발견한다. 신경 세포처럼 독립적으로 동작하기 때문에 병렬성이 우수하며 분류와 예측 기법으로 활용된다.

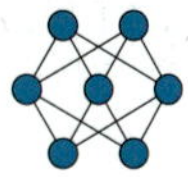

- 사례기반 추론

과거 사례들을 기반으로 미래의 결과를 예측하는 기법이다. 과거 사례들 사이에 유사 정도를 측정하기 위한 **유사도** 척도가 필요하다. 최근접-이웃 기법(nearest-neighbor method)이 가장 많이 사용되며 모델이 간단하고 인간과 해결 방식이 유사하므로 결과에 대한 이해가 쉽다. 수치형과 범주형 데이터 모두 사용가능하나 정확도가 다소 떨어지는 단점이 있다.

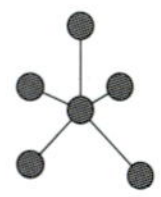

■ 비정형 데이터마이닝 기법

비정형 데이터에 대한 마이닝은 주로 사회 연결망에서 발생하는 데이터에 적용된다.

1) 텍스트 마이닝(text mining)

대표적인 비정형 구조인 문서 안의 문장들에 대해서 자연어 처리 방식을 이용해서 정보를 추출하는 분석 방법이다. **문서 마이닝**(document mining)이라고 한다. SNS의 글이나 뉴스 기사, 논문, 각종 리뷰와 댓글, 이메일 등 비정형 텍스트 문서로부터 문서별 단어의 행렬을 만들어 추가 분석이나 데이터마이닝 기법을 적용한다.

텍스트마이닝에서 자연어 처리는 기본적으로 형태소 분석 과정을 포함한다. 언어학, 통계학, 기계학습 등을 기반으로 한 자연언어 처리 기술을 사용하여 데이터를 정형화하고 특징을 추출한다. 문서 요약, 문서 분류, 문서 군집화, 문서 특징 추출 등에 적용가능하다.

2) 웹 마이닝(web mining)

웹상에서 이루어지는 고객의 행위 데이터를 추출하여 의사결정에 활용하는 기법이다. 인터넷 상의 웹 페이지와 웹 서비스의 다양한 패턴을 발견하기 위해 사용된다.

- **웹 로그** 마이닝 : 웹 로그 분석을 통하여 웹상에서의 사용자 행위 패턴을 분석한다.
  - 예 방문 시간, 일자별 방문 횟수 등 웹 페이지 접근 유형의 분석

방문한 페이지, 사용기기 및 브라우저 등의 웹 사용자 프로파일 분석

- **웹 콘텐츠** 마이닝 ; 웹 페이지로부터 유용한 내용을 추출, 수집하고 분석한다.
  - 예 텍스트, 이미지, 사운드 검색
- **웹 구조** 마이닝 : 웹 페이지 간의 연결 정보를 분석하여 웹 사이트의 구조적 요약 정보와 정보 전달 구조를 분석한다.
  - 예 하이퍼링크를 통한 웹 페이지 연결 구조 파악

3) 오피니언 마이닝(opinion mining)

주관적인 의견이 포함된 데이터로부터 사용자의 의견과 감정 패턴을 분석하는 기법이다. 웹 사이트나 소셜 미디어에 나타난 여론이나 의견을 분석하여 객관적 정보로 재가공한다. 어떤 관심 주제나 이벤트, 제품 및 서비스 등에 대해 긍정적인지 부정적인지 분석할 수 있어 감성 분석이라고도 한다. 텍스트 마이닝과 연관성이 높다.

4) 소셜 마이닝(social mining)

사회 연결망(social network)을 분석하여 연결된 사람들 간의 관계적 특성과 구조를 분석한다. 대용량 소셜 미디어의 이슈 변화를 탐지하거나 관찰하는데 유용하다. 인기도, 사회적 경향, 고립도 등의 연결성 개념과 네트워크 이론에 의한 개인 간의 사회적 관계, 개인의 성향이나 가치 등을 분석할 수 있다.

2.5 빅데이터의 시각화

복잡한 빅데이터를 이해하는 가장 좋은 방법은 데이터 분석 결과를 쉽고 빠르게 보여주는 것이다. 시각화 기법은 빅데이터를 단순화하여 그림, 도표나 차트 등의 그래픽 요소들로 표현하여 보여준다. **빅데이터 시각화**는 방대한 양의 데이터를 분석해서 한 눈에 볼 수 있도록 분석 과정이나 분석 결과를 효과적으로 표현한다. 다양한 시각화 수단을 사용함으로써 분석 결과의 이해와 의사소통에 도움을 준다.

시각화 분류

시각화 기법은 다음 5가지 유형의 시각화 방법 중 하나를 적용하거나 결합하여 복잡한 빅데이터 분석 결과의 표현에 활용한다.

- **시간** 시각화 : 시간 변화에 따른 데이터의 변화를 표현한다.

예 막대 그래프(매출액, 가입자수), 시계열 그래프(환율, 취업율) 등

- **분포** 시각화 : 데이터 특성에 기반하여 전체 관점에서 부분 간의 관점을 표현한다.

  예 파이 차트(전체고객 대비 나이별분포), 누적 영역 그래프(시간별 응답자수), 트리맵 등

- **관계** 시각화 : 데이터 간의 관계를 쉽게 이해하도록 데이터 변수간의 상관관계를 시각적으로 표현한다.

  예 버블 차트(연령별 고객수), 히스토그램(월별 매출액) 등

- **비교** 시각화 : 다양한 변수의 특징을 한꺼번에 비교하기 쉽게 표현한다.

  예 히트맵, 체르노프 페이스(월별 만족도 평가)

- **공간** 시각화 : 지도 위에 위치값을 이용해서 데이터를 표현한다.

  예 지도 매핑(도시별 인구수)

> **Tip 인포그래픽**
>
> 인포그래픽(Infographics)은 **정보**(information)와 **그래픽**(graphic)의 합성어로 분석 결과를 쉽게 이해할 수 있도록 그래픽과 텍스트를 조합하여 시각적으로 표현하는 방법이다. 신문, 잡지 등에서 많이 사용하는 방법으로 복잡하고 어려운 분석 결과를 단순화하여 자유롭고 독창적인 방식으로 표현한다. 디지털 마케팅을 위한 가장 효과적인 방법으로 빅데이터 분석 결과의 효과적인 표현을 위해 활용할 수 있다.

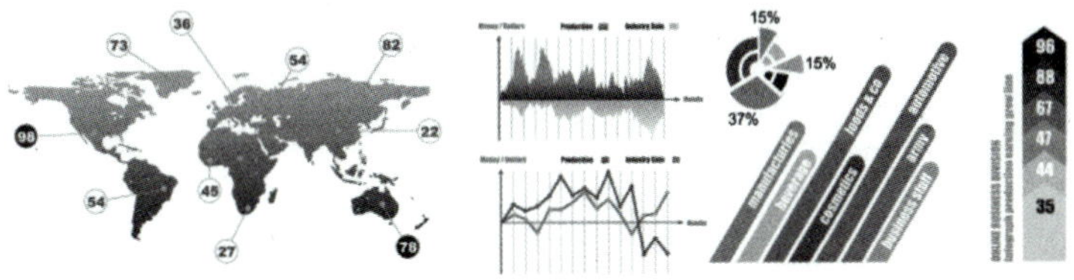

분석 결과 표현의 자동화

빅데이터 분석 결과는 **비즈니스 인텔리전스**(BI; Business Intelligence) 시스템에 의해 분석 업무 담당자와 의사 결정자들에게 자동으로 제공된다. BI 시스템을 이용하는 경우 자동 작성된 보고서, 데이터 마이닝과 함께 OLAP 솔루션을 이용함으로써 필요할 때 즉각적으로 실시간 분석이 가능하다.

비즈니스 인텔리전스의 주요 기능은 주기적인 정규 레포팅 기능과 통계 및 데이터 마이닝 기능, 질의 작성 및 분석 기능 그리고 다차원 큐브 분석 기능 등을 포함한다.

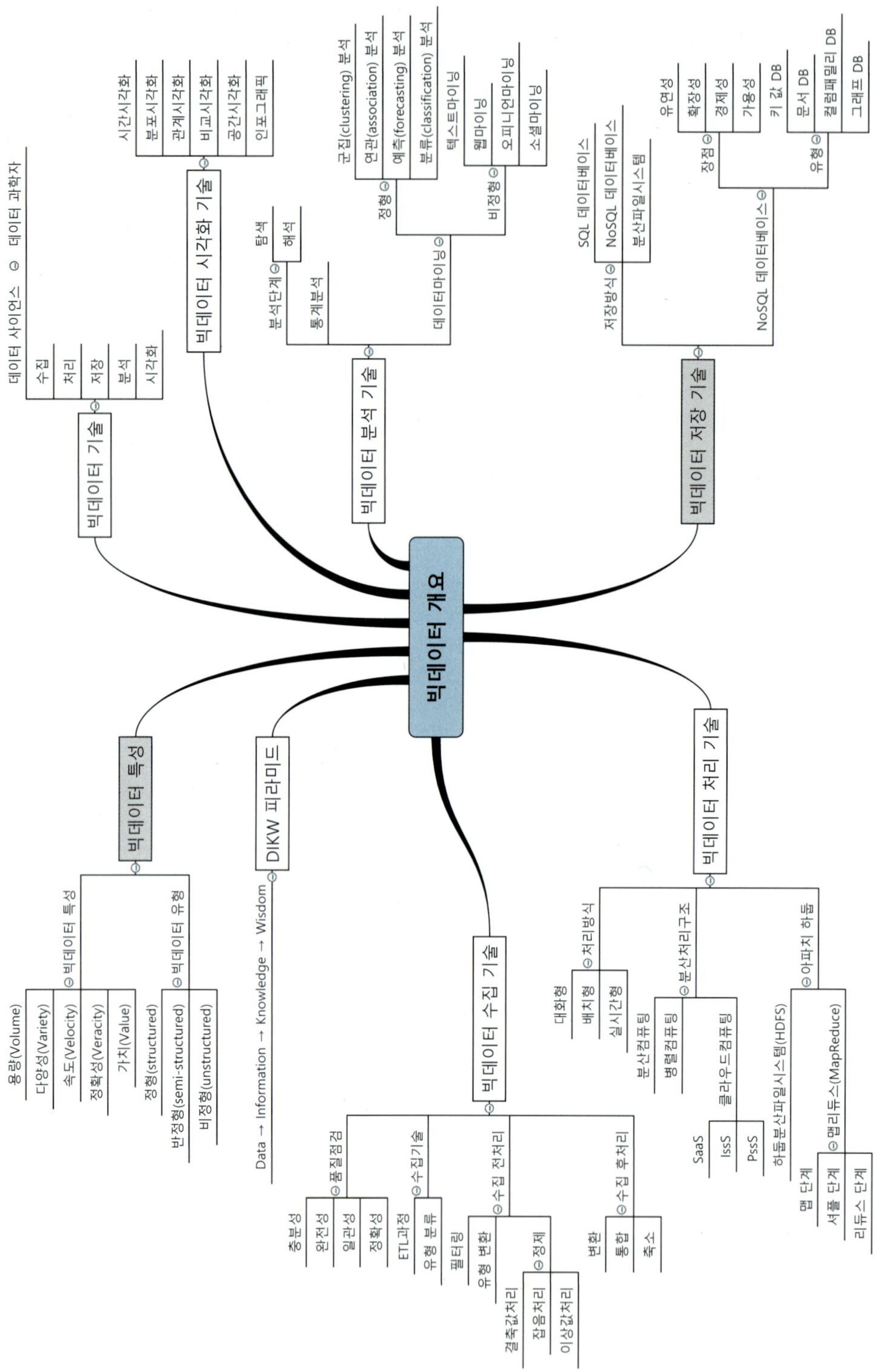
빅데이터 개요
빅데이터 기술
수집
처리
저장
분석
시각화
데이터 사이언스
데이터 과학자
빅데이터 시각화 기술
시간시각화
분포시각화
관계시각화
비교시각화
공간시각화
인포그래픽
빅데이터 분석 기술
분석단계
탐색
해석
통계분석
데이터마이닝
정형
군집(clustering) 분석
연관(association) 분석
예측(forecasting) 분석
분류(classification) 분석
텍스트마이닝
비정형
웹마이닝
오피니언마이닝
소셜마이닝
빅데이터 저장 기술
저장방식
SQL 데이터베이스
NoSQL 데이터베이스
분산파일시스템
NoSQL 데이터베이스
장점
유연성
확장성
경제성
가용성
유형
키 값 DB
문서 DB
컬럼패밀리 DB
그래프 DB
빅데이터 특성
빅데이터 특성
용량(Volume)
다양성(Variety)
속도(Velocity)
정확성(Veracity)
가치(Value)
빅데이터 유형
정형(structured)
반정형(semi-structured)
비정형(unstructured)
DIKW 피라미드
Data → Information → Knowledge → Wisdom
빅데이터 수집 기술
품질점검
충분성
완전성
일관성
정확성
수집기술
ETL과정
유형 분류
수집 전처리
필터링
유형 변환
정제
결측값처리
잡음처리
이상값처리
수집 후처리
변환
통합
축소
빅데이터 처리 기술
처리방식
대화형
배치형
실시간형
분산처리구조
분산컴퓨팅
병렬컴퓨팅
클라우드컴퓨팅
SaaS
IssS
PssS
아파치 하둡
하둡분산파일시스템(HDFS)
맵리듀스(MapReduce)
맵 단계
셔플 단계
리듀스 단계

연습문제 EXERCISE

01 빅데이터가 큰 이슈로 부각된 이유로 거리가 먼 것은?

① 클라우드 서비스의 등장
② 사물 인터넷(IoT) 서비스의 증가
③ 개인 및 기관의 데이터 축적량 감소
④ 소셜 미디어의 발전

02 데이터 과학(data science)에 관한 설명으로 거리가 먼 것은?

① 비정형 데이터만을 분석 대상으로 한다.
② 수집된 빅데이터로부터 새로운 의미와 가치를 찾아내는 모든 작업 과정과 기술을 의미한다.
③ 프로그래밍 기술 이외에도 수학, 통계학 등의 지식과 업무 영역에 대한 이해가 필요하다.
④ 데이터로부터 의미있는 정보와 지식, 지혜를 추출하는 학문이다.

03 데이터 과학(data science)에 관련된 기술로 가장 거리가 먼 것은 ?

① 데이터의 규모 ② 데이터의 속도
③ 데이터의 다양성 ④ 데이터의 일관성

04 음성, 동영상, 블로그, SNS 메시지 등과 같이 정해진 형식이나 구조가 없는 정형화되지않은 데이터를 의미하는 것은?

① 비정형 데이터(unstructured data)
② 스키마-프리 데이터(schema-free data)
③ 반정형 데이터(semi-structured data)
④ 정형 데이터(structured data)

05 반정형 데이터(semi-structured data)에 속하지 않는 것은?

① JSON ② 웹로그
③ 블로그 ④ XML

06 텍스트 데이터 수집 기술에 해당하지 않는 것은?

① 웹 크롤링(crawling) ② 웹 스크래핑(scraping)
③ 웹 로그 수집 ④ 의사결정 나무

07 데이터 정제(data cleansing) 대상에 해당하지 않는 것은?

① 결측값(missing value) ② 실측값(real estimated value)
③ 이상값(anomaly 또는 outlier) ④ 잡음(noise)

08 빅데이터의 주요 특성에 해당하지 않는 것은?

① 규모 ② 속도
③ 다양성 ④ 실시간성

09 대용량 데이터의 분산 병렬처리를 위해 구글에서 만든 소프트웨어 프레임워크는?

① 맵리듀스(MapReduce) ② 하둡 분산파일 시스템
③ 하이브(Hive) ④ 피그(Pig)

10 빅데이터 저장 방식에 속하지 않는 것은?

① NoSQL 데이터베이스 ② 메모리 데이터베이스
③ SQL 데이터베이스 ④ 분산 파일 시스템

11 NoSQL 데이터베이스의 장점이 아닌 것은?

① 유연성 ② 가용성
③ 비경제성 ④ 확장성

12 NoSQL 데이터베이스의 대표적인 4가지 유형에 해당하지 않는 것은?

① 문서 데이터베이스 ② 컬럼 패밀리 데이터베이스
③ 그래픽 데이터베이스 ④ 키-값 데이터베이스

13 군집(clustering) 분석에 관한 설명으로 옳은 것은?

① 분석 대상인 개체가 어떤 그룹에 속하는지 미리 정의된 범주로 분류하여 예측하는 분석 방법이다.

② 확률적인 발생 빈도에 기반하여 데이터 사이의 인과 관계, 종속 관계 등의 연관성을 파악하는 분석방법이다.

③ 패턴 분석이라고도 하며 가장 대표적인 데이터 마이닝 기법이다.

④ 특별한 사전 지식 없이도 분석 대상 개체들 사이의 유사성(similarity)에 기초하여 몇 개의 군집으로 그룹화하는 분석 방법이다.

14 오피니언 마이닝(opinion mining)에 관한 설명으로 옳은 것은?

① 사회 연결망(social network)을 분석하여 연결된 사람들 간의 인간관계의 특성과 구조를 분석하고 시각화한다.

② 어떤 사안이나 이슈, 이벤트, 제품 및 서비스 등에 대해 긍정적인지 부정적인지 분석할 수 있어 감성 분석이라고도 한다.

③ 웹사이트나 소셜 미디어에 나타난 여론이나 의견을 분석하여 객관적 정보로 재가공한다.

④ 주관적인 의견이 포함된 데이터로부터 사용자의 의견과 감정 패턴을 분석하는 기법이다.

15 NoSQL에 관한 설명으로 옳지 않은 것은?

① Not Only SQL ② SQL이외에도 사용가능한

③ 관계형 데이터베이스 ④ Non SQL

16 다음 문장이 참이면 ○, 거짓이면 ×를 하시오.

① 하둡은 빅데이터 기술에서 가장 중요한 요소로 빅데이터 생태계의 중심이 되고 있다. ( )

② 보통 정형 데이터는 SQL 데이터베이스에 저장하고 반정형 데이터는 SQL 데이터베이스 또는 NoSQL 데이터베이스를 사용한다. ( )

③ 처리 속도나 저장 용량 등 고려한다면 무조건적으로 NoSQL로 변경하는 것이 바람직하다. ( )

④ 키-값 데이터베이스(key-value database)는 NoSQL 데이터베이스 중 가장 간단하고 기본적인 형태 이다. ( )

⑤ 장바구니 분석, 의사결정나무, 신경망 모델, 시계열 분석 등이 모두 예측에 사용되는 기법들이다. ( )

17 다음 ( ) 안에 적당한 용어를 채워 완성하시오.

① 수집한 데이터들의 상관관계를 분석하면 정보를 발견할 수 있다. 정보를 조직화하면 지식(knowledge)이 만들어지고 지식을 구조화하면 (   )가 된다.

② 데이터웨어하우스, 데이터마트나 데이터마이닝에서는 수집된 데이터를 분석이 용이하도록 통일된 형태로 변환하는 과정을 (   )이라고 한다.

③ 하둡 (   ) 시스템은 하둡 프레임워크를 이루고 있는 다양한 서브 프로젝트들의 모임이다.

④ 저가의 서버라도 서버 자체를 더 추가한 뒤 서버들을 묶어 분산 병렬 처리함으로써 전체 시스템의 용량을 키우는 방식을 수평적(horizontal) 또는 스케일 (   ) 확장 방식이라고 한다.

⑤ (   )은 데이터 집합으로부터 의미있는 통계적 규칙이나 패턴을 찾아냄으로써 데이터의 새로운 가치를 찾아내는 기법이다.

⑥ (   )은 정보(information)와 그래픽(graphic)의 합성어로 분석 결과를 쉽게 이해할 수 있도록 그래픽과 텍스트를 조합하여 시각적으로 표현하는 방법이다.

18 SQL 데이터베이스와 NoSQL 데이터베이스의 특성과 차이점을 비교하시오.

CHAPTER

13

NoSQL과 몽고DB

1. NoSQL 몽고DB 개요
2. 몽고DB 실습
3. 컬렉션 문서 관리 명령문

학습목표

- NoSQL 몽고DB의 특성과 구조를 이해한다.
- 몽고DB를 설치하고 쉘 사용 방법을 살펴본다.
- 데이터베이스와 컬렉션, 문서 관리 명령어를 알아본다.
- InsertOne, UpdateOne, DeleteMany, Find 명령어 함수의 작성 방법을 실습한다.

CHAPTER

13 NoSQL과 몽고DB

1. NoSQL 몽고DB 개요

관계형 데이터베이스는 수천~수만 명 수준의 사용자를 갖는 단일 데이터베이스 애플리케이션 운영 환경에서 그동안 최적의 해결책을 제공해왔다. 하지만 빅데이터, IoT, 클라우드와 같은 새로운 환경에서 요구하는 차원이 다른 대용량 데이터와 대규모 사용자의 등장으로 서버 개선과 확장만으로는 해결하기 어려운 한계를 맞이하고 있다. 즉, 기존 데이터베이스 기술이 새로운 환경의 데이터와 사용자, 작업의 규모에 효율적이지 못하다는 점이다. 그에 대한 대안으로 등장한 것이 NoSQL **데이터베이스**이다.

대표적인 4가지 NoSQL 데이터베이스 유형의 특성을 비교하면 〈표 13-1〉과 같다. 몽고DB가 속한 문서 데이터베이스 유형의 경우, 성능 및 확장성, 유연성은 높고 복잡성은 낮다.

〈표 13-1〉 NoSQL 데이터베이스의 특성 비교

구분	저장 방식	성능	확장성	유연성	복잡성	DBMS
키-값 DB	가장 간단한 유형으로 속성 이름에 해당하는 키와 속성 값에 해당하는 키값의 쌍으로 데이터를 저장	▬▬▬	▬▬▬	▬▬▬	▬	다이나모(Dynamo), 레디스(Redis)
문서 DB	가장 인기있는 유형으로 키에 대응하는 키값을 반구조화된 문서 형식으로 데이터를 저장	▬▬▬	▬▬▬	▬▬▬	▬	몽고DB(MongoDB), 카우치DB(CouchDB)
컬럼패밀리 DB	키에 대응되는 컬럼명과 값의 조합을 다양하게 열 단위로 묶어서 테이블 형식으로 데이터를 저장	▬▬▬	▬▬▬	▬▬	▬	카산드라(Cassandra), HBase

그래프 DB	객체 데이터는 노드 안에, 객체 사이의 연관성 데이터는 관계 링크 안에 표현하여 그래프 구조로 데이터를 저장	=	=	≡	≡	네오4J(Neo4J)

몽고DB는 NoSQL 중에서 가장 많이 사용하는 DBMS이다. 오픈 소스 DBMS로 문서 기반 데이터베이스 유형을 지원한다. 단순함과 속도, 확장성 등이 강점이며 관계형 데이터베이스와 비슷한 질의 기능을 지원한다. 몽고DB의 특성과 구조, 문서 데이터 모델 등을 알아보자.

Tip 몽고DB(MongoDB) DBMS 개발

몽고DB DBMS(MongoDB v1.0)는 2009년 11월에 발표되었다. C++로 개발되었고 오픈 소스로 코드가 공개되어 있어 깃허브(GitHub) 등에서 자유롭게 다운로드받을 수 있다. 2007년 10gen 신생 기업이 웹 애플리케이션 서비스를 위한 소프트웨어 플랫폼(SaaS)으로 개발한 많은 제품군 중에서 데이터베이스에 특화된 제품이 몽고DB이다. 구글, 페이스북과 같은 주요 서비스의 백엔드 소프트웨어로 사용되고 있는 가장 널리 알려진 NoSQL 데이터베이스 관리 시스템이다.

1.1 NoSQL 몽고DB의 특성

몽고DB는 대표적 비관계형 DBMS로서 개발이 쉽고 유연하며 확장성이 높다. 몽고DB의 주요 특성은 다음과 같다.

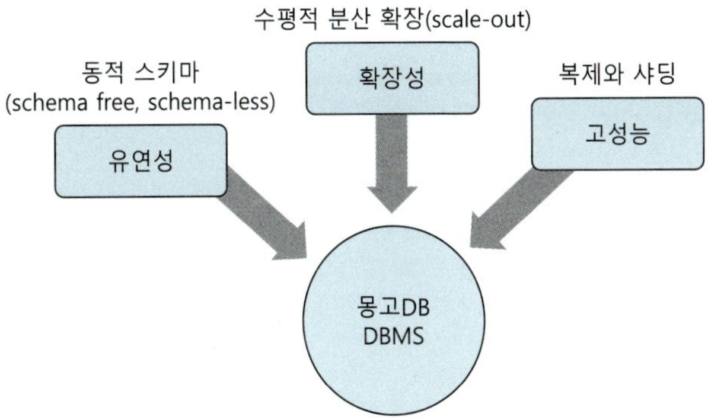

[그림 13-1] 몽고DB의 특성

1) 유연성(flexibility)

몽고DB는 스키마 정의가 필요없다. 유연하고 **동적인 스키마**(dynamic schema) 구조를 갖기 때문이다. 일정한 형식없이 문서 안에 데이터를 저장하므로 스키마를 미리 정의하지 않아도 된다. 문서 안에 어떤 유형의 데이터도 저장가능하기 때문에 스키마 선언 없이도 필드의 추가와 삭제가 자유롭다. 데이터가 확정되지 않거나 구조 변경이 자주 반복되는 환경에 적합하다.

2) 확장성(scalability)

몽고DB는 기본적으로 분산 확장을 고려하여 설계되었다. 테이블 대신 문서를 사용함으로써 여러 서버에 쉽게 분산할 수 있어 분산 확장이 용이하다. 필요한 만큼 서버를 추가 구입하여 여러 서버에 데이터를 나누어 처리하는 **수평적 분산 확장**(scale-out) 방식에 효과적이다. **자동 샤딩**(auto-sharding) 지원으로 데이터를 쉽게 분산하고 하나의 컬렉션처럼 운용이 가능하다. 보통 데이터베이스 노드의 수에 관계없이 좋은 성능을 제공한다.

3) 고성능(performance)

몽고DB는 최대한 고성능을 유지하기 위해 설계되어 기본적인 읽기와 쓰기 속도가 빠르다. 다만 정합성이 떨어지므로 변경보다는 데이터 검색이 많은 시스템에 적합하다. SQL과 비슷한 질의와 색인 기능도 지원하지만 복잡한 조인이나 서브 쿼리는 지원하지 않는다. 지원되는 또 다른 고성능 특성은 **복제**(replication)와 **샤딩**(sharding)을 통한 가용성의 향상이다. 큰 노력 없이도 분산 컴퓨팅 환경을 만들 수 있어 높은 가용성을 요구하는 환경에 적합하다.

Tip 샤딩

샤딩(sharding)은 데이터베이스를 **수평 분할**(horizontal partitioning)하여 여러 서버에 분산 저장하는 방식이다. 요청 빈도와 데이터양이 증가하면 처리 속도가 느려질 수 있으므로 몽고DB는 대용량 데이터를 빠르게 처리하기 위해 자동 샤딩을 통한 자동 확장성을 지원한다.

데이터를 확장된 여러 노드에 분할하여 배치할 때 노드에 할당된 데이터 단위가 **샤드**(shard)이다. 샤딩을 통해 용량을 필요한 만큼 확장할 수 있고 읽기/쓰기 작업을 분산할 수 있으며 자동 장애조치 등 분할 데이터의 효율적 관리가 가능하다. 사용자는 내부 데이터 분할에 신경쓰지 않고 마치 분할 전의 노드에 연결하는 것처럼 샤드 클러스터에 접속하면 된다.

1.2 몽고DB의 구조와 명령문

몽고DB는 '데이터베이스'-'컬렉션'-'문서'로 연결되는 계층적 구조를 가지고 데이터를 관리한다. 몽고DB의 3가지 기본 구성 요소와 문서 데이터 모델 그리고 실습을 위한 예제 문서에 대해 알아보자.

데이터베이스와 컬렉션, 문서

몽고DB는 데이터베이스 안에 컬렉션, 컬렉션 안에 문서가 포함된 계층적 구조이다. 문서(document)를 실제 데이터가 적혀있는 **'서류'**에 비유하면 컬렉션(collection)은 관련 서류들을 하나로 묶는 **'서류철'**, 데이터베이스는 서류철들을 체계적으로 저장하는 **'서류함'**에 비유할 수 있다.

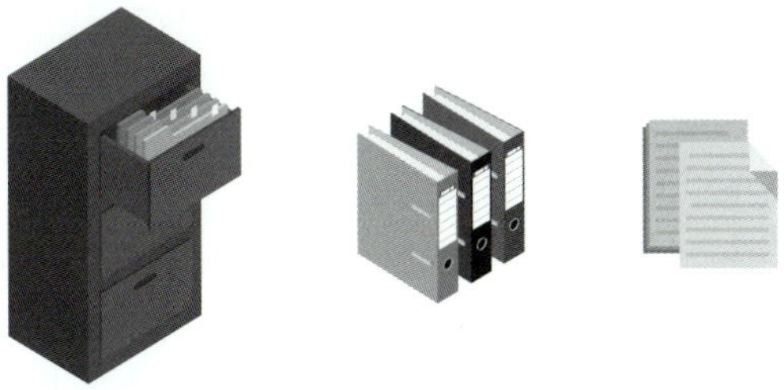

[그림 13-2] 몽고DB의 특성

■ 문서

몽고DB의 기본 저장 단위는 문서이다. 문서는 테이블의 행과 개념이 비슷하다. **문서**(document)는 **'필드이름'**과 **'필드값'**으로 이루어진 쌍들의 집합이다. 필드값은 문자열이나 숫자, 날짜와 같이 간단한 데이터 유형이거나 배열 또는 다른 하위 문서가 될 수도 있다. 문서는 구성 방식이 자바스크립트의 객체와 비슷하여 객체지향 프로그램과의 상호연계가 자연스럽고 개발이 쉽다. 문서는 내부적으로 JSON의 이진 유형인 **BSON**(Binary JSON)의 형식으로 컬렉션 안에 저장된다.

■ 컬렉션

컬렉션(collection)은 문서들의 모임이다. 컬렉션은 여러 문서들을 포함하며 같은 컬렉션 안에도 저장되는 문서 구조가 다양할 수 있다. 컬렉션은 동적 스키마를 갖는 테이블과 비슷하다. 모든 문서는 고유한 값을 갖는 **'_id' 필드**를 포함함으로써 컬렉션 안에서 각 문서를 구별한다.

■ 데이터베이스

데이터베이스(database)는 컬렉션들의 모임으로 여러 컬렉션들을 포함한다. 컬렉션들의 물리적인 컨테이너이너 역할을 하는 데이터베이스는 개념적으로는 컬렉션들을 구분하는 **이름 공간**(name space)의 역할을 한다.

몽고DB 설치 후에 자동 생성되는 기본 데이터베이스는 다음과 같다.

- 'admin' 데이터베이스 : 인증과 권한 부여에 관한 데이터를 저장한다.
- 'local' 데이터베이스 : 단일 서버에 대한 데이터를 저장한다.
- 'config' 데이터베이스 : 샤딩된 클러스터에 관한 각 샤드(shard) 정보를 저장한다.

[그림 13-3]은 몽고DB 안의 계층 구조를 보여준다.

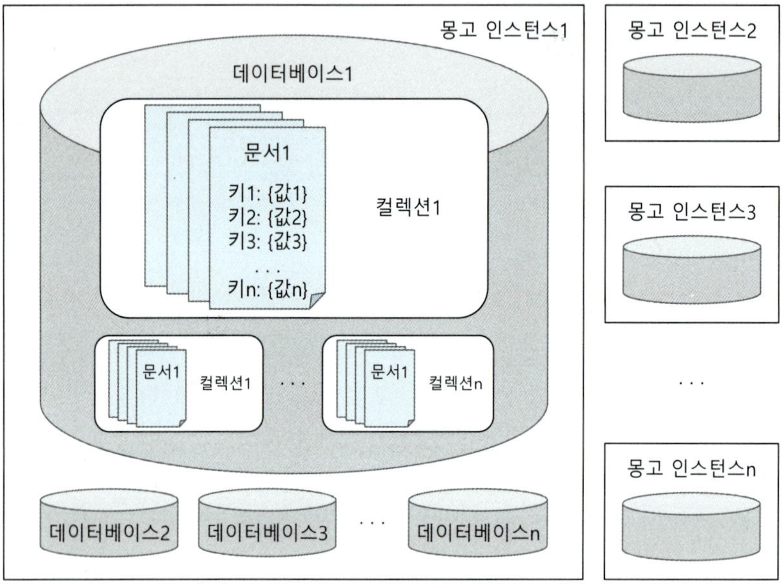

[그림 13-3] 몽고DB의 구조

몽고DB는 서버에 해당하는 몽고 인스턴스가 여러 개 실행 가능하다. 각 몽고 인스턴스는 여러 데이터베이스를 포함한다. 각 테이터베이스 안에는 다양한 컬렉션이 존재한다. 각 컬렉션마다 여러 문서 안에 필드 이름과 값의 쌍 형태로 데이터를 표현하고 저장한다.

문서 데이터 모델

몽고DB는 문서 기반의 데이터 모델을 사용한다. **문서 데이터 모델**(document data model)은 데이터의 계층적 표현이 가능하므로 복잡한 조인 연산 없이도 하나의 문서 안에 모두 표현이 가능하다.

[그림 13-4]는 몽고DB의 문서 데이터 모델의 데이터 저장 방식을 보여준다. 외래키 참조를 통한 여러 테이블에 나누어 저장하는 복잡한 관계형 데이터베이스에 비해 몽고DB는 문서 자체를 저장하므로 간단하다. 하나의 문서는 관계형 데이터베이스의 테이블 행 하나에 해당한다. 하나의 문서는 중괄호로 감싸서 표현한다. 문서 안의 하나 이상의 필드 정보는 쉼표로 구분한다. 문서 안에서 필드 이름은 유일해야 하므로 중복될 수 없다.

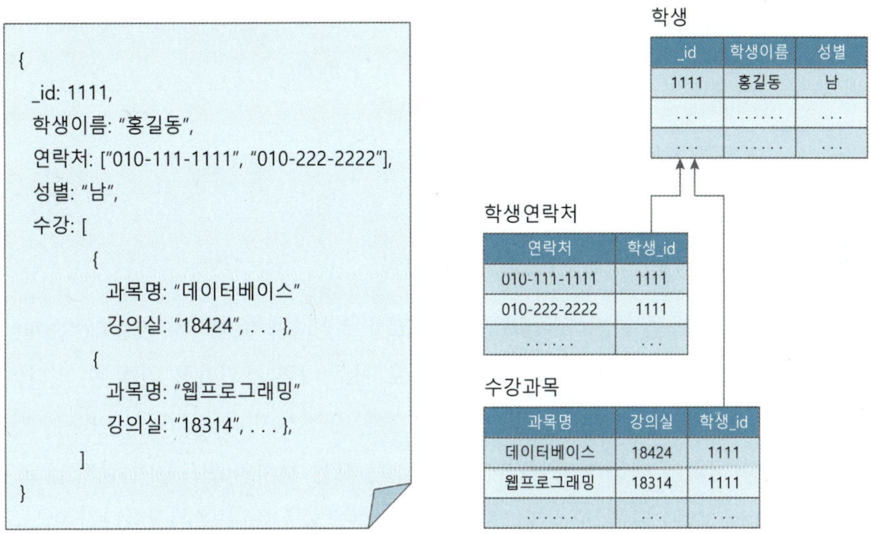

(a) 몽고DB 문서　　　(b) 관계형 데이터베이스 테이블

[그림 13-4] 몽고DB와 관계형 데이터베이스 저장 특성 비교

몽고DB의 문서 데이터 모델에서 데이터 간의 관계(relationship)는 문서를 내장(embedded)하거나 저장한 다른 문서의 '_id' 필드값을 참조(referencing)함으로써 표현한다.

Tip JSON과 BSON의 차이

보통 JSON 문서를 사용하지만 내부 저장시에는 이진 포맷으로 인코딩한 BSON 문서로 변환되어 저장된다.

- JSON(JavaScript Object Notation)

자바스크립트에서 객체 생성시 사용하는 표현 방법이다. **'필드명'**과 **'필드값'**의 쌍으로 구성된다. 사람이 쉽게 이해할 수 있는 텍스트 형식이지만 검색을 위해서는 파싱이 필요하다. 날짜 유형과 이진 데이터 유형을 지원하지 않는 단점이 있다.

■ BSON(Binary JSON)
JSON 데이터를 컴퓨터가 쉽게 이해할 수 있는 **이진 형식**으로 변환한 형태이다. 검색 속도가 빠르고 JSON의 데이터 유형에 추가하여 날짜와 이진 데이터 유형을 지원한다. 몽고DB가 자동으로 처리해주기는 하지만 인코딩과 디코딩이 추가로 필요하다.

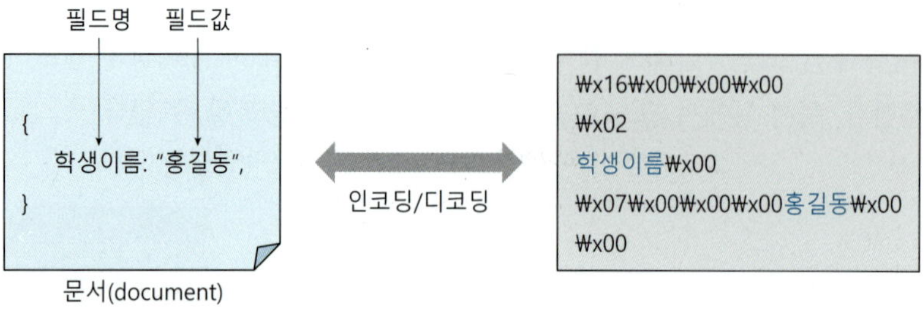

(a) JSON 형식

(b) BSON 형식

■ 몽고DB의 동적 스키마

몽고DB는 동적 스키마를 가진다. 미리 정해진 고정 스키마가 존재하지 않는다(schema less)는 의미이다. 같은 컬렉션 안에 있는 문서들끼리도 서로 다른 스키마를 가질 수 있다(schema free)는 뜻이기도 하다. 스키마가 존재한다는 것은 구조가 미리 정의되어 있다는 것이고 데이터의 급격한 변화에 대응하기 어렵다. 몽고DB는 모든 문서의 필드들이 같지 않고 같은 필드라도 데이터 유형이 다를 수 있다. 학생마다 전화번호를 하나만 저장했다가 어느 시점부터 갑자기 여러 개를 저장해야하는 경우를 가정해 보자. 관계형 데이터베이스는 스키마를 변경하거나 테이블을 추가하는 등 대응이 복잡하고 어렵다. 몽고DB는 필요할 때 언제든지 여러 개의 전화번호 필드를 추가하거나 단순히 전화번호의 값을 배열로 바꾸는 작업만으로 쉽게 해결할 수 있다.

컬렉션은 문서의 모음으로 동적 스키마를 갖는 테이블과 같다. [그림 13-5]는 같은 컬렉션 안의 문서들이 모두 다른 구조를 가질 수 있는 예를 보여준다. 문서들의 필드, 필드 개수, 필드값의 유형 등이 모두 다를 수 있다.

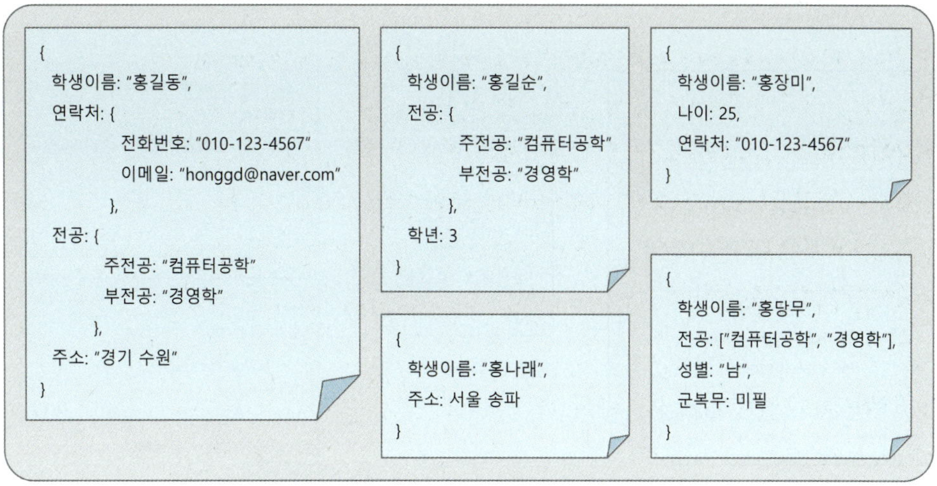

[그림 13-5] 같은 컬렉션 안의 다른 문서 유형의 예

동적 스키마 특성을 갖는 몽고DB의 구조는 어떤 속성을 갖게 될지 미리 알 수 없는 가변적인 속성을 갖는 데이터를 표현할 수 있다. 구조가 빈번히 변경되는 경우 효과적이다.

■ 몽고DB의 관계 표현

관계형 데이터베이스는 1:1, 1:n, m:n **관계**(relationship)를 외래키를 통한 참조 관계로 표현한다. 몽고DB는 외래키 개념이 없다. 외래키 대신에 문서와 문서 간의 연관 관계를 다음 2가지 방식으로 표현한다.

- **내장**(embedded) 방식 : 관계를 갖는 데이터를 하나의 문서 안에 함께 저장하는 반정규화 형태이다. 문서 안에 내장된 **서브 문서**(sub document) 형태로 표현한다.
- **참조**(reference) 방식 : 관계를 갖는 다른 문서의 키 필드값을 참조키로 저장하는 정규화 형태이다. 서로 다른 독립된 문서에 대한 '_id' **필드값**을 외래키처럼 저장함으로써 관계를 표현한다.

필드 안에 필드를, 문서 안에 문서를 포함하는 중첩에는 제한이 없다. 조인이 필요없는 중첩된 내장 문서와 배열을 허용함으로써 문서 데이터 모델은 복잡한 계층 관계를 단순하게 표현한다. 객체지향 프로그램 안의 객체를 그대로 저장 가능하므로 객체 매핑 과정도 불필요하다. 몽고DB는 SQL 대신에 자바스크립트 기반의 질의어를 사용한다. 자바스크립트 형식이라서 이해하기 쉽고 강력한 문서-기반 질의 기능을 제공한다.

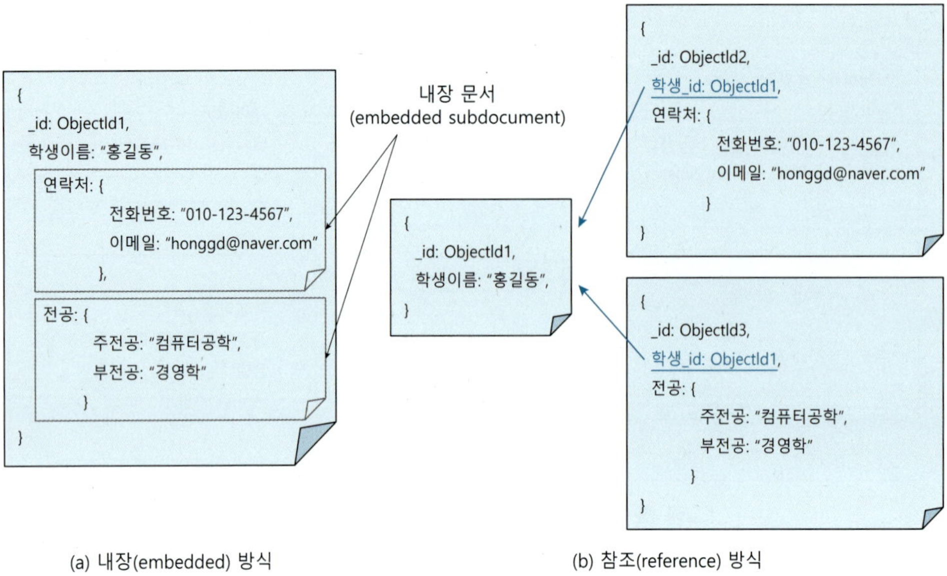

[그림 13-6] 몽고DB의 관계 표현 방식

■ 몽고DB와 관계형 데이터베이스의 비교

〈표 13-2〉는 몽고DB와 관계형 데이터베이스의 차이점과 유사점을 비교하여 보여준다.

〈표 13-2〉 몽고DB와 관계형 데이터베이스의 구조 비교

몽고DB	관계형 데이터베이스
데이터베이스(database)	데이터베이스(database)
컬렉션(collection)	관계(relation), 테이블(table)
BSON 문서(document)	투플(tuple), row(행), 레코드(record)
BSON 필드(field)	속성(attribute), column(열)
문서 연결(linking) 및 내포(embedding)	조인(join)
기본키(primary key), 모든 문서가 동일(_id 필드)	기본키(primary key), 테이블마다 다름
참조(reference)	외래키(foreign key)
색인(index)	색인(index)

실습 예제 데이터베이스 cinemadb : '회원', '영화' 컬렉션

앞으로 사용할 '회원'과 '영화' 문서를 저장하는 'cinemadb' 실습 예제 데이터베이스를 살펴보도록 하자. [그림 13-7]의 문서 예제는 '회원' 컬렉션의 구조를 보여준다.

```
// '회원' 컬렉션의 문서 예
{
        이름: "홍길동",
        비밀번호: 1111,
        나이: 22,
        성별: "남",
        가입클럽: ["테니스", "캠핑방", "독서클럽"],
        신체: { {키: 180, 단위: "cm"}, {몸무게: 75, 단위: "kg"} }
}
```

[그림 13-7] 회원(member) 컬렉션의 문서 예

[그림 13-8]의 문서 예제는 영화 정보와 소셜 미디어의 평가 댓글을 저장하기 위한 '영화' 컬렉션의 구조를 보여준다. [그림 13-8]과 같이 '영화' 컬렉션 문서 안에 평점과 댓글 등의 정보를 저장하는 또 다른 중첩 문서를 포함하고 있다.

```
// '영화' 컬렉션의 문서 예
{
        영화제목: "기생충",                                  // 문자열
        상영시간: {시간: 2, 분: 11}                          // 정수
        등급: "A",                                           // 영화_등급(A/B/C/D)
        개봉날짜: "2019-05-30"                               // 영화_제작날짜
        출연배우: ["송강호", "이선균", "조여정", . . . ],    // 배열
        댓글평가:
                [                                            // 문서_배열
                { 댓글작성자: "홍길동",                      // 문자열
                  평점:94,                                   // 정수(0~100)
                  댓글내용: "좋아요",                        // 문자열
                  추천여부: true },                          // 논리값(true/false)
            . . .
                ]
}
```

[그림 13-8] 영화(movie) 컬렉션의 문서 예

2. 몽고DB 실습

실습을 위해 몽고DB를 다운로드받아 설치하고 예제 데이터베이스를 준비해 보자.

2.1 몽고DB의 설치 및 실행

몽고DB 공식 사이트(www.mongodb.com)에 접속하여 설치 파일을 다운로드 받는다. 자세한 설치 과정은 '[부록C] 몽고DB 설치'를 참조한다. 설치를 완료하면 설치된 프로그램 앱 목록에서 'mongoDB Compass'를 선택하여 실행한다.

몽고DB 콤파스는 몽고DB 명령문을 입력하고 실행 결과를 확인할 수 있는 GUI 도구이다. 'Connect' 버튼을 선택하여 새로운 연결을 생성하고 [그림 13-9]와 같이 몽고DB 콤파스 창 아래쪽의 쉘 입력창에 몽고DB 명령문을 입력한다. 몽고DB 쉘은 몽고DB 명령어를 입력하고 실행할 수 있는 도구이다. 기본적으로 자바스크립트 명령문의 실행도 가능하다.

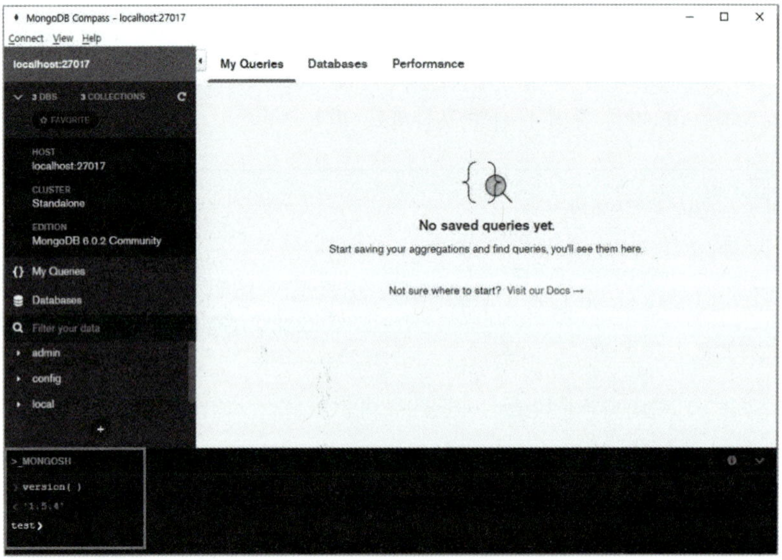

[그림 13-9] 몽고DB 콤파스와 쉘의 실행 예

> **Tip 몽고DB 쉘**
>
> 몽고DB 쉘(mongoDB shell)은 몽고DB에서 제공하는 간단하지만 강력한 도구이다. 문서에 대한 질의뿐만 아니라 실행중인 인스턴스를 관리하는데 유용한 도구이다. 다른 데이터베이스 명령어 쉘과 비슷하지만 다른 점은 SQL 명령어 대신 **자바스크립트 명령어**가 실행된다는 점이다. 쉘은 자바스크립트 해석 기능을 가지고 있어 자바스크립트 프로그램 작성과 실행이 가능하다. 자바스크립트 구문을 이용해 데이터를 입력, 수정, 삭제, 검색할 수 있다.

2.2 몽고DB 쉘을 이용한 데이터베이스와 컬렉션 관리

데이터 조작 명령문을 실습하기 전에 몽고DB의 데이터베이스와 컬렉션 관리를 위한 명령문부터 살펴보자.

데이터베이스 생성 및 지정 : use

몽고DB는 데이터베이스 생성 명령어가 따로 없다. 대신 'use' 명령어를 통해 생성되지 않은 데이터베이스를 접속 대상으로 지정할 수 있다.

```
use <데이터베이스_이름>
```

데이터베이스와 컬렉션의 생성은 실제 첫 문서가 삽입된 시점에 이루어진다. 먼저 몽고DB 서버 안에 어떤 데이터베이스가 존재하는지, 그 안에 어떤 컬렉션이 있는지 살펴보자.

몽고DB 쉘은 시작할 때 몽고DB 서버의 'test' 데이터베이스에 연결하고 데이터베이스 연결을 전역 변수 'db'에 할당한다. 쉘에서는 이 'db' 변수를 통해 특정 데이터베이스에 접근한다. 'db'를 입력하면 현재 연결된 데이터베이스를 확인할 수 있다. 기본적으로 몽고DB가 설치되면 별도의 인증없이 접속이 가능하다. '//' 표시 뒤에는 주석을 작성할 수 있다.

다음 명령문을 입력하여 새로운 데이터베이스를 생성하고 접속 데이터베이스를 변경해 보자.

```
>db
>use mydb1 ❶            // 접속할 데이터베이스 지정
>db ❷                   // 현재 접속한 데이터베이스 표시
>show dbs ❸             // 데이터베이스의 목록 표시
>use mydb2 ❹
>db
>show collections ❺     // 현재 접속한 데이터베이스 안의 컬렉션 목록 표시
```

```
>_MONGOSH
> db
< test
> use mydb1
< 'switched to db mydb1'
> db
< mydb1
> show dbs
< admin    40.00 KiB
  config  108.00 KiB
  local    72.00 KiB
> use mydb2
< 'switched to db mydb2'
> db
< mydb2
> show collections
<
mydb2 >
```

❶ 'use' 명령어는 작업 대상 데이터베이스를 지정한다. 'mydb1' 데이터베이스가 존재하지 않더라도 작업 대상 데이터베이스를 'mydb1'로 변경한다. db 전역변수에 'mydb1'이 저장된다.

❷ 'db' 명령어는 데이터베이스 이름을 저장하고 있는 db 전역변수 값을 표시한다. 현재 연결된 작업 대상 데이터베이스를 알 수 있다. 접속한 작업 대상 데이터베이스가 'mydb1' 임을 확인할 수 있다.

❸ 'show dbs' 명령어는 현재까지 생성된 데이터베이스 목록을 표시한다. 'mydb1' 데이터베이스는 아직 문서가 입력되지 않아 목록에 표시되지 않는다.

❹ 접속 데이터베이스를 변경한다. 작업 대상 데이터베이스가 'mydb2'로 바뀐다.

❺ 현재 접속 중인 데이터베이스인 'mydb2' 안의 컬렉션 목록을 확인한다. 아직 문서가 입력되지 않아 표시되는 컬렉션 목록은 없다.

Tip 몽고DB 쉘 사용 팁

몽고DB 쉘은 몽고DB에 작업하는 것을 돕는 여러 지원 기능들이 있다. '〉' 쉘 프롬프트 뒤에 다양한 명령어나 키보드 버튼을 입력하면 된다.

- 위 · 아래 방향키를 누르면 이전 명령어들을 다시 활용할 수 있다.
- help를 입력하면 쉘에 내장된 온라인 도움말을 참고할 수 있다.
- 여러 줄에 걸친 명령문 입력도 가능하다.
- 명령어 입력 중에 엔터키를 3번 연속 누르면 명령문 입력을 중지하고 쉘을 종료한다.

```
>help                          // 쉘 도움말 제공
>use mydb
>db.stats( )                   // 'mydb' 현재 데이터베이스의 상세 정보 제공
>db.mycollection.stats( )      // 'mycollection' 컬렉션의 상세 정보 제공
>db.getCollectionInfos( )      // 'mydb' 현재 데이터베이스 안의 컬렉션 정보 제공
```

컬렉션 생성 및 변경 : createCollection( ), renameCollection( )

문서들을 보관할 컬렉션을 생성하는 명령어 함수는 createCollection()이다. 기존 컬렉션의 이름을 변경하는 명령어 함수는 renameCollection()이다.

■ 컬렉션 생성

```
db.createCollection("새_컬렉션_이름", {capped:true, size:<최대_크기>})  // 컬렉션 생성
```

■ 컬렉션 이름 변경

```
db.<이전_컬렉션_이름>.renameCollection("새_컬렉션_이름")            // 컬렉션 이름 변경
```

다음 명령문을 입력하여 새로운 컬렉션을 생성하고 컬렉션의 이름을 변경해 보자.

```
>use cinemadb
>db.createCollection("회원", {capped:true, size:5}) ❻
>db.createCollection("미등록회원") ❼
>show collections ❽
>db.미등록회원.renameCollection("비회원") ❾
>show dbs ❿
>show collections ⓫
```

❻ 'capped' 인자를 true로 설정하면 '캡드(capped)' 컬렉션으로 '회원'이 생성된다. 캡드 컬렉션은 'size' 인자로 설정한 정해진 크기(바이트 수)를 초과하게 되면 자동으로 가장 오래된 데이터를 삭제한다. 데이터베이스의 크기를 5메가바이트로 설정한다.

❼ 옵션을 생략하고 간단히 '미등록회원' 컬렉션을 생성할 수 있다. 이때 생략한 옵션들의 기본값은 capped값은 true, size값은 5이다.

❽ 현재 접속 중인 데이터베이스인 'cinemadb' 안의 컬렉션 목록을 확인한다. '미등록회원'과 '회원' 컬렉션 이름을 확인할 수 있다.

❾ 기존 컬렉션 '미등록회원'을 '비회원'으로 이름을 변경한다.

❿ 'show dbs' 명령어는 생성된 데이터베이스 목록을 확인한다. 컬렉션이 생성되었으므로 'cinemadb' 데이터베이스가 목록에 표시된다.

⓫ 변경된 컬렉션 이름을 목록에서 확인한다. '미등록회원'이 '비회원'으로 변경되었음을 확인할 수 있다.

몽고DB의 데이터 유형

내부 저장 형식인 BSON의 데이터 유형은 〈표 13-3〉과 같다. JSON에 비해서 날짜형, 객체형 등의 데이터형을 추가로 지원한다.

〈표 13-3〉 BSON 데이터 유형

데이터 유형	의미	사용 예
null	널값(아무것도 없음, 존재하지않음)	{x:null}
int, long	정수형	{x:1, y:314}
double	실수형	{x:1.0, y:3.14}
string	문자형	{x:"database", y:"db"}
object	내장 문서(객체)형	{x:{name:"hong", age:22}}
array	배열형	{x:[1, true, null, 3.14, {y:"db"}]}
date	날짜형	{x:new Date( )} {y:new Date("2023-12-25")}
ObjectId	객체ID형	{x:ObjectId( )}
boolean	논리형(참/거짓)	{x:true, y:false}
code	코드형	{x:function( ) { /* . . . */ }}

■ 내장 문서(객체)형

문서 안의 필드값으로 또 다른 문서가 포함될 때 이를 **내장 문서**(embedded document)라고 한다. 이때 문서는 하나의 객체처럼 간주할 수 있다. 예를 들면 졸업한 초·중·고등학교 정보를 학력 필드 안에 하나의 문서로 포함할 수 있다. 내장 문서형을 사용하면 모델링이 쉽고 자연스럽다. 단점은 데이터의 중복이 발생하는 점이다.

■ 배열형

몽고DB에서 배열(array)은 서로 다른 여러 유형의 데이터 값들을 포함할 수 있다. 배열은 객체형도 배열 요소 값으로 가질 수 있으므로 배열 안에 여러 문서를 저장하는 것이 가능하다. 배열 안에 배열을 저장하는 중첩 배열(nested array)도 가능하다.

■ 날짜형

날짜형은 64비트 정수형 숫자로 저장되며 1/1000초 단위까지 표현한다. 몽고DB 안에 날짜를 설정하기 위해서는 자바스크립트의 Date 객체를 생성해야 한다. 'new Date()' 생성자 함수를 통해 날짜 객체를 생성해야 날짜형으로 올바르게 저장할 수 있다.

■ 객체ID형

저장된 모든 문서는 기본키에 해당하는 **'_id' 필드**를 가진다. 문서를 추가할 때마다 컬렉션 안에서 중복되지 않는 '_id' 필드값을 필요로 한다. '_id' 필드를 명세하지 않으면 새로운 '_id' 필드값이 자동으로 추가된다. '_id' 필드값은 모든 데이터 유형이 가능하지만 기본 데이터 유형은 객체ID형이다. 객체ID형은 분산 환경에서 여러 서버에 걸쳐 고유한 전역 식별자를 쉽게 생성하도록 한다.

Tip ObjectId( ) 사용

다음은 객체ID형 생성을 위한 ObjectId( ) 함수의 사용 예이다. 몽고DB에 저장되는 모든 문서는 문서를 식별하기 위해 '_id'라는 이름의 ObjectId 유형의 필드가 생성된다. ObjectId는 **12바이트**의 **16진수 값**으로 각 문서의 유일성을 보장한다. 다음은 ObjectId의 구조를 보여준다.

예에서 ObjectId는 3가지 요소로 구성된다. 첫 번째 4바이트는 초 단위의 현재 타임스탬프 값이다. 두 번째 5바이트는 몽고DB 서버와 프로세스가 생성해내는 임의의 난수값이다. 세 번째 3바이트는 생성된 난수에 따라 임의의 값으로 초기화되는 카운터값으로 같은 시간, 같은 기기와 프로세스를 통해 생성되는 값이 충돌하지 않도록 한다. '_id' 필드는 기본키와 마찬가지로 고유해야 하며 자동으로 색인이 생성된다.

3. 컬렉션 문서 관리 명령문

쉘을 통해서 컬렉션 안에 문서를 삽입, 검색, 수정, 삭제하는 [그림 13-10]과 같은 명령어의 사용 방법을 살펴 보자.

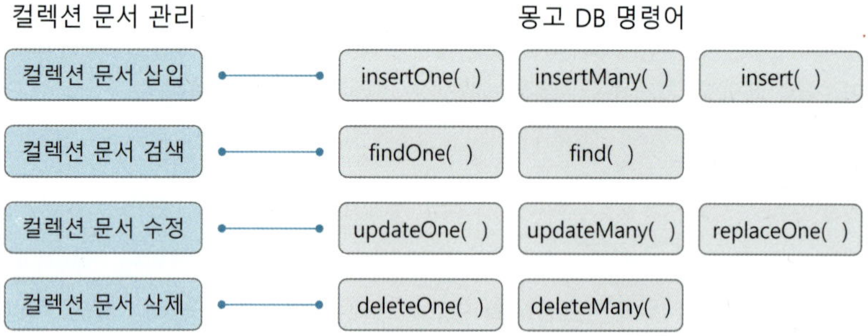

[그림 13-10] 컬렉션 문서 관리 명령어

3.1 컬렉션 문서 삽입 insert문

컬렉션에 문서 하나를 추가하는 명령어는 insertOne()이다. 문서 하나를 생성하는 방법은 간단하다. insertOne() 명령어 함수의 인자로 생성하고자 하는 문서를 '{'와 '}' 사이에 작성하면 된다. 여러 문서를 한꺼번에 추가하려면 insertMany() 명령어를 사용한다. insert() 명령어 함수는 단일 문서 또는 복수 문서를 모두 삽입할 수 있다.

```
db.<컬렉션_이름>.insertOne(<문서1>)                          // 문서 하나를 추가
db.<컬렉션_이름>.insertMany(<문서1>,<문서2>, ... )             // 여러 문서를 한꺼번에 추가
db.<컬렉션_이름>.insert(<문서>|<문서1>,<문서2>, ... )           // 문서 하나 또는 여러 개를 추가
```

```
<문서i>:== { 필드명1:"값1", 필드명2:"값2", . . . , 필드명n:"값n" }
```

단일 컬렉션 문서 입력 : insertOne( )

'cinemadb' 데이터베이스 안에 '비회원' 컬렉션을 만들고, 그 안에 2명의 비회원 정보에 관한 문서를 추가해보자. insertOne() 명령어 함수는 컬렉션 안에 하나의 문서를 입력한다. '_id' 값을 명시적으로 명세하지 않으면 몽고DB가 자동적으로 ObjectId 자료형을 가진 값으로 채워넣는다. 입력시 '_id' 필드값을 제외한 각 문서 내용의 유일성은 고려되지 않으므로 같은 내용의 문서가 여러 번 입력될 수도 있다. 몽고DB 쉘에 다음 명령문을 입력한다. 대소문자를 구분하므로 명령문 입력시 유의한다.

```
>use cinemadb ❶
>db ❷
>db.비회원.insertOne({비회원이름:"이승기"}) ❸                // 첫 번째 문서
>db.비회원.insertOne({비회원이름:"이민기", 나이:22}) ❹       // 두 번째 문서
>db.비회원.find( ) ❺
```

❶ 'cinemadb' 작업 데이터베이스를 생성(또는 지정)하고 접속한다. 'use' 명령어는 현재 접속하여 작업할 데이터베이스를 지정한다.

❷ 쉘에서 db 변수는 현재 use 명령어에 의해 지정된 데이터베이스 이름을 저장하고 있다. 위 예제에서는 'cinemadb'가 해당한다.

❸ 첫 번째 문서를 입력한다. '비회원'은 'cinemadb' 데이터베이스 안에 생성된 컬렉션 이름이다. insertOne() 명령어 함수를 실행하면 반환값으로 실행 결과를 보여준다. 'acknowledged' 값은 입력이 성공했는지를 표시하고 'insertedId' 값은 입력에 성공한 문서의 ObjectId 값을 표시한다. '_id' 값을 생략한 경우, 자동 입력된 '_id' 값이 ObjectId로 표시된다.

❹ 두 번째 문서를 입력한다. 같은 컬렉션 안에 첫 번째 문서와 구조가 다른 새로운 문서의 입력이 가능함을 보여준다. 몽고DB의 스키마없는 동적 스키마 특성 때문이다.

❺ 문서 검색을 위한 find() 명령어 함수는 현재 저장된 모든 문서를 보여준다.

복수 컬렉션 문서 입력 : insertMany( )

insertMany() 명령어는 둘 이상의 문서를 삽입할 때 사용한다. 문서들을 배열 형태로 한꺼번에 삽입한다. 여러 문서들을 컬렉션에 빠르게 삽입할 수 있다. insertOne() 명령어는 원자성을 보장하지만 insertMany() 명령어의 경우 모든 문서에 대해 원자성이 적용되지는 않는다. 입력 문서 중 오류가 있을 경우, 지정한 옵션에 따라 오류 문서를 제외한 일부 문서만 삽입될 수 있으므로 유의한다.

```
>db.회원.insertMany( [
 { _id:3, 회원이름:"홍장미", 비밀번호:"5555", 나이:24, 성별:"여" },
 { _id:4, 회원이름:"홍백합", 비밀번호:"6666", 나이:24, 성별:"여" },
 { _id:5, 회원이름:"홍나리", 비밀번호:"7777", 나이:24, 성별:"여" }
 ] ); ❻
>db.회원.find( )
```

❻ 복수의 문서가 생성되기 때문에 반환되는 값들도 배열 형태([3,4,5])이다. 입력된 문서들의 ObjectId 값들이 생성된 순서대로 표시된다. 첫 번째 줄 이후에 보이는 세 개의 점은 명령문이 한 줄 이상으로 연속되고 있음을 나타내기 위하여 몽고DB 셸이 추가한 것이다.

insert() 명령어 함수를 이용하여 여러 문서를 한꺼번에 입력할 수도 있다. '영화' 컬렉션에 2개의 영화에 관한 문서를 삽입해보자. '출연배우' 필드는 값으로 배열을 포함한다.

```
>db.createCollection("영화")
>db.영화.insert([
{영화제목:"기생충", 상영시간:{시간:3, 분:10}, 등급:"A", 개봉날짜:"2019-05-30",
 출연배우:["송강호", "이선균", "조여정"]},
{영화제목:"명량", 상영시간:{시간:2, 분:9}, 등급:"B", 개봉날짜:"2022-07-27",
 출연배우:["박해일"]}
])
>db.영화.find( ).pretty( ) ❼
```

❼ find() 명령어 함수 뒤의 pretty() 명령어 함수는 배열과 내장 문서와 같이 복잡한 계층 구조를 갖는 문서들의 내용을 정돈해서 보기 쉽도록 표시한다.

다음은 댓글에 관한 내장 문서들을 배열 형식으로 갖는 영화 문서를 입력하는 예이다. 실행해 보자.

```
>db.영화.insert({영화제목:"승리호", 상영시간:{시간:1, 분:50}, 등급:"A",
 개봉날짜:"2021-02-21", 출연배우:["송중기", "김태리"],
 댓글평가:[
  {댓글작성자:"홍길순", 댓글내용:"좋아요"},
  {댓글작성자:"홍길동", 평점:97, 댓글내용:"좋아요", 추천여부:true},
  {댓글작성자:"홍장미", 평점:83, 댓글내용:"무난해요", 추천여부:false}
 ]
 })
>db.영화.find( )
```

3.2 컬렉션 문서 검색 find문

find()는 컬렉션 안에 저장된 문서들을 검색하는 명령어 함수이다. 〈검색_조건〉 인자로 필드명과 필드값의 쌍들을 명세함으로써 일치하는 문서들을 반환받는다. 〈검색_조건〉 인자는 검색 대상 문서를 필터링하는 조건식으로써 어떤 문서를 반환받을지를 결정한다. 문서의 일부 필드 정보만 검색하고자 한다면 〈검색_필드목록〉에 원하는 필드 이름들을 명세한다. 문서 하나를 검색하려면 findOne()을 사용한다.

```
find( {<검색_조건>}, {<검색_필드목록>} )
```

```
<검색_조건>:== 필드명:상수값, ...
<검색_필드목록>:== 필드명:논리값, ... , 필드명n:논리값n }
```

find() 명령어 함수를 사용한 검색 예제를 살펴보자. 검색한 문서의 모든 필드 정보를 반환받을 필요가 없는 경우도 있다. find()의 두 번째 〈검색_필드목록〉 인자는 어떤 필드값을 검색결과로 반환할지를 결정한다. 〈검색_필드목록〉 인자를 생략하면 검색 결과에 모든 필드 정보가 포함된다. 〈검색_필드목록〉 인자 안에는 검색할 모든 필드들의 값을 'true'(또는 1)로 설정하거나 검색하지 않을 모든 필드들의 값을 'false'(또는 0)를 설정하는 두 가지만 가능하다. 즉, '_id' 필드를 제외만 나머지 필드들은 'true'(또는 1)와 'false'(또는 0) 두 값중 하나를 필드값으로 설정해야 한다. '_id' 필드는 기본적으로 검색 결과에 포함된다. 'false'(또는 0)로 설정할 때만 반환되는 검색 결과에서 제외된다.

```
>db.회원.find( ) ❶
>db.회원.find({ }) ❷
>db.회원.find({회원이름:"홍길동"}) ❸
>db.회원.find({나이:24, 성별:"여"}) ❹
>db.회원.find(null, {회원이름:true, 나이:true}) ❺
>db.회원.find({나이:22}, {회원이름:1, 나이:1}) ❻
>db.회원.find(null, {_id:false, 나이:0}) ❼
```

❶,❷ find()의 인자로 〈검색_조건〉을 명세하지 않으면 '회원' 컬렉션 안의 모든 문서들의 필드 정보를 검색한다. 인자를 생략하거나 빈 질의(query) 문서(즉 { })를 명세하면 컬렉션 안의 모든 문서와 일치하는 것으로 간주하여 전체 문서를 반환한다.

❸ find()는 〈검색_조건〉 인자로 명세한 해당 필드값이 일치하는 문서만을 반환한다. '회원이름' 필드값이 '홍길동'인 모든 문서를 검색한다.

❹ 필드명과 필드값의 쌍을 ','로 구분하여 나열하면 AND 연산자가 적용된다. '나이'가 '24'이고 '성별'이 '여'인 회원의 모든 필드값을 반환한다.

❺ 예제는 모든 회원의 '회원이름'과 '나이' 필드값만 반환한다.

❻ 나이가 '22'인 회원의 '회원이름'과 '나이' 필드값만 반환한다.

❼ 전체 회원 정보 중 '_id' 필드값과 '나이' 필드만 제외하고 반환된다.

> **Tip find( )와 findOne( )**
>
> ■ find( )
>
> 커서 객체를 반환한다. 검색 결과로 여러 문서를 얻고자 할 경우 사용한다. 커서를 활용하여 문서 처리 작업을 반복할 수 있다.
>
> ■ findOne( )
>
> 문서 자체를 반환한다. 문서 하나만을 얻고자 할 경우 사용한다. 검색 조건에 일치하는 문서가 여러 개일지라도 정렬하여 가장 첫 번째 문서만을 반환한다.

검색 비교 연산자 : $eq, $ne, $gt, $gte, $lt, $lte

필드값 검색 조건이 범위 값일 경우에는 〈검색_조건〉 인자 안에 여러 〈비교_연산자〉를 사용한다. 〈비교 연산자〉는 일반 필드와 구별되도록 '$' 접두사로 시작한다.

```
<검색_조건>:== 필드명: { <$비교_연산자1>:"값1", <$비교_연산자2>:"값2", ... }
```

6가지 종류의 〈비교_연산자〉가 사용된다. '$eq'(=), '$ne'(≠), '$gt'(〉), '$gte'(〉=), '$lt'(〈), '$lte'(〈=) 등이다. 〈비교_연산자〉는 축약된 영어 단어 형태로 쉽게 구별하여 사용할 수 있다. '$all'은 순서와 상관없이 조건에 해당하는 배열 요소를 모두 가지고 있으면 검색 결과에 포함한다.

```
>db.영화.find({"상영시간.시간":{$gte:2, $lte:3}}) ❶
>db.영화.find({영화제목:{$eq:"기생충"}}) ❷
>db.영화.find({영화제목:"기생충"}) ❸
>db.영화.find({개봉날짜:{$gt:"2020-1-1"}}) ❹
>db.영화.find({출연배우:{$all:["송강호", "이선균"]}}) ❺
>db.영화.find({출연배우:["송강호", "이선균", "조여정"]}) ❻
```

❶ 상영시간이 2시간 이상, 3시간 이하인 모든 영화 문서들을 찾아 검색 결과로 반환한다.

❷,❸ '$eq' 연산자는 {필드명:"값"}의 형태로 명세하는 것과 같은 결과를 나타낸다. '기생충'

영화를 찾아 검색 결과로 반환한다.

❹ '2020년 1월 1일' 이후에 개봉된 영화 문서를 검색하는 예이다.

❺ '송강호'와 '이선균'이 함께 출연한 영화 문서를 검색 결과로 반환한다.

❻ '$all' 연산자 없이 명세하면 배열 요소의 순서를 포함하여 정확히 일치하는 경우만을 검색한다. 즉 '$all' 연산자 없이 '["송강호", "이선균"]'이나 '["조여정", "송강호", "이선균"]'과 같이 명세하면 '기생충' 영화는 검색 대상에서 제외된다.

검색 논리 연산자 : $and, $or, $in, $nin

몽고DB 쉘에서 AND 조건은 보통 논리 연산자 없이 ','로 조건들을 나열함으로써 명세한다. 물론 '$and' 논리 연산자를 명세해도 된다. OR 조건은 반드시 '$or' 논리 연산자를 명세해야 한다. '$or' 연산자를 이용하여 〈검색 조건〉 인자에 특정 필드를 두 개 이상 ','로 구분하여 나열하면 여러 조건들 중 하나라도 만족하는 문서를 검색하여 반환한다. '$in' 연산자는 나열된 값들 중 하나라도 일치하는 경우를 검색한다. '$nin' 연산자는 나열된 값들 중 어떤 것과도 일치하지 않는 경우를 검색한다.

```
>db.회원.find({$and:[{나이:21}, {회원이름:"홍길동"}]}) ❼
>db.회원.find({회원이름:"홍길동", 나이:21}) ❽
>db.회원.find({나이:21, 회원이름:"홍길동"}) ❽
>db.회원.find({$or:[{나이:{$in:[22,23,24]}}, {회원이름:"홍길동"}]}) ❾
>db.영화.find({등급:{$nin:["B"]}}) ❿
>db.영화.find({등급:{$in:["A","C"]}}) ⓫
>db.영화.find({"상영시간.시간":1, "상영시간.분":{$gte:30}} ) ⓬
>db.영화.find({"상영시간.분":{$gte:30}, "상영시간.시간":1}) ⓭
>db.영화.find({"댓글평가.댓글작성자":/^홍/, "댓글평가.평점":{$gt:80}}) ⓮
```

❼ '$and' 연산자를 사용하거나 ❽ '$and' 연산자를 생략하고 〈검색 조건〉 인자에 필드를 두 개 이상 코마로 구분하여 나열하면 여러 조건(AND 조건)들을 모두 만족하는 문서를 반환한다. ❼,❽은 모두 나이가 '21'세인 '홍길동' 회원의 모든 필드 정보를 검색한다.

❾ 나이가 '22', '23', '24'세이거나 이름이 '홍길동'인 회원 문서를 검색한다.

❿ '$in' 연산자 뒤의 값을 포함하거나 또는 '$nin' 연산자 뒤의 값을 미포함하는 문서를 검색한다. 등급 필드값으로 'B'가 아닌 값을 갖는 문서를 검색하고 ⓫은 등급 필드값으로 'A' 또는 'C'를 갖는 문서를 검색한다.

⓬,⓭ 문서 안에 내장된 문서에 대한 검색을 수행할 경우, 내장 문서의 특정 필드를 지정하기 위해 점 표기법을 사용한다. 점('.')을 사이에 두고 상위 필드와 중첩 문서 안의 하위 필드 이름을 연결하여 명세하되 반드시 큰 따옴표로 감싸 명세하도록 한다. 두 검색 결과가 같다고 생각하기 쉽지만 검색 결과는 다르다. 내장된 문서의 필드 전체에 대한 검색을 수행할 경우 반드시 내장된 문서 필드의 순서와 동일하게 명세해야 하기 때문이다. ⓬는 전체 필드를 문서 안의 순서대로 명세하므로 정상적으로 검색 결과를 반환하지만 ⓭은 검색 조건에 명세한 필드 순서가 실제 문서의 순서와 다르므로 검색 결과를 반환하지 않는다.

⓮ 성이 '홍'씨인 회원으로부터 80점보다 높은 평점 댓글을 받은 영화의 모든 필드값을 검색 결과로 반환받는다.

검색 문자열 연산자 : $regex

부분 문자열 조건을 만족하는 문서를 검색하는 방법을 알아보자. 〈정규식〉에 일치하는 부분 문자열값을 가진 문서 검색을 위하여 '$regex' 문자열 연산자를 사용한다. 〈정규식〉은 특정한 규칙을 가진 문자열의 집합을 표현한다. 검색 조건을 작성하기 위해 많이 사용되는 형식 언어이다.

```
<검색_조건>:== { 필드명: { <정규식>, ... } }
```

```
<정규식> :== $regex: /<문자열_패턴>/<패턴_옵션>
```

'$regex' 연산자의 〈문자열_패턴〉에는 〈표 13-4〉와 같은 다양한 '〈문자열_패턴〉' 기호를 포함할 수 있다.

〈표 13-4〉 $regex 연산자의 〈문자열_패턴〉

〈문자열_패턴〉 기호 예	의미
/한/	/와 /사이의 문자열('한')이 한번 이상 존재(1~n)
/^한/	^기호 바로 뒤의 문자('한')로 문자열이 시작
/한$/	$기호 바로 앞의 문자('한')로 문자열이 끝남
[한, 국, . . .]	대괄호 안에 있는 문자('한','국', ...)들이 존재하는지 검색

〈표 13-4〉의 다양한 〈문자열_패턴〉 기호를 포함한 〈정규식〉 작성 예를 살펴보자.

```
>db.회원.find({회원이름:{$regex:/^홍/}}) ❶
>db.회원.find({회원이름:/동$/}) ❷
>db.회원.find({회원이름:/길동/}) ❸
>db.회원.find({회원이름:/홍길동[1-3]/}) ❹
>db.회원.find({회원이름:{$regex:/홍길동[1-3]/, $not:/홍길동2/}}) ❺
```

❶ 회원이름이 '홍'으로 시작하는 회원 문서를 검색한다.

❷ 한 필드에 오직 하나의 문자열 검색 연산자만을 사용하는 경우에는 '$regex' 연산자를 생략할 수도 있다. 그냥 검색 필드값으로 〈정규식〉을 작성해도 같은 검색 결과를 반환받는다. 회원이름이 '동'으로 끝나는 회원 문서를 검색한다.

❸ 회원이름에 '길동'을 포함한 모든 회원 문서를 검색한다.

❹ 회원이름이 '홍길동' 문자열 뒤에 '1' 또는 '2', '3' 중 하나를 갖는 모든 회원 문서를 검색한다.

❺ ❹의 검색 결과에서 회원이름이 '홍길동2'인 회원만 제외한 나머지 회원 문서를 검색한다. '회원이름' 필드에 대해 둘 이상의 검색 연산자를 적용할 경우, '$regex' 문자열 연산자를 생략할 수 없으므로 명시적으로 명세해야한다.

검색 결과의 정렬, 생략 및 제한 : sort( ), skip( ), limit( )

검색 반환되는 문서들에 대해 추가적인 처리가 가능하다. 검색 조건을 충족하는 문서들을 대상으로 정렬을 하거나, 그 중 일부 문서들만 제한하거나 또는 생략하여 반환할 수 있다.

```
>db.회원.find( ).sort({나이:1, 등급:-1}) ❶
>db.회원.find( ).skip(5) ❷
>db.회원.find( ).limit(3) ❸
>db.회원.findOne( ) ❹
```

❶ sort() 함수를 이용하여 검색 결과를 정렬할 수 있다. '회원' 컬렉션의 문서들을 나이값의 오름차순으로, 나이값이 같다면 등급값의 내림차순으로 정렬하여 검색 결과를 반환한다. sort() 함수에서 '1'은 오름차순 정렬을, '–1'은 내림차순 정렬을 지정한다.

❷ 반환되는 검색 결과 중에서 처음 5개의 문서를 생략한다. skip() 함수를 이용하면 반환되는 검색 결과 중 처음 몇 개 문서를 제외할 수 있다.

❸ 검색 결과중에서 3개의 문서만 반환한다. limit() 함수를 이용하면 반환되는 검색 결과를 일부 문서로만 제한할 수 있다. 검색 결과가 3개보다 적으면 조건에 맞는 문서만 반환한다.

❹ 검색조건을 충족하는 문서가 여러 개라도 그 중 문서 하나만을 검색할 경우 findOne() 명령어 함수를 사용한다.

3.3 컬렉션 문서 수정 update문

updateOne(), updateMany() 명령어 함수는 특정 필드값을 바꾸거나 필드 이름을 변경, 또는 필드를 삭제하는 등의 문서를 수정한다. updateOne()와 updateMany()는 변경할 수 있는 문서 개수가 다르다. updateOne()은 검색 조건에 맞는 첫 번째 문서 하나만을 수정한다. 검색되는 모든 문서를 모두 수정하려면 updateMany()를 사용한다.

최소 2개의 인자가 필요하다. 첫 번째 〈수정_검색조건〉 인자는 수정할 문서를 찾는 검색 조건을 명세한다. 두 번째 〈수정_옵션〉 인자는 수정 작업할 내용을 명세한다.

```
// 문서 하나를 수정
db.<컬렉션_이름>.updateOne({<수정_검색조건>}, {<수정_옵션>}, {upsert:<논리값>})

// 여러 문서를 한꺼번에 수정
db.<컬렉션_이름>.updateMany({<수정_검색조건>}, {<수정_옵션>}, {upsert:<논리값>})
```

두 번째 인자인 〈수정_옵션〉은 문서를 어떻게 변경할지를 〈수정_연산자〉를 이용하여 명세한다. 〈수정_연산자〉에는 '$set', '$unset', '$inc', '$rename' 등이 있다. 가장 기본적인 〈수정_연산자〉인 '$set' 연산자는 새로운 필드를 추가하거나 특정 필드의 값을 변경한다.

```
>db.회원.updateOne({ }, {회원이름:"Modified"}) ❶
>db.회원.find(null, {_id:false}) ❷
>db.회원.updateOne({회원이름:/홍길동*/}, {$set:{회원이름:"Hong Gildong", 나이:0}}) ❸
>db.회원.find(null, {_id:false})
>db.회원.updateMany({성별:"남"}, {$set:{성별:"M", 비밀번호:0}}) ❹
>db.회원.updateMany({ }, {$set:{탈퇴날짜:new Date("2023-3-3")}}) ❺
```

```
>db.회원.find(null, {_id:false})
>db.회원.updateMany({ }, {$unset:{탈퇴날짜:""}}) ❻
>db.회원.updateMany({성별:"남"}, {$inc:{나이:1}}) ❼
>db.회원.updateMany({성별:"여"}, {$rename:{회원이름:"name"}, $unset:{비밀번호:0}}) ❽
>db.회원.find(null, {_id:false})
```

❶ 〈수정_옵션〉 안에 〈수정_연산자〉를 사용하지 않으면 실행하더라도 오류가 발생한다.

❷ 검색 조건이 'null'이므로 모든 회원 문서를 대상으로 '_id' 필드값만 제외한 나머지 필드값들을 검색 결과로 반환한다.

❸ updateOne()은 조건을 만족하는 문서들 중에서 문서 하나만 특정 필드값을 변경한다. 검색된 '홍길동1', '홍길동2', '홍길동3' 회원 문서 중에서 '$set' 연산자로 지정한 '회원이름' 필드의 값("Hong Gildong")으로 오직 문서 하나만 변경된다.

❹ updateMany()는 조건을 만족하는 모든 문서들의 특정 필드값을 변경할 수 있다. 모든 남성 회원 문서들의 '성별' 필드값을 '$set' 연산자로 지정한 필드값 'M'으로 모든 문서에서 변경된다. '비밀번호' 역시 '0'으로 모두 재설정된다.

❺ 검색된 모든 문서에 새로운 필드를 추가할 수 있다. 기존 모든 회원 문서에 대해서 새로운 '탈퇴날짜' 필드값으로 특정 날짜를 갖도록 수정한다.

❻ 검색된 모든 문서의 특정 필드를 제거할 수도 있다. '$unset' 연산자는 불필요한 필드를 삭제한다. 이때 연산자 안에 사용된 값은 아무 의미가 없다. ❺에서 추가했던 '탈퇴날짜' 필드를 모두 삭제하도록 회원 문서를 수정한다.

❼ 남성 회원에 대해서 '나이' 정보를 1만큼 증가시킬 수 있다. '$inc' 연산자는 기존의 수치값에 '1'만큼 수치값을 증가시킨다. 필드를 추가, 변경, 삭제할 때 항상 〈수정_연산자〉를 사용해야 한다.

❽ '$rename' 연산자는 문서의 필드 이름을 새로운 이름으로 변경한다. 여성 회원에 대해 '회원이름' 필드명을 영문 'name'으로 변경하고 비밀번호 필드는 삭제한다.

문서 치환 : replaceOne( )

replaceOne() 명령어 함수는 특정 문서를 찾아서 새로운 문서로 교체한다. 첫 번째 〈치환_검색조건〉 인자를 이용하여 교체할 문서를 찾아낸 다음, 두 번째 〈치환_문서〉 인자에 명세된 치환할 새 문서의 내용으로 기존 문서를 교체한다.

```
// 문서 하나를 교체
db.<컬렉션_이름>.replaceOne( <치환_검색조건>, <치환_문서>, { upsert: <논리값> } )
```

replaceOne()은 문서 변경이 아니라 교체이기 때문에 기존 문서 내용은 전부 사라진다. 다만 문서 고유의 값인 '_id' 필드값은 바뀌지 않는다.

```
>db.비회원.find( )
>db.비회원.replaceOne({비회원이름:"이승기"}, {비회원이름:"이충기", 나이: 30, 성별:"남"}) ❶
>db.비회원.find({비회원이름: "이승기"}) ❷
>db.비회원.replaceOne({비회원이름:"이슬기"}, {비회원이름:"이슬기", 나이:30, 성별:"여"},
 {upsert: true}) ❸
>db.비회원.find({비회원이름:/이?기/}) ❹
```

❶ 실행 결과로 반환 표시되는 'acknowledged' 속성값은 replaceOne() 명령어가 정상적으로 실행되었음을 나타낸다. 'matchedCount' 속성값은 검색된 문서의 개수를 나타내며 'modifiedCount' 속성값은 교체된 문서의 개수를 표시한다. 치환 결과로 '이승기' 비회원 문서는 삭제되고 '이충기' 비회원 문서로 치환된다.

❷ '이승기' 비회원 문서는 치환되었기 때문에 존재하지 않는다.

❸ 검색 조건을 충족하는 문서가 없으면 세 번째 인자인 〈upsert〉 옵션이 적용된다. 'upsert' 값으로 'true'를 설정하면 두 번째 인자인 〈치환_문서〉 옵션 안의 문서를 새로 생성하여 수정하게 된다. upsert 작업의 결과로 새로운 문서가 생성되면 생성한 문서의 '_id' 값이 upsertedId 값으로 반환된다. '이슬기' 비회원 문서가 존재하지 않으므로 새롭게 추가된다.

❹ 치환된 '이충기' 비회원 문서는 이전 '이승기' 비회원 문서의 '_id' 필드값을 그대로 가지고 있음을 확인할 수 있다. 치환하려고 했던 '이슬기' 비회원 문서는 기존 문서가 없으므로 문서 치환은 실패했지만 새로운 '_id' 값을 갖는 '이슬기' 비회원 문서가 새롭게 추가되었다.

3.4 데이터베이스, 컬렉션, 문서의 삭제 drop문, delete문

몽고DB의 데이터베이스와 컬렉션, 문서 삭제를 위한 명령문을 살펴보자. 문서를 삭제하는 명령어 함수는 deleteOne(), deleteMany()이다. 컬렉션과 데이터베이스를 삭제하기 위한 명령어 함수는 각각 drop(), dropDatabase()이다.

문서 삭제 : deleteOne( ), deleteMany( )

삭제 명령어는 수정 명령어와 비슷하다. deleteOne()는 〈삭제_검색조건〉에 일치하는 첫 번째 문서 하나를 삭제한다. deleteMany()는 〈삭제_검색조건〉을 충족하는 모든 문서를 삭제한다. 문서를 삭제하면 삭제된 문서의 개수와 명령의 성공 여부를 알려주는 메시지 객체가 반환표시 된다.

```
db.<컬렉션_이름>.deleteOne( { 삭제_검색조건 } )      // 문서 하나를 삭제
db.<컬렉션_이름>.deleteMany( { 삭제_검색조건 } )     // 문서 여러 개를 한꺼번에 삭제
```

문서 삭제를 실행해 보자.

```
>db.회원.find( )
>db.회원.deleteOne({나이:22}) ❶
>db.회원.find( )
>db.회원.deleteMany({나이:24}) ❷
>db.회원.find( )
>db.회원.deleteMany({ }) ❸
>db.회원.find( )
```

❶ '회원' 컬렉션에서 '나이' 필드의 값이 '22'인 문서들 중에서 첫 번째 문서 하나만 삭제한다.

❷ '회원' 컬렉션에서 '나이' 필드의 값이 '24'인 모든 문서들을 삭제한다.

❸ '회원' 컬렉션의 모든 문서들을 삭제한다.

컬렉션 삭제 : drop( )

데이터베이스 안의 특정 컬렉션을 지정하여 컬렉션을 삭제할 수 있다. drop() 명령어 함수를 사용한다. 컬렉션 안의 모든 문서가 삭제된다. 삭제된 컬렉션은 복구할 수 없다.

```
db.<컬렉션_이름>.drop( )      // 컬렉션 삭제
```

컬렉션을 삭제해 보자.

```
>db.회원.drop( ) ❹
>show collections
>db.영화.deleteMany({ }) ❺
>db.영화.find ( )
>db.영화.drop( ) ❻
>db.영화.find( )
```

❹ '회원' 컬렉션을 삭제한다.

❺❻ 지금까지 실습했던 '영화' 컬렉션의 모든 문서를 삭제한 후 컬렉션을 제거한다. deleteMany()를 사용하여 전체 문서를 삭제하지 않고도 drop() 명령어 함수를 사용하여 문서와 컬렉션을 함께 삭제하는 것이 더 편리하고 빠르다.

데이터베이스 삭제 : dropDatabase( )

데이터베이스를 삭제하는 명령어 함수는 dropDatabase()이다.

```
db.dropDatabase( )           // 현재 접속 데이터베이스 삭제
```

데이터베이스를 삭제해보자. 데이터베이스 안의 모든 컬렉션과 문서 정보가 제거된다. 삭제된 데이터베이스는 복구가 불가능하니 주의한다.

```
>use cinemadb ❼
>db ❽
>db.dropDatabase( ) ❾
```

❼❽ 'use' 명령어로 삭제할 데이터베이스로 작업 데이터베이스를 변경하거나 삭제 전에 'db'로 현재 작업 중인 데이터베이스를 확인한 후 데이터베이스를 삭제한다.

❾ 현재 접속한 'cinemadb' 데이터베이스를 삭제한다.

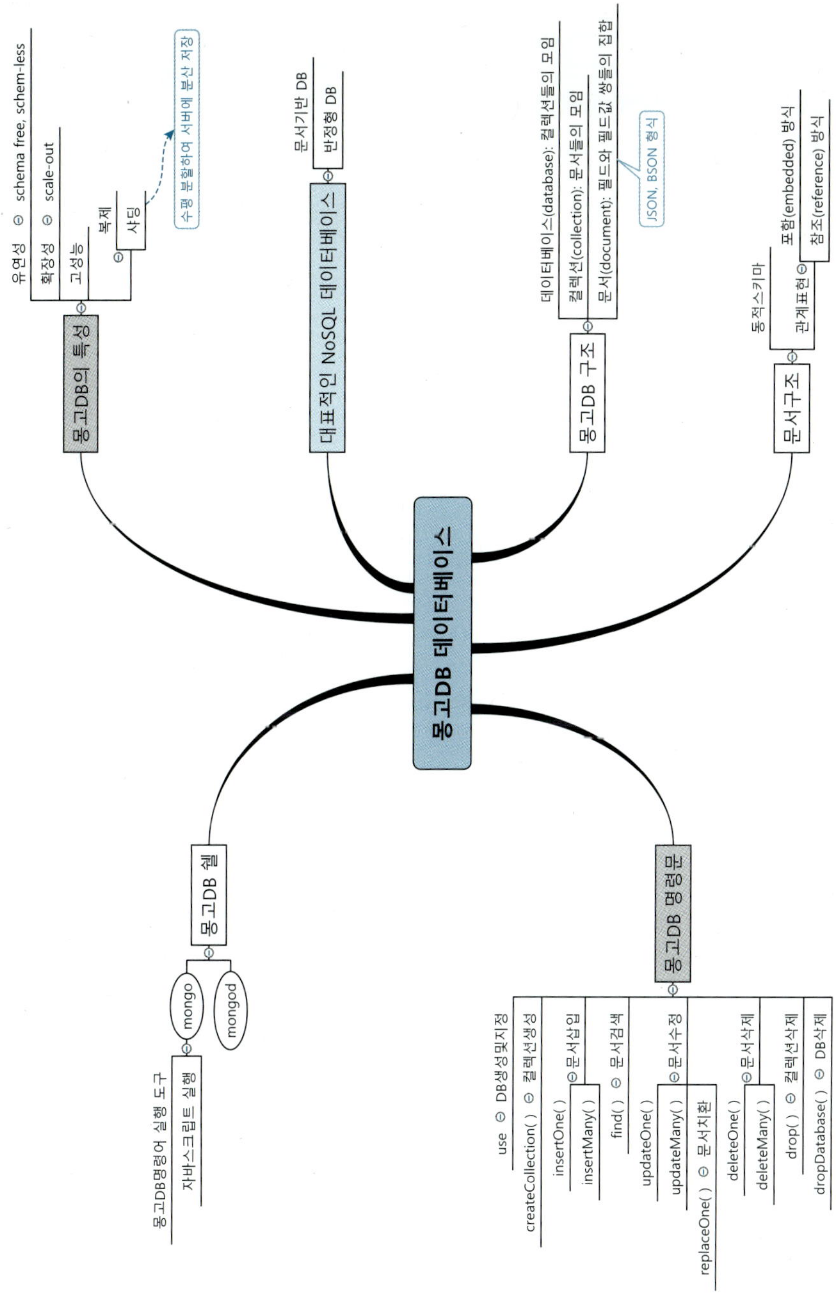
몽고DB 데이터베이스
몽고DB의 특성
유연성 schema free, schem-less
확장성 scale-out
고성능
복제
샤딩
수평 분할하여 서버에 분산 저장
대표적인 NoSQL 데이터베이스
문서기반 DB
반정형 DB
몽고DB 구조
데이터베이스(database): 컬렉션들의 모임
컬렉션(collection): 문서들의 모임
문서(document): 필드와 필드값 쌍들의 집합
JSON, BSON 형식
문서구조
동적스키마
관계표현
포함(embedded) 방식
참조(reference) 방식
몽고DB 셸
mongo
몽고DB명령어 실행 도구
자바스크립트 실행
mongod
몽고DB 명령문
use DB생성및지정
createCollection( ) 컬렉션생성
insertOne( )
insertMany( )
문서삽입
find( ) 문서검색
updateOne( )
updateMany( )
문서수정
replaceOne( ) 문서치환
deleteOne( )
deleteMany( )
문서삭제
drop( ) 컬렉션삭제
dropDatabase( ) DB삭제

연습문제 EXERCISE

01 몽고DB에 관한 설명으로 옳지 않은 것은?

① NoSQL 중에서 가장 많이 사용하는 DBMS이다.
② 문서 기반 데이터베이스 유형을 지원한다.
③ 오픈 소스 DBMS이다.
④ 관계형 데이터베이스와 동일한 질의 기능을 지원한다.

02 몽고DB의 주요 특성으로 거리가 먼 것은?

① 유연성(flexibility) ② 고성능(performance)
③ 휘발성(volatile) ④ 확장성(scalability)

03 컬렉션(collection)에 관한 설명으로 옳지 않은 것은?

① 컬렉션도 정해진 고정 스키마를 갖는다.
② 문서들의 모임이다.
③ 같은 컬렉션 안에서도 저장되는 문서 구조가 다양할 수 있다.
④ 동적 스키마를 갖는 테이블과 비슷하다.

04 몽고DB의 동적 스키마에 관한 설명으로 옳지 않은 것은?

① 미리 정해진 고정 스키마가 존재하지 않는다(schema less).
② 모든 문서의 필드들이 동일하지 않고 같은 필드라도 데이터 유형이 다를 수 있다.
③ 같은 컬렉션 안에 있는 문서들끼리도 서로 다른 스키마를 가질 수 있다(schema free).
④ 스키마를 변경하거나 테이블을 추가하는 등 대응이 복잡하고 어렵다.

05 몽고DB의 '_id' 필드에 관한 설명으로 옳은 것은?

① 저장된 모든 문서는 '_id' 필드를 가진다.
② '_id' 필드는 관계형 데이터베이스의 외래키에 해당한다.
③ 문서를 입력할 때 '_id' 필드를 명세하더라도 새로운 '_id' 필드값이 자동으로 추가된다.
④ '_id' 필드값이 가질 수 있는 데이터 유형은 객체ID형이다.

06 다음 문장이 참이면 ○, 거짓이면 ×를 하시오.

① 몽고DB는 대표적 비관계형 DBMS로서 개발이 쉽고 유연하며 확장성이 높다. ( )

② 몽고DB는 JSON 형식의 문서를 사용하지만 데이터베이스 저장시에는 이진 포맷으로 인코딩한 BSON 형식의 문서로 변환되어 저장된다. ( )

③ 몽고DB는 별도의 스키마 선언 없이도 릴레이션에 해당하는 컬렉션을 생성할 수 있다. ( )

④ 몽고DB 셸에 접속하기 위해서는 우선 mongod 인스턴스가 실행되어야 한다. ( )

⑤ find( ) 명령어 함수 뒤의 pretty( ) 명령어 함수는 배열과 내장 문서와 같이 복잡한 계층 문서들의 내용을 정돈해서 보기 쉽도록 표시해준다. ( )

⑥ findOne( ) 명령어 함수는 커서 객체를 반환하며 여러 문서를 검색 결과를 통해 얻고자 할 경우 사용하며 커서를 활용하여 문서 처리 작업을 반복한다. ( )

⑦ updateOne( ), updateMany( ) 명령어 함수는 특정 필드값을 바꾸거나 필드 이름을 변경, 또는 필드를 삭제하는 등의 문서 수정을 수행한다. ( )

⑧ replaceOne( ) 명령어 함수는 문서 변경이 아니라 교체이기 때문에 기존 문서 내용은 전부 시라지지만 문서 고유의 값인 '_id' 필드값은 바뀌지 않는다. ( )

⑨ 몽고DB는 관계형 DB처럼 색인 사용이 불가능하다. ( )

07 다음 ( ) 안에 적당한 용어를 채워 완성하시오.

① 몽고DB에서 가용성을 향상시키기 위한 ( )은 데이터베이스의 데이터를 수평 분할(horizontal partitioning)하여 여러 서버에 분산 저장하는 방식이다.

② 몽고DB의 기본 구성 요소중에서 ( )은 문서의 모음으로 동적 스키마를 갖는 테이블과 같다.

③ 몽고DB ( )은 문서에 대한 질의뿐만 아니라 관리나 실행중인 인스턴스를 점검하는데 유용한 도구로써 자바스크립트 해석 기능을 가지고 있어 자바스크립트 프로그램 작성과 실행이 가능하다.

④ ( )( ) 명령어 함수는 특정 문서를 찾아서 새로운 문서로 교체한다.

⑤ 몽고DB에서 컬렉션에 문서 하나를 추가하는 명령어는 ( )( )이다.

08 다음 릴레이션 관련 SQL 명령문에 대응하는 컬렉션 관련 몽고DB 명령문(①~②)을 작성하시오.

구분	SQL 명령문	몽고DB 명령문
생성	CREATE TABLE 회원(_id INT NOT NULL AUTO_INCREMENT, 나이 INT NULL, 성별 char(1) NULL, 메모 varchar(100) NULL, PRIMARY KEY(_id))	(①)
수정	ALTER TABLE 회원 ADD 탈퇴날짜 DATETIME	(②)
삭제	DROP TABLE 회원	db.회원.drop( )

09 다음 투플 관련 SQL 명령문에 대응하는 문서 관련 몽고DB 명령문(①~⑤)을 작성하시오.

구분	SQL 명령문	몽고DB 명령문
입력	INSERT INTO 회원(_id,나이,성별,메모) VALUES ("m111",55,"남",null)	db.회원.insertOne({ _id:"m111", 나이:55, 성별:"남" })
	INSERT INTO 회원(_id,나이,성별,메모) VALUES ("m222",null,null,"임시 회원임")	(①)
검색	SELECT * FROM 회원	db.회원.find( )
	SELECT _id, 성별 FROM 회원 WHERE 성별 != "남"	(②)
	SELECT * FROM 회원 WHERE 성별="남" ORDER BY 나이 ASC	(③)
	SELECT COUNT(_id) FROM 회원	db.회원.find({_id:{$exist:true}}).count( )
수정	UPDATE 회원 SET 성별="여" WHERE 나이 > 25	(④)
삭제	DELETE FROM 회원	db.회원.deleteMany({})
	DELETE FROM 회원 WHERE 성별="여"	(⑤)

10 4가지 NoSQL 데이터베이스 유형의 특성을 비교 · 요약하시오.

11 몽고DB와 관계형 데이터베이스를 비교 · 설명하시오.

CHAPTER

14

데이터베이스 모바일 웹 프로그래밍

1. 개발 환경 구축
2. 무비 웹 앱 개발

학습목표

- 모바일 웹 프로그래밍의 개발 환경을 알아본다.
- 무비 웹 앱 프로그램의 구성을 살펴본다.
- 무비 웹 앱의 HTML과 제이쿼리 모바일 코드 작성 방법을 알아본다.
- 무비 웹 앱의 PHP 코드 작성 방법을 알아본다.

CHAPTER 14 데이터베이스 모바일 웹 프로그래밍

1. 개발 환경 구축

영화 정보 관리를 위한 무비 웹 앱(movie web app)은 PHP와 HTML, 제이쿼리 모바일(JQuery Mobile) 기술 등을 이용하여 개발한 데이터베이스 모바일 웹 프로그램이다. 아파치(Apache) 웹 서버를 통해 MySQL 안의 데이터베이스에 영화 정보를 등록, 수정, 삭제 및 검색이 가능하다. 일반 PC뿐만 아니라 스마트폰과 같은 모바일 장치에 적합한 인터페이스를 제공한다.

1.1 무비 웹 앱의 실행 구조

무비 웹 앱의 실행 구조는 다음과 같다.

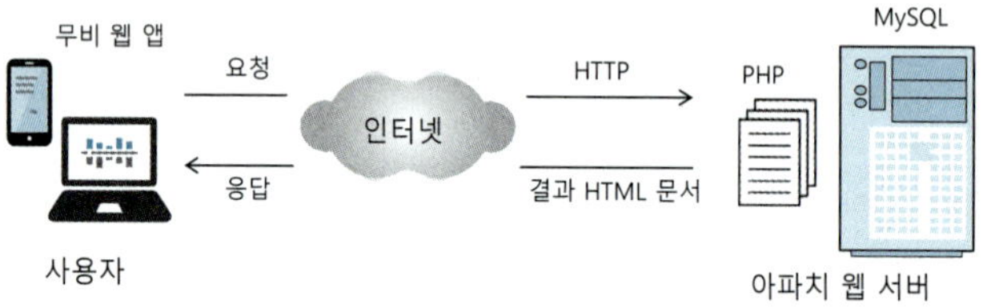

[그림 14-1] 무비 웹 앱의 실행 구조

무비 웹 앱은 웹 브라우저를 클라이언트 프로그램의 사용자 인터페이스로 사용한다. 인터넷을 통해 웹 서버에 저장된 PHP 프로그램을 호출하여 실행함으로써 MySQL 안의 데이터베이스를 조작한다.

PHP(Hypertext Preprocessor)는 웹 서버에서 동작하는 서버 측 스크립트이다. 무료로 사용 가능한 공개 코드이며 동적 웹 문서를 쉽고 빠르게 만들 수 있는 언어이다. MySQL을 사용하는 서버 측 웹 서비스 프로그램을 개발하기 위해 많이 사용한다.

1.2 실행 환경 설치

무비 웹 앱을 실행하기 위해서는 다음과 같은 소프트웨어가 필요하다.

- MySQL DBMS
- 아파치 웹 서버
- PHP 웹 프로그래밍 언어

아파치(Apache)는 공개 코드로 무료로 사용할 수 있는 웹 서버 기능을 수행하는 소프트웨어이다. 아파치는 MySQL과 PHP에 가장 적합한 웹 서버 프로그램이다.

각 소프트웨어를 따로 설치하는 것보다는 XAMPP 소프트웨어 패키지를 설치하는 것이 훨씬 간편하다. **XAMPP**는 크로스 플랫폼 웹 서버용 소프트웨어 패키지이다. 무료이며 아파치 웹 서버뿐만 아니라 MySQL(MariaDB), PHP, 펄(Perl) 소프트웨어를 포함하여 한 번에 설치가 가능하다.

'[부록 D] XAMPP 설치'를 참조하여 XAMPP를 다운받아 설치함으로써 실행 환경을 구성한다.

아파치 웹 서버 동작 확인

[부록 D]를 참조하여 XAMPP를 다운받아 설치했다면 정상적으로 동작하는지 확인한다. 브라우저의 주소창에 다음과 같이 입력한다.

```
http://localhost
```

정상 동작하고 있다면 성공적으로 XAMPP가 설치되었음을 표시하는 'Welcome to XAMPP for Windows x.x.x' 메시지를 확인할 수 있다.

> **Tip 로컬 호스트**
>
> 로컬 호스트(local host)는 현재 프로그램이 실행되고 있는 컴퓨터를 말한다. 로컬 호스트의 IP 주소는 보통 127.0.0.1이 할당된다.

PHP 스크립트 실행 환경 구성

아파치 웹 서버와 PHP의 동작 여부를 확인하기 위해 [예제 14-1]과 같은 간단한 PHP 예제를 작성한다.

'<?php'와 '?>'로 둘러싼 PHP 스크립트 코드는 HTML 태그 사이에 위치할 수 있다.

[예제 14-1]의 'test_hello.php' 예제 프로그램은 HTML 문자열('<h1>hello</h1>')을 '$str' PHP 변수에 저장했다가 'echo' 명령어에 의해 출력하는 PHP 코드를 포함한다. 웹 브라우저는 PHP 스크립트 코드가 해석되어 HTML 문서 형식으로 변환된 결과를 포함시킨다.

예제 14-1 test_hello.php

```
<p>PHP 테스트 프로그램
<?php
$str = '<h1> hello </h1>' ;
echo $str ;
?>
입니다.</p>
```

작성한 'test_hello.php' 파일은 인터넷을 통해 어디에서나 실행할 수 있도록 'd:₩xampp₩htdocs' 폴더에 저장한다. [부록 D]를 따라 설치했다면 아파치의 공개 공유 폴더는 'd:₩xampp₩htdocs'이다. 앞으로 작성할 php 파일은 모두 웹 서버의 공개 공유 폴더에 저장한다.

브라우저의 주소창에 다음과 같이 입력하면 'test_hello.php'가 실행된다.

```
http://localhost/test_hello.php 혹은
http://127.0.0.1/test_hello.php
```

실행 결과는 [그림 14-2]와 같다.

[그림 14-2] PHP 테스트 프로그램 'test_hello.php'의 실행 결과

현재 실행중인 웹 서버가 아닌 다른 컴퓨터나 스마트폰에서 실행하려면 'localhost' 대신에 아파치가 실행 중인 웹 서버 컴퓨터의 아이피 주소를 입력하면 된다.

MySQL 실행 환경 구성

무비 웹 앱 개발 및 실행을 위한 사용자 계정과 영화 정보를 저장할 데이터베이스와 테이블을 생성한다.

■ movie_user 사용자 계정 생성

먼저, MySQL 서버를 구동시키고 MySQL 워크벤치에 슈퍼 사용자 'root' 계정으로 접속한다. 영화 웹 앱을 위해 PHP 코드 안에서 필요한 사용자 계정을 생성하고 접근 권한을 부여한다. 6장에서 'manager' 계정을 생성한 것처럼 다음과 같이 다시 'movie_user' 계정을 생성한다.

```
-- 웹 앱 프로그램에서 접속할 사용자 계정 생성
CREATE USER 'movie_user'@'%' IDENTIFIED BY '1234' ;

-- movieDB에 대해서만 모든 권한을 부여
GRANT ALL ON movieDB.* TO 'movie_user'@'%' WITH GRANT OPTION ;
```

■ movieDB 데이터베이스의 구성

영화 웹 앱에서 처리할 데이터를 저장할 'movieDB' 데이터베이스를 먼저 생성하고 그 안에 'movie' 테이블을 생성한다. MySQL 워크벤치에서 생성한 'movie_user' 계정으로 접속한 뒤 다음 SQL 명령문들을 실행한다.

```
-- 데이터베이스 생성
DROP DATABASE IF EXISTS movieDB ;
CREATE DATABASE IF NOT EXISTS movieDB ;

-- SQL 명령어를 실행할 대상인 기본 데이터베이스를 movieDB로 지정
USE movieDB ;

-- movie 테이블 생성
CREATE TABLE IF NOT EXISTS movie (
id int NOT NULL AUTO_INCREMENT PRIMARY KEY,
title varchar(20) NOT NULL,
genre varchar(20) NULL,
myear date NULL,
price int NULL,
photo varchar(50) NULL ) ;
```

'movie' 테이블의 스키마 구조와 실제로 입력 저장될 영화 정보의 예는 다음과 같다.

movie 테이블

id	title	genre	myear	price	photo
1	타이타닉	로맨스	2016-09-09	10000	./photo/타이타닉.jpg
2	쿵푸팬더	판타지	2017-12-30	9000	./photo/쿵푸팬더.jpg
3	라라랜드	로맨스	2018-05-04	9000	./photo/라라랜드.jpg

2. 무비 웹 앱의 개발

[부록 E]를 참조하여 서버 측 PHP 실행 코드를 작성하기 위한 **이클립스**(eclipse) 개발 도구를 설치한다. 이클립스 **작업 공간**(workspace)으로 지정한 'c:₩xampp₩htdocs' 폴더가 아파치 웹 서버를 통해 접근 가능한 기본 공개 폴더가 된다.

'movie' PHP 프로젝트를 작업 공간 안에 생성하면 'c:₩xampp₩htdocs₩movie' 폴더가 생성된다. 서버 측 php 파일과 이미지를 포함한 이 책의 모든 movie 예제 코드를 이 'movie' 폴더 안에 저장하면 웹 브라우저를 통해 실행할 수 있다. 이때, 영화 포스터를 저장할 'photo' 하위 폴더를 'movie' 폴더 안에 생성한다. 등록한 영화 포스터는 'c:₩xampp₩htdocs₩movie₩photo' 폴더 안에 저장된다.

스마트폰 브라우저 주소창에 예를 들면 'http://180.66.147.23/movie/main.php'처럼 아파치 서버가 설치된 컴퓨터의 IP주소와 프로젝트 폴더명 그리고, 실행하고자하는 php 파일명을 입력하면 무비 웹 앱의 실행 결과를 브라우저에서 확인할 수 있다.

2.1 무비 웹 앱의 구성

무비 웹 앱의 화면과 주요 모듈, 기능 등을 정의한다.

화면 구성

무비 웹 앱의 화면 구성을 살펴보자. 무비 웹 앱은 제이쿼리 모바일을 사용하여 [그림 14-3]과 같은 4개의 기본 앱 화면을 구성한다. 각 페이지들은 초기 화면의 링크 버튼 또는 각 페이지 위쪽의 버튼을 이용하여 자유롭게 이동할 수 있다.

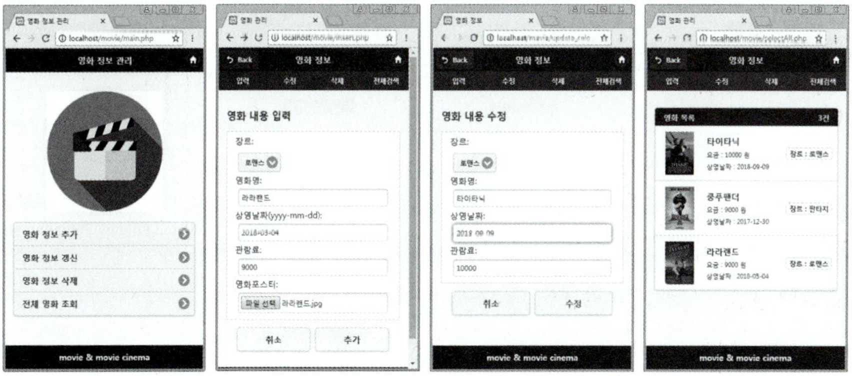

(a) 시작 화면 (b) 등록 화면 (c) 수정 화면 (d) 조회 화면

[그림 14-3] 무비 웹 앱의 화면 구성

- 무비 시작 화면 : 무비 웹 앱의 주 화면으로 영화 정보의 등록, 수정, 삭제, 조회 페이지 이동을 위한 4개의 링크를 제공한다. 입력, 수정, 삭제 처리가 완료되면 자동으로 시작 화면으로 이동한다.
- 무비 등록 화면 : 새로운 영화 정보를 입력한다. 영화 포스터 이미지 파일도 추가할 수 있다.
- 무비 수정(삭제) 화면 : 영화명을 입력하여 저장된 영화 정보를 검색한 다음, 영화 정보를 변경(삭제)할 수 있다. 변경(삭제)된 영화 정보는 데이터베이스에 반영되므로 되돌릴 수 없다.

- 무비 조회 화면 : 전체 영화 정보의 목록을 동적으로 생성하여 표시한다.

전체 기능 구성

무비 웹 앱의 전체 페이지 구성과 모듈(php 파일)별 주요 기능 구성은 [그림 14-4]와 같다.

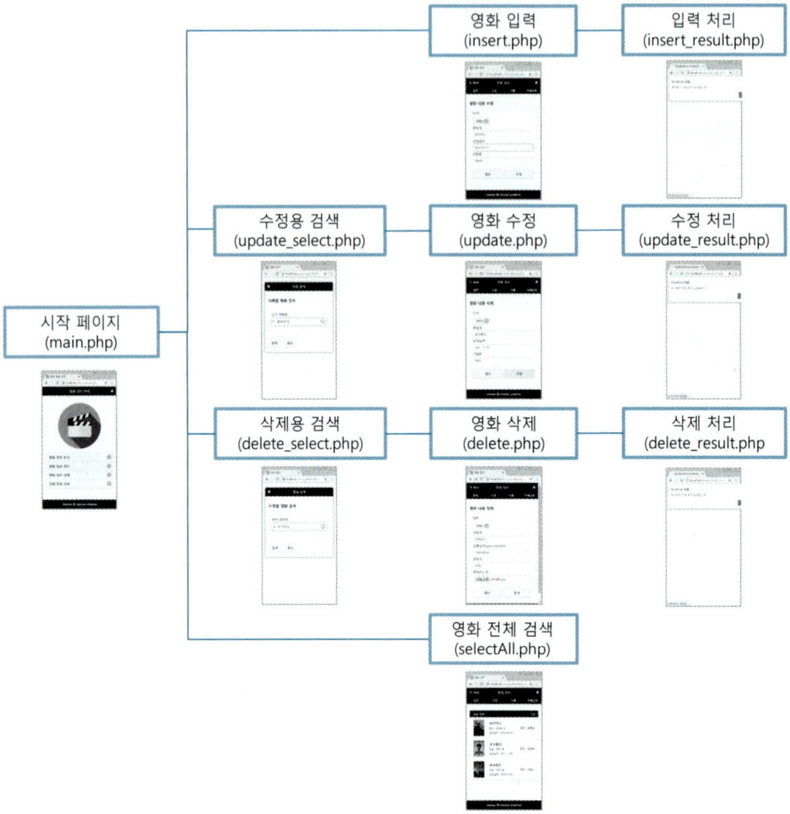

[그림 14-4] 무비 웹 앱의 구조

> **Tip (코드 라인 번호:) 표시**
>
> 이 책에서는 무비 웹 앱의 전체 코드 중에서 필요한 부분을 따로 떼어서 설명해 간다. 설명을 따라 이해하다보면 전체 코드를 전부 이해할 수 있을 것이다. 앞으로 본문에서 코드의 특정 부분을 지칭하기 위해 '(코드 라인 번호:)' 형태로 표시한다. 예를 들어, '(5:)'는 전체 코드 중에서 '5번째 줄의 코드'를 의미한다.

2.2 HTML 문서 작성

HTML(Hyper Text Markup Language)은 하이퍼텍스트 개념을 지원하는 표준 웹 마크업 언어이다. 배우고 사용하기 쉬운 장점을 가지고 있다. 현재 HTML 웹 언어의 최신 버전은 HTML5이며 이 책에서도 HTML5 버전에 따른다.

■ HTML 문서 구조

HTML 언어로 작성한 내용을 웹 문서(또는 웹 페이지)라고 하는데 브라우저가 읽어와서 해석하여 보여주는 텍스트 파일(보통 확장자가 '.html' 혹은 '.htm'임)이다. 모든 HTML5 문서는 DOCTYPE 문서 선언부와 〈html〉..〈/html〉 엘리먼트의 두 영역으로 구성된다. 〈html〉..〈/html〉 엘리먼트 영역은 다시 〈head〉..〈/head〉 엘리먼트 영역과 〈body〉..〈/body〉 엘리먼트 영역으로 구성된다.

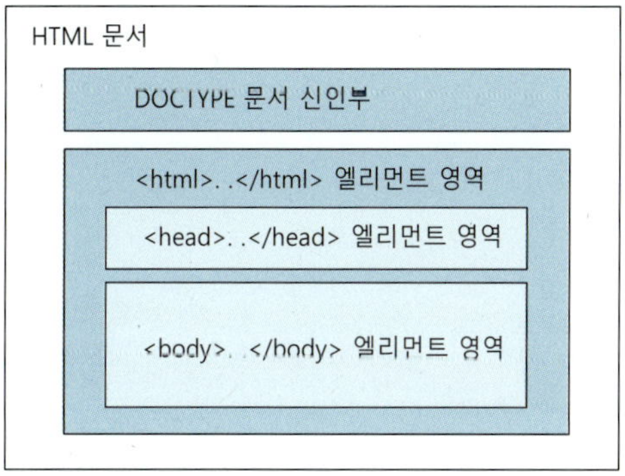

[그림 14-5] HTML 문서의 구조

■ 태그와 엘리먼트

태그는 엘리먼트의 시작과 끝을 지정하면서 엘리먼트 콘텐츠에 대한 의미나 역할을 표현하는 일종의 '명령어'라고 할 수 있다. 속성은 태그만으로는 태그가 감싸고 있는 콘텐츠의 성격이나 기능을 상세하게 나타내기 어려운 경우 사용된다.

다음은 〈body〉..〈/body〉 엘리먼트를 포함한 〈html〉..〈/html〉 엘리먼트의 구성 요소를 보여준다.

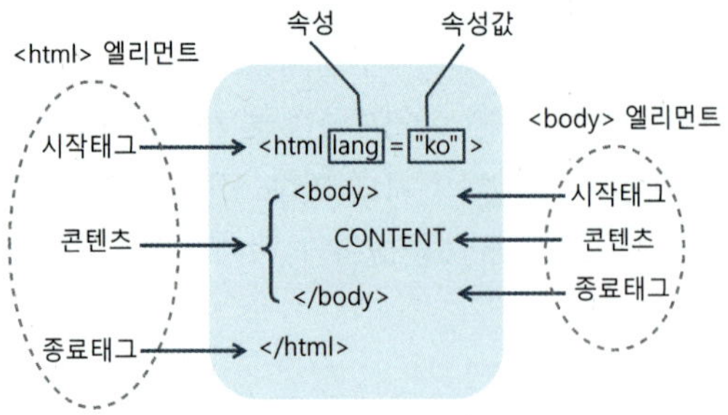

[그림 14-6] 태그와 엘리먼트 요소

2.3 시작 화면 구현

'main.php' 파일 안에는 PHP 코드는 없고 HTML만으로 명세되어 있어 전형적인 HTML 문서의 구조를 갖고 있다.

시작 화면 페이지의 일부 /movie/main.php

```
1   <!DOCTYPE html>
2   <html>
3   <head>
      ...
11  </head>
12  <body>
13  <!-- 시작 메뉴 화면 -->
14    <div data-role="page" id="page0">
        ...
31    </div>
32  </html>
```

■ 페이지 영역 정의: 〈div〉

(14:)와 (31:)은 'page0' 아이디를 갖는 모바일 페이지 영역의 시작과 끝을 정의한다. 〈div〉..〈/div〉 엘리먼트는 보통 웹 페이지의 일부 영역 공간을 정의하기 위해 사용한다. 페이지 아이디를 'page0'로 지정함으로써 4개의 입력, 수정, 삭제, 검색 페이지에서 '〈a href="#page0"〉'에 의해 시작 페이지로 링크가 연결된다. (14:) data-role="page" 속성은 모바일 페이지를 정의하기 위한 것으로 제이쿼리 모바일에 의해서 해석되는 특별한 코드이다.

시작 화면 페이지의 일부 /movie/main.php

```
4  <meta charset="utf-8"/>
5  <meta name="viewport" content="initial-scale=1.0, width=device-width">
```

■ 문서 속성 설정: 〈meta〉

(4:)는 charset 속성값으로 전 세계 모든 문자를 표현할 수 있는 'utf-8' 유니코드 인코딩 방식을 설정한다.

(5:)는 웹 문서의 뷰포트를 설정한다. 'width=device-width' 속성값은 실행중인 스마트폰 모바일 장치의 화면 너비에 웹 문서의 너비를 자동으로 일치시킨다. 그 결과, 사용하는 스마트폰의 해상도에 맞게 화면이 최적화되어 자동으로 재지정된다. 초기 화면은 1배 확대로 표시한다.

2.4 시작 화면과 제이쿼리 모바일 연동

제이쿼리 모바일 라이브러리를 활용하기 위한 기본 사용 방법을 알아본다.

■ 제이쿼리 모바일 프레임워크

HTML5 페이지를 모바일 화면에 맞게 표현하기 위해서는 CSS와 자바스크립트 기술이 필요한데 프레임워크 기술은 이와 관련된 많은 부분들을 자동화하여 보이지 않게 처리해 준다. 모바일 페이지를 쉽게 구성하도록 지원하는 자동화 솔루션 중에서 가장 인기있는 것이 제이쿼리 모바일 프레임워크이다.

제이쿼리 모바일을 사용하면 그래픽 디자이너 없이도 세련된 사용자 화면을 구성할 수 있다. 이 솔루션을 활용하려면 제이쿼리 모바일 라이브러리 파일을 (8:),(9:),(10:) 순서대로 〈link/〉와 〈script〉..〈/script〉 엘리먼트 안에 다음 URL 주소를 지정해야 한다.

시작 화면 페이지의 일부 /movie/main.php

```
7  <!-- 제이쿼리 모바일, 제이쿼리 라이브러리 파일 -->
8  <link rel="stylesheet" href="http://code.jquery.com/mobile/1.4.5/jquery.mobile-
   1.4.5.min.css"/>
9  <script src="http://code.jquery.com/jquery-1.11.1.min.js"></script>
10 <script src="http://code.jquery.com/mobile/1.4.5/jquery.mobile-1.4.5.min.js"></script>
```

지정된 URL 주소의 제이쿼리 모바일 서버(서비스를 제공하는 컴퓨터)로부터 제이쿼리 모바일 파일을 실시간으로 다운로드받아 현재 웹 문서에 적용되도록 한다. (14:)의 data-role="page"처럼 'data-'로 시작하는 속성들이 동작하기 위해서는 위와 같이 제이쿼리 모바일 라이브러리가 반드시 선언되어야 한다.

속성 이름이 'data-'로 시작하거나 class 속성값이 'ui-'로 시작하는 부분들은 표준 HTML5 마크업이 아니라 모두 제이쿼리 모바일에서 지원하는 확장 속성이다. 힘들게 작업해야할 화면 작업들을 자동으로 손쉽게 생성하도록 지원한다.

■ 제이쿼리 모바일 페이지 구조

제이쿼리 모바일 기반의 웹 앱 화면은 모바일 페이지를 기본 단위로 구성된다. 모바일 페이지(mobile page)는 모바일 장치에 보여지는 하나의 화면으로 모바일 앱의 기본 구성 요소이다. 웹 환경에서는 보통 HTML5 문서가 하나의 웹 페이지(web page)를 구성한다. 제이쿼리 모바일 환경에서는 HTML5 문서 안에 여러 개의 모바일 페이지를 구성할 수 있다.

제이쿼리 모바일 페이지는 **헤더**(header)와 **콘텐츠**(content), **푸터**(footer) 세 개의 영역으로 이루어지는 기본 구조를 갖는다.

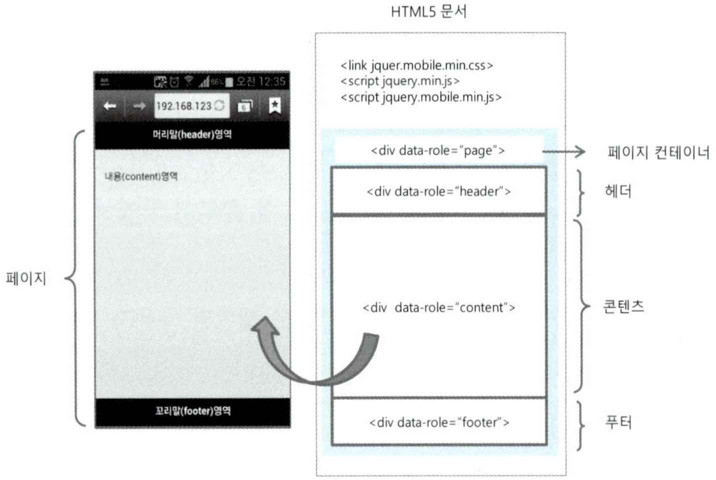

[그림 14-7] 제이쿼리 모바일 페이지 구조

- 페이지(data-role="page"): 브라우저에 보여지는 전체 화면 영역을 말한다. 헤더, 콘텐츠, 푸터를 포함하는 컨테이너 역할을 한다.

- 헤더(data-role="header"): 페이지 상단의 툴바 영역을 말한다.
- 콘텐츠(data-role="content"): 페이지 중앙의 실제 페이지 내용이 표시되는 영역이다.
- 푸터(data-role="footer"): 페이지 하단의 툴바 영역을 말한다.

■ 제이쿼리 모바일 적용: data-role 속성

〈div〉 태그 안에 data-role 속성값을 지정함으로써 페이지 또는 페이지 안의 헤더, 푸터, 콘텐츠 영역을 정의한다. data-role 속성은 제이쿼리 모바일에서 추가로 정의한 속성이다. 'data-'로 시작하는 **커스텀 데이터 속성**(custom data attribute)은 HTML5 마크업 안에서 제이쿼리 모바일 기능을 호출하기 위한 방법이다. 제이쿼리 모바일 프레임워크가 이를 해석하고 자동으로 HTML5의 구조를 변경하여 페이지를 화면에 표시한다.

하나의 페이지는 〈div〉 태그로 영역을 생성하고 data-role 속성값으로 'page'를 설정하면 만들어진다. 이것은 제이쿼리 모바일 페이지를 위한 페이지 **컨테이너**(container)를 정의한다. 페이지 안의 헤더와 콘텐츠, 푸터 영역도 같은 방법으로 만들어진다. 〈div〉 태그 안에 data-role 속성값으로 각각 'header', 'content'와 'footer'를 설정하면 된다.

시작 화면 페이지의 일부 /movie/main.php

```
15  <div data-role="header" data-position="fixed" data-theme="b">
16        <h1>영화 정보 관리</h1>
17        <a href="#page0" data-icon="home" data-iconpos="notext" class="ui-btn-right">Home</a>
18  </div>
```

[그림 14-8(a)]와 같은 헤더바를 표시한다.

■ 헤더바 생성: data-role="header"

제이쿼리 모바일은 두 종류의 기본 툴바를 제공한다. 바로 헤더 영역의 헤더바와 푸터 영역의 푸터바이다. 화면 위쪽의 헤더바는 주로 페이지 제목이나 화면 이동 관련 버튼들을 포함한다. (15:)와 (18:)의 〈div〉..〈/div〉 엘리먼트는 하나의 헤더바(header bar)를 생성하여 표시한다.

■ 헤더바, 푸터바 고정: data-position="fixed"

(15:)와 (28:)처럼 헤더와 푸터 영역에 data-position="fixed" 속성값을 설정하면 헤더바와 푸터바의 표시 위치를 화면 맨 위와 맨 밑으로 고정할 수 있다.

■ 테마 적용: data-theme="b"

(15:)와 (28:)처럼 모바일 페이지의 헤더(푸터)에 테마를 적용할 수 있다. 테마를 적용하려면 대상 영역에 'data-theme' 속성값을 설정하면 된다. 'b' 속성값을 설정하면 검정 색상의 헤더(푸터)바가 표시된다.

■ 헤더바 제목 표시: 〈h1〉

(16:)처럼 헤더바의 문자열은 주로 페이지 제목을 의미하며 화면 중앙에 표시된다. 〈h1〉~〈h6〉 제목 태그 중에서 하나를 선택할 수 있는데 어느 것을 선택하든지 제이쿼리 모바일에서는 화면상의 차이가 없다.

■ 헤더바 버튼 생성: 〈a〉

(15:)처럼 data-role 속성에 "header"를 설정한 〈div〉..〈/div〉 엘리먼트(헤더 컨테이너) 영역 안에서 (17:)의 〈a〉 링크 태그는 버튼으로 자동 변환되어 표시된다. 시작 페이지로 되돌아가는 링크 버튼이 문자 대신 홈 모양의 아이콘과 함께 생성된다.

시작 화면 페이지의 일부 /movie/main.php

```
<div data-role="content">
    <img style="margin: 20px auto; display: block;" src="cinema.png">
    <ul data-role="listview" data-inset="true">
        <li><a href="insert.php">영화 정보 추가</a></li>
        <li><a href="update_select.php">영화 정보 갱신</a></li>
        <li><a href="delete_select.php">영화 정보 삭제</a></li>
        <li><a href="selectAll.php">전체 영화 조회</a></li>
    </ul>
</div>
```

[그림 14-8(b)]와 같은 콘텐츠 영역을 표시한다.

■ **콘텐츠 영역 생성: data-role="content"**

(19:)와 (27:)은 〈div〉..〈/div〉 엘리먼트를 사용하여 콘텐츠 영역의 시작과 끝을 정의한다.

■ **로고 이미지 표시: 〈img〉**

(20:)처럼 로고 이미지는 〈img〉 태그 안에 표현한다. 로고 이미지를 상하 바깥 여백은 20 픽셀씩, 좌우는 페이지 폭에 따라 자동으로 중앙에 위치하도록 한다. 〈img〉 태그 안의 'src' 속성은 표시할 이미지 파일의 이름을 지정하면 된다.

■ **시작 메뉴 리스트뷰 생성: data-role="listview"**

리스트뷰는 항목들을 모아 화면에 세로로 나열한다. 보통 비순서 리스트 태그 〈ul〉 안에 data-role 속성값으로 'listview'를 설정한다. data-inset="true"는 리스트뷰가 각진 모양이 아닌 모서리가 둥근 모양을 표시되도록 한다. 각 〈li〉 태그 안의 콘텐츠(즉 항목 이름)들은 제이쿼리 모바일 프레임워크에 의해 자동으로 터치 버튼들로 변환되어 화면에 표시된다. 〈a〉 링크 태그에 의해 각 php 파일로 연결된다.

시작 화면 페이지의 일부 /movie/main.php

```
28 <div data-role="footer" data-position="fixed" data-theme="b">
29     <h4>Movie Web App</h4>
30 </div>
```

[그림 14-8(c)]와 같은 푸터바를 표시한다.

■ **푸터바 생성: data-role="footer"**

(28:)과 (30:)의 〈div〉..〈/div〉 엘리먼트는 하나의 푸터바(footer bar)를 생성하여 표시한다. 헤더바처럼 콘텐츠 영역과는 다른 색상으로 구별되어 보통 콘텐츠 영역 밑, 페이지 가장 아래쪽에 위치한다. 헤더바에 비해 좀 더 형식이 자유로우며 구조는 거의 같다. 푸터바는 보통 꼬리말이나 탐색 정보를 제공한다.

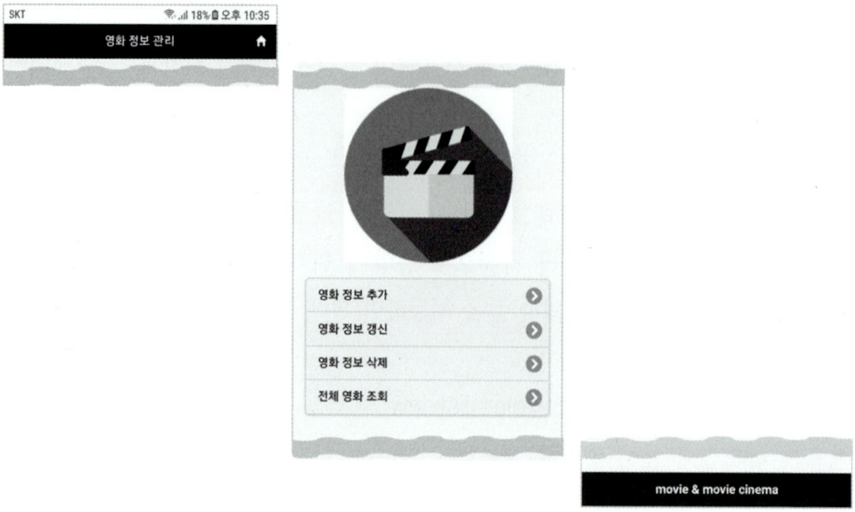

(a) 헤더바 표시 (b) 콘텐츠 영역표시 (c) 푸터바 표시

[그림 14-8] 시작 화면 구현

2.5 입력 화면 구현

입력 화면 생성을 위한 HTML 문서를 작성해 본다.

입력 화면 페이지의 일부 /movie/insert.php

```
<div data-role="header" data-position="fixed" data-theme="b">
    <a href="#" data-icon="back" data-rel="back">Back</a>
    <h1>영화 정보 입력</h1>
    <a href="main.php" data-icon="home" data-iconpos="notext">Home</a>
    <div data-role="navbar">
        <ul>
            <li><a href="insert.php">입력</a></li>
            <li><a href="update_select.php">수정</a></li>
            <li><a href="delete_select.php">삭제</a></li>
            <li><a href="selectAll.php">전체검색</a></li>
        </ul>
    </div>
</div>
```

[그림 14-9(a)]와 같은 내비게이션바를 표시한다.

■ 되돌아가기 버튼 생성: data-rel="back"

헤더 안에 (16:), (18:) 두 개의 〈a〉 링크가 좌, 우 버튼으로 변환되어 표시된다. 좌측 버튼의 data-rel="back"은 바로 이전 페이지로 되돌아가도록 한다. 우측 버튼은 'main.php'의 초기 화면으로 이동하도록 한다.

■ 내비게이션바 생성: data-role="navbar"

(19:)처럼 푸터 컨테이너 안에 data-role="navbar" 속성을 갖는 〈div〉 태그를 추가함으로써 내비게이션바가 생성된다. 내비게이션바는 순서 없는 리스트 항목들을 하나의 수평 버튼 바 모양으로 만들어주는 버튼 그룹이다.

〈div data-role="navbar"〉 태그 안에 〈ul〉과 〈li〉 태그를 사용하여 비순서 항목을 정의하면 자동으로 선택 버튼으로 표현된다. 〈li〉 태그의 개수만큼 내비게이션바 공간이 같은 크기로 분할된다. 항목이 많을수록 내비게이션바 안의 버튼 너비는 줄어든다. 보통 한 줄에 1~5개의 버튼을 생성한다. (21:)~(24:) 각 항목에 해당하는 버튼을 선택하면 〈a href="php파일명"〉 링크에 의해 각 php 파일을 실행한다.

입력 화면 페이지의 일부 /movie/insert.php

```
29          <form name="form1" method="post" enctype="multipart/form-data"
30 action="insert_result.php" data-ajax="false">
```

■ 입력 폼 생성 및 전달: 〈form〉

(29:)~(57:) 〈form〉 태그는 사용자로부터 데이터를 입력 받기 위한 양식을 정의한다. 문자열을 표시하거나 입력받기 위한 입력 상자와 버튼으로 구성한다. method="post" 속성은 서버에 데이터를 송신하는 방법 중 post 방식을 설정한다.

폼 안에 입력 상자에 입력된 값들은 변수 안에 저장되어 action="insert_result.php" 속성에 의해 서버 안의 'insert_result.php' 파일을 호출하면서 전달한다. post 방식은 get 방식에 비해 전송 데이터의 크기나 보안 측면에서 더 좋다.

입력 화면 페이지의 일부 /movie/insert.php

```
32 <div class="ui-body ui-body-a">
33     <label>장르:</label>
34     <select name="movieGenre1" data-native-menu="false" data-mini="true" data-
35 inline="true">
36         <option value="미정">미정</option>
37         <option value="액션">액션</option>
38         <option value="로맨스">로맨스</option>
39         <option value="코미디">코미디</option>
40         <option value="판타지">판타지</option>
41     </select>
42     <label>영화명:</label>
43     <input type="text" name="title1" value="" data-mini="true"/>
44     <label>상영날짜(yyyy-mm-dd):</label>
45     <input type="text" name="movieYear1" value="" data-mini="true">
46     <label>관람료:</label>
47     <input type="text" name="moviePrice1" value="" data-mini="true">
48     <label>영화포스터:</label>
49     <input type="file" name="upfile" value="" data-mini="true">
50 </div>
```

[그림 14-9(b)]와 같은 입력 폼 양식을 표시한다.

■ 블록 레이아웃 생성: class="ui-body"

(32:) class="ui-body"는 콘텐츠 영역 안에 사각형 모양의 박스 영역을 생성하여 내용들을 규칙으로 배치하기 위해 사용하는 블록 레이아웃을 표시한다. 'ui-body-a'는 블록에 연한 회색 테마를 적용한다.

■ 드롭다운 목록 생성: 〈select〉

(34:)~(41:) 〈select〉 태그를 이용하여 여러 항목 중 하나를 선택하도록 드롭다운(drop-down) 목록을 표시한다. data-native-menu="false" 속성은 선택 메뉴가 대화 상자와 비슷한 모양을 표시한다. data-mini="true"는 컨트롤 높이를 작게, data-inline="true"는 컨트롤 너비를 좁게 표시하도록 한다.

■ 입력 상자 생성: 〈input〉

(42:)~(49:) 〈label〉 태그는 라벨 문자열을 표시한다. 〈input〉 태그는 문자열을 입력받을

수 있는 입력 상자를 표시하고 입력한 값을 title1, movieYear1, moviePrice1, upfile 변수에 저장한 뒤 〈form〉 태그에 의해 서버의 php 파일에 전달된다. (49:)는 영화 포스터 이미지 파일을 선택하도록 한다.

입력 화면 페이지의 일부 /movie/insert.php

```
51        <div class="ui-body">
52            <fieldset class="ui-grid-a">
53                <div class="ui-block-a"><input type="reset" value="취소"/></div>
54                <div class="ui-block-b"><input type="submit" value="추가"/></div>
55            </fieldset>
56        </div>
57    </form>
```

[그림 14-9(c)]와 같은 버튼 그리드를 표시한다.

■ **격자 버튼 생성: class="ui-grid-a", class="ui-block-a", class="ui-block-b"**

(52:)~(55:) class="ui-grid-a"는 2개의 버튼을 1행 2열에 맞추어 일정한 간격으로 배치하기 위한 격자 즉, 그리드 레이아웃을 생성한다. 버튼들을 그룹으로 묶기 위해 상위에 〈fieldset〉 태그를 생성하고 class="ui-block-a"는 첫 번째 열, class="ui-block-b"는 두 번째 열에 최소 버튼과 추가 버튼을 위치시킨다. type="submit"로 생성된 버튼은 〈form〉 태그 안의 모든 입력 값들을 서버로 전송시킨다.

(a) 내비게이션바 표시 (b) 입력 폼 양식 표시 (c) 버튼 그리드 표시

[그림 14-9] 입력 화면 구현

2.6 입력 화면과 PHP 프로그램 작성

입력 화면과 연동되는 PHP 프로그램을 작성해 본다.

PHP 스크립트 작성 방법

'insert_result.php' 파일 안에는 HTML 태그뿐만 아니라 PHP 스크립트도 포함되어 있다. PHP 스크립트 작성 방법을 간단히 정리하면 다음과 같다.

- PHP 프로그램 파일의 확장자는 .php이다.
- PHP 프로그램의 내용은 <?php로 시작하고 ?>로 끝난다.
- PHP 프로그램 안의 모든 명령문은 끝에 세미콜론(;)을 추가한다.
- 한 줄 주석은 //, 여러 줄 주석은 /*로 시작하고 */로 끝난다.
- 변수 이름은 대소문자를 구별하며 숫자로 시작할 수 없고 맨 앞에는 $를 붙인다.
- 변수의 자료형은 데이터를 대입할 때 동적으로 결정된다.
- 문자열은 작은따옴표('')로 둘러싸고 문자열을 결합할 때는 '.'연산자를 사용한다.

무비 웹 앱에서 PHP의 역할은 스크립트를 이용해서 MySQL에게 요청을 전달한다. 또, MySQL이 처리한 결과를 받아서 다시 웹 페이지의 형태로 클라이언트로 보내서 동적으로 웹 브라우저에 출력되도록 한다.

insert_result.php 코드 분석

'insert_result.php' 안의 PHP 스크립트 코드를 분석해 보자.

입력 처리 페이지의 일부 /movie/insert_result.php

```
$title = $_POST["title1"];
$genre = $_POST["movieGenre1"];
$myear = $_POST["movieYear1"];
$price = $_POST["moviePrice1"];
$file = $_FILES['upfile'];
```

■ POST 방식 데이터 전달

POST 방식으로 서버 쪽에 전송된 데이터는 '$_POST' 변수에 저장된다. '$_POST'는 PHP에서 미리 정의된 변수로서 배열 형태로 여러 값을 전달 받는다. 각각의 값은 '$_POST[폼컨트롤이름]' 형태로 첨자에 〈form〉 태그 안의 각 컨트롤들의 이름으로 식별한다. (6:)~(10:) 무비 웹 앱 입력 페이지에서 입력한 새 영화 내용에 관한 5가지 값을 전달받아 '$변수' 형식의 지역 변수에 배정한다.

입력 처리 페이지의 일부 /movie/insert_result.php

```
3   //movieDB 데이터베이스 연결
4   $conn=mysqli_connect("localhost", "movie_user", "1234", "movieDB") or die("movieDB 접속
    실패 !!");
      ...
17      $sql="INSERT INTO MOVIE(id, title, genre, myear, price, photo)
18  VALUES(NULL,'".$title."','".$genre."','".$myear."',".$price.",'".$pathfile."');";
19      $result=mysqli_query($conn, $sql);
20
21      if($result) {
22         echo "<script>alert('".$title." 정보 추가 되었습니다');</script>";
23      }
24      else {
25         $err_msg=mysqli_error($conn);
26         echo "<script>alert(\"SQL문 정보추가 오류 \\n오류내용: $err_msg\");</script>" ;
27      }
      ...
33  mysqli_close($conn);
```

[그림 14-10(a)]와 같은 입력 확인 창을 표시한다.

■ MySQL 접속 연결 함수: mysqli_connect( )

(4:) mysqli_connect( )는 MySQL 서버에 접속하기 위한 함수이다. 다음과 같은 4개의 입력 인자를 통해 데이터베이스에 접속하고 성공하면 연결 값을 반환한다. PHP 스크립트는 연결 값을 통해 이후에 MySQL 서버에 SQL 명령을 전달한다.

```
연결값변수 = mysqli_connect(서버이름, 사용자계정이름, 비밀번호, 사용할데이터베이스이름)
```

■ MySQL 접속 종료 함수: mysqli_close( )

(4:) die( ) 함수는 접속에 실패할 경우 괄호 안의 문자열을 표시하며 스크립트의 실행을 중지한다. exit( ) 함수와 기능이 같다. (33:) 더 필요가 없을 때 데이터베이스에 대한 연결을 종료하는 함수는 mysqli_close( )이다.

■ MySQL SQL 실행 함수: mysqli_query( )

(17:)~(18:) 서버로 전달된 사용자 입력 값들은 동적으로 INSERT 명령문을 문자열로 완성하는데 사용되며 (18:) mysqli_query( ) 함수를 통해 실행한다. mysqli_query( )는 SQL 명령문을 실행하고 결과를 반환한다.

(21:)~(23:) SQL 명령문이 정상적으로 실행된 경우 작은 경고 창을 통해 확인 메시지를 표시하거나, (24:)~(27:) 오류가 있는 경우 오류 메시지를 표시한다.

입력 처리 페이지의 일부 /movie/insert_result.php

```
12  $upload_dir = "./photo/";
13  $pathfile = $upload_dir.basename($file['name']);
14
15  if(isset($_FILES['upfile']) && $_FILES['upfile']['name'] != "") {
16     if(move_uploaded_file($file['tmp_name'], $pathfile)) {
          ...
28     }
29  } else {
30        echo "<script>alert('파일이 업로드 되지 않았습니다.');</script>";
31  }
```

■ 파일 서버 업로드: move_uploaded_file( )

(12:)~(13:)에서 '$upload_dir'은 서버 공유 폴더 아래에 영화 포스터 파일을 저장할 'photo' 폴더 경로명을 설정하고 서버에 전달된 포스터 파일의 이름을 결합하여 '$pathfile'에 저장한다. '$upload_dir'과 basename( ) 함수 사이에 '.'은 앞뒤 문자열을 결합하는 연산자이다.

(16:)~(28:)은 move_uploaded_file( ) 함수에 의해 파일이 서버에 업로드될 때만 데이터베이스에 영화 정보를 입력하도록 한다.

입력 처리 페이지의 일부 /movie/insert_result.php

```
35  echo '<script>location.replace("main.php");</script>';
```

■ 페이지 이동: location.replace( )

(35:) location.replace( )는 자바 스크립트 함수로써 'main.php' 시작 화면 페이지로 되돌아가도록 한다.

전체 검색 페이지로 이동하여 [그림 14-10(b)]와 같은 입력 결과를 확인할 수 있다.

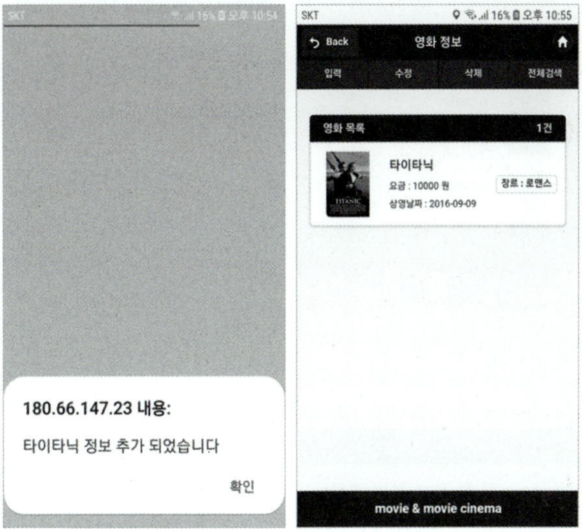

(a) 입력 확인창 표시 (b) 입력 후 전체 검색 결과

[그림 14-10] 입력 처리 구현

2.7 수정 화면 구현

수정 화면 생성을 위한 HTML 문서를 작성해 본다.

수정 검색 화면 페이지의 일부 /movie/update_select.php

```
13  <!-- 갱신 영화정보 검색 다이알로그 -->
14  <div data-role="dialog" id="page2">
```

[그림 14-11(b)]와 같은 수정 검색 창을 표시한다.

■ 제이쿼리모바일 대화상자 생성

(14:) data-role="dialog"는 대화상자 형태의 페이지를 생성한다. 대화상자(dialog)는 제이쿼리 모바일이 지원하는 팝업 창 형태의 특별한 페이지이다. 둥근 모서리와 바깥 여백, 그림자 등의 스타일이 적용되어 기존 페이지 위에 표시된다. 수정할 영화 검색을 위한 영화 제목을 입력받는 간단한 폼을 구성한다.

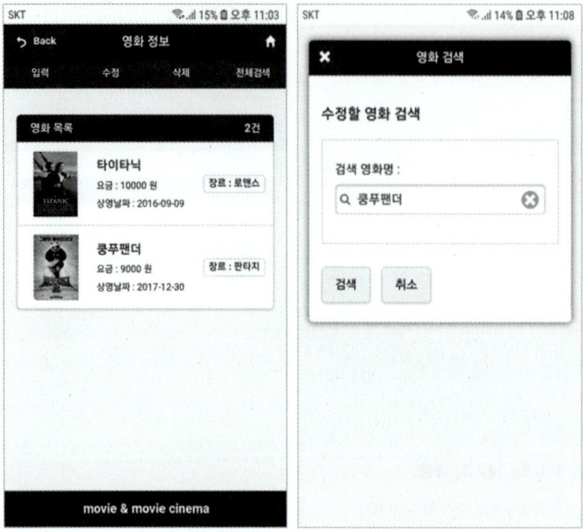

(a) 수정 전 전체 검색 결과 (b) 수정 검색 창 표시

[그림 14-11] 수정 처리 구현(1)

수정 화면 페이지의 일부 /movie/update.php

```
22 $row = mysqli_fetch_array($result);
23 $title = $row['title'];
24 $genre = $row['genre'];
25 $myear = $row['myear'];
26 $price = $row['price'];
```

[그림 14-12(a)]와 같은 수정 폼 양식을 표시하여 수정 내용을 변경하면 [그림 14-12(b)]와 같은 수정 확인 창이 표시된다. 전체 검색 페이지로 이동하면 [그림 14-12(c)]와 같은 수정 결과를 확인할 수 있다.

■ MySQL 검색 결과 반환: mysqli_fetch_array( )

(9:) mysqli_query( )는 실행한 SQL이 SELECT 명령문일 경우, 테이블의 행들을 결과 값으로 반환하게 된다. (22:) mysqli_fetch_array( )는 질의 결과(반환 받은 테이블 행)들을 배열 형태로 반환하여 배열 변수 '$row'에 저장한다.

(23:)~(26:)의 $row['열이름']은 데이터베이스로부터 반환받은 행의 열값을 하나씩 분리해내고 '$컨트롤변수'에 저장한다. (23:)~(26:)의 '$컨트롤변수'는 'update.php' 파일 안에 포

함된 HTML 태그 안의 폼 컨트롤의 이름을 의미하고 결과적으로 폼 화면의 각 컨트롤에 검색 결과를 배정해서 보여준다.

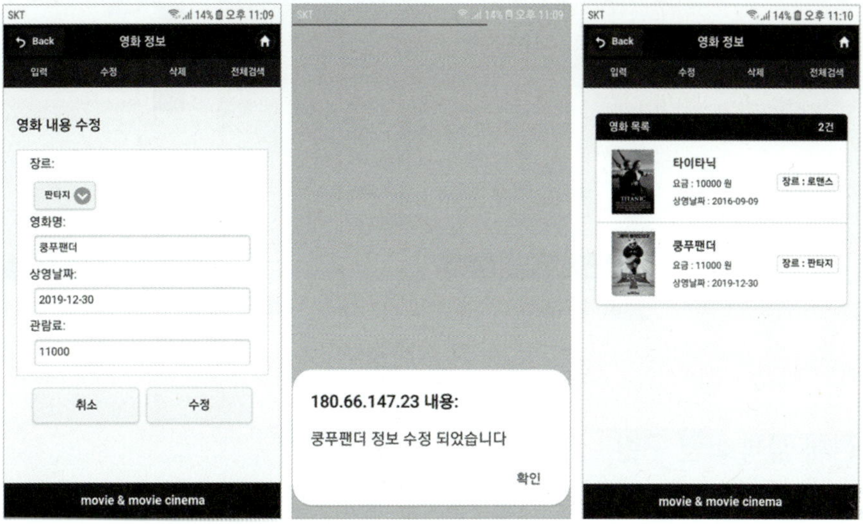

(a) 수정 폼 양식 표시　　(b) 수정 확인 창표시　　(c) 수정 후 전체 검색 결과

[그림 14-12] 수정 처리 구현(2)

2.8 삭제 화면 구현

삭제 화면 생성을 위한 HTML 문서를 작성해 본다.

삭제 처리 페이지의 일부　　/movie/delete_result.php

```
11  unlink($row["photo"]);
```

■ 서버 업로드 파일 삭제: unlink( )

(11:) unlink( )는 데이터베이스에서 반환받은 포스터 이미지 파일의 경로명을 사용하여 서버 'photo' 폴더 안에 저장된 이미지 파일을 제거한다.

[그림 14-13(a)]와 같은 삭제 검색 창을 표시되고 [그림 14-13(b)]와 같은 삭제 폼 양식을 표시하여 삭제 내용을 확인하면 [그림 14-13(c)]와 같은 삭제 확인 창이 표시된다. 전체 검색 페이지로 이동하면 [그림 14-13(d)]와 같은 삭제 결과를 확인할 수 있다.

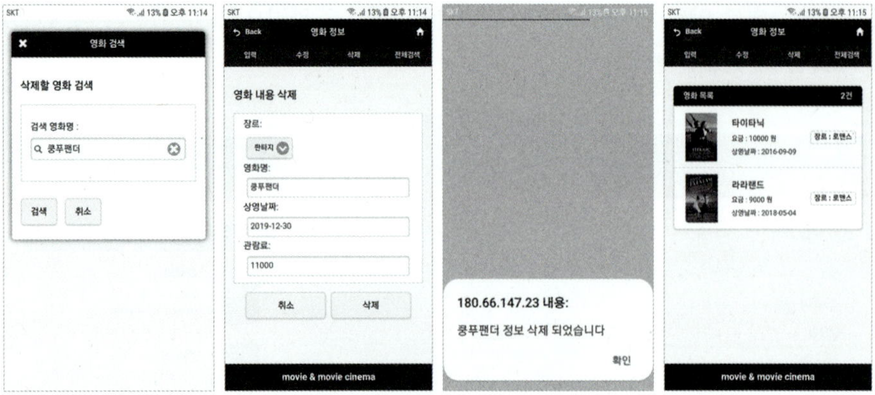

(a) 삭제 검색 창 표시 (b) 삭제 폼 양식 표시 (c) 삭제 확인 창표시 (d) 삭제 후 전체 검색 결과

[그림 14-13] 삭제 처리 구현

2.9 전체 검색 화면 구현

영화 전체 검색 화면 생성을 위한 HTML 문서를 작성해 본다.

전체 검색 화면 페이지의 일부 /movie/select_All.php

```
if($result) {
   $count = mysqli_num_rows($result) ;
   if ($count ==0) {
      echo "<script>alert('해당 정보가 없습니다');location.replace('main.php');</script>";
   }
     ...
$tagList = '<li data-role="list-divider">영화 목록'.'<span style="float:right">'.$count.
'건'.'</span></li>';
while($row = mysqli_fetch_array($result)) {
     $tagList = $tagList.'<li><img style="margin:11px 20px;", src="'.$row["photo"].'">';
     $tagList = $tagList.'<span class="ui-li-count"> 장르 : '.$row["genre"].'</span>';
     $tagList = $tagList.'<h2>'.$row["title"].'</h2>';
     $tagList = $tagList.'<p> 요금 : '.$row["price"].' 원</p>';
     $tagList = $tagList.'<p> 상영날짜 : '.$row["myear"].'</p></li>';
     ...
     <div data-role="content">
          <ul data-role="listview" data-divider-theme="b" data-inset="true">
               <?php echo $tagList ?>
          </ul>
     </div>
```

(9:)~(13:) mysqli_query( )가 반환한 질의 결과에 대해 mysqli_num_rows( )는 질의 결과에 포함된 행의 개수를 반환한다. 반환받은 행이 없다면 영화 정보가 하나도 없는 경우이므로 경고장을 표시하고 'main.php' 시작 화면으로 되돌아간다.

(20:)~(26:) mysqli_fetch_array( )가 반환하는 배열 형태의 질의 결과중에서 테이블 행 하나씩을 '$row'에 반복 저장하면서 '$tagList' 문자열 변수에 리스트뷰를 동적으로 생성하는 HTML 문자열을 완성한다.

(62:) 공백이었던 리스트뷰 항목에 새롭게 생성된 '$tagList' 문자열을 포함시킴으로서 전체 영화 목록을 생성하여 표시한다.

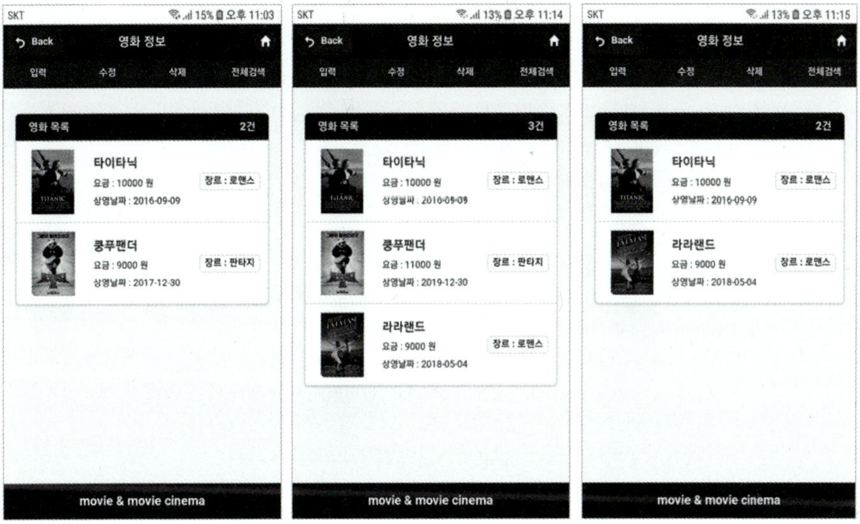

(a) 입력 후 (b) 수정 후 (c) 삭제 후

[그림 14-14] 전체 검색 화면 표시('쿵푸팬더' 영화 정보 관련)

[그림 14-14(a)]는 첫 번째 '타이타닉'과 두 번째 '쿵푸팬더' 영화 정보를 입력한 후의 전체 검색 결과를 보여준다. [그림 14-14(b)]는 두 번째 '쿵푸팬더' 영화 정보를 수정한 후의 검색 결과이다. [그림 14-14(c)]는 두 번째 '쿵푸팬더' 영화 정보를 삭제한 후의 검색 결과이다.

2.10 무비 웹 앱 전체 코드

[실습 14-1] 시작 화면 페이지 /movie/main.php

```
<!DOCTYPE html>
<html>
<head>
    <meta charset="utf-8"/>
    <meta name="viewport" content="initial-scale=1.0, width=device-width">
    <title>영화 관리</title>
    <!-- 제이쿼리 모바일, 제이쿼리 라이브러리 파일 -->
    <link rel="stylesheet" href="http://code.jquery.com/mobile/1.4.5/jquery.mobile-1.4.5.min.css"/>
    <script src="http://code.jquery.com/jquery-1.11.1.min.js"></script>
    <script src="http://code.jquery.com/mobile/1.4.5/jquery.mobile-1.4.5.min.js"></script>
</head>
<body>
<!-- 시작 메뉴 화면 -->
  <div data-role="page" id="page0">
    <div data-role="header" data-position="fixed" data-theme="b">
        <h1>영화 정보 관리</h1>
        <a href="#page0" data-icon="home" data-iconpos="notext" class="ui-btn-right">Home</a>
    </div>
    <div data-role="content">
        <img style="margin: 20px auto; display: block;" src="cinema.png">
        <ul data-role="listview" data-inset="true">
            <li><a href="insert.php">영화 정보 추가</a></li>
            <li><a href="update_select.php">영화 정보 갱신</a></li>
            <li><a href="delete_select.php">영화 정보 삭제</a></li>
            <li><a href="selectAll.php">전체 영화 조회</a></li>
        </ul>
    </div>
    <div data-role="footer"
data-position="fixed" data-theme="b">
        <h4>Movie Web App</h4>
   </div>
  </div>
</html>
```

[그림 14-15] 시작 화면 표시

[실습 14-2] 입력 화면 페이지 /movie/insert.php

```
<!DOCTYPE html>
<html>
<head>
    <meta charset="utf-8"/>
    <meta name="viewport" content="initial-scale=1.0, width=device-width">
    <title>영화 관리</title>
    <!-- 제이쿼리 모바일, 제이쿼리 라이브러리 파일 -->
    <link rel="stylesheet" href="http://code.jquery.com/mobile/1.4.5/jquery.mobile-1.4.5.min.css"/>
    <script src="http://code.jquery.com/jquery-1.11.1.min.js"></script>
    <script src="http://code.jquery.com/mobile/1.4.5/jquery.mobile-1.4.5.min.js"></script>
</head>
<body>
 <!-- 영화정보 추가 화면 -->
  <div data-role="page" id="page1">
    <div data-role="header" data-position="fixed" data-theme="b">
        <a href="#" data-icon="back" data-rel="back">Back</a>
        <h1>영화 정보 입력</h1>
        <a href="main.php" data-icon="home" data-iconpos="notext">Home</a>
        <div data-role="navbar">
            <ul>
                <li><a href="insert.php">입력</a></li>
                <li><a href="update_select.php">수정</a></li>
                <li><a href="delete_select.php">삭제</a></li>
                <li><a href="selectAll.php">전체검색</a></li>
            </ul>
        </div>
    </div>
    <div data-role="content">
        <form name="form1" method="post" enctype="multipart/form-data"
action="insert_result.php" data-ajax="false">
            <h3>영화 내용 입력</h3>
            <div class="ui-body ui-body-a">
                <label class="select">장르:</label>
                <select name="movieGenre1" data-native-menu="false" data-mini="true"
data-inline="true">
                    <option value="미정">미정</option>
                    <option value="액션">액션</option>
                    <option value="로맨스">로맨스</option>
                    <option value="코미디">코미디</option>
                    <option value="판타지">판타지</option>
                </select>
                <label>영화명:</label>
                <input type="text" name="title1" value="" data-mini="true"/>
                <label>상영날짜(yyyy-mm-dd):</label>
```

```
                    <input type="text" name="movieYear1" value="" data-mini="true">
                    <label>관람료:</label>
                    <input type="text" name="moviePrice1" value="" data-mini="true">
                    <label>영화포스터:</label>
                    <input type="file" name="upfile" value="" data-mini="true">
</div>
                <div class="ui-body">
                    <fieldset class="ui-grid-a">
                        <div class="ui-block-a"><input type="reset" value="취소"/></div>
                        <div class="ui-block-b"><input type="submit" value="추가"/></div>
                    </fieldset>
                </div>
            </form>
        </div>
        <div data-role="footer" data-position="fixed" data-theme="b">
            <h4>Movie Web App</h4>
       </div>
   </div>
</body>
</html>
```

[그림 14-16] 입력 화면 표시

[실습 14-3] 입력 처리 페이지 /movie/insert_result.php

```php
<?php

//movieDB 데이터베이스 연결
$conn=mysqli_connect("localhost", "movie_user", "1234", "movieDB") or die("movieDB 접속 실패 !!");

$title = $_POST["title1"];
$genre = $_POST["movieGenre1"];
$myear = $_POST["movieYear1"];
$price = $_POST["moviePrice1"];
$file = $_FILES['upfile'];

$upload_dir = "./photo/";
$pathfile = $upload_dir.basename($file['name']);

if(isset($_FILES['upfile']) && $_FILES['upfile']['name'] != "") {
    if(move_uploaded_file($file['tmp_name'], $pathfile)) {
        $sql="INSERT INTO MOVIE(id, title, genre, myear, price, photo)
VALUES(NULL,'".$title."','".$genre."','".$myear."',".$price.",'".$pathfile."');";
        $result=mysqli_query($conn, $sql);

        if($result) {
            echo "<script>alert('".$title." 정보 추가 되었습니다');</script>";
        }
        else {
            $err_msg=mysqli_error($conn);
            echo "<script>alert(\"SQL문 정보추가 오류 \\n오류내용: $err_msg\");</script>" ;
        }
    }
} else {
        echo "<script>alert('파일이 업로드 되지 않았습니다.');</script>";
}

mysqli_close($conn);

echo '<script>location.replace("main.php");</script>';

?>
```

[그림 14-17] 입력 처리 결과 표시

[실습 14-4] 수정 검색 화면 페이지 /movie/update_select.php

```
<!DOCTYPE html>
<html>
<head>
    <meta charset="utf-8"/>
    <meta name="viewport" content="initial-scale=1.0, width=device-width">
    <title>영화 관리</title>
    <!-- 제이쿼리 모바일, 제이쿼리 라이브러리 파일 -->
    <link rel="stylesheet" href="http://code.jquery.com/mobile/1.4.5/jquery.mobile-1.4.5.min.css"/>
    <script src="http://code.jquery.com/jquery-1.11.1.min.js"></script>
    <script src="http://code.jquery.com/mobile/1.4.5/jquery.mobile-1.4.5.min.js"></script>
</head>
<body>
  <!-- 갱신 영화정보 검색 다이알로그 -->
  <div data-role="dialog" id="page2">
    <div data-role="header" data-theme="b">
        <h1>영화 검색</h1>
    </div>
    <div data-role="content">
        <h3>수정할 영화 검색</h3>
        <form name="form2-1" method="post" action="update.php" data-ajax="false">
            <div class="ui-body ui-body-a"></br>
                검색 영화명 :</br>
                <input type="search" name="smovieTitle2" value=""/></br>
            </div></br>
         <input data-inline="true" type="submit"
value="검색"/>
         <a data-inline="true" data-role="button"
data-rel="back">취소</a>
        </form>
    </div>
  </div>
</body>
</html>
```

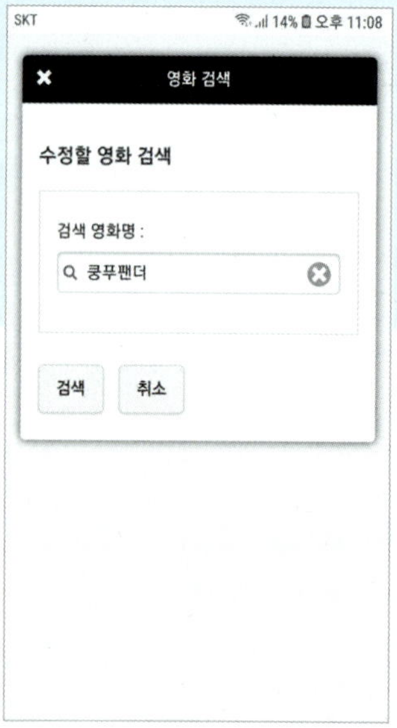

[그림 14-18] 수정 검색 창 표시

[실습 14-5] 수정 화면 페이지 /movie/update.php

```
<?php

//movieDB 데이터베이스 연결
$conn=mysqli_connect("localhost", "movie_user", "1234", "movieDB") or die("movieDB 접속 실패 !!");

$title = $_POST["smovieTitle2"];

$sql="SELECT * FROM MOVIE WHERE title = '".$title."'" ;
$result=mysqli_query($conn, $sql);

if($result) {
   $count = mysqli_num_rows($result) ;
   if ($count ==0) {
      echo "<script>alert('해당 정보가 없습니다');location.replace('main.php');</script>";
   }
}
else {
   $err_msg=mysqli_error($conn);
   echo "<script>alert(\"SQL문 정보조회 오류 \\n오류내용: $err_msg\");</script>" ;
}

$row = mysqli_fetch_array($result);
$title = $row['title'];
$genre = $row['genre'];
$myear = $row['myear'];
$price = $row['price'];

mysqli_close($conn);

?>

<html>
<head>
      <meta charset="utf-8"/>
      <meta name="viewport" content="initial-scale=1.0, width=device-width">
      <title>영화 관리</title>
      <!-- 제이쿼리 모바일, 제이쿼리 라이브러리 파일 -->
      <link rel="stylesheet" href="http://code.jquery.com/mobile/1.4.5/jquery.mobile-1.4.5.min.css"/>
      <script src="http://code.jquery.com/jquery-1.11.1.min.js"></script>
      <script src="http://code.jquery.com/mobile/1.4.5/jquery.mobile-1.4.5.min.js"></script>
</head>
<body>
  <!-- 영화정보 갱신 화면 -->
  <div data-role="page" id="page2">
```

```
    <div data-role="header" data-position="fixed" data-theme="b">
        <a href="#" data-icon="back" data-rel="back">Back</a>
        <h1>영화 정보 수정</h1>
        <a href="main.php" data-icon="home" data-iconpos="notext">Home</a>
        <div data-role="navbar">
            <ul>
                <li><a href="insert.php">입력</a></li>
                <li><a href="update_select.php">수정</a></li>
                <li><a href="delete_select.php">삭제</a></li>
                <li><a href="selectAll.php">전체검색</a></li>
            </ul>
        </div>
    </div>
    <div data-role="content">
            <h3>영화 내용 수정</h3>
            <form name="form2" method="post" action="update_result.php" data-ajax="false">
            <div class="ui-body ui-body-a">
                <label for="movieGenre2" class="select">장르:</label>
                <select name="movieGenre2" data-native-menu="false" data-mini="true" data-
inline="true">
                    <option value="<?php echo $genre ?>"><?php echo $genre ?></option>
                    <option value="액션">액션</option>
                    <option value="로맨스">로맨스</option>
                    <option value="코미디">코미디</option>
                    <option value="판타지">판타지</option>
                </select>
                <label for="movieTitle2">영화명:</label>
                <input type="text" name="movieTitle2" value=<?php echo $title ?> data-
mini="true"/>
                <label for="movieYear2">상영날짜:</label>
                <input type="text" name="movieYear2" value=<?php echo $myear ?> data-
mini="true">
                <label for="moviePrice2">관람료:</label>
                <input type="text" name="moviePrice2" value=<?php echo $price ?> data-
mini="true">
          </div>
            <div class="ui-body">
                <fieldset class="ui-grid-a">
                    <div class="ui-block-a"><input type="reset" id="cancel2" value="
취소"/></div>
                    <div class="ui-block-b"><input type="submit" id="submit2" value="
수정"/></div>
                </fieldset>
            </div>
            </form>
    </div>
```

```
    <div data-role="footer" data-position="fixed" data-theme="b">
        <h4>Movie Web App</h4>
    </div>
  </div>
</body>
</html>
```

[그림 14-19] 수정 화면 표시

[실습 14-6] 수정 처리 페이지 /movie/update_result.php

```
<?php

//movieDB 데이터베이스 연결
$conn=mysqli_connect("localhost", "movie_user", "1234", "movieDB") or die("movieDB 접속 실패 !!");

if(isset($_POST['movieTitle2']) && isset($_POST['movieGenre2']) && isset($_
POST['movieYear2']) && isset($_POST['moviePrice2'])){
   $title = $_POST["movieTitle2"];
   $genre = $_POST["movieGenre2"];
   $myear = $_POST["movieYear2"];
   $price = $_POST["moviePrice2"];
}
$sql="UPDATE movie SET title = '".$title."', genre = '".$genre."', myear = '".$myear."', price =
".$price." WHERE title = '".$title."'";
$result=mysqli_query($conn, $sql);

if($result) {
   echo "<script>alert('".$title." 정보 수정 되었습니다');</script>";
}
else {
   $err_msg=mysqli_error($conn);
   echo "<script>alert(\"SQL문 정보수정 오류 \\n오류내용: $err_msg\");</script>" ;
}
mysqli_close($conn);

echo "<script>location.replace('main.php');</script>";

?>
```

[그림 14-20] 수정 처리 결과 표시

[실습 14-7] 삭제 검색 화면 페이지 /movie/delete_select.php

```
<!DOCTYPE html>
<html>
<head>
      <meta charset="utf-8"/>
      <meta name="viewport" content="initial-scale=1.0, width=device-width">
      <title>영화 관리</title>
      <!-- 제이쿼리 모바일, 제이쿼리 라이브러리 파일 -->
      <link rel="stylesheet" href="http://code.jquery.com/mobile/1.4.5/jquery.mobile-1.4.5.min.css"/>
      <script src="http://code.jquery.com/jquery-1.11.1.min.js"></script>
      <script src="http://code.jquery.com/mobile/1.4.5/jquery.mobile-1.4.5.min.js"></script>
</head>
<body>
  <!-- 삭제 영화정보 검색 다이알로그 -->
  <div data-role="dialog" id="page3">
      <div data-role="header" data-theme="b">
            <h1>영화 검색</h1>
      </div>
      <div data-role="content">
            <h3>삭제할 영화 검색</h3>
            <form name="form3" method="post" action="delete.php" data-ajax="false">
                  <div class="ui-body ui-body-a"></br>
                        검색 영화명 :</br>
                        <input type="search" name="smovieTitle3" value=""/></br>
                  </div></br>
             <input data-inline="true" type="submit"
value="검색"/>
             <a data-inline="true" data-role="button"
data-rel="back">취소</a>
            </form>
      </div>
  </div>
</body>
</html>
```

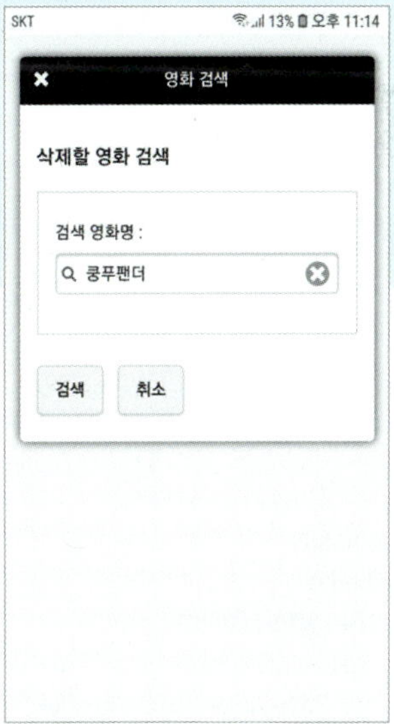

[그림 14-21] 삭제 검색창 표시

[실습 14-8] 삭제 화면 페이지 /movie/delete.php

```
<?php

//movieDB 데이터베이스 연결
$conn=mysqli_connect("localhost", "movie_user", "1234", "movieDB") or die("movieDB 접속 실패 !!");

$title = $_POST["smovieTitle3"];

$sql="SELECT * FROM MOVIE WHERE title = '".$title."'" ;
$result=mysqli_query($conn, $sql);

if($result) {
   $count = mysqli_num_rows($result) ;
   if ($count ==0) {
      echo "<script>alert('해당 정보가 없습니다');location.replace('main.php');</script>";
   }
}
else {
   $err_msg=mysqli_error($conn);
   echo "<script>alert(\"SQL문 정보조회 오류 \\n오류내용: $err_msg\");</script>" ;
}

$row = mysqli_fetch_array($result);
$title = $row['title'];
$genre = $row['genre'];
$myear = $row['myear'];
$price = $row['price'];

mysqli_close($conn);

?>

<html>
<head>
     <meta charset="utf-8"/>
     <meta name="viewport" content="initial-scale=1.0, width=device-width">
     <title>영화 관리</title>
     <!-- 제이쿼리 모바일, 제이쿼리 라이브러리 파일 -->
     <link rel="stylesheet" href="http://code.jquery.com/mobile/1.4.5/jquery.mobile-1.4.5.min.css"/>
     <script src="http://code.jquery.com/jquery-1.11.1.min.js"></script>
     <script src="http://code.jquery.com/mobile/1.4.5/jquery.mobile-1.4.5.min.js"></script>
</head>
<body>
  <!-- 영화정보 삭제 화면 -->
  <div data-role="page" id="page3">
     <div data-role="header" data-position="fixed" data-theme="b">
          <a href="#" data-icon="back" data-rel="back">Back</a>
```

```
            <h1>영화 정보 삭제</h1>
            <a href="main.php" data-icon="home" data-iconpos="notext">Home</a>
            <div data-role="navbar">
                <ul>
                    <li><a href="insert.php">입력</a></li>
                    <li><a href="update_select.php">수정</a></li>
                    <li><a href="delete_select.php">삭제</a></li>
                    <li><a href="selectAll.php">전체검색</a></li>
                </ul>
            </div>
        </div>
        <div data-role="content">
                <h3>영화 내용 삭제</h3>
                <form name="form3-1" method="post" action="delete_result.php" data-ajax="false">
                <div class="ui-body ui-body-a">
                    <label for="movieGenre3" class="select">장르:</label>
                    <select name="movieGenre3" data-native-menu="false" data-mini="true" data-
inline="true">
                        <option value="<?php echo $genre ?>"><?php echo $genre ?></option>
                        <option value="액션">액션</option>
                        <option value="로맨스">로맨스</option>
                        <option value="코미디">코미디</option>
                        <option value="판타지">판타지</option>
                    </select>
                    <label for="movieTitle3">영화명:</label>
                    <input type="text" name="movieTitle3" value=<?php echo $title ?> data-
mini="true"/>
                    <label for="movieYear3">상영날짜:</label>
                    <input type="text" name="movieYear3"
value=<?php echo $myear ?> data-mini="true">
                    <label for="moviePrice3">관람료:</label>
                    <input type="text" name="moviePrice3"
value=<?php echo $price ?> data-mini="true">
            </div>
                <div class="ui-body">
                    <fieldset class="ui-grid-a">
                        <div class="ui-block-a"><input type="reset" value="취소"/></div>
                        <div class="ui-block-b"><input type="submit" value="삭제"/></div>
                    </fieldset>
                </div>
                </form>
        </div>
        <div data-role="footer" data-position="fixed" data-theme="b">
            <h4>Movie Web App</h4>
      </div>
    </div>
</body>
</html>
```

[그림 14-22] 삭제 화면 표시

[실습 14-9] 삭제 처리 페이지 /movie/delete_result.php

```
<?php

//movieDB 데이터베이스 연결
$conn=mysqli_connect("localhost", "movie_user", "1234", "movieDB") or die("movieDB 접속 실패 !!");

$title = $_POST["movieTitle3"];

$sql="SELECT photo FROM movie WHERE title = '".$title."'" ;
$result=mysqli_query($conn, $sql);
$row = mysqli_fetch_array($result);
unlink($row["photo"]);

$sql="DELETE FROM movie WHERE title = '".$title."'" ;
$result=mysqli_query($conn, $sql);

if($result) {
   echo "<script>alert('".$title." 정보 삭제 되었습니다');</script>";
}
else {
   $err_msg=mysqli_error($conn);
   echo "<script>alert(\"SQL문 정보삭제 오류 \\n오류내용: $err_msg\");</script>" ;
}
mysqli_close($conn);

echo "<script>location.replace('main.php');</script>";

?>
```

[그림 14-23] 삭제 처리 결과 표시

[실습 14-10] 전체 검색 화면 페이지 /movie/select_All.php

```
<?php

//movieDB 데이터베이스 연결
$conn=mysqli_connect("localhost", "movie_user", "1234", "movieDB") or die("movieDB 접속 실패 !!");

$sql="SELECT * FROM MOVIE" ;
$result=mysqli_query($conn, $sql);

if($result) {
   $count = mysqli_num_rows($result) ;
   if ($count ==0) {
         echo "<script>alert('해당 정보가 없습니다');location.replace('main.php');</script>";
   }
}
else {
   $err_msg=mysqli_error($conn);
   echo "<script>alert(\"SQL문 정보조회 오류 \\n오류내용: $err_msg\");</script>" ;
}

$tagList = '<li data-role="list-divider">영화 목록'.'<span style="float:right">'.$count.
'건'.'</span></li>';
while($row = mysqli_fetch_array($result)) {
   $tagList = $tagList.'<li><img style="margin:11px 20px;", src="'.$row["photo"].'">';
      $tagList = $tagList.'<span class="ui-li-count"> 장르 : '.$row["genre"].'</span>';
      $tagList = $tagList.'<h2>'.$row["title"].'</h2>';
      $tagList = $tagList.'<p> 요금 : '.$row["price"].' 원</p>';
      $tagList = $tagList.'<p> 상영날짜 : '.$row["myear"].'</p></li>';
}

mysqli_free_result($result);
mysqli_close($conn);

?>

<html>
<head>
     <meta charset="utf-8"/>
     <meta name="viewport" content="initial-scale=1.0, width=device-width">
     <title>영화 관리</title>
     <!-- 제이쿼리 모바일, 제이쿼리 라이브러리 파일 -->
     <link rel="stylesheet" href="http://code.jquery.com/mobile/1.4.5/jquery.mobile-1.4.5.min.css"/>
     <script src="http://code.jquery.com/jquery-1.11.1.min.js"></script>
</head>
<body>
<!-- 전체 영화조회 화면 -->
```

```
<div data-role="page" id="page4">
    <div data-role="header" data-position="fixed" data-theme="b">
        <a href="#" data-icon="back" data-rel="back">Back</a>
        <h1>영화 정보 전체 검색</h1>
        <a href="main.php" data-icon="home" data-iconpos="notext">Home</a>
        <div data-role="navbar">
            <ul>
                <li><a href="insert.php">입력</a></li>
                <li><a href="update_select.php">수정</a></li>
                <li><a href="delete_select.php">삭제</a></li>
                <li><a href="selectAll.php">전체검색</a></li>
            </ul>
        </div>
    </div>
    <div data-role="content">
        <ul data-role="listview" data-divider-theme="b" data-inset="true">
            <?php echo $tagList ?>
        </ul>
    </div>
    <div data-role="footer" data-position="fixed" data-theme="b">
        <h4>Movie Web App</h4>
   </div>
  </div>
</body>
</html>
```

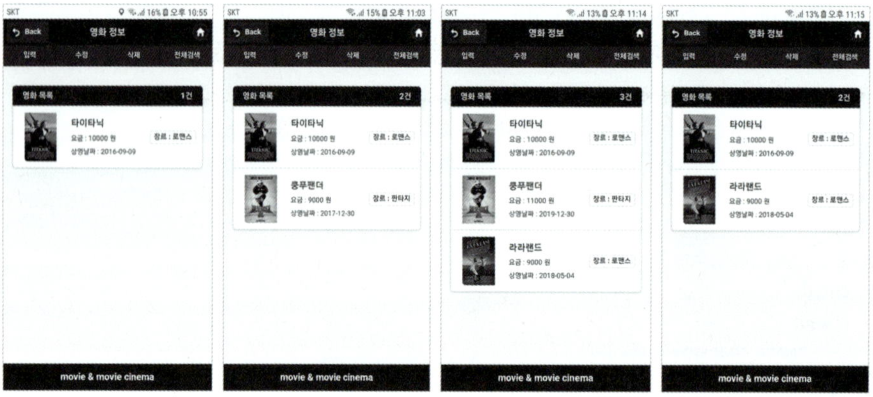

[그림 14-24] 전체 검색 화면 표시

부록

부록

[부록A] MySQL 설치

1) 먼저, MySQL 사이트(https://dev.mysql.com/downloads/windows/installer/)를 방문한다. 개인적인 MySQL 학습을 위해서 윈도우용 MySQL Community 설치용 MSI(Microsoft Installer)를 내려 받는다. MySQL Community 8.0 이전의 좀 더 낮은 버전을 다운로드받고 싶다면 사이트(https://downloads.mysql.com/archives/installer/)를 방문한다.

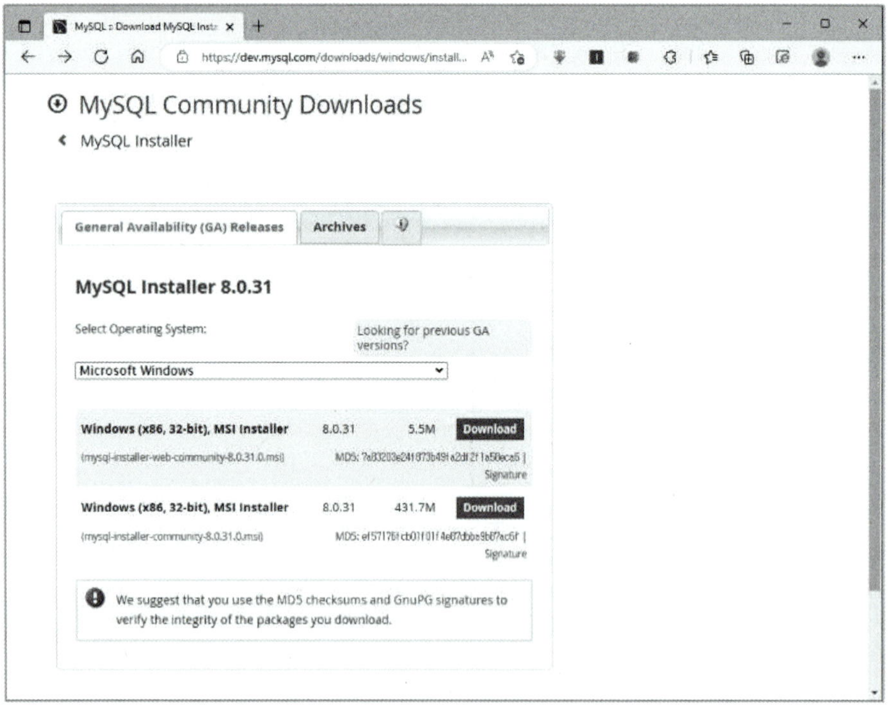

[MySQL Community Downloads] 화면에서 화면 하단의 [No thanks, just start my download.]를 클릭하면 로그인 없이도 파일 다운로드가 가능하다.

2) 다운로드 받은 설치 파일(예를 들면 'mysql-installer-community-8.0.31.0.exe')을 더블클릭하여 설치를 진행한다.

[MySQL Installer] 창이 나타난다. 설치 유형은 [Custom]을 선택하고 [Next] 버튼을 클릭한다. 다음과 같은 설치할 3개의 제품들을 선택한다.

- MySQL Server 8.0.31 - X64
- MySQL Workbench 8.0.31 - X64
- Samples and Example 8.0.31 - X86

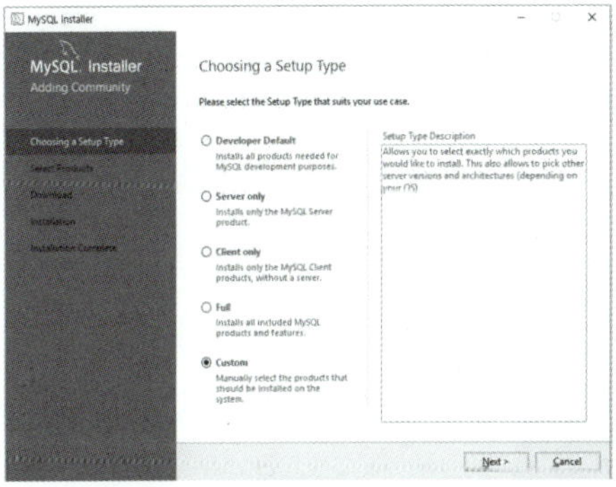

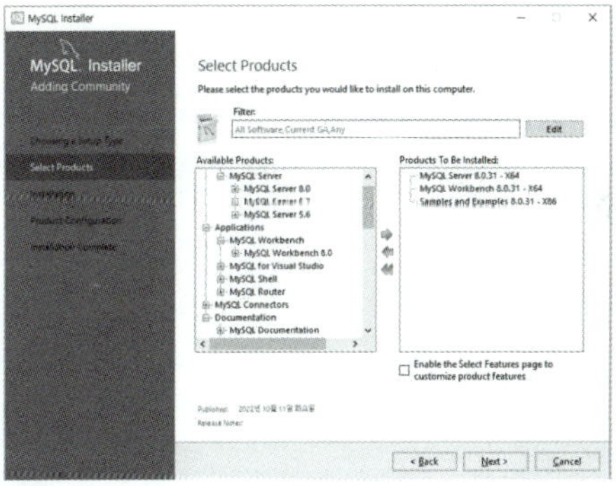

3) [Installation]에서 3개의 항목을 확인하고 [Execute] 버튼을 클릭하여 설치를 진행한다. 잠시 기다리면 하나씩 설치가 완료되면서 다음과 같이 'Complete' 메시지가 표시된다.

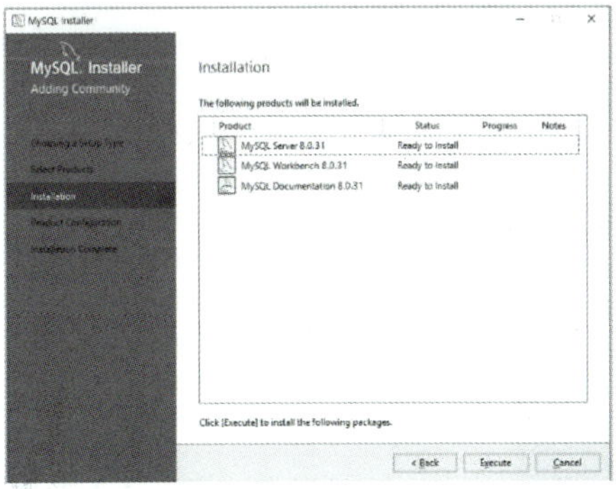

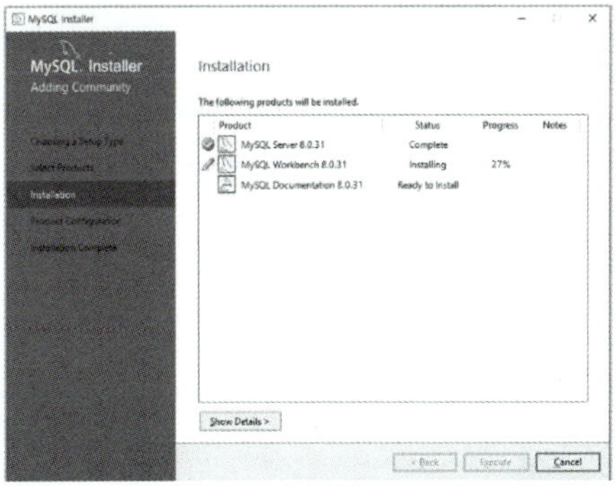

4) 설치된 2개의 제품 중 [Next] 버튼을 클릭하여 먼저 설치된 MySQL Server의 환경을 다음과 같이 설정하고 [Next] 버튼을 클릭한다.

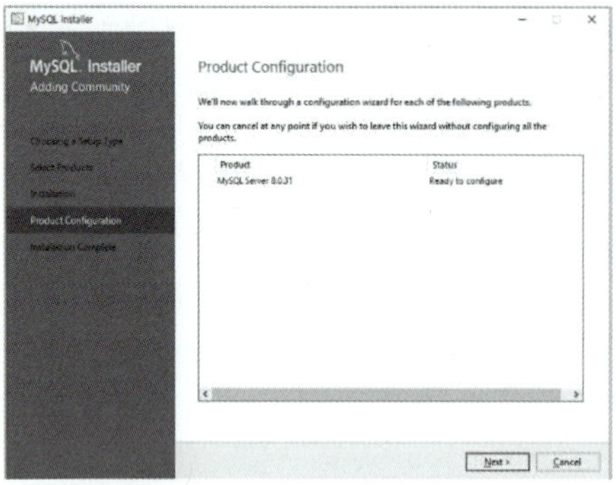

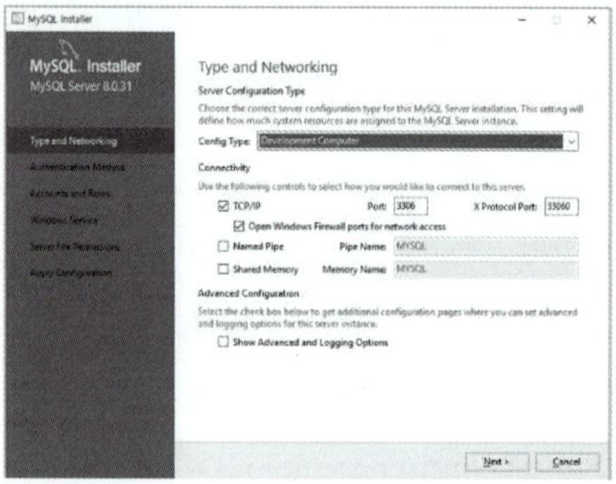

5) [Authentication Method]에서는 여러 연동을 원활하게 하기 위해 [Use Legacy Authentication Method]를 선택하고 [Next] 버튼을 클릭한다. MySQL의 모든 권한을 갖는 'root' 관리자인의 비밀번호를 입력해야 한다. 비밀번호는 '1234'로 설정한다.

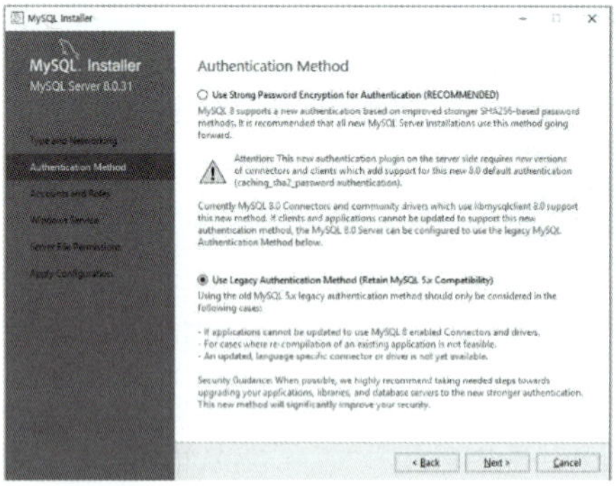

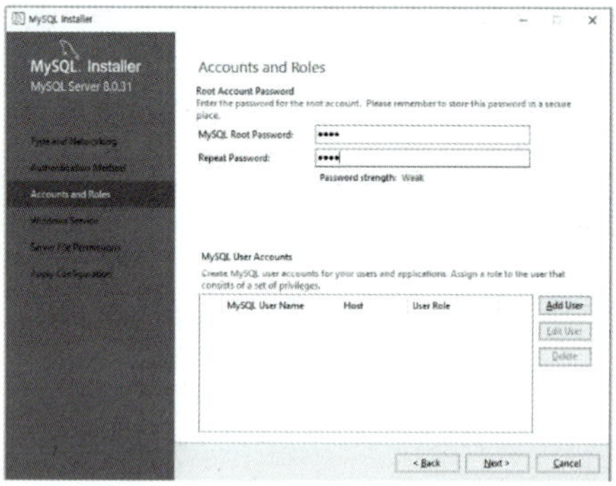

6) MySQL 서버를 Windows의 서비스로 등록하기 위한 [Windows Service Name]을 'MySQL80'로 입력하여 설정한다. [Next]를 클릭한다.

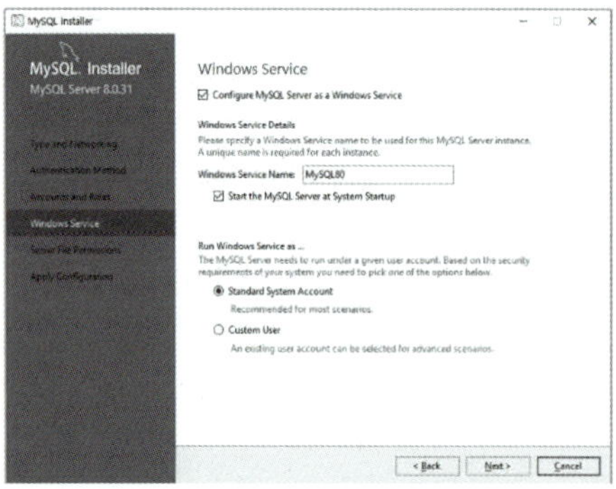

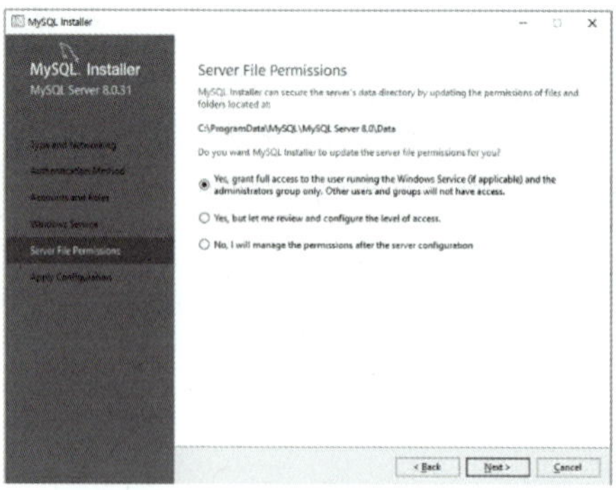

7) [Execute]를 선택하면 설정 내용이 적용되고 설정이 완료되면 초록색 체크박스로 표시된다. [Finish]를 선택하여 설정을 종료한다.

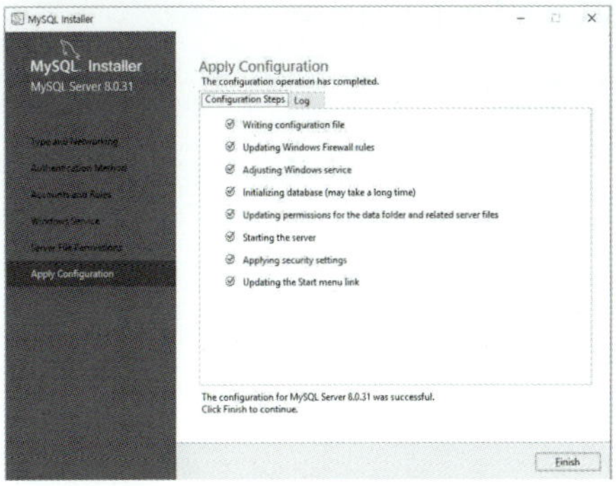

8) 다시 [Product Configuration] 창이 나오면 [Next]를 클릭한다. [Installation Complete] 창에서 [Start MySQL Workbench after Setup] 체크 박스를 선택하고 MySQL 설치를 완전히 완료하면 설치된 MySQL 접속을 위해 워크벤치가 구동된다.

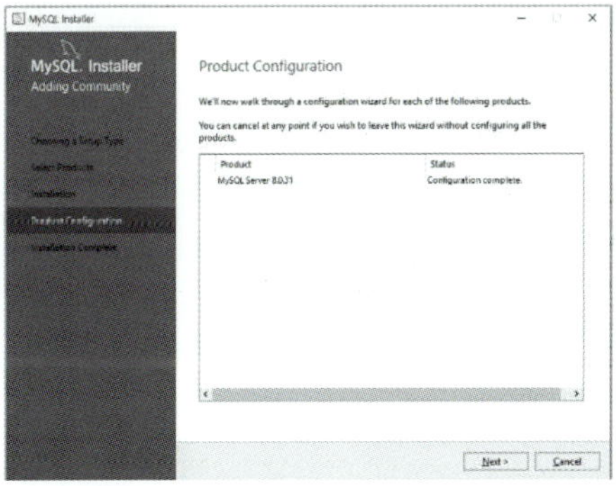

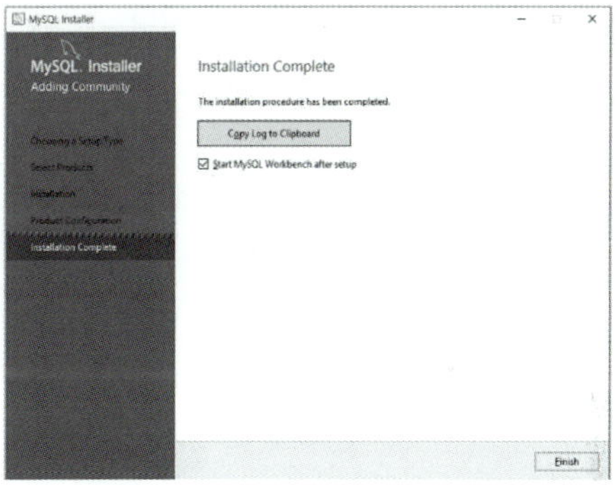

9) MySQL 워크벤치의 초기 화면에서 MySQL Server와 연결하기 위해서는 [MySQL Connections]-[Local instance MySQL80]을 클릭하여 서버와 연결을 시도한다. 설치 중에 지정했던 'root' 관리자의 비밀번호 '1234'를 입력하고 [OK] 버튼을 클릭한다.

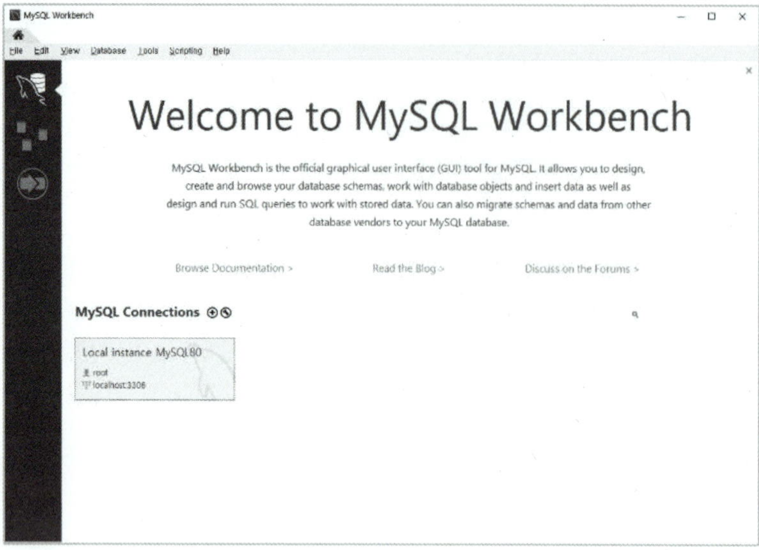

10) 설치된 MySQL 서버에 접속된 MySQL 워크벤치 화면을 볼 수 있다. 5장~7장 SQL 실습을 위한 모든 준비가 완료된다.

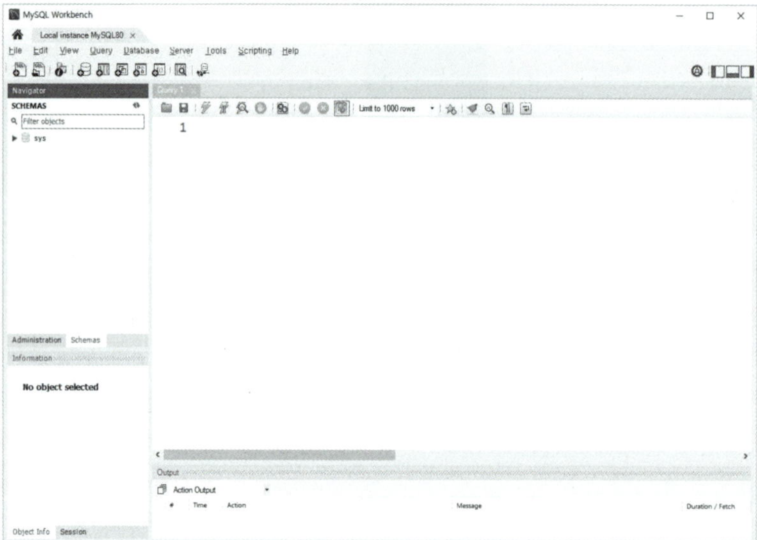

[부록B] ERwin 설치

10장의 ERwin 실습을 위해서 ERwin 소프트웨어를 다운로드받아 설치해보자. ERwin 소프트웨어는 아카데미판(academy edition), 표준판(standard edition), 워크그룹판(workgroup edition), 내비게이터판(navigator edition) 등의 다양한 버전이 있다. 이 중에서 아카데미 버전을 다운로드받아 설치한다.

아카데미 라이선스 버전 신청하기

ERwin 데이터 모델러(data modeler)의 아카데미 라이선스(Academic License)를 신청해 보자. 아카데미 라이선스는 대학교 도메인으로 된 이메일 주소를 가지고 있다면 누구나 신청할 수 있다. 라이선스의 유효기간은 1년이다. 라이선스 없이 시험(Trial) 버전을 사용할 수도 있다. 시험 버전의 유효기간은 30일이다.

1) 먼저 ERwin 지원 사이트('http://www.erwin.com')에 접속하여 [Services]-[Academic Program] 메뉴 항목을 선택한다. 연결된 페이지로 이동하면 페이지 하단의 'erwin Data Modeler Academic Edition'의 [Apply Now] 버튼을 클릭한다.

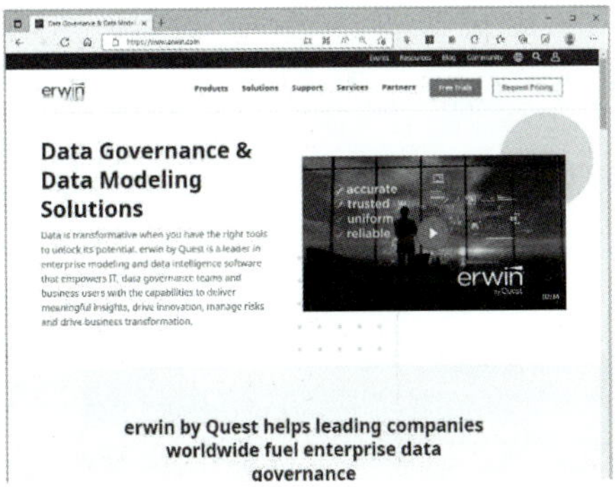

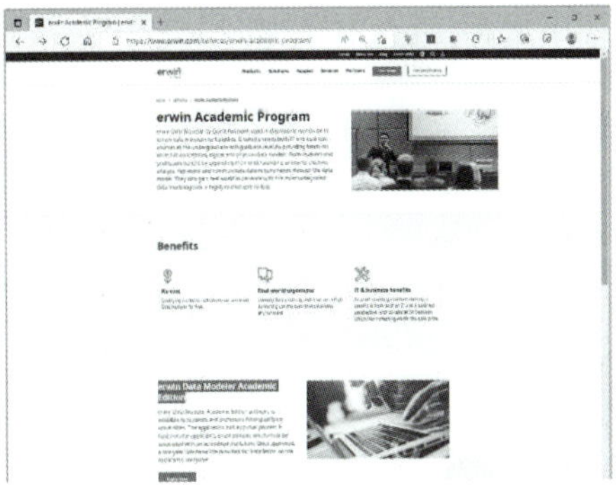

2) 다음 연결 페이지에서 신청 양식을 작성하면 된다. 단, 작성할 때 'Email' 항목은 반드시 'ac.kr'로 끝나는 학교 이메일 주소를 입력한다. 신청 양식을 다 작성한 후 'Download Academy Version' 버튼을 클릭한다. 신청 접수가 완료된다.

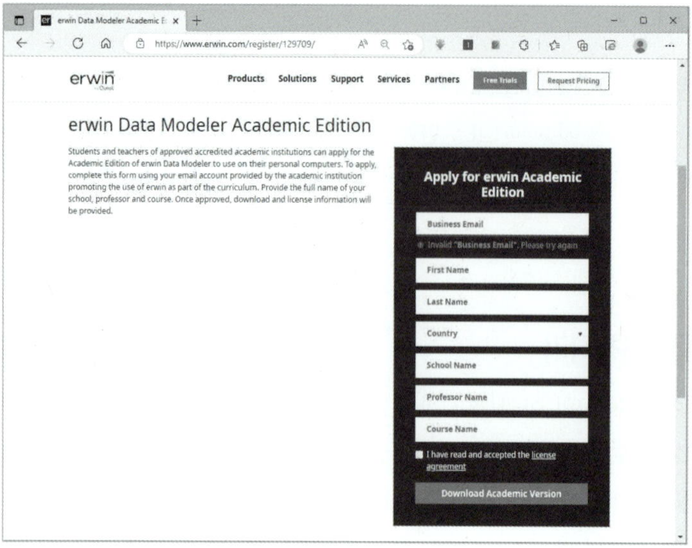

3) 신청을 접수하면 수일 내에 답메일을 확인할 수 있다. 메일 내용 중 다운로드 링크가 있으니 해당 링크를 통해서 다운로드 받으면 된다.

아카데미 라이선스 버전 설치하기

1) 다운로드 받은 파일을 실행한다. 경고창이 나오면 실행을 클릭한다. 다음과 같이 설치 준비하는 화면이 나오면 [Next] 버튼을, 다음 창에서는 '동의'를 선택하고 [Next] 버튼을 누른다.

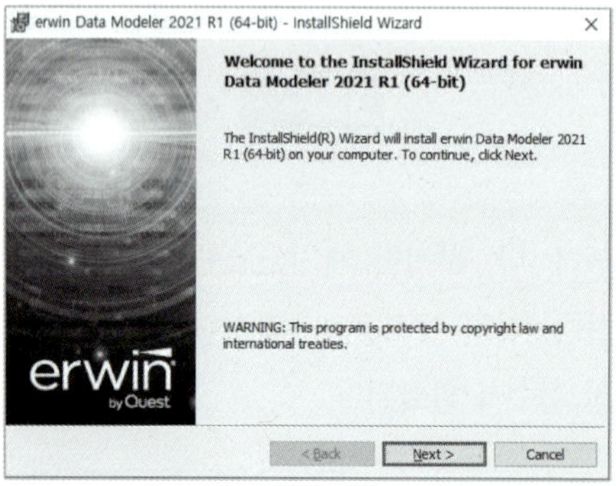

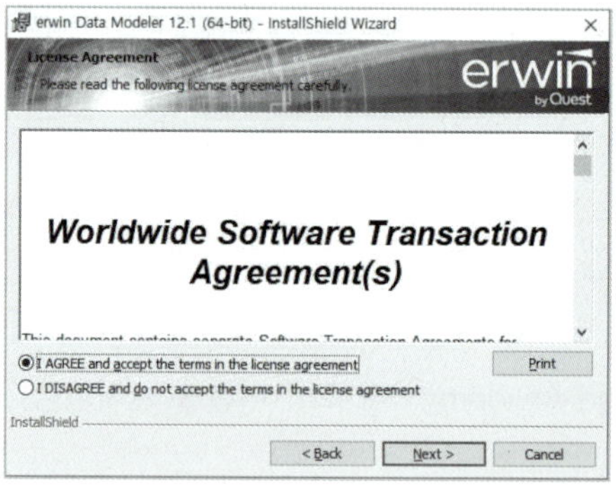

2) 다음 [Customer Information] 창에서 [user name]을 자유롭게 입력하고 [licence code]에는 이메일로 받은 라이선스 코드를 그대로 입력하고 [Next] 버튼을 누른다.

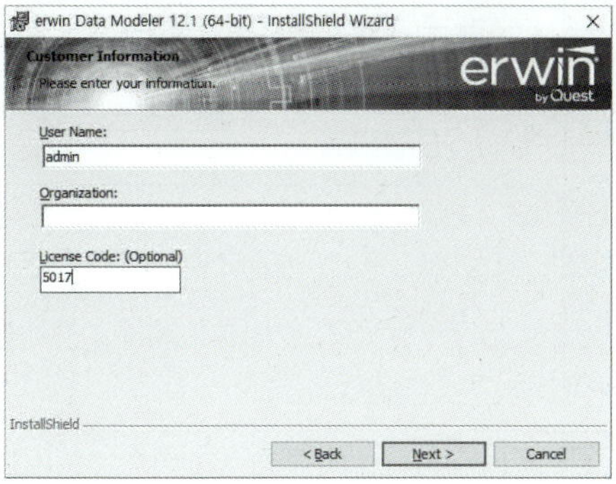

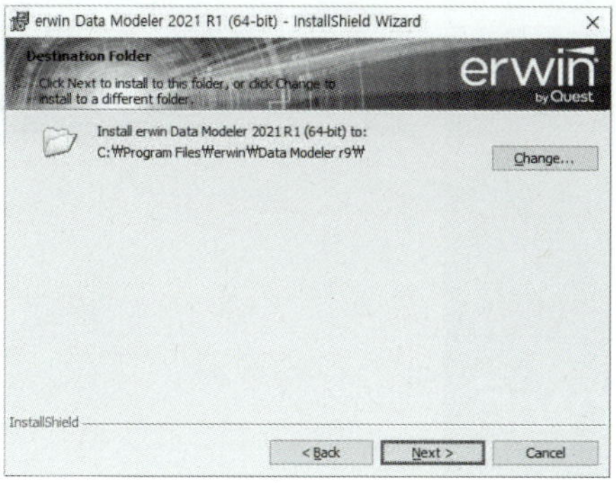

3) 다음 창들에서는 기본값을 그대로 선택하면서 계속해서 [Next] 버튼을 누른다.

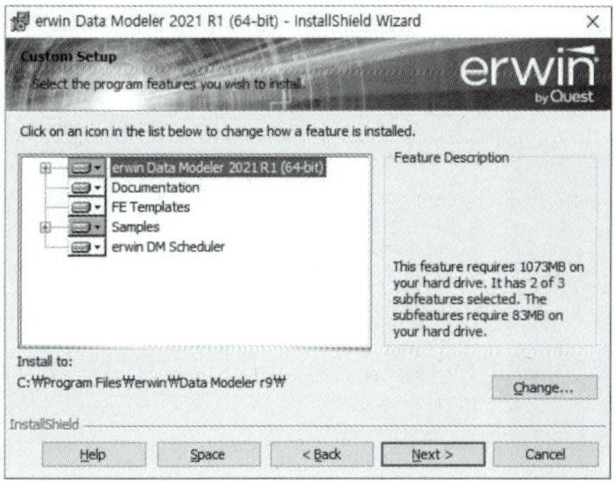

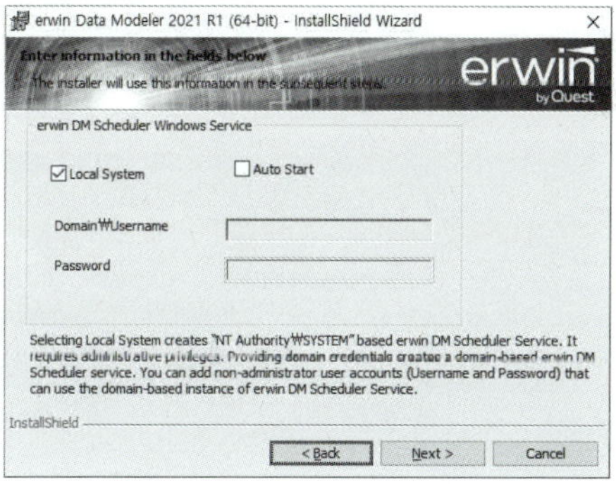

4) 프로그램 설치가 준비되었다는 메시지를 확인한 다음, [Install] 버튼을 누른다. 설치가 시작되는 것을 확인할 수 있다.

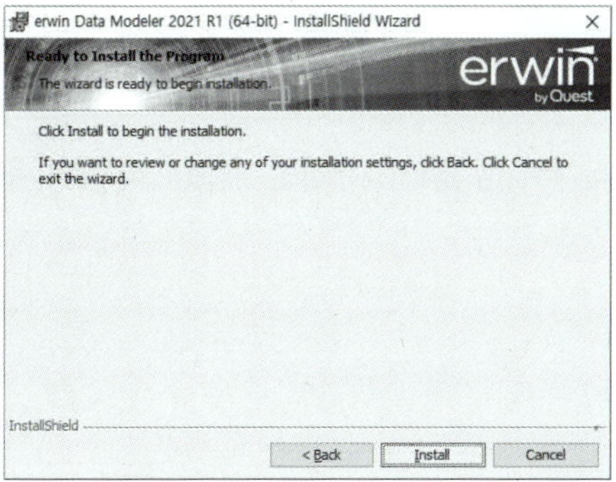

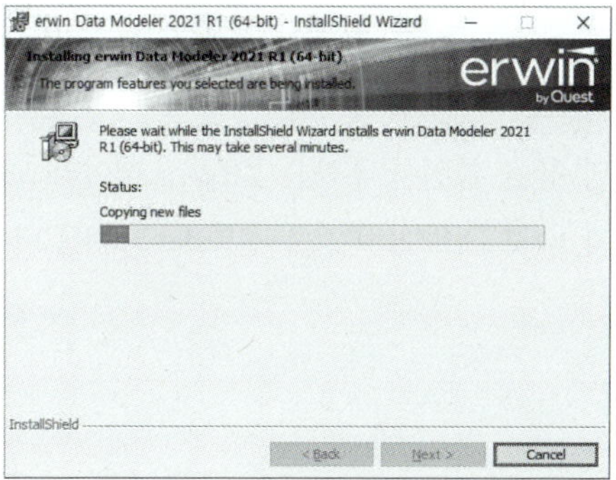

5) 설치가 종료되면 [Finish] 버튼을 누르고 필요할 경우, 컴퓨터를 새로 시작한다.

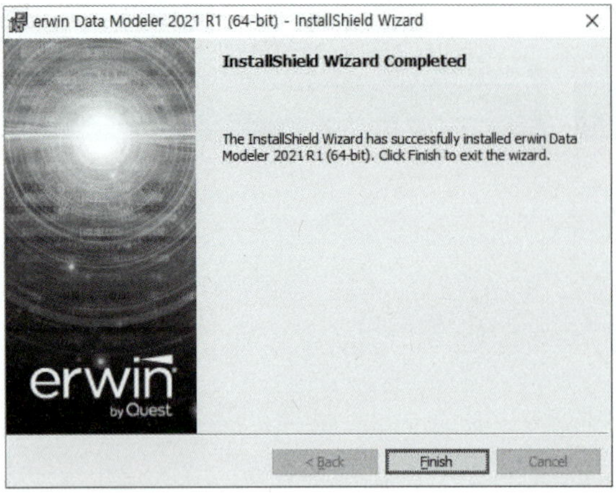

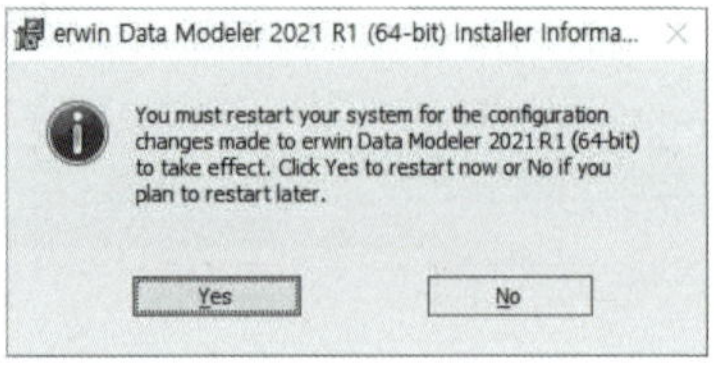

6) 설치된 'erwin Data Modeler 12.1(64 bit)을 처음으로 실행하면 다음과 같은 라이선스 등록 창이 표시된다. 라이선스 코드와 신청했던 학교 이메일 주소를 입력한다.

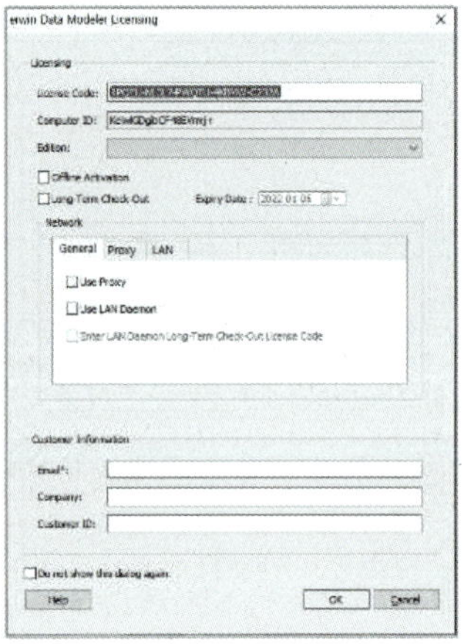

7) 환영 창을 확인한 후에는 ERwin 데이터 모델러에서 생성하고자 하는 새로운 모델의 유형과 타깃 DBMS 버전을 선택하고 [OK] 버튼을 누른다.

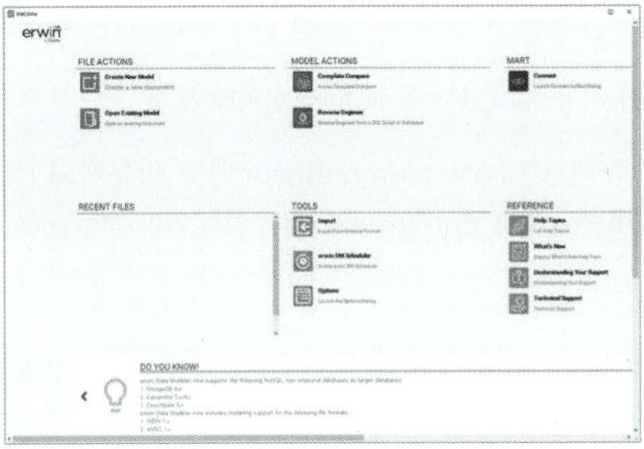

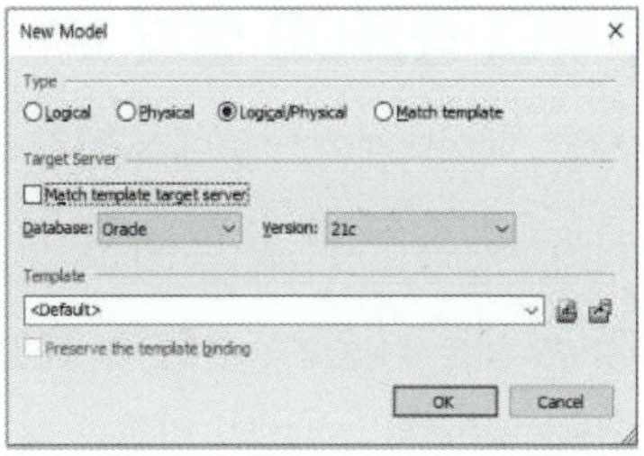

8) 다음과 같은 데이터 모델러 작업 창이 화면에 표시되면 실습할 모든 준비가 완료된다.

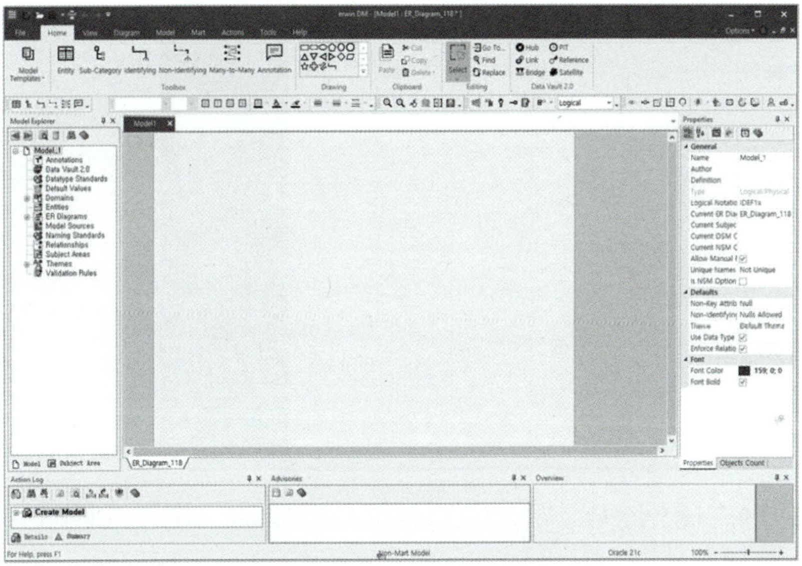

[부록C] 몽고DB 설치

NoSQL 데이터베이스 중에서 가장 많이 사용되고 있는 몽고DB를 설치해 보자.

1) 먼저, 설치를 위해 몽고DB 공식 사이트('www.mongodb.com')를 방문하여 설치 파일을 다운로드받는다. 개인적인 몽고DB 학습을 위해서는 윈도우용 몽고DB의 MSI(Microsoft Installer) 버전을 내려받도록 한다.

   우선 사이트 시작 페이지의 [Products]를 선택하고 [Community Editions]의 [Community Server] 링크를 클릭한다.

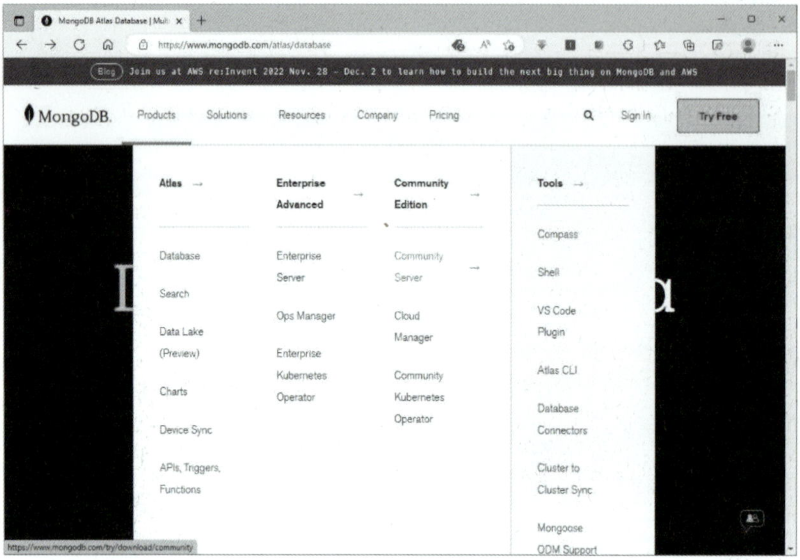

2) 별도의 비용 없이 사용 가능한 [MongoDB Community Server] 버전을 선택하여 다운로드 받는다. 설치 예의 경우, 선택한 몽고DB 버전은 '6.0.2', 운영체제는 'Windows'이다.

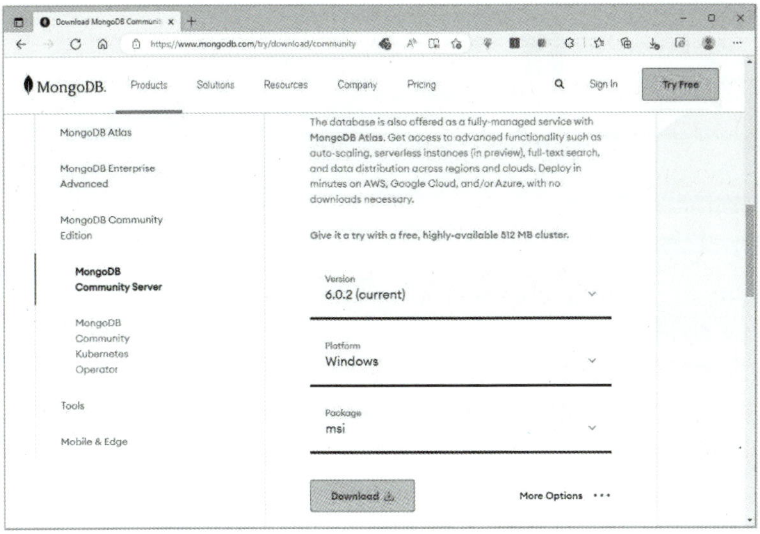

3) 다운로드받은 설치 파일을 실행하여 몽고DB DBMS의 설치 과정을 시작한다. 윈도우 버전을 설치하는 경우, 라이선스 동의를 하고 [Next] 버튼을 누른다.

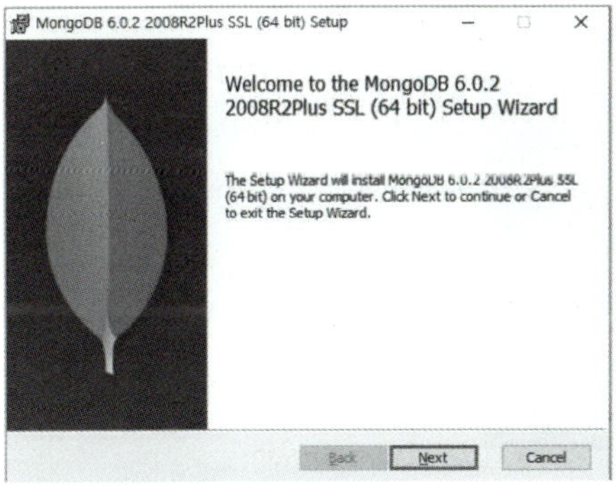

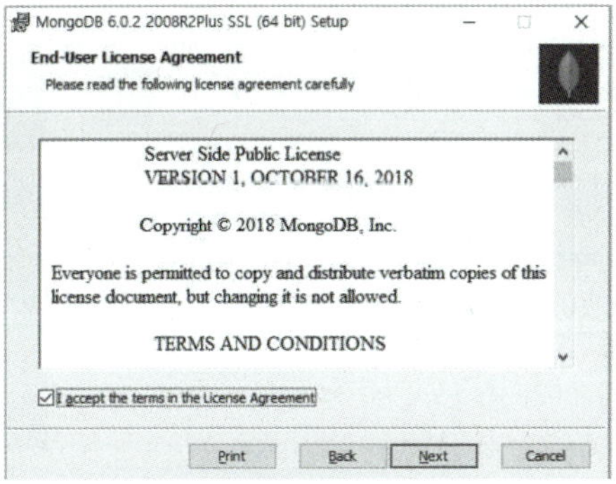

4) 설치 타입을 결정하는 창이 나오면 [Complete]를 선택한다. 이후 창에서 모두 기본값을 선택하고 [Next] 버튼을 연달아 눌러 몽고DB를 설치한다.

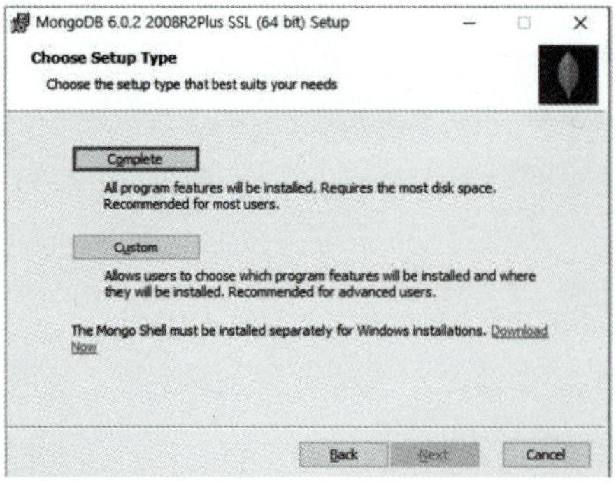

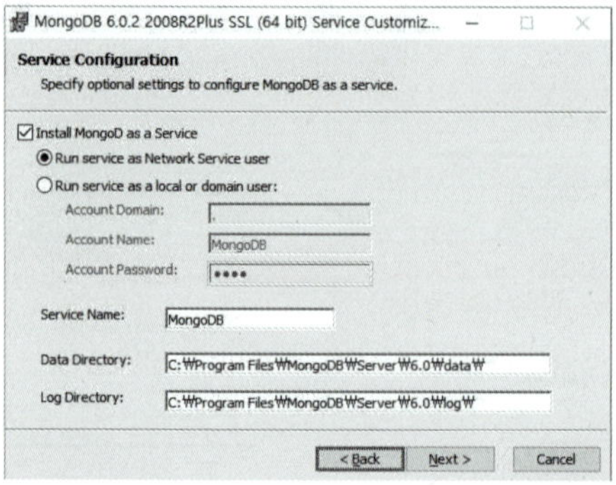

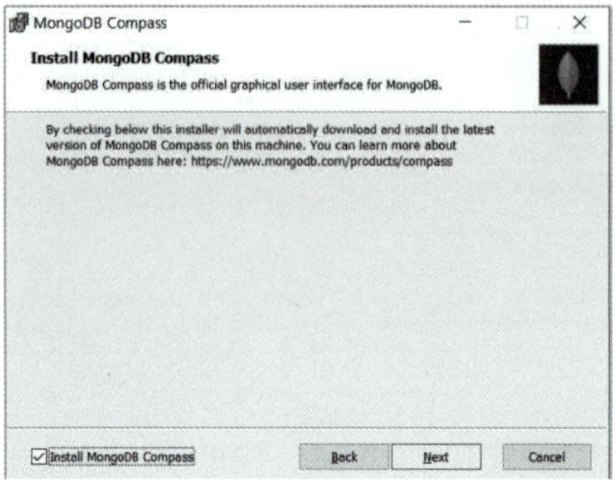

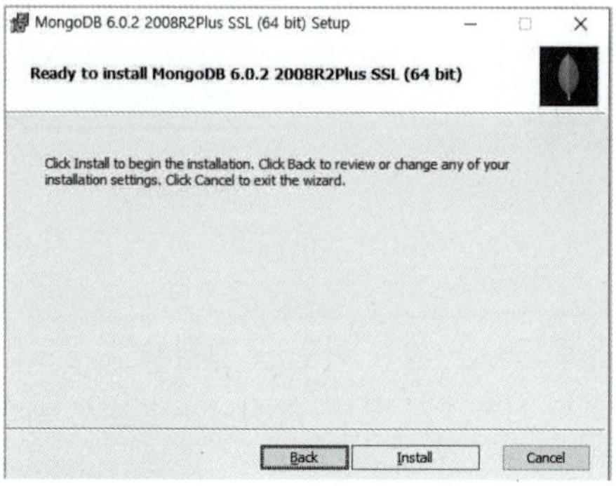

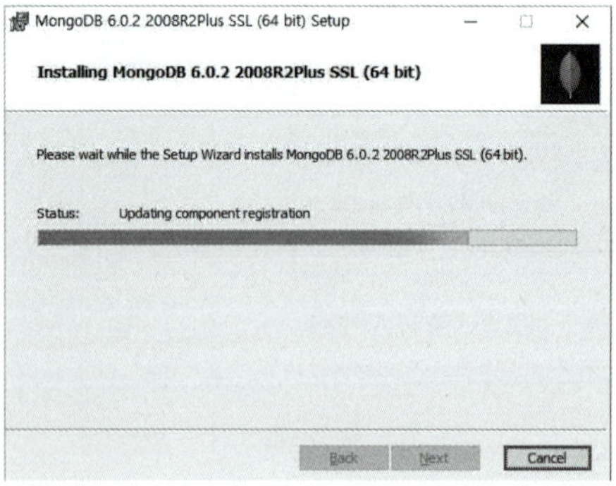

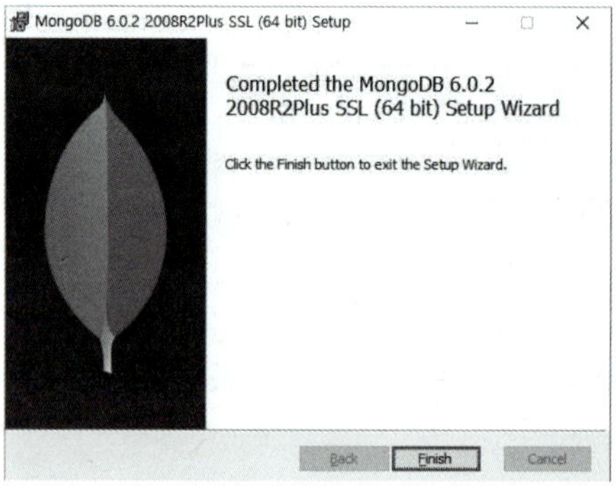

5) 설치가 완료되면 'mongoDB Compass' 도구가 자동 실행된다. 실행되지 않으면 설치된 프로그램 앱 목록에서 'mongoDB Compass'를 선택하여 실행한다. 몽고DB 콤파스는 몽고DB 명령어를 입력하고 실행 결과를 확인할 수 있는 GUI 도구이다. 'Connect' 버튼을 선택하여 새로운 연결을 생성한다.

6) 몽고DB를 실행하기 위해서는 몽고DB 쉘을 사용한다. 몽고DB 콤파스 창 아래쪽의 '>_MONGOSH'를 클릭하면 몽고DB 명령문을 입력할 수 있는 쉘 입력창이 표시된다. 'version( )' 명령어를 입력하면 쉘 버전을 확인할 수 있다. 'test>' 프롬프트는 현재 접속한 데이터베이스 이름을 표시하며 '>' 프롬프트 뒤에 몽고DB 명령문을 입력하면 실행 결과를 확인할 수 있다.

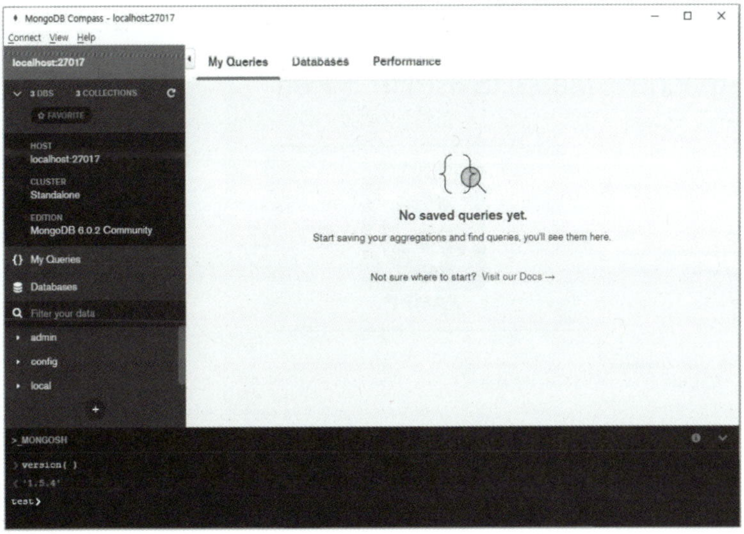

설치된 몽고DB 버전을 확인할 수 있으면 몽고DB 실습을 위한 모든 준비가 완료된다.

[부록D] XAMPP 설치

14장의 클라이언트 무비 웹 앱을 웹브라우저로 실행하려면 서버 역할을 하는 컴퓨터에 다음 프로그램이 설치되어 있어야 한다.

- MySQL: DBMS
- 아파치(Apache): 웹 서버
- PHP: 서버측 스크립트 프로그래밍 언어

PC 환경에 맞춰 이러한 응용 프로그램을 개별적으로 설치하는 것은 적지 않은 시간과 복잡한 설정을 요구한다. 대신 XAMPP 설치 프로그램을 이용하여 한꺼번에 동시 설치할 수가 있다. XAMPP는 아파치 보급 목적으로 만들어진 설치 솔루션으로 'MySQL+아파치+PHP' 실행 환경을 손쉽게 설정할 수 있도록 한다.

자세한 설명은 다음 웹페이지를 참고하도록 하자.

- http://www.apachefriends.org/index.html

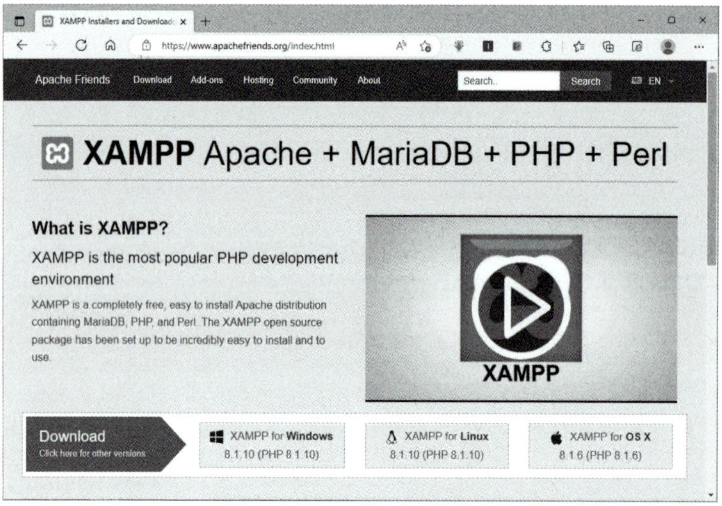

1) 아파치 지원 사이트('http://www.apachefriends.org/index.html')에서 다운로드받은 XAMPP 설치 파일(예를 들면 'xampp-windows-x64-8.1.10-0-VC16-installer.exe')을 실행시킨다.

   다음과 같이 환영 메시지와 함께 설치 마법사가 시작되어 설치 과정이 진행된다.

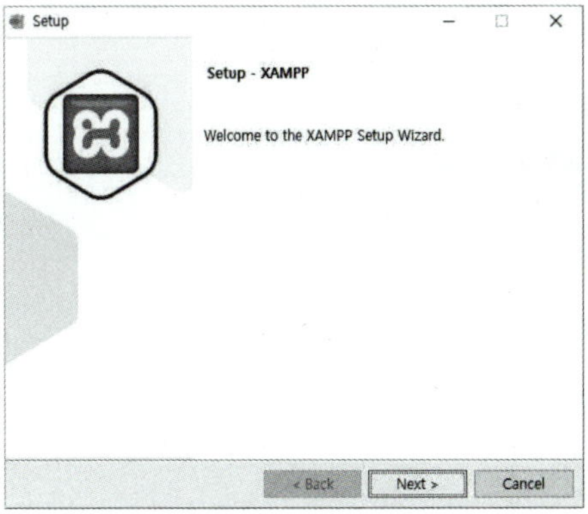

2) 만약, 5~7장 SQL 실습을 위해 MySQL을 이미 설치했다면 MySQL은 제외하고 'Apache'와 'PHP'만 선택하여 설치를 진행한다.

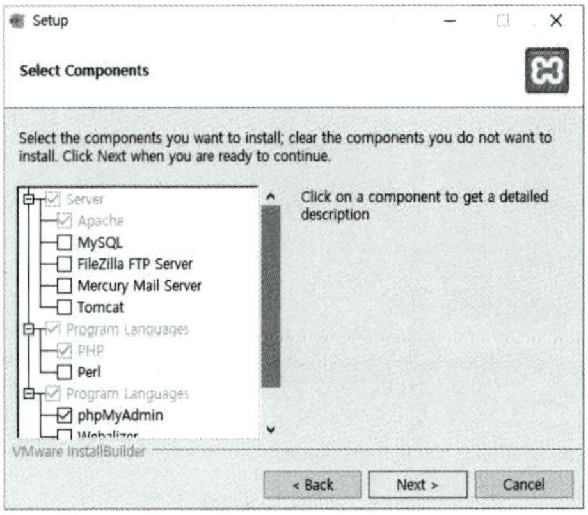

3) 기본 설정 값 그대로 XAMPP 설치 장소를 'C:₩xampp' 폴더로 지정한다. 방화벽 윈도우즈 보안 경고창이 표시될 경우, [액세스 허용]을 선택한다.

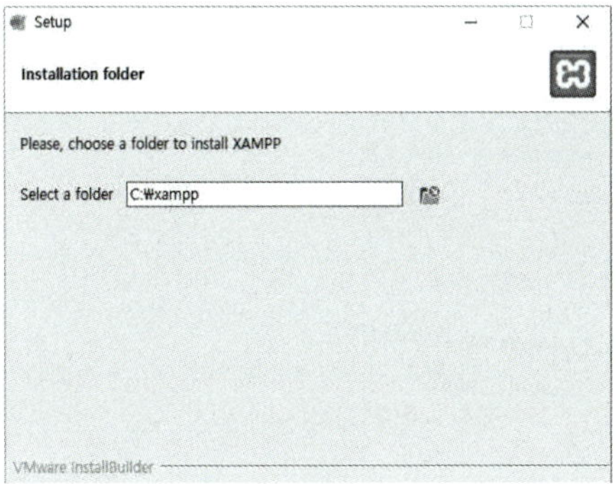

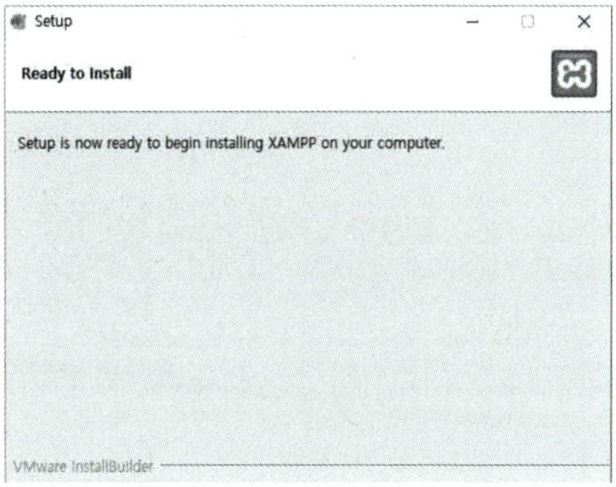

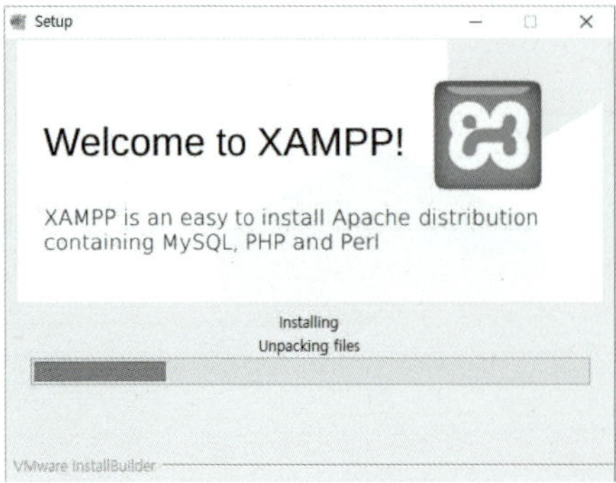

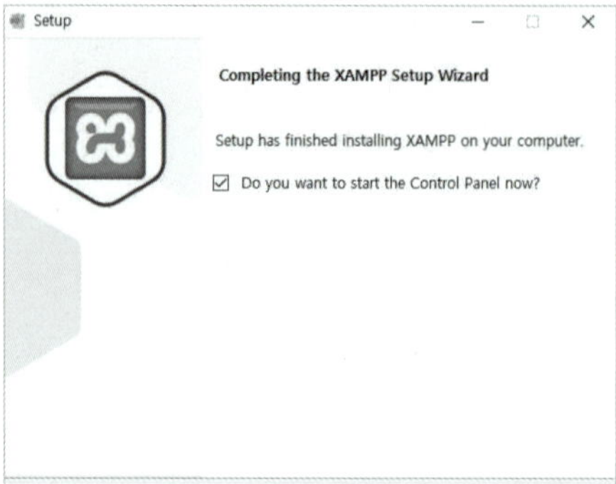

4) 설치가 완료되면 설치된 프로그램 앱 목록에서 'XAMPP Control Panel' 제어판을 실행하여 아파치 서비스를 제어할 수 있다. 아파치 서비스를 [Start] 버튼을 눌러 실행시킨다. 'PID'와 'Port' 값이 표시되면 서비스가 시작되었음을 의미한다.

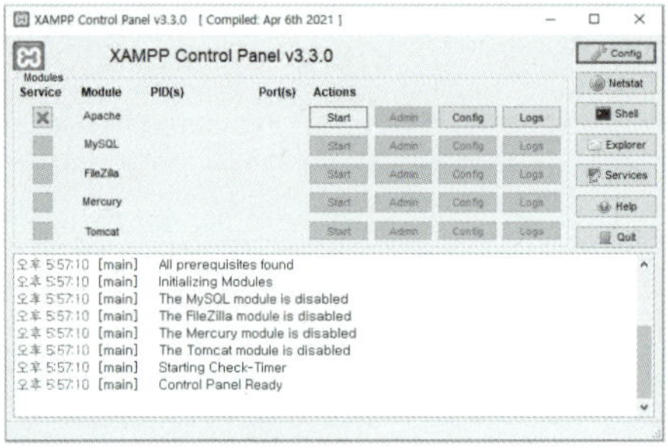

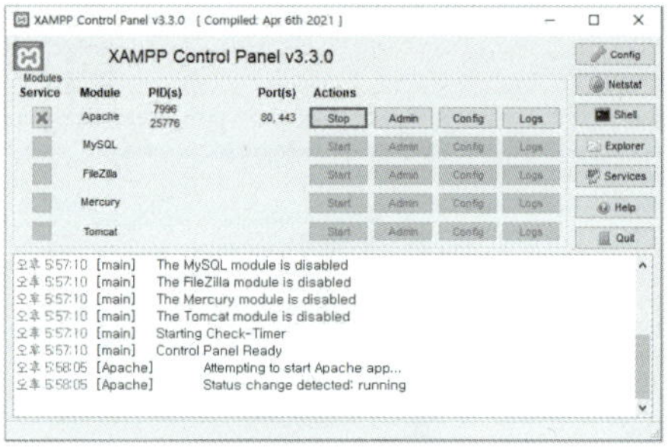

5) 정상적으로 설치가 되어 동작 여부를 확인하려면 브라우저 주소창에 'http://localhost'를 입력한다. 설치한 아파치 웹서버가 동작하고 있다면 다음과 같은 내용을 확인할 수 있다.

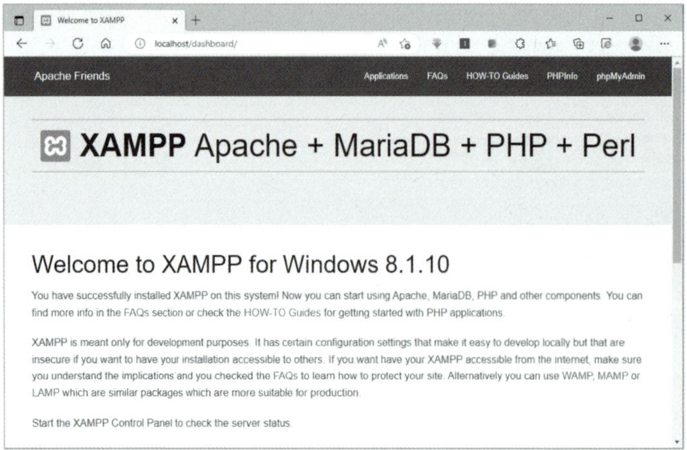

[부록E] PHP 개발을 위한 이클립스 설치

PHP 코드로 MySQL과 연동하는 서버측 실행 코드를 작성하려면 개발 도구가 필요하다. '**이클립스**(eclipse) IDE for PHP Developers' 개발 도구를 설치해 보자.

1) 먼저 이클립스 사이트('www.eclipse.org/downloads/packages')를 방문하여 'Eclipse IDE for PHP Developers' 소프트웨어를 다운로드한다.

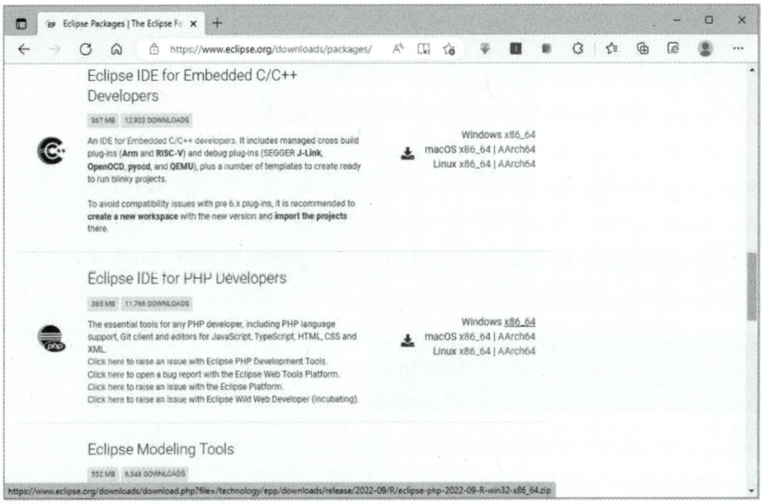

다운로드 받은 압축 파일(예를 들면 'eclipse-php-2022-09-R-win32-x86_64.zip')을 'c:\eclipse' 폴더에 압축 해제한다. 'c:\eclipse' 폴더 안의 'eclipse.exe' 파일을 더블클릭하여 이클립스 개발 도구를 실행시킨다.

2) 개발을 위한 **작업 공간**(workspace)을 **'c:₩xampp₩htdocs'** 폴더로 지정한다. 'c:₩xampp₩htdocs' 폴더는 아파치 웹 서버에 의해 접근이 가능한 기본 공개 폴더이다. 작성한 서버측 php 파일과 이미지를 이 폴더 안에 저장하면 웹브라우저를 통해 접근과 실행이 가능하다.

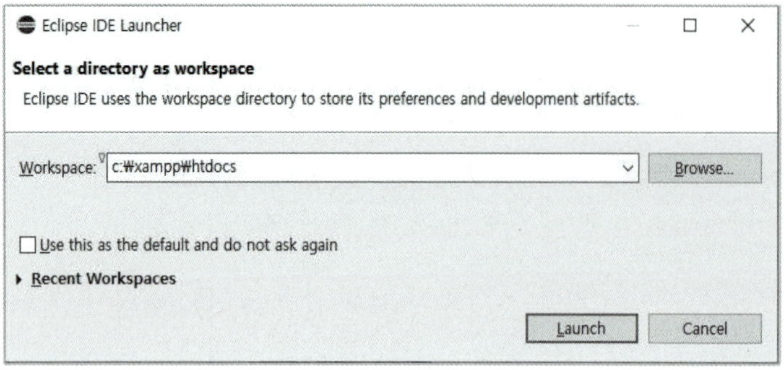

방화벽 윈도우즈 보안 경고창이 표시될 경우, [액세스 허용]을 선택한다.

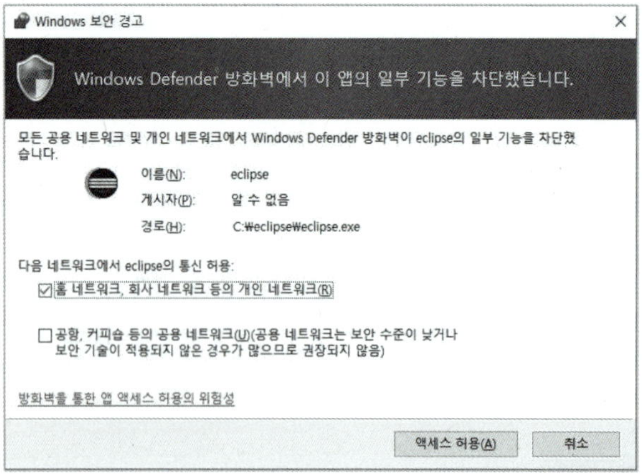

이클립스 개발 도구가 실행되어 초기 화면이 표시된다.

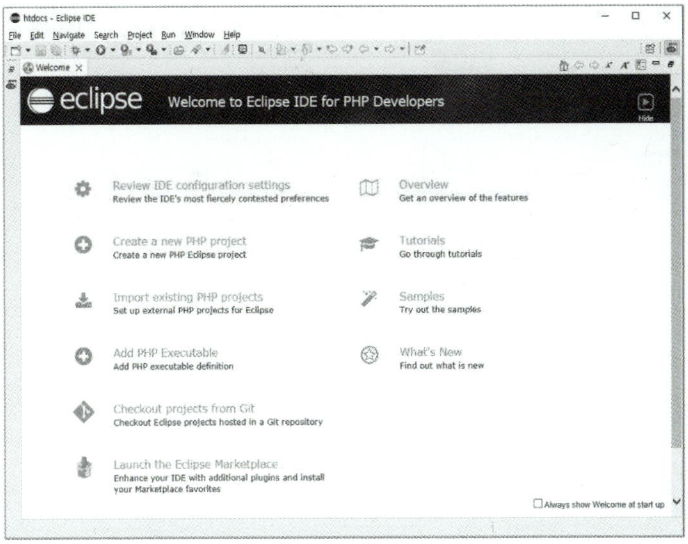

3) 이클립스의 [File]-[New]-[PHP Project] 메뉴를 선택한 뒤, [New PHP Project] 창에서 새로운 PHP 프로젝트 이름을 [project name]에 입력한다. 무비 웹 앱의 개발을 위해 PHP 프로젝트 이름을 'movie'로 입력하고 [finish]를 선택한다.

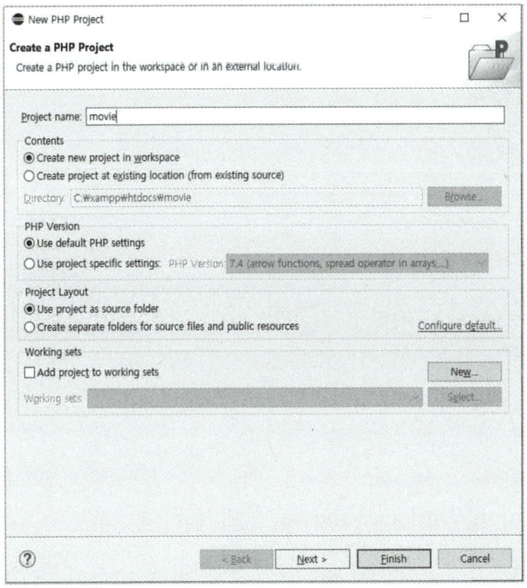

이때, 영화 정보 등록 시 입력되는 영화 포스터가 저장될 'photo' 폴더를 꼭 생성한다.

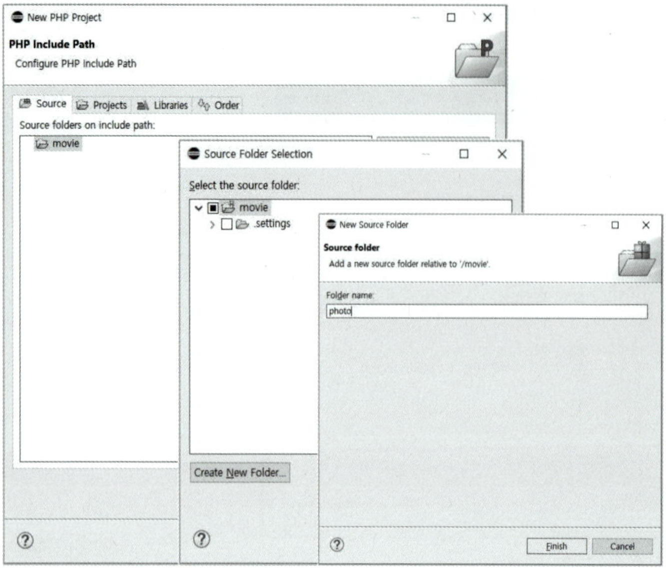

4) 이클립스 IDE 개발 창에서 [project explorer]의 트리뷰를 재표시(refresh)시키면 이전 단계에서 입력한 프로젝트의 생성을 확인할 수 있다.

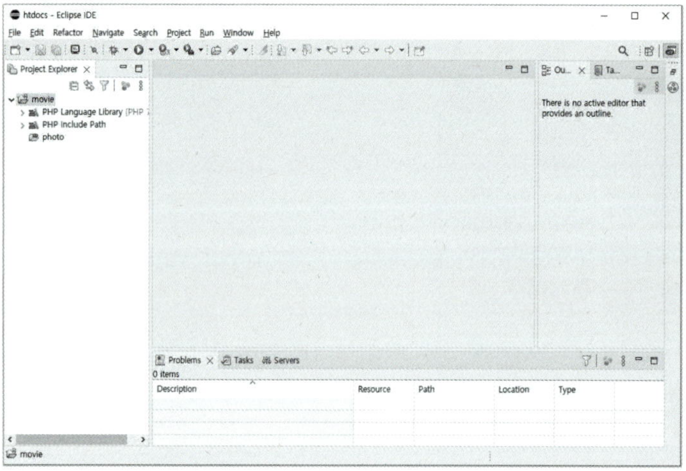

movie 프로젝트의 실제 폴더는 'c:₩xampp₩htdocs₩movie' 폴더가 된다.

5) [File]-[New]-[PHP File] 메뉴를 선택하고 [New PHP File] 창에서 새로 작성할 PHP 파일 이름을 [file name]에 입력한다. 'main.php' 파일 이름을 입력하고 예제 코드를 작성한다.

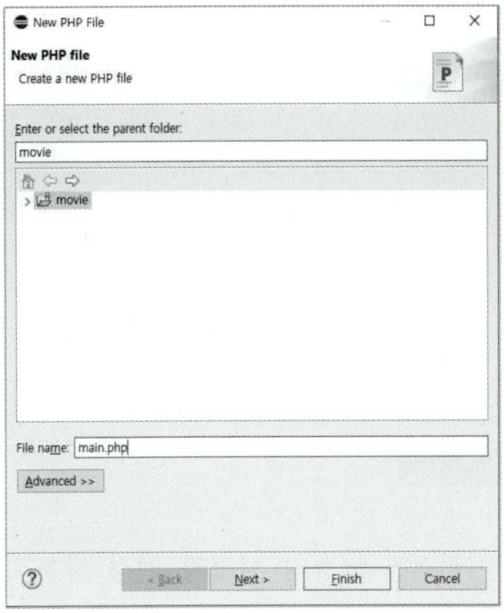

나머지 php 예제 코드도 동일하게 작성한다. 이 책의 movie 예제 웹 앱 코드를 모두 가지고 있디면 php 파일들을 movie 폴더에 복사하면 된다.

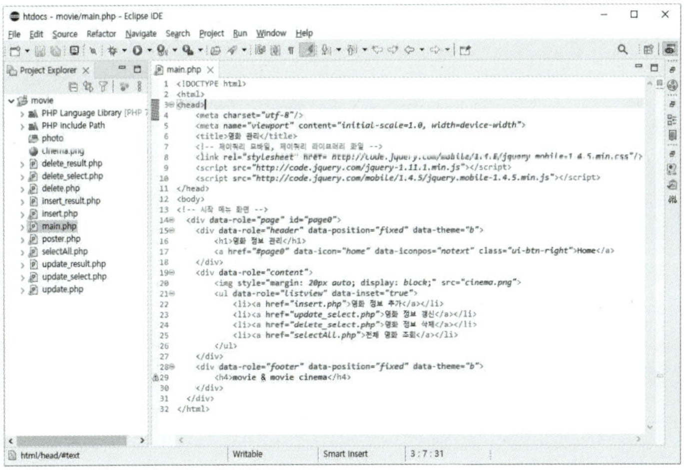

6) 웹브라우저 주소창에 예를 들면 'http://180.66.147.23/movie/main.php'처럼 아파치 서버가 설치된 **컴퓨터의 IP주소**와 **프로젝트 폴더명** 그리고, 실행하고자하는 **php 파일명**을 입력하면 실행 결과를 브라우저에서 확인할 수 있다.

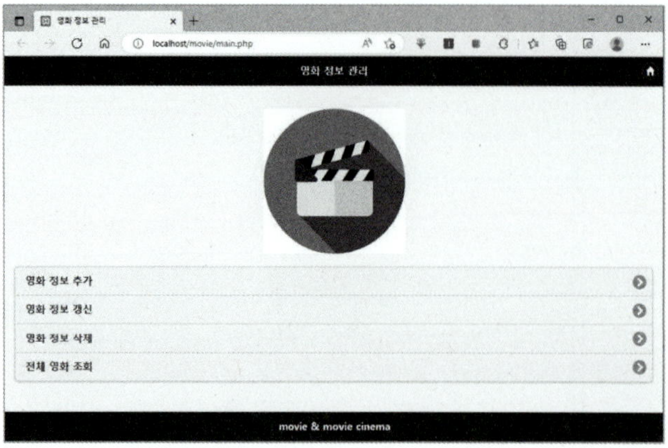

단, 무비 웹 앱을 위와 같이 정상적으로 동작시키려면 **14장**의 **'사용자 계정 생성'**과 'movie **데이터베이스 구성'** 작업을 먼저 완료해야 한다.

찾아보기

ㅅ

ㅇ

A

B

C

D

Q

R

S

T

U